Dieser Band gehört zu einem auf 16 Bände angelegten Abriß der deutschen Literatur vom Mittelalter bis zur Gegenwart, dessen Charakteristikum auf dem Wechselspiel von Text, Darstellung und Kommentar beruht.

Die Reihe ist als Einführung vor allem für Schüler und Studenten konzipiert. Sie dient selbstverständlich auch allen anderen Interessierten als Kompendium zum Lernen, als Arbeitsbuch für einen ersten Überblick über literarische Epochen.

Das leitende Prinzip ist rasche Orientierung, Übersicht und Vermittlung der literaturgeschichtlichen Entwicklung durch Aufgliederung in Epochen und Gattungen. Die sich hieraus ergebende Problematik wird in der Einleitung angesprochen, die auch die Grundlinien jedes Bandes gibt. Jedem Kapitel steht eine kurze Einführung als Überblick über den Themen- oder Gattungsbereich voran. Die signifikanten Textbeispiele und ihre interpretatorische Aufschlüsselung werden ergänzt durch bio-bibliographische Daten, durch eine weiterführende Leseliste, ausgewählte Forschungsliteratur und eine synoptische Tabelle, die die Literatur zu den wichtigsten Ereignissen aus Politik, Wirtschaft, Kunst und Wissenschaft in Beziehung setzt.

Die deutsche Literatur

Ein Abriß in Text und Darstellung

Herausgegeben von
Otto F. Best und Hans-Jürgen Schmitt

Band 7

Philipp Reclam jun. Stuttgart

Klassik

Herausgegeben von
Gabriele Wirsich-Irwin

Philipp Reclam jun. Stuttgart

Allgemeine Angaben zu Leben und Werk der Autoren finden sich an den im Inhaltsverzeichnis mit einem Sternchen versehenen Stellen.

Universal-Bibliothek Nr. 9625 [4]
Alle Rechte vorbehalten. © 1974 Philipp Reclam jun., Stuttgart
Durchgesehene und bibliographisch ergänzte Ausgabe 1978
Gesamtherstellung: Reclam, Ditzingen. Printed in Germany 1984
ISBN 3-15-009625-1

Inhalt

DEM

SCHÖNEN

Umschlagbild des »Taschenbuchs für Frauenzimmer von Bildung«
1800

Einleitung

Widerspruch, Mißtrauen oder gar Desinteresse sind nicht
selten heute Reaktionen bei der Begegnung mit der Klassik.
Die Definition der Begriffe »Klassik« und »deutsche Klassik« wird zudem erschwert durch die Wandlungen ihres
Bedeutungsinhaltes, wie sie in der Geschichte und durch die
stark voneinander abweichenden Vorstellungen der Forschung begründet sind. Im Überblick lassen sich – trotz der
vielen scheinbar unvereinbaren Aussagen über das Phänomen – folgende zwei Begriffsfelder voneinander abstekken:

»Klassik« bezeichnet einmal eine zeitlich und räumlich festlegbare Epoche, in der ein Volk das »Maximum seiner
Bildung« (Herder) erreicht und damit Kunstwerke hervorbringt, die diese Ära als die künstlerisch fruchtbarste einer
Nation erscheinen lassen. So z. B. das Augusteische Zeitalter
der römischen Antike, der französische Barockklassizismus,
das Zeitalter Calderóns oder Cervantes' in Spanien oder
das Elisabethanische für England (»Historische« Klassik).
»Klassisch« bedeutet zum andern so viel wie »absolut vollkommen«, gemessen an der kanonisch eingeschätzten Antike. Dieser Begriff ist nicht an eine bestimmte Zeit gebunden.
Stilzüge des »Klassischen« im Sinne des Mustergültigen,
Normativen lassen sich zu allen Zeiten finden (»Typologische« Klassik).
Beiden Begriffsbereichen gemeinsam ist die ursprüngliche
Bedeutung und Quelle des Wortes. Sie liegt im militärischen und politischen Bereich des römischen Staates: »classicus« bedeutete ein zur ersten Steuerklasse Zugehöriger.
Von Cicero wurde das Wort auf die Literatur übertragen,
so daß die in ihm liegende Einstufung auf Grund einer
»Zensur« erhalten blieb. Im Mittelalter ist das Wort nicht
belegt. Es erscheint im Humanismus, dessen Gelehrte und

Dichter die Werke der Antike entdeckten und in ihnen das Vorbild für eine Neugeburt abendländischer Größe sahen. Hier hat es eine bereits abgeschwächte Bedeutung des Mustergültigen überhaupt, meint aber immer noch die Zugehörigkeit der mit ihm bezeichneten Sache oder Person zur Antike. Im Barock wird die gesamte Literatur des Altertums durch diesen Ausdruck gekennzeichnet. Das 18. Jahrhundert erweitert den Bedeutungsraum des Wortes und nimmt alles auf, was als mustergültig gesehen wird. Hier liegt der Ansatz zur Trivialisierung des Begriffs. Heute bezeichnet die Umgangssprache als »Klassiker« einen Dichter oder Schriftsteller, der zu einem über den Geschmacksstreit erhabenen Bestand unserer literarischen Tradition gehört. Der dabei angelegte Maßstab ist also qualitativ und an keine bestimmte historische Epoche gebunden. »Klassiker« in diesem Sinne wären nicht nur Goethe und Schiller, sondern auch Hebbel, Grillparzer, Fontane, Thomas Mann oder ein deutscher Shakespeare. Von diesem heute volkstümlichen, etwas sorglosen Wortgebrauch des Begriffs ist sein engerer Sinngehalt zu unterscheiden, von dem vor allem in der Literaturwissenschaft ausgegangen wird.

Für die Geschichte der strengeren Begriffsbildung des Wortes ist wichtig, daß sich im 18. Jahrhundert die Meinung bildete, daß das »Klassische« erst durch die Auseinandersetzung mit den aus der Antike überkommenen Kulturgehalten entstehe. Dieser Gedanke bringt in der deutschen Klassik beide oben erwähnte Begriffsfelder zur Deckung: Das historisch einmalige Ereignis einer kulturellen Hochblüte begegnet im 18. Jahrhundert in Deutschland dem auf die Antike verweisenden Ideal. Die damit bezeichnete Spannweite umreißt die Problematik des deutschen Klassik-Begriffes. Sie ergibt sich sowohl aus der Frage nach seiner historischen Festlegbarkeit als aus der Fragwürdigkeit der epochalen, »klassischen« Deutung des antiken Vorbilds. Es geht also nicht nur um die Frage, wie weit oder wie eng der Kreis, der die Klassik beschreibt, zu ziehen ist, sondern darum, ob es eine »deutsche Klassik« überhaupt gegeben hat. Die Problematik der zeitlichen Ausweitung bzw. Einengung des abstrakten Begriffs gehört nun einmal zum Wesen *jeder* Epochenbezeichnung. Die Bedenken gegen die Verwendung des Konzepts »deutsche Klassik« für eine relativ kurze Zeitspanne, in der zwei bedeutende Dichter vor dem Zerfall des alten deutschen Reiches und der napoleonischen Diktatur bewußt in die Esoterik ihrer poetischen Ideen und Visionen flüchteten, sind berechtigt. Müßte man da nicht eher von einem »Weimarer Experiment« sprechen?

Klassik-Kritik ist nichts Neues. Das Unbehagen und die Skepsis gegenüber dem »Klassik«-Begriff setzen schon im 19. Jahrhundert ein; und zwar richteten sie sich zunächst einmal gegen die einseitig autoritative, idealistische Deutung der Antike, die mit Winckelmann begann. Die Vorstellung von der griechischen Heiterkeit wurde u. a. von Jakob Burckhardt, Friedrich Wilhelm Ritschl und seinem Schüler Friedrich Nietzsche bekämpft. Burckhardts antiklassische Bemerkungen über den griechischen Pessimismus begegnen fast wörtlich den Formulierungen Nietzsches in der *Geburt der Tragödie aus dem Geist der Musik* (1872). In Burckhardts *Griechischer Kulturgeschichte* (posthum 1898 bis 1902) wird der Begriff der griechischen Heiterkeit gedeutet als »eine der größten Fälschungen des geschichtlichen Urteils, welche jemals vorgekommen« sei. Burckhardts pessimistisch-tragische Auffassung des Griechentums läßt die Griechen als Vorläufer Schopenhauers erscheinen – eine Interpretation, die ebenso anfechtbar sein dürfte wie die Winckelmannsche. Während Burckhardt die deutsche Hochklassik, besonders Schiller, verantwortlich macht für den einseitigen Ausgangspunkt der Klassiker, sieht Nietzsche erst in den Philologen des 19. Jahrhunderts die Urheber der »Klassik-Legende«. Der literaturhistorische Epochenbegriff »deutsche Klassik« sei entstanden aus nationalem

Wunschdenken, das »so nachdenkliche Wort ›Klassiker‹« habe man erfunden, um sich »von Zeit zu Zeit einmal an ihren Werken zu ›erbauen‹«[1].

Nietzsches Kritik ist gerechtfertigt. Zu der Entstehung einer Klassik-Legende im 19. Jahrhundert kam es vor allem dank der national orientierten Literaturgeschichtsschreibung zwischen 1835 und 1883, die mit Hilfe des Mythos von der deutschen Klassik eine kulturpolitische Einigung Deutschlands vorbereiten wollte. Georg Gottfried Gervinus verkündete 1842, »der Wettkampf der Kunst« sei von Goethe, Schiller und Jean Paul »vollendet« worden. Mit dieser »Vollendung« sei die Zeit großer Kunst endgültig abgeschlossen, Poesie sei ab jetzt nur noch Waffe gegen die »offenen schiefen Zustände«. (Trotz dieser Einstellung verurteilte er den »literarischen Jakobinismus« der Jungdeutschen.) Diese von der deutschen »Vollendung« ausgehende ästhetisch konservative Deutung der Klassik wird übernommen von den akademischen Nachfolgern Gervinus', aber dabei entpolitisiert. Im Gegensatz zu Gervinus, der von der nachklassischen Zeit konkret eine Littérature engagée fordert, wird bei diesen Philologen des 19. Jahrhunderts die deutsche Klassik zu einem ungeschichtlichen Erbauungsbegriff.

In der Mythisierung der Goethezeit liegt die Gefahr, daß sie aus dem europäischen Rahmen des 18. Jahrhunderts gerissen und in eine teutonische Dimension gepreßt wird, die nicht den Tatsachen entspricht. Die heutige Forschung sieht die Zusammenhänge zwischen dem nationalstolzen Hohenzollern-Reich und der ihm dienenden Berliner Hofgermanistik (vor allem Hermann Hettner und Wilhelm Scherer); aber durch jene Mythisierung haben die Werke der Weimarer Klassik inzwischen eine Unantastbarkeit, einen Status normativer, unreflektierter Gültigkeit erreicht, der sich durch die wissenschaftliche Erkenntnis seiner Entstehung

1. Friedrich Nietzsche: Werke. München 1954. Bd. 1, S. 144.

nur schwer erschüttern läßt. Es liegt nun einmal »im Charakter der Deutschen«, selbst treffliche Werke zu verderben, indem sie »gleich für heilig und ewig erklärt werden«, so Schiller an Christian Gottfried Körner, 21. Januar 1802. Friedrich Schlegel schrieb: »Es kann fernerhin kein schriftstellerischer Künstler so nachahmungswürdig werden, daß er nicht einmal veraltet und überschritten werden müßte.«[2] Schon Schiller also und Friedrich Schlegel raten zur kritischen Inventur herkömmlicher Vorstellungen. Nur durch eine aufgeklärte, mit keinem Dogma belastete Begegnung kann die deutsche Klassik auf ihre aktuelle »Brauchbarkeit« geprüft werden, um dann als etwas Historisch-Lebendiges wieder aufzuerstehen aus einer Mumifizierung, in die sie sowohl durch einseitiges Verehren als auch durch unreflektiertes, dogmatisches Ablehnen geriet.

Geschichtliche Rückschau ist Teil des Selbstverständnisses jeden Zeitalters. Vergangenheit ist geschichtliche Gegenwart, weil – und in dem Maße als – sie Gegenwart begründet. Thomas Manns Rede zur Feier von Goethes hundertstem Todestag in der Berliner Akademie der Künste hatte den bezeichnenden Titel »Goethe als Repräsentant des bürgerlichen Zeitalters«. Kind also des Frühkapitalismus – kann es noch unser Kind sein?

Abgesehen davon, daß vom Frühkapitalismus zur heutigen Phase des »Spätkapitalismus« eine konsequente Linie führt, spricht gegen die heute gängige These von der Vergänglichkeit der geistigen Wirkung der deutschen Klassik die Tatsache, daß Vergangenheit in *jeder* Gegenwart lebt. Herman Grimm hat in diesem Zusammenhang von einem »Pantheon der Menschheit« gesprochen. Obwohl das künstlerische Werk Produkt seiner Zeit ist und deren spezifische Merkmale an sich trägt, überwindet der menschliche Geist die zeitgebundenen Grenzen bei solchen Aussagen geistiger Erfahrungen, die Grunderlebnisse und Archetypisches aus-

2. Friedrich Schlegel: Kritische Schriften. München 1964. S. 325.

drücken. So begegnet uns in der Literatur der deutschen
Klassik nicht nur die künstlerische Manifestation der Zeit
um 1800, sondern Wahrheit, die uns unmittelbar angeht,
weil das Vergängliche ihrer Erscheinungsform hinter dem
Unvergänglichen, dem Symbolgehalt aller wirklichen Kunst,
zurücktritt.

In unserer Zeit, in der jeder sich sein »eigenes« Urteil gebildet zu haben meint und es, seiner Bestätigung auf der
Fährte, in der Literatur nur wiederzufinden hofft, beruht
die Unduldsamkeit und Strenge unserer »Meinung« hinsichtlich der klassischen Überlieferung häufig auf einer bewußten Einseitigkeit und damit einer Horizontverengung
durch abwehrende und abwertende Pauschalurteile. Die
Zweifel unserer Zeit an den tradierten Werten des »Klassischen« sollten sich weniger gegen die wirklichen Erscheinungen als gegen das von ihnen an den Bildungsinstitutio-
nen überlieferte Bild wenden. So sagt schon Gottfried Keller über die Pflege von Goethes Andenken in Deutschland:
»Es existiert eine Art Muckertum im Goethekultus, das
nicht von Produzierenden, sondern von wirklichen Phili-
stern, vulgo Laien betrieben wird. Jedes Gespräch wird
durch den geweihten Namen beherrscht, jede neue Publika-
tion über Goethe beklatscht, er selber aber nicht mehr gelesen. [...] Dies Wesen zerfließt dann einesteils in blöde
Dummheit, andernteils wird es wie die religiöse Muckerei
als Deckmantel zur Verhüllung von allerhand Menschlich-
keiten benutzt, die man nicht merken soll.« Es ist dieser
falsche Heroenkult mit den Klassikern, gegen den unsere
Zeit mit Recht revoltiert, gegen Vorstellungen also, die vor
allem durch das 19. Jahrhundert, besonders durch den
Widerspruch der Romantiker gegen Schiller und die daraus
resultierende umschlagende Reaktion der folgenden Generation geprägt wurden. Damals wurden Schillers Gedichte zur
Fibel des deutschen Bürgerhauses erhoben. Gegen solche
Wertungen, nicht gegen die Klassiker, sollte sich der Widerspruch unserer Zeit erheben. Unsere Vorstellung von und

die tradierte Darstellung der Klassik sind anfechtbar – nicht sie selbst.

Warum versagt die Nachwelt dem hellenisch-klassischen Goethe, nicht aber dem Dichter des *Faust* mit Befremden jedes Verständnis? Hinter dem für uns in luftleerem Raum erscheinenden Hellenentum der *Iphigenie* und der *Kraniche des Ibykus* verrät sich die großartige Einseitigkeit und offenbart sich eben auch die spezifische Lebensluft einer deutschen Literaturepoche. Die eigentümlich historisierende Richtung der deutschen Klassik, ihre Anlehnung an die römisch-griechische, schließlich ihre Beschränkung auf die griechische Antike allein ist ihr eigentlicher Charakterzug. Wer sich heute mit den kunstphilosophischen Äußerungen und den künstlerischen Ergebnissen jener Epoche beschäftigt, wie sie hier in einigen repräsentativen Proben zusammengestellt sind, wird erkennen, wie es zu jener »Graecomanie« der deutschen Klassik, zu jenem mythisierenden Sehen, das uns heute abgeht, kommen konnte. Einer Zeit, die sich mit revolutionären Ideen auseinandersetzen mußte und sich hinsichtlich ihrer staatlichen und nationalen Selbständigkeit in einer Zwangslage befand, erschien bei den Griechen die Übereinstimmung zwischen (philosophischer) Idee und (politischer) Wirklichkeit und der Sinn des Lebens in einem vorbildlichen Menschentum verkörpert. Diese Vision überzeitlich verbindlicher, menschlich mustergültiger Werte bedeutete einen Umbruch der gesamten Auffassung von Welt und Leben. In der Möglichkeit, ja der Notwendigkeit dieser Idee erfuhr das Ende des 18. Jahrhunderts jene innere Wiedergeburt, die wir heute in der 2. Hälfte des 20. Jahrhunderts auf allen Gebieten suchen.

Sowenig die Gedankenwelt des späten 18. Jahrhunderts und ihr Ausdruck im dichterischen Werk rein äußerlich unserem Zeitalter der Auflösung von Philosophie und tradierten Kunstformen entspricht, stellt sie doch dem heutigen Betrachter jener Epoche die reizvolle Aufgabe, in ihr ein Suchen und einen Neuansatz nachzuvollziehen, einen Vor-

gang also, der unter veränderten Vorzeichen auch für unsere
Zeit charakteristisch ist. Unter einem etwas weiteren Blick-
winkel könnte so das verpönte und gering eingeschätzte
Bild jener deutschen Kulturepoche neu gesehen werden als
innerlich verwandtes und dadurch vielleicht anregendes
Gegenbild.

Die deutsche Klassik ist viel »moderner«, als ihre landläu-
fige Einschätzung ahnen läßt. Wir erleben heute jene Los-
lösung der Moral aus jahrhundertelanger Bindung an Offen-
barungsinhalte der christlichen Religion, die das ausgehende
18. Jahrhundert vollzog. Denn Ausgangspunkt, ja Voraussetzung des »klassischen« Denkens war die volle Selbstver-
antwortung des Menschen für sein Menschsein. Von dieser
so gern belächelten »klassischen Humanität«, die nichts weiter ist als die Überzeugung, daß jeder Mensch die natür-
lichen Anlagen zur sittlichen Selbstbestimmung in sich trägt,
haben wir die Grundlage unseres heutigen Weltbilds übernommen. Moral ist nicht das Privileg des »Moralpredigers
von Säckingen« und seiner Zeitgenossen. Die Frage nach
der Überlebensfähigkeit der klassischen Schöpfungen findet
ihre Antwort im Durchdenken des ethischen und ästhetischen Wirkungsradius jener Epoche und in der Einsicht in
ihre vielfältigen und weitreichenden Beziehungen zu unserer Zeit.

Die Auseinandersetzung mit der Antike steht in der Weimarer Klassik weder zeitlich noch räumlich vereinzelt da.
Sie ist vielmehr nur die letzte Verwirklichung einer organischen Entwicklung des europäischen Klassizismus, der
seine Wurzeln in der Renaissance und in dem lateinisch-
christlichen Mittelalter hat. Über dieses Bildungsgut verfügt
das 18. Jahrhundert und prägt daraus seinen eigenen Klassizismus. Die Voraussetzung für die deutsche Klassik wird
durch die Vorarbeiten des europäischen Rationalismus und
seiner Variante, die deutsche Aufklärung, geleistet. Die
geistesgeschichtliche Grundlage für die Beschäftigung mit
der Antike im allgemeinen, für den Griechenkult der deut-

schen Klassiker im besonderen, läßt sich an einer langen
Vorgeschichte, die durch die Jahrhunderte bis zu den An-
fängen unseres Schrifttums zurückreicht, verfolgen. Die
Spannung zwischen dem christlichen Dogma und antiken
Formen und Gehalten bestimmen die Poetik eines Opitz
und die Tragödien von Gryphius. Das Ziel des Barock, die
Synthese aus dem Gegensatz zwischen deutsch-christlicher
Askese und antik-heidnischer Sinnenfreude, bleibt unerfüllt.
Im 18. Jahrhundert noch vertritt Gottsched den antiken
Formalismus französischer Prägung, und die deutsche Ro-
kokodichtung beruft sich auf Horaz, Tibull, Anakreon.
Hier erst klingt die Renaissancetradition aus.

Kurz nach der Jahrhundertmitte liegt ein entscheidender
Einschnitt in der Deutung der Antike. 1755 erscheint
Winckelmanns berühmtes Frühwerk *Gedanken über die
Nachahmung griechischer Werke in der Malerei und Bildhauerkunst*, das zusammen mit seinem Hauptwerk *Geschichte der Kunst des Altertums* (1764) zum ersten Mal
neben einer ebenso umfassenden wie später umstrittenen
Deutung wirkliche Kenntnis der Antike anbahnt und
grundlegend wird für die Ästhetik der Klassik, ja, über sie
hinaus bis weit ins 19. Jahrhundert bestimmend bleibt.
Warum gehören Winckelmanns Gedanken zur Stil- und
Geistesgeschichte der Antike zu den wesentlichsten Voraussetzungen der Weimarer Klassik? Hinter der inzwischen
zur Formel erstarrten Deutung der Antike als »edle Einfalt
und stille Größe« birgt sich die grundsätzlich neue Sicht der
antiken Kunst als Ausdruck antiken Lebensgefühls und
Welterfahrung. Diese Auslegung vermittelt mehr als nur
»ein Regelbuch und eine Vorlagensammlung für nachahmende Künstler«. Das Revolutionäre und für die Zeit
Wesentliche an dieser Schau des Altertums ist die Überzeugung von seiner Einheit und Ganzheit, der schwärmerische
Wille zu synthetischer Sicht innerer und äußerer Schönheit,
das Suchen der Harmonie von Geist und Körper. Dieser
Gedanke findet später seine künstlerische Ausformung in

den klassischen Werken Goethes und Schillers. In der Zeitspanne zwischen der Entstehung des »klassischen« Gedankens bei Winckelmann bis zum voritalienischen Goethe (also
in den Jahren zwischen 1755 und 1786) ist die ästhetische
Grundlage der deutschen Hochklassik zu suchen. In diese
Periode fällt der Kampf des Sturm und Drang um die
Austilgung der französischen Klassizität, die Entlarvung
ihrer Fehlinterpretation der Antike durch Lessing und Herder, das Ringen um ein neues Homer-Bild (durch Vossens
Odyssee-Übersetzung von 1781 wird das griechische Alter-
tum für die Deutschen eine lebendige Bildungsmacht), die
Frage nach der Gültigkeit von Aristoteles und Horaz, die
Bedeutung des Sokrates-Symbols bei Hamann und endlich
Klopstocks epochemachende Dichtersprache. Dies alles muß
zu den Vorarbeiten zur Weimarer Klassik gerechnet werden.
Die Entstehung der klassischen Haltung gründet demnach
zum Teil auf dem Widerspruch der jüngeren Generation
zum klassizistischen Regeldenken. Die Klassik konnte erst
auf die unfreie Nachahmung antiker Muster verzichten,
nachdem sich aus der Gegnerschaft zum Klassizismus ergeben hatte, daß nicht Inhalt, Stoff und Ornament Vorbild
sein müssen, sondern nur die Art und Weise, der *Geist*, aus
dem die Griechen dichteten. Nur so konnte die deutsche
Klassik eine besondere, dem nationalen Wesen adäquate
künstlerische Entwicklungsstufe des europäischen Klassizismus werden. Es ist bei unserer inzwischen verengten Auffassung des »Nationalen« kaum vorstellbar, wie sich das
weitreichende Einfühlungsvermögen der weltbürgerlichen
klassischen Epoche in die Antike, also kosmopolitische Gesinnung mit der Besinnung auf Eigenes vereinen konnte.
Das klassische Kunstwollen wächst aus der Abklärung und
Auswertung einer Vielzahl von Kräften, die von der Aufklärung über den Widerspruch der Geniebewegung und die
Einsicht Klopstocks, daß Dichten »das Herze bewegen«
solle, bis zur neuplatonischen Lehre der organischen Form
(Shaftesbury, Hemsterhuis, Herder, Goethe) reichen. Das

Widerspiel und die Auflösung dieser verschiedenen Sehweisen der Epoche können im Zusammenhang der Ideen als Einheit gedeutet werden. Eine solche geistesgeschichtliche Zusammenschau strebt Hermann August Korff in seiner Darstellung der Zeit von 1770 bis 1831 an. Im »Geist der Goethezeit« sieht er die Gegensätze miteinander zu »lebender Gestalt« verbunden. Neben Korff stehen seit etwa 40 Jahren verschiedene andere Ausweitungsversuche des engen Begriffs der Weimarer Klassik: »Deutsche Bewegung« (Rudolf Unger, Paul Kluckhohn), »das große Jahrhundert zwischen 1750 und 1850« (Friedrich Sengle). Auch von der marxistischen Literaturkritik wird eine solche Ausweitung angestrebt, da sie in dem Zeitraum von 1750 bis 1850 das »Jahrhundert des progressiven Bürgertums« sieht, das von der geistigen Emanzipation durch die Aufklärung ausgeht, um in der Märzrevolution von 1848 (im gleichen Jahr erschien das *Kommunistische Manifest*) zu kulminieren. Solche marxistische Literaturkritik vertritt etwa Paul Reimann in seinem Werk *Hauptströmungen der deutschen Literatur 1750–1848*, in dem er von der »bewußtseinsbildenden Leistung« der deutschen Klassiker spricht. Die Dichter der klassischen Epoche von Lessing bis Heine seien für die »wirklichen Lebensprobleme des deutschen Volkes« eingetreten und hätten sich »mit aller ihrer Kraft dem Abgleiten der deutschen Literatur in den Sumpf reaktionärer Entartung" widersetzt (*Hauptströmungen*, S. 401).

Die Epoche versagt sich jedoch der Formel. Eine Ausweitung, die der größeren stil- und geistesgeschichtlichen Zusammengehörigkeit (etwa im Drama von Lessing bis Grillparzer) Rechnung tragen würde, wäre als Konzept von vornherein überflüssig und sinnlos, weil viel zu vage. Es bliebe die Möglichkeit, das Gegensatzpaar Klassik–Romantik herauszuarbeiten, wie es Fritz Strich 1922 in seinem epochemachenden Werk *Deutsche Klassik und Romantik, oder Vollendung und Unendlichkeit. Ein Vergleich* getan hat. Die im Titel enthaltene These baut auf Heinrich Wölfflins kunstgeschichtlichen Grundbegriffen des Linearen und des Malerischen auf und sieht dementsprechend in der Klassik den Willen zur »Vollendung« und in der Romantik den zur »Unendlichkeit«. Der Wirkungsradius dieser stilgeschichtlich gemeinten Deutung reicht von Oskar Walzels »Typen« bis hin zu Gustav René Hockes »Ausdrucksgebärden«. Walzel spricht von Typen tektonischer und atektonischer Dichtkunst (*Gehalt und Gestalt im Kunstwerk des Dichters*, 1925), Hocke von Ausdrucksgebärden wie Klassizismen und Manierismen, die als wechselnde Konstanten des Geistes wiederkehren (*Manierismus in der Literatur*, 1959). Als Lohn aller dieser Mühen ergibt sich die Feststellung, daß die Betrachtung der deutschen Klassik durch sie nicht leichter, sondern erschwert und von Fragen und Zweifeln umgeben wurde.

Die Versuche, den Begriff der deutschen Klassik enger, spezifischer und historischer zu fassen, fanden in Formulierungen wie »Weimarer Hofklassik« oder »Weimarer Hochklassik« Ausdruck. Sie umschreiben die Zeit des Goethe-Schiller-Bundes von 1795 bis 1805. Die vorliegende Arbeit neigt zwar zu Einschränkung und Konkretisierung des Klassik-Konzepts, will aber dabei die Rand- und Grenzerscheinungen dem Gesamtbild der Epoche einfügen. Um hier einer ins Vage gehenden Ausweitung des Begriffs entgegenzuwirken, wird zunächst von der zeitlichen Begrenzung der deutschen Klassik durch Goethes Italienreise und Schillers Tod ausgegangen, der Epoche zwischen 1786 und 1805. Klassik wäre damit eine geistige Orientierung, die keimhaft bei Winckelmann und Karl Philipp Moritz, deutlich ausgeprägt beim nachitalienischen Goethe, bei Schiller in den Jahren 1788 bis zu seinem Tode, beim späteren Herder (1784–1803), beim kritischen Kant (1781–1804), bei Wilhelm von Humboldt und – bereits mit Einschränkungen – bei Hölderlin, Hebel und Jean Paul zu verfolgen wäre.

Die Verbindung des Denkens mit dem Dichten erscheint als

eines der Wesensmerkmale der deutschen Klassik. In der Auseinandersetzung mit der Aufklärung und ihrer Überwindung nimmt das Ringen um eine neue Poetik eine Vorrangstellung ein. Die hervorragende Rolle der ästhetischen und poetischen Überlegungen der gesamten Epoche rechtfertigt das verhältnismäßig breit angelegte Kapitel »Theorie« dieses Bandes. Es reicht von Winckelmanns einschneidenden Gedanken um die Jahrhundertmitte bis zu Jean Pauls empirischer, eigenwilliger Poetik, der *Vorschule der Ästhetik.*

Die Beziehung Jean Pauls zur Klassik entspricht einer inneren Verwandtschaft, die sich äußerlich durchaus andersartig gibt. Korff bezeichnet dieses Verhältnis als den »gleichen Geist mit neuen Kräften«. Jean Pauls *Titan* scheint sowohl an das Weimarer Modell *Wilhelm Meister* angelehnt als auch im Gegensatz zu ihm. Jean Paul, der zahlreichen Geistesrichtungen verbunden ist und die verschiedensten Wesenszüge in sich vereint, warf der Weimarer Klassik ihre »Einkräftigkeit« in Form, Phantasie und Denken vor. Obwohl er bei seinen Zeitgenossen »die große Mode« war, wurde er von dem humorlosen Weimarer Dioskurenpaar nach deren Zielen beurteilt und – wenn auch mit Verwundern und Staunen – als ganz und gar regelwidrig prinzipiell abgelehnt. Jean Pauls Blick für Goethes Größe war durch dessen Andersartigkeit nicht getrübt, und er konnte mit Recht sagen: »Das ist das Einzige, was ich dem großen Mann voraushabe, daß ich seine Schriften richtiger und würdiger aufzufassen verstehe als er die meinigen!«

Jean Pauls »singende Prosa« (Max Kommerell) ist das Gegenteil der klassisch-kargen und gemessenen Prosa Goethes und Hölderlins. Aber auch Hölderlin wurde von Goethes aristokratisch verengter hochklassischer Einstellung zurückgewiesen. Hölderlin ist in erster Linie Lyriker. Die Gedankenwelt seiner Gedichte geht über den Schillerschen Dreitakt der Kulturentwicklung (Antike – Abendland – Wiederholung des Griechischen aus abendländischem Geist) hinaus ins Pantheistisch-Religiöse. Die Folgerungen aus der Wiederentdeckung des Griechentums werden hier konsequenter und leidenschaftlicher als bei den Weimarern gezogen. Sein Streben ist ins Metaphysische ausgeweitet, umfaßt Rationales und Irrationales, will klassische Formvollendung mit romantischem Unendlichkeitsstreben verbinden. Hölderlins Sonderstellung innerhalb der klassisch-romantischen Ära macht eine eindeutige und zwingende Entscheidung über seine geistesgeschichtliche Zuordnung zur Klassik unmöglich.

Wie Jean Paul und Hölderlin nimmt Hebel an der Gesamtbewegung der Klassik auf seine eigene Weise teil. Als Volksschriftsteller gehört Hebel nicht zum intellektuellen Aristokratismus Weimars. Aber sein Wirkungsradius war von solcher Bedeutung, daß er im Überblick über die klassische Epoche durch seine besondere Art gewichtig und ergänzend neben die Weimarer Klassiker tritt. Walter Benjamin sagt zur Wirkungsgeschichte des *Schatzkästleins*, daß der schauerliche Bildungshochmut der Deutschen »den Schlüssel dieser Schatulle unter Bauern und Kinder geworfen hat, weil Volksschriftsteller nun einmal hinter jedem noch so verlassenen ›Dichter‹ rangieren«.[3]

Jean Paul, Hölderlin und Hebel, die drei bedeutenden »Randerscheinungen« der deutschen Klassik, zeigen deutlich Tendenzen dieser so etikettierten Bewegung. Vor allem in der sittlich-religiösen Grundhaltung liegen die Berührungspunkte ihrer eigenen Wege mit dem der Klassik. Jean Paul steht der Humanitätsidee Herders nahe. (Aus seiner freundschaftlichen Beziehung zu Herder ergab sich sein gespanntes Verhältnis zu Schiller.) Hölderlin geht vom pathetischen Schwung der Schillerschen Hymnik aus, die auch von den ethisch-ästhetischen Ideen Schillers beherrscht wird. Nachdem er sich von diesem jugendlichen Vorbild befreit hat, findet er zur eigenen mythischen Zeichensprache einer reli-

3. Walter Benjamin: Schriften. Frankfurt a. M. 1955. Bd. 2, S. 280.

giösen Sehnsucht, die der »heidnischen« Kunst Weimars zu-
widerläuft. Auch Hebels pädagogisch-sittliche Absicht deckt
sich mit Weimarer Bestrebungen, während die Realistik seiner Erzählkunst diesen widerspricht. An den drei erwähnten Überschneidungsstellen wird der ohnehin unzureichende
Rahmen der »Bewegung« gesprengt. Die Dichter, die von
den Weimarern nicht als ebenbürtig anerkannt wurden,
runden das Gesamtbild der Epoche. Sie können dieser Darstellung zwar nicht zu endgültiger Vollständigkeit verhel-
fen, aber sie setzen dem Gemälde kennzeichnende Lichter
auf.
Zwischen Winckelmanns epochemachender Konzeption
(1755) und Goethes zusammenfassender Rückschau, die
1805 in dem Aufsatz *Winckelmann und sein Jahrhundert*
das Fazit des Zeitabschnitts zieht, liegen nur fünfzig Jahre.
Die geistesgeschichtliche Bedeutung dieser Zeit resultiert aus
ihrer Konzentriertheit, Tiefe und Reichweite, die über das
im engeren Sinne literarisch Geleistete hinausgeht. Sie nur
als literarische Bewegung und ihre Vertreter als Ästheten zu
sehen wäre ein Irrtum. Es handelt sich um eine Ära, die
auf vielen Gebieten entscheidend Neues zu geben hatte: in
Philosophie, bildender Kunst, Erziehung, humanem Selbstverständnis und nicht zuletzt in der Idee eines geistigen
Austauschs zwischen den Völkern durch die Dichtung, den
Begriff der Weltliteratur im Sinne eines »geistigen Welt-
handels« (Goethe). Die Höhe ihrer betont geistigen, aristo-
kratischen Lebensanschauung ist unfragwürdig, das Denken
in den Jahren des deutschen Idealismus hat die letzten großen Systeme geschaffen.
Der endgültige Abschluß, die Vollendung der klassischen
Ästhetik liegt in Hegels Kunstbetrachtung. Hier wird ein
zusammenfassendes Urteil über die klassische Kunstform
der Griechen gesprochen: »Schöneres kann nicht sein und
nicht werden.« Deutlich unterscheidet sich die Sicht Hegels
von Goethes zuversichtlichem Blick auf die weitere Entwicklung der deutschen Kunst. Hegel sieht in der Antike

ein einmaliges, beendetes Ereignis, dem ein geistesgeschicht-
licher Ort anzuweisen ist, ähnlich wie die Historiker und
Literaturhistoriker des 19. Jahrhunderts (Gervinus, Hettner, Treitschke, Scherer, Dilthey und Haym) in der Weimarer und Jenaer Hochblüte zur Zeit Goethes und Schillers
ein vorläufiges Ziel der literarisch-ästhetischen Entwicklung
Deutschlands erkannt haben. In Hegels Überlegungen liegt
die Auflösung des humanistischen Griechenglaubens. Diese
»Sprengung« der überzeitlichen Gültigkeit des Weimarer
Griechenbildes vollzieht sich auf philosophischer Ebene. In
der nachklassischen *Dichtung* manifestieren sich die Gefah-
ren des Griechenkults in ihren abschreckenden Beispielen als
geistlose Nachahmungssucht und Antiken-Vergötzung der
Epigonen, die bis in unser Jahrhundert reicht. »Nur Sonn-
tagskinder wie Goethe und Herder haben den Geist des
Altertums gesehen, die Montagskinder erblickten dafür den
Sprachschatz und die Blumenlesen« (Jean Paul).

I. Theorie

Die theoretischen Schriften der deutschen Klassik umkreisen in erster Linie ethisch-ästhetische Fragenkomplexe. Im Anschluß an die Erlebnis- und Sehweise der Antike bei Winckelmann gehen auch die dichtungstheoretischen Erörterungen dabei nicht zuletzt von der Bildkunsttheorie aus. In einer Welle ästhetischen Bewußtwerdens, die Armand Nivelle als »Überschwemmung der Philosophie durch das ästhetische Denken« charakterisiert hat, liegt der ideelle Zusammenhang und die geistige Einheit dieser ersten großen Epoche deutscher Ästhetik. Hier erobert sich die Idee der Schönheit neben der der Wahrheit und des Guten eine Rolle ersten Ranges. Die spezifisch dichtungstheoretische Reflexion wird zunächst hinter dem gewaltigen Aufschwung einer allgemeinen Theorie des Schönen und der Kunst zurückgedrängt und von den grundsätzlich ästhetischen Spekulationen der Zeit beherrscht.

Ein entscheidender Gedanke der klassischen Theorie ist der aus der neuplatonischen Philosophie stammende Begriff der »inneren Form«, nach dem die äußere Form jedes organischen Wesens von innen her wirkende Kräfte widerspiegelt. Diese Vorstellung verlegt den Maßstab zur Beurteilung eines Kunstwerkes von der außerhalb des Kunstwerks aufgestellten Norm (Aufklärung) in das jeweilige Kunstwerk selbst. Die Erkenntnis der Eigengesetzlichkeit der Kunst überwindet die »ewige Lüge von Verbindung der Natur und Kunst« (Goethe an Heinrich Meyer, 20. Mai 1790). Das Erkennen der »wesentlichen Form« führt zu Goethes Stilbegriff, der mit seinem Typusbegriff, dem Formwerden der gattungsmäßigen Gesetzlichkeit, organisch verbunden ist (vgl. »Über einfache Nachahmung der Natur, Manier, Stil«).

Die Vertiefung und die Erörterung dieser grundlegenden

Anschauungen und ihrer praktischen Folgerungen finden sich in dem Gedankenaustausch zwischen Goethe und Schiller, in dessen Mitte die Typologie des Dichters (»Über naive und sentimentalische Dichtung«) sowie Gattungsabgrenzungen und Wertprobleme stehen. Die Lust an Definitionen von Begriffen manifestiert sich in dem gemeinsam verfaßten Aufsatz »Über epische und dramatische Dichtung«. Die Entwicklung der hier verarbeiteten Impulse gibt sich programmatisch zu erkennen. Auch Schillers Vorrede zur »Braut von Messina«, die Abhandlung »Über den Gebrauch des Chors in der Tragödie«, die aus den gemeinsamen Diskussionen nach den Aufführungen entstand, entspricht dieser Absicht.

Neben dem entscheidenden Begriff der organischen Form, der sich vor allem in den ästhetischen Erörterungen Herders, K. Ph. Moritz' (»Die Signatur des Schönen«) und Goethes niederschlägt, haben Winckelmanns Deutung der griechischen Kunst (»Gedanken über die Nachahmung der griechischen Werke in der Malerei und Bildhauerkunst«) und Kants Festsetzung eines ethischen Ideals, weit mehr aber noch sein ästhetischer Beitrag in der »Kritik der Urteilskraft« durch den Gedanken des »interesselosen Wohlgefallens«, der den Schönheitsbegriff von der Nützlichkeitsvorstellung loslöste, weitreichende Folgen für die theoretischen Schriften der Zeit. Kants Betonung der Pflicht als Selbstzweck, der Ehrfurcht vor dem »ewigen moralischen Gesetz in uns« und die Formulierung des kategorischen Imperativs, der den Gehorsam gegenüber diesem Gesetz allem anderen unterordnet, bestimmen zusammen mit der »idealischen Schönheit« des Winckelmannschen Griechenbildes das klassische Humanitätsideal. Herder umreißt – von kulturphilosophischen Überlegungen ausgehend – dieses Bildungsideal in seinen »Briefen zur Beförderung der Humanität«, die die Torso gebliebenen »Ideen zur Philosophie der Geschichte der Menschheit« fortführen.

Durch Schiller wurde die rigorose Ethik Kants mit Hilfe

*der Kunst, die Geistiges und Sinnliches im sogenannten
Spieltrieb versöhnt, abgewandelt und in der Abhandlung
»Über Anmut und Würde« sowie den Briefen »Über die
ästhetische Erziehung des Menschen« neu formuliert. Unter
dem mächtigen Impuls der Kantschen Ästhetik (1790) wendet sich Schiller entschieden gegen die Identität des Guten,
Wahren und Schönen. Die ausschlaggebende Beschäftigung
mit Kant prägt Schillers Kunstwollen in gleichem Maße wie
sein Geschichtsstudium.*

*Auch Wilhelm von Humboldt, der seit 1794 mit Schiller
befreundet war, hat die klassisch apollinische Humanitätsidee entscheidend mitbestimmt durch seine Forderung nach
höherer geistiger Bildung, die allein menschliche Selbstvoll-
endung und damit das bereits im Griechentum schon einmal
verwirklichte ideale Menschentum wieder möglich mache.
Dieser Auftrag des achtzehnten Jahrhunderts, sich selbst
und andere zu bilden, spricht auch aus dem Programm der
klassischen Zeitschriften. Die Einleitung zu den »Propyläen« und die Ankündigung der »Horen« sind Ausdruck
dieser Bildungsabsicht und der bewußt jenseits der politischen Wirklichkeit der Zeit sich bekundenden volkserzieh-
rischen Tendenz der deutschen Klassik.*

*Nicht auf ein logisch systematisches Gedankengerüst ge-
gründet, aber doch in sich zusammenhängend ist die Poetik
Jean Pauls, die »Vorschule der Ästhetik«, deren zentrale
Kapitel um Wesen und Bedeutung des Humors kreisen.
Während Jean Paul mit seiner Humorlehre seinen eigen-
artigen Beitrag zu den theoretischen Überlegungen der
Epoche leistet, sind die anderen Kapitel seiner »Vorschule«
nur Variation der klassisch-romantischen Grundideen der
Zeit.*

JOHANN JOACHIM WINCKELMANN

Geb. 9. Dezember 1717 in Stendal, ermordet 8. Juni 1768 in Triest. Studium der Theologie, Naturwissenschaften und Philologie. 1754 Konversion zum Katholizismus, 1763 Generalkustos der klassischen Altertümer im Vatikan. Winckelmann gilt als der Begründer der neueren wissenschaftlichen Archäologie und wirkte bestimmend auf das idealistische Antikebild der deutschen Klassik. Durch Winckelmanns Kunstbetrachtung wandte sich die Blickrichtung von der römischen auf die griechische Antike, deren Wesen er als »edle Einfalt und stille Größe« deutete. Diese Formel, die eigentlich von Adam Friedrich Oeser (1717 bis 1799) stammt, prägte das klassische Kunst- und Bildungsideal: der schöne Mensch wird als die höchste Schöpfung der sich steigernden Natur gesehen.

Werke: *Gedanken über die Nachahmung der griechischen Werke in der Malerei und Bildhauerkunst* (1755); *Anmerkungen über die Baukunst der Alten* (1762); *Abhandlung von der Fähigkeit der Empfindung des Schönen* (1763); *Geschichte der Kunst des Altertums* 2 Bde. (1764).

Edle Einfalt und stille Größe

(Aus: Gedanken über die Nachahmung der griechischen Werke in der Malerei und Bildhauerkunst)

In Winckelmanns Erstlingsschrift »Gedanken über die Nachahmung der griechischen Werke« überschneiden sich zeitlich und wesenhaft Aufklärung, Sturm und Drang und Klassik. Charakteristisch für die Wechsel- und Teilbeziehungen zwischen Kunstanschauungen und -zielen der deutschen Aufklärung und der Klassik sind zum Beispiel seine einführenden Bemerkungen zum Thema des »guten Geschmacks«, die in ähnlicher Formulierung bei Gottsched stehen könnten. Der für die Klassiker kunst- und dichtungstheoretisch grundlegende Text entstand 1755 aus dem anregenden Umgang mit dem Dresdner Maler Adam Friedrich Oeser und Winckelmanns Beschäftigung mit Problemen der bildenden Kunst, die nach der Übersiedlung nach Dresden erneut einsetzte. Die hier ausgesprochenen Leitideen werden auch in dem späteren Werk, der »Geschichte der Kunst des

*Altertums« (1764) im wesentlichen beibehalten und ausge-
arbeitet. So wird etwa das Ideal von Harmonie, Einheit in
der Vielheit und Einfalt in der Größe – Forderungen, die
das Kunstwollen der deutschen Klassik entscheidend bestimmt haben – in der Kunstgeschichte von 1764 aufrecht-
erhalten und näher bestimmt.*

*Winckelmann stützt sich auf Arbeiten der früheren Kunst-
theorie (besonders Félibien, Richardson, R. F. Chambray),
deren Ergebnisse er auswertet und teilweise sogar bis in
Einzelzüge übernimmt. So findet sich z. B. in J. Richardsons
»Traité de la peinture et de la sculpture« (1728) die be-
rühmte Prägung Winckelmanns von der »edlen Einfalt und
stillen Größe« der griechischen Kunst rein formal schon gegeben als »noble simplicité« oder auch »véritable grandeur
et [...] noble simplicité«. Bei Shaftesbury fällt der Ausdruck »solemnity and simplicity« (»Judgement of Hercu-
les«), auch bei Boileau, der simplicité mit sublimité gleich-
setzt, ist Winckelmanns Maxime vorgeprägt. Was aber
Winckelmann entscheidend über diese nachweisbaren Anregungen hinausführt, ist die organische Gesamtschau des
Griechentums als eines durch »Geblüt«, »Klima« und »Erziehung« begünstigten Menschentypus. Die eigentliche Bedeutsamkeit der Schrift liegt also in der Erkenntnis und
Wertung des griechischen Volkstums als eines einmaligen
Musterfalles, darüber hinaus aber in der dann durch vergleichende Kunstbetrachtung gezogenen Konsequenz, daß
dieses Muster unter ähnlichen umweltlichen Voraussetzungen wiederholbar und damit das Wiederaufblühen einer
hochwertigen Kunst möglich sei. Winckelmanns »Gedanken
über die Nachahmung der griechischen Werke in Malerei
und Bildhauerkunst«, die zeitlich vor dem Sturm und Drang
liegen, bedeuten für die Pioniere dieser Bewegung die Er-
mutigung, eine national orientierte deutsche Dichtkunst auf-
zubauen. So sieht Herder wie Winckelmann im Kunstwerk
den »Abdruck des Nationalgeistes«, Johann Georg Sulzer
spricht vom »Ausdruck« desselben.*

*Winckelmann, erster Archäologe, Philosoph, Dichter, Kunst-
theoretiker und Historiker, verläßt den rein wissenschaftlichen Bereich. Er ist in seinen Schriften nicht nur philosophischer Schriftsteller, sondern vor allem ein leidenschaftlicher, inspirierter Gelehrter, der vor allem durch seine
Begeisterung einen entscheidenden pädagogischen Impuls auf
seine Zeit ausübte. In unserer Zeit, in der die archäologische
Wissenschaft längst über den sachlichen Gehalt seiner Erkenntnisse fortgeschritten ist, bleibt seine Wirkung lebendig
durch seine Grundeinstellung zur Antike. Winckelmann
heute nur als Archäologen zu werten wäre eine Verengung
seines Bedeutungsradius.*

*In seiner programmatischen Frühschrift muß der Begriff
des »Nachahmens« – das hat Winckelmann ausdrücklich
betont – wie bei Lessing im damaligen Sinne des Kopierens,
aber auch der künstlerischen Wiedergabe eines Gegenstandes
verstanden werden. Dabei wird – mehr als der heutige
Wortgebrauch des »Imitierens« vermuten läßt – viel stärker
an die zweite Bedeutung gedacht. Dieses Beispiel weist hin
auf die grundsätzliche Schwierigkeit der Winckelmannschen
Texte für den Heutigen, die – neben der Überfülle von
gelehrten Anmerkungen, Zitaten und Hinweisen – in der
Entwicklung und Veränderung der Begriffsinhalte während
der vergangenen zwei Jahrhunderte begründet liegt. So
muß auch die bekannte Kernprägung der Abhandlung, die
sich in der inzwischen zum Klischee verflachten Formel
verdichtet, sorgfältig gelesen werden: Sie enthält spürbar
die ethische Grundtendenz ihrer Zeit, eine moralische Vorstellung, die für die ethisch-ästhetische Forderung der deutschen Hochklassik bezeichnend wurde: Es ist das Ziel einer
zu erkämpfenden Ausgeglichenheit, eines »Erhabenen« durch
Bändigung der Kraft, durch Selbstdisziplin (»bei allen Leidenschaften eine große und gesetzte Seele«). Diese »edle
Einfalt und stille Größe« wird als das Attribut der griechischen Statuen, zugleich aber auch ausdrücklich als »das
wahre Kennzeichen der griechischen Schriften aus den besten*

Zeiten« gewertet. Das bildkünstlerische Ideal, das Statua-
rische (»der griechischen Statuen«) gilt also auch als exem-
plarisch für das Schrifttum.
Die vielzitierte Einsicht von der »edlen Einfalt und stillen
Größe« in den Werken der griechischen Meister wurde
neben dem zum klassischen Typusbegriff hinführenden Ge-
danken von der »edlen Freiheit und sanften Harmonie des
Ganzen« zum Motto der Klassik, die diese Leitbegriffe
vielfach abwandelt: »Einfalt und bescheidene alte Größe«
(Herder), »kühne Einfalt und ruhige Unschuld« (Schiller),
»schlichte Einfalt und natürliche Wahrheit« (Wilhelm von
Humboldt). Das Kunstideal wird aufgenommen und erwei-
tert im Bildungs- und Humanitätsideal der Hochklassik,
ihrer Forderung nach harmonischer Einheit und Ganzheit
der Persönlichkeit.
Ihren Zeitgenossen bedeutete diese Schrift Revolution. Sie
habe, so schrieb Winckelmann selber, einen »unglaublichen
Beifall« gefunden, und es haben »mir große Kenner zum
Kompliment gemacht, daß ich Bahn gebrochen zum guten
Geschmack«. Herder nannte Winckelmann in der ersten
Sammlung seiner »Fragmente« den »Großen«, den »Gött-
lichen« und in den »Kritischen Wäldern« den »edlen Grie-
chen unseres Vaterlandes«.

Das allgemeine vorzügliche Kennzeichen der griechischen
Meisterstücke ist endlich eine edle Einfalt, und eine stille
Größe, sowohl in der Stellung als im Ausdrucke. So wie die
Tiefe des Meers allezeit ruhig bleibt, die Oberfläche mag
noch so wüten, ebenso zeiget der Ausdruck in den Figuren
der Griechen bei allen Leidenschaften eine große und ge-
setzte Seele.
Diese Seele schildert sich in dem Gesichte des Laokoons[1],

---

1. *Die Marmorgruppe, die den Laokoon und seine beiden Söhne um-*
wunden von zwei Schlangen zeigt, wurde, wahrscheinlich im 1. Jh.
v. Chr., von Hagesandros, Polydoros und Athenodoros aus Rhodos ge-

und nicht in dem Gesichte allein, bei dem heftigsten Leiden. Der Schmerz, welcher sich in allen Muskeln und Sehnen des Körpers entdecket, und den man ganz allein, ohne das Gesicht und andere Teile zu betrachten, an dem schmerzlich eingezogenen Unterleibe beinahe selbst zu empfinden glaubet; dieser Schmerz, sage ich, äußert sich dennoch mit keiner Wut in dem Gesichte und in der ganzen Stellung. Er erhebet kein schreckliches Geschrei, wie Vergil von seinem Laokoon singet: Die Öffnung des Mundes gestattet es nicht; es ist vielmehr ein ängstliches und beklemmtes Seufzen, wie es Sadoleto beschreibet[2]. Der Schmerz des Körpers und die Größe der Seele sind durch den ganzen Bau der Figur mit gleicher Stärke ausgeteilet, und gleichsam abgewogen. Laokoon leidet, aber er leidet wie des Sophokles Philoktet[3]: sein Elend gehet uns bis an die Seele; aber wir wünschten, wie dieser große Mann, das Elend ertragen zu können.

Der Ausdruck einer so großen Seele gehet weit über die Bildung der schönen Natur: Der Künstler mußte die Stärke des Geistes in sich selbst fühlen, welche er seinem Marmor einprägete. Griechenland hatte Künstler und Weltweisen in

schaffen. Sie war in Rom aufgestellt und wurde dort 1506 wieder aufgefunden und in den Vatikan überführt. Da Vergil in seiner »Aeneis« den Todeskampf des Laokoon in ähnlicher Weise darstellt (II, 213–224), wird vermutet, daß der Dichter die Skulptur kannte. Bei Vergil spielt sich der Kampf freilich unter dem »gräßlichen Schreien« Laokoons ab (II, 222–224). Der »mißbilligende Seitenblick«, mit dem Winckelmann dies hier erwähnt, erregte den Widerspruch Lessings und ergab den Ausgangspunkt für dessen Schrift »Laokoon oder über die Grenzen der Malerei und Poesie«.

2. Jacopo Sadoleto widmete 1506 der soeben aufgefundenen Marmorgruppe das lateinische Gedicht »De Laocoontis statua«, in dem die Schmerzensäußerungen des Laokoon als Stöhnen und keuchendes Murmeln beschrieben werden.

3. Philoktet, der den Bogen seines Freundes Herakles geerbt hatte, wurde auf der Fahrt der Griechen gegen Troja von einer Schlange gebissen und auf der Insel Lemnos ausgesetzt, da die Wunde unerträglichen Gestank verbreitete. Er lebte dort kümmerlich, bis Odysseus und Neoptolemos ihn und seinen Bogen nach Troja brachten. Sophokles' Tragödie »Philoktet« ist erhalten (Reclams UB Nr. 709).

einer Person, und mehr als einen Metrodor[4]. Die Weisheit
reichte der Kunst die Hand, und blies den Figuren derselben
mehr als gemeine Seelen ein.

Unter einem Gewande, welches der Künstler dem Laokoon
als einem Priester hätte geben sollen, würde uns sein
Schmerz nur halb so sinnlich gewesen sein. Bernini hat sogar
den Anfang der Würkung des Gifts der Schlange in dem
einen Schenkel des Laokoons an der Erstarrung desselben
entdecken wollen.

Alle Handlungen und Stellungen der griechischen Figuren,
die mit diesem Charakter der Weisheit nicht bezeichnet,
sondern gar zu feurig und zu wild waren, verfielen in
einen Fehler, den die alten Künstler *Parenthyrsis*[5] nann-
ten.

Je ruhiger der Stand des Körpers ist, desto geschickter ist
er, den wahren Charakter der Seele zu schildern: in allen
Stellungen, die von dem Stande der Ruhe zu sehr abwei-
chen, befindet sich die Seele nicht in dem Zustande, der ihr
der eigentlichste ist, sondern in einem gewaltsamen und er-
zwungenen Zustande. Kenntlicher und bezeichnender wird
die Seele in heftigen Leidenschaften; groß aber und edel ist
sie in dem Stande der Einheit, in dem Stande der Ruhe. Im
Laokoon würde der Schmerz, allein gebildet, Parenthyrsis
gewesen sein; der Künstler gab ihm daher, um das Bezeichnende und das Edle der Seele in eins zu vereinigen, eine
Aktion, die dem Stande der Ruhe in solchem Schmerze der
nächste war. Aber in dieser Ruhe muß die Seele durch Züge,
die ihr und keiner andern Seele eigen sind, bezeichnet werden, um sie ruhig, aber zugleich wirksam, stille, aber nicht
gleichgültig oder schläfrig zu bilden.

4. *Metrodor von Athen, Maler und Philosoph, ging 168 vor Christus
nach Rom, um die Kinder des L. Aemilius Paulus zu erziehen und als Maler dessen Triumph zu verherrlichen.*
5. *Parenthyrsis, eigentlich Parenthyrsos, ein Begriff der Rhetorik, über-
triebenes, unpassendes Pathos.*

KARL PHILIPP MORITZ

Geb. 15. September 1756 in Hameln, gest. 26. Juni 1793 in Berlin. Sohn
eines Musikers aus ärmlichen Verhältnissen. Studium der Theologie in
Erfurt und Wittenberg. 1789 Professor der Altertumskunde in Berlin.
Philosophische, psychologische, mythologische und ästhetische Schriften.
Versuch einer deutschen Prosodie (1786). Der vom Pietismus beein-
flußte psychologische autobiographische Entwicklungsroman *Anton Reiser*
(1785–90, 4 Bde.) zeichnet einen modernen problematischen Charakter
und ist ein kulturgeschichtlich bedeutendes Dokument. Die aus seiner
Verbindung mit Goethe hervorgegangene Grundlegung einer klassischen
Ästhetik findet in der Schrift *Über die bildende Nachahmung des Schönen* (1788) ihren Niederschlag.

Die Signatur des Schönen (Auszug)

*Das ideelle Fundament der Kunsttheorie der Klassik erhielt
von Karl Philipp Moritz entscheidende Impulse. Stärker
als Winckelmann betont Moritz die Ganzheitsvorstellung
organischer Art bei der Kunstwerk-Beschreibung. So wird
schon in der Fragestellung des Untertitels (»Inwiefern
Kunstwerke beschrieben werden können?«) der kritische
Hinweis auf und der Wille zur Überprüfung der Winckelmannschen Art der Kunstbeschreibung deutlich, der dann
am Ende des Aufsatzes Winckelmanns Beschreibung des
Apoll von Belvedere ausdrücklich als »zweckwidrig« – weil
allzusehr vom Detail ausgehend – bezeichnet. Moritz findet
im Kunstwerk die absolute Selbstgenügsamkeit des objektiv
Schönen schlechthin. Dieser Gedanke bezieht sich auf die
Wirkungsweise der antiken Plastik: ihre sinnliche Gegenwärtigkeit, ihre Vollendung im einzelnen und ihre mächtige
Wirkung als Ganzes.
Die entwicklungsgeschichtliche und ideengeschichtliche Bedeutung des von Moritz vollzogenen Durchbruchs zu
Zweckerlöstheit und Eigenwertigkeit der Kunst zeigt sich
bereits in seinem 1785 erschienenen »Versuch einer Vereinigung aller schönen Künste und Wissenschaften unter dem*

Begriff des in sich selbst Vollendeten«. Die dort geäußerten Anschauungen umreißen bereits die entscheidende Grundposition seiner späteren, dann auf Grund des römischen Umganges mit Goethe weiter ausgeführten ästhetischen Hauptschrift »Über die bildende Nachahmung des Schönen« (1788). Für Goethe wurde schon der »Versuch einer Vereinigung . . .« während der italienischen Reise so bedeutsam, daß er Moritz als »Zwillingsbruder« empfand. Herder bezeichnete Moritzens Kunsttheorie als Goethe »auf den Leib zugeschnitten«.

»Die Signatur des Schönen« gehört zu den wesentlichen Aufsätzen aus der von Moritz praktisch allein herausgegebenen »Monatsschrift der Akademie der Künste und mechanischen Wissenschaften zu Berlin«. Hier und in den oben erwähnten Werken ist Moritz der Ideenwelt der Klassik zuzuordnen. Während er in diesen Schriften der Klassik entscheidende Antriebe vermittelt, zeigt sich in seinen populär-wissenschaftlichen »Beiträgen zur Philosophie des Lebens« (1780) noch Aufklärerisches wirksam. Mit seinem autobiographischen psychologischen Roman »Anton Reiser« gehört er in den Umkreis der Sturm-und-Drang-Problematik. So steht Moritz wie Winckelmann wesenhaft und wirkungsmäßig an der Berührungsstelle von Aufklärung, Sturm und Drang und Klassik. In gewissen Gedankengängen über das Todesproblem und die Wiedergeburt weist er in die Romantik hinüber.

Die Bedeutung seiner kunst- und dichtungstheoretischen Arbeiten für die frühklassische Ästhetik wird von der Forschung des 20. Jahrhunderts in wachsendem Maße hervorgehoben. Jedoch hat sich diese Wertung noch nicht in philologischer Bemühung um die überlieferten Texte ausgewirkt, so daß sein Gesamtwerk bis heute unediert geblieben ist.

Denn darin besteht ja eben das Wesen des Schönen, daß ein Teil immer durch den andern und das Ganze durch sich selber, redend und bedeutend wird – daß es sich selbst erklärt – sich durch sich selbst beschreibt – und also, außer dem bloß andeutenden Fingerzeige auf den Inhalt, keiner weitern Erklärung und Beschreibung mehr bedarf.

Sobald ein schönes Kunstwerk, außer diesem Fingerzeige, noch einer besondern Erklärung bedürfte, wäre es ja eben deswegen schon unvollkommen: denn das erste Erfordernis des Schönen ist ja eben seine *Klarheit*, wodurch es sich dem Aug' entfaltet.

Das in die Hülle der Existenz, gleich dem elektrischen Funken, verborgne Schöne findet allenthalben statt und dient der häßlichsten Oberfläche sehr oft zur Unterlage – wo also die Kunst es auf der Oberfläche darstellen will, muß sie es auch notwendig *ganz* entwickeln und es gleichsam aus sich selbst enthüllen.

Wo dann das echte Schöne sich uns entfaltet, da ist es durch sich selbst die vollkommenste Erklärung der Vollkommenheit, die im Innern der Natur verborgen, unter tausend Gestalten lauscht und mehr oder weniger sich unserm Blick entzieht.

Es ist eine deutliche Beschreibung dessen, was unsrer Sterblichkeit nur dunkel ahndet.

Das Licht, worin sich uns das Schöne zeigt, kommt nicht von uns, sondern fließt von dem Schönen selber aus und verscheucht auf eine Weile die Dämmrung um uns her. –

Darum fühlen wir beim Anblick des Schönen unser Herz und unsern Verstand erweitert, weil uns etwas von demjenigen sichtbar und fühlbar zu werden scheint, was immer unsern forschenden Gedanken sich entzieht, welche durch die schwachen Laute der Sprache nur mühsam ihren Kreislauf beschreiben und immer da in sich selbst wieder zurückfallen, wo sie ihren höchsten Gegenstand zu erreichen hofften.

Je mehr wir nämlich, überhaupt beim Anblick der Natur, die Ursach' in ihrer Wirkung, das innere Wesen der Dinge in ihren äußren Formen und Gestalten lesen, um desto befriedigter fühlen wir uns, und um desto vollkommner scheint uns das zu sein, was durch seine äußere Form zugleich sein innres Wesen uns enthüllt.

Eben darum rührt uns die Schönheit der menschlichen Gestalt am meisten, weil sie die inwohnende Vollkommenheit der Natur am deutlichsten durch ihre zarte Oberfläche schimmern und uns, wie in einem hellen Spiegel, auf den Grund unsres eignen Wesens, durch sich schauen läßt.

Die Nacktheit selber, welche jeden Mangel aufdeckt, und jedes andre Tier entstellt, ist bei dem Menschen das höchste Siegel der Vollendung seiner Schönheit, die allein ihrer Blöße sich nicht schämen darf, sondern, wie die Wahrheit, keinen edlern Schmuck als sich selber kennt.

Denn die Nacktheit selbst entsteht ja aus der vollkommensten *Bestimmtheit* aller Teile, wodurch alles Zufällige von der vollendeten Bildung ausgeschlossen wird und nur das Wesentliche auf der Oberfläche erscheint.

Sobald die Bildung nicht in allen Teilen so vollkommen bestimmt und vollendet ist, daß sie das innre Wesen des Gebildeten allenthalben auf seiner Oberfläche durchschimmern läßt, findet auch bei der Entblößung keine eigentliche Nacktheit statt.

Denn die letzte ins Auge fallende Oberfläche ist alsdann immer selbst schon wieder eine Art von Bekleidung, die das innre Wesen uns verdeckt. – Eben weil alsdann die Bildung nicht vollkommen bestimmt und in sich selbst vollendet ist, sondern durch den Auswuchs von Schuppen, Haar und Federn gleichsam über sich hinausgeht – und eben dadurch immer mehr an Schönheit und Bedeutsamkeit verliert, bis sie zuletzt in dem unbestimmtesten Wachstum der Pflanze die harte Rinde um sich herzieht, die den Schatz von Vollkommenheit, den sie umschließt, am neidischsten unserm Blick entzieht.

So wie sich nämlich mit der zunehmenden Bestimmtheit alles Ungebildete dem Gebildeten nähert, so nähert sich auch, mit der zunehmenden Zufälligkeit, das Gebildete immer mehr dem Ungebildeten.

Denn der Begriff des Unorganisierten ist mit dem Begriff
des Zufälligen unzertrennlich verknüpft. – [...]

Durch das redende Organ beschreibt die menschliche Gestalt
sich selber in allen *Äußrungen* ihres Wesens – da aber, wo
das wesentliche Schöne selbst auf ihrer Oberfläche sich entfaltet, verstummt die Zunge und macht der weisern Hand
des bildenden Künstlers Platz.

Denn da, wo das denkende Gebildete in den äußersten
Fingerspitzen sich in sich selbst vollendet, vermag es erst,
das Schöne *unmittelbar* wieder außer sich darzustellen. –
Indes die Zunge durch eine bestimmte Folge von Lauten
jedesmal harmonisch sich hindurch bewegend nur *mittelbar*
das Schöne umfassen kann; insofern nämlich die mit jedem
Worte erweckten und nie ganz wieder verlöschenden Bilder
zuletzt eine *Spur* auf dem Grunde der Einbildungskraft
zurücklassen, die mit ihrem vollendeten Umriß dasselbe
Schöne umschreibt, welches, von der Hand des bildenden
Künstlers dargestellt, auf einmal vors Auge tritt.

Worte können daher das Schöne nicht eher beschreiben, als
bis sie in der bleibenden Spur, die ihr vorübergehender
Hauch auf dem Grunde der Einbildungskraft zurückläßt,
selbst wieder zum Schönen werden. –

Dies können sie aber nicht eher werden als auf dem Punkte,
wo die Wahrheit der Dichtung Platz macht und die Beschreibung mit dem Beschriebnen eins wird, weil sie nicht
mehr um des Beschriebnen willen da ist, sondern ihren
Endzweck in sich selber hat; und also auch nicht ferner
dazu dienen kann, uns eine Sache kenntlich zu machen, die
wir noch nicht kennen; indem unsre ganze Aufmerksamkeit
mehr auf die Beschreibung selbst als auf die beschriebne
Sache gezogen wird, die wir durch die Beschreibung nicht
sowohl kennenlernen als vielmehr sie in ihr *wieder erkennen* wollen.

Denn es ist offenbar, daß wir uns bei der Dichtung die
Sachen um der Beschreibung willen, bei der Geschichte hingegen die Beschreibung um der Sachen willen denken.

Bei der Beschreibung des Schönen durch Worte müssen also die Worte, mit der Spur, die sie in der Einbildungskraft zurücklassen, zusammengenommen, selbst das Schöne sein.

Und so müssen nun auch bei der Beschreibung des Schönen durch Linien diese Linien selbst, zusammengenommen, das Schöne sein, welches nie anders als durch sich selbst bezeichnet werden kann; weil es eben da erst seinen Anfang nimmt, wo die Sache mit ihrer Bezeichnung eins wird.

Die echten Werke der Dichtkunst sind daher auch die einzige wahre Beschreibung durch Worte von dem Schönen in den Werken der bildenden Kunst, welches immer nur mittelbar durch Worte beschrieben werden kann, die oft erst einen sehr weiten Umweg nehmen und manchmal eine Welt von Verhältnissen in sich begreifen müssen, ehe sie auf dem Grunde unsers Wesens dasselbe Bild vollenden können, das von außen auf einmal vor unserm Auge steht.

Man könnte in diesem Sinne sagen: das vollkommenste Gedicht sei, seinem Urheber unbewußt, zugleich die vollkommenste Beschreibung des höchsten Meisterstücks der bildenden Kunst, so wie dies wiederum die Verkörperung oder verwirklichte Darstellung des Meisterwerks der Phantasie; – wenn wir nur einen Augenblick auf den Grund unsers Wesens schauen und dort die Spur uns erklären könnten, welche nach Lesung des Homer dieselbe Empfindung des Schönen in uns zurückläßt, die der Anblick des höchsten Kunstwerks unmittelbar in uns erweckt.

So viel fällt demungeachtet deutlich in die Augen, daß die zurückgelaßne Spur von irgendeiner Sache, von dieser Sache selbst so unendlich verschieden sein könne, daß es zuletzt fast unmöglich wird, die Verwandtschaft der Spur mit der Gestalt des Dinges, wodurch sie eingedrückt ward, noch ferner zu erraten. – So wie denn jede sich fortbewegende Spitze einerlei Spur zurückläßt, die übrige Gestalt des Dinges, woran sie befindlich ist, mag auch beschaffen sein, wie sie wolle.

Das Allerverschiedenste kann daher immer in der *letzten*

Spur, die es von sich zurückläßt, sich wieder gleich werden;
wie denn alles, was da ist, sich auf dem Punkte gleich wird,
wo seine äußersten Spitzen in unserm Denken zusammentreffen und dort eine gemeinschaftliche Spur von sich zurücklassen, die mit nichts außer sich mehr Ähnlichkeit hat
und eben daher von allem, was da ist, ohne Hinderung
sagen kann: es ist.

Auf die Weise kann nun auch auf dem Grunde der Einbildungskraft, da, wo die in ihr erweckten Bilder ihre letzte,
leiseste Spur zurücklassen, durch das Zusammentreffen aller
dieser Spuren etwas von allen den einzelnen Bildern ganz
Verschiednes entstehen, das bloß die reinsten Verhältnisse
in sich faßt, nach welchen das ganz voneinander Ver-
schiedne sich um- und zueinander bewegt.

Nun gibt es aber in der ganzen Natur keine so sanften und
reinen Bewegungen von Linien um- und zueinander als in
der Bildung des Auges selbst, in dessen umschatteter Wöl-
bung Himmel und Erde ruht, während daß es das Allerverschiedenste in seinen reinsten Verhältnissen in sich
faßt. –

Daher kömmt nichts unter allem Sichtbaren dem Sehenden
selbst an Schönheit gleich, und die sanfte Spur des Sehenden, in seine ganze Umgebung verhältnismäßig eingedrückt,
ist von allem Sichtbaren allein vermögend, uns *unmittelbar*
Liebe und Zärtlichkeit einzuflößen.

Nun gründet sich aber der Genuß des Schönen stets auf
Liebe und Zärtlichkeit, insofern es uns jedesmal auf eine
Weile aus uns selber zieht, und macht, daß wir über seinem
Anschaun uns selbst vergessen. –

Da nun unter allem Sichtbaren nichts fähig ist, uns *unmittelbar* Liebe und Zärtlichkeit einzuflößen, als die reinsten
Verhältnisse in der vollendeten Gestalt des Sehenden, so
scheinet es, als müßten wir jedesmal diese Verhältnisse auf
eine oder die andre Weise, in uns oder außer uns, *wieder
erkennen*, sooft wir dem Schönen zu huldigen uns gedrungen fühlen.

Und wo könnten auch wohl die unzähligen Widersprüche, die wir im Kleinen und im Großen wahrnehmen; der Druck der Ungleichheit, die Entzweiung des Gleichen; der Raub des Eingreifenden, der Neid des Ausschließenden; die Verdrängung des Mächtigen, die Rachsucht des Verdrängten; die Empörung des Niedrigen; der Fall des Erhabnen; und alle die gegeneinander streitenden Kräfte sich endlich in eine sanftere Harmonie verlieren, als in den reinsten Verhältnissen der Bildung, welche zuletzt alle diese Widersprüche in sich selber auflöst und vereinigt? –

In welcher der Druck des Ungleichen seine Tyrannei; die Entzweiung des Gleichen ihre abneigende Feindschaft; der Raub des Eingreifenden seine zerstörende Gewaltsamkeit; der Neid des Ausschließenden, die Verdrängung des Mächtigen ihre Ungerechtigkeit; die Rachsucht des Verdrängten ihre Unversöhnlichkeit; die Empörung des Niedrigen ihren Haß und der Fall des Erhabnen seine Schmach verliert. – [...]

Wir kommen also wiederum auf den Punkt zurück, daß die Werke der bildenden Künste selbst schon die vollkommenste Beschreibung ihrer selbst sind, welche nicht noch einmal wieder beschrieben werden kann.

Denn die Beschreibung durch Konturen ist ja an sich selbst schon bedeutender und bestimmter als jede Beschreibung durch Worte.

Umrisse *vereinigen*, Worte können nur auseinander sondern; sie schneiden in die sanfteren Krümmungen der Konturen viel zu scharf ein, als daß diese nicht darunter leiden sollten.

Winckelmanns Beschreibung vom Apollo im Belvedere zerreißt daher das Ganze dieses Kunstwerks, sobald sie unmittelbar darauf angewandt und nicht vielmehr als eine bloß poetische Beschreibung des Apollo selbst betrachtet wird, die dem Kunstwerke gar nichts angeht.

Diese Beschreibung hat daher auch der Betrachtung dieses erhabenen Kunstwerks weit mehr geschadet als genutzt, weil sie den Blick vom Ganzen abgezogen und auf das Einzelne geheftet hat, welches doch bei der nähern Betrachtung immer mehr verschwinden und in das Ganze sich verlieren soll.

Auch macht die Winckelmannsche Beschreibung aus dem Apollo eine Komposition aus Bruchstücken, indem sie ihm eine Stirn des Jupiters, Augen der Juno, usw. zuschreibt, wodurch die Einheit der erhabnen Bildung entweiht und ihr wohltätiger Eindruck zerstört wird.

Ebenso unzweckmäßig, wie es nun sein würde, die Schönheiten eines Gedichts nach der Reihe zu beschreiben, statt das Gedicht selbst vorzulesen, oder den Gang einer vortrefflichen Musik, die man hören kann, mit Worten schildern zu wollen, ebenso vergeblich und zweckwidrig ist es auch, Kunstwerke, die man im Ganzen sehen kann, nach ihren *einzelnen Teilen* im eigentlichen Sinne zu beschreiben.

Wenn über Werke der bildenden Künste und überhaupt über Kunstwerke etwas Würdiges gesagt werden soll, so muß es keine bloße Beschreibung derselben nach ihren einzelnen Teilen sein, sondern es muß uns einen *nähern Aufschluß über das Ganze und die Notwendigkeit seiner Teile geben.*

JOHANN GOTTFRIED HERDER

Geb. 25. August 1744 in Mohrungen (Ostpreußen), gest. 18. Dezember 1803 in Weimar. Studium der Theologie in Königsberg. Einfluß Kants und Hamanns. 1764–69 Lehrer und Pfarrer in Riga. 1770 Straßburg. Dort Bekanntschaft mit dem jungen Goethe. 1771 Hofprediger in Bückeburg. 1776 durch Goethes Vermittlung nach Weimar. Herders Sprachphilosophie und seine Volksliedersammlung *(Stimmen der Völker in Liedern)* lenkten den Blick seiner Zeit auf bis dahin vernachlässigtes Volksgut. Seine Auffassung von der Eigengesetzlichkeit geschichtlicher Epochen und Kulturstufen begründeten die neue deutsche Geschichtsphilosophie. Herders wichtigstes Werk *Ideen zur Philosophie der Geschichte der Menschheit* (1784–91) blieb unvollendet.

Zur Humanität und Religion ist der Mensch gebildet
(Ideen zur Philosophie der Geschichte der Menschheit, VI. Abschnitt)

Herders Beitrag zur Formung des klassischen Humanitäts-begriffs tritt in der Forschung hinter dem Winckelmanns, Goethes, Schillers und Humboldts zurück, weil man seine Bedeutung vor allem auf dem Gebiete der Kultur- und Religionsgeschichte, der Sprachwissenschaft und Anthropo-logie, der Pädagogik, Psychologie und der Literaturwissen-schaft gewürdigt hat. Wie sehr aber alle diese verschiedenen Impulse in Herders ganzheitlicher Schau zusammenwirken, zeigen besonders die »Ideen zur Philosophie der Geschichte der Menschheit« (1784–91). Das Werk enthält die Summe seiner Auffassungen. Die Menschheitsgeschichte wird als etwas organisch Gewachsenes dargestellt und als Funktion geographischer und klimatischer Bedingungen gesehen. Über die Geschichte der Völker (China, Japan, Tibet, Indien, Babylon, Assyrien, Ägypten, Griechenland, Rom, die Kel-ten, Gälen, Cymren und die Germanen) gelangt Herder zum christlichen Mittelalter, das als Zeit des »Rittergeistes« gedeutet wird. Die Deutung der Menschheitsgeschichte als des Weges zu stets vollkommenerer Humanität, das Bestre-ben, das Historische als Offenbarung ewig verbindlicher Gesetzmäßigkeiten zu sehen, ein derartig umfassender ethisch-idealistischer Versuch mußte in der drängenden Fülle seiner Anregungen Fragment bleiben. So bricht dieses Musterbeispiel Herders Geschichtsbetrachtung mit der Dar-stellung des Mittelalters ab.
Wie sehr Herders Idee der Bildung des Menschen zum »humanus« für seine Zeit maßgeblich war, spiegelt noch Goethes Gedicht »Die Geheimnisse«. Den überwältigenden Eindruck der »Ideen« zeigt Goethes Wort, daß das Werk sein »Messias« sei. Die Weite und Tiefe der Gedanken die-ser Schrift öffneten den Weg zu einer idealistischen Ge-schichtsphilosophie, die in Hegel gipfelte.

In dem vielbändigen kulturphilosophischen Werk wird der Reichtum der theologischen, geschichts- und naturphilosophischen geistes- und naturwissenschaftlichen Anregungen und Gedanken durch den zentralen Humanitätsgedanken zusammengehalten. Indem Herder auf dem Wege der vergleichenden Anatomie vom Niederen zum Höheren fortschreitet, kommt er mit Hilfe der Grundgestalt der Pflanzen und Tiere zur Erfassung des Menschen: Der aufrechte Gang des Menschen erscheint als sein bestimmendes Wesensmerkmal. Aus ihm ergeben sich die Voraussetzungen, die ihn zum Kulturträger berufen: gestaltende Hände, Sprache, Sinn für Gerechtigkeit, Wahrheitsliebe usw. Die menschliche Bestimmung zu geistig-sittlicher Entfaltung gipfelt in der Religion als entscheidendem Merkmal der Humanität. Gott entfaltet sich nach Herder als »Urkraft aller Kräfte« in den ständigen Verwandlungen der Schöpfung. Vor dieser göttlichen Universalkraft, in dieser Universalreligion und -kirche gibt es nicht »Jude und Grieche, kein Knecht und Freier, kein Mann noch Weib. In ihr sind wir alle eins.«

Ich wünschte, daß ich in das Wort *Humanität* alles fassen könnte, was ich bisher über des Menschen edle Bildung zur Vernunft und Freiheit, zu feinern Sinnen und Trieben, zur zartesten und stärksten Gesundheit, zur Erfüllung und Beherrschung der Erde gesagt habe: denn der Mensch hat kein edleres Wort für seine Bestimmung als er selbst ist, in dem das Bild des Schöpfers unsrer Erde, wie es hier sichtbar werden konnte, abgedruckt lebet. Um seine edelsten Pflichten zu entwickeln, dörfen wir nur seine Gestalt zeichnen.

Alle Triebe eines lebendigen Wesens lassen sich auf die *Erhaltung sein selbst* und auf eine *Teilnehmung* oder *Mitteilung* an andre zurückführen; das organische Gebäude des Menschen gibt, wenn eine höhere Leitung dazu kommt, diesen Neigungen die erlesenste Ordnung. Wie die gerade Linie die festeste ist: so hat auch der Mensch zur Beschützung seiner von außen den kleinsten Umfang, von innen

die vielartigste Schnellkraft. Er stehet auf der kleinsten
Basis und kann also am leichtesten seine Glieder decken;
der Punkt seiner Schwere fällt zwischen die lenksamsten
und stärksten Hüften, die ein Erdengeschöpf hat und wo
kein Tier die regsame Stärke des Menschen beweiset. Seine
gedrücktere eherne Brust und die Werkzeuge der Arme
eben an dieser Stellung geben ihm von oben den weitesten
Umkreis der Verteidigung, sein Herz zu bewahren und
seine edelsten Lebensteile vom Haupt bis zu den Knien hinab zu schirmen. Es ist keine Fabel, daß Menschen mit Lö-
wen gestritten und sie übermannt haben: der Afrikaner
nimmt es mit mehr als einem auf, wenn er Behutsamkeit,
List und Gewalt verbindet. Indessen ist's wahr, daß der
Bau des Menschen vorzüglich auf die Verteidigung, nicht
auf den Angriff gerichtet ist; in diesem muß ihm die Kunst
zu Hülfe kommen, in jener aber ist er von Natur das kräf-
tigste Geschöpf der Erde. Seine Gestalt selbst lehret ihn
also *Friedlichkeit*, nicht räuberische Mordverwüstung: der
Humanität erstes Merkmal.

2. Unter den Trieben, die sich auf andre beziehen, ist der
Geschlechtstrieb der mächtigste; auch er ist beim Menschen
dem Bau der Humanität zugeordnet. Was bei dem vier-
füßigen Tier, selbst bei dem schamhaften Elefanten Be-
gattung ist, ist bei ihm seinem Bau nach Kuß und Umarmung. Kein Tier hat die menschliche Lippe, deren feine
Oberrinne bei der Frucht des Mutterleibes im Antlitz am
spätesten gebildet wird; gleichsam die letzte Bezeichnung
des Fingers der Liebe, daß diese Lippe sich schön und ver-
standreich schließen sollte. Von keinem Tier also gilt der
schamhafte Ausdruck der alten Sprache, daß es sein Weib
erkenne. Die alte Fabel sagt, daß beide Geschlechter einst,
wie Blumen, eine Androgyne gewesen, aber geteilt worden;
sie wollte mit dieser und andern sinnreichen Dichtungen als
Fabel den Vorzug der menschlichen Liebe vor den Tieren
verhüllet sagen. Auch daß der menschliche Trieb nicht wie
bei diesen schlechthin einer Jahrszeit unterworfen ist (ob-

wohl über die Revolutionen hiezu im menschlichen Körper noch keine tüchtige Betrachtungen angestellet worden), zeigt offenbar, daß er nicht von der Notwendigkeit, sondern vom Liebreiz abhangen, der Vernunft unterworfen bleiben und einer freiwilligen Mäßigung so überlassen werden sollte, wie alles, was der Mensch um und an sich träget. Auch die Liebe sollte bei dem Menschen *human* sein, dazu bestimmte die Natur, außer seiner Gestalt, auch die spätere Entwicklung, die Dauer und das Verhältnis des Triebes in beiden Geschlechtern; ja sie brachte diesen unter das Gesetz eines *gemeinschaftlichen freiwilligen Bundes* und der freundschaftlichsten Mitteilung zweener Wesen, die sich durchs ganze Leben zu einem vereint fühlen.

3. Da außer der mitteilenden Liebe alle andere zärtlichen Affekten sich mit der *Teilnehmung* begnügen: so hat die Natur den Menschen unter allen Lebendigen zum *teilnehmendsten* geschaffen, weil sie ihn gleichsam aus allem geformt und jedem Reich der Schöpfung in dem Verhältnis ähnlich organisiert hat, als er mit demselben mitfühlen sollte. Sein Fiberngebäude ist so elastisch fein und zart und sein Nervengebäude so verschlungen in alle Teile seines vibrierenden Wesens, daß er als ein Analogon der alles durchfühlenden Gottheit sich beinah in jedes Geschöpf setzen und gerade in dem Maß mit ihm empfinden kann, als das Geschöpf es bedarf und sein Ganzes es ohne eigene Zerrüttung, ja selbst mit Gefahr derselben, leidet. Auch an einem Baum nimmt unsre Maschine teil, sofern sie ein wachsender, grünender Baum ist; und es gibt Menschen, die den Sturz oder die Verstümmelung desselben in seiner grünenden Jugendgestalt körperlich nicht ertragen. Seine verdorrete Krone tut uns leid; wir trauren um eine verwelkende liebe Blume. Auch das Krümmen des zerquetschten Wurms ist einem zarten Menschen nicht gleichgültig; und je vollkommener das Tier ist, je mehr es in seiner Organisation uns nahekommt: desto mehr Sympathie erregt es in seinem Leiden. Es haben harte Nerven dazu gehört, ein

Geschöpf lebendig zu öffnen und in seinen Zuckungen zu behorchen; nur der unersättliche Durst nach Ruhm und Wissenschaft konnte allmählich dies organische Mitgefühl betäuben. Zärtere Weiber können sogar die Zergliederung eines Toten nicht ertragen: sie empfinden Schmerz in jedem Gliede, das vor ihren Augen gewaltsam zerstört wird, besonders je zarter und edler die Teile selbst werden. Ein durchwühltes Eingeweide erregt Grauen und Abscheu; ein zerschnittenes Herz, eine zerspaltne Lunge, ein zerstörtes Gehirn schneidet und sticht mit dem Messer in unsre eignen Glieder. Am Leichnam eines geliebten Toten nehmen wir noch in seinem Grabe teil: wir fühlen die kalte Höhle, die er nicht mehr fühlet, und Schauder überläuft uns, wenn wir sein Gebein nur berühren. So sympathetisch webte die allgemeine Mutter, die alles aus sich nahm und mit allem in der innigsten Sympathie mitfühlet, den menschlichen Körper. Sein vibrierendes Fibernsystem, sein teilnehmendes Nervengebäude hat des Aufrufs der Vernunft nicht nötig; es kommt ihr zuvor, ja es setzet sich ihr oft mächtig und widersinnig entgegen. Der Umgang mit Wahnsinnigen, an denen wir teilnehmen, erregt selbst Wahnsinn und desto eher, je mehr sich der Mensch davor fürchtet.

Sonderbar ist's, daß das Gehör so viel mehr als das Gesicht beiträgt, dies Mitgefühl zu erwecken und zu verstärken. Der Seufzer eines Tiers, das ausgestoße Geschrei seines leidenden Körpers zieht alle ihm ähnlichen herbei, die, wie oft bemerkt ist, traurig um den Winselnden stehn und ihm gern helfen möchten. Auch bei den Menschen erregt das Gemälde des Schmerzes eher Schrecken und Grausen als zärtliche Mitempfindung; sobald uns aber nur ein Ton des Leidenden ruft, so verlieren wir die Fassung und eilen zu ihm: es geht uns ein Stich durch die Seele. Ist's, weil der Ton das Gemälde des Auges zum lebendigen Wesen macht, also alle Erinnerungen eigner und fremder Gefühle zurückbringt und auf einen Punkt vereinet? Oder gibt es, wie ich glaube, noch eine tiefere organische Ursache? Gnug, die Er-

fahrung ist wahr, und sie zeigt beim Menschen den Grund
seines größern Mitgefühls durch *Stimme und Sprache*. An
dem, was nicht seufzen kann, nehmen wir weniger teil, weil
es ein lungenloses, ein unvollkommeneres Geschöpf ist, uns
minder gleich organisieret. Einige Taub- und Stummgeborne
haben entsetzliche Beispiele vom Mangel des Mitgefühls
und der Teilnehmung an Menschen und Tieren gegeben;
und wir werden bei wilden Völkerschaften noch Proben
gnug davon bemerken. Indessen auch bei ihnen noch ist
das Gesetz der Natur nicht verkennbar. Die Väter, die,
von Not und Hunger gezwungen, ihre Kinder dem Tode
opfern, weihen sie in Mutterleibe demselben, ehe sie ihr
Auge gesehn, ehe sie ihre Stimme gehört haben, und manche Kindermörderin bekannte, daß ihr nichts so schwer geworden und so lang im Gedächtnis geblieben sei als der
erste weinende Laut, die flehende Stimme des Kindes.
4. Schön ist die Kette, an der die allfühlende Mutter die
Mitempfindungen ihrer Kinder hält und sie von Gliede zu
Gliede hinaufbildet. Wo das Geschöpf noch stumpf und
roh ist, kaum für sich zu sorgen: da ward ihm auch die
Sorge für seine Kinder nicht anvertrauet. Die Vögel brüten
und erziehn ihre Jungen mit Mutterliebe; der sinnlose
Strauß dagegen gibt seine Eier dem Sande. »Er vergisset«,
sagt jenes alte Buch von ihm, »daß eine Klaue sie zertrete
oder ein wildes Tier sie verderbe: denn Gott hat ihm die
Weisheit genommen und hat ihm keinen Verstand mitge-
teilet.« Durch eine und dieselbe organische Ursache, dadurch das Geschöpf mehr Gehirn empfängt, empfängt es
auch mehr Wärme, gebiert Lebendige oder brütet sie aus,
säugt und bekommt mütterliche Liebe. Das lebendiggeborne
Geschöpf ist gleichsam ein Knäuel der Nerven des mütterlichen Wesens; das selbstgesäugte Kind ist eine Sprosse der
Mutterpflanze, die sie als einen Teil von sich nähret. – Auf
dies innigste Mitgefühl sind in der Haushaltung des Tiers
alle die zärtern Triebe gebauet, dazu die Natur sein Geschlecht veredeln konnte.

Bei dem Menschen ist die Mutterliebe höherer Art; eine Sprosse der Humanität seiner aufgerichteten Bildung. Unter dem Auge der Mutter liegt der Säugling auf ihrem Schoß und trinkt die zarteste und feinste Speise; eine tierische und selbst den Körper verunstaltende Art ist's, wenn Völker, von Not gezwungen, ihre Kinder auf dem Rücken säugen. Den größten Unmenschen zähmt die väterliche und häusliche Liebe: denn auch eine Löwenmutter ist gegen ihre Jungen freundlich. Im väterlichen Hause entstand die erste Gesellschaft, durch Bande des Bluts, des Zutrauens und der Liebe verbunden. Also auch, um die Wildheit der Menschen zu brechen und sie zum häuslichen Umgange zu gewöhnen, sollte die Kindheit unsres Geschlechts lange Jahre dauern; die Natur zwang und hielt es durch zarte Bande zusammen, daß es sich nicht, wie die bald ausgebildeten Tiere, zerstreuen und vergessen konnte. Nun ward der Vater der Erzieher seines Sohns, wie die Mutter seine Säugerin gewesen war; und so ward ein neues Glied der Humanität geknüpfet. Hier lag nämlich der Grund zu einer notwendigen *menschlichen Gesellschaft*, ohne die kein Mensch aufwachsen, keine Mehrheit von Menschen sein könnte. Der Mensch ist also zur Gesellschaft *geboren*; das sagt ihm das Mitgefühl seiner Eltern, das sagen ihm die Jahre seiner langen Kindheit.

5. Da aber das bloße Mitgefühl des Menschen sich nicht über alles verbreiten und bei ihm als einem eingeschränkten, vielorganisierten Wesen in allem, was fern von ihm lag, nur ein dunkler, oft unkräftiger Führer sein konnte: so hatte die richtig-leitende Mutter seine vielfachen und leise verwebten Äste unter eine untrüglichere Richtschnur zusammengeordnet; dies ist die *Regel der Gerechtigkeit und Wahrheit*. Aufrichtig ist der Mensch geschaffen und wie in seiner Gestalt alles dem Haupt dienet, wie seine zwei Augen nur *eine* Sache sehen, seine zwei Ohren nur *einen* Schall hören; wie die Natur im ganzen Äußern der Bekleidung überall Symmetrie mit Einheit verband und die Ein-

heit in die Mitte setzte, daß das Zwiefache allenthalben
nur auf sie weise: so wurde auch im Innern das große Gesetz der Billigkeit und des Gleichgewichts des Menschen
Richtschnur: *was du willt, daß andre dir nicht tun sollen,
tue ihnen auch nicht; was jene dir tun sollen, tue du auch
ihnen.* Diese unwidersprechliche Regel ist auch in die Brust
des Unmenschen geschrieben: denn wenn er andre frißt, erwartet er nichts als von ihnen gefressen zu werden. Es ist
die Regel des Wahren und Falschen, des Idem und Idem,
auf den Bau aller seiner Sinne, ja ich möchte sagen, auf die
aufrechte Gestalt des Menschen selbst gegründet. Sähen wir
schief, oder fiele das Licht also: so hätten wir von keiner
geraden Linie Begriff. Wäre unsre Organisation ohne Einheit, unsre Gedanken ohne Besonnenheit: so schweiften wir
auch in unsern Handlungen in regellosen Krümmen einher
und das menschliche Leben hätte weder Vernunft noch
Zweck. Das Gesetz der Billigkeit und Wahrheit macht treue
Gesellen und Brüder: ja wenn es Platz gewinnt, macht es
aus Feinden selbst Freunde. Den ich an meine Brust drücke,
drückt auch mich an seine Brust: für den ich mein Leben
aufopfere, der opfert es auch für mich auf. Gleichförmig-
keit der Gesinnungen also, Einheit des Zwecks bei verschiedenen Menschen, gleichförmige Treue bei einem Bunde hat
alles *Menschen-, Völker- und Tierrecht* gestiftet: denn auch
Tiere, die in Gesellschaft leben, befolgen der Billigkeit Gesetz, und Menschen, die durch List oder Stärke davon weichen, sind die *inhumansten* Geschöpfe, wenn es auch Könige
und Monarchen der Welt wären. Ohne strenge Billigkeit
und Wahrheit ist keine Vernunft, keine Humanität denk-
bar.

6. Die aufrechte und schöne Gestalt des Menschen bildete
denselben zur *Wohlanständigkeit:* denn diese ist der Wahrheit und Billigkeit schöne Dienerin und Freundin. Wohlanständigkeit des Körpers ist, daß er stehe, wie er soll, wie
ihn Gott gemacht hat; wahre Schönheit ist nichts als die
angenehme Form der innern Vollkommenheit und Gesund-

heit. Man denke sich das Gottesgebilde des Menschen durch Nachlässigkeit und falsche Kunst verunziert: das schöne Haar ausgerissen oder in Klumpen verwandelt, Nase und Ohr durchbohrt und herabgezwungen, den Hals und die übrigen Teile des Körpers an sich selbst oder durch Kleider verderbet; man denke sich dies, und wer wird, selbst wenn die eigensinnigste Mode Gebieterin wäre, hier noch Wohlanständigkeit des geraden und schönen menschlichen Körpers finden? Mit Sitten und Gebärden ist es nicht anders; nicht anders mit Gebräuchen, Künsten und der menschlichen Sprache. Durch alle diese Stücke gehet also ein und dieselbe *Humanität* durch, die wenige Völker auf der Erde getroffen und hundert durch Barbarei und falsche Künste verunziert haben. Dieser Humanität nachzuforschen ist die echte *menschliche Philosophie*, die jener Weise vom Himmel rief und die sich im Umgange wie in der Politik, in Wissenschaften wie in allen Künsten offenbaret.

Endlich ist die *Religion* die höchste Humanität des Menschen, und man verwundre sich nicht, daß ich sie hieher rechne. Wenn des Menschen vorzüglichste Gabe Verstand ist: so ist's das Geschäft des Verstandes, den Zusammenhang zwischen Ursache und Wirkung aufzuspähen und denselben, wo er ihn nicht gewahr wird, zu ahnen. Der menschliche Verstand tut dieses in allen Sachen, Hantierungen und Künsten: denn auch, wo er einer *angenommenen* Fertigkeit folget, mußte ein früherer Verstand den Zusammenhang zwischen Ursache und Wirkung festgesetzt und also diese Kunst eingeführt haben. Nun sehen wir in den Werken der Natur eigentlich keine Ursache im Innersten ein; wir kennen uns selbst nicht, und wissen nicht, wie irgend etwas in uns wirket. Also ist auch bei allen Wirkungen außer uns alles nur Traum, nur Vermutung und Name; indessen ein wahrer Traum, sobald wir oft und beständig einerlei Wirkungen mit einerlei Ursachen verknüpft sehen. Dies ist der Gang der Philosophie, und die erste und letzte Philosophie ist immer Religion gewesen. Auch die wildesten Völker haben sich darin geübt: denn kein Volk der Erde ist völlig ohne sie, so wenig, als ohne menschliche Vernunftfähigkeit und Gestalt, ohne Sprache und Ehe, ohne einige menschliche Sitten und Gebräuche gefunden worden. Sie glaubten, wo sie keinen sichtbaren Urheber sahen, an unsichtbare Urheber und forschten also immer doch, so dunkel es war, Ursachen der Dinge nach. Freilich hielten sie sich mehr an die Begebenheiten als an die Wesen der Natur: mehr an ihre fürchterliche und vorübergehende als an die erfreuende und daurende Seite; auch kamen sie selten so weit, alle Ursachen unter eine zu ordnen. Indessen war auch dieser erste Versuch Religion; und es heißt nichts gesagt, daß *Furcht* bei den meisten ihre Götter erfunden. Die Furcht, als solche, erfindet nichts: sie weckt bloß den Verstand, zu mutmaßen und wahr oder falsch zu ahnen. Sobald der Mensch also seinen Verstand in der leichtesten Anregung brauchen lernte, d. i. sobald er die Welt anders als ein Tier ansah, mußte er unsichtbare mächtigere Wesen vermuten, die ihm helfen oder ihm schaden. Diese suchte er sich zu Freunden zu machen oder zu erhalten, und so ward die Religion, wahr oder falsch, recht oder irregeführt, die Belehrerin der Menschen, die ratgebende Trösterin ihres so dunkeln, so gefahr- und labyrinthvollen Lebens.

Nein! du hast dich deinen Geschöpfen nicht unbezeugt gelassen, du ewige Quelle alles Lebens, aller Wesen und Formen. Das gebückte Tier empfindet dunkel deine Macht und Güte, indem es seiner Organisation nach Kräfte und Neigungen übt: ihm ist der Mensch die sichtbare Gottheit der Erde. Aber den Menschen erhobst du, daß er, selbst ohne daß er's weiß und will, Ursachen der Dinge nachspähe, ihren Zusammenhang errate und *dich* also finde, du großer Zusammenhang aller Dinge, Wesen der Wesen. Das Innere deiner Natur erkennet er nicht, da er keine Kraft eines Dinges von innen einsieht; ja wenn er dich gestalten wollte, hat er geirret und muß irren: denn du bist gestaltlos, obwohl die erste einzige Ursache aller Gestalten. Indessen ist auch jeder falsche Schimmer von dir dennoch Licht und jeder trügliche Altar, den er dir baute, ein untrügliches Denkmal nicht nur deines Daseins, sondern auch der Macht des Menschen, dich zu erkennen und anzubeten. Religion ist also, auch schon als Verstandesübung betrachtet, die höchste Humanität, die erhabenste Blüte der menschlichen Seele.

Aber sie ist mehr als dies: eine Übung des menschlichen Herzens und die reinste Richtung seiner Fähigkeiten und Kräfte. Wenn der Mensch zur Freiheit erschaffen ist und auf der Erde kein Gesetz hat als das er sich selbst auflegt: so muß er das verwildertste Geschöpf werden, wenn er nicht bald das Gesetz Gottes in der Natur erkennet und der Vollkommenheit des Vaters als Kind nachstrebet. Tiere sind geborne Knechte im großen Hause der irdischen Haushaltung; sklavische Furcht vor Gesetzen und Strafen ist auch das gewisseste Merkmal tierischer Menschen. Der wahre Mensch ist frei und gehorcht aus Güte und Liebe: denn alle Gesetze der Natur, wo er sie einsieht, sind gut, und wo er sie nicht einsieht, lernt er ihnen mit kindlicher Einfalt folgen. Gehest du nicht willig, sagten die Weisen, so mußt du gehen: die Regel der Natur ändert sich deinetwegen nicht; je mehr du aber die Vollkommenheit, Güte und Schönheit derselben erkennest, desto mehr wird auch diese lebendige Form dich zum *Nachbilde der Gottheit* in deinem irdischen Leben bilden. Wahre Religion also ist ein kindlicher Gottesdienst, eine Nachahmung des Höchsten und Schönsten im menschlichen Bilde, mithin die innigste Zufriedenheit, die wirksamste Güte und Menschenliebe.

Und so siehet man auch, warum in allen Religionen der Erde mehr oder minder Menschenähnlichkeit Gottes habe stattfinden müssen, entweder daß man den Menschen zu Gott erhob oder den Vater der Welt zum Menschengebilde hinabzog. Eine höhere Gestalt als die unsre kennen wir nicht; und was den Menschen rühren und menschlich machen soll, muß menschlich gedacht und empfunden sein. Eine sinnliche Nation veredelte also die Menschengestalt zur göttlichen Schönheit; andre, die geistiger dachten, brachten Vollkommenheiten des Unsichtbaren in Symbole fürs menschliche Auge. Selbst da die Gottheit sich uns offenbaren wollte, sprach und handelte sie unter uns, jedem Zeitraum angemessen, *menschlich*. Nichts hat unsre Gestalt und Natur so sehr veredelt als die Religion; bloß und allein weil sie sie auf ihre reinste Bestimmung zurückführte.

Daß mit der Religion also auch Hoffnung und Glaube der Unsterblichkeit verbunden war und durch sie unter den Menschen gegründet wurde, ist abermals Natur der Sache, vom Begriff Gottes und der Menschheit beinah unzertrennlich. Wie? wir sind Kinder des Ewigen, den wir hier nachahmend erkennen und lieben lernen sollen, zu dessen Erkenntnis wir durch alles erweckt, zu dessen Nachahmung wir durch Liebe und Leid gezwungen werden, und wir erkennen ihn noch so dunkel: wir ahmen ihm so schwach und kindisch nach; ja wir sehen die Gründe, warum wir ihn in dieser Organisation nicht anders erkennen und nachahmen können. Und es sollte für uns keine andre möglich? für unsre gewisseste beste Anlage sollte kein Fortgang wirklich sein? Denn eben diese unsre edelsten Kräfte sind so wenig für diese Welt: sie streben über dieselbe hinüber, weil hier alles der Notdurft dienet. Und doch fühlen wir unsern edlern Teil beständig im Kampf mit dieser Notdurft: gerade das, was der Zweck der Organisation im Menschen scheinet, findet auf der Erde zwar seine Geburts-, aber nichts weniger als seine Vollendungsstätte. Riß also die Gottheit den Faden ab und brachte mit allen Zubereitungen aufs Menschengebilde endlich ein unreifes Geschöpf zustande, das mit seiner ganzen Bestimmung getäuscht ward? Alles auf der Erde ist Stückwerk, und soll es ewig und ewig ein unvollkommnes Stückwerk, so wie das Menschengeschlecht eine bloße Schattenherde, die sich mit Träumen jagt, bleiben? Hier knüpfte die Religion alle Mängel und Hoffnungen unsres Geschlechts zum *Glauben* zusammen und wand der Humanität eine *unsterbliche* Krone.

Briefe zur Beförderung der Humanität
(27. und 28. Brief)

Die »Briefe zur Beförderung der Humanität« (1793–97)
knüpfen an die fragmentarisch gebliebenen »Ideen« an,
stimmen mit der dort umrissenen Humanitätsidee überein
und führen diese Betrachtungen weiter aus. Die 124 »Briefe«,
die im Titel nicht ohne Absicht an Lessing erinnern, ver-
suchen, die unvollendet gebliebene Geschichtsschau der
»Ideen« bis auf die Gegenwart fortzuführen.
Formal kehrt Herder in diesem humanistischen Testament
zur Gesprächstechnik der moralischen Wochenschriften zu-
rück. Er führt eine Gesellschaft von Freunden ein, mit
deren Meinungen er sich als Herausgeber nicht identifiziert.
So werden die Fragen im Gespräch – also anscheinend ob-
jektiv – von verschiedenen Standpunkten beleuchtet.
Die dritte der zehn Sammlungen, aus der unsere Beispiele
stammen, stellt Betrachtungen über Wort und Begriff der
Humanität an. Dabei werden Griechenland (Homer), die
römische Dichtkunst, Shaftesbury, Swift, Diderot, Gleim und
Lessing betrachtet. Es wird deutlich, daß bei Herder schon
Winckelmanns Griechen-Deutung ausgeweitet wird. Das grie-
chisch-römische mustergültige Ereignis verschmilzt hier mit
der ethischen Forderung nach einer allgemein menschlichen
Fortführung und Verwirklichung des großen Vorbilds.

27. Brief

Sie fürchten, daß man dem Wort Humanität einen Fleck
anhängen werde; könnten wir nicht das Wort ändern?
Menschheit, Menschlichkeit, Menschenrechte, Menschen-
pflichten, Menschenwürde, Menschenliebe?
Menschen sind wir allesamt und tragen sofern die *Mensch-*
heit an uns, oder wir gehören zur *Menschheit*. Leider aber
hat man in unserer Sprache dem Wort *Mensch*, und noch
mehr dem barmherzigen Wort *Menschlichkeit* so oft eine
Nebenbedeutung von Niedrigkeit, Schwäche und falschem

Mitleid angehängt, daß man jenes nur mit einem Blick der Verachtung, dies mit einem Achselzucken zu begleiten gewohnt ist. »*Der Mensch!*«* sagen wir jammernd oder verachtend und glauben einen guten Mann aufs lindeste mit dem Ausdruck zu entschuldigen: »Es habe ihn die *Menschlichkeit* übereilet.« Kein Vernünftiger billigt es, daß man den Charakter des Geschlechts, zu dem wir gehören, so barbarisch hinabgesetzt hat; man hat hiemit unweiser gehandelt, als wenn man den Namen seiner Stadt oder Landsmannschaft zum Ekelnamen machte. Wir also wollen uns hüten, daß wir zu Beförderung solcher *Menschlichkeit* keine Briefe schreiben.

Der Name *Menschenrechte* kann ohne *Menschenpflichten* nicht genannt werden; beide beziehen sich aufeinander, und für beide suchen wir *ein* Wort.

So auch *Menschenwürde* und *Menschenliebe.* Das Menschengeschlecht, wie es jetzt ist und wahrscheinlich lange noch sein wird, hat seinem größesten Teil nach keine Würde; man darf es eher bemitleiden als verehren. Es soll aber zum *Charakter seines Geschlechts*, mithin auch zu dessen *Wert* und *Würde* gebildet werden. Das schöne Wort *Menschenliebe* ist so trivial worden, daß man meistens die Menschen liebt, um keinen unter den Menschen wirksam zu lieben. Alle diese Worte enthalten Teilbegriffe unseres Zwecks, den wir gern mit *einem* Ausdruck bezeichnen möchten.

Also wollen wir bei dem Wort *Humanität* bleiben, an welches unter Alten und Neuern die besten Schriftsteller so würdige Begriffe geknüpft haben. Humanität ist der *Charakter unsres Geschlechts*; er ist uns aber nur in Anlagen angeboren und muß uns eigentlich angebildet werden. Wir bringen ihn nicht fertig auf die Welt mit; auf der Welt aber soll er das Ziel unsres Bestrebens, die Summe unsrer Übungen, unser *Wert* sein: denn eine *Angelität* im Menschen kennen wir nicht, und wenn der Dämon, der uns regiert, kein humaner Dämon ist, werden wir Plagegeister

* *Adelung* hat sogar dem verbannenswürdigen Ausdruck »*das Mensch*« einen langen Artikel einräumen müssen. (A. d. H.)

der Menschen. Das *Göttliche* in unserm Geschlecht ist also *Bildung zur Humanität*; alle großen und guten Menschen, Gesetzgeber, Erfinder, Philosophen, Dichter, Künstler, jeder edle Mensch in seinem Stande, bei der Erziehung seiner Kinder, bei der Beobachtung seiner Pflichten, durch Beispiel, Werk, Institut und Lehre hat dazu mitgeholfen. Humanität ist der Schatz und die Ausbeute aller menschlichen Bemühungen, gleichsam die *Kunst unsres Geschlechtes*. Die Bildung zu ihr ist ein Werk, das unablässig fortgesetzt werden muß; oder wir sinken, höhere und niedere Stände, zur rohen Tierheit, zur *Brutalität* zurück.

Sollte das Wort Humanität also unsre Sprache verunzieren? Alle gebildete Nationen haben es in ihre Mundart aufgenommen; und wenn unsre Briefe einem Fremden in die Hand kämen, müßten sie ihm wenigstens unverfänglich scheinen: denn *Briefe zu Beförderung der Brutalität* wird doch kein ehrliebender Mensch wollen geschrieben haben.

28. Brief

Gern nehme ich mit Ihnen das Wort *Humanität* in unsre Sprache, wenigstens im Kreise unsrer Gesellschaft auf; der Begriff, den es ausdrückt, noch mehr aber dessen *Geschichte* scheint ihm das Bürgerrecht zu geben.

Solange der Mensch, dies wunderbare Rätsel der Schöpfung, sich seinem sichtbaren Zustande nach betrachtete und sich dabei mit dem, was in ihm lag, mit seinen Anlagen und Willenskräften oder gar mit äußern Gegenständen der daurenden Natur verglich, so ward er auf das Gefühl der *Hinfälligkeit*, der *Schwäche* und *Krankheit* zurückgestoßen; daher in mehreren morgenländischen Schriften dieser Begriff dem Namen unsres Geschlechts ursprünglich beigesellet ist. Der Mensch ist *von Erde*, eine zerbrechliche, von einem flüchtigen Otem durchhauchte *Leimhütte*[1]; sein Leben ist ein *Schatte*, sein Los ist *Mühe auf Erden*.

1. *Leim: alte Form für ›Lehm‹.*

Schon dieser Begriff führte zur *Menschlichkeit*, d. i. zum erbarmenden Mitgefühl des Leidens seiner Nebenmenschen, zur Teilnahme an den Unvollkommenheiten ihrer Natur, mit dem Bestreben, diesen zuvorzukommen oder ihnen abzuhelfen. Die Morgenländer sind so reich an Sittensprüchen und Einkleidungen, die dies Menschengefühl als Pflicht einschärfen oder als eine unserm Geschlecht unentbehrliche Tugend empfehlen, daß es sehr ungerecht wäre, ihnen Humanität abzusprechen, weil sie dies Wort nicht besaßen.

Die Griechen hatten für den Menschen einen edleren Namen: ανθρωπος, ein *Aufwärtsblickender*, der sein Antlitz und Auge aufrecht empor trägt, oder wie *Plato* es noch künstlicher deutet, einer, der, indem er sieht, auch überzählt und rechnet. Sie konnten indessen ebensowenig umhin, in diesem aufrechtblickenden, vernunftartigen Geschlecht alle die Mängel zu bemerken, die zum bedaurenden Mitgefühl, also zur Humanität und zur Gesellung führen. In Homer und allen ihren Dichtern kommen die zärtlichsten Klagen über das Los der Menschheit vor. Erinnern Sie sich der Worte Apolls, wenn er die armen Sterblichen beschreibt,

> Wie sie, gleich den Blättern des Baums, jetzt grünen und
> frisch sind,
> Von den Früchten der Erde sich nährend; dann aber in
> kurzem
> Welken und fallen entseelet dahin –

Oder wenn Jupiter selbst die unsterblichen Rosse Achills bedauret, die um ihren Gebieter trauren:

> Er sprach im Innern der Seele:
> Arme, warum doch gaben wir euch dem Könige Peleus,
> Einem Sterblichen, Euch, die niemals altern und
> sterben?
> War's, mit den unglückseligen Menschen euch leiden zu
> sehen?

Denn elender ist nirgend ein Wesen, als es der Mensch ist;
Keines von allen, die über der Erde sich regen und atmen.

In demselben Ton singen ihre lyrische Dichter.
Nächst der Selbsterhaltung ward es also die erste Pflicht
der Menschheit, den Schwächen unserer Nebengeschöpfe beizuspringen und sie gegen die Übel der Natur oder die
rohen Leidenschaften ihres eignen Geschlechts in Schutz zu
nehmen. Dahin ging die Sorge ihrer Gesetzgeber und Weisen, daß sie in Worten und Gebräuchen den Menschen diese
unentbehrlichen heiligen Pflichten gegen ihre Mitmenschen
anempfahlen und dadurch das älteste *Menschen- und Völkerrecht* gründeten. Religion war's, vom Morde sich zu
enthalten, dem Schwachen beizuspringen, dem Irrenden den
rechten Weg zu zeigen, des Verwundeten zu pflegen, den
Toten zu begraben. In Religion wurden die Pflichten des
Ehebundes, der Eltern gegen die Kinder, der Kinder gegen
die Eltern, des Einheimischen gegen die Fremden eingehül-
let, und allmählich dies Erbarmen auch auf Feinde verbrei-
tet*. Was Poesie und gesetzgebende Weisheit begonnen hatten, entwickelte die Philosophie endlich; und wir haben es
insonderheit der Sokratischen Schule zu danken, daß in
Form so mannigfaltiger Lehrgebäude die *Kenntnis der
Natur des Menschen, seiner wesentlichen Beziehungen und
Pflichten* das Studium der erlesensten Geister ward. Was
Sokrates bei den Griechen tat, brachten bei andern Völkern
andre zustande; *Konfuzius* z. B. ist der Sokrates der Sine-
ser, *Menu* der Indier worden; denn überhaupt sind die Gesetze der Menschenpflicht keinem Volk der Erde unbekannt
geblieben. In jeder Staatsverfassung aber hat sie nach Lage
und Zeit das sogenannte *Bedürfnis des Staats* teils beför-
dert, teils aufgehalten und verderbet.
Unter den Römern also, denen das Wort *Humanität* eigentlich gehört, fand der Begriff Anlaß gnug, sich bestimmter

* *Heyne* hat diesen Zweck alter griechischer Institute in mehreren seiner
opuscul. academic. vortrefflich gezeiget. (A. d. H.)

auszubilden. Rom hatte harte Gesetze gegen Knechte, Kinder, Fremde, Feinde; die obern Stände hatten Rechte gegen das Volk, u. f. Wer diese Rechte mit größester Strenge verfolgte, konnte *gerecht* sein, er war aber dabei nicht *menschlich*. Der Edle, der von diesen Rechten, wo sie unbillig waren, von selbst nachließ, der gegen Kinder, Sklaven, Niedre, Fremde, Feinde nicht als römischer Bürger oder Patrizier, sondern als Mensch handelte, der war humanus, humanissimus, nicht etwa in Gesprächen nur und in der Gesellschaft, sondern auch in Geschäften, in häuslichen Sitten, in der ganzen Handlungsweise. Und da hiezu das Studium und die Liebe der griechischen Weltweisheit viel tat, daß sie den rauhen, strengen Römer nachgebend, sanft, gefällig, billigdenkend machte, konnte den bildenden Wissenschaften ein schönerer Name gegeben werden, als daß man sie *menschliche Wissenschaften* nannte? Gewiß war von ihnen die Philosophie nicht ausgeschlossen*; vielmehr war sie dieser bildenden Wissenschaften Erzieherin und Gesellin, bald ihre Mutter, bald ihre Tochter gewesen.

Da bei den Römern also die *Humanität* zuerst als eine Bezähmerin harter bürgerlicher Gesetze und Rechte, als die eigentliche Tochter der Philosophie und bildenden Wissenschaften einen Namen gewonnen hat, der sich mit diesen nachher weiter vererbte: so lassen Sie uns ja Namen und Sache ehren. Auch in den abergläubigsten, dunkelsten Zeiten erinnerte der Name humaniora an den ernsten und schönen Zweck, den die Wissenschaften befördern sollten; diesen wollen wir, da wir *menschliche* Wissenschaften doch nicht wohl sagen können, mit und ohne dem Wort Humanität, nie vergessen, nie aufgeben. Wir bedürfen dessen ebensowohl als die Römer.

Denn blicken Sie jetzt weiterhin in die Geschichte; es kam eine Zeit, da das Wort Mensch (homo) einen ganz andern Sinn bekam, es hieß ein *Pflichtträger*, ein *Untertan*, ein

---

* *Ernesti* Rede de humanitatis disciplina ist hierüber bekannt. (A. d. H.)

Vasall, ein *Diener**. Wer dies nicht war, der genoß keines
Rechts, der war seines Lebens nicht sicher; und die, denen
jene dienende Menschen zugehörten, waren *Übermenschen*.
Der Eid, den man ihnen ablegte, hieß *Menschenpflicht*
(homagium), und wer ein freier Mann sein wollte, mußte
durch den *Mann-Rechtsbrief* beweisen, daß er kein homo,
kein *Mensch* sei. Wundern Sie sich nun, daß dem Wort
Mensch in unsrer Sprache ein so niedriger Begriff anklebt?
seiner Abstammung selbst heißt es ja nichts anders als ein
verachteter Mann, Mennisk', ein Männlein**. Auch *Leute*,
Leutlein wurden nur als Anhängsel des Landes betrachtet,
das sie bebauen mußten, auf welchem sie starben. Der Fürst,
der Edle war Herr und Eigentümer über Land und Leute;
und seine Säckelträger, Kanzlisten, Kapellane, Vasallen und
Klienten waren homines, *Menschen* oder *Menschlein*, mit
mancherlei Nebenbestimmungen, die ihnen bloß das Verhältnis gab, nach welchem sie *ihm* angehörten***. Lassen
Sie uns ja zum Begriff der Humanität bei Griechen und
Römern übergehen: denn bei diesem barbarischen Menschen-
recht wird uns angst und bange.

FRIEDRICH SCHILLER

Geb. 10. November 1759 in Marbach (Württ.), gest. 9. Mai 1805 in
Weimar. Auf Befehl des Herzogs Karl Eugen Besuch der Militärschule
auf der Solitude. Studium der Rechte und der Medizin unter strenger

---

* Daher noch der Ausdruck: Er ist ein homo! Du homo! »u. f.« (A. d. H.)
** Weder *Wachter* noch *Adelung* haben diesen Ursprung der Endung im
Wort Mennisk bemerkt; er scheint aber der wahre: denn wenn man das
Wort *Mensch* nach Niedersächsischer, d. i. der alten und echten Art, ausspricht, so heißt es *Mens-ch* (Mensk), d. i. ein elender unbewehrter Mann,
ein Männlein. (A. d. H.)
*** Siehe hierüber Du Fresne Glossar. artic. *Homo:* Homines dena-
riales, chartularii, fiscales, ecclesiastici, de corpore, pertinentes, commen-
dati, casati, feudales, exercitales, ligii, de manu mortua, de suis mani-
bus, de manupastu etc. (A. d. H.)

militärischer Zucht. Literarische Einflüsse: Klopstock, Lessings *Emilia Galotti* und Dramen des Sturm und Drang. Wegen der sensationellen Uraufführung der *Räuber* in Mannheim 1782 und einer ungenehmigten Reise dorthin erhielt Schiller Arreststrafe und Schreibverbot. Flucht nach Mannheim. 1783/84 Theaterdichter des Nationaltheaters in Mannheim. 1783 *Die Verschwörung des Fiesko zu Genua* (Tr.); 1784 *Kabale und Liebe* (Tr.). 1785 auf Einladung Christian Gottfried Körners nach Leipzig, hier Hymne *An die Freude* und Arbeit am *Don Carlos.* Überwindung seiner sozialkritischen Sturm-und-Drang-Periode. 1787 Übersiedlung nach Weimar. 1787 *Don Carlos* (Tr.), inzwischen umgeformt zum vollendeten idealistischen Jambendrama. Umgang mit Herder, Wieland, Charlotte von Kalb. 1787–92 historische Arbeiten. 1789 Professur für Geschichte in Jena (Antrittsrede: *Was heißt und zu welchem Ende studiert man Universalgeschichte?*). 1790 Verheiratung mit Charlotte von Lengefeld, 1791 schwere Lungentuberkulose. Aufgabe der Lehrtätigkeit. 1791–93 *Geschichte des dreißigjährigen Krieges.* 1792–96 ästhetische und philosophische Studien, besonders Kant. Daraus Neubegründung seiner Kunstauffassung (*Über Anmut und Würde*, 1793). 1794 Freundschaft mit Wilhelm von Humboldt und Bündnis mit Goethe. 1795/96 philosophische Gedankenlyrik. 1795 *Über die ästhetische Erziehung des Menschen*; 1795/96 *Über naive und sentimentalische Dichtung*; 1795–97 Herausgabe der »Horen«; 1797 *Xenien* zusammen mit Goethe. 1797/98 Balladenjahr. 1799 Umzug nach Weimar. 1799 *Wallenstein*-Trilogie beendet. 1800 *Maria Stuart* (Tr.); 1801 *Die Jungfrau von Orleans* (Tr.); 1803 *Die Braut von Messina* (Tr.); 1804 *Wilhelm Tell* (Sch.). Die Arbeit an dem Trauerspiel *Demetrius* wurde durch den Tod abgebrochen.

Über die ästhetische Erziehung des Menschen
(12. bis 14. Brief)

Der mächtige Impuls des Kant-Studiums der Jahre 1791 bis 1793 führte für Schiller zu einem Kampf um die eigene Position gegen Kant, dem er zweifellos Ausgangspunkt und Tragweite seines ethisch-ästhetischen Denkens verdankt.
Neben dem großen Aufsatz »Über Anmut und Würde« (1793) ist der Beitrag »Über die ästhetische Erziehung des Menschen in einer Reihe von Briefen« (1795), die er in den frühen Nummern der »Horen« veröffentlichte, Schillers bedeutendstes ästhetisches Werk. Die 27 Briefe beruhen auf Privatbriefen Schillers an den Erbprinzen Christian Fried-

rich von Schleswig-Holstein-Augustenburg, einem dänischen
Gönner, der ihm ab 1791 auf drei Jahre tausend Taler
jährliches Ehrengehalt ausgesetzt hatte.
Die Briefe »Über die ästhetische Erziehung des Menschen«
postulieren das Ideal einer Sittlichkeit, die Neigung und
Pflicht verbindet. In der Kunst sieht Schiller das Mittel,
Geistiges und Sinnliches, Form- und Stofftrieb im Spieltrieb
(der im 14. Brief definiert wird) zu versöhnen. Die ästhetische Befreiung im Spiel ist gleichsam Vorbedingung für
das Sittliche. Dieser Kerngedanke der Briefe wird so formuliert: »Es gibt keinen andern Weg, den sinnlichen Menschen vernünftig zu machen, als daß man denselben zuvor
ästhetisch macht« (23. Brief). Das Ästhetische nimmt also in
der Menschheitsentwicklung eine Zentral- und Schlüsselstel-
lung ein. Unter »ästhetischer« Erziehung versteht Schiller
das Ideal einer gesamtmenschlichen Totalität: Das Ästhetische soll »das Ganze unsrer sinnlichen und geistigen Kräfte
in möglichster Harmonie auszubilden« suchen (20. Brief).
Ästhetisch bedeutet in diesem Sinne soviel wie »idealisch«,
»klassisch«. (Bei Wilhelm von Humboldt werden die Begriffe »ästhetisch« und »klassisch« austauschbar verwandt.)
Schiller glaubt denn auch, eine Freiheit des Spieltriebs schon
»im Gefühl der Griechen« zeigen zu können. Sein Schönheitsbegriff weitet sich zum überästhetischen Wert, umfaßt
Kultur und Geschichte und darf nicht auf das rein Künstlerische beschränkt werden, so wie auch seine Ethik weit über
das Aufklärerische, in der Tendenz Moralische hinausgeht:
»Denn nichts streitet mehr mit dem Begriff der Schönheit,
als dem Gemüt eine bestimmte Tendenz zu geben« (22. Brief).
Schiller verleiht dem Glauben des achtzehnten Jahrhunderts
an die bildende Kraft des Schönen charakteristischen Ausdruck und formuliert mit dem ihm eigenen sittlichen Ernst in
ihnen ein Manifest des pädagogischen Zeitprogramms der
deutschen Klassik.

Zwölfter Brief

Zur Erfüllung dieser doppelten Aufgabe, das Notwendige *in uns* zur Wirklichkeit zu bringen und das Wirkliche *außer uns* dem Gesetz der Notwendigkeit zu unterwerfen, werden wir durch zwei entgegengesetzte Kräfte gedrungen, die man, weil sie uns antreiben, ihr Objekt zu verwirklichen, ganz schicklich Triebe nennt. Der erste dieser Triebe, den ich den *sinnlichen* nennen will, geht aus von dem physischen Dasein des Menschen oder von seiner sinnlichen Natur und ist beschäftigt, ihn in die Schranken der Zeit zu setzen und zur Materie zu machen: nicht ihm Materie zu geben, weil dazu schon eine freie Tätigkeit der Person gehört, welche die Materie aufnimmt und von sich, dem Beharrlichen, unterscheidet. Materie aber heißt hier nichts als Veränderung oder Realität, die die Zeit erfüllt; mithin fordert dieser Trieb, daß Veränderung sei, daß die Zeit einen Inhalt habe. Dieser Zustand der bloß erfüllten Zeit heißt Empfindung, und er ist es allein, durch den sich das physische Dasein verkündigt.

Da alles, was in der Zeit ist, *nach einander* ist, so wird dadurch, daß etwas ist, alles andere ausgeschlossen. Indem man auf einem Instrument einen Ton greift, ist unter allen Tönen, die es möglicherweise angeben kann, nur dieser einzige wirklich; indem der Mensch das Gegenwärtige empfindet, ist die ganze unendliche Möglichkeit seiner Bestimmungen auf diese einzige Art des Daseins beschränkt. Wo also dieser Trieb ausschließend wirkt, da ist notwendig die höchste Begrenzung vorhanden; der Mensch ist in diesem Zustande nichts als eine Größen-Einheit, ein erfüllter Moment der Zeit – oder vielmehr *er* ist nicht, denn seine Persönlichkeit ist solange aufgehoben, als ihn die Empfindung beherrscht und die Zeit mit sich fortreißt*.

---

* Die Sprache hat für diesen Zustand der Selbstlosigkeit unter der Herrschaft der Empfindung den sehr treffenden Ausdruck: *außer sich sein*, das heißt, außer seinem Ich sein. Obgleich diese Redensart nur da statt-

Soweit der Mensch endlich ist, erstreckt sich das Gebiet dieses Triebs; und da alle Form nur an einer Materie, alles Absolute nur durch das Medium der Schranken erscheint, so ist es freilich der sinnliche Trieb, an dem zuletzt die ganze Erscheinung der Menschheit befestiget ist. Aber obgleich er allein die Anlagen der Menschheit weckt und entfaltet, so ist er es doch allein, der ihre Vollendung unmöglich macht. Mit unzerreißbaren Banden fesselt er den höher strebenden Geist an die Sinnenwelt, und von ihrer freiesten Wanderung ins Unendliche ruft er die Abstraktion in die Grenzen der Gegenwart zurücke. Der Gedanke zwar darf ihm augenblicklich entfliehen, und ein fester Wille setzt sich seinen Forderungen sieghaft entgegen; aber bald tritt die unterdrückte Natur wieder in ihre Rechte zurück, um auf Realität des Daseins, auf einen Inhalt unsrer Erkenntnisse und auf einen Zweck unsers Handelns zu dringen.

Der zweite jener Triebe, den man den *Formtrieb* nennen kann, geht aus von dem absoluten Dasein des Menschen oder von seiner vernünftigen Natur und ist bestrebt, ihn in Freiheit zu setzen, Harmonie in die Verschiedenheit seines Erscheinens zu bringen und bei allem Wechsel des Zustands seine Person zu behaupten. Da nun die letztere als absolute und unteilbare Einheit mit sich selbst nie im Widerspruch sein kann, da wir in alle Ewigkeit wir sind, so kann derjenige Trieb, der auf Behauptung der Persönlichkeit dringt, nie etwas anders fordern, als was er in alle Ewigkeit fordern muß; er entscheidet also für immer, wie er für jetzt entscheidet, und gebietet für jetzt, was er für immer gebie-

findet, wo die Empfindung zum Affekt und dieser Zustand durch seine längere Dauer mehr bemerkbar wird, so ist doch jeder außer sich, solange er nur empfindet. Von diesem Zustande zur Besonnenheit zurückkehren, nennt man ebenso richtig: *in sich gehen*, das heißt in sein Ich zurückkehren, seine Person wieder herstellen. Von einem, der in Ohnmacht liegt, sagt man nicht: er ist außer sich, sondern: er ist *von sich*, d. h. er ist seinem Ich geraubt, da jener nur nicht in demselben ist. Daher ist derjenige, der aus einer Ohnmacht zurückkehrte, bloß *bei* sich, welches sehr gut mit dem Außersichsein bestehen kann.

tet. Er umfaßt mithin die ganze Folge der Zeit, das ist soviel als: er hebt die Zeit, er hebt die Veränderung auf; er will, daß das Wirkliche notwendig und ewig, und daß das Ewige und Notwendige wirklich sei; mit andern Worten: er dringt auf Wahrheit und auf Recht.

Wenn der erste nur *Fälle* macht, so gibt der andre *Gesetze* – Gesetze für jedes Urteil, wenn es Erkenntnisse, Gesetze für jeden Willen, wenn es Taten betrifft. Es sei nun, daß wir einen Gegenstand erkennen, daß wir einem Zustande unsers Subjekts objektive Gültigkeit beilegen, oder daß wir aus Erkenntnissen handeln, daß wir das Objektive zum Bestimmungsgrund unsers Zustandes machen – in beiden Fällen reißen wir diesen Zustand aus der Gerichtsbarkeit der Zeit und gestehen ihm Realität für alle Menschen und alle Zeiten, d. i. Allgemeinheit und Notwendigkeit zu. Das Gefühl kann bloß sagen: das ist wahr *für dieses Subjekt* und *in diesem Moment*, und ein anderer Moment, ein anderes Subjekt kann kommen, das die Aussage der gegenwärtigen Empfindung zurücknimmt. Aber wenn der Gedanke einmal ausspricht: *das ist*, so entscheidet er für immer und ewig, und die Gültigkeit seines Ausspruchs ist durch die Persönlichkeit selbst verbürgt, die allem Wechsel Trotz bietet. Die Neigung kann bloß sagen: das ist *für dein Individuum* und *für dein jetziges Bedürfnis gut*, aber dein Individuum und dein jetziges Bedürfnis wird die Veränderung mit sich fortreißen und, was du jetzt feurig begehrst, dereinst zum Gegenstand deines Abscheues machen. Wenn aber das moralische Gefühl sagt: *das soll sein*, so entscheidet es für immer und ewig – wenn du Wahrheit bekennst, weil sie Wahrheit ist, und Gerechtigkeit ausübst, weil sie Gerechtigkeit ist, so hast du einen einzelnen Fall zum Gesetz für alle Fälle gemacht, einen Moment in deinem Leben als Ewigkeit behandelt.

Wo also der Formtrieb die Herrschaft führt und das reine Objekt in uns handelt, da ist die höchste Erweiterung des Seins, da verschwinden alle Schranken, da hat sich der

Mensch aus einer Größen-Einheit, auf welche der dürftige Sinn ihn beschränkte, zu einer *Ideen-Einheit* erhoben, die das ganze Reich der Erscheinungen unter sich faßt. Wir sind bei dieser Operation nicht mehr in der Zeit, sondern die Zeit ist in uns mit ihrer ganzen nie endenden Reihe. Wir sind nicht mehr Individuen, sondern Gattung; das Urteil aller Geister ist durch das unsrige ausgesprochen, die Wahl aller Herzen ist repräsentiert durch unsre Tat.

Dreizehnter Brief

Beim ersten Anblick scheint nichts einander mehr entgegengesetzt zu sein als die Tendenzen dieser beiden Triebe, indem der eine auf Veränderung, der andre auf Unveränderlichkeit dringt. Und doch sind es diese beiden Triebe, die den Begriff der Menschheit erschöpfen, und ein dritter *Grundtrieb*, der beide vermitteln könnte, ist schlechterdings ein undenkbarer Begriff. Wie werden wir also die Einheit der menschlichen Natur wieder herstellen, die durch diese ursprüngliche und radikale Entgegensetzung völlig aufgehoben scheint?

Wahr ist es, ihre Tendenzen widersprechen sich, aber, was wohl zu bemerken ist, nicht in denselben Objekten, und was nicht auf einander trifft, kann nicht gegen einander stoßen. Der sinnliche Trieb fordert zwar Veränderung, aber er fordert nicht, daß sie auch auf die Person und ihr Gebiet sich erstrecke, daß ein Wechsel der Grundsätze sei. Der Formtrieb dringt auf Einheit und Beharrlichkeit – aber er will nicht, daß mit der Person sich auch der Zustand fixiere, daß Identität der Empfindung sei. Sie sind einander also von Natur nicht entgegengesetzt, und wenn sie demohngeachtet so erscheinen, so sind sie es erst geworden durch eine freie Übertretung der Natur, indem sie sich selbst mißverstehen und ihre Sphären verwirren*. Über diese zu

---

* Sobald man einen ursprünglichen, mithin notwendigen Antagonism

wachen und einem jeden dieser beiden Triebe seine Grenzen
zu sichern, ist die Aufgabe der *Kultur*, die also beiden eine
gleiche Gerechtigkeit schuldig ist und nicht bloß den vernünftigen Trieb gegen den sinnlichen, sondern auch diesen
gegen jenen zu behaupten hat. Ihr Geschäft ist also doppelt:
erstlich: die Sinnlichkeit gegen die Eingriffe der Freiheit zu
verwahren; *zweitens:* die Persönlichkeit gegen die Macht
der Empfindungen sicher zu stellen. Jenes erreicht sie durch
Ausbildung des Gefühlvermögens, dieses durch Ausbildung
des Vernunftvermögens.

beider Triebe behauptet, so ist freilich kein anderes Mittel, die Einheit
im Menschen zu erhalten, als daß man den sinnlichen Trieb dem vernünftigen unbedingt *unterordnet*. Daraus aber kann bloß Einförmigkeit,
aber keine Harmonie entstehen, und der Mensch bleibt noch ewig fort
geteilt. Die Unterordnung muß allerdings sein, aber wechselseitig: denn
wenn gleich die Schranken nie das Absolute begründen können, also die
Freiheit nie von der Zeit abhängen kann, so ist es ebenso gewiß, daß das
Absolute durch sich selbst nie die Schranken begründen, daß der Zustand
in der Zeit nicht von der Freiheit abhängen kann. Beide Prinzipien sind
einander also zugleich subordiniert und koordiniert, d. h. sie stehen in
Wechselwirkung: ohne Form keine Materie, ohne Materie keine Form.
(Diesen Begriff der Wechselwirkung und die ganze Wichtigkeit desselben
findet man vortrefflich auseinandergesetzt in Fichtes »Grundlage der
gesamten Wissenschaftslehre«. Leipzig 1794.) Wie es mit der Person im
Reich der Ideen stehe, wissen wir freilich nicht; aber daß sie, ohne Materie zu empfangen, in dem Reiche der Zeit sich nicht offenbaren könne,
wissen wir gewiß; in diesem Reiche also wird die Materie nicht bloß
unter der Form, sondern auch *neben* der Form und unabhängig von derselben etwas zu bestimmen haben. So notwendig es also ist, daß das
Gefühl im Gebiet der Vernunft nichts entscheide, ebenso notwendig ist es,
daß die Vernunft im Gebiet des Gefühls sich nichts zu bestimmen an-
maße. Schon indem man jedem von beiden ein Gebiet zuspricht, schließt
man das andere davon aus und setzt jedem eine Grenze, die nicht anders
als zum Nachteile beider überschritten werden kann.
In einer Transcendental-Philosophie, wo alles darauf ankommt, die Form
von dem Inhalt zu befreien und das Notwendige von allem Zufälligen
rein zu erhalten, gewöhnt man sich gar leicht, das Materielle sich bloß
als Hindernis zu denken und die Sinnlichkeit, weil sie gerade bei *diesem*
Geschäft im Wege steht, in einem notwendigen Widerspruch mit der Vernunft vorzustellen. Eine solche Vorstellungsart liegt zwar auf keine Weise
im *Geiste* des Kantischen Systems, aber im *Buchstaben* desselben könnte
sie gar wohl liegen.

Da die Welt ein Ausgedehntes in der Zeit, Veränderung, ist,
so wird die Vollkommenheit desjenigen Vermögens, welches
den Menschen mit der Welt in Verbindung setzt, größtmöglichste Veränderlichkeit und Extensität sein müssen. Da
die Person das Bestehende in der Veränderung ist, so wird
die Vollkommenheit desjenigen Vermögens, welches sich
dem Wechsel entgegensetzen soll, größtmöglichste Selbständigkeit und Intensität sein müssen. Je vielseitiger sich die
Empfänglichkeit ausbildet, je beweglicher dieselbe ist, und
je mehr Fläche sie den Erscheinungen darbietet, desto mehr
Welt *ergreift* der Mensch, desto mehr Anlagen entwickelt
er in sich; je mehr Kraft und Tiefe die Persönlichkeit, je
mehr Freiheit die Vernunft gewinnt, desto mehr Welt *begreift* der Mensch, desto mehr Form schafft er außer sich.
Seine Kultur wird also darin bestehen: *erstlich:* dem empfangenden Vermögen die vielfältigsten Berührungen mit der
Welt zu verschaffen und auf seiten des Gefühls die Passivität aufs Höchste zu treiben; *zweitens:* dem bestimmenden
Vermögen die höchste Unabhängigkeit von dem empfangenden zu erwerben und auf seiten der Vernunft die Akti-
vität aufs Höchste zu treiben. Wo beide Eigenschaften sich
vereinigen, da wird der Mensch mit der höchsten Fülle von
Dasein die höchste Selbständigkeit und Freiheit verbinden
und, anstatt sich an die Welt zu verlieren, diese vielmehr
mit der ganzen Unendlichkeit ihrer Erscheinungen in sich
ziehen und der Einheit seiner Vernunft unterwerfen.
Dieses Verhältnis nun kann der Mensch *umkehren* und dadurch auf eine zweifache Weise seine Bestimmung verfehlen.
Er kann die Intensität, welche die tätige Kraft erheischt,
auf die leidende legen, durch den Stofftrieb dem Form-
triebe vorgreifen und das empfangende Vermögen zum bestimmenden machen. Er kann die Extensität, welche der leidenden Kraft gebührt, der tätigen zuteilen, durch den
Formtrieb dem Stofftriebe vorgreifen und dem empfangenden Vermögen das bestimmende unterschieben. In dem ersten Fall wird er nie *er selbst*, in dem zweiten wird er nie

etwas anders sein, mithin eben darum in beiden Fällen *keines von beiden*, folglich – Null sein*.

---

* Der schlimme Einfluß einer überwiegenden Sensualität auf unser Denken und Handeln fällt jedermann leicht in die Augen; nicht so leicht, ob er gleich ebenso häufig vorkommt und ebenso wichtig ist, der nachteilige Einfluß einer überwiegenden Rationalität auf unsre Erkenntnis und auf unser Betragen. Man erlaube mir daher, aus der großen Menge der hieher gehörenden Fälle nur zwei in Erinnerung zu bringen, welche den Schaden einer der Anschauung und Empfindung vorgreifenden Denk- und Willenskraft ins Licht setzen können.

Eine der vornehmsten Ursachen, warum unsre Natur-Wissenschaften so langsame Schritte machen, ist offenbar der allgemeine und kaum bezwingbare Hang zu teleologischen Urteilen, bei denen sich, sobald sie konstitutiv gebraucht werden, das bestimmende Vermögen dem empfangenden unterschiebt. Die Natur mag unsre Organe noch so nachdrücklich und noch so vielfach berühren – alle ihre Mannigfaltigkeit ist verloren für uns, weil wir nichts in ihr suchen, als was wir in sie hineingelegt haben, weil wir ihr nicht erlauben, sich *gegen uns herein* zu bewegen, sondern vielmehr mit ungeduldig vorgreifender Vernunft *gegen sie hinaus* streben. Kommt alsdann in Jahrhunderten einer, der sich ihr mit ruhigen, keuschen und offenen Sinnen naht und deswegen auf eine Menge von Erscheinungen stößt, die wir bei unsrer Prävention übersehen haben, so erstaunen wir höchlich darüber, daß so viele Augen bei so hellem Tag nichts bemerkt haben sollen. Dieses voreilige Streben nach Harmonie, ehe man die einzelnen Laute beisammen hat, die sie ausmachen sollen, diese gewalttätige Usurpation der Denkkraft in einem Gebiete, wo sie nicht unbedingt zu gebieten hat, ist der Grund der Unfruchtbarkeit so vieler denkenden Köpfe für das Beste der Wissenschaft, und es ist schwer zu sagen, ob die Sinnlichkeit, welche keine Form annimmt, oder die Vernunft, welche keinen Inhalt abwartet, der Erweiterung unsrer Kenntnisse mehr geschadet haben.

Ebenso schwer dürfte es zu bestimmen sein, ob unsre praktische Philanthropie mehr durch die Heftigkeit unsrer Begierden oder durch die Rigidität unsrer Grundsätze, mehr durch den Egoism unsrer Sinne oder durch den Egoism unsrer Vernunft gestört und erkältet wird. Um uns zu teilnehmenden, hilfreichen, tätigen Menschen zu machen, müssen sich Gefühl und Charakter mit einander vereinigen, so wie, um uns Erfahrung zu verschaffen, Offenheit des Sinnes mit Energie des Verstandes zusammentreffen muß. Wie können wir, bei noch so lobenswürdigen Maximen, billig, gütig und menschlich gegen andere sein, wenn uns das Vermögen fehlt, fremde Natur treu und wahr in uns aufzunehmen, fremde Situationen uns anzueignen, fremde Gefühle zu den unsrigen zu machen? Dieses Vermögen aber wird sowohl in der Erziehung, die wir empfangen, als in der, die wir selbst uns geben, in demselben Maße unterdrückt, als

Wird nämlich der sinnliche Trieb bestimmend, macht der Sinn den Gesetzgeber, und unterdrückt die Welt die Person, so hört sie in demselben Verhältnisse auf, Objekt zu sein, als sie Macht wird. Sobald der Mensch nur Inhalt der Zeit ist, so ist *er* nicht, und er *hat* folglich auch keinen Inhalt. Mit seiner Persönlichkeit ist auch sein Zustand aufgehoben, weil beides Wechselbegriffe sind – weil die Veränderung ein Beharrliches und die begrenzte Realität eine unendliche fordert. Wird der Formtrieb empfangend, das heißt, kommt die Denkkraft der Empfindung zuvor und unterschiebt die Person sich der Welt, so hört sie in demselben Verhältnis auf, selbständige Kraft und Subjekt zu sein, als sie sich in den Platz des Objektes drängt, weil das Beharrliche die Veränderung, und die absolute Realität zu ihrer Verkündi-

man die Macht der Begierden zu brechen und den Charakter durch Grundsätze zu befestigen sucht. Weil es Schwierigkeit kostet, bei aller Regsamkeit des Gefühls seinen Grundsätzen treu zu bleiben, so ergreift man das bequemere Mittel, durch Abstumpfung der Gefühle den Charakter sicher zu stellen: denn freilich ist es unendlich leichter, vor einem entwaffneten Gegner Ruhe zu haben, als einen mutigen und rüstigen Feind zu beherrschen. In dieser Operation besteht dann auch größtenteils das, was man einen Menschen formieren nennt, und zwar im besten Sinne des Worts, wo es Bearbeitung des innern, nicht bloß des äußern Menschen bedeutet. Ein so formierter Mensch wird freilich davor gesichert sein, rohe Natur zu sein und als solche zu erscheinen; er wird aber zugleich gegen alle Empfindungen der Natur durch Grundsätze geharnischt sein, und die Menschheit von außen wird ihm ebenso wenig als die Menschheit von innen beikommen können.

Es ist ein sehr verderblicher Mißbrauch, der von dem Ideal der Vollkommenheit gemacht wird, wenn man es bei der Beurteilung anderer Menschen und in den Fällen, wo man für sie wirken soll, in seiner ganzen Strenge zum Grund legt. Jenes wird zur Schwärmerei, dieses zur Härte und zur Kaltsinnigkeit führen. Man macht sich freilich seine gesellschaftlichen Pflichten ungemein leicht, wenn man dem *wirklichen* Menschen, der unsre Hilfe auffordert, in Gedanken den *Ideal*-Menschen unterschiebt, der sich wahrscheinlich selbst helfen könnte. Strenge gegen sich selbst, mit Weichheit gegen andre verbunden, macht den wahrhaft vortrefflichen Charakter aus. Aber meistens wird der gegen andere weiche Mensch es auch gegen sich selbst, und der gegen sich selbst strenge es auch gegen andere sein; weich gegen sich und streng gegen andre ist der verächtlichste Charakter.

gung Schranken fordert. Sobald der Mensch nur Form *ist*,
so *hat* er keine Form, und mit dem Zustand ist folglich
auch die Person aufgehoben. Mit einem Wort: nur insofern
er selbständig ist, ist Realität außer ihm, ist er empfänglich;
nur insofern er empfänglich ist, ist Realität in ihm, ist er
eine denkende Kraft.

Beide Triebe haben also Einschränkung und, insofern sie als
Energien gedacht werden, Abspannung nötig; jener, daß er
sich nicht ins Gebiet der Gesetzgebung, dieser, daß er sich
nicht ins Gebiet der Empfindung eindringe. Jene Abspannung des sinnlichen Triebes darf aber keineswegs die Wirkung eines physischen Unvermögens und einer Stumpfheit
der Empfindungen sein, welche überall nur Verachtung verdient; sie muß eine Handlung der Freiheit, eine Tätigkeit
der Person sein, die durch ihre moralische Intensität jene
sinnliche mäßigt und durch Beherrschung der Eindrücke
ihnen an Tiefe nimmt, um ihnen an Fläche zu geben. Der
Charakter muß dem Temperament seine Grenzen bestimmen, denn nur an den Geist darf der Sinn verlieren. Jene
Abspannung des Formtriebs darf ebenso wenig die Wirkung
eines geistigen Unvermögens und einer Schlaffheit der
Denk- oder Willenskräfte sein, welche die Menschheit er-
niedrigen würde. Fülle der Empfindungen muß ihre rühm-
liche Quelle sein; die Sinnlichkeit selbst muß mit siegender
Kraft ihr Gebiet behaupten und der Gewalt widerstreben,
die ihr der Geist durch seine vorgreifende Tätigkeit gerne
zufügen möchte. Mit einem Wort: den Stofftrieb muß die
Persönlichkeit, und den Formtrieb die Empfänglichkeit oder
die Natur in seinen gehörigen Schranken halten.

Vierzehnter Brief

Wir sind nunmehr zu dem Begriff einer solchen Wechselwirkung zwischen beiden Trieben geführt worden, wo die
Wirksamkeit des einen die Wirksamkeit des andern zugleich

begründet und begrenzt, und wo jeder einzelne für sich gerade dadurch zu seiner höchsten Verkündigung gelangt, daß der andere tätig ist.

Dieses Wechselverhältnis beider Triebe ist zwar bloß eine Aufgabe der Vernunft, die der Mensch nur in der Vollendung seines Daseins ganz zu lösen imstand ist. Es ist im eigentlichsten Sinne des Worts die Idee seiner Menschheit, mithin ein Unendliches, dem er sich im Laufe der Zeit immer mehr nähern kann, aber ohne es jemals zu erreichen. »Er soll nicht auf Kosten seiner Realität nach Form, und nicht auf Kosten der Form nach Realität streben; vielmehr soll er das absolute Sein durch ein bestimmtes und das bestimmte Sein durch ein unendliches suchen. Er soll sich eine Welt gegenüber stellen, weil er Person ist, und soll Person sein, weil ihm eine Welt gegenüber steht. Er soll empfinden, weil er sich bewußt ist, und soll sich bewußt sein, weil er empfindet.« – Daß er dieser Idee wirklich gemäß, folglich in voller Bedeutung des Worts Mensch ist, kann er nie in Erfahrung bringen, solange er nur einen dieser beiden Triebe ausschließend oder nur einen nach dem andern befriedigt: denn solange er nur empfindet, bleibt ihm seine Person oder seine absolute Existenz, und, solange er nur denkt, bleibt ihm seine Existenz in der Zeit oder sein Zustand Geheimnis. Gäbe es aber Fälle, wo er diese doppelte Erfahrung zugleich machte, wo er sich zugleich seiner Freiheit bewußt würde und sein Dasein empfände, wo er sich zugleich als Materie fühlte und als Geist kennen lernte, so hätte er in diesen Fällen, und schlechterdings nur in diesen, eine vollständige Anschauung seiner Menschheit, und der Gegenstand, der diese Anschauung ihm verschaffte, würde ihm zu einem Symbol seiner ausgeführten Bestimmung, folglich (weil diese nur in der Allheit der Zeit zu erreichen ist) zu einer Darstellung des Unendlichen dienen.

Vorausgesetzt, daß Fälle dieser Art in der Erfahrung vorkommen können, so würden sie einen neuen Trieb in ihm aufwecken, der eben darum, weil die beiden andern in ihm zusammenwirken, einem jeden derselben, einzeln betrachtet, entgegengesetzt sein und mit Recht für einen neuen Trieb gelten würde. Der sinnliche Trieb will, daß Veränderung sei, daß die Zeit einen Inhalt habe; der Formtrieb will, daß die Zeit aufgehoben, daß keine Veränderung sei. Derjenige Trieb also, in welchem beide verbunden wirken (es sei mir einstweilen, bis ich diese Benennung gerechtfertigt haben werde, vergönnt, ihn *Spieltrieb* zu nennen), der Spieltrieb also würde dahin gerichtet sein, die Zeit in der Zeit aufzuheben, Werden mit absolutem Sein, Veränderung mit Identität zu vereinbaren.

Der sinnliche Trieb will bestimmt *werden*, er will sein Objekt empfangen; der Formtrieb will *selbst* bestimmen, er will sein Objekt hervorbringen; der Spieltrieb wird also bestrebt sein, so zu empfangen, wie er selbst hervorgebracht hätte, und so hervorzubringen, wie der Sinn zu empfangen trachtet.

Der sinnliche Trieb schließt aus seinem Subjekt alle Selbsttätigkeit und Freiheit, der Formtrieb schließt aus dem seinigen alle Abhängigkeit, alles Leiden aus. Ausschließung der Freiheit ist aber physische, Ausschließung des Leidens ist moralische Notwendigkeit. Beide Triebe nötigen also das Gemüt, jener durch Naturgesetze, dieser durch Gesetze der Vernunft. Der Spieltrieb also, als in welchem beide verbunden wirken, wird das Gemüt zugleich moralisch und physisch nötigen; er wird also, weil er alle Zufälligkeit aufhebt, auch alle Nötigung aufheben und den Menschen sowohl physisch als moralisch in Freiheit setzen. Wenn wir jemand mit Leidenschaft umfassen, der unsrer Verachtung würdig ist, so empfinden wir peinlich die Nötigung der Natur. Wenn wir gegen einen andern feindlich gesinnt sind, der uns Achtung abnötigt, so empfinden wir peinlich die Nötigung der Vernunft. Sobald er aber zugleich unsre Neigung interessiert und unsre Achtung sich erworben, so verschwindet sowohl der Zwang der Empfindung als der Zwang der

Vernunft, und wir fangen an, ihn zu lieben, d. h. zugleich
mit unsrer Neigung und mit unsrer Achtung zu spielen.

Indem uns ferner der sinnliche Trieb physisch und der
Formtrieb moralisch nötigt, so läßt jener unsre formale,
dieser unsre materiale Beschaffenheit zufällig; das heißt, es
ist zufällig, ob unsere Glückseligkeit mit unsrer Vollkommenheit, oder ob diese mit jener übereinstimmen werde.
Der Spieltrieb also, in welchem beide vereinigt wirken, wird
zugleich unsre formale und unsre materiale Beschaffenheit,
zugleich unsre Vollkommenheit und unsre Glückseligkeit
zufällig machen; er wird also, eben weil er beide zufällig
macht, und weil mit der Notwendigkeit auch die Zufälligkeit verschwindet, die Zufälligkeit in beiden wieder aufheben, mithin Form in die Materie und Realität in die Form
bringen. In demselben Maße, als er den Empfindungen und
Affekten ihren dynamischen Einfluß nimmt, wird er sie mit
Ideen der Vernunft in Übereinstimmung bringen, und in
demselben Maße, als er den Gesetzen der Vernunft ihre
moralische Nötigung benimmt, wird er sie mit dem Interesse
der Sinne versöhnen.

Über Bürgers Gedichte

*In Schillers literarischer Kritik, die für die Entwicklung
seiner Kunsttheorie charakteristisch ist, markiert die Rezen-
sion »Über Bürgers Gedichte« (1791) die Wendung des
Reifenden von den Auffassungen der Geniezeit zum klas-
sischen Kunstwollen. Die Forderung einer idealisierenden
Kunst, die Betonung der die Wirklichkeit aufhebenden
Aufgabe der Dichtung weist voraus auf die Position in den
Briefen »Über die ästhetische Erziehung des Menschen«.
Diese neugewonnene, unverkennbar klassische Haltung
Schillers bedingt die Schärfe seiner Kritik sowie das Nicht-
verstehen der Bürgerschen Art volksnaher Lyrik. Von
rationalistisch-frühklassischen Voraussetzungen ausgehend,*

spricht Schiller hier von einer »Versündigung gegen den guten Geschmack« und fordert vom idealen Volksdichter den leidenschaftsdämpfenden Erlebnisabstand, verlangt eine »gewisse Allgemeinheit in den Gemütsbewegungen«, Hinwendung also zum Typushaften: »... ein Dichter nehme sich ja in acht, mitten im Schmerz den Schmerz zu besingen« und »Nur die heitre, die ruhige Seele gebiert das Vollkommene.«

Die Idealisierungsforderung wird ergänzt und vertieft durch die für Schillers Ästhetik charakteristische Verbindung mit dem Freiheitsbegriff: »Das Idealschöne wird schlechterdings nur durch eine Freiheit des Geistes, durch eine Selbsttätigkeit möglich, welche die Übermacht der Leidenschaft aufhebt.« (»Ein erzürnter Schauspieler wird uns schwerlich ein edler Repräsentant des Unwillens werden.«) Dieser Gedanke verdeutlicht, daß der Dramatiker Schiller den Kunsttheoretiker lenkt, selbst dann, wenn nicht von Dramaturgie gehandelt wird. Daß Schiller mehr oder weniger bewußt in seiner Ästhetik von der Dramentheorie bestimmt wird, zeigt sich auch in dem für die Lyrik als verbindlich angeführten Hinweis auf Lessings Richtlinien: »Was Lessing irgendwo dem Tragödiendichter zum Gesetz macht, keine Seltenheiten, keine streng individuellen Charaktere und Situationen darzustellen, gilt noch weit mehr von dem lyrischen.«

Die Besprechung der im Mai 1789 erschienenen zweiten Ausgabe von Gottfried August Bürgers Gedichten, die der Autor mit den folgenden Worten an Schiller geschickt hatte: »Die Beilage biete ich Schillern, dem Manne, der meiner Seele neue Flügel und einen kühnen Taumel schafft, zum Zeichen meines Dankes und meiner unbegrenzten Hoffnungen von Ihm, mit der wärmsten Hochachtung an«, stellt eine radikale Absage Schillers an seine eigenen Anfänge dar. Die anonym in der »Allgemeinen Literatur-Zeitung« erschienene Rezension löste lebhaften Widerhall aus und traf in ihrer Schonungslosigkeit Bürger schwer. Er verfaßte *eine »Antikritik«, die von Schiller mit einer »Verteidigung des Rezensenten« beantwortet wurde, welche erkennen läßt, daß es Schiller bei der Verurteilung der Bürgerschen Art nicht um eine Einzelkritik, sondern um das Formulieren »seiner Kunsttheorie« ging.*

Göttingen, b. Dieterich: *Gedichte* von *G. A. Bürger.* Mit Kupfern. 1789. Erster Teil. 272 S. Zweiter Teil. 296 S. 8°. (1 Rthlr. 16 gr.)

Die Gleichgültigkeit, mit der unser philosophierendes Zeitalter auf die Spiele der Musen herabzusehen anfängt, scheint keine Gattung der Poesie empfindlicher zu treffen als die *lyrische.* Der *dramatischen* Dichtkunst dient doch wenigstens die Einrichtung des gesellschaftlichen Lebens zu einigem Schutze, und der *erzählenden* erlaubt ihre freiere Form, sich dem Weltton mehr anzuschmiegen und den Geist der Zeit in sich aufzunehmen. Aber die jährlichen Almanache, die Gesellschaftsgesänge, die Musikliebhaberei unsrer Damen sind nur ein schwacher Damm gegen den Verfall der lyrischen Dichtkunst. Und doch wäre es für den Freund des Schönen ein sehr niederschlagender Gedanke, wenn diese jugendlichen Blüten des Geists in der Fruchtzeit absterben, wenn die reifere Kultur auch nur mit einem einzigen Schönheitsgenuß erkauft werden sollte. Vielmehr ließe sich auch in unsern so unpoetischen Tagen, wie für die Dichtkunst überhaupt, also auch für die lyrische, eine sehr würdige Bestimmung entdecken; es ließe sich vielleicht dartun, daß, wenn sie von einer Seite höhern Geistesbeschäftigungen nachstehen muß, sie von einer andern nur desto notwendiger geworden ist. Bei der Vereinzelung und getrennten Wirksamkeit unsrer Geisteskräfte, die der erweiterte Kreis des Wissens und die Absonderung der Berufsgeschäfte notwendig macht, ist es die Dichtkunst beinahe allein, welche die getrennten Kräfte der Seele wieder in Vereinigung bringt, welche Kopf und Herz, Scharfsinn und Witz, Vernunft und Einbildungskraft in harmonischem Bunde beschäftigt, welche gleichsam den *ganzen Menschen* in uns wiederherstellt. Sie allein kann das Schicksal abwenden, das traurigste, das dem philosophierenden Verstande widerfahren kann, über dem Fleiß des Forschens den Preis seiner Anstrengungen zu verlieren und in einer abgezognen Vernunftwelt für die Freuden der wirklichen zu ersterben. Aus noch so divergierenden Bahnen würde sich der Geist bei der Dichtkunst wieder zurechtfinden und in ihrem verjüngenden Licht der Erstarrung eines frühzeitigen Alters entgehen. Sie wäre die jugendlichblühende Hebe, welche in Jovis Saal die unsterblichen Götter bedient.[1]

Dazu aber würde erfordert, daß sie selbst mit dem Zeitalter fortschritte, dem sie diesen wichtigen Dienst leisten soll; daß sie sich alle Vorzüge und Erwerbungen desselben zu eigen machte. Was Erfahrung und Vernunft an Schätzen für die Menschheit aufhäuften, müßte Leben und Fruchtbarkeit gewinnen und in Anmut sich kleiden in ihrer schöpferischen Hand. Die Sitten, den Charakter, die ganze Weisheit ihrer Zeit müßte sie, geläutert und veredelt, in ihrem Spiegel sammeln und mit idealisierender Kunst aus dem Jahrhundert selbst ein Muster für das Jahrhundert erschaffen. Dies aber setzte voraus, daß sie selbst in keine andre als *reife* und *gebildete* Hände fiele. Solange dies *nicht* ist, solange zwischen dem sittlich ausgebildeten, vorurteilfreien Kopf und dem Dichter ein andrer Unterschied stattfindet, als daß letzterer zu den Vorzügen des erstern das Talent der Dichtung noch als Zugabe besitzt, so lange dürfte die Dichtkunst ihren veredelnden Einfluß auf das Jahrhundert verfehlen, und jeder Fortschritt wissenschaftlicher Kultur wird nur die Zahl ihrer Bewunderer vermindern. Unmöglich kann der gebildete Mann Erquickung für Geist und Herz bei einem unreifen Jüngling suchen, unmöglich in Gedichten die Vorurteile, die gemeinen Sitten, die Geistes-

1. *Hebe – Tochter von Zeus und Hera – war Göttin ewiger Jugend und diente als Mundschenkin an der Tafel der Götter.*

leerheit wiederfinden wollen, die ihn im wirklichen Leben verscheuchen. Mit Recht verlangt er von dem Dichter, der ihm, wie dem Römer sein Horaz, ein teurer Begleiter durch das Leben sein soll, daß er im Intellektuellen und Sittlichen auf *einer* Stufe mit ihm stehe, weil er auch in Stunden des Genusses nicht unter sich sinken will. Es ist also nicht genug, Empfindung mit erhöhten Farben zu schildern; man muß auch erhöht empfinden. Begeisterung *allein* ist nicht genug; man fordert die Begeisterung eines gebildeten Geistes. Alles, was der Dichter uns geben kann, ist seine *Individualität*. Diese muß es also wert sein, vor Welt und Nachwelt ausgestellt zu werden. Diese seine Individualität so sehr als möglich zu veredeln, zur reinsten herrlichsten Menschheit hinaufzuläutern, ist sein erstes und wichtigstes Geschäft, ehe er es unternehmen darf, die Vortrefflichen zu rühren. Der höchste Wert seines Gedichtes kann kein andrer sein, als daß es der reine vollendete Abdruck einer interessanten Gemütslage eines interessanten vollendeten Geistes ist. Nur ein solcher Geist soll sich uns in Kunstwerken ausprägen; er wird uns in seiner kleinsten Äußerung kenntlich sein, und umsonst wird, der es *nicht* ist, diesen wesentlichen Mangel durch Kunst zu verstecken suchen. Vom Ästhetischen gilt eben das, was vom Sittlichen; wie es hier der moralisch vortreffliche Charakter eines Menschen allein ist, der einer seiner einzelnen Handlungen den Stempel moralischer Güte aufdrücken kann, so ist es dort nur der reife, der vollkommene Geist, von dem das Reife, das Vollkommene ausfließt. Kein noch so großes Talent kann dem einzelnen Kunstwerk verleihen, was dem Schöpfer desselben gebricht, und Mängel, die aus dieser Quelle entspringen, kann selbst die Feile nicht wegnehmen.

Wir würden nicht wenig verlegen sein, wenn uns aufgelegt würde, diesen Maßstab in der Hand, den gegenwärtigen deutschen Musenberg zu durchwandern. Aber die Erfahrung, deucht uns, müßte es ja lehren, wieviel der größere Teil unsrer, nicht ungepriesenen, lyrischen Dichter auf den bessern des Publikums wirkt; auch trifft es sich zuweilen, daß uns einer oder der andre, wenn wir es auch seinen Gedichten nicht angemerkt hätten, mit seinen Bekenntnissen überrascht oder uns Proben von seinen Sitten liefert. Jetzt schränken wir uns darauf ein, von dem bisher Gesagten die Anwendung auf Hn. *Bürger* zu machen.

Aber darf wohl diesem Maßstab auch ein Dichter unterworfen werden, der sich ausdrücklich als »Volkssänger« ankündigt und *Popularität* (s. Vorrede z. 1. Teil, Seite 15 u. f.) zu seinem höchsten Gesetz macht? Wir sind weit entfernt, Hn. B. mit dem schwankenden Wort »Volk« schikanieren zu wollen; vielleicht bedarf es nur weniger Worte, um uns mit ihm darüber zu verständigen. Ein Volksdichter in jenem Sinn, wie es Homer *seinem* Weltalter oder die Troubadours dem ihrigen waren, dürfte in unsern Tagen vergeblich gesucht werden. Unsre Welt ist die homerische nicht mehr, wo alle Glieder der Gesellschaft im Empfinden und Meinen ungefähr *dieselbe* Stufe einnahmen, sich also leicht in derselben Schilderung erkennen, in denselben Gefühlen begegnen konnten. Jetzt ist zwischen der *Auswahl* einer Nation und der *Masse* derselben ein sehr großer Abstand sichtbar, wovon die Ursache zum Teil schon darin liegt, daß Aufklärung der Begriffe und sittliche Veredlung ein zusammenhängendes Ganze ausmachen, mit dessen Bruchstücken nichts gewonnen wird. Außer diesem Kulturunterschied ist es noch die Konvenienz[2], welche die Glieder der Nation in der Empfindungsart und im Ausdruck der Empfindung einander so äußerst unähnlich macht. Es würde daher umsonst sein, willkürlich in *einen* Begriff zusammenzuwerfen, was längst schon keine Einheit mehr ist. Ein Volksdichter für unsre Zeiten hätte also bloß zwischen dem *Allerleichtesten* und dem *Allerschweresten* die Wahl: entweder sich ausschließend der Fassungskraft des großen Haufens zu bequemen und auf den Beifall der gebildeten Klasse

2. *Herkommen, die äußeren Verhältnisse; 18. Jh.*

Verzicht zu tun – oder den ungeheuren Abstand, der zwischen beiden sich befindet, durch die Größe seiner Kunst aufzuheben und beide Zwecke vereinigt zu verfolgen. Es fehlt uns nicht an Dichtern, die in der ersten Gattung glücklich gewesen sind und sich bei *ihrem* Publikum Dank verdient haben; aber nimmermehr kann ein Dichter von Hn. Bürgers Genie die Kunst und sein Talent so tief herabgesetzt haben, um nach einem so gemeinen Ziele zu streben. Popularität ist ihm, weit entfernt, dem Dichter die Arbeit zu erleichtern oder mittelmäßige Talente zu bedecken, eine Schwierigkeit *mehr*, und fürwahr eine so schwere Aufgabe, daß ihre glückliche Auflösung der höchste Triumph des Genies genannt werden kann. Welch Unternehmen, dem ekeln Geschmack des Kenners Genüge zu leisten, ohne dadurch dem großen Haufen ungenießbar zu sein – ohne der Kunst etwas von ihrer Würde zu vergeben, sich an den Kinderverstand des Volks anzuschmiegen. Groß, doch nicht unüberwindlich, ist diese Schwierigkeit; das ganze Geheimnis, sie aufzulösen – glückliche Wahl des Stoffs und höchste Simplizität in Behandlung desselben. Jenen müßte der Dichter ausschließend nur unter Situationen und Empfindungen wählen, die dem Menschen als Menschen eigen sind. Alles, wozu Erfahrungen, Aufschlüsse, Fertigkeiten gehören, die man nur in positiven und künstlichen Verhältnissen erlangt, müßte er sich sorgfältig untersagen und durch diese reine Scheidung dessen, was im Menschen bloß *menschlich* ist, gleichsam den verlornen Zustand der Natur zurückrufen. In stillschweigendem Einverständnis mit den Vortrefflichsten seiner Zeit würde er die Herzen des Volks an ihrer weichsten und bildsamsten Seite fassen, durch das geübte Schönheitsgefühl den sittlichen Trieben eine Nachhilfe geben und das Leidenschaftsbedürfnis, das der Alltagspoet so geistlos und oft so schädlich befriedigt, für die Reinigung der Leidenschaft nutzen. Als der aufgeklärte, verfeinerte *Wortführer der Volksgefühle* würde er dem hervorströmenden, Sprache suchenden Affekt der Liebe, der Freude, der

Andacht, der Traurigkeit, der Hoffnung u. a. m. einen reinern und geistreichern Text unterlegen; er würde, indem *er* ihnen den Ausdruck lieh, sich zum Herrn dieser Affekte machen und ihren rohen, gestaltlosen, oft tierischen Ausbruch noch auf den Lippen des Volks veredeln. Selbst die erhabenste Philosophie des Lebens würde ein solcher Dichter in die einfachen Gefühle der Natur auflösen, die Resultate des mühsamsten Forschens der Einbildungskraft überliefern und die Geheimnisse des Denkers in leicht zu entziffernder Bildersprache dem Kindersinn zu erraten geben. Ein Vorläufer der hellen Erkenntnis, brächte er die gewagtesten Vernunftwahrheiten, in reizender und verdachtloser Hülle, lange vorher unter das Volk, ehe der Philosoph und Gesetzgeber sich erkühnen dürfen, sie in ihrem vollen Glanze heraufzuführen. Ehe sie ein Eigentum der Überzeugung geworden, hätten sie durch *ihn* schon ihre stille Macht an den Herzen bewiesen, und ein ungeduldiges einstimmiges Verlangen würde sie endlich von selbst der Vernunft abfordern.

In diesem Sinne genommen, scheint uns der Volksdichter, man messe ihn nach den Fähigkeiten, die bei ihm vorausgesetzt werden, oder nach seinem Wirkungskreis, einen sehr hohen Rang zu verdienen. Nur dem großen Talent ist es gegeben, mit den Resultaten des Tiefsinns zu spielen, den Gedanken von der Form loszumachen, an die er ursprünglich geheftet, aus der er vielleicht entstanden war, ihn in eine fremde Ideenreihe zu verpflanzen, so viel Kunst in so wenigem Aufwand, in so einfacher Hülle so viel Reichtum zu verbergen. Hr. B. sagt also keineswegs zuviel, wenn er »Popularität eines Gedichts für das Siegel der Vollkommenheit« erklärt. Aber indem er dies behauptet, setzt er stillschweigend schon voraus, was mancher, der ihn liest, bei dieser Behauptung ganz und gar übersehen dürfte, daß zur Vollkommenheit eines Gedichts die erste unerläßliche Bedingung ist, einen von der verschiednen Fassungskraft seiner Leser durchaus unabhängigen absoluten, innern Wert zu besitzen. »Wenn ein Gedicht«, scheint er sagen zu wollen, »die Prüfung des echten Geschmacks aushält und mit diesem Vorzug noch eine Klarheit und Faßlichkeit verbindet, die es fähig macht, im Munde des Volks zu leben: dann ist ihm das Siegel der Vollkommenheit aufgedrückt.« Dieser Satz ist durchaus eins mit diesem: Was den Vortrefflichen gefällt, ist gut; was allen ohne Unterschied gefällt, ist es noch mehr.

Also weit entfernt, daß bei Gedichten, welche für das Volk bestimmt sind, von den höchsten Forderungen der Kunst etwas nachgelassen werden könnte, so ist vielmehr zu Bestimmung ihres Werts (der nur in der glücklichen Vereinigung so verschiedner Eigenschaften besteht) wesentlich und nötig, mit der Frage anzufangen: Ist der Popularität nichts von der höhern Schönheit aufgeopfert worden? Haben sie, was sie für die Volksmasse an Interesse gewannen, nicht für den Kenner verloren?

Und hier müssen wir gestehen, daß uns die Bürgerischen Gedichte noch sehr viel zu wünschen übriggelassen haben, daß wir in dem größten Teil derselben den milden, sich immer gleichen, immer hellen, männlichen Geist vermissen, der, eingeweiht in die Mysterien des Schönen, Edeln und Wahren, zu dem Volke bildend herniedersteigt, aber auch in der vertrautesten Gemeinschaft mit demselben nie seine himmlische Abkunft verleugnet. Hr. B. *vermischt* sich nicht selten mit dem Volk, zu dem er sich nur herablassen sollte, und anstatt es scherzend und spielend zu sich hinaufzuziehen, gefällt es ihm oft, sich ihm gleichzumachen. Das Volk, für das er dichtet, ist leider nicht immer dasjenige, welches er unter diesem Namen gedacht wissen will. Nimmermehr sind es dieselben Leser, für welche er seine »Nachtfeier der Venus", seine »Lenore«, sein Lied »An die Hoffnung«, »Die Elemente«, die »Göttingische Jubelfeier«, »Männerkeuschheit«, »Vorgefühl der Gesundheit« u. a. m. und eine »Frau Schnips«, »Fortunens Pranger«, »Menagerie der Götter«, »An die Menschengesichter« und ähnliche niederschrieb. Wenn wir anders aber einen Volksdichter richtig schätzen, so besteht sein Verdienst nicht darin, jede Volksklasse mit irgendeinem, ihr besonders genießbaren, Liede zu versorgen, sondern in jedem einzelnen Liede jeder Volksklasse genugzutun.

Wir wollen uns aber nicht bei Fehlern verweilen, die eine unglückliche Stunde entschuldigen und denen durch eine strengere Auswahl unter seinen Gedichten abgeholfen werden kann. Aber daß sich diese Ungleichheit des Geschmacks sehr oft in demselben Gedichte findet, dürfte ebenso schwer zu verbessern als zu entschuldigen sein. Rez. muß gestehen, daß er unter allen Bürgerischen Gedichten (die Rede ist von denen, welche er am reichlichsten aussteuerte) beinahe keines zu nennen weiß, das ihm einen durchaus reinen, durch gar kein Mißfallen erkauften Genuß gewährt hätte. War es entweder die vermißte Übereinstimmung des Bildes mit dem Gedanken oder die beleidigte Würde des Inhalts oder eine zu geistlose Einkleidung; war es auch nur ein unedles, die Schönheit des Gedankens entstellendes Bild, ein ins Platte fallender Ausdruck, ein unnützer Wörterprunk, ein (was doch am seltensten ihm begegnet) unechter Reim oder harter Vers, was die harmonische Wirkung des Ganzen störte: so war uns diese Störung bei so vollem Genuß um so widriger, weil sie uns das Urteil abnötigte, daß der Geist, der sich in diesen Gedichten darstellte, kein gereifter, kein vollendeter Geist sei, daß seinen Produkten nur deswegen die letzte Hand fehlen möchte, weil sie – ihm selbst fehlte. [...]

Eine der ersten Erfordernisse des Dichters ist Idealisierung, Veredlung, ohne welche er aufhört, seinen Namen zu verdienen. Ihm kommt es zu, das Vortreffliche seines Gegenstandes (mag dieser nun Gestalt, Empfindung oder Handlung sein, *in* ihm oder *außer* ihm wohnen) von gröbern, wenigstens fremdartigen Beimischungen zu befreien, die in mehrern Gegenständen zerstreuten Strahlen von Vollkommenheit in einem einzigen zu sammeln, einzelne, das Ebenmaß störende Züge der Harmonie des Ganzen zu unterwerfen, das Individuelle und Lokale zum Allgemeinen zu erheben. Alle Ideale, die er auf diese Art im einzelnen bildet, sind gleichsam nur Ausflüsse eines innern Ideals von Vollkommenheit, das in der Seele des Dichters wohnt. Zu je größerer Reinheit und Fülle er dieses innere allgemeine Ideal ausgebildet hat, desto mehr werden auch jene einzelnen sich der höchsten Vollkommenheit nähern. Diese Idealisierkunst vermissen wir bei Hn. Bürger. Außerdem, daß uns seine Muse überhaupt einen zu sinnlichen, oft gemeinsinnlichen Charakter zu tragen scheint, daß ihm Liebe selten etwas anders als Genuß oder sinnliche Augenweide, Schönheit oft nur Jugend, Gesundheit, Glückseligkeit nur Wohlleben ist, möchten wir die Gemälde, die er uns aufstellt, mehr einen Zusammenwurf von Bildern, eine Kompilation von Zügen, eine Art *Mosaik* als Ideale nennen. Will er uns z. B. weibliche Schönheit malen, so sucht er zu jedem einzelnen Reiz seiner Geliebten ein demselben korrespondierendes Bild in der Natur umher auf, und daraus erschafft er sich seine Göttin. Man sehe 1. T., S. 124: »Das Mädel (?), das ich meine«, »Das hohe Lied« und mehrere andre. Will er sie überhaupt als Muster von Vollkommenheit uns darstellen, so werden ihre Qualitäten von einer ganzen Schar Göttinnen zusammengeborgt. S. 86, »Die beiden Liebenden«:

> Im Denken ist sie Pallas[3] ganz
> Und Juno ganz an edelm Gange,
> Terpsichore beim Freudentanz,
> Euterpe neidet sie im Sange;
> Ihr weicht Aglaja, wann sie lacht,
> Melpomene bei sanfter Klage,
> Die Wollust ist sie in der Nacht,
> Die holde Sittsamkeit bei Tage.

3. *Pallas: Athene, Tochter des Zeus und der Metis. – Juno: lat. Name der Hera, Gattin des Zeus. – Terpsichore: Göttin des Tanzes. – Euterpe: Göttin der Tonkunst. – Aglaja: eine der drei Grazien. – Melpomene: Göttin der Tragödie.*

Wir führen diese Strophe nicht an, als glaubten wir, daß sie das Gedicht, worin sie vorkömmt, eben verunstalte, sondern weil sie uns das passendste Beispiel zu sein scheint, wie ungefähr Hr. B. idealisiert. Es kann nicht fehlen, daß dieser üppige Farbenwechsel auf den ersten Anblick hinreißt und blendet, Leser besonders, die nur für das Sinnliche empfänglich sind und, den Kindern gleich, nur das *Bunte* bewundern. Aber wie wenig sagen Gemälde dieser Art dem verfeinerten Kunstsinn, den nie der Reichtum, sondern die weise Ökonomie, nie die Materie, nur die Schönheit der Form, nie die Ingredienzien, nur die Feinheit der Mischung befriedigt! Wir wollen nicht untersuchen, wie viel oder wenig Kunst erfordert wird, in dieser Manier zu erfinden; aber wir entdecken bei dieser Gelegenheit an uns selbst, wie wenig dergleichen Matadorstücke der Jugend die Prüfung eines männlichen Geschmacks aushalten. Es konnte uns eben darum auch nicht sehr angenehm überraschen, als wir in dieser Gedichtsammlung, einem Unternehmen reiferer Jahre, sowohl ganze Gedichte als einzelne Stellen und Ausdrücke wiederfanden (das Klinglingling, Hopp Hopp Hopp, Huhu, Sasa, Trallyrum larum u. dgl. m. nicht zu vergessen), welche nur die poetische Kindheit ihres Verfassers entschuldigen und der zweideutige Beifall des großen Haufens so lange durchbringen konnte. Wenn ein Dichter, wie Hr. B., dergleichen Spielereien durch die Zauberkraft seines Pinsels, durch das Gewicht seines Beispiels in Schutz nimmt: wie soll sich der unmännliche, kindische Ton verlieren, den ein Heer von Stümpern in unsere lyrische Dichtkunst einführte? Aus eben diesem Grunde kann Rez. das sonst so lieblich gesungene Gedicht »Blümchen Wunderhold« nur mit Einschränkung loben. Wie sehr sich auch Hr. B. in dieser Erfindung gefallen haben mag, so ist ein *Zauberblümchen an der Brust* kein ganz würdiges und eben auch nicht sehr geistreiches Symbol der Bescheidenheit; es ist, frei herausgesagt, Tändelei. Wenn es von diesem Blümchen heißt:

Du teilst der Flöte weichen Klang
Des Schreiers Kehle mit
Und *wandelst in Zephyrengang*
Des Stürmers Poltertritt,

so geschieht der Bescheidenheit *zuviel* Ehre. Der unschickliche Ausdruck: die Nase schnaubt nach Äther, und ein unechter Reim: *blähn* und *schön*, verunstalten den leichten und schönen Gang dieses Liedes.

Am meisten vermißt man die Idealisierkunst bei Hn. B., wenn er Empfindung schildert; dieser Vorwurf trifft besonders die neuern Gedichte, großenteils an Molly gerichtet, womit er diese Ausgabe bereichert hat. So unnachahmlich schön in den meisten Diktion und Versbau ist, so poetisch sie *gesungen* sind, so *unpoetisch* scheinen sie uns *empfunden.* Was Lessing irgendwo dem Tragödiendichter zum Gesetz macht, keine Seltenheiten, keine streng individuellen Charaktere und Situationen darzustellen, gilt noch weit mehr von dem lyrischen. Dieser darf eine gewisse Allgemeinheit in den Gemütsbewegungen, die er schildert, um so weniger verlassen, je weniger Raum ihm gegeben ist, sich über das Eigentümliche der Umstände, wodurch sie veranlaßt sind, zu verbreiten. Die neuen Bürgerschen Gedichte sind großenteils Produkte einer solchen ganz eigentümlichen Lage, die zwar weder so streng individuell, noch so sehr Ausnahme ist, als ein Heautontimorumenos[4] des Terenz, aber gerade individuell genug, um von dem Leser weder vollständig noch rein genug aufgefaßt zu werden, daß das Unideale, welches davon unzertrennlich ist, den Genuß nicht störte. Indessen würde dieser Umstand den Gedichten, bei denen er angetroffen wird, bloß eine Vollkommenheit nehmen; aber ein anderer kommt hinzu, der ihnen wesentlich schadet. Sie sind nämlich nicht bloß *Gemälde* dieser eigentümlichen (und sehr undichterischen) Seelenlage, sondern sie sind

4. *»Der Selbstquäler«, ein Lustspiel des röm. Komödiendichters Terenz.*

offenbar auch *Geburten* derselben. Die Empfindlichkeit, der Unwille, die Schwermut des Dichters sind nicht bloß der *Gegenstand*, den er besingt, sie sind leider oft auch der *Apoll*, der ihn begeistert. Aber die Göttinnen des Reizes und der Schönheit sind sehr eigensinnige Gottheiten. Sie belohnen nur die Leidenschaft, die sie selbst einflößten; sie dulden auf ihrem Altar nicht gern ein ander Feuer als das Feuer einer reinen, uneigennützigen Begeisterung. Ein erzürnter Schauspieler wird uns schwerlich ein edler Repräsentant des Unwillens werden; ein Dichter nehme sich ja in acht, mitten im Schmerz den Schmerz zu besingen. So, wie der Dichter selbst bloß leidender Teil ist, muß seine Empfindung unausbleiblich von ihrer idealischen Allgemeinheit zu einer unvollkommenen Individualität herabsinken. Aus der sanftern und fernenden Erinnerung mag er dichten, und dann desto besser für ihn, je mehr er an sich erfahren hat, was er besingt; aber ja niemals unter der gegenwärtigen Herrschaft des Affekts, den er uns *schön* versinnlichen soll. Selbst in Gedichten, von denen man zu sagen pflegt, daß die Liebe, die Freundschaft usw. selbst dem Dichter den Pinsel dabei geführt habe, hatte er damit anfangen müssen, sich selbst fremd zu werden, den Gegenstand seiner Begeisterung von seiner Individualität loszuwickeln, seine Leidenschaft aus einer mildernden Ferne anzuschauen. Das Idealschöne wird schlechterdings nur durch eine Freiheit des Geistes, durch eine Selbsttätigkeit möglich, welche die Übermacht der Leidenschaft aufhebt.

Die neuern Gedichte Hn. B.s charakterisiert eine gewisse Bitterkeit, eine fast kränkelnde Schwermut. Das hervorragendste Stück in dieser Sammlung: »Das hohe Lied von der Einzigen«, verliert dadurch besonders viel von seinem übrigen unerreichbaren Werte. Andre Kunstrichter haben sich bereits ausführlicher über dieses schöne Produkt der Bürgerischen Muse herausgelassen, und mit Vergnügen stimmen wir in einen *großen* Teil des Lobes mit ein, das sie ihm beigelegt haben. Nur wundern wir uns, wie es möglich war, dem Schwunge des Dichters, dem Feuer seiner Empfindung, seinem Reichtum an Bildern, der Kraft seiner Sprache, der Harmonie seines Verses so viele Versündigungen gegen den guten Geschmack zu vergeben; wie es möglich war, zu übersehen, daß sich die Begeisterung des Dichters nicht selten in die Grenzen des *Wahnsinns* verliert, daß sein Feuer oft *Furie* wird, daß eben deswegen die Gemütsstimmung, mit der man dies Lied aus der Hand legt, durchaus nicht die wohltätige harmonische Stimmung ist, in welche wir uns von dem Dichter versetzt sehen wollen. Wir begreifen, wie Hr. B., hingerissen von dem Affekt, der dieses Lied ihm diktierte, bestochen von der nahen Beziehung dieses Lieds auf seine eigne Lage, die er in demselben, wie in einem Heiligtum, niederlegte, am Schlusse dieses Lieds sich zurufen konnte, daß es das Siegel der Vollendung an sich trage; – aber eben deswegen möchten wir es, seiner glänzenden Vorzüge ungeachtet, nur ein sehr vortreffliches *Gelegenheitsgedicht* nennen – ein Gedicht nämlich, dessen Entstehung und *Bestimmung* man es allenfalls verzeiht, wenn ihm die idealische Reinheit und Vollendung mangelt, die allein den guten Geschmack befriedigt.

Eben dieser große und nahe Anteil, den das eigene *Selbst* des Dichters an diesem und noch einigen andern Liedern dieser Sammlung hatte, erklärt uns beiläufig, warum wir in diesen Liedern so übertrieben oft an *ihn* selbst, den Verfasser, erinnert werden. Rez. kennt unter den neuern Dichtern keinen, der das sublimi feriam sidera vertice[5] des Horaz mit solchem Mißbrauch im Munde führte als Hr. B. Wir wollen ihn deswegen nicht in Verdacht haben, daß ihm bei solchen Gelegenheiten das Blümchen Wunderhold aus dem Busen gefallen sei; es leuchtet ein, daß man nur im Scherz so viel Selbstlob an sich verschwenden kann. Aber angenommen, daß an solchen scherzhaften Äußerungen nur der zehente Teil sein Ernst sei, so macht ja ein zehenter Teil,

5. ›Ich werde mit erhobenem Scheitel die Sterne des Himmels berühren‹ (Horaz, Ode an Maecenas, Carm. I, 1,36).

der zehenmal wieder kömmt, einen ganzen und bittern Ernst. Eigenruhm kann selbst einem Horaz nur *verziehen* werden, und ungern *verzeiht* der hingerißne Leser dem Dichter, den er so gern – *nur* bewundern möchte.

Diese allgemeinen Winke, den Geist des Dichters betreffend, scheinen uns alles zu sein, was über eine Sammlung von mehr als 100 Gedichten, worunter viele einer ausführlichen Zergliederung wert sind, in einer Zeitung gesagt werden konnte. Das längst entschiedne einstimmige Urteil des Publikums überhebt uns, von seinen Balladen zu reden, in welcher Dichtungsart es nicht leicht ein deutscher Dichter Hn. B. zuvortun wird. Bei seinen Sonetten, Mustern ihrer Art, die sich auf den Lippen des Deklamateurs in Gesang verwandeln, wünschen wir mit ihm, daß sie keinen Nachahmer finden möchte, der nicht gleich ihm und seinem vortrefflichen Freund, *Schlegel*, die Leier des pythischen Gottes[6] spielen kann. Gerne hätten wir alle bloß *witzigen* Stücke, die Sinngedichte vor allen, in dieser Sammlung entbehrt, so wie wir überhaupt Hn. B. die leichte scherzende Gattung möchten verlassen sehn, die seiner starken nervigten Manier nicht zusagt. Man vergleiche z. B., um sich davon zu überzeugen, das »Zechlied« 1. T., S. 142 mit einem Anakreontischen oder Horazischen von ähnlichem Inhalt. Wenn man uns endlich auf Gewissen fragte, welchen von Hn. B.s Gedichten, den ernsthaften oder den satirischen, den ganz lyrischen oder lyrischerzählenden, den frühern oder spätern wir den Vorzug geben, so würde unser Ausspruch für die ernsthaften, für die erzählenden und für die frühern ausfallen. Es ist nicht zu verkennen, daß Hr. B. an poetischer Kraft und Fülle, an Sprachgewalt und an Schönheit des Verses gewonnen hat; aber seine Manier hat sich weder veredelt, noch sein Geschmack gereinigt.

Wenn wir bei Gedichten, von denen sich unendlich viel

---

6. *Apollo hat in der griech. Mythologie diesen Beinamen nach dem von ihm getöteten Schlangenungeheuer Python*

Schönes sagen läßt, nur auf die fehlerhafte Seite hingewiesen haben, so ist dies, wenn man will, eine Ungerechtigkeit, der wir uns nur gegen einen Dichter von Hn. B.s Talent und Ruhm schuldig machen konnten. Nur gegen einen Dichter, auf den so viele nachahmende Federn lauern, verlohnt es sich der Mühe, die *Partei der Kunst* zu ergreifen; und auch nur das große Dichtergenie ist imstande, den Freund des Schönen an die *höchsten* Forderungen der Kunst zu erinnern, die er bei dem mittelmäßigen Talent entweder freiwillig unterdrückt oder ganz zu vergessen in Gefahr ist. Gerne gestehen wir, daß wir das ganze Heer von unsern jetzt lebenden Dichtern, die mit Hn. B. um den lyrischen Lorbeerkranz ringen, gerade so tief unter *ihm* erblicken, als er, unsrer Meinung nach, selbst unter dem höchsten Schönen geblieben ist. Auch empfinden wir sehr gut, daß vieles von dem, was wir an seinen Produkten tadelnswert fanden, auf Rechnung *äußrer* Umstände kommt, die seine genialische Kraft in ihrer schönsten Wirkung beschränkten und von denen seine Gedichte selbst so rührende Winke geben. Nur die heitre, die ruhige Seele gebiert das Vollkommene. Kampf mit äußern Lagen und Hypochondrie, welche überhaupt jede Geisteskraft lähmen, dürfen am allerwenigsten das Gemüt des Dichters belasten, der sich von der Gegenwart loswickeln und frei und kühn in die Welt der Ideale emporschweben soll. Wenn es auch noch so sehr in seinem Busen stürmt, so müsse Sonnenklarheit seine Stirne umfließen.

Wenn indessen irgendeiner von unsern Dichtern es wert ist, sich selbst zu vollenden, um etwas Vollendetes zu leisten, so ist es Hr. Bürger. Diese Fülle poetischer Malerei, diese glühende energische Herzenssprache, dieser bald prächtig wogende, bald lieblich flötende Poesiestrom, der seine Produkte so hervorragend unterscheidet, endlich dieses biedre Herz, das, man möchte sagen, aus jeder Zeile spricht, ist es wert, sich mit immer gleicher ästhetischer und sittlicher Grazie, mit männlicher Würde, mit Gedankengehalt, mit

hoher und stiller Größe zu gatten und so die höchste Krone
der Klassizität zu erringen.

Das Publikum hat eine schöne Gelegenheit, um die vater-
ländische Kunst sich dieses Verdienst zu erwerben. Hr. B.
besorgt, wie wir hören, eine neue *verschönerte* Ausgabe seiner Gedichte, und von dem Maße der Unterstützung, die
ihm von den Freunden seiner Muse widerfahren wird,
hängt es ab, ob sie zugleich eine *verbesserte*, ob sie eine
vollendete sein soll.

JOHANN WOLFGANG GOETHE

Geb. 28. August 1749 in Frankfurt a. M., gest. 22. März 1832 in Wei-
mar. Jura-Studium in Leipzig und Straßburg. In Leipzig (1768) Be-
kanntschaft mit Gottsched und Gellert, Zeichenunterricht bei Adam
Oeser. Winckelmann-Verehrung. Rokokodichtungen: *Das Buch Annette*,
Anakreontik und Schäferspiele im Stil des Rokoko. 1768/69 Frankfurt.
Pietistisch-herrnhuter und mystisch-naturphilosophische Einflüsse (Su-
sanne von Klettenberg). 1770/71 Straßburg, Umgang mit Herder, Jung-
Stilling, Wagner, Lenz. Liebe zu Friederike Brion. Erste Erlebnislyrik.
Sammlung elsässischer Volkslieder. Lektüre von Shakespeare, Ossian,
Homer. Pläne zu *Götz* und *Faust*.
1771–75 Frankfurter Geniezeit. Verkehr mit Johann Heinrich Merck
aus Darmstadt. Mai bis September 1772 kurz am Reichskammergericht
in Wetzlar (Liebe zu Charlotte Buff). 1773 Entstehung des *Götz von
Berlichingen* (Dr.); 1774 *Clavigo* (Tr.), *Die Leiden des jungen Werthers*
(R.); 1775 *Stella* (Sch.). Sturm-und-Drang-Lyrik (*Wanderers Sturmlied*),
Hymnen (*Prometheus*), Balladen (*Der König in Thule*), Beginn der Arbeit
am *Egmont* und *Urfaust*.
1775 Übersiedlung nach Weimar, Freundschaft mit Herzog Karl August.
Verwaltungsaufgaben, erste naturwissenschaftliche Studien, Bekanntschaft mit Charlotte von Stein, Wieland, Musäus. 1779 Prosafassung
der *Iphigenie auf Tauris* (Sch.); 1784 Arbeit an *Wilhelm Meisters theatralische Sendung* (R.), Beginn der klassischen Lyrik (*Zueignung*).
1786–88 erste Italienreise. Durch das Erlebnis antiker Formenwelt bedeutende Wende zu formstrenger, überpersönlicher, zeitlos idealisierender Dichtung: 1787 Versfassung der *Iphigenie* (Sch.); 1788 Abschluß des
Egmont (Tr.); 1788–90 Entstehung der *Römischen Elegien*; 1790 *Faust,
ein Fragment* (Dr.), *Torquato Tasso* (Sch.).
1790 zweite italienische Reise. 1791–1817 Direktor des Weimarer Hof-

theaters. Einführung eines klassizistisch-deklamatorischen Bühnenstils. 1792/93 Teilnahme am Feldzug in Frankreich und an der Belagerung von Mainz.
1794–1805 Freundschaftsbund mit Schiller: Anregung dadurch zur Weiterführung des *Faust*, Erörterung von Wesen und Gesetzen der Kunst, kulturelles Reformprogramm, gegenseitig befruchtender Gedankenaustausch, Briefwechsel. 1795 *Wilhelm Meisters Lehrjahre* (R.), *Unterhaltungen deutscher Ausgewanderten* (Nn.); 1798 *Hermann und Dorothea* (Ep.); Mitarbeit an den *Horen* Schillers; 1797/98 *Balladenalmanach*; 1798–1800 Hrsg. der Kunstzeitschrift *Die Propyläen*, 1804–07 der *Jenaischen Allgemeinen Literatur-Zeitung*. 1806 Plünderung Weimars durch die Franzosen, 1807 Verheiratung mit Christiane Vulpius. 1808 *Faust* 1. Teil vollendet. Dichterische Auswirkung der Neigung zu Minna Herzlieb in *Sonette* (1807/08), *Die Wahlverwandtschaften* (R., 1809). Eindringen romantischer Elemente in das lockerer komponierte Spätwerk. 1814/15 Reise an den Rhein, Liebe zu Marianne von Willemer. 1814–19 *West-östlicher Divan* (Gedichtzyklus); 1821 *Wilhelm Meisters Wanderjahre* (R.); 1808–31 Arbeit an *Dichtung und Wahrheit*; 1831 *Faust* 2. Teil.

Einfache Nachahmung der Natur, Manier, Stil

Die knapp gefaßte Abhandlung über »Einfache Nachahmung der Natur, Manier, Stil«, die 1789 in Wielands »Teutschem Merkur« erschien, verarbeitet Goethes italienische Kunststudien und -erlebnisse. Der Aufsatz spiegelt darüber hinaus die Ergebnisse der Unterhaltungen mit Karl Philipp Moritz in Rom, der die gemeinsamen Gedanken 1788 in der Schrift »Über die bildende Nachahmung des Schönen« (vgl. S. 34 f.) zusammenfaßt.
Goethes weitreichende Kunstdeutung handelt zunächst nicht eigentlich über Dichtkunst, sondern über einen sehr begrenzten Ausschnitt der bildenden Kunst, nämlich Blumen- und Landschaftsmalerei. Das Naturbetrachten und -erfassen der italienischen Reise wird hier auf die Kunstdeutung angewandt. Hier wie dort der ständige Versuch des Forschens und Suchens nach dem Wesenhaften. Dem gegenständlichen Zug der Goetheschen Naturbetrachtung entspricht auf künstlerischem Gebiet das Interesse am praktischen Vorgang, am Verfahren.

Die erste Hälfte der Abhandlung bemüht sich um eine
Definition der Fachwörter Nachahmung, Manier, Stil, die
Grundbegriffe der traditionellen Kunsttheorie waren, aber
von Goethe mit neuer Wertung erfüllt werden. Die drei
Termini sind nicht nur als Begabungstypen zu verstehen,
sondern sie bezeichnen zugleich eine Rangfolge innerhalb
eines Entwicklungsprozesses. Kennzeichnend für Goethe ist,
daß er die Stufen nicht nur gegeneinander abgrenzt, son-
dern sie miteinander verbindet: Trotz der drei Wertstufen,
deren jede ihr eigenes Recht hat, ist für ihn das Wesen der
Kunst eine vielfältige Ganzheit. So deutet die unterste auf
die höchste hin, und die höchste wäre ohne die unterste un-
möglich.
Der Aufsatz sieht im »Stil« eine höchste erreichbare Stufe.
Damit manifestiert sich hier die entscheidende Wende Goe-
thes zum objektiven Denken der klassischen Zeit. Im »Stil«,
der auf der Erkenntnis des Wesens der Dinge beruht, wird
die höchste Gestaltungsstufe erreicht. »Stil haben« bedeutet
mehr als Wirklichkeit sehen (einfache Nachahmung). Stil
drängt über die verallgemeinernde »den Geist des Spre-
chenden« ausdrückende »Manier« empor zum Prägen des
Wesenhaften. »Stil« setzt einerseits äußerste Objektivität
voraus, ist aber als Wertbegriff zugleich subjektivem Maß-
stab unterworfen. Damit deuten sich die Grenzen des klas-
sischen Kunstwollens bereits hier an.

Es scheint nicht überflüssig zu sein, genau anzuzeigen, was
wir uns bei diesen Worten denken, welche wir öfters brauchen werden. Denn wenn man sich gleich auch derselben
schon lange in Schriften bedient, wenn sie gleich durch
theoretische Werke bestimmt zu sein scheinen, so braucht
denn doch jeder sie meistens in einem eigenen Sinne und
denkt sich mehr oder weniger dabei, je schärfer oder schwä-
cher er den Begriff gefaßt hat, der dadurch ausgedrückt
werden soll.

Einfache Nachahmung der Natur

Wenn ein Künstler, bei dem man das natürliche Talent voraussetzen muß, in der frühsten Zeit, nachdem er nur einigermaßen Auge und Hand an Mustern geübt, sich an die Gegenstände der Natur wendete, mit Treue und Fleiß ihre Gestalten, ihre Farben auf das genaueste nachahmte, sich gewissenhaft niemals von ihr entfernte, jedes Gemälde, das er zu fertigen hätte, wieder in ihrer Gegenwart anfinge und vollendete, ein solcher würde immer ein schätzenswerter Künstler sein; denn es könnte ihm nicht fehlen, daß er in einem unglaublichen Grade wahr würde, daß seine Arbeiten sicher, kräftig und reich sein müßten.

Wenn man diese Bedingungen genau überlegt, so sieht man leicht, daß eine zwar fähige, aber beschränkte Natur angenehme, aber beschränkte Gegenstände auf diese Weise behandeln könne.

Solche Gegenstände müssen leicht und immer zu haben sein; sie müssen bequem gesehen und ruhig nachgebildet werden können; das Gemüt, das sich mit einer solchen Arbeit beschäftigt, muß still, in sich gekehrt und in einem mäßigen Genuß genügsam sein.

Diese Art der Nachbildung würde also bei sogenannten toten oder stilliegenden Gegenständen von ruhigen, treuen, eingeschränkten Menschen in Ausübung gebracht werden. Sie schließt ihrer Natur nach eine hohe Vollkommenheit nicht aus.

Manier

Allein gewöhnlich wird dem Menschen eine solche Art, zu verfahren, zu ängstlich oder nicht hinreichend. Er sieht eine Übereinstimmung vieler Gegenstände, die er nur in ein Bild bringen kann, indem er das Einzelne aufopfert; es verdrießt ihn, der Natur ihre Buchstaben im Zeichnen nur gleichsam nachzubuchstabieren; er erfindet sich selbst eine Weise, macht sich selbst eine Sprache, um das, was er mit der Seele

ergriffen, wieder nach seiner Art auszudrücken, einem
Gegenstande, den er öfters wiederholt hat, eine eigne bezeichnende Form zu geben, ohne, wenn er ihn wiederholt,
die Natur selbst vor sich zu haben, noch auch sich geradezu
ihrer ganz lebhaft zu erinnern.

Nun wird es eine Sprache, in welcher sich der Geist des
Sprechenden unmittelbar ausdrückt und bezeichnet. Und
wie die Meinungen über sittliche Gegenstände sich in der
Seele eines jeden, der selbst denkt, anders reihen und gestalten, so wird auch jeder Künstler dieser Art die Welt
anders sehen, ergreifen und nachbilden, er wird ihre Erscheinungen bedächtiger oder leichter fassen, er wird sie
gesetzter oder flüchtiger wieder hervorbringen.

Wir sehen, daß diese Art der Nachahmung am geschicktesten
bei Gegenständen angewendet wird, welche in einem großen Ganzen viele kleine subordinierte Gegenstände enthalten. Diese letztere müssen aufgeopfert werden, wenn der
allgemeine Ausdruck des großen Gegenstandes erreicht werden soll, wie zum Exempel bei Landschaften der Fall ist,
wo man ganz die Absicht verfehlen würde, wenn man sich
ängstlich beim Einzelnen aufhalten und den Begriff des
Ganzen nicht vielmehr festhalten wollte.

Stil

Gelangt die Kunst durch Nachahmung der Natur, durch
Bemühung, sich eine allgemeine Sprache zu machen, durch
genaues und tiefes Studium der Gegenstände selbst endlich
dahin, daß sie die Eigenschaften der Dinge und die Art,
wie sie bestehen, genau und immer genauer kennen lernt,
daß sie die Reihe der Gestalten übersieht und die verschiedenen charakteristischen Formen nebeneinander zu stellen
und nachzuahmen weiß, dann wird der *Stil* der höchste
Grad, wohin sie gelangen kann; der Grad, wo sie sich den
höchsten menschlichen Bemühungen gleichstellen darf.

Wie die einfache Nachahmung auf dem ruhigen Dasein

und einer liebevollen Gegenwart beruhet, die Manier eine
Erscheinung mit einem leichten, fähigen Gemüt ergreift, so
ruht der *Stil* auf den tiefsten Grundfesten der Erkenntnis,
auf dem Wesen der Dinge, insofern uns erlaubt ist, es in
sichtbaren und greiflichen Gestalten zu erkennen.

Die Ausführung des oben Gesagten würde ganze Bände
einnehmen; man kann auch schon manches darüber in Büchern finden; der reine Begriff aber ist allein an der Natur
und den Kunstwerken zu studieren. Wir fügen noch einige
Betrachtungen hinzu und werden, sooft von bildender
Kunst die Rede ist, Gelegenheit haben, uns dieser Blätter
zu erinnern.
Es läßt sich leicht einsehen, daß diese drei hier voneinander
geteilten Arten, Kunstwerke hervorzubringen, genau miteinander verwandt sind, und daß eine in die andere sich
zart verlaufen kann.
Die einfache Nachahmung leicht faßlicher Gegenstände – wir
wollen hier zum Beispiel Blumen und Früchte nehmen –
kann schon auf einen hohen Grad gebracht werden. Es ist
natürlich, daß einer, der Rosen nachbildet, bald die schönsten und frischesten Rosen kennen und unterscheiden und
unter Tausenden, die ihm der Sommer anbietet, heraus-
suchen werde. Also tritt hier schon die Wahl ein, ohne daß
sich der Künstler einen allgemeinen bestimmten Begriff von
der Schönheit der Rose gemacht hätte. Er hat mit faßlichen
Formen zu tun; alles kommt auf die mannigfaltige Bestimmung und die Farbe der Oberfläche an. Die pelzige Pfirsche,
die fein bestaubte Pflaume, den glatten Apfel, die glänzende Kirsche, die blendende Rose, die mannigfaltigen Nel-
ken, die bunten Tulpen, alle wird er nach Wunsch im höchsten Grade der Vollkommenheit ihrer Blüte und Reife in
seinem stillen Arbeitszimmer vor sich haben; er wird ihnen
die günstigste Beleuchtung geben; sein Auge wird sich an
die Harmonie der glänzenden Farben, gleichsam spielend,
gewöhnen; er wird alle Jahre dieselben Gegenstände zu

erneuern wieder imstande sein, und durch eine ruhige nachahmende Betrachtung des simpeln Daseins die Eigenschaften dieser Gegenstände ohne mühsame Abstraktion erkennen und fassen: und so werden die Wunderwerke eines
Huysums[1], einer Rachel Ruysch[2] entstehen, welche Künstler
sich gleichsam über das Mögliche hinüber gearbeitet haben.
Es ist offenbar, daß ein solcher Künstler nur desto größer
und entschiedener werden muß, wenn er zu seinem Talente
noch ein unterrichteter Botaniker ist: wenn er, von der
Wurzel an, den Einfluß der verschiedenen Teile auf das
Gedeihen und den Wachstum der Pflanze, ihre Bestimmung
und wechselseitige Wirkungen erkennt; wenn er die sukzes-
sive Entwicklung der Blätter, Blumen, Befruchtung, Frucht
und des neuen Keimes einsiehet und überdenkt. Er wird
alsdenn nicht bloß durch die Wahl aus den Erscheinungen
seinen Geschmack zeigen, sondern er wird uns auch durch
eine richtige Darstellung der Eigenschaften zugleich in Verwunderung setzen und belehren. In diesem Sinne würde
man sagen können, er habe sich einen Stil gebildet; da man
von der andern Seite leicht einsehen kann, wie ein solcher
Meister, wenn er es nicht gar so genau nähme, wenn er nur
das Auffallende, Blendende leicht auszudrücken beflissen
wäre, gar bald in die Manier übergehen würde.
Die einfache Nachahmung arbeitet also gleichsam im Vor-
hofe des Stils. Je treuer, sorgfältiger, reiner sie zu Werke
gehet, je ruhiger sie das, was sie erblickt, empfindet, je ge-
lassener sie es nachahmt, je mehr sie sich dabei zu denken
gewöhnt, das heißt, je mehr sie das Ähnliche zu vergleichen,
das Unähnliche voneinander abzusondern und einzelne
Gegenstände unter allgemeine Begriffe zu ordnen lernet,

1. Huysum, niederländ. Malerfamilie, u. a. Justus I van Huysum (1659
bis 1716), Maler von staffierten Landschaften und Blumenstücken; vor
allem dessen ältester Sohn Jan van Huysum (1682–1749), Maler von
Blumenstücken und heroischen Landschaften.
2. Rachel Ruysch (1664–1750), holländ. Stillebenmalerin.

desto würdiger wird sie sich machen, die Schwelle des Heiligtums selbst zu betreten.

Wenn wir nun ferner die Manier betrachten, so sehen wir, daß sie im höchsten Sinne und in der reinsten Bedeutung des Worts ein Mittel zwischen der einfachen Nachahmung und dem Stil sein könne. Je mehr sie bei ihrer leichteren Methode sich der treuen Nachahmung nähert, je eifriger sie von der andern Seite das Charakteristische der Gegenstände zu ergreifen und faßlich auszudrücken sucht, je mehr sie beides durch eine reine, lebhafte, tätige Individualität verbindet, desto höher, größer und respektabler wird sie werden. Unterläßt ein solcher Künstler, sich an die Natur zu halten und an die Natur zu denken, so wird er sich immer mehr von der Grundfeste der Kunst entfernen, seine Manier wird immer leerer und unbedeutender werden, je weiter sie sich von der einfachen Nachahmung und von dem Stil entfernt.

Wir brauchen hier nicht zu wiederholen, daß wir das Wort Manier in einem hohen und respektablen Sinne nehmen, daß also die Künstler, deren Arbeiten nach unsrer Meinung in den Kreis der Manier fallen, sich über uns nicht zu beschweren haben. Es ist uns bloß angelegen, das Wort Stil in den höchsten Ehren zu halten, damit uns ein Ausdruck übrig bleibe, um den höchsten Grad zu bezeichnen, welchen die Kunst je erreicht hat und je erreichen kann. Diesen Grad auch nur zu erkennen, ist schon eine große Glückseligkeit, und davon sich mit Verständigen unterhalten, ein edles Vergnügen, das wir uns in der Folge zu verschaffen manche Gelegenheit finden werden.

GOETHE UND SCHILLER

Über epische und dramatische Dichtung

Der Aufsatz »Über epische und dramatische Dichtung« vom Dezember 1797 spiegelt Goethes und Schillers brieflichen Gedankenaustausch über die Grenzen der Gattungen und wurde unmittelbar ausgelöst durch die Rezension August Wilhelm Schlegels über Goethes Epos »Hermann und Dorothea«, das im März des gleichen Jahres erschienen war. Goethe sandte den aus den gemeinsamen Überlegungen und Ergebnissen zusammengestellten Aufsatz an Schiller, der ihn teilweise revidierte.

Die Ausführungen der bedeutenden Abhandlung werden thematisch ergänzt durch das kurze, in den Rahmen des Hauptgesprächs über Shakespeares »Hamlet« eingeschobene Resümee eines Kunstgesprächs zwischen Wilhelm Meister und Serlo in den »Lehrjahren« (V, 7), in dem eine Abgrenzung von Roman und Drama versucht wird. Dort wie hier wird von der Gegenüberstellung der Gattungen ausgegangen und die Forderung aufgestellt, daß sich Roman und Drama »in den Grenzen ihrer Gattungen halten« sollen.

Die Abgrenzung des Epos vom Drama ist seit Aristoteles immer wieder angestrebt worden. Die Gedankenreihe des hier präsentierten Versuches von Goethe und Schiller zeichnet sich aus durch Klarheit und Einfachheit der angeführten Punkte in der Gegenüberstellung des Mimen und des Rhapsoden und der noch unseren heutigen Anschauungen entsprechenden Antithese von epischer Distanz (»Interesse egal verteilen«, »hinter einem Vorhange am allerbesten«) und dramatischer Konzentration (»die Handlungen der echten Tragödie bedürfen daher nur wenigen Raums«).

Die Reinerhaltung der gattungsmäßig bestimmten Formen wird besonders während der Propyläen-Zeit betont, zeitlich parallel zum Durchbruch der progressiven Universalpoesie,

Schattenrisse von Schiller, Goethe, Herzog Karl August und Herzogin Anna Amalia (Schiller-Nationalmuseum, Marbach am Nekkar: 1. Goethe-Museum, Düsseldorf: 2–4)

die der klassischen Haltung entgegengesetzt war. Aber auch noch beim späteren Goethe findet sich die Anschauung von den »drei echten Naturformen der Poesie, die »klar erzählende, die enthusiastisch aufgeregte und die persönlich handelnde: Epos, Lyrik und Drama« (»Noten und Abhandlungen zum Divan«).

Der Epiker und Dramatiker sind beide den allgemeinen poetischen Gesetzen unterworfen, besonders dem Gesetze der Einheit und dem Gesetze der Entfaltung; ferner behandeln sie beide ähnliche Gegenstände und können beide alle Arten von Motiven brauchen; ihr großer wesentlicher Unterschied beruht aber darin, daß der Epiker die Begebenheit als *vollkommen vergangen* vorträgt und der Dramatiker sie als *vollkommen gegenwärtig* darstellt. Wollte man das Detail der Gesetze, wonach beide zu handeln haben, aus der Natur des Menschen herleiten, so müßte man sich einen Rhapsoden und einen Mimen, beide als Dichter, jenen mit seinem ruhig horchenden, diesen mit seinem ungeduldig schauenden und hörenden Kreise umgeben, immer vergegenwärtigen, und es würde nicht schwerfallen, zu entwickeln, was einer jeden von diesen beiden Dichtarten am meisten frommt, welche Gegenstände jede vorzüglich wählen, welche Motive sie sich vorzüglich bedienen wird; ich sage vorzüglich: denn, wie ich schon zu Anfang bemerkte, ganz ausschließlich kann sich keine etwas anmaßen.
Die *Gegenstände* des Epos und der Tragödie sollten rein menschlich, bedeutend und pathetisch sein: die Personen stehen am besten auf einem gewissen Grade der Kultur, wo die Selbsttätigkeit noch auf sich allein angewiesen ist, wo man nicht moralisch, politisch, mechanisch, sondern persönlich wirkt. Die Sagen aus der heroischen Zeit der Griechen waren in diesem Sinne den Dichtern besonders günstig.
Das epische Gedicht stellt vorzüglich persönlich beschränkte Tätigkeit, die Tragödie persönlich beschränktes Leiden vor; das epische Gedicht den *außer sich wirkenden* Menschen:

Schlachten, Reisen, jede Art von Unternehmung, die eine gewisse sinnliche Breite fordert; die Tragödie den *nach innen geführten* Menschen, und die Handlungen der echten Tragödie bedürfen daher nur wenigen Raums.

Der *Motive* kenne ich fünferlei Arten:

1) *Vorwärtsschreitende*, welche die Handlung fördern; deren bedient sich vorzüglich das Drama.

2) *Rückwärtsschreitende*, welche die Handlung von ihrem Ziele entfernen; deren bedient sich das epische Gedicht fast ausschließlich.

3) *Retardierende*, welche den Gang aufhalten oder den Weg verlängern; dieser bedienen sich beide Dichtarten mit dem größten Vorteile.

4) *Zurückgreifende*, durch die dasjenige, was vor der Epoche des Gedichts geschehen ist, hereingehoben wird.

5) *Vorgreifende*, die dasjenige, was nach der Epoche des Gedichts geschehen wird, antizipieren; beide Arten braucht der epische so wie der dramatische Dichter, um sein Gedicht vollständig zu machen.

Die *Welten*, welche zum Anschauen gebracht werden sollen, sind beiden gemein:

1) Die *physische*, und zwar *erstlich* die *nächste*, wozu die dargestellten Personen gehören und die sie umgibt. In dieser steht der Dramatiker meist auf *einem* Punkte fest, der Epiker bewegt sich freier in einem größern Lokal; *zweitens* die *entferntere* Welt, wozu ich die ganze Natur rechne. Diese bringt der epische Dichter, der sich überhaupt an die Imagination wendet, durch Gleichnisse näher, deren sich der Dramatiker sparsamer bedient.

2) Die *sittliche* ist beiden ganz gemein und wird am glücklichsten in ihrer physiologischen und pathologischen Einfalt dargestellt.

3) Die Welt der *Phantasien, Ahnungen, Erscheinungen, Zufälle* und *Schicksale*. Diese steht beiden offen, nur versteht sich, daß sie an die sinnliche herangebracht werde; wobei denn für die Modernen eine besondere Schwierigkeit ent-

steht, weil wir für die Wundergeschöpfe, Götter, Wahrsager und Orakel der Alten, sosehr es zu wünschen wäre, nicht leicht Ersatz finden.

Die *Behandlung* im ganzen betreffend, wird der Rhapsode, der das vollkommen Vergangene vorträgt, als ein weiser Mann erscheinen, der in ruhiger Besonnenheit das Geschehene übersieht; sein Vortrag wird dahin zwecken, die Zuhörer zu beruhigen, damit sie ihm gern und lange zuhören, er wird das Interesse egal verteilen, weil er nicht imstande ist, einen allzu lebhaften Eindruck geschwind zu balancieren, er wird nach Belieben rückwärts und vorwärts greifen und wandeln, man wird ihm überall folgen; denn er hat es nur mit der Einbildungskraft zu tun, die sich ihre Bilder selbst hervorbringt und der es auf einen gewissen Grad gleichgültig ist, was für welche sie aufruft. Der Rhapsode sollte als ein höheres Wesen in seinem Gedicht nicht selbst erscheinen, er läse hinter einem Vorhange am allerbesten, so daß man von aller Persönlichkeit abstrahierte und nur die Stimme der Musen im allgemeinen zu hören glaubte.

Der Mime dagegen ist gerade in dem entgegengesetzten Fall, er stellt sich als ein bestimmtes Individuum dar, er will, daß man an ihm und seiner nächsten Umgebung ausschließlich teilnehme, daß man die Leiden seiner Seele und seines Körpers mitfühle, seine Verlegenheiten teile und sich selbst über ihn vergesse. Zwar wird auch er stufenweise zu Werke gehen; aber er kann viel lebhaftere Wirkungen wagen, weil bei sinnlicher Gegenwart auch sogar der stärkere Eindruck durch einen schwächern vertilgt werden kann. Der zuschauende Hörer muß von Rechts wegen in einer steten sinnlichen Anstrengung bleiben, er darf sich nicht zum Nachdenken erheben, er muß leidenschaftlich folgen, seine Phantasie ist ganz zum Schweigen gebracht, man darf keine Ansprüche an sie machen, und selbst, was erzählt wird, muß gleichsam darstellend vor die Augen gebracht werden.

JEAN PAUL

Johann Paul Friedrich Richter, geb. 21. März 1763 in Wunsiedel (Fichtelgebirge), gest. 14. November 1825 in Bayreuth. Studium der Theologie in Leipzig. Hauslehrer, dann Gründer und Lehrer einer Elementarschule. 1796 Besuch in Weimar. Freundschaft mit Herder, Begegnung mit Goethe, Schiller, Knebel, Wieland, der Herzogin Anna Amalia. 1797 Übersiedlung nach Leipzig, 1798 nach Weimar, 1800 nach Berlin (Begegnung mit Fichte, Schleiermacher, Tieck, Fr. Schlegel, Bernardi), 1801 nach Meiningen, 1803 nach Coburg, seit 1804 in Bayreuth. Jean Paul, einer der populärsten Erzähler seiner Zeit, wurde beeinflußt von den englischen Humoristen Swift und Sterne und dem Ostpreußen Theodor Gottlieb von Hippel. Weder der Klassik noch der Romantik eindeutig zuzuordnen, entwickelte er seinen eigenen bilderreichen, oft überladenen Stil. Die skurrile, tiefsinnige Fülle seiner Abschweifungen, Episoden und seiner Sprachverkräuselung ließen ihn seit der Jahrhundertmitte beim breiten Publikum in Vergessenheit geraten.

Werke: Bildungsromane: *Die unsichtbare Loge* (1793); *Hesperus oder 45 Hundsposttage* (1795); *Titan* (1800–03); *Flegeljahre* (1804 f.). Idyllen: *Leben des vergnügten Schulmeisterlein Maria Wuz in Auenthal* (1790); *Das Leben des Quintus Fixlein* (1796); *Siebenkäs* (1796 f.). Philosophische Schriften: *Vorschule der Ästhetik* (1804); *Levana, oder Erziehungslehre* (1807). Politische Schriften gegen die absolutistischen Bestrebungen der Fürsten (*Friedenspredigt an Deutschland*, 1808).

Über die humoristische Poesie

(Vorschule der Ästhetik, §§ 31 und 32)

In der Geschichte der Poetik ist Jean Pauls »Vorschule der Ästhetik« (1804) ein beachtenswerter Beitrag, weil nur wenige deutsche Dichter mit groß angelegten dichtungstheoretischen Zusammenfassungen hervorgetreten sind. Die »Vorschule« enthält keinen programmatischen Entwurf, sondern stellt eine aus der eigenen dichterischen Praxis und aus literarischen Studien hervorgegangene »nachträgliche« Kunsttheorie dar. Die nur lose miteinander verbundenen Einzelabschnitte, »Programme« genannt, geben u. a. einen Beitrag zur dichterischen Typenbildung, eine Einteilung des Romans in italienische, deutsche und niederländische Schule und versuchen eine Abgrenzung zwischen Genie und Talent, vor al-

*lem aber bemühen sie sich um die Wertung der »komischen«
Kunstformen. Eine theoretische Klassifikation im Sinne der
klassischen Gattungsgliederung widerstrebt Jean Paul. Durch
ihre Darbietungsweise erschwert diese Poetik eine Umschrei-
bung ihrer Ergebnisse. Immer wieder geht Literaturphilo-
sophie über in literarische Kritik (»Die beste Poetik wäre,
alle Dichter zu charakterisieren«, sagt er schon in den »Ästhetischen Untersuchungen«, 1804). Statt reiner Spekulation handelt es sich hier eher um empirisch angewandte Poetik.
Wie für den Romantiker die Ironie, so ist für Jean Paul der
Humor die Ausprägung seines Weltverstehens, das ausgeht
von der Nichtigkeit des irdischen Weltlaufs. Aus der Einsicht
in das Erhabene der Unendlichkeit, die durch die transparente
Realität hindurchleuchtet, wird der Humor, der das Endliche
durch den Kontrast mit der Idee aufhebt, als das Gegenstück
zum Erhabenen, das »umgekehrt Erhabene«, bestimmt. Die
lösende Wirkung des Humors liegt also in der Aufhebung
des unendlich Großen durch seine Konfrontation mit dem
unendlich Kleinen. In einer derartigen Auflösung des Kontrastes wird eine erhebende Befreiung erst möglich, »weil
vor der Unendlichkeit alles gleich ist und nichts« (§ 32).
Es ist deutlich, daß Jean Paul zu dieser Wesensbestimmung
des Humors einerseits nur über die romantische Unendlich-
keitsvorstellung gelangen konnte, andererseits aber über den
Erhabenheitsbegriff, wie er bei Kant und Schiller bereitlag,
die er hinsichtlich der Theorie des Lächerlichen als seine »Vor-
arbeiter« nennt.
In der Erlösung von der Erdverhaftung liegt die Größe und
zugleich der schmerzliche Untergrund des Jean-Paulschen
Humors, der tiefster Ernst in seiner Weltverlachung ist. Es
ist das Lachen des »unbedingten Ich über seine bedingte Gestalt« (Kommerell). Im Augenblick des Lachens wird das Unfreie frei, weil es sich selbst aufhebt. Die geistige Bodenlosig-
keit des Ich-Entsetzens, der Ich-Fragwürdigkeit, ist die Kern-
frage des Humoristen und der Ursprung der Humorlehre bei
Jean Paul. »Wenn weiß es denn der Mensch, daß gerade er,*

gerade dieses Ich gemeinet und geliebet werde? Nur Gestal-
ten werden umfasset, nur Hüllen umarmt, wer drückt denn
ein Ich ans Ich? – Gott etwa« (»Titan«, 128. Zykel).

§ 31
Begriff des Humors

Wir haben der romantischen Poesie im Gegensatz der plastischen die Unendlichkeit des Subjekts zum Spielraum gegeben,
worin die Objekten-Welt wie in einem Mondlicht ihre Grenzen verliert. Wie soll aber das Komische romantisch werden,
da es bloß im Kontrastieren des Endlichen mit dem Endlichen besteht und keine Unendlichkeit zulassen kann? Der
Verstand und die Objekten-Welt kennen nur Endlichkeit.
Hier finden wir nur jenen unendlichen Kontrast zwischen
den Ideen (der Vernunft) und der ganzen Endlichkeit selber.
Wie aber, wenn man eben diese Endlichkeit als *subjektiven*
Kontrast* jetzo der Idee (Unendlichkeit) als *objektivem* un-
terschöbe und liehe und statt des Erhabenen als eines ange-
wandten Unendlichen jetzo ein auf das Unendliche angewandte Endliche, also bloß Unendlichkeit des Kontrastes
gebäre, d. h. eine negative?
Dann hätten wir den humour oder das romantische Komische.
Und so ist's in der Tat; und der Verstand, obwohl der Got-
tesleugner einer beschlossenen Unendlichkeit, muß hier einen
ins *Unendliche* gehenden Kontrast antreffen. Um dies zu er-
weisen, leg ich die vier Bestandteile des Humors weiter auseinander.

---

* Man erinnere sich, daß ich oben den *objektiven* Kontrast den Widerspruch des lächerlichen Bestrebens mit dem sinnlich-angeschauten Verhältnis nannte, den *subjektiven* aber den zweiten Widerspruch, den wir dem
lächerlichen Wesen leihen, indem wir *unsere* Kenntnis zu *seiner* Handlung leihen.

§ 32

Humoristische Totalität

Der Humor, als das umgekehrte Erhabene, vernichtet nicht das Einzelne, sondern das Endliche durch den Kontrast mit der Idee. Es gibt für ihn keine einzelne Torheit, keine Toren, sondern nur Torheit und eine tolle Welt; er hebt – ungleich dem gemeinen Spaßmacher mit seinen Seitenhieben – keine einzelne Narrheit heraus, sondern er erniedrigt das Große, aber – ungleich der Parodie – um ihm das Kleine, und erhöht das Kleine, aber – ungleich der Ironie – um ihm das Große an die Seite zu setzen und so beide zu vernichten, weil vor der Unendlichkeit alles gleich ist und nichts. Vive la Bagatelle, ruft erhaben der halbwahnsinnige Swift, der zuletzt schlechte Sachen am liebsten las und machte, weil ihm in diesem Hohlspiegel die närrische Endlichkeit als die Feindin der Idee am meisten zerrissen erschien und er im schlechten Buche, das er las, ja schrieb, dasjenige genoß, welches er sich dachte. Der gemeine Satiriker mag auf seinen Reisen oder in seinen Rezensionen ein paar wahre Geschmacklosigkeiten und sonstige Verstöße aufgreifen und an seinen Pranger befestigen, um sie mit einigen gesalzenen Einfällen zu bewerfen statt mit faulen Eiern; aber der Humorist nimmt fast lieber die einzelne Torheit in Schutz, den Schergen des Prangers aber samt allen Zuschauern in Haft, weil nicht die bürgerliche Torheit, sondern die menschliche, d. h. das Allgemeine sein Inneres bewegt. Sein Thyrsus-Stab ist kein Taktstock und keine Geißel, und seine Schläge damit sind Zufälle. In Goethes Jahrmarkt zu Plundersweiler muß man den Zweck entweder in einzelnen Satiren auf Ochsenhändler, Schauspieler usw. suchen, was ungereimt ist, oder im epischen Gruppieren und Verachten des Erdentreibens. Onkel Tobys Feldzüge machen nicht etwa den Onkel lächerlich oder Ludwig XIV. allein – sondern sie sind die Allegorie aller menschlichen Liebhaberei und des in jedem Menschenkopfe wie in einem Hutfutteral aufbewahrten Kindkopfes, der, so vielgehäusig er auch sei, doch zuweilen sich nackt ins Freie erhebt und im Alter oft allein auf dem Menschen mit dem Haarsilber steht.

Diese Totalität kann sich daher ebensogut symbolisch in Teilen aussprechen – z. B. in Gozzi, Sterne, Voltaire, Rabelais, deren Welt-Humor nicht *vermittelst*, sondern *ungeachtet* seiner Zeit-Anspielungen besteht – als durch die große Antithese des Lebens selber. Shakespeare, der Einzige, tritt hier mit seinen Riesengliedern hervor; ja in Hamlet, so wie in einigen seiner melancholischen Narren, treibt er hinter einer wahnsinnigen Maske diese Welt-Verlachung am höchsten. Cervantes – dessen Genius zu groß war zu einem langen Spaße über eine zufällige Verrückung und eine gemeine Einfalt – führt, vielleicht mit weniger Bewußtsein als Shakespeare, die humoristische Parallele zwischen Realismus und Idealismus, zwischen Leib und Seele vor dem Angesichte der unendlichen Gleichung durch; und sein Zwillings-Gestirn der Torheit steht über dem ganzen Menschengeschlecht. Swifts Guliver – im Stil weniger, im Geiste mehr humoristisch als sein Märchen – steht hoch auf dem tarpejischen Felsen, von welchem dieser Geist das Menschengeschlecht hinunterwirft. In bloßen lyrischen Ergießungen, worin der Geist sich selber beschauet, malet Leibgeber seinen Welt-Humor, der nie das Einzelne meint und tadelt*, was sein Freund Siebenkäs viel mehr tut, welchem ich daher mehr Laune als Humor zuschreiben möchte. So steht Tiecks Humor, wenn auch mehr andern nachgebildet und mehr der witzigen Fülle bedürftig, rein und umherschauend da. Rabener hingegen geißelte einen und den andern Toren in Kursachsen, und die Rezensenten geißeln einen und den andern Humoristen in Deutschland.

Wenn Schlegel mit Recht behauptet, daß das Romantische nicht eine Gattung der Poesie, sondern diese selber immer jenes sein müsse: so gilt dasselbe noch mehr vom Komischen; nämlich alles muß romantisch, d. h. humoristisch werden. Die

---

* Z. B. sein Brief über Adam als die Mutterloge des Menschengeschlechts; sein anderer über den Ruhm usw.

Schüler der neuen ästhetischen Erziehanstalt zeigen in ihren Burlesken, dramatischen Spielen, Parodien usw. einen höhern komischen Weltgeist, der nicht der Denunziant und Galgenpater der einzelnen Toren ist; ob sich gleich dieser Weltgeist oft roh und rauh genug ausspricht, wenn gerade der Schüler noch in den untern Klassen mit seiner Imitation und seinem Dokimastikum[1] sitzt. Aber die komischen Reize eines Bahrdts, Cranz, Wetzels, Merkels und der meisten allgemein deutschen Bibliothekare erbittern als (meistens) falsche Tendenzen den rechten Geschmack weit mehr als die komischen Hitzblattern und Fett- und Sommerflecken (oft nur Übertriebe der rechten Tendenz) etwan an einem Tieck, Kerner, Kanne, Arnim, Görres, Brentano, Weisser, Bernhardi, Fr. Horn, St. Schütze, E. Wagner usw. Der falsche Spötter – als eine Selbstparodie seiner Parodie – wird uns mit seinen Ansprüchen auf Überhebung viel widerlicher als der falsche Empfindler mit seinen bescheidenen auf Erweichung. – Als man *Sterne* in Deutschland zuerst ausschiffte, bildete und zog er hinter sich einen langen wässerigen Kometenschweif damals sogenannter (jetzo ungenannter) Humoristen, welche nichts waren als Ausplauderer lustiger Selbstbehaglichkeit; wiewohl ich ihnen im komischen Sinne so gern den Namen Humoristen lasse als im medizinischen den Galenisten, welche alle Krankheiten in Feuchtigkeiten (humores) setzten. Sogar Wieland hat, obwohl echter Komiker im Gedichte, sich in seinen prosaischen Romanen und besonders in der Noten-Prose zu seinem Danischmend und Amadis weit hinein in die galenische Akademie der Humoristen verlaufen.

An die humoristische Totalität knüpfen sich allerlei Erscheinungen. Z. B. sie äußert sich im sternischen Periodenbau, der durch Gedankenstriche nicht Teile, sondern Ganze verbindet; auch durch das Allgemeinmachen dessen, was nur in einem besondern Falle gilt; z. B. in Sterne: »Große Männer schreiben ihre Abhandlungen über lange Nasen nicht umsonst.« –

---

1. *Prüfungsschreiben oder Probearbeit für Schüler.*

Eine andere äußere Erscheinung ist ferner diese, daß der gemeine Kritiker den wahren humoristischen Weltgeist durch das Einziehen und Einsperren in partielle Satiren erstickt und verkörpert – ferner diese, daß gedachter unbedeutende Mensch, weil er die Widerlage des Komischen nicht mitbringt, nämlich die weltverachtende Idee, dann dasselbe ohne Haltung, ja kindisch und zwecklos und statt lachend lächerlich finden und im stillen des Itzehoer Müllers etc. After-Laune mit Überzeugung und in mehr als einem Betrachte über den Shandyschen Humor setzen muß. Lichtenberg, obwohl ein Lobredner Müllers, der's indes durch seinen Siegfried von Lindenberg, zumal in der ersten Auflage, verdiente, und zu sehr lobender Leichenredner der damaligen Berliner Spaß- und Leuchtvögel und ein wenig von britischer und von mathematischer Einseitigkeit festgehalten, stand doch mit seinen humoristischen Kräften höher, als er wohl wußte, und hätte bei seiner astronomischen Ansicht des Welttreibens und bei seiner witzigen Überfülle vielleicht etwas Höheres der Welt zeigen können als zwei Flügel im Äther, welche sich zwar bewegen, aber mit zusammengeklebten Schwungfedern.

Ferner erklärt durch die Totalität sich die humoristische Milde und Duldung gegen einzelne Torheiten, weil diese alsdann in der Masse weniger bedeuten und beschädigen und weil der Humorist seine eigne Verwandtschaft mit der Menschheit sich nicht leugnen kann; indes der gemeine Spötter, der nur einzelne ihm fremde abderitische Streiche des gemeinen und gelehrten Wesens wahrnimmt und aufzählt, im engen selbstsüchtigen Bewußtsein seiner Verschiedenheit – als Hippozentaur durch Onozentauren zu reiten glaubend – desto wilder von seinem Pferde herab die Kapuzinerpredigt gegen die Torheit hält, als Früh- und Vesperprediger in hiesiger Irrenanstalt der Erde. Oh, wie bescheidet sich dagegen ein Mann, der bloß über alles lacht, ohne weder den Hippozentaur auszunehmen noch sich!

Wie ist aber bei diesem allgemeinen Spotte der Humorist,

welcher die Seele erwärmt, von dem Persifleur abgesondert, der sie erkältet, da doch beide alles verlachen? Soll der empfindungsvolle Humorist mit dem persiflierenden Kältling grenzen, der nur den umgekehrten Mangel des Empfindseligen* zur Schau trägt? – Unmöglich, sondern beide unterscheiden sich voneinander wie Voltaire sich oft von sich oder von den Franzosen, nämlich durch die vernichtende Idee.

* Empfindselig (ein Hamannsches Wort) ist besser als empfindend, noch außer dem Wohlklang; jenes bedeutet bloß das übermäßige schwelgende Frequentativum des Empfindens (nach den Analogien redselig, saumselig, friedselig), dieses aber bezeichnet, indes ohne Wahrheit, zugleich ein kleinliches und ein erlognes Empfinden.

II. Lyrik

Die Neigung der Klassik zum Typushaften, zu Ordnung und Maß löst die Lyrik der Epoche aus ihrer volkstümlichen Verwurzelung und bewirkt eine Abkehr von der Formfreiheit des Sturm und Drang. Anstelle der Reimstrophen des Lieds und der gefühlsstarken freien Rhythmen der Geniezeit treten antikisierende Formen. Damit kehrt sich die Lyrik von der Urwüchsigkeit der Volksliedtradition ab, die durch Herder dem frühen Goethe und der Romantik bewußt gemacht und von diesen gepflegt wurde. Die Grenzen zwischen Vers und Prosa werden wieder scharf gezogen, Sprache wird als künstlerischer Werkstoff betrachtet, der mit Überlegung gehandhabt und mit dessen Forderungen gekämpft wird. (Nie hat Goethe seine Gedichte so oft umgearbeitet wie während seiner »klassischen« Epoche.) Ausgewogenheit der Glieder und Harmonie des Ganzen waren das angestrebte Ziel dieser Lyrik, deren Wesensmerkmal das Gedankliche ist. Das Gedicht der Klassik soll das Individuelle zum Allgemeingültigen klären. Die Epoche, die in aller Kunst das Gesetz sucht, findet in den Regeln der Antike ihr Formideal verwirklicht. Unter den klassischen Metren, an die sich die Lyrik der Epoche lehnt, ist besonders der antike Langvers beliebt (als reiner Hexameter oder noch häufiger: gefolgt vom Pentameter im Distichon). Die Vorliebe für strengere, antike Versformen spiegelt die klassische Fragestellung von Freiheit in der Beschränkung.

Die Themen dieser Lyrik sind: Ordnung der menschlichen Gesellschaft, Gesetzlichkeit des Lebens, sittliche Verantwortung des Menschen und geschichts- und kulturphilosophische Betrachtungen. Zur Gestaltung dieser Motive bieten sich die epischen Formen der Lyrik wie Elegie, Ballade oder das programmatische Lehr- und Sinngedicht an. Vor allem aber entspricht die reflektierende Form der Elegie dem Lebensgefühl dieser Epoche.

Schon in der voritalienischen Zeit findet Goethes Lyrik zu Klärung und geläutertem Stil. In den achtziger Jahren entsteht eine Reihe von großen Hymnen, die sich von den Jugendhymnen in Thema und Form durch neue Objektivität abheben (»Grenzen der Menschheit«, »Gesang der Geister über den Wassern«, »Das Göttliche«, »Meine Göttin«). Nach der italienischen Reise treten die freien Rhythmen zurück, und die Liedform beschränkt sich jetzt auf die sogenannten »Geselligen Lieder«; die rein lyrische Produktion ist verringert und bleibt stärker im Objektiven als die frühe und späte Lyrik. 1788–90 entstehen die »Römischen Elegien«, 1790 die »Venetianischen Epigramme«, 1797 mit Schiller die sogenannten »Xenien«, eine Sammlung von epigrammatischen Distichen, die sich gegen das Geschmacklose in der zeitgenössischen Literatur wenden. Im Zuge der gemeinsamen Gattungsästhetik werden auf Schillers Anregung 1797/98 gemeinsam Muster zur Erneuerung der Balladenform geschaffen (»Die Braut von Korinth«, »Der Gott und die Bajadere«). Das naturmagische dämonische Element der Volksballade, das in Goethes Balladen von 1774 bis 1782 bestimmend war, wird durch die Betonung des Weltanschaulichen verdrängt. Durch die Umformung entsteht die sogenannte Ideenballade. Der didaktischen Absicht dieses Typus entspricht die höchst kunstgemäße Behandlung der Form. Diese ist nicht mehr sprunghaft wie in der Volksballade, sondern gegliedert und rational klar aufgebaut. Die Ballade, die jetzt eine Idee trägt, verliert das Musikalische; die Sprache – besonders bei Schiller häufig deklamatorisch – symbolisiert ihren ethischen Gehalt. Gerade in der klassischen Balladik zeichnet sich – bei aller Annäherung an Schiller – Goethes Eigenart ab: Sein Stil bleibt gegenständlicher, episierend, lebt aus der Anschauung und schließt selbst in der abstrakten Thematik das Sinnliche mit ein. Während Goethe vorhandene Stoffe mit eigenen

Gedanken erfüllt, neigt Schiller zur moralisierenden Dar-
stellung anekdotischer, häufig antikischer Stoffe, die Goethe
meidet. Die Ballade behält bei Goethe von ihrer ursprüng-
lichen Magie aus der Frühzeit der Gattung mehr als bei
Schiller, für den sie Ausdrucksform des klassischen Lehr-
gedichts wird. Goethe zeigt hier für die Überlieferung der
Balladengattung als epische Sonderform des Lieds das hö-
here Stilgefühl. Das Neue der klassischen Balladendichtung
ist die Verschmelzung der liedhaften Ballade mit der lehr-
haften Idee, was eine entsprechende Wandlung der Überlie-
ferung der Ballade, der das Didaktische bis dahin unge-
wohnt ist, bedingt. Die Sonettendichtung Goethes um
1807/08 bezeichnet bereits den Übergang zur Alterslyrik,
die im Zyklus des »West-östlichen Divan« (1814–19) in
Liebesliedern und Sinnsprüchen Goethes Anschauungen noch
einmal in liedhafter Form faßt. Seit dem »Divan« waren
vorwiegend Gelegenheitsgedichte (meist Widmungsverse),
Sprüche und einige wenige Lieder entstanden. Die »Trilogie
der Leidenschaft«, »Schillers Reliquien«, »Vermächtnis« be-
zeichnen Höhepunkte des beziehungsreichen Altersstils. Erst
die ganz späte Lyrik kehrt zu den gelösten, schlichteren
Versen der deutschen Reimstrophe zurück, deren Vielfalt
klanglicher Möglichkeiten noch einmal virtuose Gedichte
von großer Schönheit und Lebhaftigkeit entstehen läßt.
Während des Aufenthalts auf den Dornburger Schlössern
schuf Goethe im Sommer 1828 mit seinen letzten Natur-
gedichten sein letztes lyrisches Werk überhaupt. In dem
Gesang, den der greise Dichter »Dem aufgehenden Voll-
monde« widmet, scheinen Idee und Wirklichkeit, geistiges
Gesetz und Anschauung im Bild miteinander ein inniges
Verhältnis einzugehen. Noch immer enthüllt die Erfahrung
des gesetzhaften Vorgangs in der Natur dem schauenden
Denker jene Urphänomene, denen er – mehr als ein Viertel-
jahrhundert davor – in den Jahren seiner hochklassischen
Zeit auf der Fährte war.
Schillers Lyrik war nicht und wollte nicht Erlebnisdichtung

*sein. Seine hymnisch-gedankliche Lyrik der späten achtziger
Jahre (»An die Freude«, 1786; »Die Götter Griechenlands«,
1788; »Die Künstler«, 1789) bezeichnet die Wandlung zu
klassischer Idealität, die in den philosophischen Gedichten
der neunziger Jahre sprachlich und formal zum vollendeten
dichterischen Ausdruck seiner Weltanschauung wird (»Der
Spaziergang«, »Das Ideal und das Leben«). In den »Xenien« erscheint Schiller schärfer und rücksichtsloser als
Goethe. Schillers Balladen sind von der sittlichen Idee beherrscht und zeigen in ihrer überlegen durchkomponierten
Form die größte Entfernung von der volkstümlichen Ballade (»Der Taucher«, »Die Bürgschaft«, »Der Ring des
Polykrates«, »Die Kraniche des Ibykus«). In Schillers hochklassischer Lyrik der neunziger Jahre herrscht die sechszei-
lige und achtzeilige Strophe vor, deren weiter Spannungs-
bogen der geistigen Dimension, der Bilderwelt, dem Pathos
und der Pointierung der Sprache entspricht. Die Gespannt-
heit des Dramatikers bestimmt auch den Lyriker Schiller.
Die höchste Leistung dieses letzten Jahrzehnts seines Lebens
erwächst aus der Form der Elegie (»Der Spaziergang«,
»Nänie«), die dem großen Schwung der ästhetischen und
historischen Schau Schillers wesensgemäß ist. Im Überblick
umfaßt das lyrische Gesamtwerk von Schillers Klassik die
philosophischen Gedichte (»Die Götter Griechenlands«, »Die
Künstler«, »Die Ideale«, »Das Ideal und das Leben«), die
Elegien (»Der Spaziergang«, »Der Tanz«, »Das Glück«,
»Nänie«), Epigramme (verstreut veröffentlicht in den
»Horen« und im Musenalmanach«), die »Xenien« (»Musen-
almanach« von 1797), Balladen und Romanzen (»Der Ring
des Polykrates«, »Die Kraniche des Ibykus«, »Die Bürgschaft«, »Der Taucher«, »Der Handschuh«, »Der Kampf
mit dem Drachen«) und Lieder (»Dithyrambe«, »Der
Abend«, »Das Mädchen aus der Fremde«, »Das Lied von
der Glocke«).
In Hölderlins religiöser Gedankenlyrik wird das Erhabene,
die vergangene und wiederersehnte Vollkommenheit des*

*Griechentums besungen. Die Wiederentdeckung eines reli-
giösen, kulturellen und politischen Ideales in der Antike
und die Sehnsucht danach wird bei Hölderlin am ausschließ-
lichsten verfolgt und gestaltet. Die zentralen Themen seines
Werkes sind Heimat, Revolution, Freiheit. Seine Neigung
zum Abstrakten führt ihn zu der »Abstand-Lehre«, dem
»Nüchtern-Sein« des Dichtenden (er spricht von der »Juno-
nischen Nüchternheit«). Nach einer frühen Periode der
Schiller-Nachfolge in pathetischen, reflektierenden Reimstrophen (Hymnen an die Menschheit, die Schönheit, die
Liebe, die Harmonie), die er bald aufgibt, folgt in der
mittleren Periode seines Schaffens der Versuch der Bewältigung antiker Maße (»Dichterberuf«, »Menons Klagen um
Diotima«). Schließlich endet die mythische Feier der Antike,
die Sehnsucht nach innerlicher Neuschöpfung des Griechischen aus abendländischem Geist und der weihevolle Vater-
landskult in der rhythmisch ganz freien, aber griechisch ge-
fühlten Bewegung einer machtvoll visionären Sprache. Diese
späte, sinnschwere Lyrik Hölderlins nach 1800 ist wieder
hymnisch, unterscheidet sich aber deutlich von den frühen
Hymnen in der Schiller-Nachfolge. Hölderlin geht mit
der Hineinnahme griechischer Formen in die deutsche Sprache wesentlich über die Weimarer hinaus. Dieses Wag-
nis, griechisches Formgefühl mit dem deutschen Sprachtypus
zu verbinden, gelingt ihm weniger vollkommen in den großen Gattungen der Epik und Dramatik als in seiner hymnischen Lyrik, die die Kluft überbrückt, ohne den Eigenwert
der deutschen Sprache zu verfremden. Hier gelingt eine bis
dahin unerreichte sprachliche Neugeburt der deutschen
Sprache und Erweiterung deutscher Ausdrucksmöglichkeit.
Der von Goethe hochgeschätzte Johann Peter Hebel steht
mit seinem Werk und seiner christlich-gläubigen Weltanschauung abseits von der Weimarer Hochklassik. Seine
»Alemannischen Gedichte« (1803) – zum Teil nach Vossens
Vorbild in Hexametern – wurden Vorbild für deutsche
Mundartdichtung schlechthin. Der etwas lehrhafte Einschlag*

und sein Formbewußtsein fügen ihn als volkstümlich-realistische Variante dem Gesamtbild der klassischen Epoche ein. »Sein Talent neigt sich gegen zwei entgegengesetzte Seiten. An der einen beobachtet er mit frischem, frohem Blick die Gegenstände der Natur, die in einem festen Dasein, Wachstum und Bewegung ihr Leben aussprechen und die wir gewöhnlich leblos zu nennen pflegen, und nähert sich der beschreibenden Poesie … An der anderen Seite neigt er sich zum Sittlich-Didaktischen und Allegorischen …« (Goethe in der Rezension über die »Alemannischen Gedichte«, *Jenaische Allgemeine Literatur-Zeitung, 13. Februar 1805).*

JOHANN WOLFGANG GOETHE

Mignon

Nach der persönlichen Erlebnislyrik des Sturm und Drang und den ersten Weimarer Jahren kündet sich mit den Mignon- und Harfnerliedern um 1782 in Goethes Lyrik eine neue Epoche an. Grundsätzlich neu an diesem Typus ist, daß die Aussage des dichterischen Ich durch eine Gestalt geschieht, in die sich Goethe hineinversetzt. Die Phantasiegestalten Mignons und des Harfners sind zugleich Ausdrucksformen des Goetheschen Selbst als auch Möglichkeiten des Menschlichen überhaupt. Es beginnt hier jene Epoche, in der sich Goethes Werk immer mehr zum Allgemeinmenschlichen weitet.
Das Gedicht steht schon in »Wilhelm Meisters theatralischer Sendung«, wo es am Anfang des 4. Buches erscheint. Diese Fassung von 1782 stimmt fast völlig überein mit der in »Wilhelm Meisters Lehrjahre« (1795). Auch hier ist es an eine bedeutende Stelle des Romans gerückt: zu Beginn des 3. Buches. Form, Ton und Vortrag werden ausdrücklich

kommentiert: »Melodie und Ausdruck gefielen unserem Freunde besonders, ob er gleich die Worte nicht alle verstehen konnte. Er ließ sich die Strophen wiederholen und erklären, schrieb sie auf und übersetzte sie ins Deutsche. Aber die Originalität der Wendungen konnte er nur von ferne nachahmen. Die kindliche Unschuld des Ausdrucks verschwand, indem die gebrochene Sprache übereinstimmend und das Unzusammenhängende verbunden ward. Auch konnte der Reiz der Melodie mit nichts verglichen werden.

Der »Reiz« des Liedes liegt in seiner Symbolkraft. So wie das geheimnisvolle Wesen Mignons mehr als die Realität ihrer menschlichen Gestalt bedeutet, so wird auch in ihrem Lied die sinnbildliche Gestaltung von Goethes Sehnsucht nach Italien, die in den ersten zehn Weimarer Jahren in ihm wuchs, fühlbar. Mignon ist Sendling des Landes, das für Goethe die geistige Heimat der Kunst bedeutet, und erscheint so im Roman als Symbolfigur. Noch auf dem Wege nach Neapel (24. Februar 1787) erinnert sich der Dichter an diese Gestalt, in der er Irdisches und Überirdisches verschmolzen hatte.

Wilhelm Meister steht Mignon als einziger nahe. Unbewußt hat er das gestaltgewordene Symbol erkannt und zu sich genommen. Durch Mignon kommen noch schlummernde Kräfte in ihm zum Bewußtsein; sie verkörpert für ihn einen jener »Schutzgeister«, von denen der Roman spricht. Aber das Schöne kann auf der Erde nur in der Phantasie und der Sehnsucht leben. Hier allein ist es unsterblich. In der Erfüllung geht die Sehnsucht unter. Mignon ist zu frühem Sterben verurteilt.

Die Form des Liedes strebt nach Stilisierung. Die Parallelität der Fragen, der gleichbleibende, nur leicht variierte Wunsch der Ausrufe und die Monotonie der wiederkehrenden Reime verstärken die Dringlichkeit und die geheimnisvolle poetische Schönheit des Sehnsuchtsliedes.

Mignon

Kennst du das Land, wo die Zitronen blühn,
Im dunkeln Laub die Gold-Orangen glühn,
Ein sanfter Wind vom blauen Himmel weht,
Die Myrte still und hoch der Lorbeer steht,
Kennst du es wohl?
    Dahin! Dahin
Möcht ich mit dir, o mein Geliebter, ziehn.

Kennst du das Haus? Auf Säulen ruht sein Dach,
Es glänzt der Saal, es schimmert das Gemach,
Und Marmorbilder stehn und sehn mich an:
Was hat man dir, du armes Kind, getan?
Kennst du es wohl?
    Dahin! Dahin
Möcht ich mit dir, o mein Beschützer, ziehn.

Kennst du den Berg und seinen Wolkensteg?
Das Maultier sucht im Nebel seinen Weg;
In Höhlen wohnt der Drachen alte Brut;
Es stürzt der Fels und über ihn die Flut –
Kennst du ihn wohl?
     Dahin! Dahin
Geht unser Weg! o Vater, laß uns ziehn!

Das Göttliche

Das »sittlichste Gedicht Goethes« nennt Max Kommerell (Gedanken über Gedichte, Frankfurt a. M. 1943, S. 447) diese Hymne, deren Sonderstellung innerhalb Goethes Dichtung von der Forschung übereinstimmend hervorgehoben wird. Während Goethe im allgemeinen das organische Ineinander von Naturgesetzlichkeit und Freiheit, die Untrennbarkeit von Schuld und Leben betont, wird hier die

Ausnahmesituation des gottverwandten ethischen Menschen in und gegenüber der Natur gestaltet.

Das Gedicht (entstanden 1783) gehört zu der Schaffensperiode der ersten zehn Jahre in Weimar, der Epoche der Abkehr von der unbedingten Werther-Haltung der Geniezeit und der Läuterung zu Objektivität und Maß. Diese Wandlung von der Subjektivität des titanischen Willens zur Abgeklärtheit und sittlichen Reife wurde entscheidend mitbestimmt durch die Forderung Charlotte von Steins nach Selbsterziehung durch Reinheit und Herders Ideen über Humanität. Diese Tendenz zur Selbstbegrenzung und das neue Humanitätsbewußtsein spiegeln sich in der objektiven Hymnik vom Beginn der achtziger Jahre (»Grenzen der Menschheit«, »Gesang der Geister über den Wassern«, »Meine Göttin«). Auch rhythmisch entfernen sich diese Gedichte vom unmittelbaren Ausdruck des kühnen Sprachstils der frühen Hymnen (»Prometheus«, »Ganymed«, »Wanderers Sturmlied«) und nähern sich antiker Takt-Ordnung. Die freien Verse sind hier weniger wechselreich. Der Ernst der Thematik, das Anerkennen des ewigen Sittengesetzes, spiegelt sich im feierlich langsamen, bewußt gedanklichen Ton der Ode.

Die zu Beginn und Ende verkündete Mahnung, ethisch zu wirken, umschließt den Aufblick zu den »unbekannten höhern Wesen«. Die sittliche Selbstbestimmung, die Freiheit zum guten Tun und die Fähigkeit, künstlerisch »dem Augenblick Dauer zu verleihen«, beweisen die Gottverwandtschaft des Menschen, der als Naturwesen gleichzeitig unter der Kausalität der »ewigen, ehrnen, großen Gesetze« steht. Im Ahnen des an sich unbekannten Höheren liegt sittliche Annäherung an das Göttliche; seine Existenz wird erst durch die innere Wertewelt des Menschen bestätigt. Das Vor-Bild jener geahnten Wesen wird veranschaulicht durch anthropomorphische Deutung: »Und wir verehren die Unsterblichen, als wären sie Menschen.«

Die neue Auffassung kündigt sich in diesen vor-italienischen

*Jahren schon in der Wahl von antiken bzw. Renaissance-
Stoffen, »Iphigenie« und »Tasso« an, deren Prosafassungen so
wie diese Hymne Ausdruck von Goethes Frühklassik sind.*

Das Göttliche

Edel sei der Mensch,
Hülfreich und gut!
Denn das allein
Unterscheidet ihn
Von allen Wesen,
Die wir kennen.

Heil den unbekannten
Höhern Wesen,
Die wir ahnen!
Ihnen gleiche der Mensch;
Sein Beispiel lehr uns
Jene glauben.

Denn unfühlend
Ist die Natur:
Es leuchtet die Sonne
Über Bös' und Gute,
Und dem Verbrecher
Glänzen, wie dem Besten,
Der Mond und die Sterne.

Wind und Ströme,
Donner und Hagel
Rauschen ihren Weg
Und ergreifen,
Vorüber eilend,
Einen um den andern.

Auch so das Glück
Tappt unter die Menge,
Faßt bald des Knaben

Lockige Unschuld,
Bald auch den kahlen
Schuldigen Scheitel.

Nach ewigen, ehrnen,
Großen Gesetzen
Müssen wir alle
Unseres Daseins
Kreise vollenden.

Nur allein der Mensch
Vermag das Unmögliche:
Er unterscheidet,
Wählet und richtet;
Er kann dem Augenblick
Dauer verleihen.

Er allein darf
Den Guten lohnen,
Den Bösen strafen,
Heilen und retten,
Alles Irrende, Schweifende
Nützlich verbinden.

Und wir verehren
Die Unsterblichen,
Als wären sie Menschen,
Täten im Großen,
Was der Beste im Kleinen
Tut oder möchte.

Der edle Mensch
Sei hülfreich und gut!
Unermüdet schaff er
Das Nützliche, Rechte,
Sei uns ein Vorbild
Jener geahneten Wesen!

Römische Elegien (I., V. und VII. Elegie)

Die in der antiken Tradition stehende Form der Elegie wurde seit dem 16. Jahrhundert von den europäischen Neulateinern benutzt (Johannes Secundus) und von Klopstock im 18. Jahrhundert in die deutsche Dichtung eingeführt. Mit seinen »Römischen Elegien« stellt Goethe sich nach der italienischen Reise bewußt in die Überlieferung dieser festen Form. Aber nicht nur in seiner Begeisterung für die Antike, sondern auch in der betrachtenden Haltung, die im Studium der klassischen Werke das Gesetzliche, das Allgemeine sucht, liegt die innere Begründung für die Verwendung des maßvollen antiken Langverses. Die Form der Elegie ist gekennzeichnet durch die Aneinanderreihung von Distichen, zweizeiligen Strophen, die sich aus einem Hexameter und einem Pentameter zusammenfügen. Im antikisierenden Versschema liegt die Zahl der Silben fest, aber Goethe hält sich in den »Römischen Elegien« nicht streng an den »Pedantismus« der Metrik, sondern geht unbefangener zu Werke (über Heinrich Voß, den Altphilologen und Übersetzer der »Odyssee«: »Für lauter Prosodie ist ihm die Poesie ganz entschwunden«, an Zelter am 22. Juni 1808). Die Schönheit des Goetheschen Langverses liegt in der Natürlichkeit, mit der Satzakzent und Versakzent zusammenfallen. Der 1788 als »Erotica Romana« begonnene Zyklus ist nur vom Formalen her (in bezug auf das Versmaß) als »elegisch« zu bezeichnen. Inhaltlich entsprechen die Gedichte nicht dem klagenden Geist der Elegie, sondern neigen im Ton zur Idyllik. Kunstgefühl und Eros leben bei Goethe aus einander. Die »vis superbae formae«, der vollendete Klassizismus, schließt in sich sowohl das Verständnis und die Nachfolge der Antike auf italienischem Boden als auch die sinnliche Erfahrung der Schönheit im Menschen. Es entspricht der hochklassischen Position Goethes, daß eine schöpferische Beziehung zur Antike erst möglich wird durch Ausbildung und Freiheit der Sinnlichkeit. Sinnlich erfüllte Liebe auf klassischem Boden, Harmonie zwischen Anschauung der Schönheit und ihrer Verwirklichung in natürlicher Lebensform bedeutet Goethes Ausweitung des Winckelmannschen Ausgangspunkts.

Die Begegnung Goethes mit Christiane Vulpius nach seiner Rückkehr aus Italien löst das dichterische Verschmelzen des römischen Liebeserlebnisses mit der neugeknüpften Beziehung in Weimar aus. Die unbekannte Römerin geht in die Gestalt Christianes ein. Goethe besingt die Geliebte unter erdichtetem Namen (Faustine) im Ich-Ton, so wie in der antiken Elegiendichtung Tibull, Properz, Ovid, in deren Tradition sein erster Gedichtzyklus steht. Drei Motivkreise verschlingen sich und erschließen einander wechselseitig: das Thema der Liebe, das Erlebnis der Stadt Rom als Gegenwart und große Vergangenheit und die antike Mythologie. Aus der Überschau der Anordnungen der bildhaften Szenen ergibt sich die dichterische Form und die Eigenart des Zyklus.

Die erste der zwanzig Elegien führt ein, ist Vorspiel. Sie zeichnet den Schauplatz der Stadt, die Umwelt der Geliebten im Lichte der Antizipation des beseelenden Liebeserlebnisses. Die fünfte Elegie, eine der berühmtesten des Zyklus, gestaltet die Bildungsmacht der Liebe. Liebe – selbst Kunstwerk – verklärt den Liebenden, öffnet dem Künstler sinnbildhaft den Zugang zur Schöpfung. Die siebente Elegie bildet einen Höhepunkt des Gesamtzyklus, dessen Motivkreise hier durch das visionäre Erlebnis des nordischen Dichters auf dem Olymp mythisch erweitert werden.

Die drei hier ausgewählten Elegien veranschaulichen, wie jedes Einzelgedicht durch Ausblicke über den Grundtypus des Dargestellten hinausreicht, an Höheres grenzend sich steigert.

Römische Elegien

I

Saget, Steine, mir an, o sprecht, ihr hohen Paläste!
　　Straßen, redet ein Wort! Genius, regst du dich nicht?
Ja, es ist alles beseelt in deinen heiligen Mauern,
　　Ewige Roma; nur mir schweiget noch alles so still.
O wer flüstert mir zu, an welchem Fenster erblick ich
　　Einst das holde Geschöpf, das mich versengend erquickt?
Ahn ich die Wege noch nicht, durch die ich immer und
　　　　　　　　　　　　　　　　　　　　immer,
　　Zu ihr und von ihr zu gehn, opfre die köstliche Zeit?
Noch betracht ich Kirch’ und Palast, Ruinen und Säulen,
　　Wie ein bedächtiger Mann schicklich die Reise benutzt.
Doch bald ist es vorbei: dann wird ein einziger Tempel,
　　Amors Tempel nur sein, der den Geweihten empfängt.
Eine Welt zwar bist du, o Rom; doch ohne die Liebe
　　Wäre die Welt nicht die Welt, wäre denn Rom auch nicht
　　　　　　　　　　　　　　　　　　　　Rom.

V

Froh empfind ich mich nun auf klassischem Boden
　　　　　　　　　　　　　　　　　　begeistert,
　　Vor- und Mitwelt spricht lauter und reizender mir.
Hier befolg ich den Rat, durchblättre die Werke der Alten
　　Mit geschäftiger Hand, täglich mit neuem Genuß.
Aber die Nächte hindurch hält Amor mich anders
　　　　　　　　　　　　　　　　　　beschäftigt;
　　Werd ich auch halb nur gelehrt, bin ich doch doppelt
　　　　　　　　　　　　　　　　　　beglückt.
Und belehr ich mich nicht, indem ich des lieblichen Busen
　　Formen spähe, die Hand leite die Hüften hinab?
Dann versteh ich den Marmor erst recht: ich denk und
　　　　　　　　　　　　　　　　　　vergleiche,
　　Sehe mit fühlendem Aug’, fühle mit sehender Hand.
Raubt die Liebste denn gleich mir einige Stunden des Tages,
　　Gibt sie Stunden der Nacht mir zur Entschädigung hin.

Wird doch nicht immer geküßt, es wird vernünftig
gesprochen;
  Überfällt sie der Schlaf, lieg ich und denke mir viel.
Oftmals hab ich auch schon in ihren Armen gedichtet
  Und des Hexameters Maß leise mit fingernder Hand
Ihr auf den Rücken gezählt. Sie atmet in lieblichem
Schlummer,
  Und es durchglühet ihr Hauch mir bis ins Tiefste die
Brust.
Amor schüret die Lamp' indes und denket der Zeiten,
  Da er den nämlichen Dienst seinen Triumvirn[1] getan.

VII

O wie fühl ich in Rom mich so froh! gedenk ich der Zeiten,
  Da mich ein graulicher Tag hinten im Norden umfing,
Trübe der Himmel und schwer auf meine Scheitel sich
senkte,
  Farb- und gestaltlos die Welt um den Ermatteten lag,
Und ich über mein Ich, des unbefriedigten Geistes
  Düstre Wege zu spähn, still in Betrachtung versank.
Nun umleuchtet der Glanz des helleren Äthers die Stirne;
  Phöbus rufet, der Gott, Formen und Farben hervor.
Sternhell glänzet die Nacht, sie klingt von weichen
Gesängen,
  Und mir leuchtet der Mond heller als nordischer Tag.
Welche Seligkeit ward mir Sterblichem! Träum ich?
Empfänget
  Dein ambrosisches Haus, Jupiter Vater, den Gast?
Ach! hier lieg ich und strecke nach deinen Knieen die Hände
  Flehend aus. O vernimm, Jupiter Xenius[2], mich!
Wie ich hereingekommen, ich kann's nicht sagen: es faßte
  Hebe[3] den Wandrer und zog mich in die Hallen heran.

1. *Gemeint sind hier die römischen Liebeslyriker Catull, Tibull und*
Properz.
2. *der Gastliche, der »wirtliche Gott«.*
3. *Göttin der Jugend, sie empfängt auf dem Olymp die Gäste.*

Hast du ihr einen Heroen herauf zu führen geboten?
    Irrte die Schöne? Vergib! Laß mir des Irrtums Gewinn!
Deine Tochter Fortuna, sie auch! die herrlichsten Gaben
    Teilt als ein Mädchen sie aus, wie es die Laune gebeut.
Bist du der wirtliche Gott? O dann so verstoße den
                             Gastfreund
    Nicht von deinem Olymp wieder zur Erde hinab!
»Dichter! wohin versteigest du dich?« – Vergib mir: der
                             hohe
    Kapitolinische Berg ist dir ein zweiter Olymp.
Dulde mich, Jupiter, hier, und Hermes führe mich später,
    Cestius' Mal vorbei, leise zum Orkus hinab.

Die Metamorphose der Pflanzen

*In einem Brief an Frau von Stein vom 8. Juni 1787 stellt
Goethe seine Konzeption der Urpflanze, die er mit Augen
gesehen zu haben glaubt, dar: »Sage Herdern, daß ich dem
Geheimnis der Pflanzenzeugung und Organisation ganz nah
bin und daß es das Einfachste ist, was nur gedacht werden
kann. Unter diesem Himmel kann man die schönsten Beob-
achtungen machen. Sage ihm, daß ich den Hauptpunkt, wo
der Keim stickt, ganz klar und zweifellos entdeckt habe . . .
Die Urpflanze wird das wunderlichste Geschöpf von der
Welt, über welches mich die Natur selbst beneiden soll. Mit
diesem Modell und dem Schlüssel dazu kann man alsdenn
noch Pflanzen ins Unendliche erfinden, die konsequent sein
müssen, das heißt: die, wenn sie auch nicht existieren, doch
existieren könnten . . . Dasselbe Gesetz wird sich auf alles
übrige Lebendige anwenden lassen.«
Der klassische Realismus dieser Aufzeichnung, den Goethe
in Italien ausgebildet hat, drückt sein Verhältnis zur Natur
überhaupt aus. Das Gedicht in Distichen »Die Metamorphose der Pflanzen« (1799) gestaltet das Gesetzhafte in der
Entwicklung der Naturformen und ihrer Beziehung zuein-*

Abendgesellschaft bei der Herzogin Anna Amalia in Weimar.
Aquarell von Georg Melchior Kraus, um 1795

ander. In der Vielfalt der »Gestalten« ahnt Goethe ein
»geheimes Gesetz«, ein »heiliges Rätsel« der Emporläute-
rung zu neuen, höheren Formen. Hinter der Fülle der Er-
scheinungen sieht er einen Grundtypus, »ein beginnendes
Vorbild«, aus dessen Kraft sich die einzelnen Gebilde durch
Abwandlung entfalten. Die Gültigkeit des Gesetzes der
Metamorphose und der Steigerung wird am Schluß auch
für den Menschen ausgesprochen. Das Bild Christianes, an
die sich das Lehrgedicht richtet, steht am Eingang und am
Ende der Elegie als Sinnbild des Naturgemäßen.
Dem Grundgedanken der naturwissenschaftlichen Weltan-
schauung Goethes entspricht auch seine klassische Kunst-
lehre, die gleichfalls von einem verbindlichen Idealtyp aus-
geht, einer großen Ordnung, in deren Gesetzlichkeit die
Fülle der künstlerischen Möglichkeiten beschlossen liegt.
Innerhalb der Grenzen des klassischen, breiten, reichen
Hexameterverses variiert Goethe mit großer Freiheit. So
zeigt sich in der Form der beiden Metamorphose-Gedichte
(»Metamorphose der Pflanzen«, »Metamorphose der
Tiere«) sinnbildlich, wie stark Naturschau und Dichtung
bei Goethe ineinander verwurzelt sind.

Die Metamorphose der Pflanzen

Dich verwirret, Geliebte, die tausendfältige Mischung
    Dieses Blumengewühls über dem Garten umher;
Viele Namen hörest du an, und immer verdränget
    Mit barbarischem Klang einer den andern im Ohr.
Alle Gestalten sind ähnlich, und keine gleichet der andern;
    Und so deutet das Chor auf ein geheimes Gesetz,
Auf ein heiliges Rätsel. Oh, könnt ich dir, liebliche
                                        Freundin,
    Überliefern sogleich glücklich das lösende Wort! –
Werdend betrachte sie nun, wie nach und nach sich die
                                        Pflanze,
    Stufenweise geführt, bildet zu Blüten und Frucht.

Aus dem Samen entwickelt sie sich, sobald ihn der Erde
  Stille befruchtender Schoß hold in das Leben entläßt
Und dem Reize des Lichts, des heiligen, ewig bewegten,
  Gleich den zärtesten Bau keimender Blätter empfiehlt.
Einfach schlief in dem Samen die Kraft; ein beginnendes
                               Vorbild
  Lag, verschlossen in sich, unter die Hülle gebeugt,
Blatt und Wurzel und Keim, nur halb geformet und
                               farblos;
  Trocken erhält so der Kern ruhiges Leben bewahrt,
Quillet strebend empor, sich milder Feuchte vertrauend,
  Und erhebt sich sogleich aus der umgebenden Nacht.
Aber einfach bleibt die Gestalt der ersten Erscheinung;
  Und so bezeichnet sich auch unter den Pflanzen das Kind.
Gleich darauf ein folgender Trieb, sich erhebend, erneuet,
  Knoten auf Knoten getürmt, immer das erste Gebild.
Zwar nicht immer das gleiche; denn mannigfaltig erzeugt
                               sich,
  Ausgebildet, du siehsts, immer das folgende Blatt,
Ausgedehnter, gekerbter, getrennter in Spitzen und Teile,
  Die verwachsen vorher ruhten im untern Organ.
Und so erreicht es zuerst die höchst bestimmte Vollendung,
  Die bei manchem Geschlecht dich zum Erstaunen bewegt.
Viel gerippt und gezackt, auf mastig strotzender Fläche,
  Scheinet die Fülle des Triebs frei und unendlich zu sein.
Doch hier hält die Natur, mit mächtigen Händen, die
                               Bildung
  An und lenket sie sanft in das Vollkommnere hin.
Mäßiger leitet sie nun den Saft, verengt die Gefäße,
  Und gleich zeigt die Gestalt zärtere Wirkungen an.
Stille zieht sich der Trieb der strebenden Ränder zurücke,
  Und die Rippe des Stiels bildet sich völliger aus.
Blattlos aber und schnell erhebt sich der zärtere Stengel,
  Und ein Wundergebild zieht den Betrachtenden an.
Rings im Kreise stellet sich nun, gezählet und ohne
  Zahl, das kleinere Blatt neben dem ähnlichen hin.

Um die Achse gedrängt entscheidet der bergende Kelch sich,
    Der zur höchsten Gestalt farbige Kronen entläßt.
Also prangt die Natur in hoher, voller Erscheinung,
    Und sie zeiget, gereiht, Glieder an Glieder gestuft.
Immer staunst du aufs neue, sobald sich am Stengel die
                                                Blume
    Über dem schlanken Gerüst wechselnder Blätter bewegt.
Aber die Herrlichkeit wird des neuen Schaffens
                                                Verkündung.
    Ja, das farbige Blatt fühlet die göttliche Hand.
Und zusammen zieht es sich schnell; die zärtesten Formen,
    Zwiefach streben sie vor, sich zu vereinen bestimmt.
Traulich stehen sie nun, die holden Paare, beisammen,
    Zahlreich ordnen sie sich um den geweihten Altar.
Hymen schwebet herbei, und herrliche Düfte, gewaltig,
    Strömen süßen Geruch, alles belebend, umher.
Nun vereinzelt schwellen sogleich unzählige Keime,
    Hold in den Mutterschoß schwellender Früchte gehüllt.
Und hier schließt die Natur den Ring der ewigen Kräfte;
    Doch ein neuer sogleich fasset den vorigen an,
Daß die Kette sich fort durch alle Zeiten verlänge,
    Und das Ganze belebt, so wie das Einzelne, sei.
Wende nun, o Geliebte, den Blick zum bunten Gewimmel,
    Das verwirrend nicht mehr sich vor dem Geiste bewegt.
Jede Pflanze verkündet dir nun die ewgen Gesetze,
    Jede Blume, sie spricht lauter und lauter mit dir.
Aber entzifferst du hier der Göttin heilige Lettern,
    Überall siehst du sie dann, auch in verändertem Zug –
Kriechend zaudre die Raupe, der Schmetterling eile
                                                geschäftig,
    Bildsam ändre der Mensch selbst die bestimmte Gestalt.
Oh, gedenke denn auch, wie aus dem Keim der
                                                Bekanntschaft
    Nach und nach in uns holde Gewohnheit entsproß,
Freundschaft sich mit Macht in unserm Innern enthüllte,
    Und wie Amor zuletzt Blüten und Früchte gezeugt.

Denke, wie mannigfach bald die, bald jene Gestalten,
  Still entfaltend, Natur unsern Gefühlen geliehn!
Freue dich auch des heutigen Tags! Die heilige Liebe
  Strebt zu der höchsten Frucht gleicher Gesinnungen auf,
Gleicher Ansicht der Dinge, damit in harmonischem
                                                Anschaun
  Sich verbinde das Paar, finde die höhere Welt.

Im Gegenwärtigen Vergangnes

*Der »West-östliche Divan« ist das Werk des alternden
Goethe, der mit dem Beginn der Arbeit an seiner Autobio-
graphie (1809) nach Überblick und Rechenschaft sucht, sich
selbst geschichtlich sieht. Der Zyklus steht so als Bindeglied
zwischen der idealistischen Dichtung und der Lyrik des
hohen Alters (vgl. Dornburger Gedichte). Den »Römischen
Elegien« verwandt in dem Bestreben, sich bewußt in eine
fremde Tradition zu stellen, einen Gedankenkreis – dort
römisch, hier persisch – zu durchdringen und abzurunden,
wendet sich der Alterszyklus des »Divan« in Form und
Gehalt von hochklassischen Absichten ab. Das neue Lebensgefühl, das mit der »Divan«-Zeit in Goethe durchbricht,
bedeutet nach den Jahren der idealistischen Klassik schiller-
scher Prägung ein Anknüpfen an die synthetische Lebensanschauung seiner Jugend. »Die metaphysische Natur- und
Lebensidee des jungen Goethe (cf. den Aufsatz ›Natur‹)
– Totalität und Unendlichkeit, ewige Bewegung, Einheit,
Immoralität – erfährt in der klassischen Zeit eine Ein-
engung auf das Endliche, Erfahrbare (Begriffskategorien:
Polarität und Steigerung); auf Überwindung der Daseins-
gegensätze in einer letzten, transrationalen Synthese wird
Verzicht geleistet« (Hans Pyritz: Goethe-Studien. Köln u.
Graz 1962. S. 204). Die »Divan«-Jahre bedeuten nicht nur
eine Erneuerung dieses ganzheitlichen Verständnisses des
Daseins, sondern auch eine geistig-seelische Wiedergeburt*

*Goethes, die an Bedeutung dem italienischen Erlebnis auf
der Höhe seines Lebens vergleichbar ist.*

*Die Stauung, die die hochklassischen Bestrebungen für
Goethes Lyrik mit sich brachten, wird gelöst durch das
glückliche Zusammentreffen mehrerer entscheidender Begegnungen: 1814 brachte Goethe nach siebzehnjähriger Abwesenheit eine Reise in die rheinfränkische Heimat, die
Begegnung mit altdeutscher Kunst in der Sammlung der
Brüder Boisserée in Heidelberg, die schicksalhafte Bekanntschaft mit Marianne von Willemer und die produktive Be-
rührung mit der geistigen Welt des Morgenlandes durch den
persischen Dichter Hafis aus dem 14. Jahrhundert. Die lyrische Produktion der Jahre 1814 bis 1819 wird fast ausschließlich im »Divan« (persisch: Versammlung, Sammlung,
Gruppe) aufgenommen. Das Interesse der Zeit an der Kultur des Orients wurde geweckt durch die wissenschaftlichen
Bemühungen der Romantik. Friedrich Schlegel hatte auf die
»Sprache und Weisheit der Indier« hingewiesen, Schelling,
Creuzer und Görres betonten Verbindungen des Orients
zur Antike und zum Christentum, und der Wiener Orien-
talist Joseph Hammer-Purgstall veröffentlichte 1812 die
Übersetzung der Ghaselen des Hafis, die Goethe be-
nutzte.*

*Das historische Vorbild Hafis gab Goethe zugleich Anreiz
und Bestätigung. Anreiz war die fremdartige Form des
Ghasels, das durch den Formzwang eines sich in 7–12 Dop-
pelversen wiederholenden Reimwortes eine höchst künst-
liche, bewußte, an rhetorische Barockformen erinnernde
Sprachkunst bildet. Goethe hat das formale Vorbild nie
exakt nachgeahmt. Die Verbindung zu Hafis liegt stärker
in Stoff und Gehalt. Anreiz bedeutete auch die orienta-
lische Gleichnisfülle und die Goethe entgegenkommende
Neigung zum sinnlichen Darstellen von Geistigem. Bestätigung fand Goethe in Hafis' Weltschau, die ins Unendliche
ausgreift und jenseits von ethisch-ästhetischen Kategorien
und klassischer Lebensformung das Wachstumsgemäße des*

Lebens erkennt. So findet Goethe bei Hafis Selbstgelebtes und -durchdachtes, Vertrautes im Fremdartigen vorgebildet.
Die geistige Dimension des Zyklus, seine Spannweite umreißt das Eingangsgedicht »Hegire«:

> Nord und West und Süd zersplittern,
> Throne bersten, Reiche zittern,
> Flüchte du, im reinen Osten
> Patriarchenluft zu kosten,
> Unter Lieben, Trinken, Singen
> Soll dich Chisers Quell verjüngen.

Hinter der diesseitigen Lebensfreude dieser Zeilen steht wie bei Hafis tiefreligiöses Verlangen. Hier wie dort wird die Welt als Abglanz des Unendlichen gesehen. So reicht auch die Gestaltung der Liebe, die als eines der großen Motive den ganzen Zyklus durchzieht, über das Persönliche hinaus. Diese Liebeslyrik, deren Ton zwar durch die Begegnung mit Marianne von Willemer, der Suleika des »Divan«, bestimmt wird, ist Selbstaussage und Gleichnis. Der Eros weist hinüber zur Agape, die kosmische Liebe hinaus ins Religiöse.
Der Zyklus ist in zwölf Bücher gegliedert, deren Themenkreise sich überschneiden und immer auf das Ganze verweisen: »Jedes einzelne Glied ist so durchdrungen von dem Sinn des Ganzen, ist so innig orientalisch [...] und muß von einem vorhergehenden Gedicht erst exponiert sein, wenn es auf Einbildungskraft und Gefühl wirken soll« (an Zelter, 11. Mai 1820). Die stoffliche Vielfalt wird durch die Schau eines »oberen Leitenden« zu einer geistigen Einheit verfügt. Im ersten Buch, dem »Buch des Sängers«, aus dem das folgende Textbeispiel stammt, werden »lebhafte Eindrücke mancher Gegenstände und Erscheinungen auf Sinnlichkeit und Gemüt enthusiastisch ausgedrückt und die näheren Bezüge des Dichters zum Orient angedeutet« (»No-

ten und Abhandlungen: Künftiger Divan«). Das Gedicht
»Im Gegenwärtigen Vergangnes« entstand am 26. Juli 1814
morgens bei der Abreise von Eisenach. Die erste Strophe
spiegelt das Wartburg-Motiv und die Morgenstimmung in
einer Reihe von Bildern mit fast romantischer Linienfüh-
rung. Sie evozieren in der zweiten Strophe Erinnerungs-
bilder der Weimarer Frühzeit. Gegenwart und Vergangen-
heit verschmelzen zu einer Erlebnisganzheit. Dies entspricht
dem Goetheschen Streben, den erfüllten Augenblick ins
Bleibende zu heben. Der in der Überschrift angedeutete
Grundgedanke des Gedichts wird klar; die Bilder sind nicht
einfache Impressionen, ihr Symbolcharakter verwandelt
»die Erscheinungen in Idee, die Idee in ein Bild, und so,
daß die Idee im Bild immer unendlich wirksam und un-
erreichbar bleibt ...« (»Maximen und Reflexionen«). In
der dritten Strophe tritt die persönliche Erfahrung in den
Dienst zeitloser Mitteilung: In den Kommenden genießen
wir die Göttlichkeiten des Lebens immer wieder mit.
Goethes Vorstellung von der Wiederkehr der Formen stellt
hier das Ich in dichterischer Überschau in den großen,
spiralförmig sich wiederholenden Lebenszusammenhang, in
dem Naturgesetz sich mit Sittengesetz deckt.

Im Gegenwärtigen Vergangnes

Ros und Lilie morgentaulich
Blüht im Garten meiner Nähe;
Hinten an, bebuscht und traulich,
Steigt der Felsen in die Höhe;
Und mit hohem Wald umzogen
Und mit Ritterschloß gekrönet,
Lenkt sich hin des Gipfels Bogen,
Bis er sich dem Tal versöhnet.

Und da duftets wie vor alters,
Da wir noch von Liebe litten

Und die Saiten meines Psalters
Mit dem Morgenstrahl sich stritten;
Wo das Jagdlied aus den Büschen
Fülle runden Tons enthauchte,
Anzufeuern, zu erfrischen
Wies der Busen wollt und brauchte.

Nun die Wälder ewig sprossen,
So ermutigt euch mit diesen,
Was ihr sonst für euch genossen,
Läßt in andern sich genießen,
Niemand wird uns dann beschreien,
Daß wirs uns alleine gönnen;
Nun in allen Lebensreihen
Müsset ihr genießen können.

Und mit diesem Lied und Wendung
Sind wir wieder bei Hafisen,
Denn es ziemt, des Tags Vollendung
Mit Genießern zu genießen.

Dem aufgehenden Vollmonde

*Das lyrische Kurzgedicht, das in der Klassik zurücktritt,
wird in Goethes Alterslyrik neben einer Fülle von anderen
Formen wieder aufgenommen. Goethes letzte Lyrik entsteht
im Sommer 1828 auf der Dornburg, einem der Schlösser des
Großherzogs Carl August. Die Lieder des Dornburger Som-
mers sind Naturgedichte von reiner lyrischer Art – sinnlich
gegenständlich, aber mit der Symbolkraft des Altersstils, in
dem Ding, Stimmung und Bild über sich hinausweisen.
»Diese Gedichte umfassen das ganze geführte Leben und
bleiben doch durchaus Moment!« (Kommerell, Gedanken
über Gedichte, 1943, S. 129).
Das Gedicht »Dem aufgehenden Vollmonde«, das Goethe*

an Marianne von Willemer, der Suleika der »Divan«-
Gedichte, sandte, mit der Frage, ob sie in dieser Vollmond-
nacht an ihn gedacht habe, ist das letzte seiner Mond-
gedichte. Der Vorgang in den drei Strophen – das Schauspiel
des sich zunächst verhüllenden und dann voll aufstei-
genden Mondes – hat durchaus dramatischen Charakter.
Der Bogen der sprachlichen Prägungen spannt sich dem-
entsprechend von der ungezwungenen Frage des Beginns zu
den eindringlichen Ausrufen der letzten Strophe, die im
superlativen »überselig« kulminiert. Dem kosmischen Ge-
schehen entspricht eine Abfolge von seelischen Empfindun-
gen im schauenden Menschen. Wie in den Jugendgedichten
drängt noch hier inneres Erleben allem Äußeren entgegen:
Schmerz, Sehnsucht und reinste Seligkeit antworten dem
Naturschauspiel und geben ihm seinen »Sinn«.
Wie die früheren Mondgedichte – das Weimarer Mondlied
von 1778 (Füllest wieder Busch und Tal) und das »Divan«-
Gedicht »Vollmondnacht« von 1815 – gestaltet auch dieses
letzte das Glück der Erfahrung der Wechselbeziehung zwi-
schen Natur und menschlichem Fühlen. Im Abglanz der
nächtlichen Lichterscheinung spiegelt sich hier eine Macht,
ein Urphänomen der kosmischen und der menschlichen Ord-
nung: Liebe.

Dem aufgehenden Vollmonde

Dornburg, 25. August 1828

Willst du mich sogleich verlassen?
Warst im Augenblick so nah!
Dich umfinstern Wolkenmassen,
Und nun bist du gar nicht da.

Doch du fühlst, wie ich betrübt bin,
Blickt dein Rand herauf als Stern!
Zeugest mir, daß ich geliebt bin,
Sei das Liebchen noch so fern.

So hinan denn! hell und heller,
Reiner Bahn, in voller Pracht!
Schlägt mein Herz auch schmerzlich schneller,
Überselig ist die Nacht.

FRIEDRICH SCHILLER

Der Ring des Polykrates

*Das Jahr 1797 ist in die deutsche Literaturgeschichte als das
sogenannte Balladenjahr eingegangen. Ausgangspunkt für
das gemeinsame Experiment Goethes und Schillers war das
planmäßige und ausdrückliche Forschen nach »poetischen
Gegenständen« sowie die mustergültige Behandlung neuer
Formen – Intentionen, die sich aus ihren Gesprächen über
epische und dramatische Dichtung ergeben hatten.*
*Während die sogenannte »Gedankenlyrik« Schillers sich
bemüht, »abstrakte Gedanken zu symbolisieren«, also auch
in der künstlerischen Ausarbeitung abstrakt bleibt, illustrie-
ren seine »Ideenballaden« am konkreten Beispiel ein – häufig moralisches – Prinzip. »[Goethe] will diese Gedichte als
eine neue, die Poesie erweiternde Gattung angesehen wissen.
Die Darstellung von Ideen, so wie sie hier behandelt wird,
hält er für kein Dehors der Poesie und will dergleichen
Gedichte mit denjenigen, welche abstrakte Gedanken symbolisieren, nicht verwechselt wissen« (Schiller an Körner,
27. April 1798). Die Balladen Schillers sind in zwei größeren Gruppen zu erfassen: die stärker dramatischen der
Jahre 1797/98, die den Antagonismus menschlichen und
göttlichen Willens gestalten, und die eher lyrischen, reflektierenden der letzten Schaffensperiode Schillers. Gemeinsam ist ihnen die Verherrlichung der bürgerlichen Tugenden
und die Überzeugung einer göttlichen Ordnung, die rich-*

*tend in das menschliche Leben eingreift. Schon Zeitgenossen
Schillers wurden durch die spröde Lehrhaftigkeit dieser
Balladik veranlaßt, von der »Blässe des Gedankens« zu
sprechen (Körner über den »Ring des Polykrates«). Schiller
verteidigte sich gegen solche Angriffe mit grundsätzlichen
Überlegungen: »Die Trockenheit, die Du [...] am Polykrates bemerkst, mag von dem Gegenstand wohl kaum zu trennen sein; weil die Personen darin nur um der Idee willen
da sind und sich als Individuen derselben subordinieren.
Es fragte sich also bloß, ob es erlaubt ist, aus dergleich
Stoffen Balladen zu machen, denn ein größres Leben möchten sie schwerlich vertragen, wenn die Wirkung des Über-
sinnlichen nicht verlieren soll« (an Körner, 2. Oktober
1797).*

*Für Goethe sind in der Ballade Lyrisches, Episches, Drama-
tisches wie in einem »Urei« enthalten; seine Balladen sind
vor allem Naturballaden, die in der volkstümlichen Tradition des Liedes stehen und die magischen Mächte der Natur
und des Schicksals gestalten. Bei dem »sentimentalischen
Dichter« Schiller dagegen ist der Stoff zunächst auf die
Idee bezogen. Dadurch geht die Nähe zum Lied verloren.
Diese Form der Ballade ist dem Drama benachbart. Die
Wesenszüge der Schillerschen Dramatik gelten also auch im
lyrischen Bereich: die Freude an Spannungen, Verwicklun-
gen, Lösungen, jähen Wendungen und Überraschungen, die
Antithetik von Verschleierung und Offenbarung der Wahr-
heit und die Verdichtung zur dramatischen Pointe. Das
Verlangen nach volkstümlicher Breitenwirkung führt bei
Schiller oft zu oratorischer Deklamation und übertriebener
Gefühlsäußerung. Heute noch leiden die Balladen Schillers
unter ihrer allzu großen Volkstümlichkeit, die nicht zuletzt
einem älteren Schulbetrieb zu verdanken ist, welcher – besonders in den letzten Jahrzehnten – eine starke Ablehnung
der Schillerschen Ideenwelt zur Folge hatte. Auch unser
Beispiel zeigt, wie die eklatant moralische Absicht dieser
Balladen in ihrer Unbefangenheit von Wort, Reim und*

vor allem der unmißverständlichen Aufdringlichkeit der er-
zieherischen Absicht häufig bis an die Grenze des Trivialen
reicht, ja sie überschreitet.

»Der Ring des Polykrates« entstand im Juni 1797 für den
»Balladenalmanach«, d. h. den »Musen-Almanach« für das
Jahr 1798. Die Fabel lehnt sich an Herodot an und wurde
wohl durch Christian Garves »Versuche über verschiedene
Gegenstände aus der Moral, der Literatur und dem gesellschaftlichen Leben« (1792–1802) übermittelt. Die Verarbei-
tung griechischer Motive (»Die Kraniche des Ibykus«, »Die
Bürgschaft«, »Der Ring des Polykrates«) führt bei Schiller
zu einer grundsätzlich neuen Form der Ballade. Der »klassische« Stoff kommt dem Verlangen nach stilisierender
Verkürzung, zurückhaltendem und gemessenem Vortrag,
Wesenseigenschaften, die dieser neuen Ballade gemäß sind,
entgegen. Die Einheit des Ortes und der Zeit wird weit-
gehend gewahrt. Der strenge, dichte Aufbau der Ballade
gliedert sich in zwei größere Teile: die in wenige Stunden
geraffte dreistufige Glückserfüllung und die Geschichte des
Ringopfers bzw. seiner Verweigerung durch das Fischwun-
der. Das Ende ist so knapp wie die Exposition. Der Ausgang mit der überraschenden Abreise des Gastfreundes, den
Goethe als besonders wirksam hervorhob, gibt dem Gedicht
einen in der Balladengattung seltenen offenen Schluß. (»Der
Ring des Polykrates ist sehr gut dargestellt. Der königliche
Freund, vor dessen wie vor des Zuhörers Augen alles geschieht, und der Schluß, der die Erfüllung in suspenso läßt,
alles ist sehr gut« Goethe an Schiller, 26. Juni 1797.) Die
Erfüllung der Nemesis, die Verwirklichung des Götterneі-
des, wird nicht ausgeführt. Der »Neid der Götter« folgt
hier aus dem Gesetz des rechten Maßes, das dem Menschen
»an-gemessen« ist. Der Gedanke der deutschen Klassiker,
daß der Mensch nur seiner Bestimmung lebt, wenn er sich in
Leidensbereitschaft in das ihm zukommende »Maß« ergibt,
seine Grenzen erkennt, ist für das deutsche Bildungsleben
von bestimmender Bedeutung und bereits so sehr allgemei-

ner Volksbesitz, daß es – trotz ihrer Fragwürdigkeit – noch heute schwerfällt, sich erneut und objektiv mit dieser Ideenwelt auseinanderzusetzen. Kategorisch-arrogante Zurückweisung kann hier nicht als Antwort akzeptiert werden.

Der Ring des Polykrates

Er stand auf seines Daches Zinnen,
Er schaute mit vergnügten Sinnen
Auf das beherrschte Samos hin.
»Dies alles ist mir untertänig«,
Begann er zu Ägyptens König,
»Gestehe, daß ich glücklich bin.«

»Du hast der Götter Gunst erfahren!
Die vormals deinesgleichen waren,
Sie zwingt jetzt deines Zepters Macht.
Doch einer lebt noch, sie zu rächen,
Dich kann mein Mund nicht glücklich sprechen,
Solang des Feindes Auge wacht.«

Und eh' der König noch geendet,
Da stellt sich, von Milet gesendet,
Ein Bote dem Tyrannen dar:
»Laß, Herr, des Opfers Düfte steigen
Und mit des Lorbeers muntern Zweigen
Bekränze dir dein festlich Haar.

Getroffen sank dein Feind vom Speere,
Mich sendet mit der frohen Märe
Dein treuer Feldherr Polydor –«
Und nimmt aus einem schwarzen Becken,
Noch blutig, zu der beiden Schrecken,
Ein wohlbekanntes Haupt hervor.

Der König tritt zurück mit Grauen:
»Doch warn ich dich, dem Glück zu trauen«,

Versetzt er mit besorgtem Blick.
»Bedenk, auf ungetreuen Wellen,
Wie leicht kann sie der Sturm zerschellen,
Schwimmt deiner Flotte zweifelnd Glück.«

Und eh' er noch das Wort gesprochen,
Hat ihn der Jubel unterbrochen,
Der von der Reede jauchzend schallt.
Mit fremden Schätzen reich beladen,
Kehrt zu den heimischen Gestaden
Der Schiffe mastenreicher Wald.

Der königliche Gast erstaunet:
»Dein Glück ist heute gut gelaunet,
Doch fürchte seinen Unbestand.
Der Kreter waffenkund'ge Scharen
Bedräuen dich mit Kriegsgefahren,
Schon nahe sind sie diesem Strand.«

Und eh' ihm noch das Wort entfallen,
Da sieht man's von den Schiffen wallen,
Und tausend Stimmen rufen: »Sieg!
Von Feindesnot sind wir befreiet,
Die Kreter hat der Sturm zerstreuet,
Vorbei, geendet ist der Krieg!«

Das hört der Gastfreund mit Entsetzen:
»Fürwahr, ich muß dich glücklich schätzen,
Doch«, spricht er, »zittr' ich für dein Heil.
Mir grauet vor der Götter Neide:
Des Lebens ungemischte Freude
Ward keinem Irdischen zuteil.

Auch mir ist alles wohl geraten,
Bei allen meinen Herrschertaten
Begleitet mich des Himmels Huld;

Doch hatt' ich einen teuren Erben,
Den nahm mir Gott, ich sah ihn sterben,
Dem Glück bezahlt' ich meine Schuld.

Drum, willst du dich vor Leid bewahren,
So flehe zu den Unsichtbaren,
Daß sie zum Glück den Schmerz verleihn.
Noch keinen sah ich fröhlich enden,
Auf den mit immer vollen Händen
Die Götter ihre Gaben streun.

Und wenn's die Götter nicht gewähren,
So acht auf eines Freundes Lehren
Und rufe selbst das Unglück her,
Und was von allen deinen Schätzen
Dein Herz am höchsten mag ergetzen,
Das nimm und wirf's in dieses Meer.«

Und jener spricht, von Furcht beweget:
»Von allem, was die Insel heget,
Ist dieser Ring mein höchstes Gut.
Ihn will ich den Erinnen weihen,
Ob sie mein Glück mir dann verzeihen –«
Und wirft das Kleinod in die Flut.

Und bei des nächsten Morgens Lichte,
Da tritt mit fröhlichem Gesichte
Ein Fischer vor den Fürsten hin:
»Herr, diesen Fisch hab ich gefangen,
Wie keiner noch ins Netz gegangen,
Dir zum Geschenke bring ich ihn.«

Und als der Koch den Fisch zerteilet,
Kommt er bestürzt herbeigeeilet
Und ruft mit hocherstauntem Blick:
»Sieh, Herr, den Ring, den du getragen,

Ihn fand ich in des Fisches Magen,
O ohne Grenzen ist dein Glück!«

Hier wendet sich der Gast mit Grausen:
»So kann ich hier nicht ferner hausen,
Mein Freund kannst du nicht weiter sein.
Die Götter wollen dein Verderben –
Fort eil ich, nicht mit dir zu sterben.«
Und sprach's und schiffte schnell sich ein.

Nänie

*In der Abhandlung »Über die ästhetische Erziehung des
Menschen« findet sich folgender Gedanke: »Wir treten mit
der Schönheit in die Welt der Ideen, aber, was wohl zu
bemerken ist, ohne darum die sinnliche Welt zu verlassen.«
Idee und Körperhaftes finden also im Schönen zusammen,
es ist das Bindeglied zwischen Irdischem und Überirdi-
schem.*
*In »Nänie« (1799), der letzten Elegie Schillers, die unter
der altrömischen Bezeichnung für ein Leichengedicht den
Untergang des Schönen betrauert, wird die Sinnlichkeit des
Schönen Grund für seine Vergänglichkeit und seinen Untergang. Im Angesicht des Todes also versagt die Vorstellung
von der Schönheit als Verklärung des Irdischen. Es bleibt
nur die Hoffnung, daß noch im Klagelied demjenigen
Dauer verliehen wird, der im Leben der Schönheit gelebt
hat.*
*Die Gedichte im antikischen Distichon, zu denen »Nänie«
gehört, bilden den Höhepunkt der Schillerschen Lyrik. Auch
die Symbole und Bilder der Elegie entstammen antiker
Mythologie. So wird aus der Klage um Achill und Adonis
unmittelbar das Symbol für die Schlußverse. Klassischer
Regel folgend, erscheint die Resignation über die Vergänglichkeit des Schönen als Leitmotiv in der kraftvollen Ein-*

gangszeile und wird in den Schlußversen als allgemein ver-
bindliches Gesetz wiederholt. Diese letzten Verse stehen in
engster Beziehung zu Goethes »Euphrosyne« (1797/98): hier
wie dort der klassizistisch-ästhetizistische Trost des Weiter-
lebens im dichterischen Gesang als der alles überdauernden
Form.
Die volkstümliche Vorstellung vom Lyriker Schiller wird im
allgemeinen bestimmt durch die episch-lyrische Didaktik
seiner Balladen und das Pathos seiner oft unanschaulichen
philosophischen Gedichte. Nahezu unbekannt geblieben sind
grandiose Schöpfungen wie die »Nänie«. Einen Sonderfall
im lyrischen Gesamtwerk Schillers bildet diese Elegie auch
rein formal insofern, als die sonst dominierende dramatische
Dynamik hier einer Komposition weicht, deren Architekto-
nik bewußt harmonisch zusammengefügt ist.

Nänie

Auch das Schöne muß sterben! Das Menschen und Götter
                                        bezwinget,
Nicht die eherne Brust rührt es des stygischen Zeus.
Einmal nur erweichte die Liebe den Schattenbeherrscher,
Und an der Schwelle noch, streng, rief er zurück sein
                                        Geschenk.
Nicht stillt Aphrodite dem schönen Knaben die Wunde,
Die in den zierlichen Leib grausam der Eber geritzt.
Nicht errettet den göttlichen Held die unsterbliche Mutter,
Wann er, am Skäischen Tor fallend, sein Schicksal erfüllt.
Aber sie steigt aus dem Meer mit allen Töchtern des Nereus,
Und die Klage hebt an um den verherrlichten Sohn.
Siehe! da weinen die Götter, es weinen die Göttinnen alle,
Daß das Schöne vergeht, daß das Vollkommene stirbt.
Auch ein Klaglied zu sein im Mund der Geliebten ist
                                        herrlich,
Denn das Gemeine geht klanglos zum Orkus hinab.

FRIEDRICH HÖLDERLIN

Geb. 20. März 1770 in Lauffen am Neckar, gest. 7. Juni 1843 in geistiger Umnachtung in Tübingen. Studium der Theologie im Tübinger Stift. Freundschaft mit Hegel und Schelling. 1794/95 Hauslehrer bei Charlotte von Kalb. Umgang mit Fichte und Schiller, an dessen *Neuer Thalia* er mitarbeitet. 1796–98 Hauslehrer beim Bankier Gontard in Frankfurt, dessen Frau Susette als Diotima in dem lyrischen Briefroman *Hyperion* (1797–99) verherrlicht wird. 1798–1800 beim Freund Sinclair in Homburg. 1801 Hauslehrer in Hauptwil bei St. Gallen und 1802 in Bordeaux. Von dort kam Hölderlin geistesgestört zurück. Ab 1808 lebte er bis zu seinem Tode in Pflege bei dem Tischlermeister Zimmer in Tübingen.

In dem zweiteiligen *Hyperion*-Roman und den verschiedenen unvollendeten Fassungen des philosophischen Trauerspiels *Der Tod des Empedokles* spiegelt sich die Sehnsucht nach der Einheit mit der Natur und dem Göttlichen. In beiden Werken leidet der Held an der Unzulänglichkeit seines Volkes. Hölderlins vollkommenste Leistung liegt in der kraftvollen Sprache seiner lyrischen Aussage. Dieses Werk verkörpert eine für Deutschland einzigartig seherische Schöpfung, die fast ein Jahrhundert lang mißverstanden und erst ab 1910 durch das Auffinden und Entziffern bisher unbekannter Manuskripte durch Norbert von Hellingrath aufgedeckt und anerkannt wurde.

Werke: *Hymnen und Elegien* (1793); *Hyperion oder der Eremit in Griechenland* R. (1797–99); *Empedokles*-Fragmente Dr. (1797); *Friedensfeier* (1801/02).

Hymne an die Göttin der Harmonie

Diese zentrale Hymne der Tübinger Zeit entstand wahrscheinlich Ende 1790. Die großen Gedichte dieser Schaffensperiode (1788–93) sind durch Schillers Reimverse vorgebildet, wobei aber Hölderlin härter, »hymnischer« erscheint. Bei aller Abstraktheit der Thematik dieser Periode zeigt sich hier schon – besonders im Vergleich zu Schiller, bei dem das Gedankliche stärker hervortritt – Hölderlins religiöser Impuls: der Vorgang des Feierns selbst entspricht an Bedeutung der gefeierten Gottheit.

Das Motto (aus Heinses Roman »Ardinghello und die glückseligen Inseln«, 1787) richtet sich an Urania, die Har-

monie auch den anderen göttlichen Wesenheiten mitteilt,
denen die Hymnen dieser Zeit gelten (an die Freiheit,
Schönheit, Freundschaft, Liebe). Der triadische Aufbau der
Hymnen (Viëtor) folgt hier einer symmetrischen Ordnung:
Die ersten sieben Strophen loben die Göttin und stellen ihr
Wirken dar. Die drei Mittelstrophen vergegenwärtigen die
Göttin in ihrer Rede an den Menschen. Die letzten sieben
Strophen sind der Aufruf des Dichters zu Dienst und prie-
sterlicher Feier der Harmonie. Der triumphale Ton der
Schlußstrophe zeigt besonders stark das Vorbild der hym-
nischen Lyrik des jungen Schillers. (Paul Böckmann spricht
von einer »Überfremdung durch Schiller«.) Der Jubel des
hymnischen Tons entspricht aber auch der Hölderlinschen
Vorstellung eines von gewaltigen Mächten durchwalteten
Kosmos, an dem der Mensch durch das göttliche Wesen der
Liebe teilhat. Ausgangspunkt der Hölderlinschen Weltschau
ist der einheitliche Charakter der Welt, die Harmonie. In
ihren Grundzügen bleibt dieses Weltverständnis auch für
das reife Werk des Dichters verbindlich, wie auch die Form
der frühen Tübinger Hymnen im späten Werk wiederauf-
genommen wird.

Hymne an die Göttin der Harmonie

> Urania, die glänzende Jungfrau, hält mit ihrem Zauber-
> gürtel das Weltall in tobendem Entzücken zusammen.
> Ardinghello

Froh, als könnt ich Schöpfungen beglücken,
Kühn, als huldigten die Geister mir,
Nahet, in dein Heiligtum zu blicken,
Hocherhabne! meine Liebe dir;
Schon erglüht der wonnetrunkne Seher
Von den Ahndungen der Herrlichkeit,
Ha, und deinem Götterschoße näher
Höhnt des Siegers Fahne Grab und Zeit.

Tausendfältig, wie der Götter Wille,
Weht Begeisterung den Sänger an,
Unerschöpflich ist der Schönheit Fülle,
Grenzenlos der Hoheit Ozean.
Doch vor allem hab ich dich erkoren,
Bebend, als ich ferne dich ersah,
Bebend hab ich Liebe dir geschworen,
Königin der Welt! Urania.

Was der Geister stolzestes Verlangen
In den Tiefen und den Höhn erzielt,
Hab ich allzumal in dir empfangen,
Sint dich ahndend meine Seele fühlt.
Dir entsprossen Myriaden Leben,
Als die Strahlen deines Angesichts,
Wendest du dein Angesicht, so beben
Und vergehn sie, und die Welt ist Nichts.

Thronend auf des alten Chaos Wogen,
Majestätisch lächelnd winktest du,
Und die wilden Elemente flogen
Liebend sich auf deine Winke zu.
Froh der seligen Vermählungsstunde
Schlangen Wesen nun um Wesen sich,
In den Himmeln, auf dem Erdenrunde
Sahst du, Meisterin! im Bilde dich. –

Ausgegossen ist des Lebens Schale,
Bächlein, Sonnen treten in die Bahn,
Liebetrunken schmiegen junge Tale
Sich den liebetrunknen Hügeln an:
Schön und stolz wie Göttersöhne hangen
Felsen an der mütterlichen Brust,
Von der Meere wildem Arm umfangen,
Bebt das Land in niegefühlter Lust.

Warm und leise wehen nun die Lüfte,
Liebend sinkt der holde Lenz ins Tal:
Haine sprossen an dem Felsgeklüfte,
Gras und Blumen zeugt der junge Strahl.
Siehe, siehe, vom empörten Meere,
Von den Hügeln, von der Tale Schoß,
Winden sich die ungezählten Heere
Freudetaumelnder Geschöpfe los.

Aus den Hainen wallt ins Lenzgefilde
Himmlischschön der Göttin Sohn hervor,
Den zum königlichen Ebenbilde
Sie im Anbeginne sich erkor:
Sanftbegrüßt von Paradiesesdüften
Steht er wonniglichen Staunens da,
Und der Liebe großen Bund zu stiften,
Singt entgegen ihm Urania:

»Komm, o Sohn! der süßen Schöpfungsstunde
Auserwählter, komm und liebe mich!
Meine Küsse weihten dich zum Bunde,
Hauchten Geist von meinem Geist in dich. –
Meine Welt ist deiner Seele Spiegel,
Meine Welt, o Sohn! ist Harmonie,
Freue dich! Zum offenbaren Siegel
Meiner Liebe schuf ich dich und sie.

Trümmer ist der Wesen schöne Hülle,
Knüpft sie meiner Rechte Kraft nicht an.
Mir entströmt der Schönheit ewge Fülle,
Mir der Hoheit weiter Ozean.
Danke mir der zauberischen Liebe,
Mir der Freude stärkenden Genuß,
Deine Tränen, deine schönsten Triebe
Schuf, o Sohn! der schöpferische Kuß.

Herrlicher mein Bild in dir zu finden,
Haucht ich Kräfte dir und Kühnheit ein,
Meines Reichs Gesetze zu ergründen,
Schöpfer meiner Schöpfungen zu sein.
Nur im Schatten wirst du mich erspähen,
Aber liebe, liebe mich, o Sohn!
Drüben wirst du meine Klarheit sehen,
Drüben kosten deiner Liebe Lohn.«

Nun, o Geister! in der Göttin Namen,
Die uns schuf im Anbeginn der Zeit,
Uns, die Sprößlinge von ihrem Samen,
Uns, die Erben ihrer Herrlichkeit,
Kommt zu feierlichen Huldigungen
Mit der Seele ganzer Götterkraft,
Mit der höchsten der Begeisterungen
Schwört vor ihr, die schuf und ewig schafft.

Frei und mächtig, wie des Meeres Welle,
Rein wie Bächlein in Elysium,
Sei der Dienst an ihres Tempels Schwelle,
Sei der Wahrheit hohes Priestertum.
Nieder, nieder mit verjährtem Wahne!
Stolzer Lüge Fluch und Untergang,
Ruhm der Weisheit unbefleckter Fahne,
Den Gerechten Ruhm und Siegsgesang!

Ha, der Lüge Quell – wie tot und trübe!
Kräftig ist der Weisheit Quell und süß!
Geister! Brüder! dieser Quell ist Liebe,
Ihn umgrünt der Freuden Paradies.
Von des Erdelebens Tand geläutert,
Ahndet Götterlust der zarte Sinn,
Von der Liebe Labetrunk erheitert,
Naht die Seele sich der Schöpferin.

Geister! Brüder! unser Bund erglühe
Von der Liebe göttlicher Magie.
Unbegrenzte, reine Liebe ziehe
Freundlich uns zur hohen Harmonie.
Sichtbar adle sie die treuen Söhne,
Schaff in ihnen Ruhe, Mut und Tat,
Und der heiligen Entzückung Träne,
Wenn Urania der Seele naht.

Siehe, Stolz und Hader ist vernichtet,
Trug ist nun und blinde Lüge stumm,
Streng ist Licht und Finsternis gesichtet,
Rein der Wahrheit stilles Heiligtum.
Unsrer Wünsche Kampf ist ausgerungen,
Himmelsruh errang der heiße Streit,
Und die priesterlichen Huldigungen
Lohnet göttliche Genügsamkeit.

Stark und selig in der Liebe Leben
Staunen wir des Herzens Himmel an,
Schnell wie Seraphin im Fluge, schweben
Wir zur hohen Harmonie hinan.
Das vermag die Saite nicht zu künden,
Was Urania den Sehern ist,
Wenn von hinnen Nacht und Wolke schwinden,
Und in ihr die Seele sich vergißt.

Kommt den Jubelsang mit uns zu singen,
Denen Liebe gab die Schöpferin!
Millionen, kommt emporzuringen
Im Triumphe zu der Königin!
Erdengötter, werft die Kronen nieder!
Jubelt, Millionen fern und nah!
Und ihr Orione, hallt es wider:
Heilig, heilig ist Urania!

An Diotima

Der schwungvolle, aber unanschauliche Stil schillerschen Ge-
präges der Tübinger Gedankenlyrik erwies sich dem stark
religiösen Impuls der Hölderlinschen Hymnik auf die
Dauer nicht angemessen. Ab 1796 wendet sich Hölderlin
von der Abstraktion der früheren Periode ab und findet in
der Lyrik der Frankfurter Zeit die ihm eigene, fremdartig
schöne Sprache – häufig in der klopstockisch-antiken Oden-
form. Aus der Liebe zu Susette Gontard, die er nach einer
Gestalt aus dem Platonischen Dialog Diotima nennt, ent-
steht eine Fülle von Oden und Hymnen, die die Frage der
Zeit nach einem erneuerten Griechentum und nach dem
Wesen der Offenbarung der Gottheit unter den Menschen
stellt. Auch sein persönliches Erleben sieht Hölderlin als
Ausdruck dieser Gesetze, was sich in der Objektivierung
seiner Erlebnis- und Liebeslyrik ausdrückt.
Die unvollendet gebliebene Ode »An Diotima« entstand
wohl 1797 in der Frankfurter Zeit, vor dem eigentlichen
Beginn der Odendichtung. Sie steht dem elegischen Disti-
chon nahe und zeigt die formale Strenge in der Nachfolge
der klassischen Versmaße. (Hier das archilochische Vers-
maß: ein Hexameter und die erste Hälfte eines Penta-
meters wechseln ab.) In der Syntax spiegelt sich der Da-
seinszusammenhang, die Einigkeit aller Wesen in der häufi-
gen Verwendung des verbindenden »und«, das den Anschluß
herstellt und weiterströmt, selbst an Stellen, an denen das
Manuskript abbricht (»Über den Hain und den Strom,
und . . .«).
In den dahinströmenden Satzgefügen verkörpert sich die
Verbundenheit und die Teilhabe des Ich am Weltganzen
– der Gedanke der Allverbundenheit. Der kosmische Zu-
sammenhang ist den Liebenden geöffnet und offenbar im
Ineinander und ständigen Wechselspiel aller Wesen, wie
z. B. im Strömen des Regens. Auf der Erde spielt der Him-
mel mit Regen und Sonnenschein, des Himmels Bild spiegelt

*sich im Strome, seinem wasserführenden Bruder auf der
Erde. Das Stilmittel der Anthropomorphisierung der Natur-
erscheinungen entspricht diesem besonderen Lebensgefühl
Hölderlins in einer durchgeistigten Natur: Die Menschen
erfahren die Freude der Natur, die »frohe Verwirrung« in
der Liebe. Hier, im optischen Eindruck der Verwirrung
aller Einzelformen, gestaltet Hölderlin einen entscheidenden Zug seines Weltbildes: die Erfahrung der Natur, in die
die menschlichen Begegnungen hineingehören, als eine einheitliche, alles und alle umfassende Macht.*

An Diotima

Komm und siehe die Freude um uns; in kühlenden Lüften
      Fliegen die Zweige des Hains,
Wie die Locken im Tanz; und wie auf tönender Leier
      Ein erfreulicher Geist,
Spielt mit Regen und Sonnenschein auf der Erde der
                            Himmel;
      Wie in liebendem Streit
Über dem Saitenspiel ein tausendfältig Gewimmel
      Flüchtiger Töne sich regt,
Wandelt Schatten und Licht in süßmelodischem Wechsel
      Über die Berge dahin.
Leise berührte der Himmel zuvor mit der silbernen Tropfe
      Seinen Bruder, den Strom,
Nah ist er nun, nun schüttet er ganz die köstliche Fülle,
      Die er am Herzen trug,
Über den Hain und den Strom, und . . .
      . . .
Und das Grünen des Hains, und des Himmels Bild in dem
                            Strome
      Dämmert und schwindet vor uns
Und des einsamen Berges Haupt mit den Hütten und
                            Felsen,
      Die er im Schoße verbirgt,

Und die Hügel, die um ihn her, wie Lämmer, gelagert
      Und in blühend Gesträuch
Wie in zarte Wolle gehüllt, sich nähren von klaren
      Kühlenden Quellen des Bergs, .
Und das dampfende Tal mit seinen Saaten und Blumen,
      Und der Garten vor uns,
Nah und Fernes entweicht, verliert sich in froher
                        Verwirrung,
      Und die Sonne verlischt.
Aber vorübergerauscht sind nun die Fluten des Himmels
      Und geläutert, verjüngt
Geht mit den seligen Kindern hervor die Erd aus dem Bade.
      Froher lebendiger
Glänzt im Haine das Grün, und goldner funkeln die
                      Blumen,
    ...
Weiß, wie die Herde, die in den Strom der Schäfer
                    geworfen,
    ...

Dichterberuf

In den Jahren nach 1800 findet die deutsche Ode durch Hölderlin ihre höchste Vollendung. Die von ihm bevorzugten beiden Strophenformen der aufsteigenden, hellen alkäischen und der dunklen, fallenden asklepiadeischen Bewegung entsprechen in ihrem Tonwechsel architektonischer Ausgewogenheit. Die Ode »Dichterberuf« im alkäischen Maß gehört zum großen Werk der reifen Lyrik in den ersten Jahren nach der Jahrhundertwende.

Seit der Homburger Zeit wird das Bewußtsein des dichterischen Auftrags zu einem der großen Themen Hölderlins. In der Ode »Dichterberuf« (1800/01), die die erweiterte Fassung des Gedichts »An unsere großen Dichter« ist, sind fast alle Motive dieses Themenkreises vereint. Aus dem

Selbstverständnis des Dichters erschließt sich Hölderlins
Weltverständnis. Dichtung stellt den – für Hölderlin reli-
giösen – Zusammenhang zwischen Menschen und Welt her,
hat also Anspruch auf objektive Gültigkeit, ist »Erkennt-
nis«. Die Verpflichtung zum »Dichterberuf« ist demgemäß
eine das Göttliche vermittelnde Aufgabe. Dem Dichter fällt
prophetische Vorwegnahme und Verkündigung des Gött-
lichen zu, es wird von ihm gefordert, die »Gesetze« zu
geben und die Schicksalstage, in denen sich der »Höchste«
zeigt, zu besingen. Der Dichter als Vorbote der kommenden
Gotteswiederkehr ist vom Bewußtsein seiner prophetischen
Aufgabe erfüllt und steht als Einsamer gleich Empedokles
vor Gott, nur durch seine »Einfalt« geschützt. Die Furcht-
losigkeit des Dichter-Helden weist auf seine Todesbereit-
schaft hin, Untergang und Vorläufigkeit, die in den letzten
Versen anklingen, sind ihm wesenseigen.

Dichterberuf

Des Ganges Ufer hörten des Freudengotts
   Triumph, als allerobernd vom Indus her
     Der junge Bacchus kam, mit heilgem
       Weine vom Schlafe die Völker weckend.

Und du, des Tages Engel[1]! erweckst sie nicht,
   Die jetzt noch schlafen? gib die Gesetze, gib
     Uns Leben, siege, Meister, du nur
       Hast der Eroberung Recht, wie Bacchus.

Nicht, was wohl sonst des Menschen Geschick und Sorg
   Im Haus und unter offenem Himmel ist,
     Wenn edler, denn das Wild, der Mann sich
       Wehret und nährt! denn es gilt ein anders,

1. *der Dichter.*

Zu Sorg und Dienst den Dichtenden anvertraut!
  Der Höchste, der ists, dem wir geeignet sind,
    Daß näher, immerneu besungen
      Ihn die befreundete Brust vernehme.

Und dennoch, o ihr Himmlischen all, und all
  Ihr Quellen und ihr Ufer und Hain' und Höhn,
    Wo wunderbar zuerst, als du die
      Locken ergriffen, und unvergeßlich

Der unverhoffte Genius über uns
  Der schöpferische, göttliche kam, daß stumm
    Der Sinn uns ward und, wie vom
      Strahle gerührt, das Gebein erbebte,

Ihr ruhelosen Taten in weiter Welt!
  Ihr Schicksalstag', ihr reißenden, wenn der Gott
    Stillsinnend lenkt, wohin zorntrunken
      Ihn die gigantischen Rosse bringen,

Euch sollten wir verschweigen, und wenn in uns
  Vom stetigstillen Jahre der Wohllaut tönt,
    So sollt es klingen, gleich als hätte
      Mutig und müßig ein Kind des Meisters

Geweihte, reine Saiten im Scherz gerührt?
  Und darum hast du, Dichter! des Orients
    Propheten und den Griechensang und
      Neulich die Donner[2] gehört, damit du

Den Geist[3] zu Diensten brauchst und die Gegenwart
  Des Guten übereilest, in Spott, und den Albernen
    Verleugnest, herzlos, und zum Spiele
      Feil, wie gefangenes Wild, ihn treibest?

2. *die kriegerischen Zeitereignisse.*
3. *das Göttliche.*

Bis aufgereizt vom Stachel im Grimme der
  Des Ursprungs sich erinnert und ruft, daß selbst
    Der Meister kommt, dann unter heißen
      Todesgeschossen entseelt dich lässet.

Zu lang ist alles Göttliche dienstbar schon
  Und alle Himmelskräfte verscherzt, verbraucht
    Die Gütigen, zur Lust, danklos, ein
      Schlaues Geschlecht und zu kennen wähnt es,

Wenn ihnen der Erhabne den Acker baut,
  Das Tagslicht und den Donnerer, und es späht
    Das Sehrohr wohl sie all und zählt und
      Nennet mit Namen des Himmels Sterne.

Der Vater aber decket mit heilger Nacht,
  Damit wir bleiben mögen, die Augen zu.
    Nicht liebt er Wildes! Doch es zwinget
      Nimmer die weite Gewalt den Himmel.

Noch ists auch gut, zu weise zu sein. Ihn kennt
  Der Dank. Doch nicht behält er es leicht allein,
    Und gern gesellt, damit verstehn sie
      Helfen, zu anderen sich ein Dichter.

Furchtlos bleibt aber, so er es muß, der Mann
    Einsam vor Gott, es schützet die Einfalt ihn,
      Und keiner Waffen brauchts und keiner
        Listen, so lange, bis Gottes Fehl hilft.

Hälfte des Lebens

Während die Hymnen der Tübinger Zeit noch durch Schiller vorgeprägt waren, entsteht in den ersten Jahren nach der Jahrhundertwende die eigentliche, große Lyrik Hölder-

*lins. Norbert von Hellingrath bezeichnet das lyrische Werk
dieser Jahre, in denen auch »Hälfte des Lebens« entstand,
als »Herz, Kern und Gipfel des Hölderlinschen Werkes,
das eigentliche Vermächtnis«.*

»Hälfte des Lebens« gehört zu den von Hölderlin so bezeichneten »Nachtgesängen«, neun Gedichten, die er 1803 für
den Druck (1805 bei Wilmans) durchsah und zum Teil
überarbeitete. Man hat versucht, den schwermütigen, dunklen Ton dieser späten Lyrik, ihre hintergründige Aussage,
den oft nur angedeuteten Sinnzusammenhang als Mani-
festationen der um 1802 einsetzenden Überschattung seines
Geistes zu deuten. Bisweilen eignet aber gerade dem späten
Stil oft überraschende Anschaulichkeit. »Hälfte des Lebens«
wird geprägt durch diese Neigung des späten Hölderlin.
Die erste Strophe zeichnet konkrete Landschaftsbilder des
Spätsommers, während der zweite Teil des Gedichts die
Haltung des Ich zu dem bevorstehenden jahreszeitlichen
Wechsel gestaltet. Der Titel deutet eine Entsprechung zwischen menschlichem Leben und Naturablauf an, so daß sich
Verbundenheit und Teil-habe des Menschen am Leben der
Natur zunächst als Thematik des Gedichts anzubieten scheinen. Aber der erfüllten Gegenwärtigkeit der Bilder der
ersten Strophe steht in der zweiten der Ausblick auf die
kommende »sprachlose und kalte« Isoliertheit des Menschen
gegenüber. Eine Synthese der Gegenwart und der Zukunft
erscheint in diesem Augenblick auf der Mitte des Lebens
ausgeschlossen. Das aus dem Wissen um diese Antinomie
und dem Vorgefühl der Getrenntheit fragende Ich bleibt
ohne Antwort.
Durch die Prägung vom »heilignüchternen Wasser« wird
auf eine weitere Bedeutungsebene verwiesen, die aber – und
darauf beruht die poetische Größe des Gedichts – im
Schweigen angedeutet bleibt. Hölderlin bekannte sich in
seinen poetologischen Schriften zu einer Synthese von »hei-
ligem Pathos« und zügelnder Nüchternheit. Diese poetische
Anschauung von der bewußten Vereinigung des griechischen

»Feuers vom Himmel« mit der germanischen *»Klarheit der
Darstellung«* wirkt sich in seinem Werk stilbestimmend aus.
*»Deswegen sind die Griechen des heiligen Pathos weniger
Meister, weil es ihnen angeboren war, hingegen sind sie
vorzüglich in der Darstellungsgabe, von Homer an, weil
dieser außerordentliche Mensch seelenvoll genug war, um
die abendländische Junonische Nüchternheit für sein Apol-
lonsreich zu erbeuten, und so wahrhaft das fremde sich anzueignen«* (an Böhlendorff, 4. Dezember 1801). Die für
Hölderlin zentrale Wortbildung *»heilignüchtern«* verleiht
dem Gedicht eine über das Naturhafte auf Geschichtliches
hinausweisende Bezugsebene. So bedeutet jetzt *»Winter«* im
engeren, hölderlinischen Sinne jene Epoche, in der der Dichter, der zunächst (im *»Sommer«*) der Natur zugeordnet
war, den lebensnotwendigen Kräften entrückt ist und allein
vor dem Wirken des Göttlichen steht. Auf *»Trunkenheit«*
folgt *»Sprachlosigkeit«*.
In dieser zunächst verschlüsselten Dimension erscheint die in
der Frage des dichterischen Ich ausgedrückte Tragik über
das Persönliche hinaus erweitert. Sie wird Ausdruck der
menschlichen Einsicht in das höhere Gesetz eines gottfernen
Menschentums.

Hälfte des Lebens

Mit gelben Birnen hänget
Und voll mit wilden Rosen
Das Land in den See,
Ihr holden Schwäne,
Und trunken von Küssen
Tunkt ihr das Haupt
Ins heilignüchterne Wasser.

Weh mir, wo nehm ich, wenn
Es Winter ist, die Blumen, und wo
Den Sonnenschein,

Und Schatten der Erde?
Die Mauern stehn
Sprachlos und kalt, im Winde
Klirren die Fahnen.

JOHANN PETER HEBEL

Geb. 10. Mai 1760 in Basel, gest. 22. September 1826 in Schwetzingen. Studium der Theologie in Erlangen. 1780–83 Hauslehrer in Hertingen. Beschäftigung mit Philosophie und Dichtung (Bodmer, Young, Erasmus, Klopstock, Jung-Stilling, Möser). Laut eigener Aussage gelangte Hebel durch das Lesen der Minnesänger zur Dialektdichtung. 1783–91 Vikar in Lörrach, ab 1791 Hofdiakon in Karlsruhe, ab 1806 Kirchenrat, ab 1819 Prälat der Landeskirche Badens. In den 1803 zunächst anonym erschienenen *Alemannischen Gedichten* erweist sich Hebel als einer der großen Dialektdichter der deutschen Literaturgeschichte. 1811 erstes Erscheinen des *Schatzkästlein des Rheinischen Hausfreunds*. In dieser Sammlung der wertvollsten Kalenderbeiträge des Badischen Landkalenders, den Hebel ab 1807 selbst redigiert hatte, glättete er aus Rücksicht auf den weiten Leserkreis die dem Dialekt verhaftete Sprache des Kalenders. 1823 erschienen die *Biblischen Geschichten*.

Die Vergänglichkeit

Die »Alemannischen Gedichte« entstanden 1802 in Karlsruhe im Nachklang einer Reise in die Heimat und als Ausdruck der Sehnsucht nach dem geliebten Oberland. Die meisten der Gedichte bestehen formal aus einfachen Strophen, meist Vierzeilern oder schlichten Volksliedstrophen. Die großen betrachtenden Gedichte (z. B. »Eine Frage«, »Noch eine Frage«, »Der Wächter in der Mitternacht« oder auch unser Beispiel »Die Vergänglichkeit«) sind im Blankvers geschrieben, dem Metrum des klassischen Dramenverses. Einige größere epische Gedichte folgen dem homerischen Hexameter, den Hebel sehr eigenwillig benutzt. Die ungeschliffene Bauernsprache der alemannischen Mundart gab Hebel unvermu-

*tete Möglichkeiten einer reichen Poesie, die bei den Gebilde-
ten in Deutschland Staunen und allgemeine Anerkennung
hervorrief. Goethe charakterisierte die Sprache und die kind-
lich-mythische Phantasiewelt dieser Gedichte mit der liebenswürdigen Feststellung, daß Hebel »auf die naivste, anmutig-
ste Weise durchaus das Universum verbauert« habe (vgl.
Walther Rehm: Goethe und Johann Peter Hebel. 1949. In:
W. R., Begegnungen und Probleme. Bern 1957, S. 7–39).*

*In der »Vergänglichkeit« würdigt Hebel Ort und Stunde des
Todes seiner Mutter, die im Beisein des dreizehnjährigen
Knaben am 16. Oktober 1773 auf einem Ochsengespann auf
der Straße zwischen den badischen Orten Brombach und Steinen im Anblick der Ruine des Röttler Schlosses gestorben
war. Über ein viertel Jahrhundert später entsteht aus diesem
Erlebnis das Zwiegespräch zwischen Vater und Sohn, das
Jakob Burckhardt als eines der »ewigen, großen Gedichte der
Weltliteratur« bezeichnet hat. Es ist wie fast alle großen
Gedichte der Sammlung Nachtgedicht. Der Sternenhimmel
ist mythisches Bild für die Vorstellung der jenseitigen Heimat. Der schauerliche Eindruck des verfallenen Röttler Schlosses entspricht der Vorliebe des Naiven und des Volkes für
das Gruselige. Es ist zugleich Versinnlichung des Zeitablaufs,
das große Hebelsche Motiv. Der Anblick der nächtlich dro-
henden Ruine löst im Knaben die Fragen aus, die zu dem
schlichten und tiefsinnigen Dialog über die Vergänglichkeit
alles Irdischen führen. Am Ende des Gesprächs führt der Vater zum Ausgangspunkt der nächtlichen Ruine zurück. Zwischen diesen beiden Bildern des Verfalls steht in schlichten
Worten die ernste Lehre von der Zeitlichkeit des menschlichen Lebens. Dieser Gedanke wird veranschaulicht in Beispielen aus dem näheren Umkreis, hinausgehoben über die irdischen Dinge und schließlich zu einer großartigen Vision der
Endzeit und des Weltbrandes erweitert. Das nächtliche Gesicht schließt die Zeit nach dem Weltbrand mit ein, in der
die Welt in Schutt und Asche und das Leben nur noch als*

Erinnerung gesehen wird. Im Jenseits, an das Hebel glaubt,
wird keine Sehnsucht mehr nach der Erde sein.
Der Mensch Hebels fühlt sich in der Welt daheim, weil er in
Gelassenheit ihre Grenzen erkennt, ihr deshalb nicht verfal-
len ist. So folgt auf die Schilderung der apokalyptischen Vor-
gänge ganz natürlich die Beobachtung der Schönheit dieser
Welt: »Siehsch nit, wie d'Luft mit schöne Sterne prangt!«
Der einfache Mensch kann dieses Leben in wahrer Freiheit
lieben, weil er in sich das Bild von ihrer Zeitlichkeit trägt.

Die Vergänglichkeit

(Gespräch auf der Straße nach Basel zwischen Steinen und
Brombach, in der Nacht)

Der Bueb seit zum Ätti:

Fast allmol, Ätti, wenn mer's Röttler Schloß
so vor den Auge stoht, se denki dra,
öb's üsem Hus echt au e mol so goht.
Stoht's denn nit dört, so schuderig, wie der Tod
im Basler Totetanz¹? Es gruset eim,
wie länger as me's bschaut. Und üser Hus,
es sitzt jo wie ne Chilchli uffem Berg,
und d'Fenster glitzeren, es isch e Staat.

Der Knabe sagt zum Vater:

Fast immer, Vater, wenn das Röttler Schloß
mir vor den Augen steht, so denk ich dran,
ob's unserm Haus wohl auch einmal so geht.
Steht es nicht dort so schaudrig wie der Tod
im Basler Totentanz? Es grauset mir,
je länger ich's beschau. Und unser Haus,
es sitzt ja wie ein Kirchlein auf dem Berg.
Die Fenster glitzern dran, es ist ein Staat!

1. *Gemäldefolge von Hans Holbein d. J., die sich zunächst im Prediger-*
kloster in der Basler St. Johannisvorstadt befand, heute im Museum in
der Barfüßerkirche gezeigt wird.

Schwetz, Ätti, goht's em echterst au no so?
I mein emol, es chönn schier gar nit si.

Der Ätti seit:

Du guete Burst, 's cha frili si, was meinsch?
's chunnt alles jung und neu, und alles schlicht
sim Alter zue, und alles nimmt en End,
und nüt stoht still. Hörsch nit, wie 's Wasser ruuscht,
und siehsch am Himmel obe Stern an Stern?
Me meint, vo alle rühr sie kein, und doch
ruckt alles witers, alles chunnt und goht.
Je, 's isch nit anderst, lueg mi a, wie d'witt.
De bisch no jung; Närsch, ich bi au so gsi,
jez würd's mer anderst, 's Alter, 's Alter chunnt,
und woni gang, go Gresgen oder Wies,
in Feld und Wald, go Basel oder heim,
's isch einerlei, i gang im Chilchhof zue –
briegg alder nit! – und bis de bisch wien ich,
e gstandene Ma, so bini nümme do,

Schwätz, Vater, geht es ihm wohl auch noch so?
Ich meine fast, es könnt' schier gar nicht sein.

Der Vater sagt:

Du guter Bursche! Freilich kann es sein!
's kommt alles jung und neu und schleicht
dem Alter zu, und alles nimmt ein End',
und nichts steht still. Hörst du, wie's Wasser rauscht,
siehst du am Himmel oben Stern an Stern?
Man meint, von allen rühr' sich keiner, doch
rückt alles weiter, alles kommt und geht.
So ist's und anders nicht! Je, sieh mich an!
Du, Närrlein, bist noch jung; ich war es auch;
ich ändre mich. Das Alter kommt, das Alter.
Und gehe ich nach Gresgen oder Wies,
durch Feld und Wald, nach Basel oder heim,
es bleibt sich gleich, ich geh dem Kirchhof zu.
Wein' oder nicht! – Und bist du erst wie ich
ein reifer Mann, so bin ich nicht mehr hier,

und d'Schof und Geiße weide uf mim Grab.
Jo wegerli, und 's Hus wird alt und wüest;
der Rege wäscht der's wüester alli Nacht,
und d'Sunne bleicht der's schwärzer alli Tag,
und im Vertäfer popperet der Wurm.
Es regnet no dur d'Bühne ab, es pfift
der Wind dur d'Chlimse. Drüber tuesch du au
no d'Auge zu; es chömme Chindeschind,
und pletze dra. Z'lezt fuults im Fundement,
und 's hilft nüt me. Und wemme nootno gar
zweitusig zehlt, isch alles zsemme gkeit.
Und 's Dörfli sinkt no selber in si Grab.
Wo d'Chilche stoht, wo 's Vogts und 's Here Hus,
goht mit der Zit der Pflueg –

Der Bueb seit:

Nei, was de seisch!

Der Ätti seit:

Je, 's isch nit anderst, lueg mi a, wie d' witt!

auf meinem Grabe weiden Schaf und Geiß.
Ja, wahrlich! Unser Haus wird alt und wüst;
der Regen wäscht es wüster jede Nacht,
die Sonne bleicht es schwärzer jeden Tag,
und im Getäfel pocht und kriecht der Wurm.
Es regnet durch die Decke, und es pfeift
der Wind durch Ritzen. Drüber tust du auch
die Augen zu. Es kommen Enkel nach
und flicken dran. Dann fault das Fundament,
und nichts mehr hilft. Und wenn man nach und nach
zweitausend zählt, ist alles eingesackt.
Zuletzt versinkt das ganze Dorf ins Grab.
Wo Kirche, Schloß und Pfarrhaus heute stehn,
geht mit der Zeit der Pflug. –

Der Knabe:

Nein, was du sagst!

Der Vater:

So ist's und anders nicht! Je, sieh mich an!

Isch Basel nit e schöni tolli Stadt?
's sin Hüser drinn, 's isch mengi Chilche nit
so groß, und Chilche, 's sin in mengem Dorf
nit so viel Hüser. 's isch e Volchspiel, 's wohnt
e Richtum drinn, und menge brave Her,
und menge, wonni gchennt ha, lit scho lang,
im Chrützgang hinterm Münsterplatz und schloft.
's isch eitue, Chind, es schlacht e mol e Stund,
goht Basel au ins Grab, und streckt no do
und dört e Glied zum Boden us, e Joch,
en alte Turn, e Giebelwand; es wachst
do Holder druf, do Büechli, Tanne dört,
und Moos und Farn, und Reiger niste drinn –
's isch schad derfür! – und sin bis dörthi d'Lüt
so närsch wie jez, so göhn au Gspenster um,
d'Frau Faste[2], 's isch mer jez, sie fang scho a,
me seit's emol, – der Lippi Läppeli,
und was weiß ich, wer meh? Was stoßisch mi?

Ist Basel nicht 'ne schöne, tolle Stadt
mit Häusern, manche Kirche sonst ist nicht
so groß, mit Kirchen, mehr als Häuser gar
in manchem Dorf? Ein Volksspiel ist's! Es wohnt
ein Reichtum drin und mancher brave Herr;
und mancher, den ich kannte, liegt schon lang
im Kreuzgang hinterm Münsterplatz und schläft.
Gleichviel, mein Kind, es schlägt dereinst die Stund',
da Basel auch ins Grab versinkt. Es streckt
noch Glieder aus dem Boden auf, ein Joch,
ein alter Turm, 'ne Giebelwand. Es wächst
Holunder drauf, da Buchen, Tannen dort
und Moos und Farn, und Reiher nisten drin. –
Wie schad'! Und sind noch alle Leut' wie heut
so närrisch, gehen auch Gespenster um,
Frau Faste, schon ist's mir, sie fange an,
man sagt's einmal – der Lippi Läppeli;
was weiß ich, wer noch mehr. Was stößt du mich?

2. *Fronfastenweib, weibliches Schreckgespenst in Basel und im Wiesental, hauptsächlich während der Advents- und Weihnachtszeit.*

Der Bueb seit:

Schwetz lisli, Ätti, bis mer über d'Bruck
do sin, und do an Berg und Wald verbei!
Dört obe jagt e wilde Jäger, weisch?
Und lueg, do niden in de Hürste seig
gwiß 's Eiermeidli[3] glege, halber ful,
's isch Johr und Tag. Hörsch, wie der Laubi schnuuft?

Der Ätti seit:

Er het der Pfnüsel! Seig doch nit so närsch!
Hüst, Laubi, Merz! – und loß die Tote go,
's sin Nareposse! – Je, was hani gseit?
Vo Basel, aß es au e mol verfallt. –
Und goht in langer Zit e Wandersma
ne halbi Stund, e Stund wit dra verbei,
se luegt er dure, lit ke Nebel druf,
und seit sim Kamerad, wo mittem goht:

Der Knabe:

Sprich leise, Vater, bis wir an der Brück'
und auch an Berg und Wald vorüber sind!
Dort oben jagt der wilde Jäger doch,
und schau, da unten in den Büschen sei
gewiß die Eierfrau gelegen, halb verfault,
's ist Jahr und Tag. Hörst, wie der Laubi schnauft?

Der Vater:

Er hat den Schnupfen! Sei doch nicht so dumm!
Hüst, Laubi, Merz! – Und laß die Toten gehn!
Ach, Narrenpossen! – Je! Was sagte ich?
Von Basel, daß es auch einmal zerfällt.
Und wandert eine Stunde weit ein Mann
nach langen Zeiten dann daran vorbei
und schaut er hin und liegt kein Nebel drauf,
so sagt er zum Begleiter neben sich:

3. eine im Wiesental bekannte Eierhändlerin, die in der Nähe gestorben
sein soll. Ihre Leiche wurde erst nach einiger Zeit gefunden.

»Lueg, dört isch Basel gstande! Selle Turn
seig d'Peterschilche gsi, 's isch schad derfür!«

Der Bueb seit:

Nei, Ätti, isch's der Ernst? Es cha nit si!

Der Ätti seit:

Je, 's isch nit anderst, lueg mi a, wie d' witt,
und mit der Zit verbrennt die ganzi Welt.
Es goht e Wächter us um Mitternacht,
e fremde Ma, me weiß nit, wer er isch,
er funklet, wie ne Stern, und rüeft: »*Wacht auf!*
Wacht auf, es kommt der Tag!« – Drob rötet si
der Himmel, und es dundert überal,
zerst heimlig, alsgmach lut, wie sellemol,
wo Anno Sechsenünzgi der Franzos
so uding gschosse het. Der Bode wankt,
aß d'Chilchtürn guge; d'Glocke schlagen a,
und lüte selber Bettzit wit und breit,

»Sieh, dort lag Basel einst, und jener Turm
war einst die Peterskirch'. 's ist schad' dafür!«

Der Knabe:
Wie, Vater, ist's dir ernst? Es kann nicht sein.

Der Vater:
So ist's und anders nicht! Je, sieh mich an!
Und mit der Zeit verbrennt die ganze Welt.
Es geht ein Wächter aus um Mitternacht;
ein fremder Mann, man weiß nicht, wer er ist.
Er funkelt wie ein Stern und ruft: »Wacht auf,
wacht auf, es kommt der Tag!« – Es rötet sich
der Himmel, und es donnert überall,
erst heimlich nur, dann laut wie jenes Mal,
als anno sechsundneunzig der Franzos'
so schrecklich schoß. Der Boden wankt,
die Kirchtürm' schaukeln, Glocken schlagen an
und läuten selber Betzeit weit und breit,

und alles bettet. Drüber chunnt der Tag;
oh, bhüetis Gott, me brucht ke Sunn derzue,
der Himmel stoht im Blitz, und d'Welt im Glast.
Druf gschieht no viel, i ha jez nit der Zit;
und endli zündet's a, und brennt und brennt,
wo Boden isch, und niemes löscht. Es glumst
zlezt selber ab. Wie meinsch, sieht's us derno?

Der Bueb seit:

O Ätti, sag mer nüt me! Zwor wie goht's
de Lüte denn, wenn alles brennt und brennt?

Der Ätti seit:

Närsch, d'Lüt sin nümme do, wenn's brennt, sie sin –
wo sin sie? Seig du frumm, und halt di wohl,
geb, wo de bisch, und bhalt di Gwisse rein!
Siehsch nit, wie d'Luft mit schöne Sterne prangt!
's isch jede Stern verglichlige ne Dorf,
und witer obe seig e schöni Stadt,

und alle beten. Drüber kommt der Tag.
Behüt' uns Gott! Man braucht die Sonne nicht:
der Himmel steht im Blitz, die Welt im Glast.
Noch viel geschieht; ich hab jetzt keine Zeit.
Und endlich zündet's an und brennt und brennt,
wo Boden ist, und niemand löscht. Es glimmt
von selber ab. Und dann? Wie sieht es aus?

Der Knabe:

O Vater, sag mir nichts mehr! Zwar wie geht's
den Leuten dann, wenn alles brennt und brennt?

Der Vater:

Du Närrlein! Leute gibt es nicht! Sie sind –
Wo sind sie? Sei du fromm und halt dich wohl,
gib, wo du bist, und halt dein G'wissen rein!
O schau doch, wie die Luft in Sternen prangt!
Und jeder ist vergleichbar einem Dorf,
und drüber liegt noch eine schöne Stadt.

me sieht si nit vo do, und haltsch di guet,
se chunnsch in so ne Stern, und 's isch der wohl,
und findsch der Ätti dört, wenn's Gottswill isch,
und 's Chüngi selig, d'Mutter. Öbbe fahrsch
au d'Milchstroß uf in die verborgeni Stadt,
und wenn de sitwärts abe luegsch, was siehsch?
E Röttler Schloß! Der Belche stoht verchohlt,
der Blauen au, as wie zwee alti Türn,
und zwische drinn isch alles use brennt,
bis tief in Boden abe. D'Wiese het
ke Wasser meh, 's isch alles öd und schwarz,
und totestill, so wit me luegt – das siehsch,
und seisch dim Kamerad, wo mitder goht:
»Lueg, dört isch *d'Erde* gsi, und selle Berg
het Belche gheiße! Nit gar wit dervo
isch Wisleth gsi; dört hani au scho glebt,
und Stiere gwettet, Holz go Basel gfüehrt,
und brochet, Matte graust, und Liechtspöh gmacht,
und gvätterlet, bis an mi selig End,
und möcht jez nümme hi.« – *Hüst, Laubi, Merz!*

Man sieht sie nicht von hier; hältst du dich gut,
kommst du auf einen Stern, und dir ist wohl.
Du findst mit Gottes Hilf' den Vater dort
und Gundi und die Mutter, fährst vielleicht
die Milchstraß' her in die verborgne Stadt.
Und wenn du seitwärts niederschaust, was siehst?
Das Röttler Schloß! Der Belchen steht verkohlt,
der Blauen auch, grad wie zwei alte Türm'.
Dazwischen ist dann alles ausgebrannt
bis in den Boden tief. Die Wiese führt
kein Wasser mehr. Sie ist nur öd und schwarz
und totestill, soweit man schaut. Das siehst
du, sagst dann deinem Freund, der mit dir geht:
»Dort lag die Erde einst, und jener Berg
hieß damals Belchen. Nicht gar weit davon
lag Wislet. Sieh, dort habe ich gelebt,
hab Ochsen eingespannt und Holz geführt,
geackert und bewässert, Lichtspän' geschnitzt,
gespielt dazu bis an mein selig End'.
Ich möcht' jetzt nimmer hin.« – Hüst, Laubi, Merz!

III. Epik

Das Bestreben nach Angleichung an klassische Formprinzipien ließ das antike Versepos richtungweisend für das epische Schaffen der deutschen Klassik werden. Neben der Tendenz des Zeitalters, die einzelnen Gattungen in ihrer charakteristischen Eigenart zu verwirklichen, war vor allem die hohe Auffassung von Homer ausschlaggebend für die Wesensbestimmung des Epischen im allgemeinen und die Mustergültigkeit des Versepos im besonderen. Das Homer-Erlebnis, das besonders Winckelmanns, Humboldts und Herders Theorien prägte, verschafft dem Epos seine zentrale Bedeutung als Typus urtümlicher Dichtung. »Epos war das lebendige Wort, die Stimme der Vorwelt« (Herder). Goethe hebt die »sinnliche Breite« des Epischen, das mehr den »außer sich wirkenden Menschen« bevorzugt, gegenüber dem Dramatischen hervor, welches »mehr auf einen Punkt gerichtet« (dramatische Konzentration), den »nach innen geführten Menschen« darstelle. Schiller stellt fest, daß »alle erzählenden Formen«, da sie nachträglich berichten, das »Gegenwärtige zum Vergangenen machen«. In dem gemeinsam verfaßten Aufsatz zur Bestimmung der Wesensattribute des Epos und zu seiner Abgrenzung von der dramatischen Gattung (»Über epische und dramatische Dichtung«, s. S. 100) wird besonders der »ruhige Vortrag des Epikers, der unser Interesse egal verteilt« und den man deshalb am allerbesten »hinter einem Vorhang« lesen solle, unterstrichen.

Nachdem F. A. Wolfs »Prolegomena ad Homerum« (1795) die Form des Epos am Muster Homer auseinandergelegt und Voß in dem idyllischen Epos »Luise« (1795) in homerisch-liebevoller Schilderung die kleinbürgerliche Alltagswelt gestaltet hatten, ging auch Goethe in seinem Epos »Hermann und Dorothea« (1797) bewußt homerisierend

*vor, aber er verschmolz mit der feierlich-ornamentalen Stil-
tradition der antiken Eposform den modern bürgerlichen
Geist und idyllischen Gehalt seines zeitgeschichtlichen Stoffes. Nach dieser Neuerweckung der epischen Form, die bereits von Klopstock über Wieland zu Voß und Goethe
reicht, verwenden fast alle Epigonen der Goethezeit das
Epos.*

*Durch die Erweiterung der epischen Möglichkeiten gelangte
man allerdings auch zu einem bisher ungekannten Varian-
tenreichtum epischer Formen, so der Pflege des Kunstmär-
chens und der Entwicklung und theoretischen Definition der
Novelle. Der Prosaroman wurde als »unreine Form«
(Goethe) und als »Halbbruder der Poesie« (Schiller) empfunden. Man holte sich für den »formlosen« Roman Richtlinien beim sanktionierten Vers-Epos, und der idealistische
Bildungsroman bemüht sich so auch aus dem Verlangen,
klassische Urbilder auszudrücken, sich seiner Verwurzelung
in der Realität zu entziehen. Das bedeutet, daß das Charakteristische zugunsten des Typischen zurückgedrängt, die
zeitliche Chronologie um einer geistigen Bedeutungskette
willen in eine Aufeinanderfolge symbolischer Momente aufgelöst wird. Im Hinblick auf die Einheit des Stils wird die
Sprache gehoben und ins Zeitlose stilisiert.*

*Der Bildungsroman der klassisch-romantischen Epoche will
nicht äußere Kämpfe, sondern inneres Wachstum seines Helden an der Begegnung mit der Umwelt, an geistigen und
menschlichen Erfahrungen zeigen. Dieser »Held« verhält
sich mehr »leidend als handelnd«, denn der Roman hat
»Gesinnungen und Begebenheiten vorzustellen«, während
das Drama »Charaktere und Taten« zeigt (»Wilhelm Meister«, V. Buch, 7. Kap.). Der Bildungsroman gestaltet das
Ganze der Welt der Humanität in ihren verschiedensten
Bereichen. Er ist Ausdruck der verweltlichten, erziehungs-
freudigen Kultur der deutschen Klassik, die – wie die Aufklärung – an Bildbarkeit glaubt, aber dennoch die dämo-
nischen Gegenkräfte des Rationalismus in ihr Weltbild mit*

*einbezieht. (So etwa im tragischen Schicksal Mignons und
des Harfners oder auch im Wahnsinn Schoppes und im
Selbstmord Roquairols im »Titan«.)*

*Der Organismuslehre entsprechend, gilt für die Goethezeit,
daß ein Mensch einem biologischen Wachstumsgesetz folgend sein Menschentum »verwesentlicht«, indem er so vollkommen wie möglich seine Anlagen ausprägt, sich nach
»dem Gesetz, wonach du angetreten« entwickelt. Diesem
Gedanken, der die Grundlage des hochklassischen Bildungs-
ideals ist, kommt die zusammenfassende Gestaltung des
Lebens im Bildungsroman (»geprägte Form die lebend sich
entwickelt«) als symbolischer Ausdruck der Zeit entgegen.*

*Für die Form der Novelle gab es vor Goethes »Unterhal-
tungen deutscher Ausgewanderten«, die 1794 für Schillers
»Horen« entstanden, kein Vorbild in Deutschland. Goethe,
der sich in diesen Jahren mit der Lektüre romanischer Novellen beschäftigte, weil sie Kunstausdruck einer seinem
klassischen Weltbild entsprechenden geistbeherrschten Gesellschaft (Renaissance) waren, hatte erkannt, daß man in
Deutschland an diese Novellistik Frankreichs und Italiens
anzuknüpfen habe. Wie wenig selbst der Name »Novelle«
damals in Deutschland bekannt war, geht aus dem bezeichnenden Irrtum Lessings hervor, der 1751 die »Novellas
ejemplares« von Cervantes mit »neue Beispiele« übersetzte.
In Sulzers zu seiner Zeit vielbeachtetem Werk zur »Allgemeinen Theorie der Schönen Künste« (1771) fehlt ein Artikel über die Novelle. Er erscheint erst in der zweiten Auflage von 1792 im Zusammenhang mit dem Bekanntwerden
der italienischen Novellen.*

*Mit den »Unterhaltungen« tritt die Novelle nicht nur als
Kunstform auf die deutsche Literaturszene, sondern sie
wird gleichzeitig in den Rahmengesprächen dieser Novellen-
sammlung auch theoretisch festgelegt. Goethe bemüht sich
also als Dichter und als Theoretiker um diese neue Gat-
tungsform. Für ihn ist sie charakterisiert durch strenge Objektivität und Sachlichkeit, die im epischen Abstand des*

Erzählers die klassische Haltung zur Welt reflektiert. Die
Vorgänge werden nach dem romanischen Vorbild im Wechsel von Bericht und szenischen Partien dargestellt. Goethe
hatte erkannt, daß die »abgehobene Ordnung« (Paul Han-
kamer, Deutsche Gegenreformation und deutsches Barock,
1964) der Renaissancegesellschaft wie der zeitgenössischen
adligen Erzählgemeinschaft seiner »Unterhaltungen« offen-
steht für das Einwirken von irrationalen Gewalten, »ent-
staltenden« elementaren Mächten und ihr rationales Gefüge
in Frage stellt. In der Motivwahl seiner Novellen werden
deshalb Krisen- und Grenzsituationen einer äußerlich fest-
gefügten Ordnung gezeigt. Dahinter steht das Gefühl der
Bedrohung eines von der Wirklichkeit »abgehobenen« Weltbildes durch seine Konfrontation mit der Französischen
Revolution.
Die von Goethe erzählten Geschichten gehen aus von bekannten Stoffen, denn dem Klassiker geht es in erster Linie
um die exemplarische Erzählleistung. So sind diese Novellen als mustergebende Beispiele für eine gesetzhafte Form
gedacht, deren handwerkliche und ideelle Eigenheiten in
den dialektischen Erörterungen der Rahmengespräche entwickelt wird. Der romanische Begriff der »Neuheit« (no-
vella) wird hier von seinem Zeitbezug gelöst und ausge-
dehnt auf »Ungewöhnliches«. Sparsamkeit der Handlung,
der auftretenden Personen und des erzählerischen Tempos,
»Gedichthaftigkeit«, vor allem aber die Nachwirkung des
Erzählten in der »stillen Frage« werden gefordert.
Mit der schöpferischen Umwandlung des romanischen Vorbilds schafft der klassische Goethe den Ansatzpunkt für die
Entwicklung der deutschen Prosanovelle des 19. Jahrhunderts.

JOHANN WOLFGANG GOETHE

Hermann und Dorothea (8. Gesang)

Keines der in der klassischen Epoche entstandenen Werke Goethes hatte so großen Erfolg und fand derartig begeisterten Widerhall bei seinen Zeitgenossen wie sein Hexameter-Epos »Hermann und Dorothea«, das 1797 erschien. Schiller sah in ihm den Gipfel von Goethes Werk und »unserer ganzen neueren Kunst«. A. W. Schlegel schrieb darüber: »Was wir als wesentliche Merkmale des Epos angaben, die überlegene Ruhe und Parteilosigkeit der Darstellung, die volle lebendige Entfaltung hauptsächlich durch Reden, die mit Ausschließung dialogischer Unruhe und Unordnung der epischen Harmonie gemäß umgebildet werden, den unwandelbaren verweilend fortschreitenden Rhythmus – diese Merkmale lassen sich ebensogut an dem deutschen Gedicht entwickeln als an Homers Gesängen« (Allgemeine Literatur-Zeitung, Jena und Leipzig, 11. Dezember 1797). Auch Wilhelm von Humboldt urteilte, daß das spezifisch Dichterische und die epische Art nur selten so rein und so vollständig zu finden seien wie in diesem Epos. (Vgl. Wilhelm von Humboldt: »Über Goethes Hermann und Dorothea«.) Georg Gottfried Gervinus, der große Historiker des 19. Jahrhunderts, vertrat die Ansicht, daß in der ganzen neueren Literatur »Hermann und Dorothea« das einzige Gedicht sei, das man einem Griechen der Antike ohne Verlegenheit als ein Muster abendländischer Kunst anbieten könne.

Jedoch die Hoffnung Wilhelm von Humboldts, daß dieses Epos eine neue bürgerliche Epik begründen werde, hat sich trotz einiger epigonaler Versuche nicht erfüllt. (Die bedeutendsten sind Hebbels »Mutter und Kind«, 1859, und Gerhart Hauptmanns »Anna«, 1921.) Goethe selbst hatte nach einem in Ansätzen steckengebliebenen Epos in Stanzen »Die

Geheimnisse« (1784) und dem Versuch einer Hexameter-
erneuerung des satirischen »Reineke Fuchs« (1792) auch die
Ausformung eines Motivs der »Ilias« versucht. Dieses Epos,
»Achilleis« (1799), blieb Bruchstück. Die Erneuerung des
Epos nach Art des homerischen, dem Zeitalter feudaler
Aristokratie und heldischer Weltanschauung entsprechend,
erwies sich im Zeitalter der bürgerlichen Kultur als un-
durchführbar. Goethe selbst hat diesen Tatbestand gespürt
und bemühte sich, die Stilhöhe seines bürgerlichen Epos
»Hermann und Dorothea« bewußt herabzusetzen. Er mil-
derte die dramatische Größe Homers durch Idyllik und die
sentimentalischen Eigenschaften des Stoffes, auf die – wie
Goethe selbst erkannte – die große Popularität seines Werkes wesentlich nachhaltiger zurückzuführen war als auf den
zeitfremden Versuch, das Epos in einer bürgerlichen Ära zu
erneuern. Aus der heutigen Perspektive ergibt sich, daß
kaum ein anderes der Werke Goethes so unaktuell wirkt
wie »Hermann und Dorothea«.
Schon vor Goethe war die Erneuerung des Epos als Verwirklichung des klassischen Kunstideals ein Wunsch des
18. Jahrhunderts gewesen. Klopstocks »Messias«, der das
große Vorbild, Milton, überbieten wollte, Wielands galante
Verserzählungen, die die romanische Form des Epos weiter-
führten, besonders aber J. H. Voß' »Luise« (1784) regten
Goethe an, ein in Vers, Sprache und Darstellung homeri-
sches Epos zu schaffen. Die stilisierende Absicht wird deutlich in der Einteilung der zweitausend Hexameter seiner
bürgerlichen Idylle in neun Gesänge, die die Namen der
Musen tragen, innerlich aber zu diesen Titeln ohne engere
Beziehung bleiben. Die Handlung wird auf einen halben
Tag konzentriert. Den Stoff übernimmt er aus einem Bericht über die Schicksale der 1731 aus dem katholischen
Salzburg vertriebenen Protestanten, die nach Thüringen
kamen und aus deren Gruppe dort ein junges Mädchen
einen Deutschen heiratete. Diese Fabel wird auf die Gegenwart übertragen und das persönliche Schicksal des Flücht-

lings mit den Ereignissen der Französischen Revolution verbunden. In »Hermann und Dorothea« sind es links- rheinische Emigranten, die vor der Revolutionsarmee flüch- ten. (Der gleiche Stoff wurde in dem Dramenfragment »Das Mädchen von Oberkirch«, 1795, gestaltet.) Goethe setzt hier der Bedrohung, die er in der Französischen Revo- lution sah, ein Bild der Ordnung entgegen. Das Gefüge der Familie, der Bereich des Hauses, der Gemeinde, des Staates, gestaltet als Idylle lebensfroher Grundstimmung, entspre- chen der zu Gleichmaß und Ausgleich neigenden Natur Goethes. In diesem Weltbild des gemeinsamen Aufbauens und gegenseitigen Helfens erscheint jede Szene der Hand- lung als symbolischer Ausdruck einer großen Bilderreihe.

Die Gestalten des Epos sind typushafte Vertreter einer bürgerlichen Welt. (Der Vater, die Mutter, der Pfarrer, der Apotheker, der Wirt.) Goethe bezeichnete es ausdrück- lich als seine Absicht, »... das rein Menschliche der Existenz einer kleinen deutschen Stadt ... und zugleich die großen Bewegungen und Veränderungen des Welttheaters aus einem kleinen Spiegel zurückzuwerfen« (an Johann Hein- rich Meyer). Die Verbindung eines modernen, aber über- zeitlich gültigen Stoffs mit der antikisierenden Form hatte auch Voß angestrebt, und Goethe erkannte dessen Einfluß ausdrücklich und dankbar an.

In der Form des Epos, die traditionell als die höchste der Gattungen geschätzt wurde, bot sich Goethe das geeignete Medium, seine stark optisch bestimmte Anlage im Bildhaf- ten, Symbolisch-Typischen auszuführen. In der Synthese von Eigentümlichkeit und Allgemeingültigkeit der Gestalten verwirklicht sich das spezifisch Goethesche Talent, liegt die künstlerische Größe des Werks. Das Besondere der Liebes- geschichte zwischen Hermann und Dorothea macht als Muster eines grundsätzlich verbindlichen sittlichen Men- schentums eine Lebensform sichtbar, die es zu allen Zeiten und in allen Kulturen gibt. Die Liebe der Geschlechter zu- einander, das Verhältnis der Generationen untereinander,

*die besitzfreudige Bodenständigkeit kleinstädtischen Bür-
gertums werden in Charakteren und Sprache homerisch
verherrlicht und typisiert.*

*Aus den Gesprächen mit Schiller während der Arbeit an
dem Epos über die Wesenszüge der epischen Gattungen
ergaben sich für Goethe die Haupteigenschaften des epischen Gedichts, die in dem gemeinsam verfaßten Aufsatz
über epische und dramatische Dichtung niedergelegt wurden.*

*Goethe hat sich in »Hermann und Dorothea« bemüht, auch
den epischen Vers der abstandhaltenden Erzählung, den
Hexameter, den Regeln der Verstheoretiker stärker anzu-
passen, also der Antike näher zu bleiben als in seinen anderen epischen Versuchen.*

*Der achte Gesang zeigt in drei bildhaften Szenen den Weg
der Liebenden zu Hermanns Elternhaus: der Gang durchs
Kornfeld, die Rast am Birnbaum, die Szene auf der Wein-
bergtreppe. Der scheue Bürgerssohn, der seine Liebe nicht
zugibt, hat Dorothea als Magd für die Familie geworben.
Aus dem Gespräch über die Wünsche und Überzeugungen
der Eltern klingt die Grundhaltung des Epos: die unzerstörbare Harmonie und Solidität der Anschauungen und
Sitten einer deutschen bürgerlichen Welt, die aber durch die
Goethesche Idealisierung in die Nähe der homerischen
Menschlichkeit rückt.*

Melpomene
Hermann und Dorothea

Also gingen die zwei entgegen der sinkenden Sonne,
Die in Wolken sich tief, gewitterdrohend, verhüllte,
Aus dem Schleier, bald hier bald dort, mit glühenden
                                        Blicken
Strahlend über das Feld die ahnungsvolle Beleuchtung.
»Möge das drohende Wetter«, so sagte Hermann, »nicht
                                        etwa

Schloßen uns bringen und heftigen Guß; denn schön ist die
Ernte.«
Und sie freuten sich beide des hohen, wankenden Kornes,
Das die Durchschreitenden fast, die hohen Gestalten,
erreichte.
Und es sagte darauf das Mädchen zum leitenden Freunde:
»Guter, dem ich zunächst ein freundlich Schicksal verdanke,
Dach und Fach, wenn im Freien so manchem Vertriebnen
der Sturm dräut!
Saget mir jetzt vor allem und lehret die Eltern mich kennen,
Denen ich künftig zu dienen von ganzer Seele geneigt bin;
Denn kennt jemand den Herrn, so kann er ihm leichter
genug tun,
Wenn er die Dinge bedenkt, die jenem die wichtigsten
scheinen,
Und auf die er den Sinn, den fest bestimmten, gesetzt hat.
Darum saget mir doch: wie gewinn ich Vater und Mutter?«

Und es versetzte dagegen der gute, verständige Jüngling:
»Oh, wie geb ich dir recht, du kluges, treffliches Mädchen,
Daß du zuvörderst dich nach dem Sinne der Eltern
befragest!
Denn so strebt' ich bisher vergebens, dem Vater zu dienen,
Wenn ich der Wirtschaft mich als wie der meinigen annahm,
Früh den Acker und spät und so besorgend den Weinberg.
Meine Mutter befriedigt' ich wohl, sie wußt' es zu schätzen;
Und so wirst du ihr auch das trefflichste Mädchen
erscheinen,
Wenn du das Haus besorgst, als wenn du das deine
bedächtest.
Aber dem Vater nicht so; denn dieser liebet den Schein
auch.
Gutes Mädchen, halte mich nicht für kalt und gefühllos,
Wenn ich den Vater dir sogleich, der Fremden, enthülle.
Ja, ich schwör es, das erstemal ist's, daß frei mir ein solches
Wort die Zunge verläßt, die nicht zu schwatzen gewohnt ist;

Aber du lockst mir hervor aus der Brust ein jedes
                                        Vertrauen.
Einige Zierde verlangt der gute Vater im Leben,
Wünschet äußere Zeichen der Liebe, so wie der Verehrung,
Und er würde vielleicht vom schlechteren Diener befriedigt,
Der dies wüßte zu nutzen, und würde dem besseren gram
                                        sein.«

    Freudig sagte sie drauf, zugleich die schnelleren Schritte
Durch den dunkelnden Pfad verdoppelnd mit leichter
                                        Bewegung:
»Beide zusammen hoff ich fürwahr zufriedenzustellen;
Denn der Mutter Sinn ist wie mein eigenes Wesen,
Und der äußeren Zierde bin ich von Jugend nicht fremde.
Unsere Nachbarn, die Franken, in ihren früheren Zeiten
Hielten auf Höflichkeit viel; sie war dem Edlen und
                                        Bürger
Wie den Bauern gemein, und jeder empfahl sie den Seinen.
Und so brachten bei uns auf deutscher Seite gewöhnlich
Auch die Kinder des Morgens mit Händeküssen und
                                        Knickschen
Segenswünsche den Eltern und hielten sittlich den Tag aus.
Alles, was ich gelernt und was ich von jung auf gewohnt
                                        bin,
Was von Herzen mir geht – ich will es dem Alten erzeigen.
Aber wer sagt mir nunmehr: wie soll ich dir selber
                                        begegnen,
Dir, dem einzigen Sohn und künftig meinem Gebieter?«

    Also sprach sie, und eben gelangten sie unter den
                                        Birnbaum.
Herrlich glänzte der Mond, der volle, vom Himmel
                                        herunter;
Nacht war's, völlig bedeckt das letzte Schimmern der Sonne.
Und so lagen vor ihnen in Massen gegeneinander
Lichter, hell wie der Tag, und Schatten dunkeler Nächte.

Und es hörte die Frage, die freundliche, gern in dem
                                                Schatten
Hermann, des herrlichen Baums, am Orte, der ihm so lieb
                                                war,
Der noch heute die Tränen um seine Vertriebne gesehen.
Und indem sie sich nieder ein wenig zu ruhen gesetzet,
Sagte der liebende Jüngling, die Hand des Mädchens
                                                ergreifend:
»Laß dein Herz dir es sagen, und folg ihm frei nur in
                                                allem!«
Aber er wagte kein weiteres Wort, so sehr auch die Stunde
Günstig war; er fürchtete, nur ein Nein zu ereilen,
Ach, und er fühlte den Ring am Finger, das schmerzliche
                                                Zeichen.
Also saßen sie still und schweigend nebeneinander.
Aber das Mädchen begann und sagte: »Wie find ich des
                                                Mondes
Herrlichen Schein so süß! er ist der Klarheit des Tags
                                                gleich.
Seh ich doch dort in der Stadt die Häuser deutlich und
                                                Höfe,
An dem Giebel ein Fenster; mich deucht, ich zähle die
                                                Scheiben.«

»Was du siehst«, versetzte darauf der gehaltene Jüngling,
»Das ist unsere Wohnung, in die ich nieder dich führe,
Und dies Fenster dort ist meines Zimmers im Dache,
Das vielleicht das deine nun wird; wir verändern im
                                                Hause.
Diese Felder sind unser, sie reifen zur morgenden Ernte.
Hier im Schatten wollen wir ruhn und des Mahles genießen.
Aber laß uns nunmehr hinab durch Weinberg und Garten
Steigen; denn sieh, es rückt das schwere Gewitter herüber,
Wetterleuchtend und bald verschlingend den lieblichen
                                                Vollmond.«
Und so standen sie auf und wandelten nieder, das Feld hin,

Durch das mächtige Korn, der nächtlichen Klarheit sich
                                        freuend;
Und sie waren zum Weinberg gelangt und traten ins
                                        Dunkel.

   Und so leitet' er sie die vielen Platten hinunter,
Die, unbehauen gelegt, als Stufen dienten im Laubgang.
Langsam schritt sie hinab, auf seinen Schultern die Hände;
Und mit schwankenden Lichtern, durchs Laub, überblickte
                                        der Mond sie,
Eh' er, von Wetterwolken umhüllt, im Dunkeln das Paar
                                        ließ.
Sorglich stützte der Starke das Mädchen, das über ihn
                                        herhing;
Aber sie, unkundig des Steigs und der roheren Stufen,
Fehlte tretend, es knackte der Fuß, sie drohte zu fallen.
Eilig streckte gewandt der sinnige Jüngling den Arm aus,
Hielt empor die Geliebte; sie sank ihm leis auf die
                                        Schulter,
Brust war gesenkt an Brust und Wang' an Wange. So stand
                                        er,
Starr wie ein Marmorbild, vom ernsten Willen gebändigt,
Drückte nicht fester sie an, er stemmte sich gegen die
                                        Schwere.
Und so fühlt' er die herrliche Last, die Wärme des
                                        Herzens
Und den Balsam des Atems, an seinen Lippen verhaucht,
Trug mit Mannesgefühl die Heldengröße des Weibes.

   Doch sie verhehlte den Schmerz und sagte die
                                        scherzenden Worte:
»Das bedeutet Verdruß, so sagen bedenkliche Leute,
Wenn beim Eintritt ins Haus, nicht fern von der Schwelle,
                                        der Fuß knackt.
Hätt' ich mir doch fürwahr ein besseres Zeichen
                                        gewünschet!

Laß uns ein wenig verweilen, damit dich die Eltern nicht
tadeln
Wegen der hinkenden Magd, und ein schlechter Wirt du
erscheinest.«

Die Geschichte vom Prokurator
(Aus: Unterhaltungen deutscher Ausgewanderten)

*Die »Unterhaltungen deutscher Ausgewanderten« (1794)
gehören zu jenen Dichtungen Goethes, die aus der Erschüt-
terung der Weimarer Gesetzlichkeit und angestrebten Ordnung durch die Französische Revolution entstanden. Die
Gefährdung einer bisher gültigen Ordnung spiegelt sich in
der Rahmenhandlung des Novellenzyklus, der sechs Bin-
nengeschichten (Fünf Novellen und das »Märchen«) enthält.
Der Ausgangspunkt der Erzählsituation folgt Boccaccios
Vorbild: Ein geselliger Kreis unterhält sich, um sich gegenseitig von den Zeitunruhen abzulenken. Bei Boccaccio war
es die Pest, hier ist es die Französische Revolution, vor der
die Adelsgesellschaft geflohen ist. Die Thematik der Bin-
nengeschichten bezieht sich indirekt auf die Unruhe der
Zeitereignisse und die bedrohte Gesellschaftsordnung: in
der Motivwahl wird die Handlung immer an einen Punkt
geführt, an dem die Herrschaft der Vernunft durch eine
plötzliche und unerwartete Fügung in Frage gestellt wird.
Die Novellen waren gedacht als Unterhaltungsform für
Schillers »Horen«, aber die moraldidaktische Intention
Goethes geht schon aus den Rahmengesprächen, die die
Binnennovellen begleiten, hervor. Es wird in diesen Gesprächen gefordert, die Novelle solle der Erneuerung der
»geselligen Bildung« dienen, sie soll bildend, sittigend wirken. Erst nachdem die Baronin diese Ansprüche an eine
gute Erzählung formuliert und damit einen Beitrag zur
Definition der Novellengattung gegeben hat, berichtet der
weltkundige Geistliche seinen Gegenstand, der sowohl die*

*Forderung nach einem interessanten Stoff, mit Anreiz zu
moralischer Reflexion (den »stillen Reiz, weiter nachzudenken«), als auch die nach formvollendeter, zügiger Darstellung erfüllt.*

*Die Vorlage, an die Goethe sich eng anschließt, ist eine
Sammlung französischer Novellen, die erstmalig 1482 erschien: »Cent nouvelles nouvelles«. In der Prokurator-
Geschichte geht es um moralische Bewährung, sittliche Einsicht und Selbstüberwindung, die eine junge Frau mit Hilfe
eines klugen Freundes gewinnt. Gegen die elementaren,
rohen Kräfte im Menschen stellt sich im Sinne klassisch-
humaner Bildung die Gesittung, Bändigung und Überwindung des Chaotischen durch geprägte Geistigkeit. Dieser
Bildungsbegriff der deutschen Klassik wird von den Rah-
menfiguren der Baronin und des Geistlichen vertreten; aber
der Ton der Erzählung bleibt immer transparent, leicht
und geistreich. Die didaktische Absicht ist im Sinne des
18. Jahrhunderts und im Hinblick auf die Erzählgesellschaft
in Ironie und witziges Spiel gekleidet; nie gibt sie sich
schwer oder ausdrücklich moralisierend.*

*Die Verschränkung von Rahmen- und Binnenhandlung ist
die Eigenart und das Neue des Goetheschen Novellenzyklus. (Im »Decamerone« blieben die einzelnen Novellen
streng getrennt.) Goethes Rückgriff auf Boccaccio, dessen
Werk er schon seit seiner Leipziger Zeit kannte, führte erst
um 1794 zu einer produktiven Begegnung mit romanischer
Novellistik überhaupt. Jetzt fand er bei Übersetzung und
Bearbeitung Freude daran, die für ihn neue Form zu proben und zu nutzen und begründete damit die deutsche Novellistik zu einer Zeit, als die in Deutschland herrschende
Prosa der große Roman war.*

*Die Komposition seines Zyklus ist klar gegliedert. Die ein-
zelnen Novellen sind formvollendet streng aufgebaut. Charakteristisch für den Typus der klassischen italienischen und
französischen Novelle ist der Wechsel von Bericht und sze-
nischer Partie in der Binnenerzählung. Eine Analyse der*

Prokurator-Novelle zeigt folgendes Schema: »Bericht: Le-
ben des Kaufmanns – Selbstgespräche: Entschluß zur Reise –
Dialog: Regeln für die Zurückbleibende – Selbstgespräch:
Sehnsucht der Einsamen – Bericht: der Prokurator wird
geholt – Dialog: der Prokurator und die Schöne – Bericht:
die Entsagungskur – Rede: die Erfahrungen der Frau«
(Trunz, Hamburger Ausgabe, Bd. 6, S. 606).
Die Geschichte vom Prokurator wird den vorangegangenen
als »moralische Erzählung« angeschlossen und gegenüber-
gestellt. Die »negativen« Trivialbeispiele des Vorabends
(Geistergeschichten und Liebesabenteuer) steigern sich am
Haupterzähltag zu Geschichten mit sittlicher Problematik.
Sie enden schließlich mit dem symbolischen »Märchen«, das
die Idee einer »vollkommenen Menschwerdung« (Trunz)
darstellt. In den beiden »moralischen« Gegenerzählungen
(Prokurator- und Ferdinand-Erzählung) werden sittliche
Entscheidungen unter den Aspekt der Entsagung gestellt,
was in Beziehung zur Gesamtsituation der Erzählgesell-
schaft und zum Anlaß der »Unterhaltungen«, dem Krisen-
bewußtsein des Adels, steht.
Die »Unterhaltungen« stellen erste Studien zur Novellen-
gattung dar, deren Weiterführung und eigentliche künstle-
rische Ausbeute in Goethes novellistischer Gipfelleistung
von »Wilhelm Meisters Wanderjahren« gelingt. Da hier die
Intention stärker als in den nur locker zueinander in Be-
ziehung gesetzten »Unterhaltungen« auf die größeren Zu-
sammenhänge – auch für die Idee des Romanganzen – ab-
zielt, sind die Gestalten und Motive des Romans mit denen
der Novellen wesentlich inniger verschränkt. An Goethes
Vorbild wurde schon von seinen Zeitgenossen angeknüpft
(Arnim, Tieck), und im 19. Jahrhundert gelangt die Novelle
zur Blüte der Gattung in Deutschland.

Die Familie hatte zusammen wie gewöhnlich das Frühstück
eingenommen, und die Baronesse saß wieder an ihrem
Stickrahmen. Nach einem kurzen allgemeinen Stillschweigen

begann der geistliche Hausfreund mit einigem Lächeln: »Es ist zwar selten, daß Sänger, Dichter und Erzähler, die eine Gesellschaft zu unterhalten versprechen, es zur rechten Zeit tun; vielmehr lassen sie sich gewöhnlich, wo sie willig sein sollten, sehr dringend bitten und sind zudringlich, wenn man ihren Vortrag gern ablehnen möchte. Ich hoffe daher eine Ausnahme zu machen, wenn ich anfrage, ob Ihnen in diesem Augenblicke gelegen sei, irgendeine Geschichte anzuhören.«

»Recht gerne«, versetzte die Baronesse, »und ich glaube, es werden alle übrigen mit mir übereinstimmen. Doch wenn Sie uns eine Geschichte zur Probe geben wollen, so muß ich Ihnen sagen, welche Art ich nicht liebe. Jene Erzählungen machen mir keine Freude, bei welchen nach Weise der ›Tausendundeinen Nacht‹ eine Begebenheit in die andere eingeschachtelt, ein Interesse durch das andere verdrängt wird, wo sich der Erzähler genötigt sieht, die Neugierde, die er auf eine leichtsinnige Weise erregt hat, durch Unterbrechung zu reizen und die Aufmerksamkeit, anstatt sie durch eine vernünftige Folge zu befriedigen, nur durch seltsame und keineswegs lobenswürdige Kunstgriffe aufzuspannen. Ich tadle das Bestreben, aus Geschichten, die sich der Einheit des Gedichts nähern sollen, rhapsodische Rätsel zu machen und den Geschmack immer tiefer zu verderben. Die Gegenstände Ihrer Erzählungen gebe ich Ihnen ganz frei; aber lassen Sie uns wenigstens an der Form sehen, daß wir in guter Gesellschaft sind. Geben Sie uns zum Anfang eine Geschichte von wenig Personen und Begebenheiten, die gut erfunden und gedacht ist, wahr, natürlich und nicht gemein, soviel Handlung als unentbehrlich und soviel Gesinnung als nötig, die nicht still steht, sich nicht auf einem Flecke zu langsam bewegt, sich aber auch nicht übereilt, in der die Menschen erscheinen, wie man sie gern mag, nicht vollkommen, aber gut, nicht außerordentlich, aber interessant und liebenswürdig. Ihre Geschichte sei unterhaltend, solange wir sie hören, befriedigend, wenn sie zu Ende ist, und hinterlasse uns einen stillen Reiz, weiter nachzudenken.«

»Kennte ich Sie nicht besser, gnädige Frau«, versetzte der Geistliche, »so würde ich glauben, Ihre Absicht sei, mein Warenlager, noch eh ich irgend etwas davon ausgekramt habe, durch diese hohen und strengen Forderungen völlig in Mißkredit zu setzen. Wie selten möchte man Ihnen nach Ihrem Maßstab Genüge leisten können! Selbst in diesem Augenblicke«, fuhr er fort, als er ein wenig nachgedacht, »nötigen Sie mich, die Erzählung, die ich im Sinne hatte, zurückzustellen und auf eine andere Zeit zu verlegen, und ich weiß wirklich nicht, ob ich mich in der Eile vergreife, wenn ich eine alte Geschichte, an die ich aber immer mit einiger Vorliebe gedacht habe, sogleich aus dem Stegreife vorzutragen anfange:

In einer italienischen Seestadt lebte vorzeiten ein Handelsmann, der sich von Jugend auf durch Tätigkeit und Klugheit auszeichnete. Er war dabei ein guter Seemann und hatte große Reichtümer erworben, indem er selbst nach Alexandria zu schiffen, kostbare Waren zu erkaufen oder einzutauschen pflegte, die er alsdann zu Hause wieder abzusetzen oder in die nördlichen Gegenden Europas zu versenden wußte. Sein Vermögen wuchs von Jahr zu Jahr um so mehr, als er in seiner Geschäftigkeit selbst das größte Vergnügen fand und ihm keine Zeit zu kostspieligen Zerstreuungen übrigblieb.

Bis in sein funfzigstes Jahr hatte er sich auf diese Weise emsig fortbeschäftigt und ihm war von den geselligen Vergnügungen wenig bekannt worden, mit welchen ruhige Bürger ihr Leben zu würzen verstehen; ebensowenig hatte das schöne Geschlecht, bei allen Vorzügen seiner Landsmänninnen, seine Aufmerksamkeit weiter erregt, als insofern er ihre Begierde nach Schmuck und Kostbarkeiten sehr wohl kannte und sie gelegentlich zu nutzen wußte.

Wie wenig versah er sich daher auf die Veränderung, die in

seinem Gemüte vorgehen sollte, als eines Tages sein reich
beladen Schiff in den Hafen seiner Vaterstadt einlief, eben
an einem jährlichen Feste, das besonders der Kinder wegen
gefeiert wurde. Knaben und Mädchen pflegten nach dem
Gottesdienste in allerlei Verkleidungen sich zu zeigen, bald
in Prozessionen, bald in Scharen durch die Stadt zu scher-
zen und sodann im Felde auf einem großen freien Platz
allerhand Spiele zu treiben, Kunststücke und Geschicklich-
keiten zu zeigen und in artigem Wettstreit ausgesetzte
kleine Preise zu gewinnen.

Anfangs wohnte unser Seemann dieser Feier mit Vergnügen
bei; als er aber die Lebenskunst der Kinder und die Freude
der Eltern daran lange betrachtet und so viele Menschen im
Genuß einer gegenwärtigen Freude und der angenehmsten
aller Hoffnungen gefunden hatte, mußte ihm bei einer
Rückkehr auf sich selbst sein einsamer Zustand äußerst auf-
fallen. Sein leeres Haus fing zum erstenmal an, ihm ängstlich zu werden, und er klagte sich selbst in seinen Gedanken
an:

›O ich Unglückseliger! warum gehn mir so spät die Augen
auf? Warum erkenne ich erst im Alter jene Güter, die allein
den Menschen glücklich machen? Soviel Mühe! soviel Ge-
fahren! Was haben sie mir verschafft? Sind gleich meine
Gewölbe voll Waren, meine Kisten voll edler Metalle und
meine Schränke voll Schmuck und Kleinodien, so können
doch diese Güter mein Gemüt weder erheitern noch befriedigen. Je mehr ich sie aufhäufe, desto mehr Gesellen scheinen sie zu verlangen; ein Kleinod fordert das andere, ein
Goldstück das andere. Sie erkennen mich nicht für den
Hausherrn; sie rufen mir ungestüm zu: ›Geh und eile,
schaffe noch mehr unsersgleichen herbei! Gold erfreut sich
nur des Goldes, das Kleinod des Kleinodes.‹ So gebieten sie
mir schon die ganze Zeit meines Lebens, und erst spät fühle
ich, daß mir in allem diesem kein Genuß bereitet ist. Leider
jetzt, da die Jahre kommen, fange ich an zu denken und
sage zu mir: Du genießest diese Schätze nicht, und niemand

wird sie nach dir genießen! Hast du jemals eine geliebte Frau damit geschmückt? Hast du eine Tochter damit ausgestattet? Hast du einen Sohn in den Stand gesetzt, sich die Neigung eines guten Mädchens zu gewinnen und zu befestigen? Niemals! Von allen deinen Besitztümern hast du, hat niemand der Deinigen etwas besessen, und was du mühsam zusammengebracht hast, wird nach deinem Tode ein Fremder leichtfertig verprassen.

O wie anders werden heute abend jene glücklichen Eltern ihre Kinder um den Tisch versammeln, ihre Geschicklichkeit preisen und sie zu guten Taten aufmuntern! Welche Lust glänzte aus ihren Augen, und welche Hoffnung schien aus dem Gegenwärtigen zu entspringen! Solltest du denn aber selbst gar keine Hoffnung fassen können? Bist du denn schon ein Greis? Ist es nicht genug, die Versäumnis einzusehen, jetzt, da noch nicht aller Tage Abend gekommen ist? Nein, in deinem Alter ist es noch nicht töricht, ans Freien zu denken, mit deinen Gütern wirst du ein braves Weib erwerben und glücklich machen, und siehst du noch Kinder in deinem Hause, so werden dir diese spätern Früchte den größten Genuß geben, anstatt daß sie oft denen, die sie zu früh vom Himmel erhalten, zur Last werden und zur Verwirrung gereichen.‹

Als er durch dieses Selbstgespräch seinen Vorsatz bei sich befestigt hatte, rief er zwei Schiffsgesellen zu sich und eröffnete ihnen seine Gedanken. Sie, die gewohnt waren, in allen Fällen willig und bereit zu sein, fehlten auch diesmal nicht und eilten, sich in der Stadt nach den jüngsten und schönsten Mädchen zu erkunden; denn ihr Patron, da er einmal nach dieser Ware lüstern ward, sollte auch die beste finden und besitzen.

Er selbst feierte so wenig als seine Abgesandten. Er ging, fragte, sah und hörte und fand bald, was er suchte, in einem Frauenzimmer, das in diesem Augenblick das schönste der ganzen Stadt genannt zu werden verdiente, ungefähr sechzehn Jahr alt, wohlgebildet und gut erzogen, deren Gestalt und Wesen das Angenehmste zeigte und das Beste versprach.

Nach einer kurzen Unterhandlung, durch welche der vorteilhafteste Zustand sowohl bei Lebzeiten als nach dem Tode des Mannes der Schönen versichert ward, vollzog man die Heirat mit großer Pracht und Lust, und von diesem Tage an fühlte sich unser Handelsmann zum erstenmal im wirklichen Besitz und Genuß seiner Reichtümer. Nun verwandte er mit Freuden die schönsten und reichsten Stoffe zur Bekleidung des schönen Körpers, die Juwelen glänzten ganz anders an der Brust und in den Haaren seiner Geliebten als ehemals im Schmuckkästchen, und die Ringe erhielten einen unendlichen Wert von der Hand, die sie trug.

So fühlte er sich nicht allein so reich, sondern reicher als bisher, indem seine Güter sich durch Teilnehmung und Anwendung zu vermehren schienen. Auf diese Weise lebte das Paar fast ein Jahr lang in der größten Zufriedenheit, und er schien seine Liebe zu einem tätigen und herumstreifenden Leben gegen das Gefühl häuslicher Glückseligkeit gänzlich vertauscht zu haben. Aber eine alte Gewohnheit legt sich so leicht nicht ab, und eine Richtung, die wir früh genommen, kann wohl einige Zeit abgelenkt, aber nie ganz unterbrochen werden.

So hatte auch unser Handelsmann oft, wenn er andere sich einschiffen oder glücklich in den Hafen zurückkehren sah, wieder die Regungen seiner alten Leidenschaft gefühlt, ja er hatte selbst in seinem Hause an der Seite seiner Gattin manchmal Unruhe und Unzufriedenheit empfunden. Dieses Verlangen vermehrte sich mit der Zeit und verwandelte sich zuletzt in eine solche Sehnsucht, daß er sich äußerst unglücklich fühlen mußte und zuletzt wirklich krank ward.

›Was soll nun aus dir werden?‹ sagte er zu sich selbst. ›Du erfährst nun, wie töricht es ist, in späten Jahren eine alte Lebensweise gegen eine neue zu vertauschen. Wie sollen wir das, was wir immer getrieben und gesucht haben, aus unsern Gedanken, ja aus unsern Gliedern wieder herausbringen?

Und wie geht es mir nun, der ich bisher wie ein Fisch das Wasser, wie ein Vogel die freie Luft geliebt, da ich mich in einem Gebäude bei allen Schätzen und bei der Blume aller Reichtümer, bei einer schönen jungen Frau eingesperrt habe? Anstatt daß ich dadurch hoffte, Zufriedenheit zu gewinnen und meiner Güter zu genießen, so scheint es mir, daß ich alles verliere, indem ich nichts weiter erwerbe. Mit Unrecht hält man die Menschen für Toren, welche in rastloser Tätigkeit Güter auf Güter zu häufen suchen; denn die Tätigkeit ist das Glück, und für den, der die Freuden eines ununterbrochenen Bestrebens empfinden kann, ist der erworbene Reichtum ohne Bedeutung. Aus Mangel an Beschäftigung werde ich elend, aus Mangel an Bewegung krank, und wenn ich keinen andern Entschluß fasse, so bin ich in kurzer Zeit dem Tode nahe.

Freilich ist es ein gewagtes Unternehmen, sich von einer jungen, liebenswürdigen Frau zu entfernen. Ist es billig, um ein reizendes und reizbares Mädchen zu freien und sie nach einer kurzen Zeit sich selbst, der Langenweile, ihren Empfindungen und Begierden zu überlassen? Spazieren diese jungen, seidnen Herrn nicht schon jetzt vor meinen Fenstern auf und ab? Suchen sie nicht schon jetzt in der Kirche und in Gärten die Aufmerksamkeit meines Weibchens an sich zu ziehen? Und was wird erst geschehen, wenn ich weg bin? Soll ich glauben, daß mein Weib durch ein Wunder gerettet werden könnte? Nein, in ihrem Alter, bei ihrer Konstitution wäre es töricht zu hoffen, daß sie sich der Freuden der Liebe enthalten könnte. Entfernst du dich, so wirst du bei deiner Rückkunft die Neigung deines Weibes und ihre Treue zugleich mit der Ehre deines Hauses verloren haben.‹

Diese Betrachtungen und Zweifel, mit denen er sich eine Zeitlang quälte, verschlimmerten den Zustand, in dem er sich befand, aufs äußerste. Seine Frau, seine Verwandten und Freunde betrübten sich um ihn, ohne daß sie die Ursache seiner Krankheit hätten entdecken können. Endlich

ging er nochmals bei sich zu Rate und rief nach einiger
Überlegung aus: ›Törichter Mensch! du lässest es dir so
sauer werden, ein Weib zu bewahren, das du doch bald,
wenn dein Übel fortdauert, sterbend hinter dir und einem
andern lassen mußt. Ist es nicht wenigstens klüger und besser, du suchst das Leben zu erhalten, wenn du gleich in
Gefahr kommst, an ihr dasjenige zu verlieren, was als das
höchste Gut der Frauen geschätzt wird? Wie mancher Mann
kann durch seine Gegenwart den Verlust dieses Schatzes
nicht hindern und vermißt geduldig, was er nicht erhalten
kann! Warum solltest du nicht den Mut haben, dich eines
solchen Gutes zu entschlagen, da von diesem Entschlusse
dein Leben abhängt?‹

Mit diesen Worten ermannte er sich und ließ seine Schiffsgesellen rufen. Er trug ihnen auf, nach gewohnter Weise
ein Fahrzeug zu befrachten und alles bereit zu halten, daß
sie bei dem ersten günstigen Winde auslaufen könnten.
Darauf erklärte er sich gegen seine Frau folgendermaßen:
›Laß dich nicht befremden, wenn du in dem Hause eine
Bewegung siehst, woraus du schließen kannst, daß ich mich
zu einer Abreise anschicke! Betrübe dich nicht, wenn ich dir
gestehe, daß ich abermals eine Seefahrt zu unternehmen
gedenke! Meine Liebe zu dir ist noch immer dieselbe, und
sie wird es gewiß in meinem ganzen Leben bleiben. Ich
erkenne den Wert des Glücks, das ich bisher an deiner
Seite genoß, und würde ihn noch reiner fühlen, wenn ich
mir nicht oft Vorwürfe der Untätigkeit und Nachlässigkeit
im stillen machen müßte. Meine alte Neigung wacht wieder
auf, und meine alte Gewohnheit zieht mich wieder an. Erlaube mir, daß ich den Markt von Alexandrien wiedersehe,
den ich jetzt mit größerem Eifer besuchen werde, weil ich
dort die köstlichsten Stoffe und die edelsten Kostbarkeiten
für dich zu gewinnen denke. Ich lasse dich in den Besitz aller
meiner Güter und meines ganzen Vermögens; bediene dich
dessen und vergnüge dich mit deinen Eltern und Verwand-

ten! Die Zeit der Abwesenheit geht auch vorüber, und mit
vielfacher Freude werden wir uns wiedersehen.‹

Nicht ohne Tränen machte ihm die liebenswürdige Frau die
zärtlichsten Vorwürfe, versicherte, daß sie ohne ihn keine
fröhliche Stunde hinbringen werde, und bat ihn nur, da sie
ihn weder halten könne noch einschränken wolle, daß er
ihrer auch in der Abwesenheit zum besten gedenken möge.

Nachdem er darauf verschiedenes mit ihr über einige Geschäfte und häusliche Angelegenheiten gesprochen, sagte er
nach einer kleinen Pause: ›Ich habe nun noch etwas auf dem
Herzen, davon du mir frei zu reden erlauben mußt; nur
bitte ich dich aufs herzlichste, nicht zu mißdeuten, was ich
sage, sondern auch selbst in dieser Besorgnis meine Liebe zu
erkennen.‹

›Ich kann es erraten‹, versetzte die Schöne darauf; ›du bist
meinetwegen besorgt, indem du nach Art der Männer unser
Geschlecht ein für allemal für schwach hältst. Du hast mich
bisher jung und froh gekannt, und nun glaubst du, daß ich
in deiner Abwesenheit leichtsinnig und verführbar sein
werde. Ich schelte diese Sinnesart nicht, denn sie ist bei euch
Männern gewöhnlich; aber wie ich mein Herz kenne, darf
ich dir versichern, daß nichts so leicht Eindruck auf mich
machen und kein möglicher Eindruck so tief wirken soll,
um mich von dem Wege abzuleiten, auf dem ich bisher an
der Hand der Liebe und Pflicht hinwandelte. Sei ohne Sorgen; du sollst deine Frau so zärtlich und treu bei deiner
Rückkunft wiederfinden, als du sie abends fandest, wenn
du nach einer kleinen Abwesenheit in meine Arme zurück-
kehrtest.‹

›Diese Gesinnungen traue ich dir zu‹, versetzte der Gemahl,
›und bitte dich, darin zu verharren. Laß uns aber an die
äußersten Fälle denken; warum soll man sich nicht auch
darauf vorsehen? Du weißt, wie sehr deine schöne und
reizende Gestalt die Augen unserer jungen Mitbürger auf
sich zieht; sie werden sich in meiner Abwesenheit noch
mehr als bisher um dich bemühen, sie werden sich dir auf

alle Weise zu nähern, ja zu gefallen suchen. Nicht immer wird das Bild deines Gemahls, wie jetzt seine Gegenwart, sie von deiner Türe und deinem Herzen verscheuchen. Du bist ein edles und gutes Kind, aber die Forderungen der Natur sind rechtmäßig und gewaltsam; sie stehen mit unserer Vernunft beständig im Streite und tragen gewöhnlich den Sieg davon. Unterbrich mich nicht! Du wirst gewiß in meiner Abwesenheit, selbst bei dem pflichtmäßigen Andenken an mich, das Verlangen empfinden, wodurch das Weib den Mann anzieht und von ihm angezogen wird. Ich werde eine Zeitlang der Gegenstand deiner Wünsche sein; aber wer weiß, was für Umstände zusammentreffen, was für Gelegenheiten sich finden, und ein anderer wird in der Wirklichkeit ernten, was die Einbildungskraft mir zugedacht hatte. Werde nicht ungeduldig, ich bitte dich, höre mich aus!

Sollte der Fall kommen, dessen Möglichkeit du leugnest und den ich auch nicht zu beschleunigen wünsche, daß du ohne die Gesellschaft eines Mannes nicht länger bleiben, die Freuden der Liebe nicht wohl entbehren könntest, so versprich mir nur, an meine Stelle keinen von den leichtsinnigen Knaben zu wählen, die, so artig sie auch aussehen mögen, der Ehre noch mehr als der Tugend einer Frau gefährlich sind. Mehr durch Eitelkeit als durch Begierde beherrscht, bemühen sie sich um eine jede und finden nichts natürlicher, als eine der andern aufzuopfern. Fühlst du dich geneigt, dich nach einem Freunde umzusehen, so forsche nach einem, der diesen Namen verdient, der bescheiden und verschwiegen die Freuden der Liebe noch durch die Wohltat des Geheimnisses zu erheben weiß.‹

Hier verbarg die schöne Frau ihren Schmerz nicht länger, und die Tränen, die sie bisher zurückgehalten hatte, stürzten reichlich aus ihren Augen. ›Was du auch von mir denken magst‹, rief sie nach einer leidenschaftlichen Umarmung aus, ›so ist doch nichts entfernter von mir als das Verbrechen, das du gewissermaßen für unvermeidlich hältst. Möge, wenn jemals auch nur ein solcher Gedanke in mir entsteht, die Erde sich auftun und mich verschlingen, und möge alle Hoffnung der Seligkeit mir entrissen werden, die uns eine so reizende Fortdauer unsers Daseins verspricht. Entferne das Mißtrauen aus deiner Brust und laß mir die ganze reine Hoffnung, dich bald wieder in meinen Armen zu sehen!‹

Nachdem er auf alle Weise seine Gattin zu beruhigen gesucht, schiffte er sich den andern Morgen ein; seine Fahrt war glücklich, und er gelangte bald nach Alexandrien.

Indessen lebte seine Gattin in dem ruhigen Besitz eines großen Vermögens nach aller Lust und Bequemlichkeit, jedoch eingezogen, und pflegte außer ihren Eltern und Verwandten niemand zu sehen, und indem die Geschäfte ihres Mannes durch getreue Diener fortgeführt wurden, bewohnte sie ein großes Haus, in dessen prächtigen Zimmern sie mit Vergnügen täglich das Andenken ihres Gemahls erneuerte.

So sehr sie aber auch sich stille hielt und eingezogen lebte, waren doch die jungen Leute der Stadt nicht untätig geblieben. Sie versäumten nicht, häufig vor ihrem Fenster vorbeizugehen, und suchten des Abends durch Musik und Gesänge ihre Aufmerksamkeit auf sich zu ziehen. Die schöne Einsame fand anfangs diese Bemühungen unbequem und lästig, doch gewöhnte sie sich bald daran und ließ an den langen Abenden, ohne sich zu bekümmern, woher sie kämen, die Serenaden als eine angenehme Unterhaltung sich gefallen und konnte dabei manchen Seufzer, der ihrem Abwesenden galt, nicht zurückhalten.

Anstatt daß ihre unbekannten Verehrer, wie sie hoffte, nach und nach müde geworden wären, schienen sich ihre Bemühungen noch zu vermehren und zu einer beständigen Dauer anzulassen. Sie konnte nun die wiederkehrenden Instrumente und Stimmen, die wiederholten Melodien schon unterscheiden und bald sich die Neugierde nicht mehr versagen zu wissen, wer die Unbekannten und besonders wer die Beharrlichen sein möchten. Sie durfte sich zum Zeitvertreib eine solche Teilnahme wohl erlauben.

Sie fing daher an, von Zeit zu Zeit durch ihre Vorhänge und Halbläden nach der Straße zu sehen, auf die Vorbeigehenden zu merken und besonders die Männer zu unterscheiden, die ihre Fenster am längsten im Auge behielten. Es waren meist schöne, wohlgekleidete junge Leute, die aber freilich in Gebärden sowohl als in ihrem ganzen Äußern ebensoviel Leichtsinn als Eitelkeit sehen ließen. Sie schienen mehr durch ihre Aufmerksamkeit auf das Haus der Schönen sich merkwürdig machen als jener eine Art von Verehrung beweisen zu wollen.

›Wahrlich‹, sagte die Dame manchmal scherzend zu sich selbst, ›mein Mann hat einen klugen Einfall gehabt! Durch die Bedingung, unter der er mir einen Liebhaber zugesteht, schließt er alle diejenigen aus, die sich um mich bemühen und die mir allenfalls gefallen könnten. Er weiß wohl, daß Klugheit, Bescheidenheit und Verschwiegenheit Eigenschaften eines ruhigen Alters sind, die zwar unser Verstand schätzt, die aber unsre Einbildungskraft keineswegs aufzuregen noch unsre Neigung anzureizen imstande sind. Vor diesen, die mein Haus mit ihren Artigkeiten belagern, bin ich sicher, daß sie kein Vertrauen erwecken, und die, denen ich mein Vertrauen schenken könnte, finde ich nicht im mindesten liebenswürdig.‹

In der Sicherheit dieser Gedanken erlaubte sie sich immer mehr, dem Vergnügen an der Musik und an der Gestalt der vorbeigehenden Jünglinge nachzuhängen, und ohne daß sie es merkte, wuchs nach und nach ein unruhiges Verlangen in ihrem Busen, dem sie nur zu spät zu widerstreben gedachte. Die Einsamkeit und der Müßiggang, das bequeme, gute und reichliche Leben waren ein Element, in welchem sich eine unregelmäßige Begierde früher, als das gute Kind dachte, entwickeln mußte.

Sie fing nun an, jedoch mit stillen Seufzern, unter den Vorzügen ihres Gemahls auch seine Welt- und Menschenkenntnis, besonders die Kenntnis des weiblichen Herzens zu bewundern. ›So war es also doch möglich, was ich ihm so leb-

haft abstritt‹, sagte sie zu sich selbst, ›und so war es also
doch nötig, in einem solchen Falle mir Vorsicht und Klugheit anzuraten! Doch was können Vorsicht und Klugheit
da, wo der unbarmherzige Zufall nur mit einem unbestimmten Verlangen zu spielen scheint! Wie soll ich den
wählen, den ich nicht kenne? Und bleibt bei näherer Bekanntschaft noch eine Wahl übrig?‹

Mit solchen und hundert andern Gedanken vermehrte die
schöne Frau das Übel, das bei ihr schon weit genug um sich
gegriffen hatte. Vergebens suchte sie sich zu zerstreuen;
jeder angenehme Gegenstand machte ihre Empfindung rege,
und ihre Empfindung brachte, auch in der tiefsten Einsamkeit, angenehme Bilder in ihrer Einbildungskraft hervor.

In solchem Zustande befand sie sich, als sie unter andern
Stadtneuigkeiten von ihren Verwandten vernahm, es sei ein
junger Rechtsgelehrter, der zu Bologna studiert habe, soeben
in seine Vaterstadt zurückgekommen. Man wußte nicht genug zu seinem Lobe zu sagen. Bei außerordentlichen Kennt-
nissen zeigte er eine Klugheit und Gewandtheit, die sonst
Jünglingen nicht eigen ist, und bei einer sehr reizenden
Gestalt die größte Bescheidenheit. Als Prokurator hatte er
bald das Zutrauen der Bürger und die Achtung der Richter
gewonnen. Täglich fand er sich auf dem Rathause ein, um
daselbst seine Geschäfte zu besorgen und zu betreiben.

Die Schöne hörte die Schilderung eines so vollkommenen
Mannes nicht ohne Verlangen, ihn näher kennenzulernen,
und nicht ohne stillen Wunsch, in ihm denjenigen zu finden,
dem sie ihr Herz, selbst nach der Vorschrift ihres Mannes,
übergeben könnte. Wie aufmerksam ward sie daher, als sie
vernahm, daß er täglich vor ihrem Hause vorbeigehe; wie
sorgfältig beobachtete sie die Stunde, in der man auf dem
Rathause sich zu versammeln pflegte! Nicht ohne Bewegung
sah sie ihn endlich vorbeigehen, und wenn seine schöne Gestalt und seine Jugend für sie notwendig reizend sein mußten, so war seine Bescheidenheit von der andern Seite dasjenige, was sie in Sorgen versetzte.

Einige Tage hatte sie ihn heimlich beobachtet und konnte nun dem Wunsche nicht länger widerstehen, seine Aufmerksamkeit auf sich zu ziehen. Sie kleidete sich mit Sorgfalt, trat auf den Balkon, und das Herz schlug ihr, als sie ihn die Straße herkommen sah. Allein wie betrübt, ja beschämt war sie, als er wie gewöhnlich mit bedächtigen Schritten, in sich gekehrt und mit niedergeschlagenen Augen, ohne sie auch nur zu bemerken, auf das zierlichste seines Weges vorbeiging.

Vergebens versuchte sie mehrere Tage hintereinander auf ebendiese Weise, von ihm bemerkt zu werden. Immer ging er seinen gewöhnlichen Schritt, ohne die Augen aufzuschlagen oder da- und dorthin zu wenden. Je mehr sie ihn aber ansah, desto mehr schien er ihr derjenige zu sein, dessen sie so sehr bedurfte. Ihre Neigung ward täglich lebhafter und, da sie ihr nicht widerstand, endlich ganz und gar gewaltsam. ›Wie!‹ sagte sie zu sich selbst, ›nachdem dein edler, verständiger Mann den Zustand vorausgesehen, in dem du dich in seiner Abwesenheit befinden würdest, da seine Weissagung eintrifft, daß du ohne Freund und Günstling nicht leben kannst, sollst du dich nun verzehren und abhärmen zu der Zeit, da dir das Glück einen Jüngling zeigt, völlig nach deinem Sinne, nach dem Sinne deines Gatten, einen Jüngling, mit dem du die Freuden der Liebe in einem undurchdringlichen Geheimnis genießen kannst? Töricht, wer die Gelegenheit versäumt, töricht, wer der gewaltsamen Liebe widerstehen will!‹ Mit solchen und vielen andern Gedanken suchte sich die schöne Frau in ihrem Vorsatze zu stärken, und nur kurze Zeit ward sie noch von Ungewißheit hin und her getrieben. Endlich aber, wie es begegnet, daß eine Leidenschaft, welcher wir lange widerstehen, uns zuletzt auf einmal dahinreißt und unser Gemüt dergestalt erhöht, daß wir auf Besorgnis und Furcht, Zurückhaltung und Scham, Verhältnisse und Pflichten mit Verachtung als auf kleinliche Hindernisse zurücksehen, so faßte sie auf einmal den raschen Entschluß, ein junges Mädchen, das ihr

diente, zu dem geliebten Manne zu schicken und, es koste
nun, was es wolle, zu seinem Besitze zu gelangen.

Das Mädchen eilte und fand ihn, als er eben mit vielen
Freunden zu Tische saß, und richtete ihren Gruß, den ihre
Frau sie gelehrt hatte, pünktlich aus. Der junge Prokurator
wunderte sich nicht über diese Botschaft; er hatte den Handelsmann in seiner Jugend gekannt, er wußte, daß er gegenwärtig abwesend war, und ob er gleich von seiner Heirat
nur von weitem gehört hatte, vermutete er doch, daß die
zurückgelassene Frau in der Abwesenheit ihres Mannes
wahrscheinlich in einer wichtigen Sache seines rechtlichen
Beistandes bedürfe. Er antwortete deswegen dem Mädchen
auf das verbindlichste und versicherte, daß er, sobald man
von der Tafel aufgestanden, nicht säumen würde, ihrer
Gebieterin aufzuwarten. Mit unaussprechlicher Freude vernahm die schöne Frau, daß sie den Geliebten nun bald
sehen und sprechen sollte. Sie eilte, sich aufs beste anzu-
ziehen, und ließ geschwind ihr Haus und ihre Zimmer auf
das reinlichste ausputzen. Orangenblätter und Blumen wurden gestreut, der Sofa mit den köstlichsten Teppichen bedeckt. So ging die kurze Zeit, die er ausblieb, beschäftigt
hin, die ihr sonst unerträglich lang geworden wäre.

Mit welcher Bewegung ging sie ihm entgegen, als er endlich
ankam, mit welcher Verwirrung hieß sie ihn, indem sie sich
auf das Ruhebett niederließ, auf ein Taburett sitzen, das
zunächst dabeistand! Sie verstummte in seiner so erwünsch-
ten Nähe, sie hatte nicht bedacht, was sie ihm sagen wollte;
auch er war still und saß bescheiden vor ihr. Endlich ermannte sie sich und sagte nicht ohne Sorge und Beklom-
menheit:

›Sie sind noch nicht lange in Ihrer Vaterstadt wiederange-
kommen, mein Herr, und schon sind Sie allenthalben für
einen talentreichen und zuverlässigen Mann bekannt. Auch
ich setze mein Vertrauen auf Sie in einer wichtigen und
sonderbaren Angelegenheit, die, wenn ich es recht bedenke,
eher für den Beichtvater als für den Sachwalter gehört. Seit

einem Jahre bin ich an einen würdigen und reichen Mann verheiratet, der, solange wir zusammenlebten, die größte Aufmerksamkeit für mich hatte und über den ich mich nicht beklagen würde, wenn nicht ein unruhiges Verlangen zu reisen und zu handeln ihn seit einiger Zeit aus meinen Armen gerissen hätte.

Als ein verständiger und gerechter Mann fühlte er wohl das Unrecht, das er mir durch seine Entfernung antat. Er begriff, daß ein junges Weib nicht wie Juwelen und Perlen verwahrt werden könne; er wußte, daß sie vielmehr einem Garten voll schöner Früchte gleicht, die für jedermann so wie für den Herrn verloren wären, wenn er eigensinnig die Türe auf einige Jahre verschließen wollte. Er sprach mir daher vor seiner Abreise sehr ernstlich zu, er versicherte mir, daß ich ohne Freund nicht würde leben können, er gab mir dazu nicht allein die Erlaubnis, sondern er drang in mich und nötigte mir gleichsam das Versprechen ab, daß ich der Neigung, die sich in meinem Herzen finden würde, frei und ohne Anstand folgen wollte.‹

Sie hielt einen Augenblick inne, aber bald gab ihr ein vielversprechender Blick des jungen Mannes Mut genug, in ihrem Bekenntnis fortzufahren:

›Eine einzige Bedingung fügte mein Gemahl zu seiner übrigens so nachsichtigen Erlaubnis. Er empfahl mir die äußerste Vorsicht und verlangte ausdrücklich, daß ich mir einen gesetzten, zuverlässigen, klugen und verschwiegenen Freund wählen sollte. Ersparen Sie mir, das übrige zu sagen, mein Herr, ersparen Sie mir die Verwirrung, mit der ich Ihnen bekennen würde, wie sehr ich für Sie eingenommen bin, und erraten Sie aus diesem Zutrauen meine Hoffnungen und meine Wünsche.‹

Nach einer kurzen Pause versetzte der junge, liebenswürdige Mann mit gutem Bedachte: ›Wie sehr bin ich Ihnen für das Vertrauen verbunden, durch welches Sie mich in einem so hohen Grade ehren und glücklich machen! Ich wünsche nur lebhaft, Sie zu überzeugen, daß Sie sich an keinen Unwürdigen gewendet haben. Lassen Sie mich Ihnen zuerst als Rechtsgelehrter antworten; und als ein solcher gesteh ich Ihnen, daß ich Ihren Gemahl bewundere, der sein Unrecht so deutlich gefühlt und eingesehen hat, denn es ist gewiß, daß einer, der ein junges Weib zurückläßt, um ferne Weltgegenden zu besuchen, als ein solcher anzusehen ist, der irgendein anderes Besitztum völlig derelinquiert und durch die deutlichste Handlung auf alles Recht daran Verzicht tut. Wie es nun dem ersten besten erlaubt ist, eine solche völlig ins Freie gefallene Sache wieder zu ergreifen, so muß ich es um so mehr für natürlich und billig halten, daß eine junge Frau, die sich in diesem Zustande befindet, ihre Neigung abermals verschenke und sich einem Freunde, der ihr angenehm und zuverlässig scheint, ohne Bedenken überlasse.

Tritt nun aber gar wie hier der Fall ein, daß der Ehemann selbst, seines Unrechts sich bewußt, mit ausdrücklichen Worten seiner hinterlassenen Frau dasjenige erlaubt, was er ihr nicht verbieten kann, so bleibt gar kein Zweifel übrig, um so mehr, da demjenigen kein Unrecht geschieht, der es willig zu ertragen erklärt hat.

Wenn Sie mich nun‹, fuhr der junge Mann mit ganz andern Blicken und dem lebhaftesten Ausdrucke fort, indem er die schöne Freundin bei der Hand nahm, ›wenn Sie mich zu Ihrem Diener erwählen, so machen Sie mich mit einer Glückseligkeit bekannt, von der ich bisher keinen Begriff hatte. Sein Sie versichert‹, rief er aus, indem er die Hand küßte, ›daß Sie keinen ergebnern, zärtlichern, treuern und verschwiegenern Diener hätten finden können!‹

Wie beruhigt fühlte sich nach dieser Erklärung die schöne Frau. Sie scheute sich nicht, ihm ihre Zärtlichkeit aufs lebhafteste zu zeigen; sie drückte seine Hände, drängte sich näher an ihn und legte ihr Haupt auf seine Schulter. Nicht lange blieben sie in dieser Lage, als er sich auf eine sanfte Weise von ihr zu entfernen suchte und nicht ohne Betrübnis zu reden begann: ›Kann sich wohl ein Mensch in einem seltsamern Verhältnisse befinden? Ich bin gezwungen, mich von Ihnen zu entfernen und mir die größte Gewalt anzutun in einem Augenblicke, da ich mich den süßesten Gefühlen überlassen sollte. Ich darf mir das Glück, das mich in Ihren Armen erwartet, gegenwärtig nicht zueignen. Ach! wenn nur der Aufschub mich nicht um meine schönsten Hoffnungen betriegt!‹

Die Schöne fragte ängstlich nach der Ursache dieser sonderbaren Äußerung.

›Eben als ich in Bologna‹, versetzte er, ›am Ende meiner Studien war und mich aufs äußerste angriff, mich zu meiner künftigen Bestimmung geschickt zu machen, verfiel ich in eine schwere Krankheit, die, wo nicht mein Leben zu zerstören, doch meine körperlichen und Geisteskräfte zu zerrütten drohte. In der größten Not und unter den heftigsten Schmerzen tat ich der Mutter Gottes ein Gelübde, daß ich, wenn sie mich genesen ließe, ein Jahr lang in strengem Fasten zubringen und mich alles Genusses, von welcher Art er auch sei, enthalten wolle. Schon zehn Monate habe ich mein Gelübde auf das treulichste erfüllt, und sie sind mir in Betrachtung der großen Wohltat, die ich erhalten, keinesweges lang geworden, da es mir nicht beschwerlich ward, manches gewohnte und bekannte Gute zu entbehren. Aber zu welcher Ewigkeit werden mir nun zwei Monate, die noch übrig sind, da mir erst nach Verlauf derselben ein Glück zuteil werden kann, welches alle Begriffe übersteigt! Lassen Sie sich die Zeit nicht lang werden und entziehen Sie mir Ihre Gunst nicht, die Sie mir so freiwillig zugedacht haben!‹

Die Schöne, mit dieser Erklärung nicht sonderlich zufrieden, faßte doch wieder bessern Mut, als der Freund nach einigem Nachdenken zu reden fortfuhr: ›Ich wagte kaum, Ihnen einen Vorschlag zu tun und das Mittel anzuzeigen, wodurch ich früher von meinem Gelübde entbunden werden kann. Wenn ich jemand fände, der so streng und sicher wie ich das Gelübde zu halten übernähme und die Hälfte der noch übrigen Zeit mit mir teilte, so würde ich um so geschwinder frei sein, und nichts würde sich unsern Wünschen entgegenstellen. Sollten Sie nicht, meine süße Freundin, um unser Glück zu beschleunigen, willig sein, einen Teil des Hindernisses, das uns entgegensteht, hinwegzuräumen? Nur der zuverlässigsten Person kann ich einen Anteil an meinem Gelübde übertragen; es ist streng, denn ich darf des Tages nur zweimal Brot und Wasser genießen, darf des Nachts nur wenige Stunden auf einem harten Lager zubringen und muß ungeachtet meiner vielen Geschäfte eine große Anzahl Gebete verrichten. Kann ich, wie es mir heute geschehen ist, nicht vermeiden, bei einem Gastmahl zu erscheinen, so darf ich deswegen doch nicht meine Pflicht hintansetzen, vielmehr muß ich den Reizungen aller Leckerbissen, die an mir vorübergehen, zu widerstehen suchen. Können Sie sich entschließen, einen Monat lang gleichfalls alle diese Gesetze zu befolgen, so werden Sie alsdann sich selbst in dem Besitz eines Freundes desto mehr erfreuen, als Sie ihn durch ein so lobenswürdiges Unternehmen gewissermaßen selbst erworben haben.‹

Die schöne Dame vernahm ungern die Hindernisse, die sich ihrer Neigung entgegensetzten; doch war ihre Liebe zu dem jungen Manne durch seine Gegenwart dergestalt vermehrt worden, daß ihr keine Prüfung zu streng schien, wenn ihr nur dadurch der Besitz eines so werten Gutes versichert werden konnte. Sie sagte ihm daher mit den gefälligsten Ausdrücken: ›Mein süßer Freund! das Wunder, wodurch Sie Ihre Gesundheit wiedererlangt haben, ist mir selbst so wert und verehrungswürdig, daß ich es mir zur Freude und Pflicht mache, an dem Gelübde teilzunehmen, das Sie dagegen zu erfüllen schuldig sind. Ich freue mich, Ihnen einen so sichern Beweis meiner Neigung zu geben; ich will mich auf das genaueste nach Ihrer Vorschrift richten, und ehe Sie mich lossprechen, soll mich nichts von dem Wege entfernen, auf den Sie mich einleiten.‹

Nachdem der junge Mann mit ihr aufs genaueste diejenigen

Bedingungen abgeredet, unter welchen sie ihm die Hälfte seines Gelübdes ersparen konnte, entfernte er sich mit der Versicherung, daß er sie bald wieder besuchen und nach der glücklichen Beharrlichkeit in ihrem Vorsatze fragen würde, und so mußte sie ihn gehen lassen, als er ohne Händedruck, ohne Kuß, mit einem kaum bedeutenden Blicke von ihr schied. Ein Glück für sie war die Beschäftigung, die ihr der seltsame Vorsatz gab, denn sie hatte manches zu tun, um ihre Lebensart völlig zu verändern. Zuerst wurden die schönen Blätter und Blumen hinausgekehrt, die sie zu seinem Empfang hatte streuen lassen; dann kam an die Stelle des wohlgepolsterten Ruhebettes ein hartes Lager, auf das sie sich, zum erstenmal in ihrem Leben nur von Wasser und Brot kaum gesättigt, des Abends niederlegte. Des andern Tages war sie beschäftigt, Hemden zuzuschneiden und zu nähen, deren sie eine bestimmte Zahl für ein Armen- und Krankenhaus fertig zu machen versprochen hatte. Bei dieser neuen und unbequemen Beschäftigung unterhielt sie ihre Einbildungskraft immer mit dem Bilde ihres süßen Freundes und mit der Hoffnung künftiger Glückseligkeit, und bei ebendiesen Vorstellungen schien ihre schmale Kost ihr eine herzstärkende Nahrung zu gewähren.

So verging eine Woche, und schon am Ende derselben fingen die Rosen ihrer Wangen an, einigermaßen zu verbleichen. Kleider, die ihr sonst wohl paßten, waren zu weit und ihre sonst so raschen und muntern Glieder matt und schwach geworden, als der Freund wieder erschien und ihr durch seinen Besuch neue Stärke und Leben gab. Er ermahnte sie, in ihrem Vorsatze zu beharren, munterte sie durch sein Beispiel auf und ließ von weitem die Hoffnung eines ungestörten Genusses durchblicken. Nur kurze Zeit hielt er sich auf und versprach, bald wiederzukommen.

Die wohltätige Arbeit ging aufs neue muntrer fort, und von der strengen Diät ließ man keinesweges nach. Aber auch, leider! hätte sie durch eine große Krankheit nicht mehr erschöpft werden können. Ihr Freund, der sie am Ende der

Woche abermals besuchte, sah sie mit dem größten Mitleiden an und stärkte sie durch den Gedanken, daß die Hälfte der Prüfung schon vorüber sei.

Nun ward ihr das ungewohnte Fasten, Beten und Arbeiten mit jedem Tage lästiger, und die übertriebene Enthaltsamkeit schien den gesunden Zustand eines an Ruhe und reichliche Nahrung gewöhnten Körpers gänzlich zu zerrütten. Die Schöne konnte sich zuletzt nicht mehr auf den Füßen halten und war genötigt, ungeachtet der warmen Jahrszeit sich in doppelte und dreifache Kleider zu hüllen, um die beinah völlig verschwindende innerliche Wärme einigermaßen zusammenzuhalten. Ja sie war nicht länger imstande, aufrecht zu bleiben, und sogar gezwungen, in der letzten Zeit das Bett zu hüten.

Welche Betrachtungen mußte sie da über ihren Zustand machen! Wie oft ging diese seltsame Begebenheit vor ihrer Seele vorbei, und wie schmerzlich fiel es ihr, als zehn Tage vergingen, ohne daß der Freund erschienen wäre, der sie diese äußersten Aufopferungen kostete! Dagegen aber bereitete sich in diesen trüben Stunden ihre völlige Genesung vor, ja sie ward entschieden. Denn als bald darauf ihr Freund erschien und sich an ihr Bette auf eben dasselbe Taburett setzte, auf dem er ihre erste Erklärung vernommen hatte, und ihr freundlich, ja gewissermaßen zärtlich zusprach, die kurze Zeit noch standhaft auszudauern, unterbrach sie ihn mit Lächeln und sagte: ›Es bedarf weiter keines Zuredens, mein werter Freund, und ich werde mein Gelübde diese wenigen Tage mit Geduld und mit der Überzeugung ausdauern, daß Sie es mir zu meinem Besten auferlegt haben. Ich bin jetzt zu schwach, als daß ich Ihnen meinen Dank ausdrücken könnte, wie ich ihn empfinde. Sie haben mich mir selbst erhalten; Sie haben mich mir selbst gegeben, und ich erkenne, daß ich mein ganzes Dasein von nun an Ihnen schuldig bin.

Wahrlich! mein Mann war verständig und klug und kannte das Herz einer Frau; er war billig genug, sie über eine

Neigung nicht zu schelten, die durch seine Schuld in ihrem
Busen entstehen konnte, ja er war großmütig genug, seine
Rechte der Forderung der Natur hintanzusetzen. Aber Sie,
mein Herr, Sie sind vernünftig und gut; Sie haben mich
fühlen lassen, daß außer der Neigung noch etwas in uns ist,
das ihr das Gleichgewicht halten kann, daß wir fähig sind,
jedem gewohnten Gut zu entsagen und selbst unsere heißes-
ten Wünsche von uns zu entfernen. Sie haben mich in diese
Schule durch Irrtum und Hoffnung geführt; aber beide sind
nicht mehr nötig, wenn wir uns erst mit dem guten und
mächtigen Ich bekannt gemacht haben, das so still und ruhig
in uns wohnt und so lange, bis es die Herrschaft im Hause
gewinnt, wenigstens durch zarte Erinnerungen seine Gegenwart unaufhörlich merken läßt. Leben Sie wohl! Ihre
Freundin wird Sie künftig mit Vergnügen sehen; wirken
Sie auf Ihre Mitbürger wie auf mich; entwickeln Sie nicht
allein die Verwirrungen, die nur zu leicht über Besitztümer
entstehen, sondern zeigen Sie ihnen auch durch sanfte An-
leitung und durch Beispiel, daß in jedem Menschen die
Kraft der Tugend im Verborgenen keimt; die allgemeine
Achtung wird Ihr Lohn sein, und Sie werden mehr als der
erste Staatsmann und der größte Held den Namen Vater
des Vaterlandes verdienen.‹«

»Man muß Ihren Prokurator loben«, sagte die Baronesse;
»er ist zierlich, vernünftig, unterhaltend und unterrichtend;
so sollten alle diejenigen sein, die uns von einer Verirrung
abhalten oder davon zurückbringen wollen. Wirklich verdient die Erzählung vor vielen andern den Ehrentitel einer
moralischen Erzählung. Geben Sie uns mehrere von dieser
Art, und unsere Gesellschaft wird sich deren gewiß erfreuen.«
Der Alte. »Wenn diese Geschichte Ihren Beifall hat, so
ist es mir zwar sehr angenehm, doch tut mir's leid, wenn
Sie noch mehr moralische Erzählungen wünschen; denn es
ist die erste und letzte.«

L u i s e. »Es bringt Ihnen nicht viel Ehre, daß Sie in Ihrer Sammlung gerade von der besten Art nur eine einzige haben.«

D e r A l t e. »Sie verstehn mich unrecht. Es ist nicht die einzige moralische Geschichte, die ich erzählen kann, sondern alle gleichen sich dergestalt, daß man immer nur dieselbe zu erzählen scheint.«

L u i s e. »Sie sollten sich doch endlich diese Paradoxen abgewöhnen, die das Gespräch nur verwirren; erklären Sie sich deutlicher!«

D e r A l t e. »Recht gern! Nur diejenige Erzählung verdient moralisch genannt zu werden, die uns zeigt, daß der Mensch in sich eine Kraft habe, aus Überzeugung eines Bessern selbst gegen seine Neigung zu handeln. Dieses lehrt uns diese Geschichte, und keine moralische Geschichte kann etwas anderes lehren.«

L u i s e. »Und ich muß also, um moralisch zu handeln, gegen meine Neigung handeln?«

D e r A l t e. »Ja.«

L u i s e. »Auch wenn sie gut ist?«

D e r A l t e. »Keine Neigung ist an sich gut, sondern nur insofern sie etwas Gutes wirkt.«

L u i s e. »Wenn man nun Neigung zur Wohltätigkeit hätte?«

D e r A l t e. »So soll man sich verbieten, wohltätig zu sein, sobald man sieht, daß man sein eigenes Hauswesen dadurch zugrunde richtet.«

L u i s e. »Und wenn man einen unwiderstehlichen Trieb zur Dankbarkeit hätte?«

D e r A l t e. »Dafür ist bei den Menschen schon gesorgt, daß die Dankbarkeit bei ihnen niemals zum Triebe werden kann. Doch gesetzt auch, so würde der zu schätzen sein, der sich lieber undankbar zeigte, als daß er etwas Schändliches aus Liebe zu seinem Wohltäter unternähme.«

L u i s e. »So könnte es denn also doch unzählige moralische Geschichten geben?«

D e r A l t e. »In diesem Sinne, ja, doch würden sie alle
nichts weiter sagen, als was mein Prokurator gesagt hat,
und deswegen kann man ihn einzig dem Geiste nach nennen;
denn darin haben Sie recht, der Stoff kann sehr verschieden
sein.«

L u i s e. »Hätten Sie sich eigentlicher ausgedrückt, so hätten wir nicht gestritten.«

D e r A l t e. »Aber auch nicht gesprochen. Verwirrungen
und Mißverständnisse sind die Quellen des tätigen Lebens
und der Unterhaltung.«

L u i s e. »Ich kann doch noch nicht ganz mit Ihnen einig
sein. Wenn ein tapferer Mann mit Gefahr seines eigenen
Lebens andere rettet, ist das keine moralische Handlung?«

D e r A l t e. »Nach meiner Art, mich auszudrücken, nicht.
Wenn aber ein furchtsamer Mensch seine Furcht überwindet
und ebendasselbe tut, dann ist es eine moralische Handlung.«

D i e B a r o n e s s e. »Ich wollte, lieber Freund, Sie gäben
uns noch einige Beispiele und verglichen sich gelegentlich
mit Luisen über die Theorie. Gewiß, ein Gemüt, das Neigung zum Guten hat, muß uns, wenn wir es gewahr werden,
schon höchlich erfreuen; aber Schöneres ist nichts in der
Welt als Neigung, durch Vernunft und Gewissen geleitet.
Haben Sie noch eine Geschichte dieser Art, so wünschten
wir sie zu hören. Ich liebe mir sehr Parallelgeschichten. Eine
deutet auf die andere hin und erklärt ihren Sinn besser als
viele trockne Worte.«

D e r A l t e. »Ich kann wohl noch einige, die hieher gehören, vorbringen; denn ich habe auf diese Eigenschaften
des menschlichen Geistes besonders achtgegeben.«

L u i s e. »Nur eins möchte ich mir ausbitten. Ich leugne
nicht, daß ich die Geschichten nicht liebe, die unsre Einbildungskraft immer in fremde Länder nötigen. Muß denn
alles in Italien und Sizilien, im Orient geschehen? Sind denn
Neapel, Palermo und Smyrna die einzigen Orte, wo etwas
Interessantes vorgehen kann? Mag man doch den Schauplatz

der Feenmärchen nach Samarkand und Ormus versetzen, um unsere Einbildungskraft zu verwirren. Wenn Sie aber unsern Geist, unser Herz bilden wollen, so geben Sie uns einheimische, geben Sie uns Familiengemälde, und wir werden uns desto eher darin erkennen und, wenn wir uns getroffen fühlen, desto gerührter an unser Herz schlagen.«
D e r   A l t e . »Auch darin soll Ihnen gewillfahrt werden. Doch ist es mit den Familiengemälden eine eigene Sache. Sie sehen einander alle so gleich, und wir haben fast alle Verhältnisse derselben schon gut bearbeitet auf unsern Theatern gesehen. Indessen will ichs wagen und eine Geschichte erzählen, von der Ihnen schon etwas Ähnliches bekannt ist und die nur durch eine genaue Darstellung dessen, was in den Gemütern vorging, neu und interessant werden dürfte.«

Wilhelm Meisters Lehrjahre (Auszüge)

Dem klassischen Erziehungs- und Bildungsroman »Wilhelm Meisters Lehrjahre«, der 1795/96 erschien, ging eine als »Urmeister« bezeichnete fragmentarische Vorstufe, der Theaterroman »Wilhelm Meisters theatralische Sendung«, voraus, an dem Goethe mit Unterbrechungen seit 1776 gearbeitet hatte, ehe die italienische Reise zu Umarbeitung und Umwandlung des Stoffes führte. Zwischen der »Theatralischen Sendung« und den »Lehrjahren« lag die entscheidende Lebenserfahrung der Weimarer Jahre und der italienischen Reise, die zu typisierender Gestaltung führte. Statt Zeichnung individueller Charaktere wird jetzt symbolische Repräsentanz der Figuren angestrebt. Die »Lehrjahre« wollen kein Künstlerroman mehr sein, sondern sie zielen auf eine Weltanschauung, in der Kunst nur noch als ein Bildungselement unter vielen erscheint. Zu dem zeitgenössischen allgemein erörterten Thema der ästhetischen Erziehung des Volkes durch das Bildungserlebnis des Theaters tritt jetzt die viel weiter reichende Frage nach der Bildung des Menschen überhaupt. Die Titeländerung bezeichnet diese Verschiebung der Fragestellung. Während die »Theatralische Sendung« noch chronologisch mit Wilhelms Kindheit beginnt, setzen die »Lehrjahre« mit dem bewußten Nachdenken des Helden über sein Leben ein. Diese »innere Chronologie«, die nachholt, vorausweist, zeitlich Auseinanderliegendes verflicht und nebeneinanderstellt, entspricht dem menschlichen Denken, in dem Gewesenes und Kommendes ineinanderwirken. »Die Einheit des Ganzen denke ich mir als die Darstellung einer schönen menschlichen Natur, die sich durch die Zusammenwirkung ihrer inneren Anlagen und äußeren Verhältnisse allmählich ausbildet. Das Ziel dieser Ausbildung ist ein vollendetes Gleichgewicht, Harmonie mit Freiheit« (Christian Gottfried Körner an Schiller, 5. November 1796). Wilhelm ist der bildungsfähige Jüngling, den Goethe, Schiller, Hölderlin, Novalis sich als ihr Ideal vorstellten.

Eine indirekte Fortsetzung finden die »Lehrjahre« im Spätwerk der »Wanderjahre« (1821–29). Durch einen Vergleich der drei Stufen des Gesamtkomplexes wird die ideell und kompositionell fortschreitende Kunstabsicht Goethes bezeichnet. Sie reicht von dem noch stark autobiographischen Theaterroman, in dem der Held in der Bildung eines deutschen Nationaltheaters (dem Sternwunsch der Zeit) seine »Sendung« sieht, zur Bildungsidee der »Lehrjahre«, die das Theater nur noch als eine Durchgangsstufe in der Gesamtentwicklung des Helden anerkennen. Hier bereits wird antizipiert, daß Wilhelm die einseitige Selbstbildung hinter sich läßt und in der Bewährung am Mitmenschen vom ästhetischen Individualismus der »Lehrjahre« zum utopischen Sozialismus der »Wanderjahre« über die »klassische« Absicht hinaus ins »Realistische« weitergeht. Das Interesse des Idealisten an der Individualität des Menschen gestaltet in den »Lehrjahren« die Geschichte eines Individuums, das sein Ich entfaltet. Die »Wanderjahre« stehen mit ihrer Tendenz zu allgemein verbindlichen Betrachtungen, Lebensweisheiten

*und lehrhaften Erörterungen in der Tradition des philoso-
phischen Romans seit Voltaire.*

*Der Held der »Lehrjahre« ist kein außergewöhnlicher
Mensch, sondern »typischer Fall« eines bildungsfähigen Wesens im Sinne des klassischen Bildungsromans. Der Hergang
seiner Entwicklung entspricht einem Wachstum, das nach
seinen eigenen Gesetzen abläuft, dem teleologischen Lauf
eines organischen Prozesses. »An ihm und um ihn geschieht
alles, aber nicht eigentlich seinetwegen; eben weil die Dinge
um ihn her die Energien, er aber die Bildsamkeit darstellt
und ausdrückt« (Schiller an Goethe, 28. November 1796).*
*In acht Büchern wird in einem Zeitraum von zehn Jahren
Wilhelms Reife vom Jüngling zum Mann vorgeführt. Im
bedeutenden 5. Buch scheint das Werk »an einem Scheide-
punkt zu stehen und in einer wichtigen Krise begriffen zu
sein« (Friedrich Schlegel im »Athenäum«, 1. Bd., 2. St.,
1798). Wilhelm hat sich auf die Nachricht vom Tode seines
Vaters hin endgültig entschlossen, beim Theater zu bleiben,
weil er glaubt, nur hier seine menschliche Vollendung, die
die hierarchische Gesellschaftsordnung dem Bürger versagt,
finden zu können. Der Entschluß, aus der spießbürgerlichen
Enge heraus- und der Theatergruppe Serlos beizutreten,
wird in dem Brief an den in bürgerlichem Denken verhafte-
ten Schwager mitgeteilt: »Mich selbst, ganz wie ich da bin,
auszubilden, das war dunkel von Jugend auf mein Wunsch
und meine Absicht.« Diese Worte bezeichnen die geistige
Achse des Werkes, denn in allen Büchern des Romans stellt
Wilhelm über Art und Ziel seines Weges Betrachtungen an.
In dem Brief an Werner manifestiert sich indirekt die
Größe des Musters, nach dem er sein eigenes Bild ausrichtet.
»Sein Wert liegt in seinem Gemüt, nicht in seinen Wirkun-
gen, in seinem Streben, nicht in seinem Handeln; daher muß
ihm sein Leben, sobald er einem anderen davon Rechen-
schaft geben will, so gehaltleer vorkommen« (Schiller an
Goethe, 5. Juni 1796). Schon während der Arbeit an der
»Theatralischen Sendung« hatte Goethe in einem Brief an*

Lavater geschrieben: »Das Tagwerk, das mir aufgetragen ist, erfordert wachend und träumend meine Gegenwart. Diese Pflicht wird mir täglich teurer. [...] Diese Begierde, die Pyramide meines Daseins, deren Basis mir angegeben und gegründet ist, so hoch als möglich in die Luft zu spitzen, überwiegt alles andere« (September 1780). Das für Goethe bezeichnende Bild von Basis und Pyramide entspricht den Äußerungen Wilhelms in seinem Brief an den Schwager: durch die Anlagen ist die Basis gegeben, deren Höherbildung sich ihm daraus als Pflicht ergibt. Die Wechselwirkung von Ich und Welt wird unter dem Gesichtspunkt dieser Bildung »in die Luft« gedeutet. Das Theater ist als Brücke aus der wirklichen in die ideale Welt dem 18. Jahrhundert zeitgemäßes Bildungsinstrument, von dem man die Wiedergeburt der Kultur (Schiller) erhoffte.

»Meisters Rechtfertigung gegen Werner seines Übertritts zum Theater wegen« bezeichnete Schiller als eine »treffliche Stelle« (an Goethe, 15. Juni 1795). Wilhelms Wunsch, auf einen größeren Kreis zu wirken, eine »öffentliche Person« zu werden, läßt sich nur durch das Theater befriedigen. Der Brief an Werner zeigt seinen Drang nach einem Dasein jenseits des banal Nützlichen der bürgerlich-materiellen Welt. Das Drama, als die »geselligste« der Gattungen, bietet in seinen Gestalten verschiedenste Arten von Menschsein, es bildet nicht nur ästhetisch, sondern auch sittlich. Eine solche Ausbildung der Persönlichkeit, die dem Adligen durch die anderen gesellschaftlichen Voraussetzungen von vornherein gegeben sind, hält Wilhelm für den Bürger nur auf dem Wege des Künstlertums für möglich. Damit werden summarisch Goethes Gedanken über die Stellung der privilegierten Schichten zum Bürgertum zusammengefaßt. Der Bürger könne sich nur durch eine spezielle Leistung auszeichnen, während der Adlige durch seine Herkunft bereits eine »öffentliche Person« sei. Nachdem die sozialen Klassen danach eingeschätzt werden, inwieweit sie die Bildung zum totalen Menschen ermöglichen, bleibt in der damals existie-

renden Gesellschaftsordnung für den Bürger nur die Welt des Scheins als Schule der Bildung von Manieren, Geschmack und Geist. Für den Heutigen bemerkenswert erscheint die Tatsache, daß in diesem Bild kultivierter Lebensform nicht auch die politische Welt als Aktionskreis figuriert. Der Roman entstand nun einmal in einer Zeit, als das Bürgertum zu totaler politischer Passivität verurteilt war.

Die Begegnung mit Adligen als Vertretern von Möglichkeiten einer anderen Lebensform tritt leitmotivisch als Bildungselement neben das der Kunst und des Pietismus (»Bekenntnisse einer schönen Seele«, VI. Buch) und neben die geistige Strömung der Aufklärung und ihre Verbindung mit dem Freimaurertum in der Turmgesellschaft. »Wenn die individuelle Bildung einen gewissen Grad erreicht hat, muß der Mensch sich einer Gesellschaft eingliedern und lernen, um anderer willen zu leben« (Gesellschaft vom Turm). Wilhelm Meisters Weg führt dementsprechend von einem unbestimmten Ideal der Ausbildung der Individualität zu disziplinierter Lenkung seines Lebensganges und zu entschlossener Tat. Goethe sieht in Beschränkung, Entsagen und Handeln die Vorbedingung jedes kulturellen Verdienstes. »Der Mensch ist nicht eher glücklich, als bis sein unbedingtes Streben sich selbst seine Begrenzung bestimmt« (Lehrjahre, VIII, 5).

Die »Lehrjahre« bedeuteten eine für Deutschland völlig neue Art von Weltanschauungsroman. Sie enthalten Goethes Beitrag zur Bildungsidee schlechthin in einem Urbild für die Beziehung von Ich und Welt. Der Gesichtspunkt: »mich selbst, ganz wie ich bin, auszubilden«, stellt ein neues Kulturideal auf, das noch für Tiecks »Sternbald«, Brentanos »Godwi«, Jean Pauls »Titan«, Eichendorffs »Ahnung und Gegenwart«, Mörikes »Maler Nolten«, Stifters »Nachsommer«, Immermanns »Epigonen« und Kellers »Grünen Heinrich« bestimmend blieb.

Fünftes Buch

Drittes Kapitel

»Dein Brief ist so wohl geschrieben und so gescheit und klug gedacht, daß sich nichts mehr dazusetzen läßt. Du wirst mir aber verzeihen, wenn ich sage, daß man gerade das Gegenteil davon meinen, behaupten und tun, und doch auch recht haben kann. Deine Art zu sein und zu denken geht auf einen unbeschränkten Besitz und auf eine leichte, lustige Art zu genießen hinaus, und ich brauche Dir kaum zu sagen, daß ich daran nichts, was mich reizte, finden kann.

Zuerst muß ich Dir leider bekennen, daß mein Tagebuch aus Not, um meinem Vater gefällig zu sein, mit Hülfe eines Freundes aus mehreren Büchern zusammengeschrieben ist, und daß ich wohl die darin enthaltenen Sachen und noch mehrere dieser Art weiß, aber keinesweges verstehe, noch mich damit abgeben mag. Was hilft es mir, gutes Eisen zu fabrizieren, wenn mein eigenes Inneres voller Schlacken ist? und was, ein Landgut in Ordnung zu bringen, wenn ich mit mir selber uneins bin?

Daß ich Dir's mit *einem* Worte sage: mich selbst, ganz wie ich da bin, auszubilden, das war dunkel von Jugend auf mein Wunsch und meine Absicht. Noch hege ich eben diese Gesinnungen, nur daß mir die Mittel, die mir es möglich machen werden, etwas deutlicher sind. Ich habe mehr Welt gesehen, als Du glaubst, und sie besser benutzt, als Du denkst. Schenke deswegen dem, was ich sage, einige Aufmerksamkeit, wenn es gleich nicht ganz nach Deinem Sinne sein sollte.

Wäre ich ein Edelmann, so wäre unser Streit bald abgetan; da ich aber nur ein Bürger bin, so muß ich einen eigenen Weg nehmen, und ich wünsche, daß Du mich verstehen mögest. Ich weiß nicht, wie es in fremden Ländern ist, aber in Deutschland ist nur dem Edelmann eine gewisse allgemeine, wenn ich sagen darf, personelle Ausbildung möglich.

Ein Bürger kann sich Verdienst erwerben und zur höchsten
Not seinen Geist ausbilden; seine Persönlichkeit geht aber
verloren, er mag sich stellen, wie er will. Indem es dem
Edelmann, der mit den Vornehmsten umgeht, zur Pflicht
wird, sich selbst einen vornehmen Anstand zu geben, indem
dieser Anstand, da ihm weder Tür noch Tor verschlossen ist,
zu einem freien Anstand wird, da er mit seiner Figur, mit
seiner Person, es sei bei Hofe oder bei der Armee, bezahlen
muß, so hat er Ursache, etwas auf sie zu halten und zu zeigen, daß er etwas auf sie hält. Eine gewisse feierliche Grazie
bei gewöhnlichen Dingen, eine Art von leichtsinniger Zier-
lichkeit bei ernsthaften und wichtigen kleidet ihn wohl,
weil er sehen läßt, daß er überall im Gleichgewicht steht.
Er ist eine öffentliche Person, und je ausgebildeter seine
Bewegungen, je sonorer seine Stimme, je gehaltner und ge-
messener sein ganzes Wesen ist, desto vollkommner ist er.
Wenn er gegen Hohe und Niedre, gegen Freunde und Verwandte immer ebenderselbe bleibt, so ist nichts an ihm aus-
zusetzen, man darf ihn nicht anders wünschen. Er sei kalt,
aber verständig; verstellt, aber klug. Wenn er sich äußerlich
in jedem Momente seines Lebens zu beherrschen weiß, so
hat niemand eine weitere Forderung an ihn zu machen, und
alles übrige, was er an und um sich hat, Fähigkeit, Talent,
Reichtum, alles scheinen nur Zugaben zu sein.
Nun denke Dir irgendeinen Bürger, der an jene Vorzüge
nur einigen Anspruch zu machen gedächte; durchaus muß
es ihm mißlingen, und er müßte desto unglücklicher werden,
je mehr sein Naturell ihm zu jener Art zu sein Fähigkeit
und Trieb gegeben hätte.
Wenn der Edelmann im gemeinen Leben gar keine Grenzen
kennt, wenn man aus ihm Könige oder königähnliche Figuren erschaffen kann, so darf er überall mit einem stillen
Bewußtsein vor seinesgleichen treten; er darf überall vorwärts dringen, anstatt daß dem Bürger nichts besser an-
steht, als das reine, stille Gefühl der Grenzlinie, die ihm
gezogen ist. Er darf nicht fragen: ›Was bist du?‹, sondern

nur: ›Was hast du? welche Einsicht, welche Kenntnis, welche Fähigkeit, wieviel Vermögen?‹ Wenn der Edelmann durch die Darstellung seiner Person alles gibt, so gibt der Bürger durch seine Persönlichkeit nichts und soll nichts geben. Jener darf und soll scheinen; dieser soll nur sein, und was er scheinen will, ist lächerlich oder abgeschmackt. Jener soll tun und wirken, dieser soll leisten und schaffen; er soll einzelne Fähigkeiten ausbilden, um brauchbar zu werden, und es wird schon vorausgesetzt, daß in seinem Wesen keine Harmonie sei noch sein dürfe, weil er, um sich auf *eine* Weise brauchbar zu machen, alles übrige vernachlässigen muß.

An diesem Unterschiede ist nicht etwa die Anmaßung der Edelleute und die Nachgiebigkeit der Bürger, sondern die Verfassung der Gesellschaft selbst schuld; ob sich daran einmal etwas ändern wird und was sich ändern wird, bekümmert mich wenig; genug, ich habe, wie die Sachen jetzt stehen, an mich selbst zu denken, und wie ich mich selbst und das, was mir ein unerläßliches Bedürfnis ist, rette und erreiche.

Ich habe nun einmal gerade zu jener harmonischen Ausbildung meiner Natur, die mir meine Geburt versagt, eine unwiderstehliche Neigung. Ich habe, seit ich Dich verlassen, durch Leibesübung viel gewonnen; ich habe viel von meiner gewöhnlichen Verlegenheit abgelegt und stelle mich so ziemlich dar. Ebenso habe ich meine Sprache und Stimme ausgebildet, und ich darf ohne Eitelkeit sagen, daß ich in Gesellschaften nicht mißfalle. Nun leugne ich Dir nicht, daß mein Trieb täglich unüberwindlicher wird, eine öffentliche Person zu sein, und in einem weitern Kreise zu gefallen und zu wirken. Dazu kömmt meine Neigung zur Dichtkunst und zu allem, was mit ihr in Verbindung steht, und das Bedürfnis, meinen Geist und Geschmack auszubilden, damit ich nach und nach auch bei dem Genuß, den ich nicht entbehren kann, nur das Gute wirklich für gut und das Schöne für schön halte. Du siehst wohl, daß das alles für mich nur auf dem Theater zu finden ist, und daß ich mich in diesem einzigen Elemente nach Wunsch rühren und ausbilden kann. Auf den Brettern erscheint der gebildete Mensch so gut persönlich in seinem Glanz als in den obern Klassen; Geist und Körper müssen bei jeder Bemühung gleichen Schritt gehen, und ich werde da so gut sein und scheinen können als irgend anderswo. Suche ich daneben noch Beschäftigungen, so gibt es dort mechanische Quälereien genug, und ich kann meiner Geduld tägliche Übung verschaffen.

Disputiere mit mir nicht darüber; denn eh' Du mir schreibst, ist der Schritt schon geschehen. Wegen der herrschenden Vorurteile will ich meinen Namen verändern, weil ich mich ohnehin schäme, als Meister aufzutreten. Lebe wohl. Unser Vermögen ist in so guter Hand, daß ich mich darum gar nicht bekümmere; was ich brauche, verlange ich gelegentlich von Dir; es wird nicht viel sein, denn ich hoffe, daß mich meine Kunst auch nähren soll.«

Der Brief war kaum abgeschickt, als Wilhelm auf der Stelle Wort hielt und zu Serlos und der übrigen großen Verwunderung sich auf einmal erklärte, daß er sich zum Schauspieler widme und einen Kontrakt auf billige Bedingungen eingehen wolle. Man war hierüber bald einig, denn Serlo hatte schon früher sich so erklärt, daß Wilhelm und die übrigen damit gar wohl zufrieden sein konnten. Die ganze verunglückte Gesellschaft, mit der wir uns so lange unterhalten haben, ward auf einmal angenommen, ohne daß jedoch, außer etwa Laertes, sich einer gegen Wilhelmen dankbar erzeigt hätte. Wie sie ohne Zutrauen gefordert hatten, so empfingen sie ohne Dank. Die meisten wollten lieber ihre Anstellung dem Einflusse Philinens zuschreiben, und richteten ihre Danksagungen an sie. Indessen wurden die ausgefertigten Kontrakte unterschrieben, und durch eine unerklärliche Verknüpfung von Ideen entstand vor Wilhelms Einbildungskraft in dem Augenblicke, als er seinen fingierten Namen unterzeichnete, das Bild jenes Waldplatzes, wo er verwundet in Philinens Schoß gelegen. Auf einem Schimmel kam die liebenswürdige Amazone aus den Büschen, nahte sich ihm und stieg ab. Ihr menschenfreundliches Bemühen hieß sie gehen und kommen; endlich stand sie vor ihm. Das Kleid fiel von ihren Schultern; ihr Gesicht, ihre Gestalt fing an zu glänzen, und sie verschwand. So schrieb er seinen Namen nur mechanisch hin, ohne zu wissen, was er tat, und fühlte erst, nachdem er unterzeichnet hatte, daß Mignon an seiner Seite stand, ihn am Arm hielt und ihm die Hand leise wegzuziehen versucht hatte.

Fünftes Buch
Siebentes Kapitel

Einen Abend stritt die Gesellschaft, ob der Roman oder das Drama den Vorzug verdiene? Serlo versicherte, es sei ein vergeblicher, mißverstandener Streit; beide könnten in ihrer Art vortrefflich sein, nur müßten sie sich in den Grenzen ihrer Gattung halten.

»Ich bin selbst noch nicht ganz im klaren darüber«, versetzte Wilhelm.

»Wer ist es auch?« sagte Serlo, »und doch wäre es der Mühe wert, daß man der Sache näher käme.«

Sie sprachen viel herüber und hinüber, und endlich war folgendes ungefähr das Resultat ihrer Unterhaltung:

Im Roman wie im Drama sehen wir menschliche Natur und Handlung. Der Unterschied beider Dichtungsarten liegt nicht bloß in der äußern Form, nicht darin, daß die Personen in dem einen sprechen und daß in dem andern gewöhnlich von ihnen erzählt wird. Leider viele Dramen sind nur dialogierte Romane, und es wäre nicht unmöglich, ein Drama in Briefen zu schreiben.

Im Roman sollen vorzüglich Gesinnungen und Begebenheiten vorgestellt werden; im Drama Charaktere und Taten. Der Roman muß langsam gehen, und die Gesinnungen der Hauptfigur müssen, auf welche Weise es wolle, das Vordringen des Ganzen zur Entwicklung aufhalten. Das Drama soll eilen, und der Charakter der Hauptfigur muß sich nach dem Ende drängen und nur aufgehalten werden. Der Romanheld muß leidend, wenigstens nicht im hohen Grade wirkend sein; von dem dramatischen verlangt man Wirkung und Tat. Grandison, Clarisse, Pamela, der Landpriester von Wakefield, Tom Jones[1] selbst sind, wo nicht leidende, doch retardierende Personen, und alle Begebenheiten werden gewissermaßen nach ihren Gesinnungen gemodelt. Im Drama modelt der Held nichts nach sich, alles widersteht ihm, und er räumt und rückt die Hindernisse aus dem Wege oder unterliegt ihnen.

So vereinigte man sich auch darüber, daß man dem Zufall im Roman gar wohl sein Spiel erlauben könne, daß er aber immer durch die Gesinnungen der Personen gelenkt und geleitet werden müsse; daß hingegen das Schicksal, das die Menschen, ohne ihr Zutun, durch unzusammenhängende äußere Umstände zu einer unvorgesehenen Katastrophe hindrängt, nur im Drama statthabe; daß der Zufall wohl pathetische, niemals aber tragische Situationen hervorbringen dürfe; das Schicksal hingegen müsse immer fürchterlich sein und werde im höchsten Sinne tragisch, wenn es schuldige und unschuldige, voneinander unabhängige Taten in eine unglückliche Verknüpfung bringt.

Diese Betrachtungen führten wieder auf den wunderlichen Hamlet und auf die Eigenheiten dieses Stücks. Der Held, sagte man, hat eigentlich auch nur Gesinnungen; es sind nur Begebenheiten, die zu ihm stoßen, und deswegen hat das Stück etwas von dem Gedehnten des Romans; weil aber das Schicksal den Plan gezeichnet hat, weil das Stück von einer fürchterlichen Tat ausgeht, und der Held immer vorwärts zu einer fürchterlichen Tat gedrängt wird, so ist es

---

1. *Pamela (1740)*, *Clarissa (1747/48)* und *Sir Charles Grandison (1753/54)* sind die Titelhelden der gleichnamigen Tugend- und Familienromane in Briefform von Samuel Richardson. – »*Der Pfarrer von Wakefield*« (1766), Roman von Oliver Goldsmith. – »*Tom Jones. Die Geschichte eines Findlings*« (1749), Sitten- und Charakterroman von Henry Fielding.

im höchsten Sinne tragisch und leidet keinen andern als
einen tragischen Ausgang.

Nun sollte Leseprobe gehalten werden, welche Wilhelm
eigentlich als ein Fest ansah. Er hatte die Rollen vorher
kollationiert, daß also von dieser Seite kein Anstoß sein
konnte. Die sämtlichen Schauspieler waren mit dem Stücke
bekannt, und er suchte sie nur, ehe sie anfingen, von der
Wichtigkeit einer Leseprobe zu überzeugen. Wie man von
jedem Musikus verlange, daß er bis auf einen gewissen
Grad vom Blatte spielen könne, so solle auch jeder Schauspieler, ja jeder wohlerzogene Mensch sich üben, vom Blatte
zu lesen, einem Drama, einem Gedicht, einer Erzählung sogleich ihren Charakter abzugewinnen und sie mit Fertigkeit
vorzutragen. Alles Memorieren helfe nichts, wenn der
Schauspieler nicht vorher in den Geist und Sinn des guten
Schriftstellers eingedrungen sei; der Buchstabe könne nichts
wirken.

Serlo versicherte, daß er jeder andern Probe, ja der Haupt-
probe nachsehen wolle, sobald der Leseprobe ihr Recht
widerfahren sei: »Denn gewöhnlich«, sagte er, »ist nichts
lustiger, als wenn Schauspieler von Studieren sprechen; es
kommt mir ebenso vor, als wenn die Freimäurer von Arbeiten reden.«

Die Probe lief nach Wunsch ab, und man kann sagen, daß
der Ruhm und die gute Einnahme der Gesellschaft sich auf
diese wenigen wohlangewandten Stunden gründete.

»Sie haben wohl getan, mein Freund«, sagte Serlo, nachdem sie wieder allein waren, »daß Sie unsern Mitarbeitern
so ernstlich zusprachen, wenn ich gleich fürchte, daß sie
Ihre Wünsche schwerlich erfüllen werden.«

»Wieso?« versetzte Wilhelm.

»Ich habe gefunden«, sagte Serlo, »daß, so leicht man der
Menschen Imagination in Bewegung setzen kann, so gern sie
sich Märchen erzählen lassen, ebenso selten ist es, eine Art
von produktiver Imagination bei ihnen zu finden. Bei den
Schauspielern ist dieses sehr auffallend. Jeder ist sehr wohl

zufrieden, eine schöne, lobenswürdige, brillante Rolle zu
übernehmen; selten aber tut einer mehr, als sich mit Selbst-
gefälligkeit an die Stelle des Helden setzen, ohne sich im
mindesten zu bekümmern, ob ihn auch jemand dafür halten
werde. Aber mit Lebhaftigkeit zu umfassen, was sich der
Autor beim Stück gedacht hat, was man von seiner Individualität hingeben müsse, um einer Rolle genugzutun, wie
man durch eigene Überzeugung, man sei ein ganz anderer
Mensch, den Zuschauer gleichfalls zur Überzeugung hin-
reiße, wie man, durch eine innere Wahrheit der Darstel-
lungskraft, diese Bretter in Tempel, diese Pappen in Wälder
verwandelt, ist wenigen gegeben. Diese innere Stärke des
Geistes, wodurch ganz allein der Zuschauer getäuscht wird,
diese erlogene Wahrheit, die ganz allein Wirkung hervorbringt, wodurch ganz allein die Illusion erzielt wird, wer
hat davon einen Begriff?
Lassen Sie uns daher ja nicht zu sehr auf Geist und Empfindung dringen! Das sicherste Mittel ist, wenn wir unsern
Freunden mit Gelassenheit zuerst den Sinn des Buchstabens
erklären und ihnen den Verstand eröffnen. Wer Anlage
hat, eilt alsdann selbst dem geistreichen und empfindungs-
vollen Ausdrucke entgegen, und wer sie nicht hat, wird
wenigstens niemals ganz falsch spielen und rezitieren. Ich
habe aber bei Schauspielern, so wie überhaupt, keine schlim-
mere Anmaßung gefunden, als wenn jemand Ansprüche an
Geist macht, solange ihm der Buchstabe noch nicht deutlich
und geläufig ist.«

Drittes Buch
Elftes Kapitel

Wilhelm hatte kaum einige Stücke Shakespeares gelesen, als
ihre Wirkung auf ihn so stark wurde, daß er weiter fortzufahren nicht imstande war. Seine ganze Seele geriet in Bewegung. Er suchte Gelegenheit, mit Jarno zu sprechen, und
konnte ihm nicht genug für die verschaffte Freude danken.

»Ich habe es wohl vorausgesehen«, sagte dieser, »daß Sie gegen die Trefflichkeiten des außerordentlichsten und wunderbarsten aller Schriftsteller nicht unempfindlich bleiben würden.«

»Ja«, rief Wilhelm aus, »ich erinnere mich nicht, daß ein Buch, ein Mensch oder irgendeine Begebenheit des Lebens so große Wirkungen auf mich hervorgebracht hätte als die köstlichen Stücke, die ich durch Ihre Gütigkeit habe kennen lernen. Sie scheinen ein Werk eines himmlischen Genius zu sein, der sich den Menschen nähert, um sie mit sich selbst auf die gelindeste Weise bekannt zu machen. Es sind keine Gedichte! Man glaubt vor den aufgeschlagenen ungeheuren Büchern des Schicksals zu stehen, in denen der Sturmwind des bewegtesten Lebens saust und sie mit Gewalt rasch hin und wider blättert. Ich bin über die Stärke und Zartheit, über die Gewalt und Ruhe so erstaunt und außer aller Fassung gebracht, daß ich nur mit Sehnsucht auf die Zeit warte, da ich mich in einem Zustande befinden werde, weiterzulesen.«

»Bravo«, sagte Jarno, indem er unserm Freunde die Hand reichte und sie ihm drückte, »so wollte ich es haben! und die Folgen, die ich hoffe, werden gewiß auch nicht ausbleiben.«

»Ich wünschte«, versetzte Wilhelm, »daß ich Ihnen alles, was gegenwärtig in mir vorgeht, entdecken könnte. Alle Vorgefühle, die ich jemals über Menschheit und ihre Schicksale gehabt, die mich von Jugend auf, mir selbst unbemerkt, begleiteten, finde ich in Shakespeares Stücken erfüllt und entwickelt. Es scheint, als wenn er uns alle Rätsel offenbarte, ohne daß man doch sagen kann: ›Hier oder da ist das Wort der Auflösung.‹ Seine Menschen scheinen natürliche Menschen zu sein, und sie sind es doch nicht. Diese geheimnisvollsten und zusammengesetztesten Geschöpfe der Natur handeln vor uns in seinen Stücken, als wenn sie Uhren wären, deren Zifferblatt und Gehäuse man von Kristall gebildet hätte, sie zeigen nach ihrer Bestimmung den

Lauf der Stunden an, und man kann zugleich das Räder-
und Federwerk erkennen, das sie treibt. Diese wenigen
Blicke, die ich in Shakespeares Welt getan, reizen mich
mehr als irgend etwas andres, in der wirklichen Welt schnel-
lere Fortschritte vorwärts zu tun, mich in die Flut der
Schicksale zu mischen, die über sie verhängt sind, und dereinst, wenn es mir glücken sollte, aus dem großen Meere der
wahren Natur wenige Becher zu schöpfen und sie von der
Schaubühne dem lechzenden Publikum meines Vaterlandes
auszuspenden.«
»Wie freut mich die Gemütsverfassung, in der ich Sie sehe«,
versetzte Jarno und legte dem bewegten Jüngling die Hand
auf die Schulter. »Lassen Sie den Vorsatz nicht fahren, in
ein tätiges Leben überzugehen, und eilen Sie, die guten
Jahre, die Ihnen gegönnt sind, wacker zu nutzen. Kann ich
Ihnen behülflich sein, so geschieht es von ganzem Herzen.
Noch habe ich nicht gefragt, wie Sie in diese Gesellschaft
gekommen sind, für die Sie weder geboren noch erzogen
sein können. So viel hoffe ich und sehe ich, daß Sie sich
heraussehnen. Ich weiß nichts von Ihrer Herkunft, von
Ihren häuslichen Umständen; überlegen Sie, was Sie mir
vertrauen wollen. So viel kann ich Ihnen nur sagen, die
Zeiten des Krieges, in denen wir leben, können schnelle
Wechsel des Glückes hervorbringen; mögen Sie Ihre Kräfte
und Talente unserm Dienste widmen, Mühe und, wenn es
not tut, Gefahr nicht scheuen, so habe ich eben jetzo eine
Gelegenheit, Sie an einen Platz zu stellen, den eine Zeitlang
bekleidet zu haben Sie in der Folge nicht gereuen wird.«
Wilhelm konnte seinen Dank nicht genug ausdrücken und
war willig, seinem Freunde und Beschützer die ganze Geschichte seines Lebens zu erzählen.
Sie hatten sich unter diesem Gespräche weit in den Park
verloren und waren auf die Landstraße, welche durch denselben ging, gekommen. Jarno stand einen Augenblick still
und sagte: »Bedenken Sie meinen Vorschlag, entschließen
Sie sich, geben Sie mir in einigen Tagen Antwort und schen-

ken Sie mir Ihr Vertrauen. Ich versichre Sie, es ist mir bisher unbegreiflich gewesen, wie Sie sich mit solchem Volke haben gemein machen können. Ich hab' es oft mit Ekel und Verdruß gesehen, wie Sie, um nur einigermaßen leben zu können, Ihr Herz an einen herumziehenden Bänkelsänger und an ein albernes, zwitterhaftes Geschöpf hängen mußten.« [...]

FRIEDRICH HÖLDERLIN

Hyperion (Auszug)

Der Briefroman »Hyperion oder der Eremit in Griechenland« entstand 1792 bis 1798 und erschien – nachdem schon 1794 in Schillers »Neuer Thalia« eine frühere Fassung, das »Fragment von Hyperion«, gedruckt wurde – 1797 bis 1799 endgültig bei Cotta in zweibändiger Form. Zwischen diesen beiden von Hölderlin selbst zum Druck gebrachten Fassungen steht eine Reihe von handschriftlichen Entwürfen und Vorstufen des Werks. Die endgültige Fassung (1796–98) enthält 62 Briefe, von denen sich 44 Briefe Hyperions an seinen Freund Bellarmin richten, in denen rückblickend der Bericht über das eigentliche Geschehen gegeben wird. In diese Briefe eingeschaltet sind 13 Briefe Hyperions an seine Geliebte, Diotima, vier von ihr an ihn und gegen Ende des Werks ein Brief eines Familienfreundes von Diotima, der Hyperion über ihren Tod unterrichtet.
Die Briefform (Einwirken Rousseaus und Goethes) ermöglicht Hölderlin statt eines festen Handlungsgefüges die Wiedergabe von Gefühlszuständen und Situationen, eine formale Lösung, der die Lyrik seiner Sprachmusik entgegenkommt, die statt einer realistischen Charakteristik den Gestalten einen eigenen rhythmischen melodischen Grundgestus verleiht. Im Aufbau wird klassisches Maß angestrebt:

Die zwei Bände des Romans haben je zwei Bücher mit klar umrissenen Leitthemen: Erstes Buch: Kindheit und Bildung des Neugriechen Hyperion durch den Meister Adamas, der ihn die klassische Einheit von Natur und antiker Geschichte verstehen lehrt. Die Gestalt Adamas bildet eine Art Vorentwurf zum Empedokles. Er hat das Vermögen, in die Zukunft zu wirken, indem er dem Knaben die Fülle der Natur und die Größe der Vergangenheit entfaltet und ihn damit in die Ferne treibt. In der Freundschaft mit Alabanda, dessen selbstherrliches Streben Züge des nachwirkenden Sturm und Drang verkörpert, werden die »kolossalischen Entwürfe« künftiger Taten erörtert. Alabanda gehört einem Geheimbunde an, dessen Mitglieder menschlich enttäuschen. Trennung der Freunde. – Zweites Buch: Liebesglück mit Diotima, die Hyperion als Inbegriff altgriechischen Daseins in der Natur erscheint. Ihre Gestalt verkörpert als Frauenbild neben der Iphigenie Goethes die zeittypische Verehrung des Griechischen als Ideal vollkommenen Menschentums. Ihr Wesen bildet den beruhigenden und sammelnden Gegenpol zu Hyperions Zerrissenheit zwischen selbstverzehrender Reflexion und Tatendrang. Im Umgang mit Diotima erkennt Hyperion seine Aufgabe: das eigene Volk an Geist und Herz zu bilden, um es innerlich auf die Befreiung von der türkischen Fremdherrschaft vorzubereiten.

Der zweite Band beginnt mit der Ankündigung künftigen Unglücks. Ein Brief Alabandas fordert Hyperion auf, sich durch die Tat, also im Kampf statt in stiller Arbeit, für die Befreiung des Vaterlandes einzusetzen. Diotima warnt vergeblich. Überkreuzung von Liebes- und Freundschaftsverhältnis. Hyperion erfährt, daß sich das Schöne nicht in der Unmittelbarkeit des Kampfes verwirklichen läßt, denn durch die Tat wird das reine Ideal getrübt: Plünderung und unnützes Blutvergießen durch seine Leute. Hyperion scheitert, gibt sich auf, bittet Diotima schriftlich, ihn zu verlassen, weil er ihrer unwürdig geworden sei. Sein Vater ver-

stößt ihn. – *Das letzte Buch bringt die Katastrophe: Endgültiger Abschied Alabandas, des wie Hyperion Zerrissenen,
der zugibt, Diotima selbst zu lieben und erkannt hat, daß
er im Befreiungskrieg den Verpflichtungen seines Geheim-
bundes zuwidergehandelt hat. Brief der sterbenden Diotima
an Hyperion, die ihm – seinem Wunsche folgend – entsagt
und damit unwiderruflich den Zusammenhang mit dem Leben und durch das indirekte Erlebnis der Tat ihre Einheit
mit der Natur verloren hat. Hyperion ist allein (Eremit).
Nach dem Zusammenbruch aller Lebensmöglichkeiten treibt
es ihn nach Deutschland, wo er das Gegenstück zu dem
Unheil, das seine eigene Heimat bedrückt, findet: dort die
Dumpfheit der Knechtschaft und der Unterdrückung, hier
der Nützlichkeitssinn der Aufklärung, das Fehlen jeglichen
Schönheitsempfindens und Überheblichkeit. Hyperion, der
die Erneuerung der Deutschen durch das antike, überzeit-
liche Menschenbild erhofft hatte, leidet an Vereinzelung in
diesem Land, über das er im vorletzten Brief das erbitterte,
furchtbare Gericht des Enttäuschten abhält. Der letzte Brief,
in dem Hyperion nach langer Entmutigung ins Leben zu-
rückfindet, läßt ahnen, daß er sein Jünglingsalter abgeschlossen (»... ich hab ihn ausgeträumt, von Menschendingen den Traum...«) und als Mann das Unbegrenzte,
Maßlose seines Wesens durch Form und Grenze beherrschen
gelernt hat. Mit diesem Brief bricht das Werk ab.*
Hyperions Sehnsucht nach Einheit mit der Natur und dem
Unendlichen, die das Zeitliche nur als dialektische Erfüllung
des Göttlichen empfindet, sein »elegischer Charakter«, seine
Trauer um den Untergang der Humanität spiegelt des Dichters eigene idealistische Bestrebungen und seine Resignation.
Sein Held ist wie er ein Mensch ohne Gleichgewicht, sein
ständiges Schwanken des Gefühls ist die von Hölderlin
selbst beklagte »ewige Ebb' und Flut« seines Gefühls. Hölderlin hatte wie Hyperion erkannt, daß die Schönheit – verkörpert in der Gestalt Diotimas (in Hölderlins Leben:
Susette Gontard) – im Zeitlichen untergehen muß. Ihre in

sich ruhende Vollendung wird durch die geschichtliche Tat zerstört.

Im Gesamtzusammenhang des Hölderlinschen Denkens erscheint der Hyperion-Roman weniger als die Geschichte zweier Menschen als vielmehr der Versuch des Sichtbarmachens von Urformen des menschlichen Daseins im Sinne Hölderlins: im lebendig waltenden Geist der Natur. Was in den philosophischen Gesprächen der Briefe theoretisch ausgedrückt wird, vollzieht sich in seinen Gestalten, die den menschlichen Bezug zur Natur versinnbildlichen. Der Mensch erscheint als die »Möglichkeit der Natur, Geschichte zu haben« (Guardini). Im individuellen Dasein des Hölderlinschen Menschen erfährt die Natur die mythische Katastrophe der Trennung, in ihr liegt aber auch der ewig wiederkehrende Neubeginn einer Einheit des Ganzen. In der metaphysischen Verklärung der Diotima-Gestalt (vgl. das Gedicht »Menons Klagen um Diotima«) wird diese göttliche All-Einheit der Natur besungen. In ihrem letzten Brief an Hyperion drückt Diotima die Hölderlinsche idealistische, religiös-mystische Vorstellung vom Daseins-Ganzen in den folgenden Worten aus: »Ich habe mich des Stückwerks überhoben, das die Menschenhände gemacht, ich hab es gefühlt, das Leben der Natur, das höher ist denn alle Gedanken – wenn ich auch zur Pflanze würde, wäre denn der Schade so groß? – Ich werde sein. Wie sollt' ich mich verlieren aus der Sphäre des Lebens, worin die ewige Liebe, die allen gemein ist, die Naturen alle zusammenhält? wie sollt' ich scheiden aus dem Bunde, der die Wesen alle verknüpft? Der bricht so leicht nicht, wie die losen Bande dieser Zeit. Der ist nicht wie ein Markttag, wo das Volk zusammenläuft und lärmt und auseinandergeht. Nein! bei dem Geiste, der uns einiget, bei dem Gottesgeiste, der jedem eigen ist und allen gemein! nein! im Bunde der Natur ist Treue kein Traum. Wir trennen uns nur, um inniger einig zu sein, göttlicher friedlich mit allem, mit uns. Wir sterben, um zu leben.«*

Hyperion an Bellarmin

So kam ich unter die Deutschen. Ich forderte nicht viel und war gefaßt, noch weniger zu finden. Demütig kam ich, wie der heimatlose blinde Ödipus zum Tore von Athen, wo ihn der Götterhain empfing und schöne Seelen ihm begegneten. –

Wie anders ging es mir!

Barbaren von alters her, durch Fleiß und Wissenschaft und selbst durch Religion barbarischer geworden, tiefunfähig jedes göttlichen Gefühls, verdorben bis ins Mark zum Glück der heiligen Grazien, in jedem Grad der Übertreibung und der Ärmlichkeit beleidigend für jede gutgeartete Seele, dumpf und harmonielos, wie die Scherben eines weggeworfenen Gefäßes – das, mein Bellarmin! waren meine Tröster.

Es ist ein hartes Wort und dennoch sag ich's, weil es Wahrheit ist: ich kann kein Volk mir denken, das zerrißner wäre wie die Deutschen. Handwerker siehst du, aber keine Menschen, Denker, aber keine Menschen, Priester, aber keine Menschen, Herrn und Knechte, Jungen und gesetzte Leute, aber keine Menschen – ist das nicht wie ein Schlachtfeld, wo Hände und Arme und alle Glieder zerstückelt aufeinander liegen, indessen das vergoßne Lebensblut im Sande zerrinnt?

Ein jeder treibt das Seine, wirst du sagen, und ich sag es auch. Nur muß er es mit ganzer Seele treiben, muß nicht jede Kraft in sich ersticken, wenn sie nicht gerade sich zu seinem Titel paßt, muß nicht mit dieser kargen Angst, buchstäblich heuchlerisch das, was er heißt, nur sein, mit Ernst, mit Liebe muß er das sein, was er ist, so lebt ein Geist in seinem Tun, und ist er in ein Fach gedrückt, wo gar der Geist nicht leben darf, so stoß er's mit Verachtung weg und lerne pflügen! Deine Deutschen aber bleiben gerne beim Notwendigsten, und darum ist bei ihnen auch so viele Stümperarbeit und so wenig Freies, Echterfreuliches. Doch

das wäre zu verschmerzen, müßten solche Menschen nur
nicht fühllos sein für alles schöne Leben, ruhte nur nicht
überall der Fluch der gottverlaßnen Unnatur auf solchem
Volke. –

Die Tugenden der Alten sei'n nur glänzende Fehler, sagt'
einmal, ich weiß nicht, welche böse Zunge; und es sind doch
selber ihre Fehler Tugenden, denn da noch lebt ein kindlicher, ein schöner Geist, und ohne Seele war von allem,
was sie taten, nichts getan. Die Tugenden der Deutschen
aber sind ein glänzend Übel und nichts weiter; denn Not-
werk sind sie nur, aus feiger Angst, mit Sklavenmühe, dem
wüsten Herzen abgedrungen, und lassen trostlos jede reine
Seele, die von Schönem gern sich nährt, ach! die verwöhnt
vom heiligen Zusammenklang in edleren Naturen, den Miß-
laut nicht erträgt, der schreiend ist in all der toten Ordnung
dieser Menschen.

Ich sage dir: es ist nichts Heiliges, was nicht entheiligt, nicht
zum ärmlichen Behelf herabgewürdigt ist bei diesem Volk,
und was selbst unter Wilden göttlichrein sich meist erhält,
das treiben diese allberechnenden Barbaren, wie man so ein
Handwerk treibt, und können es nicht anders; denn wo
einmal ein menschlich Wesen abgerichtet ist, da dient es
seinem Zweck, da sucht es seinen Nutzen, es schwärmt nicht
mehr, bewahre Gott! es bleibt gesetzt, und wenn es feiert
und wenn es liebt und wenn es betet und selber, wenn des
Frühlings holdes Fest, wenn die Versöhnungszeit der Welt
die Sorgen alle löst und Unschuld zaubert in ein schuldig
Herz, wenn von der Sonne warmem Strahle berauscht, der
Sklave seine Ketten froh vergißt und von der gottbeseelten
Luft besänftiget, die Menschenfeinde friedlich wie die Kinder sind – wenn selbst die Raupe sich beflügelt und die
Biene schwärmt, so bleibt der Deutsche doch in seinem Fach
und kümmert sich nicht viel ums Wetter!

Aber du wirst richten, heilige Natur! Denn wenn sie nur
bescheiden wären, diese Menschen, zum Gesetze nicht sich
machten für die Bessern unter ihnen! wenn sie nur nicht

lästerten, was sie nicht sind, und möchten sie doch lästern, wenn sie nur das Göttliche nicht höhnten! –

Oder ist nicht göttlich, was ihr höhnt und seellos nennt? Ist besser, denn euer Geschwätz, die Luft nicht, die ihr trinkt? der Sonne Strahlen, sind sie edler nicht denn all ihr Klugen? der Erde Quellen und der Morgentau erfrischen euern Hain; könnt ihr auch das? ach! töten könnt ihr, aber nicht lebendig machen, wenn es die Liebe nicht tut, die nicht von euch ist, die ihr nicht erfunden. Ihr sorgt und sinnt, dem Schicksal zu entlaufen, und begreift es nicht, wenn eure Kinderkunst nichts hilft; indessen wandelt harmlos droben das Gestirn. Ihr entwürdiget, ihr zerreißt, wo ihr euch duldet, die geduldige Natur, doch lebt sie fort, in unendlicher Jugend; und ihren Herbst und ihren Frühling könnt ihr nicht vertreiben, ihren Äther, den verderbt ihr nicht.

O göttlich muß sie sein, weil ihr zerstören dürft und dennoch sie nicht altert und trotz euch schön das Schöne bleibt! –

Es ist auch herzzerreißend, wenn man eure Dichter, eure Künstler sieht, und alle, die den Genius noch achten, die das Schöne lieben und es pflegen. Die Guten! Sie leben in der Welt, wie Fremdlinge im eigenen Hause, sie sind so recht wie der Dulder Ulyß, da er in Bettlersgestalt an seiner Türe saß, indes die unverschämten Freier im Saale lärmten und fragten, wer hat uns den Landläufer gebracht?

Voll Lieb' und Geist und Hoffnung wachsen seine Musenjünglinge dem deutschen Volk heran; du siehst sie sieben Jahre später, und sie wandeln wie die Schatten still und kalt, sind wie ein Boden, den der Feind mit Salz besäete, daß er nimmer einen Grashalm treibt; und wenn sie sprechen, wehe dem! der sie versteht, der in der stürmenden Titanenkraft, wie in ihren Proteuskünsten den Verzweiflungskampf nur sieht, den ihr gestörter schöner Geist mit den Barbaren kämpft, mit denen er es zu tun hat.

Es ist auf Erden alles unvollkommen, ist das alte Lied der Deutschen. Wenn doch einmal diesen Gottverlaßnen einer

sagte, daß bei ihnen nur so unvollkommen alles ist, weil sie
nichts Reines unverdorben, nichts Heiliges unbetastet lassen
mit den plumpen Händen, daß bei ihnen nichts gedeiht,
weil sie die Wurzel des Gedeihns, die göttliche Natur nicht
achten, daß bei ihnen eigentlich das Leben schal und sorgen-
schwer und übervoll von kalter stummer Zwietracht ist,
weil sie den Genius verschmähn, der Kraft und Adel ein ein
menschlich Tun und Heiterkeit ins Leiden und Lieb' und
Brüderschaft den Städten und den Häusern bringt.

Und darum fürchten sie auch den Tod so sehr und leiden
um des Austernlebens willen alle Schmach, weil Höheres sie
nicht kennen, als ihr Machwerk, das sie sich gestoppelt.

O Bellarmin! wo ein Volk das Schöne liebt, wo es den
Genius in seinen Künstlern ehrt, da weht, wie Lebensluft,
ein allgemeiner Geist, da öffnet sich der scheue Sinn, der
Eigendünkel schmilzt, und fromm und groß sind alle Herzen, und Helden gebiert die Begeisterung. Die Heimat aller
Menschen ist bei solchem Volk, und gerne mag der Fremde
sich verweilen. Wo aber so beleidigt wird die göttliche
Natur und ihre Künstler, ach! da ist des Lebens beste Lust
hinweg, und jeder andre Stern ist besser denn die Erde.
Wüster immer, öder werden da die Menschen, die doch alle
schöngeboren sind; der Knechtsinn wächst, mit ihm der
grobe Mut, der Rausch wächst mit den Sorgen, und mit der
Üppigkeit der Hunger und die Nahrungsangst; zum Fluche
wird der Segen jedes Jahrs und alle Götter fliehn.

Und wehe dem Fremdling, der aus Liebe wandert und zu
solchem Volke kömmt, und dreifach wehe dem, der, so wie
ich, von großem Schmerz getrieben, ein Bettler meiner Art,
zu solchem Volke kömmt! –

Genug! Du kennst mich, wirst es gut aufnehmen, Bellarmin!
Ich sprach in deinem Namen auch, ich sprach für alle, die
in diesem Lande sind und leiden, wie ich dort gelitten.

Hyperion an Bellarmin

Ich wollte nun aus Deutschland wieder fort. Ich suchte unter diesem Volke nichts mehr, ich war genug gekränkt von unerbittlichen Beleidigungen, wollte nicht, daß meine Seele vollends unter solchen Menschen sich verblute.
Aber der himmlische Frühling hielt mich auf; er war die einzige Freude, die mir übrig war, er war ja meine letzte Liebe, wie konnt' ich noch an andre Dinge denken und das Land verlassen, wo auch er war?
Bellarmin! ich hatt' es nie so ganz erfahren, jenes alte, feste Schicksalswort, daß eine neue Seligkeit dem Herzen aufgeht, wenn es aushält und die Mitternacht des Grams durchduldet, und daß, wie Nachtigallgesang im Dunkeln, göttlich erst in tiefem Leid das Lebenslied der Welt uns tönt. Denn, wie mit Genien, lebt' ich jetzt mit den blühenden Bäumen, und die klaren Bäche, die darunter flossen, säuselten wie Götterstimmen mir den Kummer aus dem Busen. Und so geschah mir überall, du Lieber! – wenn ich im Grase ruht' und zartes Leben mich umgrünte, wenn ich hinauf, wo wild die Rose um den Steinpfad wuchs, den warmen Hügel ging, auch wenn ich des Stroms Gestade, die luftigen umschifft' und alle die Inseln, die er zärtlich hegt.
Und wenn ich oft des Morgens, wie die Kranken zum Heilquell, auf den Gipfel des Gebirgs stieg, durch die schlafenden Blumen, aber vom süßen Schlummer gesättiget, neben mir die lieben Vögel aus dem Busche flogen, im Zwielicht taumelnd und begierig nach dem Tag, und die regere Luft nun schon die Gebete der Täler, die Stimmen der Herde und die Töne der Morgenglocken hera, die schlafenden, und jetzt das hohe Licht, das göttlichheitre, den gewohnten Pfad daherkam, die Erde bezaubernd mit unsterblichem Leben, daß ihr Herz erwarmt' und all ihre Kinder wieder sich fühlten – o wie der Mond, der noch am Himmel blieb, die Lust des Tags zu teilen, so stand ich Einsamer dann auch über den Ebnen und weinte Liebestränen zu den Ufern hinab und

den glänzenden Gewässern und konnte lange das Auge nicht wenden.

Oder des Abends, wenn ich fern ins Tal hinein geriet, zur Wiege des Quells, wo rings die dunkeln Eichhöhn mich umrauschten, mich, wie einen Heiligsterbenden, in ihren Frieden die Natur begrub, wenn nun die Erd' ein Schatte war und unsichtbares Leben durch die Zweige säuselte, durch die Gipfel, und über den Gipfeln still die Abendwolke stand, ein glänzend Gebirg, wovon herab zu mir des Himmels Strahlen wie die Wasserbäche flossen, um den durstigen Wanderer zu tränken –

»O Sonne, o ihr Lüfte«, rief ich dann, »bei euch allein noch lebt mein Herz, wie unter Brüdern!«

So gab ich mehr und mehr der seligen Natur mich hin und fast zu endlos. Wär' ich so gerne doch zum Kinde geworden, um ihr näher zu sein, hätt' ich so gern doch weniger gewußt und wäre geworden wie der reine Lichtstrahl, um ihr näher zu sein! o einen Augenblick in ihrem Frieden, ihrer Schöne mich zu fühlen, wie viel mehr galt es vor mir, als Jahre voll Gedanken, als alle Versuche der allesversuchenden Menschen! Wie Eis zerschmolz, was ich gelernt, was ich getan im Leben, und alle Entwürfe der Jugend verhallten in mir; und o ihr Lieben, die ihr ferne seid, ihr Toten und ihr Lebenden, wie innig Eines waren wir!

Einst saß ich fern im Feld, an einem Brunnen, im Schatten efeugrüner Felsen und überhängender Blütenbüsche. Es war der schönste Mittag, den ich kenne. Süße Lüfte wehten, und in morgendlicher Frische glänzte noch das Land, und still in seinem heimatlichen Äther lächelte das Licht. Die Menschen waren weggegangen, am häuslichen Tische von der Arbeit zu ruhn; allein war meine Liebe mit dem Frühling, und ein unbegreiflich Sehnen in mir. »Diotima«, rief ich, »wo bist du, o wo bist du?« Und mir war, als hört' ich Diotimas Stimme, die Stimme, die mich einst erheiterte in den Tagen der Freude –

»Bei den Meinen«, rief sie, »bin ich, bei den Deinen, die der
irre Menschengeist mißkennt!«

Ein sanfter Schrecken ergriff mich und mein Denken ent-
schlummerte in mir.

»O liebes Wort aus heil'gem Munde«, rief ich, da ich wieder
erwacht war, »liebes Rätsel, faß ich dich?«

Und Einmal sah ich noch in die kalte Nacht der Menschen
zurück und schauert' und weinte vor Freuden, daß ich so
selig war, und Worte sprach ich, wie mir dünkt, aber sie
waren wie des Feuers Rauschen, wenn es auffliegt und die
Asche hinter sich läßt –

»O du«, so dacht' ich, »mit deinen Göttern, Natur! ich hab
ihn ausgeträumt, von Menschendingen den Traum, und sage,
nur du lebst, und was die Friedenslosen erzwungen, erdacht,
es schmilzt, wie Perlen von Wachs, hinweg von deinen
Flammen!

Wie lang ist's, daß sie dich entbehren? o wie lang ist's, daß
ihre Menge dich schilt, gemein nennt dich und deine Götter,
die Lebendigen, die Seligstillen!

Es fallen die Menschen wie faule Früchte von dir, o laß sie
untergehn, so kehren sje zu deiner Wurzel wieder, und ich,
o Baum des Lebens, daß ich wieder grüne mit dir und deine
Gipfel umatme mit all deinen knospenden Zweigen! friedlich und innig, denn alle wuchsen wir aus dem goldnen
Samkorn herauf!

Ihr Quellen der Erd'! ihr Blumen! und ihr Wälder und ihr
Adler und du brüderliches Licht! wie alt und neu ist unsere
Liebe! – Frei sind wir, gleichen uns nicht ängstig von außen;
wie sollte nicht wechseln die Weise des Lebens? wir lieben
den Äther doch all, und innigst im Innersten gleichen wir
uns.

Auch wir, auch wir sind nicht geschieden, Diotima, und die
Tränen um dich verstehen es nicht. Lebendige Töne sind wir,
stimmen zusammen in deinem Wohllaut, Natur! wer reißt
den? wer mag die Liebenden scheiden? –

O Seele! Seele! Schönheit der Welt! du unzerstörbare! du

entzückende! mit deiner ewigen Jugend! du bist; was ist denn der Tod und alles Wehe der Menschen? – Ach! viel der leeren Worte haben die Wunderlichen gemacht. Geschiehet doch alles aus Lust, und endet doch alles mit Frieden.

Wie der Zwist der Liebenden sind die Dissonanzen der Welt. Versöhnung ist mitten im Streit und alles Getrennte findet sich wieder.

Es scheiden und kehren im Herzen die Adern, und einiges, ewiges, blühendes Leben ist Alles.«

So dacht' ich. Nächstens mehr.

JEAN PAUL

Die nächtliche Verführung (Titan, 128. Zykel)

Der Titan entstand 1792 bis 1804 und gehört zu den großen deutschen Entwicklungsromanen des Zeitalters. Mit diesem Werk reiht sich Jean Paul, der selbst von seinem »Mammut-Titan« sprach, durch ein dem klassischen Formwillen ebenbürtiges – wenn auch eigenwilliges – Gestaltungsprinzip in die große Linie der Entwicklungsromane von »Wilhelm Meister« bis zum »Grünen Heinrich« ein. Jean Paul selbst hielt den »Titan« für sein bedeutendstes und wichtigstes Werk. 1805 notierte er sich in der »Gedanken«-Sammlung: »Was ich vermag, zeigte der dritte, der vierte [Band] Titan; mehr aber kann ich nicht« (Jb. d. JPG I, 1966, S. 10). Am Lebensgang des Helden wird das Titanische des uneingeschränkten Wollens als Bedrohung des reinen Maßes veranschaulicht. »Titan« sollte heißen »Anti-Titan«; jeder Himmelstürmer findet seine Hölle: wie jeder Berg zuletzt seine Ebene aus seinem Tale macht. Das Buch ist der Streit der Kraft mit der Harmonie (an Jacobi, September 1803).

Der Dichter war sich also des mythischen Bezugs seines Romans zur Sage vom Titanensturz bewußt.

Der Inhalt des Romans ließe sich auf das folgende verein-fachende Schema bringen: Der »Titan« stellt die Entwick-lung eines deutschen Prinzen dar, der von seiner Herkunft nichts ahnend aufwächst, reift, und endlich den Thron sei-nes kleinen Fürstentums besteigt. Albano, der Held, ist der »Gesunde«. Die »Kranken«, die ihn umgeben, scheitern an sich selbst: die ätherische Liane, die »übermäßige« Linda, sein Freund und Nebenbuhler, der titanische Wüstling Ro-quairol. Sein genialer Erzieher, der Humorist Schoppe, endet im Wahnsinn. »Die Bildungsvorstellungen des Ro-mans nehmen eine dreifache Richtung: die Erziehung zum Fürsten, das Reifen zum Mann, die Absage an titanische Unbedingtheit« (H. Bosse: Theorie und Praxis bei Jean Paul. Bonn 1970. S. 203). Die Fabel des »Titan« ist im Vergleich zu der des »Wilhelm Meister« oder der des »Grü-nen Heinrich« bedeutungslos. Entscheidend sind die mensch-lichen Begegnungen des Helden, die seine vielseitigen Kräfte entfalten, nicht die Handlung, die im einzelnen zu entwirren unmöglich und unnötig ist, denn sie demonstriert nicht, wie Charakter und Schicksal einander bedingen. »Sie ist auf weite Strecken nur ein ausgeklügelter Mechanismus, der möglichst viele Gefühle, Stimmungen und Gedanken auslösen soll, gleich der Handlung einer Oper, deren Hauptwert in ihrer musikalischen Ergiebigkeit besteht« (Emil Staiger: Jean Paul, ›Titan‹, Vorstudien zu einer Auslegung. In: E. St., Meisterwerke deutscher Sprache aus dem 19. Jahrhundert. Zürich ²1948. S. 56). Das bedeutet, daß die sinnliche Gegenwart einer konkreten Fabel immer wieder hinter dem Gedachten und dem Unausgesprochenen (weil Unaussprechlichen) zurückgedrängt wird, es also Form im Goetheschen Sinne nicht gibt. Der Roman als die regel-loseste Gattung ist bei Jean Paul noch »form-loser«, weil er sich nicht bezieht auf Sachliches, Logisches, sich nicht fest-legt auf Wirkliches. Die Weigerung des Humoristen, die

*Wirklichkeit zu sehen, weil sie ihm das Unendliche verstellt,
begründet Jean Pauls eigentümliche Sonderstellung in seiner
Zeit. Während sich aus dem klassischen Transzendieren der
Realität bei Goethe und Schiller, also der idealistischen
Wirklichkeitsentfernung gerade die moralische Freiheit und
die Kraft zur Rückkehr ins menschliche Dasein ergeben,
führt die unbeschränkte, grandiose Freiheit des Humoristen
Jean Paul nicht zurück zur Endlichkeit, weil sie sich vor-
sätzlich und vorbehaltlos dem Kontakt mit dem Körperlichen, den Gegenständen, der Gestalt entzieht. Sein »Ideal
ist der wehende Atem einer unsichtbaren, jenseitigen Gottheit« (Staiger). Die Tragik, die in dieser totalen Befreiung,
dem Ziel des universalen Humors überhaupt, liegt, wird im
»Titan« verkörpert durch die Gestalt Schoppes, den im
Wahnsinn untergehenden Freigeist, der, ledig von Vorurtei-
len, ohne Achtung vor seiner Umwelt, frei auch von Glück,
jegliches Gefühl, Wissen, Wirklichkeit und schließlich sich
selbst negiert. Er lebt den »Humor« (vgl. »Vorschule der
Ästhetik«, VII. Programm, § 32). Sein Ende scheint einen
späteren Ausspruch Goethes zu bestätigen: »Sehr schlimm
ist es [. . .], daß das Humoristische, weil es keinen Halt und
kein Gesetz in sich selbst hat, doch zuletzt früher oder
später in Trübsal oder übler Laune ausartet« (an Zelter,
30. Oktober 1808). Die zeitgenössische Forschung sieht in
der Gestalt Schoppes in erster Linie die poetische Ausprägung der Humorlehre Jean Pauls. Als Humorist gehört
Schoppe zu jenen »ganz freien Menschen, in denen das Rätsel des Ich zur Gestalt gerann; sie sind nicht bloß Idealisten
oder bloß Realisten oder bloß Skeptiker, sondern dies alles
zugleich und ineinander in einer neuen Weise« (G. Voigt, in
Jb. d. JPG IV, 1969, S. 71). »Ihrer Einkräftigkeit steht im
Roman das Ideal einer harmonischen Bildung, die Allkräf-
tigkeit des tätigen Menschentums gegenüber, zu welchem
Albano sich durchringen muß (aus dem Gegensatz der Figuren bzw. der durch sie verkörperten Ideen erwächst im
›Titan‹ Bildung und Erziehung); [. . .] damit jedoch hat sich*

Jean Paul in diesem Roman entgegen seiner ausgesprochenen Absicht entschieden der ästhetischen Position Goethes und Schillers genähert; nie kam er Weimar näher als hier, wo er es widerlegen wollte« (Uwe Schweikert: Jean Paul. Stuttgart 1970, S. 41).

In dem hier ausgewählten Beispiel, dem 128. Zykel, zeigt sich die Faszination der eigentümlich skurrilen Phantasie Jean Pauls. Es ist die nächtliche Verführungsszene, in der Roquairol, Freund und Gegenspieler des schwärmerischen Helden Albano, die leidenschaftlich erregbare Linda de Romeiro (die Titanide) durch Täuschung in seine Macht bringt. Verführung und Verrat werden als Zwiegespräch mit wenigen Zwischenbemerkungen dargestellt. Durch Lindas Nachtblindheit und Roquairols Stimmenverwandtschaft mit Albano, dem Verlobten Lindas, wird das Mädchen um ihre Ehre gebracht. Jean Paul bedient sich hier der Mittel des Intrigen- und Schauerromans. Blindheiten, optische und akustische Ähnlichkeiten, Spiegel, Wachsfiguren, Träume, Vorahnungen, Doppelgängertum sind häufig gebrauchte Mittel Jean Pauls, die den Knoten der Handlung schürzen. Sie bleiben aber hier nur Vehikel zum Liebesgespräch zwischen Roquairol und Linda, dem eigentlichen Kern der Szene. Diese Unterhaltung ist Zeugnis der Auseinandersetzung Jean Pauls mit dem Fichteschen Idealismus während der Arbeit am »Titan«. Fichtes Gedanke, daß alles, was besteht, nur Schöpfung des Ich sei, führt zu der absoluten Freiheit der Einbildungskraft der Gestalten Jean Pauls. Die in Roquairol gezeigte Problematik der total losgelösten Phantasie, die die Zerstörung des Selbst und anderer sowie die Aushöhlung des Körperlichen durch den Mißbrauch der Einbildungskraft nach sich zieht, ist die ureigene Fragestellung Jean Pauls. Das Zwiegespräch während der Umarmung veranschaulicht den »ironischen« Abstand, aus dem die menschliche »Hülle« des Körpers gesehen wird. Im Grauen vor der äußeren Gestalt des Ich, in der bittersten Einsamkeit der Seele zeigt sich hier die letzte Freiheit des

Geistes: »*Wenn weiß es denn der Mensch, daß gerade er, gerade dieses Ich gemeinet und geliebet werde? Nur Gestalten werden umfasset, nur Hüllen umarmt, wer drückt denn ein Ich ans Ich? – Gott etwa.*« *Jean Paul hielt die Schilderung jener Nacht für sein* »*sittlichstes Kapitel*«.
Nach der Verführung tötet sich Roquairol in einem theatralischen Auftritt auf der Bühne in der Hauptrolle eines von ihm selbst gedichteten »*Trauerspiels*«. *Jene Figur des* »*Himmelstürmers, der seine Hölle findet*«, *ist durch ihn verkörpert, er muß durch seine* »*Einkräftigkeit*« *versinken (Max Kommerell). Die Welt seines Freundes Albano ist die des zu erstrebenden Ideals des gebändigten Genies. Während Roquairol als das dämonische Zerrbild der Zerrissenheit Jean Pauls selbst erscheint (er trägt einen zweiten Namen, Karl, der als das bessere Ich angeredet wird) und das mißglückte Genie verkörpert, zeigt Albano die andere Möglichkeit der Ausbildung des Ich: seine Beherrschung durch die Läuterung des Titanischen.* »*Die Vorschule der Ästhetik*« *beleuchtet diese Problematik:* »*Die bestimmtesten, besten Charaktere eines Dichters sind die beiden Pole seiner wollenden Natur, die vertiefte und die erhabene Seite seiner Menschlichkeit. Jeder Dichter gebiert seinen besonderen Engel und seinen besonderen Teufel*« (§ 57).
Jean Paul nannte den »*Titan*« *den* »*dramatischen Roman*«, *weil hier – im Vergleich zu seinen anderen Romanen – die Gestalten fester umrissen sind, sie sich erfüllen, einen bestimmten Weg in der Zeit gehen.* »*Diese Form [des dramatischen Romans] gibt Szenen des leidenschaftlichen Klimax, Worte der Gegenwart, heftige Erwartung, Schärfe der Charaktere und Motive, Stärke der Knoten usw.*« *Jean Paul hielt diese* »*schärfere Form*« *für die bessere, da* »*ohnehin die Losgebundenheit der Prose dem Roman eine gewisse Strengigkeit der Form nötig und heilsam macht*« (§ 71). *In dieser theoretisch formulierten Absicht für seinen* »*Titan*« *bekundet sich der vorsichtige Versuch Jean Pauls, sich den Prinzipien des klassischen Kunstwollens seiner Zeit zu*

nähern. Walter Höllerer erscheint der Roman sogar als der
»Sieg Weimars, mochte es sich der Autor eingestehen oder
nicht« (Jean Paul: Werke. Bd. 3. München 1966. S. 1140).
Die neueste Forschung betont dagegen, wie »tief Denk- und
Anschauungsweisen der Aufklärung von Jean Paul tradiert
werden«. Auch für diesen Roman ließe sich die Bedeutung
der Aufklärung »genau sagen, nur kann man es nirgendwo
nachschlagen, weil es eine solche Darstellung noch nicht gibt«
(Uwe Schweikert: »Rezension von Fieguth«, zitiert bei
Burkhardt Lindner: »Innenwelt und Buchwelt. Literatur-
soziologische Probleme der Jean-Paul-Forschung«, Jb. d.
JPG 6, 1971, S. 169).

Linda las das Blatt unzähligemal, weinte vor süßer Liebe
und dachte nicht daran, zu – vergeben. Dieses Wehen der
Liebe, das alle Blumen beugt und keine pflückt, hatte sie
schon so lange gewünscht: und jetzt auf einmal nach der
nebligen Windstille des Herzens ging es lebendig und frisch
durch den Garten ihres Lebens. Sie konnte schwer acht Uhr
erwarten. Sie half sich über die Zeit hinweg durch Wählen
des Putzes, der zuletzt ganz in dem Schleier, Hute, Kleide
und allem bestand, was sie getragen, als sie ihren Geliebten
zum erstenmal auf Ischia gefunden.
Sie steckte die Paradieses- oder Orangenblüten, die Zeiger
jener Zeit und Welt, an ihr klopfendes Herz und ging zur
bestimmten Stunde, mit dem blinden Mädchen am Arme, in
den Garten hinunter. Sowohl aus Haß gegen den Tartarus
als aus Willigkeit gegen den Brief nahm sie den Weg ins
Flötental. Die Nacht war finster für ihr Auge, und das
blinde Mädchen wurde ihre Führerin.
Oben auf dem Lilarsberg mit dem Altare stand, wie der
böse Geist auf der Zinne des Paradieses, Roquairol und
blickte scharf in den Garten herab, um Linda und ihren
Weg zu finden. Sein Freudenpferd war unten im tiefen
Gebüsch an ausländische Gewächse angebunden. Voll Er-
grimmung sah er noch Dian und Chariton mit den Kindern

in dem Garten gehen; und oben im Donnerhäuschen ein kleines Licht. Er verfluchte jede störende Seele, weil er entschlossen war, heute im Notfall jeden Stürmer seines Himmels zu ermorden. Endlich sah er Lindas lange rote Gestalt gegen das Flötental zugehen und das Schwellen-Gebüsch aufziehen und darhinter verschwinden.

Er eilte den langen Schneckenberg herab, warm wie eine vergiftete Leiche. Hinter sich hörte er im langen Busch-Gewinde jemand nacheilen – er entbrannte und zog seinen Stockdegen, den er nebst einem Taschenpistol bei sich hatte – endlich sah er eine häßliche Gestalt, einem bösen Geiste ähnlich, die ihm nachrannte – sie packte ihn – es war der Fürstin langarmiger Affe – Er durchstach ihn auf der Stelle, um nicht von ihm verfolgt zu werden.

Unten im freien Garten ging er langsam, um keinen Verdacht zu wecken. Er schlich leise wie der Tod, der auf dem Donnerwagen einer Wolke ungehört durch Lüfte über den Blütenbaum zieht, worunter eine Jungfrau lehnt, und versteckte den mörderischen Wetterstrahl in seine Brust. Er öffnete das hohe Pforten-Gesträuch des Flötentals; alles war darin still und dunkel; nur hoch im Himmel ging ein seltsamer brausender Sturm und jagte die Wolken-Herde, aber auf der Erde war es leise, und kein Blatt bewegte sich. »Ist jemand da?« fragte die blinde Türhüterin. »Guten Abend, Mädchen!« sagte Roquairol, um durch seinen Sprachton für Albano zu gelten.

Tief im engern laubigen Tale sang Linda leise ein altes spanisches Lied aus ihrer Kinderzeit. Endlich wurde sie erblickt – die Riesenschlange tat den giftigen Sprung nach der süßen Gestalt, und sie wurde tausendfach umwunden. Er hing an ihr sprachlos – atemlos – die Wolke seines Lebens brach – Tränen der Glut und Pein und Wonne rannen brennend fort – alle Arme, worein der Strom seiner Liebe bisher seicht umhergelaufen war, schossen brausend zusammen und faßten und trugen *eine* Gestalt – – »Weine nicht, mein guter Mensch, wir lieben uns ja immer wieder«, sagte Linda, und die zarte schöne Lippe gab ihm den ersten innigen Kuß. Da kreisete das Feuerrad der Entzückung mit ihm reißend um, und um den darauf geflochtenen Kopf wehten die Flammen-Kreise hoch auf. Aus Furcht, erblickt zu werden, wenn er erblicke, und aus Lust hatt' er die Augen geschlossen; jetzt tat er sie auf – so nahe an sich und in seinen Armen sah er nun die hohe Gestalt, das stolze blühende Antlitz und die feuchten warmen Liebes-Augen. »Du Himmlische (sagt' er), töte mich in dieser Stunde, damit ich sterbe im Himmel. Wie will ich nachher noch leben? – Könnt' ich meine Seele in meine Tränen gießen und mein Leben in deines und wäre dann nicht mehr!«

»Albano (sagte sie), warum bist du heute so anders, so traurig und weich?« –

»Nenne mich (sagt' er) lieber bei deinem Namen, wie die Liebenden auf Otaheiti die Namen tauschen. – Vielleicht hab ich auch etwas getrunken – aber ich bereue ja das Gestern – ich liebe dich ja neu. Ach, du, liebst du denn auch mein Innres, Linda?«

»Süßer Jüngling, kann ich es denn jetzt nicht ewig lieben? – Ich bleibe ja bei dir und du bei mir.«

»Ach du kennst mich nicht. Wenn weiß es denn der Mensch, daß gerade *er*, gerade dieses Ich gemeinet und geliebet werde? Nur Gestalten werden umfasset, nur Hüllen umarmt, wer drückt denn ein Ich ans Ich? – *Gott etwa.*« –

»Und ich dich« – sagte Linda.

»O Linda, liebst du mich fort in meinem Grabe, wenn die Spreu des Lebens verflogen ist – liebst du mich fort in meiner Hölle, wenn ich dich aus Liebe gegen dich belogen habe? – Ist denn Liebe die Entschuldigung der Liebe?« –

»Ich liebe dich fort, wenn du mich liebst. Bist du die Giftblume, so bin ich die Biene und sterbe in dem süßen Kelch.«

Die Braut sank an seinen Hals. Er umklammerte sie heftig – und wurde immer ähnlicher dem Gletscher, der durch Wärme weiterrückt und schmelzend verheert. Um ihn zogen die Freuden mit glänzenden, mit himmlischen Gesichtern, zeigten ihm aber in den Händen Furienmasken.

»Du willst sterben aus Liebe; ich bin schon gestorben aus Liebe – O du weißt nicht, wie lange ich dich schon liebte!« antwortete er.

»Glühender (sagte sie), denk an diese Nacht, wenn du einst Idoinen siehst!« – »So seh ich nur meine aufgestandne *Schwester*«, sagt' er, aber sogleich über die entfahrne Wahrheit erschreckend. »Man sieht (setzt' er eilig dazu) das auferstandne Herkulanum, aber man wohnt im blühenden Portici darüber; ich und du sahen im Baja-Golf unter dem Meer die versunknen Bogen und Tore, und wir schifften nach lebendigen Städten weiter. – Ist mir doch auch Roquairol in so manchem so ähnlich und liebt dich so sehr und so lange und starb auch einmal wie Liane!« –

»Aber diesen hatt' ich nie geliebt, und nun bin ich deine ewige Braut.«

»Der arme Mensch! Aber ich tat, glaub ich, doch nicht recht, da ich einst in der Tartarushöhle dir Ungesehenen im voraus entsagte aus Liebe gegen den Freund.«

»Gewiß nicht; aber wie kommen wir beide auf dieses *unheimliche* Wesen?« sagte sie küssend.

»*Heimlich* möcht' ich's eher nennen«, versetzt' er, entbrennend in hassender Liebe, im Zwiespalt der Rache und Lust und entschlossen, nun den Leichenschleier über ihre ganze Zukunft zu weben. Er schlug die schwarzen Adlerschwingen um das Opfer und erstickte und erweckte Küsse, er riß die Orangenblüten von ihrer Brust und warf sie zurück. »Liebe ist Leben und Sterben und Himmel und Hölle (sagt' er), Liebe ist Mord und Glut und Tod und Schmerz und Lust – Kaligula wollte seine Cäsonia foltern lassen, um nur von ihr zu wissen, warum er sie so liebe – ich wäre das auch imstand.«

»Göttlicher Albano! trinke nicht mehr so! du bist zu ungestüm, deine Augenbrauen stürmen sogar mit – wie bist du denn?«

»Alles auf einmal, wie ein Gewitter, voll Glut – und mein
Himmel ist hell durch den Blitz – und ich werfe kalten
Hagel – und eine Zerstörung nach der andern, und es regnet warm auf die Blumen – und Himmel und Erde verknüpft ein stiller Bogen des Friedens.«

Jetzt sah er am Himmel die Sturmwolken wie Sturmvögel
zwischen den Sternen und neben dem zornigen Blutauge des
Mars schon heller fliegen; der Mond, der ihn verjagte und
verriet, warf bald das Richter-Auge eines Gottes auf ihn.
Im Hohne gegen das Schicksal riß er auf für seine küssende
Wut den Nonnenschleier und Heiligenglanz ihrer jungfräu-
lichen Brust. Fern stand der Leuchtturm des Gewissens, von
dicken Wolken umzogen. Linda weinte zitternd und glühend an seiner Brust. »Sei mein guter Genius, Albano!«
sagte sie. – »Und dein böser; aber nenne mich nur ein ein-
zigesmal Karl«, sagt' er voll Wut. »O heiße denn Karl,
aber bleibe mein voriger Albano, mein heiliger Albano!«
sagte sie. –

Plötzlich fingen im Tal die Flöten an, die der fromme Vater
zu seinen Abendgebeten spielen ließ. Wie Töne auf dem
Schlachtfeld riefen sie den Mord heran – da schmolz Lindas
goldner Thron des Glücks und Lebens glühend nieder, und
sie sank herab, und das weiße Brautkleid ihrer Unschuld
wurde zerrissen und zu Asche.

»Nun die Deinige bis in meinen Tod!« sagte sie leise mit
Tränenströmen. »Nur bis in meinen«, sagte er und weinte
jetzt weich mit den weinenden Flöten. An der goldnen
Kugel auf dem Berge glomm schon der Mond, der wie ein
bewaffneter Komet, wie ein einäugiger Riese heraufdrang,
den Sünder aus seinem Eden zu jagen. »Bleibe, bis der
Mond kommt, damit ich in dein Angesicht sehe«, bat sie.
»Nein, du Göttliche, mein Freudenpferd wiehert schon, die
Todesfackel brennt herab in meine Hand«, sagte er tragisch-
leise. Der Sturm war vom Himmel auf die Erde gezogen;
sie fragte: »Der Sturm ist so laut, was sagtest du, Schöner?« – Er küßte wild ihre Lippe und ihren Busen wieder;

er konnte nicht gehen, er konnte nicht bleiben: »Gehe morgen nicht (sagt' er) in den Trauerspieler, ich flehe dich, das Ende, hör ich, ist zu erschütternd.«

»Ich liebe ohnehin dergleichen nie. O bleibe, bleibe länger, ich seh dich ja morgen wieder nicht.« Er preßte sie an sich – deckte ihre Augen mit seinem Angesicht zu – das Gorgonenhaupt des Mondes wurde schon in den Morgen heraufgehoben – er ließ das Leben los, wenn er sie entließ – und doch zehrte jedes gestammelte Wort der Liebe an der kurzen Zeit. Der Sturm arbeitete in den gerissenen Bäumen, und die Flötentöne schlüpften wie Schmetterlinge, wie schuldlose Kinder unter dem großen Flügel weg. Roquairol, wie betäubt von solcher Gegenwart, war nahe daran, zu sagen: sieh mich an, ich bin Roquairol; aber der Gedanke stellte sich schnell dazwischen: »Das verdient sie nicht um dich; nein, sie erfahr' es erst in der Zeit, wo man den Menschen alles vergibt.« – Noch einmal heftig hielt er sie an sich gedrückt, das Mondlicht fiel schon auf beide herein, er wiederholte tausend Worte der Liebe und Scheidung, stieß sie zurück, fuhr schnell um und schritt in Albanos Kleidung durch das Tal hindurch.

»Gute Nacht, Mädchen«, sagt' er vorübergehend zur Blinden. Linda sang nicht wieder wie vorhin. Die Sterne sahen ihn an, die Sturmwinde redeten ihn an – die Freuden gingen neben ihm, hatten aber die Furienmasken nun auf den Gesichtern – aus dem Himmel griff ein Arm herab, aus der Hölle griff ein Arm herauf, und beide wollten ihn fassen, um ihn auseinanderzureißen – »Nu, nu (sagt' er), ich war wohl glücklich, aber ich hätt' es noch mehr sein können, wär' ich ihr verdammter Albano gewesen« – und schwang sich auf sein Freudenpferd und jagte noch in der Nacht nach dem Prinzengarten.

JOHANN GEORG FORSTER

Geb. 27. November 1754 in Nassenhuben bei Danzig, gest. 10. Januar 1794
in Paris. Ab 1770 in London Übersetzer, Sprachlehrer und Textil-
handelslehrling. 1772–75 Teilnahme an Cooks zweiter Weltreise: *Reise
um die Welt* (1777 engl., 1778–80 dt.). Das zweibändige Werk machte
ihn in ganz Europa bekannt. Eine Reise nach Paris (1777) hatte entscheidenden Einfluß auf den Politiker und Schriftsteller Forster. 1778
Professor für Naturgeschichte in Kassel, 1784–87 Professor in Wilna,
1788 Universitäts-Bibliothekar in Mainz. Im Frühjahr 1790 gemeinsame
Reise mit Alexander von Humboldt durch die revolutionären Länder
Westeuropas, deren Eindruck sich in Forsters literarischem Hauptwerk
Ansichten vom Niederrhein (1791–94) niederschlägt. Umgang mit revolutionären Kreisen und 1792 Verbindung mit dem revolutionären Main-
zer Jakobinerklub, dessen Präsident Forster 1793 wird. Verfolgt als
Landesverräter, starb er 1794 verarmt in Paris.
Forsters Reisedarstellungen sind in klassischer Prosa gefaßt. Sie sind
nicht nur ein bedeutender Beitrag zur Entwicklung deutscher Essayistik
und Journalistik, sondern geben auch der Kulturgeschichte, Geographie
und Anthropologie Anregung. Forster gilt als der Schöpfer der deutschen Landschaftschilderung. Seine scharfe Beobachtung, der realistische
lebendige Charakter seiner Darstellungen sowie das Ausmaß seiner
praktisch politischen Kenntnisse machen Forsters außergewöhnliche Stellung aus.

Ansichten vom Niederrhein (Auszug)

*Die »Ansichten vom Niederrhein« (1791–94) nehmen zu-
sammen mit der Beschreibung einer Weltreise mit Cook
(»Reise um die Welt«, 1778–80) eine Sonderstellung im
Gesamtwerk Georg Forsters ein. Sie gelten als sein Hauptwerk und sind seine einzige Schrift, die mehrere Neuauf-
lagen erlebte. Sie entstanden aus der Bearbeitung von Tage-
buchnotizen und eigenen Briefen einer Reise, die Forster
1790 mit Alexander von Humboldt durch Westeuropa
unternahm. Die Reiseroute wurde durch Forsters Sympa-
thien mit den revolutionären Bestrebungen in den Auf-
standsgebieten in Brabant und Flandern, in den Vereinigten
Niederlanden, in England und Frankreich bestimmt.
Die Form der Reisebeschreibung ist ein Genre, das sich im*

18. Jahrhundert zusammen mit der Kultur des persönlichen Briefs breit entfaltete. Die »Ansichten« umreißen den objektiven Sachverhalt, die äußeren Umstände nur mit knappen, skizzenhaften Linien. Erst die Haltung des Beobachters begründet ihre Eigenheit. Das Werk ist durchdrungen von dem Glauben an die politische Bedeutung des Volkswillens und dem optimistischen Vertrauen auf den humanistischen, vernünftigen Austrag des in Westeuropa entbrannten Streits um Grundgesetze und Regierungsformen.

Der Titel zeigt, daß Forster mehr als eine Folge unverbindlicher Reisebriefe beabsichtigte: »Mein Hauptmotiv war, daß ich meine ›Ansichten‹ nicht gern ›Briefe‹ nennen wollte, weil sie leider zu ausgearbeitet sind, um bei dieser Benennung bestehen zu können« (an Schiller, 7. Dezember 1790). Die verantwortungsvolle Aufgabe, bestimmte Ideen zu verbreiten und Leser zu überzeugen, denen Forsters Anschauungen fernlagen, bestimmt den besonderen Charakter dieser »Reisebeschreibung«. Die erzieherische Absicht entspricht Forsters humanistischem Weltbild, dessen Grundanschauungen »die unerschütterliche Notwendigkeit der Gesetze der Natur und die unvertilgbare Vervollkommnungsfähigkeit des Menschen: die beiden Pole der höheren politischen Kritik« sind (Friedrich Schlegel im »Lyceum der schönen Künste« I, 1. Teil. Berlin 1797. S. 32–78). Die vorausweisende Dynamik Forsters bewirkt die politische Parteilichkeit, die konsequent revolutionäre Haltung dieses repräsentativsten seiner Werke. Dem politischen Gehalt der »Ansichten« entsprechen die ethisch-ästhetischen Anschauungen Forsters. Von Winckelmann, Raphael Mengs und Lessing ausgehend, bemüht er sich u. a. um die theoretische Bewältigung der Bildbetrachtung und findet, daß der Mensch nicht nur als Gestalt, sondern als gesellschaftliches Wesen »der höchste Gegenstand der bildenden Kunst« ist (»Ansichten«, 8. Brief).

Das im folgenden abgedruckte Beispiel spiegelt das Bestreben Forsters, vom Standpunkt des bürgerlichen Demokra-

ten aus, ein Bild der wirtschaftlichen, politischen und reli-
giösen Verhältnisse der besuchten Länder zu geben. Seine
scharfe Beobachtung erstreckt sich ebenso auf naturkund-
liche und geologische Phänomene wie auf Kunst- und
Volksleben. In diesem Abschnitt wird u. a. die physische
Eigenart, Lebensweise und Mundart der Menschenrasse des
Niederrheins dargestellt. Immer verbindet die Reflexion
des Autors die Fülle der Eindrücke miteinander zu innerer
Einheit und Kontinuität. So wie die »Ansichten« die ver-
schiedensten Bereiche des Lebens zum Gegenstand haben,
erstreckt sich auch ihre Wirkung auf mehrere Gebiete: auf
die vergleichende Völker- und Länderkunde, auf Kunst-
geschichte und Ästhetik, politische Geschichte und Publizi-
stik. Das Werk gilt als bedeutender Beitrag zur Entwicklung
der deutschen Essayistik und Journalistik. »Unter allen
eigentlichen Prosaisten, welche auf eine Stelle in dem Ver-
zeichnis der deutschen Klassiker Anspruch machen dürfen,
atmet keiner so sehr den Geist freier Fortschreitung wie
Georg Forster. Man legt fast keine seiner Schriften aus der
Hand, ohne sich nicht bloß zum Selbstdenken belebt und
bereichert, sondern auch erweitert zu fühlen« (Friedrich
Schlegel, a. a. O.).

II

Andernach

An einem milden Sommermorgen bei Sonnenaufgang müßte
es köstlich sein, sich mitten auf dem See zu befinden, den
der Rhein bei Boppard, weil er ringsum von hohen Gebir-
gen eingeschlossen ist, zu bilden scheint; denn ungeachtet
der feuchten Kälte, womit uns der Ostwind die aufsteigenden Nebel entgegenwehte, konnten wir uns doch nicht entschließen, in unserer Kajüte zu bleiben. Die schöngewölbten
Berggipfel erheben sich hier mit reichlicher Waldung, welche
das Malerische der Gegend, sobald sie mit frischem Laube
geschmückt sein wird, um vieles erhöhen muß.
Die Nähe von Koblenz rief uns bald zum zweitenmal her-

vor. Hier öffnet sich ein Reichtum der Natur und der Verzierung, den das Ufer des Rheins, seit der Gegend, wo der Fluß die Schweiz verläßt, nirgends zeigt. Schöne Formen von Gebirgsrücken, Baumgruppen und Gebäuden wechseln hier miteinander ab; die Hügel tragen eine dichte Krone von Wäldern; das neue kurfürstliche Schloß prangt am Ufer, und der Ehrenbreitstein hängt herrlich und erhaben auf dem jenseitigen Gebirge. Beleuchtung wäre hier wieder ein willkommnes Geschenk gewesen; allein auch heute ward uns diese Spende versagt; unser Morgenhimmel war mit dünnem, grauem Gewölk durchstreift, und uns dämmerte nur ein halbes Licht.

Wir ersteigen den Ehrenbreitstein. Nicht die unwichtige Kostbarkeit dieser Festung; nicht der Vogel Greif, jene ungeheure Kanone, die eine Kugel von hundertundsechzig Pfunden bis nach Andernach schießen soll, aber doch wohl nie geschossen hat; nicht alle Mörser, Haubitzen, Feldschlangen, Zwölf- und Vierundzwanzigpfünder, lange, gezogene Röhre, Kartätschenbüchsen, Graupen und was sonst im Zeughause oder auf den Wällen zu bewundern ist; nicht die weite Aussicht von dem höchsten Gipfel des Berges, wo Koblenz mit dem Rhein und der Mosel landkartenähnlich unter den Füßen liegt – nichts von dem allen konnte mich für den abscheulichen Eindruck entschädigen, den die Gefangenen dort auf mich machten, als sie mit ihren Ketten rasselten und zu ihren räucherigen Gitterfenstern hinaus einen Löffel steckten, um dem Mitleiden der Vorübergehenden ein Almosen abzugewinnen. Wäre es nicht billig, fiel mir dabei aufs Herz, daß ein jeder, der Menschen zum Gefängnis verurteilt, wenigstens *einen* Tag im Jahre mit eigenen Ohren ihr Gewinsel, ihre himmelstürmende Klage vernehmen müßte, damit ihn nicht der tote Buchstabe des Gesetzes, sondern eigenes Gefühl und lebendiges Gewissen von der Rechtmäßigkeit seiner Urteile überzeugte? Wir bedauern den unsittlichen Menschen, wenn die Natur ihn straft und physisches Übel über ihn verhängt; wir suchen sein Leid zu

mildern und ihn von seinen Schmerzen zu befreien: warum
darf nicht Mitleid den Elenden erquicken, dessen Unsittlich-
keit den Arm der beleidigten Bürgerordnung reizte? Ist der
Verlust der Freiheit kein hinreichendes Sühnopfer, und fordert die strenge Gerechtigkeit noch die Marter des Einge-
kerkerten? Mich dünkt, die Abschaffung der Todesstrafen
hat uns noch grausamer gemacht. Ich will hier nicht untersuchen, ob ein Mensch befugt sein könne, einem andern das
Leben zu nehmen; aber wenn es Güter gibt, die unantastbar
und allen heilig sein sollen, so ist das Leben gewiß nicht das
einzige, welches unter diese Rubrik gehört; auch diejenigen
Zwecke des Lebens gehören hieher, ohne welche der Mensch
seinen Rang auf der Leiter der Wesen nicht behaupten kann,
ohne welche er Mensch zu sein aufhören muß. Die Freiheit
der Person ist unstreitig ein solches, von der Bestimmung
des Menschen unzertrennliches und folglich *unveräußerliches*
Gut. Wenn also der bürgerliche Vertrag ein so schreckliches
Übel, wie die gewaltsame Beraubung eines *unveräußerlichen*
Gutes, über einen Menschen um der Sicherheit aller willen
verhängen muß, so bleibt zu entscheiden übrig, ob es nicht
zwecklose Grausamkeit sei, das Leben durch ewige Gefäng-
nisstrafe in fortwährende Qual zu verwandeln, wobei es
schlechterdings zu keiner andern Absicht als zum Leiden
erhalten wird, anstatt es durch ein Todesurteil auf einmal
zu enden? Die fromme Täuschung, die man sich zu machen
pflegt, als ob ein Delinquent während seiner lebensläng-
lichen Gefangenschaft Zeit gewönne, in sich zu gehen, eine
sittliche Besserung anzufangen, sich durch seine Reue mit
Gott zu versöhnen und für ein künftiges Leben zu bereiten,
würde schnell verschwinden, wenn man sich die Mühe gäbe,
die Erfahrung um Rat zu fragen, ob dergleichen Bekehrun-
gen die gewöhnlichen Folgen der ewigen Marter sind? Die
finsteren, modernden Gewölbe der Gefängnisse und die
Ruderbänke der Galeeren würden, wie ich fürchte, hierüber
schauderhafte Wahrheiten verraten, wenn man auch nicht,
durch richtiges Nachdenken geleitet, schon im voraus über-

zeugt werden könnte, daß die Bekehrung im Kerker zwecklos sein müsse, weil sie unfruchtbar bleibt, und daß ein
Augenblick wahrer Reue so viel wert sei, als ein in Tränen
und Büßungen hingeschmachtetes halbes Jahrhundert. Allein
die Furcht vor dem Tode, die nur durch eine der Würde
des Menschen angemessene Erziehung gemildert und in
Schranken gehalten wird, lehrt den Richter, das Leben in
immerwährender Gefangenschaft als eine Begnadigung
schenken, und den Verbrecher, es unter dieser Bedingung
dankbar hinnehmen. Auch hier wirkt also die Furcht, wie
sie sonst immer zu wirken pflegt: sie macht grausam und
niederträchtig. Doch den Gesetzen will ich hierin weniger
Schuld beimessen als der allgemeinen Stimmung des Menschengeschlechts. Solange es Menschen gibt, die das Leben
ohne Freiheit, an der Kette und im Kerker, noch für ein
Gut achten können, so lange bedaure ich den Richter, der
vielleicht nicht weiß, welch ein schreckliches Geschenk er
dem unglücklichen Verbrecher mit der Verlängerung eines
elenden Lebens macht; aber verdenken kann ich es ihm
nicht, daß er sich von dem Geiste seines Zeitalters hinreißen
läßt. –

Unter den Merkwürdigkeiten des Ehrenbreitsteins zeigte
man uns auch das ungenähte Kleid des Heilands. Der un-
geziemende Scherz, den ein unvorsichtiger Zuschauer sich
darüber erlaubte, erregte bei einem unserer Führer solchen
Abscheu, daß er seine heftigen Äußerungen nicht ohne ein
krampfhaftes Zucken unterdrücken konnte. War es echte
Frömmigkeit? war es der verzeihliche Aberglaube des Pö-
bels, was diese Wirkung hervorbrachte? Ich vermute, diesmal keines von beiden. Es gibt Menschen, deren Seele die
Vorstellung eines *schuldigen Respekts* so ganz erfüllt, daß
sie bei einer Spötterei über den geschmacklosen Galarock
eines Ministers genau dieselbe Angst empfinden würden.
In dem alten, leeren, geräumigen Dikasterialgebäude[1] zu

---

1. *Dikasterium: Gerichtshof bei den alten Griechen.*

Ehrenbreitstein hat der Kaufmann Gerhardi eine neue Lederfabrik angelegt, wozu ihm der Kurfürst von Trier auf fünf oder sechs Jahre Befreiung von allen Abgaben bewilligt hat. In einiger Entfernung von diesem Orte, zu Vallender, zieht eine große Lederfabrik ihre Häute unmittelbar aus Buenos Aires in Südamerika. So knüpfen der Handel und die Industrie das Band zwischen den entferntesten Weltteilen!

Von Koblenz fuhren wir nach Neuwied und besahen dort das Brüderhaus der Herrnhuter nebst den mancherlei Werkstätten dieser fleißigen und geschickten Gesellschaft. Ihre Kirche ist ein einfaches, helles Gebäude, das mir recht gut gefiel. An die Stelle der Agapen oder Liebesmahle der ersten Christen ist hier ein gemeinschaftliches Teetrinken in der Kirche eingeführt, wozu sich die ganze Gemeine von Zeit zu Zeit versammelt. Meine Vorliebe zum Tee ist es nicht allein, die mich mit diesem Gebrauche versöhnt. Wenn ich schon nicht mitschwärmen mag, so ist mir doch eine Schwärmerei ehrwürdig, sobald sie auf Geselligkeit und frohen Genuß des Daseins führt. Diese Stimmung läßt sich, wie Du leicht denken kannst, mit der herrnhutischen Einrichtung, welche die unverheirateten Männer und Weiber mit klösterlicher Strenge voneinander trennt, schon nicht so leicht in eine Gleichung bringen. Ich glaube in meiner Erfahrung hinlänglichen Grund zu der Überzeugung zu finden, daß man in der Welt nie stärker gegen das Böse und seine Anfechtungen ist, als wenn man ihm mit offener Stirne und edlem Trotz entgegengeht: wer vor ihm flieht, ist überwunden. Wer steht uns auch dafür, daß, wo der gebundene Wille mit der erkannten Pflicht im Kampfe liegt, die Sünden der Einbildungskraft nicht unheilbarer und zerrüttender sein können als die etwanigen Folgen eines gemischten und durch freiwillige Sittsamkeit gezügelten Umgangs! Gibt es nicht wollüstige Ausschweifungen der Seele, welche strafbarer als physische Wollüste sind, da sie den Menschen im wesentlichsten Teile seines Daseins ent-nerven? Die lehrreichen Schriften der berühmten Guyon, die freilich wohl in einer ganz andern Absicht gedruckt worden sind, und die Bekenntnisse des wackern Jamerai Düval schildern die Krankheit der Entzückten durch alle ihre verschiedenen Stadien als eine metaphysische Selbstschändung. Bei einem eingeschränkten Erkenntnisvermögen und einer armen Einbildungskraft sind die Symptome nicht gefährlich, und das Übel bleibt in den Schranken, die ihm die Unerheblichkeit des Individuums anweist. Wenn hingegen diese Seelenepidemie ein gebildetes, edles Wesen ergreift, dann äußern sich Wirkungen, welche Völker vergiften, die bürgerlichen Verhältnisse stören und die Sicherheit des Staats untergraben können. Die Täuschung, womit man sich über den Gegenstand dieser Entzückungen hintergeht, ist so vollkommen, daß die tiefste Tiefe, wohin der menschliche Geist sinken kann, dem Verblendeten die höchste Stufe der Tugend, der Läuterung und der Entwicklung zum seligen Genusse scheint. Genau wie die Entartung des physischen Triebes die Gesetze der Natur beleidigt, ebenso muß in einem noch ungleich höheren Grade der Seelenraub strafbar sein, den man durch jene unnatürliche Vereinigung *mit einer Idee* am ganzen Menschengeschlechte begeht. Geistesarmut ist der gewöhnliche, jedoch von allen gewiß der unzulässigste Vorwand zu dieser Theopornie, die erst in der Einsamkeit und Heimlichkeit angefangen und dann ohne Scheu öffentlich fortgesetzt wird. Zuerst ist es Trägheit, hernach Egoismus, was den Einfältigen über die natürlichsten Mittel, seinem Mangel abzuhelfen, irreführt. Ist hingegen eine Seele reich und groß? O dann suche sie ein Wesen ihrer Art, das Empfänglichkeit genug besitzt, sie ganz zu fassen, und ergieße sich in ihr! Selten oder nie wird es sich ereignen, daß ein Geist dieser endlichen Erde einzeln und ohne gleichen steht; – und bliebe mit diesem Erhabenen selbst, der kein Maß für seine Größe fände, der göttliche Genuß noch übrig, sich mehreren teilweise hinzugeben und allen alles zu werden? Die Weisheit der Natur ist zum

Glück noch mächtiger und konsequenter als die Torheit der Menschen, und ehe man es sich versieht, führt sie auch den Schwärmer wieder in das Gebiet des Wirklichen zurück. Bei den Herrnhutern ist überdies dafür gesorgt, daß man sich nicht zu weit aus demselben verlieren kann. Fleiß und Arbeitsamkeit sind kräftige Verwahrungsmittel gegen das Überhandnehmen der Seelenkrankheiten, die sie nur dann begünstigen, wenn allzugroße Anstrengung, allzulanges Einsitzen, allzustrenge Diät die Kräfte des Körpers untergraben. Ein Kennzeichen, woran wir deutlich sahen, daß die Schwärmerei hier sehr erträglich sein müsse und daß die guten Leute auf die Weisheit der Kinder dieser Welt nicht ganz und gar Verzicht getan hätten, war der hohe Preis, den sie auf alle ihre Fabrikate setzten. Ich weiß in der Tat nicht, wie ich diesen mit ihrem unstreitig sehr musterhaften Fleiße reimen und wie ich mir die Möglichkeit eines hinlänglichen Debits dabei denken soll.

Andernach erreichten wir noch vor Sonnenuntergang. Ich bemerkte hier jetzt zum zweitenmal eine Nuance im Menschengeschlecht, welche gegen die Bewohner oberhalb dieses Orts merklich absticht; und da meine Reisegefährten die Bemerkung einstimmig bestätigten, so ist es vielleicht minder keck, daß ich sie Dir vorzulegen wage. Unter dem gemeinen Volke nämlich trifft man hier und weiter hinabwärts am Rhein etwas regelmäßigere, blondere Gesichter an, wiewohl sich etwas Plumpes, Materielles in die Züge mischt, das dem Niederrhein eigen ist und dem Phlegma im Charakter vollkommen entspricht. Ich will hier nur im Vorbeigehen und ohne eine bestimmte Anwendung zu machen den Gedanken äußern, daß die Art der Beschäftigung, in der Länge der Zeit, wenigstens mittelbaren Einfluß auf die Verschiedenheit der körperlichen Bildung und folglich auch des Charakters hat. Armut zum Beispiel ist unzertrennlich von dem Landvolke, das den Weinstock zu seiner einzigen Stütze wählte, und Armut wirkt nachteilig zurück auf die Gestalt. Um Andernach und weiter hinabwärts steht der Weinbau in keinem bedeutenden Verhältnisse zu den übrigen Erzeugnissen des Bodens. Wie aber, wenn, noch ehe Wein in Deutschland gebauet ward, bereits in Sprache, Farbe und Gestalt eine Abschattung zwischen den ober- und niederrheinischen Stämmen bemerkbar gewesen wäre? Dann könnte sie durch die Länge der Zeit und die Verschiedenheit der Lebensart nur noch schneidender geworden sein. Die weichere, plattere Mundart fällt indes erst auf, wenn man sich der Gegend von Köln zu nähern anfängt.

JOHANN PETER HEBEL

Kannitverstan

Als 1803 die »Alemannischen Gedichte« erschienen, gehörte Hebel bereits einer Kommission an, die den »Kurfürstlichen Landkalender für Baden« herausgab, und lieferte selbst Beiträge. Am 14. Januar 1807 wurde er zum alleinigen Redaktor ernannt. Fortan hieß der Kalender »Der Rheinländische Hausfreund«. Hebel verfaßte die Jahrgänge 1805 bis 1815 und 1819. Eine Auswahl des Besten aus dem Kalender erschien 1811 unter dem Titel »Schatzkästlein des Rheinischen Hausfreunds« als Buch bei Cotta.
Die formale Vollendung dieser anspruchslosen Geschichten, denen »man die Kunst nicht ansieht«, zeigt, daß für Hebel nur das Beste wirklich volkstümlich war. Stofflich beschränkt sich Hebel auf den Gesichtskreis und das Fassungsvermögen des einfachen Menschen. Wie Hebel in der Vorrede zum »Schatzkästlein« betont, sind die Anekdoten und Erzählungen nicht seine Erfindung, sondern auf der »Gemeindewiese gepflückt«; jedoch liegt in der Anordnung, der Anschaulichkeit und der Gelassenheit, mit der dem ein-

fachen Leser auch schwierigere Zusammenhänge nahegebracht werden, Hebels ganz eigene Leistung. Hier offenbart sich der untrügliche Kunstverstand des großen Erzählers. Wie auch unser Beispiel zeigt, hat in Hebels geordneter Welt der Mensch durch die Erfahrung des Lebens die Möglichkeit zu Einsicht und damit die Verpflichtung zu sittlichem Handeln. Die Darstellung beispielhaften, dummen oder klugen Verhaltens in den Geschichten des »Schatzkästleins« offenbart immer grundsätzliche Lehren des menschlichen Bereichs, ohne je aufdringlich moralisierend zu wirken, obwohl die volkserzieherische Absicht, die Anregung zu selbständigem Denken und Entscheiden hindurchschimmert. »Ein rechtschaffener Kalendermacher, zum Beispiel der Hausfreund, hat von Gott dem Herrn einen vornehmen und freudigen Beruf empfangen, nämlich daß er die Wege aufdecke, auf welchen die ewige Vorsehung für die Hülfe sorgt, noch ehe die Not da ist, und daß er kund mache das Lob vortrefflicher Menschen.«

Die Geschichte vom Kannitverstan ist klassisches Muster schlichten Hebelschen und damit besten deutschen Erzählstils. Sie bringt nach der Absicht des Verfassers »Lehrreiches zu Spaß und Ernst«. Sie interessiert und unterhält den einfachen Leser, weil er sich mit dem deutschen Handwerksburschen in Amsterdam identifizieren kann, zunächst dessen beschränkten und kurzsichtigen Gesichtskreis teilt, lächeln darf über das Mißverständnis des Einfältigen und dann an seinen Erfahrungen in der großen Stadt teilhabend sich selbst der Vergänglichkeit und Nichtigkeit alles irdischen Besitzes bewußt wird.

In der Sprachkraft Hebels, besonders seiner Freude am realistischen, bunten Detail, der Fülle und dem Lebensgehalt seiner Geschichten zeigen sich Züge des Realismus. Sein pädagogischer Eifer verbindet ihn der Aufklärung und seine Naturliebe der Romantik. Wie Hölderlin und Jean Paul bezeichnet Hebel mit Form und Wesen seines Werks die Grenzen der deutschen Klassik.

Der
Rheinländische Hausfreund
oder
Neuer Calender
auf das Schaltjahr 1808,
mit lehrreichen Nachrichten und lustigen Erzählungen.

Carlsruhe, im Verlag des Großherzogl. Lyceums.

*Titelblatt von Hebels Kalender »Der Rheinländische Hausfreund«
auf das Jahr 1808*

Der Mensch hat wohl täglich Gelegenheit, in Emmendingen oder Gundelfingen so gut als in Amsterdam Betrachtungen über den Unbestand aller irdischen Dinge anzustellen, wenn er will, und zufrieden zu werden mit seinem Schicksal, wenn auch nicht viel gebratene Tauben für ihn in der Luft herumfliegen. Aber auf dem seltsamsten Umweg kam ein deutscher Handwerksbursche in Amsterdam durch den Irrtum zur Wahrheit und ihrer Erkenntnis. Denn als er in diese große und reiche Handelsstadt voll prächtiger Häuser, wogender Schiffe und geschäftiger Menschen gekommen war, fiel ihm sogleich ein großes und schönes Haus in die Augen, wie er auf seiner ganzen Wanderschaft von Tuttlingen bis nach Amsterdam noch keines erlebt hatte. Lange betrachtete er mit Verwunderung dies kostbare Gebäude, die sechs Kamine auf dem Dach, die schönen Gesimse und die hohen Fenster, größer als an des Vaters Haus daheim die Tür. Endlich konnte er sich nicht entbrechen, einen Vorübergehenden anzureden. »Guter Freund«, redete er ihn an, »könnt Ihr mir nicht sagen, wie der Herr heißt, dem dieses wunderschöne Haus gehört mit den Fenstern voll Tulipanen, Sternenblumen[1] und Levkoien?« – Der Mann aber, der vermutlich etwas Wichtigeres zu tun hatte und zum Unglück gerade so viel von der deutschen Sprache verstand als der Fragende von der holländischen, nämlich nichts, sagte kurz und schnauzig: »Kannitverstan«, und schnurrte vorüber. Dies war ein holländisches Wort, oder drei, wenn man's recht betrachtet, und heißt auf deutsch soviel als: »Ich kann Euch nicht verstehen.« Aber der gute Fremdling glaubte, es sei der Name des Mannes, nach dem er gefragt hatte. Das muß ein grundreicher Mann sein, der Herr Kannitverstan, dachte er und ging weiter. Gass' aus, Gass' ein kam er endlich an den Meerbusen, der da heißt: Het Ey oder auf deutsch: das Ypsilon. Da stand nun Schiff an Schiff und Mastbaum an Mastbaum, und er wußte anfänglich nicht,

1. Narzissen.

wie er es mit seinen zwei einzigen Augen durchfechten werde, alle diese Merkwürdigkeiten genug zu sehen und zu betrachten, bis endlich ein großes Schiff seine Aufmerksamkeit an sich zog, das vor kurzem aus Ostindien angelangt war und jetzt eben ausgeladen wurde. Schon standen ganze Reihen von Kisten und Ballen auf- und nebeneinander am Lande. Noch immer wurden mehrere herausgewälzt, und Fässer voll Zucker und Kaffee, voll Reis und Pfeffer und salveni[2] Mausdreck darunter. Als er aber lange zugesehen hatte, fragte er endlich einen, der eben eine Kiste auf der Achsel heraustrug, wie der glückliche Mann heiße, dem das Meer all diese Waren an das Land bringe. »Kannitverstan«, war die Antwort. Da dachte er: Haha, schaut's da heraus? Kein Wunder, wem das Meer solche Reichtümer an das Land schwemmt, der hat gut solche Häuser in die Welt stellen und solcherlei Tulipanen vor die Fenster in vergoldeten Scherben[3]. Jetzt ging er wieder zurück und stellte eine recht traurige Betrachtung bei sich selbst an, was er für ein armer Mensch sei unter so viel reichen Leuten in der Welt. Aber als er eben dachte: wenn ich's doch nur auch einmal so gut bekäme, wie dieser Herr Kannitverstan es hat, kam er um eine Ecke und erblickte einen großen Leichenzug. Vier schwarzvermummte Pferde zogen einen ebenfalls schwarzüberzogenen Leichenwagen langsam und traurig, als ob sie wüßten, daß sie einen Toten in seine Ruhe führten. Ein langer Zug von Freunden und Bekannten des Verstorbenen folgte nach, Paar und Paar, verhüllt in schwarze Mäntel und stumm. In der Ferne läutete ein einsames Glöcklein. Jetzt ergriff unsern Fremdling ein wehmütiges Gefühl, das an keinem guten Menschen vorübergeht, wenn er eine Leiche sieht, und blieb mit dem Hut in den Händen andächtig stehen, bis alles vorüber war. Doch machte er sich an den Letzten vom Zug, der eben in der Stille ausrechnete, was er an seiner Baumwolle gewinnen könnte, wenn der Zentner

2. *mit Erlaubnis.*
3. *Blumentöpfen.*

um zehn Gulden aufschlüge, ergriff ihn sachte am Mantel und bat ihn treuherzig um Exküse[4]. »Das muß wohl ein guter Freund von Euch gewesen sein«, sagte er, »dem das Glöcklein läutet, daß Ihr so betrübt und nachdenklich mitgeht.« – »Kannitverstan!« war die Antwort. Da fielen unserm guten Tuttlinger ein paar große Tränen aus den Augen, und es ward ihm auf einmal so schwer und wieder leicht ums Herz. »Armer Kannitverstan«, rief er aus, »was hast du nun von allem deinem Reichtum? Was ich einst von meiner Armut auch bekomme: ein Totenkleid und ein Leintuch, und von allen deinen schönen Blumen vielleicht einen Rosmarin auf die kalte Brust oder eine Raute.« Mit diesen Gedanken begleitete er die Leiche, als wenn er dazugehörte, bis ans Grab, sah den vermeinten Herrn Kannitverstan hinabsenken in seine Ruhestätte und ward von der holländischen Leichenpredigt, von der er kein Wort verstand, mehr gerührt als von mancher deutschen, auf die er nicht achtgab. Endlich ging er leichten Herzens mit den anderen wieder fort, verzehrte in einer Herberge, wo man Deutsch verstand, mit gutem Appetit ein Stück Limburger Käse, und wenn es ihm wieder einmal schwerfallen wollte, daß so viele Leute in der Welt so reich seien und er so arm, so dachte er nur an den Herrn Kannitverstan in Amsterdam, an sein großes Haus, an sein reiches Schiff und an sein enges Grab.

4. *Entschuldigung.*

IV. Drama

*Der Mythos von der Zeitlosigkeit und unbedingten Muster-
gültigkeit der antiken Kunst bestimmte auch das Drama.
Nach der Überwindung des nationalen Gottschedianismus
durch den Sturm und Drang wurden – noch vor dem italienischen Bildungserlebnis – unter dem Einfluß der Weimarer
Hofkultur erneut Geschlossenheit, schönes Maß und harmonische Vollkommenheit (ganz im Sinne der ebenfalls
durch den Hof geprägten französischen Klassik) maßgebend
für dramatisches Schaffen. Diese Entwicklung manifestiert
sich in den entscheidenden Wandlungen von Goethes »Egmont« und Schillers »Don Carlos« vom Sturm-und-Drang-
Stil zum Typ des idealistischen Ideendramas.
Die Sprache dieser auf Innerseelisches gerichteten Dramatik
ist gebunden an den stilisierenden, gleichzeitig jedoch locke-
ren jambischen Vers. Sie formuliert gern allgemeinverbind-
lich und neigt zur Sentenz. Die Architektur dieser Dramen
ist sparsam und streng durchkomponiert, sie konzentriert
sich auf wenige Grundlinien, was sich in der Beschränkung
der Personenzahl, des Schauplatzwechsels und der Einheit
im Zeitablauf ausdrückt. Die abstrakte Esoterik der klassischen Humanitätsdramen, die in einer Zeit entstehen, in
der die Französische Revolution Europa erschüttert, entspricht einer Schutzhülle, mit der sich die adlige Kultur
Weimars gegen die Zeitereignisse abschirmte. Je mehr die
zeitlich-räumlichen Gegebenheiten ihrer Welt an Geschlossenheit verloren, desto ausschließlicher und willkürlicher
wurde der stilistische Formalismus ihrer Dramatik und
ihres Theaters.
Nicht die produktive Kraft der Bürgerstadt Frankfurt,
sondern höfisches Ebenmaß und adlige Zucht der Formen
prägten die »Iphigenie«. Schon der Goethe der frühen
Weimarer Jahre sah in Racine ein geistesverwandtes und*

*fruchtbares Vorbild im Verzichten. In »Dichtung und
Wahrheit« (1. Teil, 3. Buch) spricht er von Racine als dem
»Abgott, der zu meiner Zeit lebenden Franzosen, der nun
auch mein Abgott wurde . . .«. Erich Trunz betont, daß es
für Goethes »spätere Entwicklung als dramatischer Dichter
von Bedeutung« gewesen sei, daß seine ersten Eindrücke
»davon, was Drama und Theater sei, durch die französische
Tragödie des 17. Jahrhunderts [. . .] geformt wurde« (Hamburger Ausgabe, Bd. 9, S. 657). Auch in »Wilhelm Meister«
(3. Buch, 8. Kap.) findet sich ein ausdrückliches Lob des
französischen Theaters im allgemeinen und Racines im besonderen. Für beide Dichter erfüllte sich aus dem Geist der
Entsagung die strenge Form des Dramas mit Seelenhaftig-
keit. Schon in diesen voritalienischen Jahren wurde der
»Egmont«, der in die Frankfurter Geniezeit zurückreicht,
großliniger, wesenhafter, bühnengemäßer umgeformt, ehe
er in Italien wiederaufgenommen und vollendet wurde.
Nach diesem »Auftakt« zur hochklassischen Epoche des
Weimarer Theaters findet sich in der Synthese von französischen und englischen Stilelementen das Kunstwollen der
folgenden Jahre. In der Stoffgestaltung zeigt der »Egmont«,
wie noch der »Wallenstein« Schillers zehn Jahre später, die
Spannung zwischen historischer Realität und der angestrebten idealistischen Humanität. Am hochklassischen Ideal gemessen, das Darstellung überzeitlicher und allgemein
menschlicher Gesetze erstrebt, läßt diese innere Gegensätz-
lichkeit beide Werke als Durchgangsstufe erscheinen, über
die es hinauszuschreiten galt. In »Tasso« und »Maria
Stuart« sind die gedanklichen Elemente dann auch wesentlich verstärkt, der Gehalt weiter entstofflicht und wirklich-
keitsentrückt, was gleichzeitig eine Entfernung vom Theater
bedeutet und die Fühlung mit dem Publikum problematisch
macht. Diese Distanz von Publikum und Theater weist hin
auf die Fragwürdigkeit jeder programmatisch und dogma-
tisch durchgeführten Typisierung im Drama. Schillers klassi-
zistisches Chordrama »Die Braut von Messina« und Goethes*

»Natürliche Tochter« bezeichnen hier den charakteristischen Engpaß der Weimarer Dramatik. Der konsequent abstrakte Stil dieser Tragödien entspricht den klassizistischen Experimenten mit antiken Masken und »plastischen Gruppen«, die Goethe damals auf der Weimarer Bühne veranstaltete. Das direkte und uneingeschränkte Nachahmen der Antike erwies sich nicht mehr als Verbürgung, sondern als Verzerrung klassischer Kunstabsichten.

Die klassische Dramatik ist Ideendramatik. Nicht die Form als solche, sondern erst ihre geistige Erfüllung ergibt den Maßstab des Klassischen. Das geschlossene Weltbild des Idealisten, das den Menschen innerhalb einer größeren Ordnung sieht, stellt das individuelle Erleben in den objektiven Rahmen eines ethisch-religiös orientierten Ganzen. Aus der Dissonanz dieser geistigen Wertewelt und der diesseitigen Wirklichkeit ergibt sich die Grundfrage und der Konflikt des klassischen Dramas. Die vollendete Lösung dieser Fragestellung im Sinne klassischer Form- und Sinngebung findet sich in der »Iphigenie«. Sie demonstriert, wie sittliche Schuld abgetragen wird, indem der Mensch sich einer ethischen Macht unterordnet. Im »Tasso« übernimmt die Gesellschaft die Funktion und das Recht dieser objektiven Ordnungsmacht. Durch den klaren und nachdrücklichen Willen Goethes, sich dem absoluten Gesetz und damit dem erlösenden Prinzip einzuordnen, entfällt in seiner Dramatik von vornherein jede Tragik im strengen Sinne. Dieser seinem Schaffen immanente Rettungsgedanke und das Goethesche Tat-Ethos lassen auch die »Faust«-Tragödie nicht zur eigentlichen Tragödie werden.

Während für Goethe das Drama nur eine Aussagemöglichkeit unter vielen war, wurde es für Schiller charakteristisches Ausdrucksmittel seiner Weltanschauung. Wie die neuere Forschung gezeigt hat, wurzeln die wesentlichsten Züge seines dramatischen Werks in der gesellschaftlichen und theatralischen Barockkultur. Sein sittlich religiöser Ausgangspunkt, der Abfall des Menschen vom Absoluten, das unein-

geschränkte Vertrauen in die metaphysische Freiheit des
Menschen, die »barocke« Spannung von Sinnlichkeit und
Geist, aus dem das vielgeschmähte Schillersche Pathos her-
vorgeht, sowie die relativ schwach umrissenen, wenig individuell gezeichneten Figuren entsprechen barocker Dramatik. Stilistisch besonders stark dem Barock zugeneigt sind
Schillers zu Sentenzen neigende Sprache, sein ausgeprägter
Sinn für die große Geste und die »Schau«-Aktion sowie
seine glanzvollen Aktschlüsse. Schillers Tragödie ist durch
den Glauben an die Weltmacht des Göttlichen vor allem
moralisches Drama. Wie seine Lebensanschauung lassen sich
die Hauptmotive seiner Tragödie aus der Idee der Antithese erfassen: Geist und Natur, Freiheit und Schicksal,
Ideal und Leben, Pflicht und Neigung, Form und Stoff,
Idealismus und Realismus usw. Schillers Tragödie stellt den
Menschen dar, wie er im Widerstreit zwischen bedrohendem
Schicksal und erhebender Macht des Göttlichen das unab-
wendbar Scheinende sittlich überwindet.
Den »Wallenstein«, der ebenso an Shakespeare wie am
antiken Drama orientiert ist, hält die Forschung für Schillers reifste Tragödie. Auch hier befindet sich der Held im
Spannungsfeld realer Gegebenheiten und einer idealen
Wertewelt. Der historische Stoff und die philosophische
Form werden in ihrer tieferen Beziehung miteinander verschmolzen. Gerade diese Trilogie, der ausführlichstes Quellenstudium vorausging und in der sich Schiller besonders
eng an seine historische Vorlage anschloß, demonstriert, daß
der Dichter Schiller sich vor dem Historiker Schiller immer
absolute Geltung vorbehalten hat. Im klassischen Programm
gibt es keine Verbindlichkeit gegenüber dem historischen
Stoff. In dem Aufsatz »Über die tragische Kunst« (1792)
differenziert Schiller klar zwischen historischer und poetischer Wahrheit. Die Tragödie sei die »poetische Nachahmung einer mitleidswürdigen Handlung, und dadurch
wird sie der historischen entgegengesetzt«. Drei Jahre später
geht er in der bewußten Distanzierung des Dramatikers von

*jeder realistischen Vorlage noch entschieden weiter: »Es gibt
für den poetischen Genius kein Heil, als daß er sich aus dem
Gebiet der wirklichen Welt zurückzieht [...] und durch die
griechischen Mythen der Verwandte eines fernen, fremden
und idealischen Zeitalters wird« (Schiller an Herder, 4. November 1795). Das »idealische Zeitalter« der deutschen
Klassik mit seiner allgemeinmenschlichen, überzeitlichen Ge-
staltungsabsicht sieht in geschichtlichen Stoffen nur Vehikel
für Ideen. Der klassische Dramatiker geht zwar von der
Form aus, aber sein höchstes Ziel ist es, sie mit der Idee
eines reinen Menschentums zu erfüllen, weil sie allein diesem Ideal gerecht wird, seine ihm wesensgemäße Ver-Dich-
tung erlaubt. Bezeichnend für das uneingeschränkte Streben
des Klassikers nach Allgemeingültigkeit sind z. B. die ab-
strahierenden Bezeichnungen der Personen in Goethes
»Natürlicher Tochter« (Herzog, Weltgeistlicher, Sekretär),
die an Stelle von Namen treten.*

*In einem Brief an Goethe schreibt Schiller: »Überhaupt
glaube ich, daß man wohltun würde, immer nur die allgemeine Situation, die Zeit und die Personen aus der Geschichte zu nehmen und alles übrige frei zu erfinden, wodurch eine mittlere Gattung von Stoffen entstünde, welche
die Vorteile des historischen Dramas mit dem erdichteten
Drama vereinigte« (20. August 1799). Das klassische Drama
Schillers ist eine solche »mittlere Gattung, die auf das hi-
rische ebenso angewiesen ist, als sie darüber hinauswächst«
(Friedrich Sengle). Die Schiller-Epigonen mißverstanden
Schillers Drama als historisches Drama. Er schuf es nicht,
sondern stellte nur wesentliche Voraussetzungen zu seiner
Entfaltung bereit. Die Geschichte ist für den Künstler Schiller insofern sekundär, als sie nur als Bewährungsraum für
die Idee gesehen, nicht um ihrer selbst willen gestaltet
wird.*

*In der Andersartigkeit seiner glühenden Leidenschaft tritt
Hölderlins Dramatik gewichtig neben die Leistung der Weimarer Klassiker. Soweit nach den verschiedenen Bruchstük-*

ken zu urteilen ist, näherte sich sein »Empedokles«-Fragment hinsichtlich der Gestaltung Goethes »Iphigenie« (Bruno Markwardt). Auch die strenge Fügung mit nur wenigen Personen (die letzte Fassung sollte mit einem Chor nach enger antiker Verfahrensweise folgen) zeigt den klassischen Willen des antikisierenden Dramas der Zeit. Seine halb christliche, halb pantheistische Begeisterung bedeutet für die typenmäßige Tendenz der Epoche eine Belebung.

JOHANN WOLFGANG GOETHE

Iphigenie auf Tauris (4. Aufzug, 5. Auftritt)

»Iphigenie auf Tauris«, von Goethe selbst später »ganz verteufelt human« genannt, verkündet das Humanitätsideal der deutschen Klassik. Das Schauspiel in fünf Akten durchlief vier Entwicklungsstadien, von denen die erste feierlich rhythmisierte Prosafassung schon 1779 entstand und auf der Liebhaberbühne in Weimar mit Goethe als Orest aufgeführt wurde. Die zweite Version von 1780 ist eine Neuschrift in Versen, die dritte von 1781 im wesentlichen eine Rückkehr zur ersten Fassung. Erst die Fassung von 1786 in Italien im jambischen Vers vollendet die Form des Dramas.
Der mythische Stoff wurde bereits von Aischylos, Sophokles, Euripides und Racine behandelt. Goethe geht aus von dem Euripideischen Drama »Iphigenie unter den Taurern«, wandelt aber seine Vorlage im humanitären Sinn: nicht das Eingreifen der Dea ex machina, Athene, sondern innere Läuterung, die »reine Menschlichkeit« sühnt den Fluch, der auf dem Tantaliden-Geschlecht lastet, und führt zur Lösung des dramatischen Konflikts.
Dem Monolog der Iphigenie und dem Parzenlied geht fol-

Goethe in der Campagna. Gemälde von J. H. W. Tischbein, 1786 bis 1788 (Städelsches Kunstinstitut, Frankfurt a. M.)

gende Entwicklung, die teilweise in der dem Taurerkönig
Thoas durch Iphigenie enthüllten Vorgeschichte liegt, voraus: Seit der Urahn ihres Geschlechts, Tantalus, von den
Göttern erhoben und dann zu Unrecht verstoßen wurde,
waltet der Fluch des Hasses und des Verbrechens über allen
nachfolgenden Generationen. Auch Iphigenies Familie wird
durch ein grausames Schicksal zerstört. Vor dem Feldzug
nach Troja opferte der Vater Agamemnon sie in Aulis den
Göttern, um günstigen Wind für sein Heer zu erflehen.
Doch Artemis entführte Iphigenie auf ihr Heiligtum auf
Tauris, wo die Gerettete Priesterin der Göttin wird. Thoas,
der barbarische König des theokratischen Staates, wird
durch ihr reines Wesen veranlaßt, den uralten Kult des
Fremdenmordes einzustellen. Als Iphigenie aber seine Wer-
bung ausschlägt, soll das Menschenopfer sogleich an zwei
eben angekommenen Fremden, Orest, dem Bruder Iphigenies, und dessen Freund Pylades, die sich zunächst nicht zu
erkennen geben, erneut vollzogen werden.

Von Pylades erfährt Iphigenie die »unerhörten Taten« der
Blutschande, die sich in ihrer Abwesenheit in Griechenland
ereignet haben: von dem Gattenmord der Klytemnästra an
Agamemnon und dem Muttermord Orests, der nun von
den Rachegöttinnen verfolgt wird. Auf Apolls Geheiß soll
Orest zur Sühne das »Bild der Schwester« aus Tauris rauben. Hier führt Goethe die den dramatischen Konflikt
lösende Doppeldeutigkeit des Orakels ein: Das Orakel in
Delphi hatte nicht die Schwester Apolls, Artemis, gemeint,
sondern die Schwester Orests, Iphigenie selbst. Auch die
Furien wandelt er von Rachegöttinnen zur inneren Qual
des in Orest wütenden Schuldgefühls, das ihn in den Wahnsinn treibt.

Iphigenie gibt sich Orest nicht zu erkennen, aber durch ihre
reine Gegenwart wird seine verdüsterte Seele geheilt von
Verzweiflung und Geisteszerrüttung (durch das von Goethe
geliebte Motiv des Heilschlafs). Sie selbst steht vor der Entscheidung, mit Orest und Pylades das Bild zu rauben und

*zu entfliehen oder aber den König, dessen Vertrauen sie
genießt, nicht zu betrügen, was bedeutet, daß sie sich und
die Freunde damit größter Bedrohung aussetzt. Im entscheidenden Monolog des 5. Auftritts im 4. Aufzug bereitet
sich die Gewissensentscheidung vor, die die früheren Verbrechen und die Blutschande ihres Hauses sühnen soll. Sie
wird Thoas die Wahrheit offenbaren und damit die Feindschaft des sich betrogen geglaubten Barbaren überwinden.
Der Unterschied zwischen Barbarentum und Griechentum
erscheint hier aufgehoben in der Menschlichkeit derer, denen
»ein edles Herz den Busen wärmt«.
Die dramatische Wende aber erfolgt erst durch die Einsicht
in die Doppeldeutigkeit des Orakels, die dem jetzt innerlich
befreiten Orest kommt. Das Bild der eigenen Schwester
sollte er heimbringen, Iphigenies reine Menschlichkeit, ihr
Vertrauen in die Macht des Guten entspricht dem Bild der
Göttin. So läßt Thoas die Griechen ziehen und bleibt als
durch die »hohe Seele« Gewandelter zurück. Das läuternde
Ethos der klassischen Humanität besiegt nicht nur den Menschen, sondern selbst das von den Göttern verhängte tragische Geschick.*

I p h i g e n i e *(allein).*
  Ich muß ihm folgen: denn die Meinigen
  Seh ich in dringender Gefahr. Doch ach!
  Mein eigen Schicksal macht mir bang und bänger.
  O soll ich nicht die stille Hoffnung retten,
  Die in der Einsamkeit ich schön genährt?
  Soll dieser Fluch denn ewig walten? Soll
  Nie dies Geschlecht mit einem neuen Segen
  Sich wieder heben? – Nimmt doch alles ab!
  Das beste Glück, des Lebens schönste Kraft
  Ermattet endlich, warum nicht der Fluch?
  So hofft' ich denn vergebens, hier verwahrt,
  Von meines Hauses Schicksal abgeschieden,
  Dereinst mit reiner Hand und reinem Herzen

Die schwer befleckte Wohnung zu entsühnen!
Kaum wird in meinen Armen mir ein Bruder
Vom grimm'gen Übel wundervoll und schnell
Geheilt, kaum naht ein lang erflehtes Schiff,
Mich in den Port der Vaterwelt zu leiten,
So legt die taube Not ein doppelt Laster
Mit ehrner Hand mir auf: das heilige
Mir anvertraute, viel verehrte Bild
Zu rauben und den Mann zu hintergehn,
Dem ich mein Leben und mein Schicksal danke.
O daß in meinem Busen nicht zuletzt
Ein Widerwille keime! der Titanen,
Der alten Götter, tiefer Haß auf euch,
Olympier, nicht auch die zarte Brust
Mit Geierklauen fasse! Rettet mich,
Und rettet euer Bild in meiner Seele!

Vor meinen Ohren tönt das alte Lied –
Vergessen hatt' ich's und vergaß es gern –
Das Lied der Parzen, das sie grausend sangen,
Als Tantalus vom goldnen Stuhle fiel:
Sie litten mit dem edeln Freunde; grimmig
War ihre Brust, und furchtbar ihr Gesang.
In unsrer Jugend sang's die Amme mir
Und den Geschwistern vor, ich merkt' es wohl.

>Es fürchte die Götter
Das Menschengeschlecht!
Sie halten die Herrschaft
In ewigen Händen,
Und können sie brauchen,
Wie's ihnen gefällt.

Der fürchte sie doppelt,
Den je sie erheben!
Auf Klippen und Wolken

Sind Stühle bereitet
Um goldene Tische.

Erhebet ein Zwist sich:
So stürzen die Gäste
Geschmäht und geschändet
In nächtliche Tiefen,
Und harren vergebens,
Im Finstern gebunden,
Gerechten Gerichtes.

Sie aber, sie bleiben
In ewigen Festen
An goldenen Tischen.
Sie schreiten vom Berge
Zu Bergen hinüber:
Aus Schlünden der Tiefe
Dampft ihnen der Atem
Erstickter Titanen,
Gleich Opfergerüchen,
Ein leichtes Gewölke.

Es wenden die Herrscher
Ihr segnendes Auge
Von ganzen Geschlechtern,
Und meiden, im Enkel
Die ehmals geliebten
Still redenden Züge
Des Ahnherrn zu sehn.«

So sangen die Parzen;
Es horcht der Verbannte
In nächtlichen Höhlen,
Der Alte, die Lieder,
Denkt Kinder und Enkel
Und schüttelt das Haupt.

Torquato Tasso (1. Aufzug, 3. Auftritt)

Die Arbeit Goethes am »Tasso« beginnt bereits 1780/81, in Rom wird das Prosaschauspiel im klassischen Jambenstil umgeformt, und erst nach der italienischen Reise wird es 1788/89 beendet. Das tektonisch symmetrisch gebaute Stück bewahrt die Einheit von Zeit und Ort und beschränkt seine Personenzahl auf fünf.

Goethe selbst hat die hier gezeigte Problematik des schöpferischen Menschen die »Disproportion des Lebens mit dem Talent« genannt (zu Karoline Herder). Den Forderungen der gesellschaftlichen Konvention widersetzt sich in Tasso das schöpferische Selbstbewußtsein des Künstlergenies. Der von sich selbst überzeugte, zugleich labile Egozentriker mißtraut seiner Umwelt und lebt in einem pathologischen Spannungsverhältnis zur menschlichen Gesellschaft, was den französischen Kritiker Ampère veranlaßte, von Tasso als von einem »gesteigerten Werther« zu sprechen. Selbst von einer dem Künstler entgegenkommenden, weil der Schönheit aufgeschlossenen Gesellschaft wie der des Hofes von Ferrara glaubt sich der Reizbare mißverstanden. Nur der edlen und lebensscheuen Prinzessin Leonore, in der Goethe Züge der Frau von Stein nachgebildet hatte, fühlt Tasso sich geistig und seelisch verwandt, liebt sie und glaubt sich geliebt.

Nach Renaissancebrauch wird in der im folgenden abgedruckten Szene Tasso von seinem Gastgeber Herzog Alfons für die Vollendung seines großen Epos »Das befreite Jerusalem« zum Poeten gekrönt. In der Ekstase des Augenblicks der Erhöhung und der Würdigung ruft Tasso eine goldne Zeit herauf, in der Held und Dichter in Harmonie vereint lebten. In dieser Vision erscheint die Problematik des Stükkes: Komplementärgestalt zu Tasso ist der »Held« Antonio, ein nüchtern besonnener Weltmann, der am Ende des Auftritts angesagt wird. Zwischen beiden kommt es zu einem scharfen Wortwechsel. Der impulsive Tasso bricht den Hausfrieden, indem er den Degen zieht. Die Strafe der

*Zimmerhaft ist milde, aber sie trifft den Verletzbaren
scharf. Er sieht sich von seiner Umwelt verraten, verfolgt,
will abreisen, verliert jedes Verhältnis zur Realität seiner
Situation. Im Überschwang seiner Leidenschaft für die Prinzessin umarmt er sie beim Abschied und wird von ihr zurückgestoßen (»erlaubt ist, was sich ziemt«). Sich ganz seinem Schmerz und der eigenen Dämonie (das heißt bei
Goethe: dem Gesetz in sich) hingebend, macht er die Umwelt für sein Schicksal verantwortlich. Erst in der Besinnung auf seine dichterische Kraft, die ihm erlaubt, auszudrücken, was er leidet, wendet sich die Krisis und er findet
zu sich zurück.*

*Während »Iphigenie« zeigte, daß sich nur eine »humane«
Freiheit innerer Art verwirklichen läßt, bleibt »Tasso« ein
Grenzfall; denn gerade bei seinem Antipoden, Antonio,
meint er Zuflucht zu finden und klammert sich an ihn in
seinem Schmerz wie der Schiffer an den Felsen, an dem sein
Schiff zerschellt ist. Findet Tasso wirklichen Halt an seinem
Gegenpol, oder ist seine Tragik eine fortdauernde? Wird
der Künstler das schicksalhafte Gesetz in sich überwinden,
einen neuen Ansatz finden, oder wird die Gesellschaft erkennen, daß sie der Schönheit und des schöpferischen Individuums so bedarf wie er ihrer? Der Schluß bleibt offen,
charakteristisch für die Neigung Goethes, Tragik zu vermeiden.*

DRITTER AUFTRITT
Die Vorigen. Tasso.

Tasso *(mit einem Buche, in Pergament geheftet).*
    Ich komme langsam, dir ein Werk zu bringen,
    Und zaudre noch, es dir zu überreichen.
    Ich weiß zu wohl, noch bleibt es unvollendet,
    Wenn es auch gleich geendigt scheinen möchte.
    Allein, war ich besorgt, es unvollkommen
    Dir hinzugeben, so bezwingt mich nun
    Die neue Sorge: möcht’ ich doch nicht gern

Zu ängstlich, möcht' ich nicht undankbar scheinen.
Und wie der Mensch nur sagen kann: »Hie bin ich!«
Daß Freunde seiner schonend sich erfreuen:
So kann ich auch nur sagen: »Nimm es hin!«
(Er übergibt den Band.)
Alfons. Du überraschest mich mit deiner Gabe
Und machst mir diesen schönen Tag zum Fest.
So halt ich's endlich denn in meinen Händen,
Und nenn es in gewissem Sinne mein!
Lang wünscht' ich schon, du möchtest dich entschließen
Und endlich sagen: »Hier! es ist genug.«
Tasso. Wenn ihr zufrieden seid, so ist's vollkommen;
Denn euch gehört es zu in jedem Sinn.
Betrachtet' ich den Fleiß, den ich verwendet,
Sah ich die Züge meiner Feder an:
So konnt' ich sagen: »Dieses Werk ist mein.«
Doch seh ich näher an, was dieser Dichtung
Den innern Wert und ihre Würde gibt:
Erkenn ich wohl, ich hab es nur von euch.
Wenn die Natur der Dichtung holde Gabe
Aus reicher Willkür freundlich mir geschenkt,
So hatte mich das eigensinn'ge Glück
Mit grimmiger Gewalt von sich gestoßen;
Und zog die schöne Welt den Blick des Knaben
Mit ihrer ganzen Fülle herrlich an,
So trübte bald den jugendlichen Sinn
Der teuern Eltern unverdiente Not.
Eröffnete die Lippe sich zu singen,
So floß ein traurig Lied von ihr herab,
Und ich begleitete mit leisen Tönen
Des Vaters Schmerzen und der Mutter Qual.
Du warst allein, der aus dem engen Leben
Zu einer schönen Freiheit mich erhob;
Der jede Sorge mir vom Haupte nahm,
Mir Freiheit gab, daß meine Seele sich
Zu mutigem Gesang entfalten konnte;

Und welchen Preis nun auch mein Werk erhält,
Euch dank ich ihn, denn euch gehört es zu.

Alfons. Zum zweitenmal verdienst du jedes Lob,
Und ehrst bescheiden dich und uns zugleich.

Tasso. O könnt' ich sagen, wie ich lebhaft fühle,
Daß ich von euch nur habe, was ich bringe!
Der tatenlose Jüngling – nahm er wohl
Die Dichtung aus sich selbst? Die kluge Leitung
Des raschen Krieges – hat er die ersonnen?
Die Kunst der Waffen, die ein jeder Held
An dem beschiednen Tage kräftig zeigt,
Des Feldherrn Klugheit und der Ritter Mut,
Und wie sich List und Wachsamkeit bekämpft,
Hast du mir nicht, o kluger, tapfrer Fürst,
Das alles eingeflößt, als wärest du
Mein Genius, der eine Freude fände,
Sein hohes, unerreichbar hohes Wesen
Durch einen Sterblichen zu offenbaren?

Prinzessin. Genieße nun des Werks, das uns erfreut!

Alfons. Erfreue dich des Beifalls jedes Guten!

Leonore. Des allgemeinen Ruhms erfreue dich!

Tasso. Mir ist an diesem Augenblick genug.
An euch nur dacht' ich, wenn ich sann und schrieb;
Euch zu gefallen, war mein höchster Wunsch,
Euch zu ergetzen, war mein letzter Zweck.
Wer nicht die Welt in seinen Freunden sieht,
Verdient nicht, daß die Welt von ihm erfahre.
Hier ist mein Vaterland, hier ist der Kreis,
In dem sich meine Seele gern verweilt.
Hier horch ich auf, hier acht ich jeden Wink.
Hier spricht Erfahrung, Wissenschaft, Geschmack;
Ja, Welt und Nachwelt seh ich vor mir stehn.
Die Menge macht den Künstler irr und scheu:
Nur wer euch ähnlich ist, versteht und fühlt,
Nur der allein soll richten und belohnen!

Alfons. Und stellen wir denn Welt und Nachwelt vor,

So ziemt es nicht, nur müßig zu empfangen.
Das schöne Zeichen, das den Dichter ehrt,
Das selbst der Held, der seiner stets bedarf,
Ihm ohne Neid ums Haupt gewunden sieht,
Erblick ich hier auf deines Ahnherrn Stirne.
(Auf die Herme Virgils deutend.)
Hat es der Zufall, hat's ein Genius
Geflochten und gebracht? Es zeigt sich hier
Uns nicht umsonst. Virgilen hör ich sagen:
»Was ehret ihr die Toten? Hatten die
Doch ihren Lohn und Freude, da sie lebten;
Und wenn ihr uns bewundert und verehrt,
So gebt auch den Lebendigen ihr Teil;
Mein Marmorbild ist schon bekränzt genug:
Der grüne Zweig gehört dem Leben an.«
*(Alfons winkt seiner Schwester; sie nimmt den Kranz von
der Büste Virgils und nähert sich Tasso. Er tritt zurück.)*

L e o n o r e.
Du weigerst dich? Sieh, welche Hand den Kranz,
Den schönen unverwelklichen, dir bietet!

T a s s o. O laßt mich zögern! Seh ich doch nicht ein,
Wie ich nach dieser Stunde leben soll.

A l f o n s. In dem Genuß des herrlichen Besitzes,
Der dich im ersten Augenblick erschreckt.

P r i n z e s s i n *(indem sie den Kranz in die Höhe hält).*
Du gönnest mir die seltne Freude, Tasso,
Dir ohne Wort zu sagen, wie ich denke.

T a s s o. Die schöne Last aus deinen teuern Händen
Empfang ich knieend auf mein schwaches Haupt.
(Er kniet nieder, die Prinzessin setzt ihm den Kranz auf.)

L e o n o r e *(applaudierend).*
Es lebe der zum erstenmal Bekränzte!
Wie zieret den bescheidnen Mann der Kranz!
(Tasso steht auf.)

A l f o n s. Es ist ein Vorbild nur von jener Krone,
Die auf dem Kapitol dich zieren soll.

Prinzessin.
  Dort werden lautre Stimmen dich begrüßen;
  Mit leiser Lippe lohnt die Freundschaft hier.
Tasso. O nehmt ihn weg von meinem Haupte wieder,
  Nehmt ihn hinweg! Er sengt mir meine Locken,
  Und wie ein Strahl der Sonne, der zu heiß
  Das Haupt mir träfe, brennt er mir die Kraft
  Des Denkens aus der Stirne. Fieberhitze
  Bewegt mein Blut. Verzeiht! Es ist zu viel!
Leonore. Es schützet dieser Zweig vielmehr das Haupt
  Des Manns, der in den heißen Regionen
  Des Ruhms zu wandeln hat, und kühlt die Stirne.
Tasso. Ich bin nicht wert, die Kühlung zu empfinden,
  Die nur um Heldenstirnen wehen soll.
  O hebt ihn auf, ihr Götter, und verklärt
  Ihn zwischen Wolken, daß er hoch und höher
  Und unerreichbar schwebe! daß mein Leben
  Nach diesem Ziel ein ewig Wandeln sei!
Alfons. Wer früh erwirbt, lernt früh den hohen Wert
  Der holden Güter dieses Lebens schätzen;
  Wer früh genießt, entbehrt in seinem Leben
  Mit Willen nicht, was er einmal besaß;
  Und wer besitzt, der muß gerüstet sein.
Tasso. Und wer sich rüsten will, muß eine Kraft
  Im Busen fühlen, die ihm nie versagt.
  Ach! sie versagt mir eben jetzt! Im Glück
  Verläßt sie mich, die angeborne Kraft,
  Die standhaft mich dem Unglück, stolz dem Unrecht
  Begegnen lehrte. Hat die Freude mir,
  Hat das Entzücken dieses Augenblicks
  Das Mark in meinen Gliedern aufgelöst?
  Es sinken meine Kniee! Noch einmal
  Siehst du, o Fürstin, mich gebeugt vor dir!
  Erhöre meine Bitte; nimm ihn weg!
  Daß, wie aus einem schönen Traum erwacht,
  Ich ein erquicktes neues Leben fühle.

P r i n z e s s i n.
  Wenn du bescheiden ruhig das Talent,
  Das dir die Götter gaben, tragen kannst,
  So lern auch diese Zweige tragen, die
  Das Schönste sind, was wir dir geben können.
  Wem einmal würdig sie das Haupt berührt,
  Dem schweben sie auf ewig um die Stirne.
T a s s o. So laßt mich denn beschämt von hinnen gehn!
  Laßt mich mein Glück im tiefen Hain verbergen,
  Wie ich sonst meine Schmerzen dort verbarg.
  Dort will ich einsam wandeln, dort erinnert
  Kein Auge mich ans unverdiente Glück.
  Und zeigt mir ungefähr ein klarer Brunnen
  In seinem reinen Spiegel einen Mann,
  Der wunderbar bekränzt im Widerschein
  Des Himmels zwischen Bäumen, zwischen Felsen
  Nachdenkend ruht: so scheint es mir, ich sehe
  Elysium auf dieser Zauberfläche
  Gebildet. Still bedenk ich mich und frage,
  Wer mag der Abgeschiedne sein? Der Jüngling
  Aus der vergangnen Zeit? So schön bekränzt?
  Wer sagt mir seinen Namen? Sein Verdienst?
  Ich warte lang und denke: Käme doch
  Ein andrer und noch einer, sich zu ihm
  In freundlichem Gespräche zu gesellen!
  O säh' ich die Heroen, die Poeten
  Der alten Zeit um diesen Quell versammelt,
  O säh' ich hier sie immer unzertrennlich,
  Wie sie im Leben fest verbunden waren!
  So bindet der Magnet durch seine Kraft
  Das Eisen mit dem Eisen fest zusammen,
  Wie gleiches Streben Held und Dichter bindet.
  Homer vergaß sich selbst, sein ganzes Leben
  War der Betrachtung zweier Männer heilig,
  Und Alexander in Elysium
  Eilt, den Achill und den Homer zu suchen.

O daß ich gegenwärtig wäre, sie,
Die größten Seelen, nun vereint zu sehen!
L e o n o r e .
Erwach! Erwache! Laß uns nicht empfinden,
Daß du das Gegenwärt'ge ganz verkennst.
T a s s o . Es ist die Gegenwart, die mich erhöht;
Abwesend schein ich nur, ich bin entzückt!
P r i n z e s s i n .
Ich freue mich, wenn du mit Geistern redest,
Daß du so menschlich sprichst, und hör es gern.
(Ein Page tritt zu dem Fürsten und richtet leise etwas aus.)
A l f o n s . Er ist gekommen! recht zur guten Stunde.
Antonio! – Bring ihn her – Da kommt er schon!

FRIEDRICH SCHILLER

Wallensteins Tod (2. Aufzug, 2. Auftritt)

In seiner »Wallenstein«-Trilogie schließt sich Schiller enger an seine Vorlage an als in seinen anderen Dramen mit historischem Stoff. Das Quellenstudium über den kaiserlichen General Albrecht von Wallenstein, der nach Differenzen mit der katholisch-spanischen Partei am habsburgischen Hof geheime Verhandlungen mit Schweden, Sachsen und Franzosen geführt hatte und 1634 in Eger ermordet wurde, ergab für Schiller das Bild eines ehrgeizigen Menschen, dessen Schicksal durch seinen machthungrigen, schwankenden Charakter bestimmt wurde. Nicht für das Wohl des Reiches bekämpft Wallenstein die habsburgische Hegemonie, sondern um selbst zu herrschen. Mit dem realistisch gezeichneten Bild Wallensteins strebt Schiller Objektivität an. (»Der historische Wallenstein war nicht groß, der poetische darf

es nicht sein.«) *Der idealistische Held wird verkörpert durch
Max Piccolomini.*

Der reife Dramatiker nimmt Wallensteins tragischer Gestalt
die absolute Größe, sieht sie durch seinen Charakter schick-
salhaft eingeengt. »*Er hat nichts Edles, erscheint in keinem
einzelnen Lebens-Akt groß; er hat wenig Würde und dergleichen. Ich hoffe aber nichtsdestoweniger, auf rein realisti-
schem Wege einen dramatisch großen Charakter in ihm auf-
zustellen. [. . .] Hier im ›Wallenstein‹ will ich es probieren
und durch die bloße Wahrheit für die fehlende Idealität
[. . .] entschädigen*« (an Wilhelm von Humboldt, 21. März
1796). Dennoch besitzt die Figur des Feldherrn Glanz und
Größe für eine tragische Fallhöhe. Der analytischen Technik
entsprechend, sinkt seine Lebenskurve vom Anfang des
Stückes an.

Das Aufeinandertreffen der beiden Vertreter von Realismus und Idealismus ist der innerliche Höhepunkt der Tragödie. Es geht dabei um das Problem der Willensfreiheit
(»Wir handeln, wie·wir müssen«). Wallenstein hat erkannt,
daß sein langes Zögern und abergläubisches Warten auf die
ihm günstige Sternstunde ihm die Karten aus der Hand
gerissen haben. Der »Notzwang der Begebenheiten«, nicht
eine freie Willensentscheidung, veranlaßt ihn nun, entweder
mit dem Kaiser oder den Schweden zu gehen. (»Doch hier
ist keine Wahl, / Ich muß Gewalt ausüben oder leiden –«)
Die Entscheidung kommt zu spät, in tragischer Ironie begibt
sich Wallenstein nach Eger, während sein gedungener Mörder schon seinen Tod vorbereitet.

Max Piccolomini sieht politische Macht mit Schiller als
ethische Verpflichtung. Er appelliert an das Gewissen Wallensteins, der ihm als Verräter erscheint. Enttäuscht in seinem Idealismus sucht er den Schlachtentod. Max vertritt
das tragische Los des sittlich Reinen in der ambivalenten
Welt des politischen Handelns. Tragisch ist das Zerbrechen
des sittlichen Gebots an dem von der Zeit und den Umständen Gebotenen, das Scheitern des Ideals am Leben. Dieser

*Tragödie des Idealisten steht die des Realisten Wallenstein
gegenüber. Während Max im Tode seine sittliche Freiheit
behauptet, wird Wallenstein von seiner Eigengesetzlichkeit
überwältigt. Sein »Schicksal« ist die Zwangslage, in die ihn
sein Drang geführt und an die er nun sein Handeln einge-
büßt hat. Weil er sich von Gewissen und moralischer Verpflichtung losgesprochen hat, kennt er nicht die letzte Ent-
scheidungsfreiheit, die seinem idealistischen Gegenspieler
blieb. Nicht mehr Wallenstein diktiert seine Taten, sondern
der unaufhaltbare Ablauf der Gegebenheiten. Der Große
stirbt als Opfer seiner »Größe«.*

ZWEITER AUFTRITT

Wallenstein. Max Piccolomini.

M a x *(nähert sich ihm).* Mein General –
W a l l e n s t e i n.   Der bin ich nicht mehr,
  Wenn du des Kaisers Offizier dich nennst.
M a x. So bleibt's dabei, du willst das Heer verlassen?
W a l l e n s t e i n. Ich hab des Kaisers Dienst entsagt.
M a x. Und willst das Heer verlassen?
W a l l e n s t e i n.   Vielmehr hoff ich,
  Mir's enger noch und fester zu verbinden. *(Er setzt sich.)*
  Ja, Max. Nicht eher wollt' ich dir's eröffnen,
  Als bis des Handelns Stunde würde schlagen.
  Der Jugend glückliches Gefühl ergreift
  Das Rechte leicht, und eine Freude ist's,
  Das eigne Urteil prüfend auszuüben,
  Wo das Exempel rein zu lösen ist.
  Doch, wo von zwei gewissen Übeln eins
  Ergriffen werden muß, wo sich das Herz
  Nicht *ganz* zurückbringt aus dem Streit der Pflichten,
  Da ist es Wohltat, keine Wahl zu haben,
  Und eine Gunst ist die Notwendigkeit.
  – Die ist vorhanden. Blicke nicht zurück.
  Es kann dir nichts mehr helfen. Blicke vorwärts!

Urteile nicht! Bereite dich, zu handeln.
– Der Hof hat meinen Untergang beschlossen,
Drum bin ich willens, ihm zuvorzukommen.
– Wir werden mit den Schweden uns verbinden.
Sehr wackre Leute sind's und gute Freunde.
(Hält ein, Piccolominis Antwort erwartend.)
– Ich hab dich überrascht. Antwort mir nicht.
Ich will dir Zeit vergönnen, dich zu fassen.
(Er steht auf und geht nach hinten. Max steht lange un-
beweglich, in den heftigsten Schmerz versetzt; wie er eine
Bewegung macht, kömmt Wallenstein zurück und stellt
sich vor ihn.)

M a x. Mein General! – Du machst mich heute mündig.
Denn bis auf diesen Tag war mir's erspart,
Den Weg mir selbst zu finden und die Richtung.
Dir folgt' ich unbedingt. Auf dich nur braucht' ich
Zu sehn und war des rechten Pfads gewiß.
Zum ersten Male heut verweisest du
Mich an mich selbst und zwingst mich, eine Wahl
Zu treffen zwischen dir und meinem Herzen.

W a l l e n s t e i n.
Sanft wiegte dich bis heute dein Geschick,
Du konntest spielend deine Pflichten üben,
Jedwedem schönen Trieb Genüge tun,
Mit ungeteiltem Herzen immer handeln.
So kann's nicht ferner bleiben. Feindlich scheiden
Die Wege sich. Mit Pflichten streiten Pflichten.
Du mußt Partei ergreifen in dem Krieg,
Der zwischen deinem Freund und deinem Kaiser
Sich jetzt entzündet.

M a x.   Krieg! Ist das der Name?
Der Krieg ist schrecklich, wie des Himmels Plagen,
Doch er ist gut, ist ein Geschick, wie sie.
Ist das ein guter Krieg, den du dem Kaiser
Bereitest mit des Kaisers eignem Heer?
O Gott des Himmels! was ist das für eine

Veränderung! Ziemt solche Sprache mir
Mit dir, der wie der feste Stern des Pols
Mir als die Lebensregel vorgeschienen!
Oh! welchen Riß erregst du mir im Herzen!
Der alten Ehrfurcht eingewachsnen Trieb
Und des Gehorsams heilige Gewohnheit
Soll ich versagen lernen deinem Namen?
Nein! wende nicht dein Angesicht zu mir!
Es war mir immer eines Gottes Antlitz,
Kann über mich nicht gleich die Macht verlieren;
Die Sinne sind in deinen Banden noch,
Hat gleich die Seele blutend sich befreit!

Wallenstein.
    Max, hör mich an.

Max.   Oh! tu es nicht! Tu's nicht!
Sieh! deine reinen, edeln Züge wissen
Noch nichts von dieser unglücksel'gen Tat.
Bloß deine Einbildung befleckte sie,
Die Unschuld will sich nicht vertreiben lassen
Aus deiner hoheitblickenden Gestalt.
Wirf ihn heraus, den schwarzen Fleck, den Feind.
Ein böser Traum bloß ist es dann gewesen,
Der jede sichre Tugend warnt. Es mag
Die Menschheit solche Augenblicke haben,
Doch siegen muß das glückliche Gefühl.
Nein, du wirst *so* nicht endigen. Das würde
Verrufen bei den Menschen jede große
Natur und jedes mächtige Vermögen,
Recht geben würd' es dem gemeinen Wahn,
Der nicht an Edles in der Freiheit glaubt
Und nur der Ohnmacht sich vertrauen mag.

Wallenstein.
    Streng wird die Welt mich tadeln, ich erwart es.
    Mir selbst schon sagt' ich, was du sagen kannst.
    Wer miede nicht, wenn er's umgehen kann,
    Das Äußerste! Doch hier ist keine Wahl,

Ich muß Gewalt ausüben oder leiden –
So steht der Fall. Nichts anders bleibt mir übrig.
M a x. Sei's denn! Behaupte dich in deinem Posten
Gewaltsam, widersetze dich dem Kaiser,
Wenn's sein muß, treib's zur offenen Empörung,
Nicht loben werd ich's, doch ich kann's verzeihn,
Will, was ich nicht gut heiße, mit dir teilen.
Nur – zum *Verräter* werde nicht! Das Wort
Ist ausgesprochen. Zum Verräter nicht!
Das ist kein überschrittnes Maß, kein Fehler,
Wohin der Mut verirrt in seiner Kraft.
Oh! das ist ganz was anders – das ist schwarz,
Schwarz, wie die Hölle!
W a l l e n s t e i n *(mit finsterm Stirnfalten, doch gemäßigt)*.
Schnell fertig ist die Jugend mit dem Wort,
Das schwer sich handhabt, wie des Messers Schneide;
Aus ihrem heißen Kopfe nimmt sie keck
Der Dinge Maß, die nur sich selber richten.
Gleich heißt ihr alles schändlich oder würdig,
Bös oder gut – und was die Einbildung
Phantastisch schleppt in diesen dunkeln Namen,
Das bürdet sie den Sachen auf und Wesen.
Eng ist die Welt, und das Gehirn ist *weit*.
Leicht beieinander wohnen die Gedanken,
Doch hart im Raume stoßen sich die Sachen;
Wo eines Platz nimmt, muß das andre rücken,
Wer nicht vertrieben sein will, muß vertreiben;
Da herrscht der Streit, und nur die Stärke siegt.
– Ja, wer durchs Leben gehet ohne Wunsch,
Sich jeden Zweck versagen kann, der wohnt
Im leichten Feuer mit dem Salamander
Und hält sich rein im reinen Element.
Mich schuf aus gröberm Stoffe die Natur,
Und zu der Erde zieht mich die Begierde.
Dem bösen Geist gehört die Erde, nicht
Dem guten. Was die Göttlichen uns senden

Von oben, sind nur allgemeine Güter;
Ihr Licht erfreut, doch macht es keinen reich,
In ihrem Staat erringt sich kein Besitz.
Den Edelstein, das allgeschätzte Gold
Muß man den falschen Mächten abgewinnen,
Die unterm Tage schlimmgeartet hausen.
Nicht ohne Opfer macht man sie geneigt,
Und keiner lebt, der aus ihrem Dienst
Die Seele hätte rein zurückgezogen.

M a x *(mit Bedeutung).*
Oh! fürchte, fürchte diese falschen Mächte!
Sie halten *nicht* Wort! Es sind Lügengeister,
Die dich berückend in den Abgrund ziehn.
Trau ihnen nicht! Ich warne dich – Oh! kehre
Zurück zu deiner Pflicht. Gewiß! du kannst's!
Schick mich nach Wien. Ja, tue das. Laß mich,
Mich deinen Frieden machen mit dem Kaiser.
Er kennt dich nicht, ich aber kenne dich,
Er soll dich sehn mit meinem reinen Auge,
Und sein Vertrauen bring ich dir zurück.

W a l l e n s t e i n.
Es ist zu spät. Du weißt nicht, was geschehn.

M a x. Und wär's zu spät – und wär' es auch soweit,
Daß ein Verbrechen nur vom Fall dich rettet,
So falle! Falle würdig, wie du standst.
Verliere das Kommando. Geh vom Schauplatz.
Du kannst's mit Glanze, tu's mit Unschuld auch.
– Du hast für andre viel gelebt, leb endlich
Einmal dir selber, ich begleite dich,
Mein Schicksal trenn ich nimmer von dem deinen –

W a l l e n s t e i n. Es ist zu spät. Indem du deine Worte
Verlierst, ist schon ein Meilenzeiger nach dem andern
Zurückgelegt von meinen Eilenden,
Die mein Gebot nach Prag und Eger tragen.
– Ergib dich drein. Wir handeln, wie wir müssen.
So laß uns das Notwendige mit Würde,

Mit festem Schritte tun – Was tu ich Schlimmres,
Als jener Cäsar tat, des Name noch
Bis heut das Höchste in der Welt benennet?
Er führte wider Rom die Legionen,
Die Rom ihm zur Beschützung anvertraut.
Warf er das Schwert von sich, er war verloren,
Wie ich es wär', wenn ich entwaffnete.
Ich spüre was in mir von seinem Geist.
Gib mir sein Glück, das andre will ich tragen.
(Max, der bisher in einem schmerzvollen Kampfe gestan-
den, geht schnell ab. Wallenstein sieht ihm verwundert
und betroffen nach und steht in tiefe Gedanken ver-
loren.)

Maria Stuart (3. Aufzug, 4. Auftritt)

Die geniezeitgemäße Vorliebe Schillers für den »erhabenen«
Verbrecher (Karl Moor in den »Räubern«) läßt sich auch in
den historischen Dramen der Reifezeit noch verfolgen (der
»Verräter« Wallenstein, der »Betrüger« Demetrius, der
politische »Mörder« Tell und die »Gattenmörderin« Maria
Stuart). In seinem nach der euripideisch-analytischen Me-
thode angelegten Trauerspiel »Maria Stuart« geht Schiller
mit den historischen Vorgängen sehr frei um. Die theatra-
lisch wirkungsvolle Mitte des Stücks, das tragisch notwen-
dige Zusammentreffen der beiden Königinnen, ist unhisto-
risch.
In den fünf Akten des 1799/1800 entstandenen Werks wer-
den nur die letzten drei Tage der schottischen Königin dar-
gestellt, wobei die Vorgeschichte in der Handlung selbst
aufgerollt wird. Im ersten Akt steht die Katastrophe, die
Hinrichtung Marias, schon fest, und das Stück bewegt sich
um Vollzug oder Aufschub der Verurteilung. Alle Be-
mühungen, die trotz nicht eindeutig nachweisbaren Hoch-
verrats Verurteilte zu retten, bewirken in tragischer Ironie

das Gegenteil; so auch die von Leicester, der Maria liebt, aber der ehrgeizige Günstling Elisabeths ist, eingeleitete Begegnung der beiden Königinnen. Sie ist Zentrum des tektonisch-symmetrisch gebauten Stücks. In diesem Treffen erweist sich Maria als die innerlich Überlegene; Elisabeth stellt keine sittliche Persönlichkeit im Sinne der Klassik dar. Ihre dramatische Entwicklung führt vom Zenit der Macht zu allmählicher menschlicher Erniedrigung und Vereinsamung. Sie muß erfahren, daß selbst der Mächtigere allein nicht der Stärkere ist.

Obwohl für Maria nach diesem Zusammenstoß die letzte Hoffnung auf Begnadigung verloren ist, erkennt sie, daß gerade der unverdiente Tod ihr die Möglichkeit gibt, die Mitschuld an der Ermordung ihres Gatten zu sühnen. (»Gott würdigt mich, durch diesen unverdienten Tod / Die frühe schwere Blutschuld abzubüßen.«) Schuld und Schicksal werden aneinander gemessen, Wissen und Gewissen aneinander gewertet. In heldischer Selbstbezwingung erkennt Maria in ihrer freien Gewissensentscheidung eine ethische Ordnung an. Vom realistischen Sinnenmenschen wächst sie damit zur reifen Menschlichkeit im idealistischen Sinne.

Die im folgenden abgedruckte Szene zeigt, wie sich der Mißbrauch der Macht antithetisch ergänzt durch den richtigen Gebrauch der sittlichen Autonomie. Elisabeth verliert am Ende Lord Leicester, den Menschen, den sie liebt. Maria stirbt, aber Elisabeth erscheint als die Gerichtete. Die lakonischen Schlußverse lauten: »Der Lord läßt sich / Entschuldigen, er ist zu Schiff nach Frankreich.« Maria gewinnt die Freiheit in der Unfreiheit. Der Schillersche Held beweist sich auch hier erst in der Bewährung der Menschlichkeit. Im physischen Untergang transzendiert er das Irdische.

VIERTER AUFTRITT

Die Vorigen. Elisabeth. Graf Leicester. Gefolge.

E l i s a b e t h *(zu Leicester).*
Wie heißt der Landsitz?
L e i c e s t e r.   Fotheringhayschloß.
E l i s a b e t h *(zu Shrewsbury).*
Schickt unser Jagdgefolg' voraus nach London,
Das Volk drängt allzuheftig in den Straßen,
Wir suchen Schutz in diesem stillen Park.
(Talbot entfernt das Gefolge. Sie fixiert mit den Augen die Maria, indem sie zu Paulet weiterspricht.)
Mein gutes Volk liebt mich zu sehr. Unmäßig,
Abgöttisch sind die Zeichen seiner Freude,
So ehrt man einen Gott, nicht einen Menschen.
M a r i a *(welche diese Zeit über halb ohnmächtig auf die Amme gelehnt war, erhebt sich jetzt, und ihr Auge begegnet dem gespannten Blick der Elisabeth. Sie schaudert zusammen und wirft sich wieder an der Amme Brust).*
O Gott, aus diesen Zügen spricht kein Herz!
E l i s a b e t h. Wer ist die Lady?
(Ein allgemeines Schweigen.)
L e i c e s t e r. – Du bist zu Fotheringhay, Königin.
E l i s a b e t h *(stellt sich überrascht und erstaunt, einen finstern Blick auf Leicestern richtend).*
Wer hat mir das getan? Lord Leicester!
L e i c e s t e r. Es ist geschehen, Königin – Und nun
Der Himmel deinen Schritt hiehergelenkt,
So laß die Großmut und das Mitleid siegen.
S h r e w s b u r y.
Laß dich erbitten, königliche Frau,
Dein Aug' auf die Unglückliche zu richten,
Die hier vergeht vor deinem Anblick.
(Maria rafft sich zusammen und will auf die Elisabeth zugehen, steht aber auf halbem Weg schaudernd still, ihre Gebärden drücken den heftigsten Kampf aus.)

Elisabeth.   Wie, Mylords?
  Wer war es denn, der eine Tiefgebeugte
  Mir angekündigt? Eine Stolze find ich,
  Vom Unglück keineswegs geschmeidigt.
Maria.   Sei's!
  Ich will mich auch noch diesem unterwerfen.
  Fahr hin, ohnmächt'ger Stolz der edeln Seele!
  Ich will vergessen, wer ich bin, und was
  Ich litt; ich will vor ihr mich niederwerfen,
  Die mich in diese Schmach herunterstieß.
  (Sie wendet sich gegen die Königin.)
  Der Himmel hat für Euch entschieden, Schwester!
  Gekrönt vom Sieg ist Euer glücklich Haupt,
  Die *Gottheit* bet ich an, die Euch erhöhte!
  (Sie fällt vor ihr nieder.)
  Doch seid auch *Ihr* nun edelmütig, Schwester!
  Laßt mich nicht schmachvoll liegen, Eure Hand
  Streckt aus, reicht mir die königliche Rechte,
  Mich zu erheben von dem tiefen Fall.
Elisabeth *(zurücktretend).*
  Ihr seid an Eurem Platz, Lady Maria!
  Und dankend preis ich meines Gottes Gnade,
  Der nicht gewollt, daß ich zu Euren Füßen
  So liegen sollte, wie Ihr jetzt zu meinen.
Maria *(mit steigendem Affekt).*
  Denkt an den Wechsel alles Menschlichen!
  Es leben Götter, die den Hochmut rächen!
  Verehret, fürchtet sie, die schrecklichen,
  Die mich zu Euren Füßen niederstürzen –
  Um dieser fremden Zeugen willen, ehrt
  In mir Euch selbst, entweihet, schändet nicht
  Das Blut der Tudor, das in meinen Adern
  Wie in den Euren fließt – O Gott im Himmel!
  Steht nicht da, schroff und unzugänglich, wie
  Die Felsenklippe, die der Strandende
  Vergeblich ringend zu erfassen strebt.

Mein Alles hängt, mein Leben, mein Geschick
An meiner Worte, meiner Tränen Kraft:
Löst *mir* das Herz, daß ich das Eure rühre!
Wenn Ihr mich anschaut mit dem Eisesblick,
Schließt sich das Herz mir schaudernd zu, der Strom
Der Tränen stockt, und kaltes Grausen fesselt
Die Flehensworte mir im Busen an.

E l i s a b e t h *(kalt und streng).*
Was habt Ihr mir zu sagen, Lady Stuart?
Ihr habt mich sprechen wollen. Ich vergesse
Die Königin, die schwer beleidigte,
Die fromme Pflicht der Schwester zu erfüllen,
Und meines Anblicks Trost gewähr ich Euch.
Dem Trieb der Großmut folg ich, setze mich
Gerechtem Tadel aus, daß ich so weit
Heruntersteige – denn Ihr wißt,
Daß Ihr mich habt ermorden lassen wollen.

M a r i a. Womit soll ich den Anfang machen, wie
Die Worte klüglich stellen, daß sie Euch
Das Herz ergreifen, aber nicht verletzen!
O Gott, gib meiner Rede Kraft und nimm
Ihr jeden Stachel, der verwunden könnte!
Kann ich doch für mich selbst nicht sprechen, ohne Euch
Schwer zu verklagen, und das will ich nicht.
– Ihr habt an mir gehandelt, wie nicht recht ist,
Denn ich bin eine Königin wie Ihr,
Und Ihr habt als Gefangne mich gehalten;
Ich kam zu Euch als eine Bittende,
Und Ihr, des Gastrechts heilige Gesetze,
Der Völker heilig Recht in mir verhöhnend,
Schloßt mich in Kerkermauern ein, die Freunde,
Die Diener werden grausam mir entrissen,
Unwürd'gem Mangel werd ich preisgegeben,
Man stellt mich vor ein schimpfliches Gericht –
Nichts mehr davon! Ein ewiges Vergessen
Bedecke, was ich Grausames erlitt.

– Seht! Ich will alles eine Schickung nennen:
Ihr seid nicht schuldig, *ich* bin auch nicht schuldig,
Ein böser Geist stieg aus dem Abgrund auf,
Den Haß in unsern Herzen zu entzünden,
Der unsre zarte Jugend schon entzweit.
Er wuchs mit uns, und böse Menschen fachten
Der unglücksel'gen Flamme Atem zu.
Wahnsinn'ge Eiferer bewaffneten
Mit Schwert und Dolch die unberufne Hand –
Das ist das Fluchgeschick der Könige,
Daß sie, entzweit, die Welt in Haß zerreißen
Und jeder Zwietracht Furien entfesseln.
– Jetzt ist kein fremder Mund mehr zwischen uns,
(nähert sich ihr zutraulich und mit schmeichelndem Ton)
Wir stehn einander selbst nun gegenüber.
Jetzt, Schwester, redet! Nennt mir meine Schuld,
Ich will Euch völliges Genügen leisten.
Ach, daß Ihr damals mir Gehör geschenkt,
Als ich so dringend Euer Auge suchte!
Es wäre nie so weit gekommen, nicht
An diesem traur'gen Ort geschähe jetzt
Die unglückselig traurige Begegnung.
E l i s a b e t h. Mein guter Stern bewahrte mich davor,
Die Natter an den Busen mir zu legen.
– Nicht die Geschicke, Euer schwarzes Herz
Klagt an, die wilde Ehrsucht Eures Hauses.
Nichts Feindliches war zwischen uns geschehn,
Da kündigte mir Euer Ohm, der stolze,
Herrschwüt'ge Priester, der die freche Hand
Nach allen Kronen streckt, die Fehde an,
Betörte Euch, mein Wappen anzunehmen,
Euch meine Königstitel zuzueignen,
Auf Tod und Leben in den Kampf mit mir
Zu gehn – Wen rief er gegen mich nicht auf?
Der Priester Zungen und der Völker Schwert,
Des frommen Wahnsinns fürchterliche Waffen;

Hier selbst, im Friedenssitze meines Reichs,
Blies er mir der Empörung Flammen an –
Doch Gott ist mit mir, und der stolze Priester
Behält das Feld nicht – Meinem Haupte war
Der Streich gedrohet, und das Eure fällt!

M a r i a. Ich steh in Gottes Hand. Ihr werdet Euch
So blutig Eurer Macht nicht überheben –

E l i s a b e t h.
Wer soll mich hindern? Euer Oheim gab
Das Beispiel allen Königen der Welt,
Wie man mit seinen Feinden Frieden macht:
Die Sankt Barthelemi sei meine Schule!
Was ist mir Blutsverwandtschaft, Völkerrecht?
Die Kirche trennet aller Pflichten Band,
Den Treubruch heiligt sie, den Königsmord,
Ich übe nur, was Eure Priester lehren.
Sagt! Welches Pfand gewährte mir für Euch,
Wenn ich großmütig Eure Bande löste?
Mit welchem Schloß verwahr ich Eure Treue,
Das nicht Sankt Peters Schlüssel öffnen kann?
Gewalt nur ist die einz'ge Sicherheit,
Kein Bündnis ist mit dem Gezücht der Schlangen.

M a r i a. Oh, das ist Euer traurig finstrer Argwohn!
Ihr habt mich stets als eine Feindin nur
Und Fremdlingin betrachtet. Hättet Ihr
Zu Eurer Erbin mich erklärt, wie mir
Gebührt, so hätten Dankbarkeit und Liebe
Euch eine treue Freundin und Verwandte
In mir erhalten.

E l i s a b e t h.   Draußen, Lady Stuart,
Ist Eure Freundschaft, Euer Haus das Papsttum,
Der Mönch ist Euer Bruder – Euch! zur Erbin
Erklären! Der verräterische Fallstrick!
Daß Ihr bei meinem Leben noch mein Volk
Verführtet, eine listige Armida,
Die edle Jugend meines Königreichs

In Eurem Buhlernetze schlau verstricket –
Daß alles sich der neu aufgehnden Sonne
Zuwendete, und ich –

Maria.   Regiert in Frieden!
Jedwedem Anspruch auf dies Reich entsag ich.
Ach, meines Geistes Schwingen sind gelähmt,
Nicht Größe lockt mich mehr – Ihr habt's erreicht,
Ich bin nur noch der Schatten der Maria.
Gebrochen ist in langer Kerkerschmach
Der edle Mut – Ihr habt das Äußerste an mir
Getan, habt mich zerstört in meiner Blüte!
– Jetzt macht ein Ende, Schwester. Sprecht es aus,
Das Wort, um dessentwillen Ihr gekommen,
Denn nimmer will ich glauben, daß Ihr kamt,
Um Euer Opfer grausam zu verhöhnen.
Sprecht dieses Wort aus. Sagt mir: »Ihr seid frei,
Maria! Meine Macht habt Ihr gefühlt,
Jetzt lernet meinen Edelmut verehren.«
Sagt's, und ich will mein Leben, meine Freiheit
Als ein Geschenk aus Eurer Hand empfangen.
– Ein Wort macht alles ungeschehn. Ich warte
Darauf. O laßt mich's nicht zu lang erharren!
Weh Euch, wenn Ihr mit diesem Wort nicht endet!
Denn wenn Ihr jetzt nicht segenbringend, herrlich,
Wie eine Gottheit von mir scheidet – Schwester!
Nicht um dies ganze reiche Eiland, nicht
Um alle Länder, die das Meer umfaßt,
Möcht' ich vor Euch so stehn, wie Ihr vor mir!

Elisabeth.
Bekennt Ihr endlich Euch für überwunden?
Ist's aus mit Euren Ränken? Ist kein Mörder
Mehr unterweges? Will kein Abenteurer
Für Euch die traur'ge Ritterschaft mehr wagen?
– Ja, es ist aus, Lady Maria. Ihr verführt
Mir keinen mehr. Die Welt hat andre Sorgen.
Es lüstet keinen, Euer – vierter Mann

Zu werden, denn Ihr tötet Eure Freier,
Wie Eure Männer!

Maria *(auffahrend).*   Schwester! Schwester!
O Gott! Gott! Gib mir Mäßigung!

Elisabeth *(sieht sie lange mit einem Blick stolzer Verachtung an).*
Das also sind die Reizungen, Lord Leicester,
Die ungestraft kein Mann erblickt, daneben
Kein andres Weib sich wagen darf zu stellen!
Fürwahr! *Der* Ruhm war wohlfeil zu erlangen:
Es kostet nichts, die *allgemeine* Schönheit
Zu sein, als die *gemeine* sein für *alle!*

Maria. Das ist zuviel!

Elisabeth *(höhnisch lachend).*
                                Jetzt zeigt Ihr Euer wahres
Gesicht, bis jetzt war's nur die Larve.

Maria *(von Zorn glühend, doch mit einer edeln Würde).*
Ich habe menschlich, jugendlich gefehlt,
Die Macht verführte mich, ich hab es nicht
Verheimlicht und verborgen, falschen Schein
Hab ich verschmäht mit königlichem Freimut.
Das Ärgste weiß die Welt von mir, und ich
Kann sagen, ich bin besser als mein Ruf.
Weh Euch, wenn sie von Euren Taten einst
Den Ehrenmantel zieht, womit Ihr gleißend
Die wilde Glut verstohlner Lüste deckt.
Nicht Ehrbarkeit habt Ihr von Eurer Mutter
Geerbt: man weiß, um welcher Tugend willen
Anna von Boleyn das Schafott bestiegen.

Shrewsbury *(tritt zwischen beide Königinnen).*
O Gott des Himmels! Muß es dahin kommen!
Ist das die Mäßigung, die Unterwerfung,
Lady Maria?

Maria.   Mäßigung! Ich habe
Ertragen, was ein Mensch ertragen kann.
Fahr hin, lammherzige Gelassenheit,

Zum Himmel fliehe, leidende Geduld,
Spreng endlich deine Bande, tritt hervor
Aus deiner Höhle, langverhaltner Groll –
Und *du*, der dem gereizten Basilisk
Den Mordblick gab, leg auf die Zunge mir
Den gift'gen Pfeil –

S h r e w s b u r y.　　O sie ist außer sich!
Verzeih der Rasenden, der schwer Gereizten!
(Elisabeth, für Zorn sprachlos, schießt wütende Blicke auf Marien.)

L e i c e s t e r *(in der heftigsten Unruhe, sucht die Elisabeth hinwegzuführen).*　　　　　　　Höre
Die Wütende nicht an! Hinweg, hinweg
Von diesem unglücksel'gen Ort!

M a r i a. Der Thron von England ist durch einen Bastard
Entweiht, der Briten edelherzig Volk
Durch eine list'ge Gauklerin betrogen.
– Regierte Recht, so läget *Ihr* vor mir
Im Staube jetzt, denn *ich* bin Euer König.
(Elisabeth geht schnell ab, die Lords folgen ihr in der höchsten Bestürzung.)

JOHANN WOLFGANG GOETHE

Faust II (1. Akt, Anmutige Gegend)

Die jede Form sprengende »Faust«-Dichtung entzieht sich der Einordnung. Die hier ausgewählte Nahtstelle zwischen den beiden Teilen des Werks stammt nicht aus der hochklassischen Periode Goethes, sondern aus der letzten Schaffensperiode (1825–31). Sie gibt den Blick frei auf das Ganze des »Faust«, dessen verschiedene Entwicklungsphasen folgendes vereinfachende Schema verdeutlicht:

	Entstehung	Erscheinen
Urfaust	1772–75	1887 (Abschrift)
Fragment	1788/89	1790
Teil I	1797–1806	1808
Teil II	1824–31	1832 posthum

An Wilhelm von Humboldt schrieb Goethe wenige Tage
vor seinem Tode: »Es sind über sechzig Jahre, daß die
Konzeption des ›Faust‹ bei mir jugendlich, von vorne herein klar, die ganze Reihenfolge hin weniger ausführlich
vorlag. Nun hab ich die Absicht immer sachte neben mir
hergehen lassen und nur die mir gerade interessantesten
Stellen einzeln durchgearbeitet . . .«
Während der erste Teil abbricht, ohne eine Antwort auf die
im Prolog gestellte Frage nach dem sittlichen Wert und der
Bestimmung des strebenden, aber irrenden Menschen zu
geben, tritt die philosophische Durchdringung des Stoffes
im zweiten Teil stärker hervor. Die Ereignisse des ersten
Teils waren Stadien des Lebensgenusses, der Fausts uner-
sättliches Streben im Überdruß der Zufriedenheit stillegen
sollte. Ein Glied in dieser Folge sinnlicher Reizungen von
Auerbachs Keller bis zur Walpurgisnacht war das Liebesabenteuer mit Gretchen, das den metaphysischen Ausgangspunkt der Wette des Herrn mit Mephistopheles verdeckte.
Der zweite Teil, der nach der »kleinen Welt« des ersten
Teils nun die »große Welt« durchläuft, gliedert sich in
fünf Akte. Die Schauplätze sind: Kaiserhof (Beschwörung
Helenas); Heimkehr in die Studierstube zu Wagner und
Aufbruch mit dem von ihm geschaffenen Homunkulus in
die Klassische Walpurgisnacht; Wiederfinden Helenas und
Liebesbegegnung Fausts mit ihr (symbolische Vereinigung
klassischer Antike und germanischen Mittelalters), Tod des
gemeinsamen Sohnes, dem die Mutter nachfolgt; Fausts
Plan der Landgewinnung beim Überfliegen der Meeres-
küste auf dem Rückweg nach Deutschland, Belehnung Fausts

mit der Küste durch den Kaiser; Faust bei der Kulturarbeit, Tod, Verklärung.

Georg Lukács spricht von der »Faust«-Dichtung als dem »Drama der Menschengattung«. Das Individuum ist stellvertretend für das »Geschick der ganzen Gattung«, die Faust-Figur hat symbolische Repräsentanz. Diese Typisierung zum Allgemeinmenschlichen gehört zu den Formkräften jeder Klassik. Dagegen entspricht die Auflockerung der Gattungsgrenzen, wie sie besonders im zweiten Teil geschieht, nicht der von der deutschen Klassik formulierten Theorie. Dieser entspricht nur der streng komponierte dritte Akt des zweiten Teils, der Helena-Akt, der schon um 1800 entstand. Bei Goethe scheint die von der deutschen Klassik angestrebte Meisterung aller Gattungen in der werkimmanenten Poetik zu einer Auflockerung der Gattungsgrenzen (Ausnahme: Novelle) geführt zu haben. Das Eindringen des lyrischen Elements in das Drama bei gleichzeitiger Abschwächung der theatralisch dramatischen Kraft zeigt auch die hier ausgewählte Stelle.

Nach der Verzweiflung Fausts am Ende des ersten Teils (»O wär' ich nie geboren!«) beginnt der zweite Teil mit einem Heilschlaf, in dem die gütige Natur den Schleier des Vergessens über den gequälten Menschen breitet. Anstelle der (hochklassischen) Bewährung des Menschen im Angesicht schwerer Prüfungen (Iphigenie, Tasso, Wilhelm Meister) sorgt hier eine von außen kommende, gnädige Macht, das Naturhaft-Organische der »wirkenden Natur«, für den Menschen: anmutige Gegend, Frühlingsmorgen, Regeneration des Niedergedrückten.

Das Aufwachen Fausts bedeutet zugleich erneutes Streben nach Erfüllung im Dasein. Doch schon hier im Eingangsmonolog des zweiten Teils fallen die auf das Ende verweisenden Worte: Nur »am farbigen Abglanz haben wir das Leben«. Die Unmöglichkeit, absolute Werte zu erreichen, die Beschränktheit menschlicher Erkenntnis, die Begrenzung im Uneigentlichen ist im Symbol des Regenbogens gestaltet.

Nur in der Vision erfährt Faust am Ende seines Lebens den
»Schöpfungsgenuß von innen« in der Verantwortung für
die Gemeinschaft. Ihr weicht der titanische Wille zur Selbst-
verwirklichung. Aber: das »höchste Glück« wird antizipiert
erst in der Erblindung!
Eines der »wunderbarsten Naturgedichte Goethes« nennt
Emil Staiger die den zweiten Teil des »Faust« einleitenden
Verse. Sie bilden die Grundlage, auf der das Drama von
neuem beginnen kann. Auffällig erscheint die Vergleichbar-
keit zur Eingangsszene des ersten Teils: Wieder ist Faust
allein, hier Sonnenaufgang in der freien Natur; dort Däm-
merung im engen gotischen Raum. Das Ende des Eingangs-
monologs des ersten Teils brachte dem kompromißlos Stre-
benden Verzweiflung. Der Monolog unserer Szene zeigt
ein neues, freudiges Rüsten zum tätigen Weiterstreben. Daß
Faust die Begrenzung menschlicher Erkenntnisfähigkeit
grundsätzlich anerkennt, ist das eigentlich Neue. Darin liegt
die Bedeutung dieser Szene.

Anmutige Gegend

Faust, auf blumigen Rasen gebettet, ermüdet, unruhig,
schlafsuchend.

Dämmerung.

Geisterkreis, schwebend bewegt, anmutige kleine Gestalten.

A r i e l *(Gesang, von Äolsharfen begleitet).*

   Wenn der Blüten Frühlingsregen
   Über alle schwebend sinkt,
   Wenn der Felder grüner Segen
   Allen Erdgebornen blinkt,
   Kleiner Elfen Geistergröße
   Eilet, wo sie helfen kann;
   Ob er heilig, ob er böse,
   Jammert sie der Unglücksmann.
  Die ihr dies Haupt umschwebt im luft'gen Kreise,
  Erzeigt euch hier nach edler Elfen Weise,

Besänftiget des Herzens grimmen Strauß,
Entfernt des Vorwurfs glühend bittre Pfeile,
Sein Innres reinigt von erlebtem Graus.
Vier sind die Pausen nächtiger Weile,
Nun ohne Säumen füllt sie freundlich aus.
Erst senkt sein Haupt aufs kühle Polster nieder,
Dann badet ihn im Tau aus Lethes Flut;
Gelenk sind bald die krampferstarrten Glieder,
Wenn er gestärkt dem Tag entgegenruht;
Vollbringt der Elfen schönste Pflicht,
Gebt ihn zurück dem heiligen Licht.

Chor *(einzeln, zu zweien und vielen, abwechselnd und gesammelt).* Wenn sich lau die Lüfte füllen
Um den grünumschränkten Plan,
Süße Düfte, Nebelhüllen
Senkt die Dämmerung heran.
Lispelt leise süßen Frieden,
Wiegt das Herz in Kindesruh;
Und den Augen dieses Müden
Schließt des Tages Pforte zu.

Nacht ist schon hereingesunken,
Schließt sich heilig Stern an Stern,
Große Lichter, kleine Funken
Glitzern nah und glänzen fern;
Glitzern hier im See sich spiegelnd,
Glänzen droben klarer Nacht,
Tiefsten Ruhens Glück besiegelnd,
Herrscht des Mondes volle Pracht.

Schon verloschen sind die Stunden,
Hingeschwunden Schmerz und Glück;
Fühl es vor! Du wirst gesunden;
Traue neuem Tagesblick.
Täler grünen, Hügel schwellen,
Buschen sich zu Schattenruh;

> Und in schwanken Silberwellen
> Wogt die Saat der Ernte zu.
>
> Wunsch um Wünsche zu erlangen,
> Schaue nach dem Glanze dort!
> Leise bist du nur umfangen,
> Schlaf ist Schale, wirf sie fort!
> Säume nicht, dich zu erdreisten,
> Wenn die Menge zaudernd schweift;
> Alles kann der Edle leisten,
> Der versteht und rasch ergreift.

(Ungeheures Getöse verkündet das Herannahen der Sonne.)

A r i e l. Horchet! horcht dem Sturm der Horen!
> Tönend wird für Geistesohren
> Schon der neue Tag geboren.
> Felsentore knarren rasselnd,
> Phöbus' Räder rollen prasselnd,
> Welch Getöse bringt das Licht!
> Es trommetet, es posaunet,
> Auge blinzt und Ohr erstaunet,
> Unerhörtes hört sich nicht.
> Schlüpfet zu den Blumenkronen,
> Tiefer, tiefer, still zu wohnen,
> In die Felsen, unters Laub;
> Trifft es euch, so seid ihr taub.

F a u s t. Des Lebens Pulse schlagen frisch lebendig,
> Ätherische Dämmerung milde zu begrüßen;
> Du, Erde, warst auch diese Nacht beständig
> Und atmest neu erquickt zu meinen Füßen,
> Beginnest schon mit Lust mich zu umgeben,
> Du regst und rührst ein kräftiges Beschließen,
> Zum höchsten Dasein immerfort zu streben. —
> In Dämmerschein liegt schon die Welt erschlossen,
> Der Wald ertönt von tausendstimmigem Leben,
> Tal aus, Tal ein ist Nebelstreif ergossen,
> Doch senkt sich Himmelsklarheit in die Tiefen,

Und Zweig' und Äste, frisch erquickt, entsprossen
Dem duft'gen Abgrund, wo versenkt sie schliefen;
Auch Farb an Farbe klärt sich los vom Grunde,
Wo Blum und Blatt von Zitterperle triefen –
Ein Paradies wird um mich her die Runde.

Hinaufgeschaut! – Der Berge Gipfelriesen
Verkünden schon die feierlichste Stunde;
Sie dürfen früh des ewigen Lichts genießen,
Das später sich zu uns hernieder wendet.
Jetzt zu der Alpe grüngesenkten Wiesen
Wird neuer Glanz und Deutlichkeit gespendet,
Und stufenweis herab ist es gelungen; –
Sie tritt hervor! – und leider schon geblendet,
Kehr ich mich weg, vom Augenschmerz durchdrungen.

So ist es also, wenn ein sehnend Hoffen
Dem höchsten Wunsch sich traulich zugerungen,
Erfüllungspforten findet flügeloffen;
Nun aber bricht aus jenen ewigen Gründen
Ein Flammenübermaß, wir stehn betroffen;
Des Lebens Fackel wollten wir entzünden,
Ein Feuermeer umschlingt uns, welch ein Feuer!
Ist's Lieb? ist's Haß? die glühend uns umwinden,
Mit Schmerz und Freuden wechselnd ungeheuer,
So daß wir wieder nach der Erde blicken,
Zu bergen uns in jugendlichstem Schleier.

So bleibe denn die Sonne mir im Rücken!
Der Wassersturz, das Felsenriff durchbrausend,
Ihn schau ich an mit wachsendem Entzücken.
Von Sturz zu Sturzen wälzt er jetzt in tausend,
Dann abertausend Strömen sich ergießend,
Hoch in die Lüfte Schaum an Schäume sausend.
Allein wie herrlich, diesem Sturm ersprießend,
Wölbt sich des bunten Bogens Wechseldauer,

Bald rein gezeichnet, bald in Luft zerfließend,
Umher verbreitend duftig kühle Schauer.
Der spiegelt ab das menschliche Bestreben.
Ihm sinne nach, und du begreifst genauer:
Am farbigen Abglanz haben wir das Leben.

Weiterführende Leseliste

Die ausgewählten Textbeispiele sind zentralen Werken entnommen, deren vollständige Lektüre empfohlen wird. Sie werden deshalb in dieser Rubrik nicht mehr einzeln aufgeführt. Genaue bibliographische Angaben hierzu im Quellenverzeichnis. Eigens zitiert werden die leicht zugänglichen Ausgaben von Reclams Universal-Bibliothek.

Theorie

Johann Wolfgang Goethe: Literarischer Sansculottismus; Über Laokoon; Über Wahrheit und Wahrscheinlichkeit der Kunstwerke; Der Sammler und die Seinigen; Winckelmann und sein Jahrhundert. In: J. W. G., Werke (Hamburger Ausgabe). Bd. 12. Hamburg 1953 u. ö.

Wilhelm von Humboldt: Über Goethes Hermann und Dorothea; Über das Studium des Altertums und des griechischen insbesondere; Das achtzehnte Jahrhundert; Über Schiller und den Gang seiner Geistesentwicklung. In: W. v. H., Werke. Hrsg. von Andreas Flitner und Klaus Giel. Bd. 1 u. 2. Darmstadt 1960 f.

Schriften zur Sprache. Hrsg. von Michael Böhler. Stuttgart 1973. (Reclams UB Nr. 6922 [3].)

Jean Paul: Vorschule der Ästhetik: Über das Lächerliche (VI. Programm), Über den Witz (IX. Programm). In: J. P., Sämtliche Werke (hist.-krit. Ausg.). 1. Abt. Bd. 11. Weimar 1935.

Levana, ein Erziehungsbuch. Ebenda, Bd. 12, 1937.

Immanuel Kant: Kritik der Urteilskraft. Hrsg. von Gerhard Lehmann. Stuttgart o. J. (Reclams UB Nr. 1026 [7].)

Karl Philipp Moritz: Über die bildende Nachahmung des Schönen. In: K. Ph. M., Schriften zur Ästhetik und Poetik. Hrsg. von Hans Joachim Schrimpf. Tübingen 1962.

Friedrich Schiller: Kallias oder über die Schönheit. Über Anmut und Würde. Hrsg. von Klaus L. Berghahn. Stuttgart 1971. (Reclams UB Nr. 9307 [2].)

Über das Erhabene; Über den Grund des Vergnügens an tragischen Gegenständen; Die Schaubühne als eine moralische

Anstalt betrachtet; Über die tragische Kunst; Vorrede zur
Braut von Messina: Über den Gebrauch des Chors in der
Tragödie. In: F. Sch., Vom Pathetischen und Erhabenen.
Ausgewählte Schriften zur Dramentheorie. Hrsg. von Klaus
L. Berghahn. Stuttgart 1970. (Reclams UB Nr. 2731 [2].)
Über naive und sentimentalische Dichtung. Hrsg. von Jo-
hannes Beer. Stuttgart o. J. (Reclams UB Nr. 7756 [2].)
Zeitschriften: Allgemeine Literatur-Zeitung (1785–1804), Jena. –
Die Horen (1795–97), Tübingen. – Die Propyläen (1798 bis
1800), Tübingen.
Briefwechsel zwischen Schiller und Goethe. Hrsg. von Emil Stai-
ger. Frankfurt a. M. 1966.

Lyrik

Johann Wolfgang Goethe: Grenzen der Menschheit; Zueignung;
Gesang der Geister über den Wassern; Meine Göttin; Mee-
resstille; Glückliche Fahrt; Nähe der Geliebten; Der Schatz-
gräber; Der Zauberlehrling; Die Braut von Korinth; Der
Gott und die Bajadere; Vollmondnacht; Trilogie der Leiden-
schaft; Schillers Reliquien; Vermächtnis; Venetianische Epi-
gramme; Xenien; Alexis und Dora; Euphrosyne; Sonette.
In: J. W. G., Werke (Hamburger Ausgabe). Bd. 1. Hamburg
1948 u. ö. (Teilweise in: J. W. G., Gedichte. Mit einer Ein-
leitung hrsg. von Stefan Zweig. Stuttgart o. J. Reclams UB
Nr. 6782 [3].)
Friedrich Hölderlin: An den Genius der Jugend; Griechenland;
Das Schicksal; An unsere großen Dichter; Lebenslauf; Die
Heimat; Hyperions Schicksalslied; An die Deutschen; An die
Parzen; Heidelberg; Menons Klagen um Diotima; Rückkehr
in die Heimat; Der Archipelagus; Stuttgart; Der Rhein;
Brot und Wein; Patmos; Ganymed; Wie wenn am Feiertage;
Germanien; Friedensfeier. In: F. H., Sämtliche Werke. Hrsg.
von Friedrich Beißner. Frankfurt a. M. 1961. (Teilweise in:
F. H., Gedichte. Auswahl und Nachwort von Konrad Nuss-
bächer. Stuttgart o. J. Reclams UB Nr. 6266 [3].)
Friedrich Schiller: Die Künstler; An die Freude; Die Götter Grie-
chenlands; Die Ideale; Das Ideal und das Leben; Das Lied von
der Glocke; Die Teilung der Erde; Der Spaziergang; Der Tanz;
Das Glück; Dithyrambe; Der Abend; Das Mädchen aus der

Fremde; Der Taucher; Die Kraniche des Ibykus; Der Handschuh; Die Bürgschaft; Der Kampf mit dem Drachen; Xenien. In: F. Sch., Sämtliche Werke (Säkular-Ausgabe). Bd. 1 u. 2. Stuttgart o. J. [1904 f.] und F. Sch., Sämtliche Werke. Hrsg. von Gerhard Fricke und Herbert G. Göpfert. Bd. 1. München 1958 u. ö. (Teilweise in: F. Sch., Gedichte. Eine Auswahl. Hrsg. und mit einem Nachwort von Gerhard Fricke. Stuttgart o. J. Reclams UB Nr. 7714 [2].)

Epik

Johann Wolfgang Goethe: Die Wahlverwandtschaften. (R.) Nachwort von Ernst Beutler. Stuttgart o. J. (Reclams UB Nr. 7835 bis 7837.)

Reineke Fuchs. (Ep.) Stuttgart o. J. (Reclams UB Nr. 61 bis 61a.)

Achilleis; Die Geheimnisse. (Ep., Frgmt.) In: J. W. G., Werke (Hamburger Ausgabe). Bd. 2. Hamburg 1949.

Dichtung und Wahrheit. In: Werke, HA, Bd. 9 u. 10, 1955 u. 1959.

Campagne in Frankreich. Belagerung von Mainz. Mit Anmerkungen von Ilse-Marie Barth. Stuttgart 1972. (Reclams UB Nr. 5808 [3].)

Friedrich Hölderlin: Fragment von Hyperion. Erste Fassung von 1794. (R.) In: F. H., Sämtliche Werke. Hrsg. von Friedrich Beißner. Frankfurt a. M. 1961.

Jean Paul: Hesperus oder 45 Hundsposttage. (R.) In: J. P., Sämtliche Werke (hist.-krit. Ausg.) 1. Abt. Bd. 3 u. 4. Weimar 1929.

Die unsichtbare Loge. (R.) Ebenda, Bd. 2, 1927.

Leben des Quintus Fixlein, aus funfzehn Zettelkästen gezogen, nebst einem Musteil und einigen Jus de tablette. Nachwort von Ralph-Rainer Wuthenow. Stuttgart 1972. (Reclams UB Nr. 164 [4].)

Dr. Katzenbergers Badereise. Nachwort von Otto Mann. Stuttgart o. J. (Reclams UB Nr. 18 [2].)

Des Feldpredigers Schmelzle Reise nach Flätz mit fortgehenden Noten; nebst der Beichte des Teufels bei einem Staatsmanne. Nachwort von Kurt Schreinert. Stuttgart o. J. (Reclams UB Nr. 293.)

Friedrich Maximilian Klinger: Fausts Leben, Taten und Höllen-
    fahrt. (R.) Frankfurt a. M. 1964.
Friedrich Schiller: Der Verbrecher aus verlorener Ehre. (Erz.)
    Nachwort von Bernhard Zeller. Stuttgart 1964 u. ö. (Reclams
    UB Nr. 8891.)
    Der Geisterseher. (R., Frgmt.) In: F. Sch., Sämtliche Werke
    (Säkular-Ausgabe). Bd. 2. Stuttgart o. J. [1905].

Drama

Johann Wolfgang Goethe: Egmont. Mit einem Nachwort. Stutt-
    gart o. J. (Reclams UB Nr. 75.)
    Die natürliche Tochter. Nachwort von Theo Stammen. Stutt-
    gart o. J. (Reclams UB Nr. 114.)
Friedrich Hölderlin: Der Tod des Empedokles. Hrsg. von Fried-
    rich Beißner. Stuttgart 1973. (Reclams UB Nr. 7500 [2].)
Friedrich Schiller: Don Carlos. Stuttgart o. J. (Reclams UB
    Nr. 38 [2].)
    Die Braut von Messina oder Die feindlichen Brüder. Stutt-
    gart o. J. (Reclams UB Nr. 60.)
    Die Jungfrau von Orleans. Stuttgart o. J. (Reclams UB
    Nr. 47.)
    Die Verschwörung des Fiesco zu Genua. Stuttgart o. J. (Re-
    clams UB Nr. 51.)
    Wallensteins Lager. Die Piccolomini. Stuttgart o. J. (Reclams
    UB Nr. 41.)
    Wilhelm Tell. Stuttgart o. J. (Reclams UB Nr. 12.)

Ausgewählte Forschungsliteratur

Allgemeine Literatur

Barth, I. M.: Literarisches Weimar. Stuttgart 1971.

Becker, E. D.: ›Klassiker‹ in der deutschen Literaturgeschichtsschreibung zwischen 1780 und 1860. In: J. Hermand u.
M. Windfuhr (Hrsg.), Zur Literatur der Restaurationsepoche.
1815–1848. Stuttgart 1970. S. 349–370.

Benz, R.: Die Zeit der deutschen Klassik. Kultur des 18. Jahrhunderts 1750–1800. Stuttgart 1953.

Bettex, A.: Kampf um das klassische Weimar 1788–1798. Zürich
1935.

Borcherdt, H.: Der Roman der Goethezeit. Stuttgart 1949.

Boucke, E.: Aufklärung, Klassik und Romantik. Braunschweig
1925.

Burger, H. O. (Hrsg.): Begriffsbestimmung der Klassik und des
Klassischen. Darmstadt 1972.

Cassirer, E.: Idee und Gestalt. Goethe, Schiller, Hölderlin, Kleist.
Darmstadt 1973.

Conrady, P.: Deutsche Literatur zur Zeit der Klassik. Stuttgart
1978.

Danzel, Th. W.: Zur Literatur und Philosophie der Goethezeit.
Neu hrsg. von H. Mayer. Stuttgart 1962.

Dau, R.: Klassenkampf und klassisches Erbe. Zu einigen neuen Tendenzen der Klassikrezeption in der Literaturwissenschaft der
BRD. In: Weimarer Beiträge 22 (1976) H. 11. S. 112–137.

Dietze, W.: Junges Deutschland und deutsche Klassik. Berlin 1957.

Dilthey, W.: Das Erlebnis und die Dichtung (Lessing, Goethe,
Novalis, Hölderlin). Göttingen 1970.

Grimm, R. u. J. Hermand (Hrsg.): Die Klassik-Legende. Frankfurt a. M. 1971.

Gysi, K. (Hrsg.): Erläuterungen zur deutschen Literatur. (Bd. 3)
Klassik. Berlin-Ost 1956.

Halbach, H.: Zu Begriff und Wesen der Klassik. Tübingen 1948.
(Festschrift für Paul Kluckhohn und Hermann Schneider.)

Hettner, H.: Literaturgeschichte der Goethezeit. Hrsg. von
J. Anderegg. München 1970.

Heussler, A.: Klassik und Klassizismus in der deutschen Literatur. Bern 1952.

Highet, G.: The classical tradition. Greek and roman influences on western literature. New York 1964.

Jäger, W.: Das Problem des Klassischen und die Antike. Leipzig u. Berlin 1931.

Kohlschmidt, W.: Form und Innerlichkeit. Beiträge zur Geschichte und Wirkung der deutschen Klassik und Romantik. München 1955.

Kommerell, M.: Der Dichter als Führer in der deutschen Klassik. Frankfurt a. M. ²1943.

Korff, H. A.: Geist der Goethezeit. Bd. 2 Klassik. Leipzig 1930.

Langlotz, E.: Antike Klassik in heutiger Sicht. Frankfurt a. M. 1956.

Markwardt, B.: Geschichte der deutschen Poetik. Bd. 3 Klassik und Romantik. Berlin 1958.

Mayer, H.: Zur deutschen Klassik und Romantik. Pfullingen 1963.

Müller, I.: Wirklichkeit und Klassik. Berlin 1955.

Müller, R.: Die deutsche Klassik. Wesen und Geschichte im Spiegel des Strommotivs. Bonn 1959.

Nivelle, A.: Kunst und Dichtungstheorien zwischen Aufklärung und Klassik. Berlin 1960.

Nohl, H.: Die deutsche Bewegung und die idealistischen Systeme. Tübingen 1912.

Peyre, H.: Qu'est-ce que le classicism? Paris 1965.

Rehm, W.: Griechentum und Goethezeit. Bern 1952.

Rehm, W.: Götterstille und Göttertrauer. Aufsätze zur deutsch-antiken Begegnung. Bern 1951.

Reimann, P.: Hauptströmungen der deutschen Literatur 1750 bis 1848. Beiträge zu ihrer Geschichte und Kritik. Berlin 1956.

Scheffler, K.: Späte Klassik. Ein Stilproblem deutscher Dichtung. Urach 1947.

Schlegel, A. W.: Allgemeine Übersicht des gegenwärtigen Zustands der deutschen Literatur. In: A. W. Sch., Geschichte der klassischen Literatur. Hrsg. von E. Lohner. Stuttgart 1964.

Schmalzriedt, E.: Inhumane Klassik. Vorlesung wider ein Bildungsklischee. München 1971.

Schrimpf, H. J.: K. Ph. Moritz. Studien zum Wirklichkeits- und Kunstbegriff der deutschen Frühklassik. Gütersloh 1964.

Schultz, F.: Epochen der deutschen Literatur. Klassik und Romantik der Deutschen. Stuttgart 1959.

Sengle, F.: Arbeiten zur deutschen Literatur 1750–1850. Stuttgart 1965.

Strich, F.: Deutsche Klassik und Romantik oder Vollendung und Unendlichkeit. München 1928.

Tümmler, H.: Das klassische Weimar und das große Zeitgeschehen. Historische Studien. Köln u. Wien 1975.

Turajew, S. W.: Der Klassizismus in der deutschen Literatur des 18. Jahrhunderts. (Aus d. Russ. übers. v. O. Törne.) In: Goethe-Jahrbuch 92. (1975) S. 29–44.

Wiese, B. von: Von Lessing bis Grabbe. Studien zur deutschen Klassik und Romantik. Düsseldorf 1968.

Wiese B. von (Hrsg.): Deutsche Dichter des 18. Jahrhunderts. Ihr Leben und Werk. Berlin 1977.

Jährlich erscheint die Internationale Bibliographie zur deutschen Klassik 1750–1850. Hrsg. von den Nationalen Forschungs- und Gedenkstätten der klassischen deutschen Literatur. Weimar 1955 ff. (Bisher in »Weimarer Beiträge«.)

Zu den einzelnen Autoren

Johann Wolfgang Goethe

Goethe-Wörterbuch. Hrsg. von der Akademie der Wissenschaften der DDR, Akademie der Wissenschaften Göttingen, Heidelberger Akademie der Wissenschaften. Stuttgart 1971–74.

Atkins, S.: Goethes Faust. Cambridge 1958.

Berger, A.: Ästhetik und Bildungsroman. Goethes ›Wilhelm Meisters Lehrjahre‹. Wien 1977. (Wiener Akademie zur deutschen Literatur. 7.)

Beutler, E.: Faust und Urfaust. Leipzig 1940.

Buchwald, R.: Goethes italienische Wendung. In: R. B., Das Vermächtnis der deutschen Klassiker. Frankfurt a. M. 1962. S. 173–192.

Dieck, A. (Hrsg.): Goethe über den Faust. Göttingen 1963.

Dieckmann, C.: Das Bild des Menschen im 18. Jahrhundert. ›Nathan der Weise‹, ›Iphigenie‹, ›Die Zauberflöte‹. In: Festschrift Detlev W. Schumann. München 1970. S. 89–96.

Dominik, J.: Deutsche Klassik. Goethes ›Römische Elegien‹. Pullach 1974.

Emrich, W.: Symbolinterpretation und Mythenforschung. Möglichkeiten und Grenzen eines neuen Goetheverständnisses. In: Euphorion 47 (1953) S. 38–67.

Friedrich, Th. u. L. J. Scheithauer: Kommentar zu Goethes Faust. Mit einem Faust-Wörterbuch und einer Faust-Bibliographie. Stuttgart 1959. Neubearbeitung 1974. (Reclams UB Nr. 7177 [5]).

Geerdts, H. J.: Goethes erste Weimarer Jahre im Spiegel seiner Lyrik. In: Goethe-Jahrbuch 93 (1976) S. 51–59.

Gerhard, M.: Wahrheit und Dichtung in der Überlieferung des Zusammentreffens von Goethe und Schiller im Juli 1794. Eine Klarstellung. In: Jahrbuch des Freien Deutschen Hochstifts. 1974. S. 17–24.

Gundolf, F.: Goethe. Berlin 1920.

Jolles, M.: Goethes Kunstanschauung. Bern 1957.

Kindermann, H.: Das Goethebild des 20. Jahrhunderts. Darmstadt ²1966.

Kommerell, M.: Goethes Balladen. In: M. K., Gedanken über Gedichte. Frankfurt a. M. 1943. S. 310–429.

Kommerell, M.: Die römische Elegien. Ebenda, S. 224–249.

Lämmert, E.: Der Dichterfürst. In: Dichtung, Sprache, Gesellschaft. Akten des IV. Internationalen Germanisten-Kongresses 1970 in Princeton. Hrsg. von Victor Lange u. Hans-Gert Roloff. Frankfurt a. M. 1971. (Beihefte zum Jahrbuch für Internationale Germanistik 1.) S. 439–455.

Lukács, G.: Goethe und seine Zeit. Berlin 1955.

May, K.: Goethes ›Natürliche Tochter‹. In: K. M., Form und Bedeutung. Stuttgart ²1963. S. 89–106.

Mayer, G.: Wilhelm Meisters Lehrjahre. Gestaltbegriff und Werkstruktur. In: Goethe-Jahrbuch 92 (1975) S. 140–164.

Menzer, P.: Goethes Ästhetik. Köln 1957. (Kantstudien Ergänzungsheft 72.)

Müller-Seidel, W.: Naturforschung und deutsche Klassik. Die Jenaer Gespräche im Juli 1794. In: Untersuchungen zur Literatur als Geschichte. Festschrift für Benno von Wiese. Hrsg. von V. J. Günther [u. a.]. Berlin 1973. S. 61–78.

Neumann, G.: Konfiguration. Studien zu Goethes ›Torquato Tasso‹. München 1965.

Ost, H.: Goethes Helena als plastische Gestalt. In: Arcadia 4 (1969) 1, S. 1–15.

Otto, R.: Kolloquium über Goethes Faust in Weimar. In: Weimarer Beiträge 16 (1970) 2, S. 193–196.

Pyritz, H.: Goethe-Studien. Köln u. Graz 1962.

Reincke, O.: Goethes Roman ›Wilhelm Meisters Lehrjahre‹ – ein zentrales Kunstwerk der klassischen Literaturperiode in Deutschland. In: Goethe-Jahrbuch 94 (1977) S. 137–187.

Reiß, H.: Goethes Romane. Bern 1963.

Rittmeyer, F.: Goethe-Studien. In: Schweizer Monatshefte 49 (1969) 1, S. 118–121.

Schadewaldt, W.: Goethe und das Erleben des griechischen Geistes. Freiburg i. Br. 1932.

Staiger, E.: Goethes antike Versmaße. In: E. St., Die Kunst der Interpretation. Zürch 1963. S. 115–131.

Steiner, J.: Sprache und Stilwandel in Goethes ›Wilhelm Meister‹. Zürich 1959.

Strich, F.: Goethe und Heine. In: F. St., Der Dichter und die Zeit. Bern 1947. S. 185–225.

Träger, Ch.: Die Ballade als Modellfall genretheoretischer Erörterung bei Goethe. In: Goethe-Jahrbuch 94 (1977) S. 49–68.

Johann Peter Hebel

Bürgisser, W.: J. P. Hebel als Erzähler. Zürich 1929.

Döster, U.: Johann Peter Hebel. In Selbstzeugnissen und Bilddokumenten. Reinbek 1973.

Heidegger, M.: Hebel – der Hausfreund. Stuttgart 1957.

Jost, W.: Probleme und Theorien der deutschen und englischen Verslehre mit einem Sonderteil über die Form des alemannischen Mundarthexameters bei Joh. Peter Hebel und den Schweizern. Bern u. Frankfurt a. M. 1976.

Kully, R.: Johann Peter Hebel. Karlsruhe 1969.

Trümpy, H.: Volkstümliches und Literarisches bei J. P. Hebel. In: Wirkendes Wort 20 (1970) 1, S. 4 ff.

Zentner, W.: J. P. Hebel. Karlsruhe 1965.

Friedrich Hölderlin

Beck, A.: Hölderlin. Chronik seines Lebens mit ausgew. Bildnissen. Frankfurt a. M. 1975.

Beißner, F.: Hölderlin, Reden und Aufsätze. Wien 1969.

Binder, W.: Hölderlin Studien. Frankfurt a. M. 1970.

Böckmann, P.: Hölderlin und seine Götter. München 1935.

Böckmann, P.: Erläuterungen zum Methodenwandel in der Hölderlin-Forschung. In: Hölderlin-Jahrbuch 17 (1971/72) S. 129 bis 131.

Boerde, W.: Hölderlins Deutung des Daseins. Frankfurt a. M. 1961.

Böschenstein, B.: Friedrich Hölderlin. In: Deutsche Dichter des 18. Jahrhunderts. Hrsg. von B. von Wiese. Berlin 1977. S. 995–1029.

Dilthey, W.: Hölderlin. In: W. D., Das Erlebnis und die Dichtung. Göttingen 1965. S. 242.

Doppler, A.: Das Motiv der Lebensbahn in den Dichtungen Friedrich Hölderlins. In: Sprachkunst 1 (1970) 1/2, S. 70–89.

Guardini, R.: Hölderlins Weltbild und Frömmigkeit. München 1955.

Hermlin, St.: Dichter über Hölderlin. In: Sinn und Form 21 (1969) 5, S. 1259–62.

Hof, W.: Hölderlins Stil als Ausdruck seiner geistigen Welt. Meisenheim 1954.

Hof, W.: Probleme der Hölderlin-Interpretation. In: Studi Germanici 10. (1972) S. 659–696.

Hölzer, U.: Friedrich Hölderlin. Deutung aus heutiger Sicht. In: Hölderlin-Jahrbuch 16 (1969/70) S. 123–136.

Link, J.: ›Hyperion‹ als Nationalepos in Prosa. In: Hölderlin-Jahrbuch 16 (1969/70) S. 158–194.

Kelletat, A.: Hölderlin. Beiträge zu seinem Verständnis in unserem Jahrhundert. Tübingen 1961. (Schriften der Hölderlin Gesellschaft 3.)

Lüders, D.: Hölderlins Aktualität. In: Jahrbuch des Freien Deutschen Hochstifts 1976. S. 114–137.

Mieth, G.: Hölderlins Bildungsjahre im Banne Schillers und Fichtes. In: Sinn und Form 22 (1970) S. 200–210.

Mühlberger, J.: Der andere Hölderlin. Ergebnisse neuer Forschungen über den Dichter. In: Welt und Wort 24 (1969) 12, S. 393 f.

Ryan, L.: Hölderlins Lehre vom Wechsel der Töne. Stuttgart 1960.

Ryan, L.: Friedrich Hölderlin. Stuttgart 1962.

Schmidt, J.: Hölderlins später Widerruf. Tübingen 1978.

Silz, W.: Hölderlin: Unter den Alpen gesungen. In: German Quarterly 43 (1970) 1, S. 24–34.

Szondi, P.: Hölderlin Studien. Mit einem Traktat über philosophische Erkenntnis. Frankfurt a. M. 1970.
Viëtor, K.: Die Lyrik Hölderlins. Darmstadt 1970.

Jean Paul

Berend, E. (Hrsg.): Jean Pauls Persönlichkeit in Berichten der Zeitgenossen. Köln 1956.
Bruyn, G. de: Das Leben des Jean Paul Friedrich Richter. In: Sinn und Form 27 (1975). S. 637–658.
Höllerer, W.: Aktualität von Jean Paul. (Bayreuther Rede.) In: Jean-Paul-Jahrbuch 10 (1975) S. 9–28.
Kemp, F. (Hrsg.): Jean Paul, Werk, Leben, Wirkung. München 1963.
Kommerell, M.: Jean Paul. Frankfurt a. M. 1966.
Petersen, J.: Jean Paul und die Klassiker. In: Jahrbuch des Freien Deutschen Hochstifts 1929. S. 234–252.
Profitlich, U.: Zur Deutung der Humortheorie Jean Pauls. In: Zeitschrift für deutsche Philologie 89 (1970) 2, S. 161–168.
Pross, W.: Jean Pauls geschichtliche Stellung. Tübingen 1975.
Rasch, W.: Die Erzählweise Jean Pauls. München 1963.
Schweikert, U.: Jean Paul. Stuttgart 1970.
Staiger, E.: Jean Paul, ›Titan‹. Vorstudien zu einer Auslegung. In: E. St., Meisterwerke deutscher Sprache aus dem 19. Jahrhundert. Zürich 1948. S. 56–99.
Ter-Nedden, G.: Schwierigkeiten bei der Aktualisierung Jean Pauls. Eine Auseinandersetzung. In: Jean-Paul-Jahrbuch 9 (1974) S. 7–29.

Friedrich Schiller

Beck, A.: ›Maria Stuart‹. In: B. von Wiese (Hrsg.), Das deutsche Drama vom Barock bis zur Gegenwart. Bd. 1. Düsseldorf 1964. S. 307 ff.
Berger, K.: Schiller. Sein Leben und seine Werke. München 1922.
Berghahn, K. (Hrsg.): Friedrich Schiller, zur Geschichtlichkeit seines Werkes. Kronberg 1975.
Böckmann, P.: Schillers Geisteshaltung als Bedingung seines dramatischen Schaffens. Dortmund 1965.
Düsing, W.: Kosmos und Natur in Schillers Lyrik. In: Jahrbuch der deutschen Schillergesellschaft 13 (1969) S. 196–220.

Frühwald, W.: Die Auseinandersetzung um Schillers Gedicht ›Die Götter Griechenlands‹. In: Jahrbuch der deutschen Schillergesellschaft 13 (1969) S. 251–271.

Glück, A.: Schillers ›Wallenstein‹. München 1976.

Ibel, R.: Schiller: Maria Stuart. Frankfurt a. M. 1970.

Kommerell, M.: Schiller als Gestalter des handelnden Menschen. In: M. K., Geist und Buchstabe der Dichtung. Frankfurt a. M. ³1944. S. 132–174.

Koopmann, H.: Der Dichter als Kunstrichter. Zu Schillers Rezensionsstrategie. In: Schillerjahrbuch 20 (1976) S. 229–246.

Kraft, H.: Über sentimentalische und idyllische Dichtung. T. 2. ›Das Ideal und das Leben‹. In: Schillerjahrbuch 20 (1976) S. 247–254.

Mann, M.: Schiller und sein Prinzipal der Tod. In: Deutsche Vierteljahrsschrift für Literaturwissenschaft und Geistesgeschichte 43 (1969) 1, S. 114–125.

Mann, M.: Zur Charakterologie in Schillers ›Wallenstein‹. In: Euphorion 63 (1969) 3, S. 329–339.

Mann, Th.: Versuch über Schiller. Frankfurt a. M. 1955.

Markwardt, B.: Schillers Kunstanschauung im Verhältnis zu seinem Kunstschaffen. In: Wissenschaftliche Zeitschrift der E.-M.-Arndt-Universität Greifswald, IV (1954/55) S. 259–283.

Mayer, H.: Schillers Nachruhm. In: H. M., Zur deutschen Klassik und Romantik. Pfullingen 1963. S. 165–181.

Müller-Seidel, W.: Episches Theater der deutschen Klassik. Eine Betrachtung über Schillers ›Wallenstein‹. In: Schillerjahrbuch 20 (1976) S. 338–386.

Muschg, W.: Schiller, Die Tragödie der Freiheit. In: Schiller. Reden im Gedenkjahr 1959. Stuttgart 1961. S. 218–239.

Nerjes, H.: Ein unbekannter Schiller. Kritiker des Weimarer Musenhofes. Berlin 1965.

Oellers, N. (Hrsg.): Schiller – Zeitgenosse aller Epochen. Dokumente zur Wirkungsgeschichte Schillers in Deutschland. München 1976.

Schadewaldt, W.: Antikes und Modernes in Schillers ›Braut von Messina‹. In: Jahrbuch der deutschen Schillergesellschaft 13 (1969) S. 286–307.

Wersig, P.: Schiller-Bibliographien 1964–1974. Berlin 1977.

Synoptische Tabelle

	Literatur	Geschichte	Künste, Wissenschaft und Technik
1755			J. J. Winckelmann: Gedanken über die Nachahmung der griech. Werke in der Malerei und Bildhauerkunst
1764			J. J. Winckelmann: Geschichte der Kunst des Altertums
1775	Goethe übersiedelt nach Weimar	Amerikanischer Unabhängigkeitskrieg gegen England	W. A. Mozart: Die Gärtnerin aus Liebe (Singsp.)
1776	Goethe: Stella (Sch.); Beginn seiner Freundschaft mit Ch. v. Stein F. M. Klinger: Sturm und Drang (Sch.) J. M. R. Lenz: Die Soldaten (K.) H. L. Wagner: Die Kindermörderin (Dr.)	Amerikanische Unabhängigkeitserklärung	
1777	J. H. Jung-Stilling: Henrich Stillings Jugend (hrsg. von Goethe)		

	A. v. Haller gest. Hof- und Nationaltheater in Weimar gegr.		J. J. Rousseau gest. Voltaire gest. C. v. Linné begr. das nach ihm benannte Pflanzensystem
1778	G. A. Bürger: Gedichte J. G. Herder: Volkslieder	Bündnis Frankreich–USA durch B. Franklin	
1779	Goethe: Iphigenie (Sch., Prosa-Fassg.) Lessing: Nathan der Weise (Dr.)		A. Canova: Dädalus und Ikarus (Plastik) W. Gluck: Iphigenie auf Tauris (O.)
1780	Friedrich II.: Über die deutsche Literatur Goethe: Iphigenie (Sch., freie Rhythmen); beginnt Arbeit am »Tasso« Chr. M. Wieland: Oberon (Märchen)	Maria Theresia gest.	
1781	J. H. Pestalozzi: Lienhard und Gertrud (R.) G. E. Lessing gest.	Aufhebung der Leibeigenschaft in Österreich (Josephinische Reformen)	W. A. Mozart: Idomeneo (O.) I. Kant: Kritik der reinen Vernunft
1782	Schiller: Die Räuber (Dr.)		J. H. Füßli: Der Nachtmahr (Gem.)

1783	Goethe: Das Göttliche (G.) / Schiller: Fiesko (Tr.)	Frieden zu Versailles (Unabhängigkeit der USA von England anerkannt)	W. A. Mozart: Entführung aus dem Serail (O.) / J. Watt erfindet Dampfmaschine
1784	Goethe: Zueignung (G.) / Schiller: Kabale und Liebe (Tr.) / C. de Beaumarchais: La folle journée, ou le mariage de Figaro / D. Diderot gest.		L. van Beethoven: Drei Sonaten fürs Klavier / W. A. Mozart: h-Moll-Messe / Erste Ballonaufstiege durch die Brüder Montgolfier
1785	K. Ph. Moritz: Anton Reiser (R., bis 1790) / Schiller: An die Freude (G.); Die Schaubühne als moralische Anstalt betrachtet	Fürstenbund durch Friedrich II. gegr., um Österreich am Erwerb Bayerns zu hindern	J.-L. David: Der Schwur der Horatier (Gem.) / J. G. Herder: Ideen zur Philosophie der Geschichte der Menschheit (bis 1791) / I. Kant: Was ist Aufklärung? / J. H. Campe: Allgem. Revision des gesamten Schul- und Erziehungswesens (bis 1791) / I. Kant: Grundlegung zur Metaphysik der Sitten
1786	Goethe: Italienische Reise (bis 1788) / K. Ph. Moritz: Versuch einer deutschen Prosodie / J. K. A. Musäus: Volksmärchen der Deutschen	Friedrich II. gest.; Friedrich Wilhelm II. König von Preußen	A. Graff: Schiller (Gem.) / W. A. Mozart: Figaros Hochzeit (O.) / M. Mendelssohn gest. / E. Cartwright erfindet mechanischen Webstuhl

1787	Goethe: Iphigenie (Sch., Versfassung) W. Heinse: Ardinghello (R.) Schiller: Don Carlos (Dr.)		W. Tischbein: Goethe in der Campagna (Gem.) W. A. Mozart: Don Giovanni (O.) Schiller: Philosophische Briefe
1788	Goethe: Römische Elegien (G.-Zyklus, bis 1790); Egmont (Tr.); Über einfache Nachahmung der Natur, Manier, Stil A. v. Knigge: Über den Umgang mit Menschen K. Ph. Moritz: Über die bildende Nachahmung des Schönen Schiller: Die Götter Griechenlands (G.) G. J. Hamann gest.	Amerikanische Bundesverfassung	J.-L. David: Paris und Helena (Gem.) C. G. Langhans erbaut Brandenburger Tor in Berlin (bis 1791) W. A. Mozart: Jupiter-Sinfonie I. Kant: Kritik der praktischen Vernunft Schiller: Geschichte des Abfalls der vereinigten Niederlande
1789	Schiller: Die Künstler (G.)	Beginn der Französischen Revolution: 14. Juli Sturm auf die Bastille G. Washington erster Präsident der USA	J. G. Schadow: Entwurf der Quadriga für das Brandenburger Tor in Berlin
1790	Goethe: Faust, ein Fragment; Torquato Tasso (Sch.); Metamorphose der Pflanzen (G.)	Kaiser Franz Joseph II. gest.	W. A. Mozart: Così fan tutte (O.) I. Kant: Kritik der Urteilskraft

	Literatur	Geschichte / Politik	Kunst / Wissenschaft
	Jean Paul: Schulmeisterlein Wuz (Idylle)		E. Burke: Streitschrift gegen die Französische Revolution Erstes Walzwerk mit Dampfantrieb (England)
1791	J. G. Forster: Ansichten vom Niederrhein (bis 1794) Goethe übernimmt die Leitung des Weimarer Hoftheaters Schiller: Rezension über Bürgers Gedichte		W. A. Mozart: Die Zauberflöte (O.) W. A. Mozart gest. Schiller: Geschichte des dreißigjährigen Krieges (bis 1793) L. Galvani: Über die elektrischen Kräfte der Muskelbewegung
1792	J. G. Herder: Briefe zur Beförderung der Humanität	Nationalkonvent erklärt Frankreich zur Republik; Frankreich beginnt Krieg mit Österreich, das von Preußen unterstützt wird. Goethe nach der Kanonade von Valmy: »Von hier und heute geht eine neue Epoche der Weltgeschichte aus.« Franz II. deutscher Kaiser und Kaiser von Österreich	L. van Beethoven kommt nach Wien
1793	F. Hölderlin: Hymnen und Elegien Jean Paul: Die unsichtbare Loge (R.) Schiller: Vom Erhabenen; Über Anmut und Würde		J.-L. David: Der ermordete Marat (Gem.) F. de Goya: Caprichos (bis 1798) A. Canova: Amor und Psyche (Plastik)

	Literatur	Geschichte	Kunst / Philosophie
	J. H. Voß: Homer-Übersetzung (Odyssee, Ilias) K. Ph. Moritz gest.		I. Kant: Religion innerhalb der Grenzen der bloßen Vernunft
1794	Goethe: Reineke Fuchs (Ep.) Beginn des Bündnisses zwischen Goethe und Schiller (vgl. Goethes Brief »Glückliches Ereignis«) G. A. Bürger gest. J. G. Forster gest.	Allgemeines Landrecht in Preußen G. Danton hingerichtet M. Robespierre gestürzt und hingerichtet	J. H. Dannecker: Schiller-Büste; G. Schadow: Die Prinzessinnen Luise und Friederike von Preußen (Plastik)
1795	Goethe: Wilhelm Meisters Lehrjahre (R.); Unterhaltungen deutscher Ausgewanderten (Nn.) Jean Paul: Hesperus (R.) Schiller: Über die ästhetische Erziehung des Menschen; Zeitschrift »Die Horen« L. Tieck: Geschichte des Herrn William Lovell (R.) J. H. Voß: Luise	Direktorialregierung in Frankreich (bis 1799)	L. van Beethoven: Drei Klavier-Trios; Klavierkonzerte in C- und B-Dur I. Kant: Zum ewigen Frieden Fr. A. Wolf: Prolegomena ad Homerum
1796	Jean Paul: Quintus Fixlein; Siebenkäs (Idyllen) Schiller: Über naive und sentimentalische Dichtung »Balladenjahr« (bis 1797)	Feldzug Bonapartes in Italien Katharina II., Zarin von Rußland, gest.	J. G. Fichte: Grundlage des Naturrechts und Prinzipien der Wissenschaftslehre Chr. W. Hufeland: Makrobiotik oder die Kunst, sein Leben zu verlängern

			Einführung der Pockenschutz-impfung
1797	Goethe/Schiller: Über epische und dramatische Dichtung; Xenien F. Hölderlin: Hyperion (R., bis 1799); Empedokles-Fragment A. W. Schlegel: Shakespeare-Dramen (Übers., 8 Bde., bis 1801) L. Tieck: Volksmärchen (u. a. Der gestiefelte Kater) W. H. Wackenroder: Herzensergießungen eines kunstliebenden Klosterbruders	Friede zu Campoformio Friedrich Wilhelm III. preuß. König (bis 1840)	I. Kant: Metaphysik der Sitten F. Schelling: Ideen zu einer Philosophie der Natur W. Smith begründet geologische Chronologie nach Leitfossilien A. Senefelder erfindet Steindruckverfahren
1798	Goethe: Hermann und Dorothea (Ep.); Zeitschrift »Propyläen« (bis 1800) Schiller: Wallenstein (Tr.) L. Tieck: Franz Sternbalds Wanderungen (R.) F. u. A. W. Schlegel begr. die Zeitschrift »Athenäum«	Feldzug Bonapartes in Ägypten	J. Haydn: Die Schöpfung (Orat.) F. Schelling: Von der Weltseele H. Cavendish mißt Erddichte und -gravitation
1799	Goethe: Achilleis (Ep., Frgmt.) W. v. Humboldt: Über Goethes Hermann und Dorothea Schiller: Das Lied von der Glocke (G.) G. F. Lichtenberg gest.	Napoleon Bonaparte wird Erster Konsul in Frankreich Zweiter Koalitionskrieg in Frankreich	F. Schleiermacher: Über die Religion. Reden an die Gebildeten unter ihren Verächtern A. v. Humboldt unternimmt Forschungsreise nach Mittel- und Südamerika (bis 1804)

1800	Novalis: Hymnen an die Nacht Jean Paul: Titan (R., bis 1803) Schiller: Maria Stuart (Dr.) L. Tieck: Leben und Tod der heiligen Genoveva (Sch.) Mme. de Staël: Über die Literatur		J.-L. David: Mme. Récamier (Gem.) L. van Beethoven: 1. Sinfonie in C-Dur J. G. Fichte: Die Bestimmung des Menschen F. Herschel entdeckt Wärmestrahlen des Sonnenspektrums
1801	F. Hölderlin: Brot und Wein (G.) Schiller: Die Jungfrau von Orleans (Tr.) Novalis gest.	Friede zu Lunéville zwischen Österreich und Frankreich Alexander I. Zar von Rußland Th. Jefferson Präsident der USA	F. de Goya: Die nackte Maja (Gem.) D. Chodowiecki gest. J. Haydn: Die Jahreszeiten (Or.) K. F. Gauß: Disquisitiones Arithmeticae J. W. Ritter entdeckt ultraviolette Strahlen
1802	Novalis: Heinrich von Ofterdingen (R., posthum) Hölderlin wird geisteskrank	Napoleon lebenslänglich zum Konsul ernannt	L. van Beethoven: Heiligenstädter Testament G. F. Grotefend entziffert babylonische Keilschrift
1803	Goethe: Die natürliche Tochter (Tr.) J. P. Hebel: Alemannische Gedichte A. Kotzebue: Die deutschen Kleinstädter (Lsp.)	Reichsdeputationshauptschluß zu Regensburg (Säkularisierung geistlichen Besitzes)	

Schiller: Die Braut von Messina (Tr.) J. W. Gleim gest. J. G. Herder gest. F. G. Klopstock gest.	Napoleon franz. Kaiser (bis 1814) K. A. v. Hardenberg preuß. Außenminister (bis 1806) Frhr. vom Stein in der preuß. Regierung	J. A. Koch: Heroische Landschaft mit Regenbogen (Gem.) Ph. O. Runge: Selbstbildnis mit Frau und Bruder (Gem.) L. van Beethoven: 3. Sinfonie in Es-Dur (Eroica) A. v. Humboldt begründet die vergleichende Klimakunde, Pflanzengeographie und Vulkanlehre J. H. Pestalozzi gründet Erziehungs- und Lehrerbildungsanstalt in Yverdon I. Kant gest.
1804 Jean Paul: Flegeljahre (R.); Vorschule der Ästhetik Schiller: Wilhelm Tell (Sch.)		
1805 Goethe: Winckelmann und sein Jahrhundert Schiller gest.	3. Koalition gegen Napoleon I.; in der Schlacht bei Austerlitz besiegt Napoleon Österreich und Rußland Schlacht bei Trafalgar	L. van Beethoven: Fidelio (O., 3., endgültige Fassung 1814)
1806 A. v. Arnim u. C. Brentano: Des Knaben Wunderhorn	Kontinentalsperre gegen England Rheinbund deutscher Fürsten unter	Ph. O. Runge: Meine Eltern; Selbstbildnis (Gem.)

1807	Goethe: Sonette J. Görres: Die teutschen Volksbücher Jean Paul: Levana (R.) H. v. Kleist: Amphitryon (Lsp.)	Napoleon gegen Österreich und Preußen Schlacht bei Jena und Auerstedt; Kaiser Franz II. legt Kaiserkrone nieder (Ende des Heiligen Römischen Reiches Deutscher Nation) Beginn der Staatsreform in Preußen (bis 1810) J. G. Fichte: Reden an die deutsche Nation (gegen Napoleon; bis 1808)	L. van Beethoven: Coriolan-Ouvertüre G. W. F. Hegel: Phänomenologie des Geistes Erste Dampfschiffahrt (auf dem Hudson)
1808	Goethe: Faust I (Dr.) H. v. Kleist: Penthesilea (Tr.)	Preuß. Städteordnung mit Selbstverwaltung durch den Frhrn. vom Stein Begegnung Napoleons mit Goethe in Erfurt	C. D. Friedrich: Das Kreuz im Gebirge (Gem.) L. van Beethoven: 5. und 6. Sinfonie A. v. Humboldt: Ansichten der Natur J. Dalton: Chem. Atomtheorie F. A. Brockhaus: Konversationslexikon (1. Aufl., bis 1811)
1809	Goethe: Die Wahlverwandtschaften (R.)	W. v. Humboldt preuß. Unterrichtsminister Metternich österr. Außenminister	J. Haydn gest. K. F. Gauß: Theorie der Bewegung der Himmelskörper
1810	Z. Werner: Der 24. Februar (Dr.) Mme. de Staël: De l'Allemagne	Gründung der Universität Berlin K. A. v. Hardenberg setzt als	L. van Beethoven: Musik zu Egmont

1811	Goethe: Beginn der Arbeit an »Dichtung und Wahrheit« (bis 1831); J. P. Hebel: Das Schatzkästlein des Rheinischen Hausfreunds (En.); H. v. Kleist: Der zerbrochne Krug (Lsp.); H. v. Kleists Selbstmord	Nachfolger des Frhrn. vom Stein dessen Reformen fort. Gewerbefreiheit und allgemeine Gewerbesteuer in Preußen; Napoleon auf dem Gipfel der Macht	Goethe: Farbenlehre; S. Hahnemann begr. die Homöopathie; J. G. Fichte erster Rektor der Universität Berlin
1812	Brüder Grimm: Kinder- und Hausmärchen	Rußlandfeldzug Napoleons; Brand Moskaus; Napoleon flieht nach Paris	L. van Beethoven: 7. und 8. Sinfonie; W. v. Humboldt entwickelt das Humanistische Gymnasium als Vorschule der Universität
1813	Goethe: Shakespeare und kein Ende; A. Büchner geb.; F. Hebbel geb.; Ch. M. Wieland gest.	Völkerschlacht bei Leipzig; Beginn der deutschen Freiheitskriege gegen Napoleon	R. Wagner geb.
1814	Goethe: West-östlicher Divan (G.-Zyklus, bis 1819)	Rückkehr der Bourbonen (Ludwig XVIII.)	G. Stephenson baut erste Lokomotive

1815	Goethe: Des Epimenides Erwachen	Wiener Kongreß unter Metternichs Vorsitz Schlacht bei Waterloo Endgültige Verbannung Napoleons nach St. Helena	K. F. Schinkel: Neue Wache in Berlin
1816	Goethe gibt die Zeitschrift »Über Kunst und Altertum« heraus (bis 1828)	Weimar erhält als erstes deutsches Land eine Verfassung	G. W. F. Hegel: Wissenschaft der Logik Erste deutsche Gasanstalt
1817		Wartburgfest der deutschen Burschenschaften	
1818		Bayern und Baden bekommen Verfassungen	K. Marx geb.
1819		Karlsbader Beschlüsse	A. Schopenhauer: Die Welt als Wille und Vorstellung
1821	Goethe: Wilhelm Meisters Wanderjahre (R.)		K. F. Schinkel baut Schauspielhaus in Berlin
1823	Goethe: Trilogie der Leidenschaft (G.) J. P. Hebel: Biblische Geschichten		L. van Beethoven: 9. Sinfonie in d-Moll
1824			L. van Beethoven: Missa solemnis Goethe: Zur Naturwissenschaft überhaupt, besonders zur Morphologie

Jahr			
1825	Jean Paul gest.		Goethe: Versuch einer Witterungslehre
1826	J. P. Hebel gest.		
1827	Goethe prägt den Begriff der »Weltliteratur« (Über Kunst und Altertum VI,1)	Ludwig I. König von Bayern	L. van Beethoven gest. G. S. Ohm findet Gesetz für elektrische Ströme
1828		Karl August von Weimar gest.	K. F. Schinkel baut Altes Museum in Berlin
1830		Juli-Revolution in Paris	W. v. Humboldt: Über Schiller und den Gang seiner Geistesentwicklung
1831	Goethe vollendet den 2. Teil des Faust	Sachsen erhält Verfassung	G. W. F. Hegel gest.
1832	Goethe gest.		

Quellenverzeichnis

Überschriften, die mit einem Sternchen versehen sind, stammen vom Herausgeber, sind aber mitunter dem Text des Autors entnommen.

Georg Forster

Ansichten vom Niederrhein. In: G. F., Werke. Sämtliche Schriften, Tagebücher, Briefe. Hrsg. von der Dt. Akad. der Wiss. zu Berlin. Bd. 9. Berlin: Akademie-Verlag 1958. S. 7–12. (Orthographie und Interpunktion modernisiert.)

Johann Wolfgang Goethe

Einfache Nachahmung der Natur, Manier, Stil. In: J. W. G., Werke (Hamburger Ausgabe). Bd. 12. Hamburg: Wegner 1953. S. 30–34.

Mignon. In: J. W. G., Gedichte. Auswahl und Einleitung von Stefan Zweig. Stuttgart: Reclam o. J. (Universal-Bibliothek Nr. 6782 [3].) S. 88.

Das Göttliche. In: Gedichte, UB, S. 86 f.

Römische Elegien. In: Werke, HA, Bd. 1, 1948, S. 157, 160, 162.

Die Metamorphose der Pflanzen. In: Gedichte, UB, S. 129–132.

Im Gegenwärtigen Vergangnes. In: Gedichte, UB, S. 168 f.

Dem aufgehenden Vollmonde. In: Gedichte, UB, S. 219.

Hermann und Dorothea. Stuttgart: Reclam o. J. (Universal-Bibliothek Nr. 55.) S. 61–64.

Die Geschichte vom Prokurator*. Aus: Unterhaltungen deutscher Ausgewanderten. In: Werke, HA, Bd. 6, 1951, S. 166–188.

Wilhelm Meisters Lehrjahre. In: Werke, HA, Bd. 7, 1950, S. 289–293, 307–310, 191–193.

Iphigenie auf Tauris. Stuttgart: Reclam o. J. (Universal-Bibliothek Nr. 83.) S. 49–51.

Torquato Tasso. Stuttgart: Reclam o. J. (Universal-Bibliothek Nr. 88.) S. 14–19.

Faust. Der Tragödie zweiter Teil. Hrsg. von Lothar J. Scheithauer. Stuttgart: Reclam 1971 u. ö. (Universal-Bibliothek Nr. 2 [2].) S. 3–6.

Goethe und Schiller

Über epische und dramatische Dichtung. In: J. W. G., Werke (Hamburger Ausgabe). Bd. 12. Hamburg: Wegner 1953. S. 249–251.

Johann Peter Hebel

Die Vergänglichkeit. In: J. P. H., Alemannische Gedichte. Mit hochdeutscher Übertragung von Richard Gäng. Hrsg. mit einer Einleitung von

Wilhelm Zentner. Stuttgart: Reclam 1960. (Universal-Bibliothek Nr. 8294 [3].) S. 136–145.
Kannitverstan. In: J. P. H., Aus dem Schatzkästlein des Rheinischen Hausfreunds. Ausgew. u. mit einem Nachwort hrsg. von Wilhelm Zentner. Stuttgart: Reclam o. J. (Universal-Bibliothek Nr. 6705.) S. 16 bis 19.

Johann Gottfried Herder

Zur Humanität und Religion ist der Mensch gebildet. Aus: Ideen zur Philosophie der Geschichte der Menschheit. In: J. G. H., Sämtliche Werke. Hrsg. von Bernhard Suphan. Bd. 13. Berlin: Weidmann 1877. S. 154–165.
Briefe zur Beförderung der Humanität. Ebenda, Bd. 17, 1881, S. 137 bis 143.
(Orthographie und Interpunktion modernisiert.)

Friedrich Hölderlin

Hymne an die Göttin der Harmonie. In: F. H., Gedichte. Auswahl u. Nachwort von Konrad Nussbächer. Stuttgart: Reclam o. J. (Universal-Bibliothek Nr. 6266 [3].) S. 11–15.
An Diotima. In: F. H., Sämtliche Werke. Hrsg. von Friedrich Beißner. Frankfurt a. M.: Insel-Verlag 1961. S. 163.
Dichterberuf. In: Gedichte, UB, S. 82–84.
Hälfte des Lebens. In: Gedichte, UB, S. 128.
Hyperion oder der Eremit in Griechenland. Nachwort von Ernst von Reusner. Stuttgart: Reclam o. J. (Universal-Bibliothek Nr. 559 [2].) S. 162–169.

Jean Paul

Über die humoristische Poesie. Aus: Vorschule der Ästhetik. In: J. P., Sämtliche Werke (hist.-krit. Ausg.). 1. Abt. Bd. 11. Weimar: Böhlau 1935. S. 111–115.
Die nächtliche Verführung*. Aus: Titan. Ebenda, Bd. 9, 1933, S. 366 bis 371.
(Orthographie und Interpunktion modernisiert.)

Karl Philipp Moritz

Die Signatur des Schönen. In: K. Ph. M., Schriften zur Ästhetik und Poetik. Hrsg. von Hans Joachim Schrimpf. Tübingen: Niemayer 1962. S. 95–103. (Orthographie und Interpunktion modernisiert.)

Fiedrich Schiller

Über die ästhetische Erziehung des Menschen in einer Reihe von Briefen. Mit einem Nachwort von Käte Hamburger. Stuttgart: Reclam o. J. (Universal-Bibliothek Nr. 8994 [2].) S. 45–58.

Über Bürgers Gedichte. In: F. Sch., Sämtliche Werke (Säkular-Ausgabe). Stuttgart u. Berlin: Cotta o. J. [1905]. Bd. 16. S. 226–234, 236–243. (Orthographie und Interpunktion modernisiert.)

Der Ring des Polykrates. In: F. Sch., Gedichte. Eine Auswahl. Hrsg. und mit einem Nachwort von Gerhard Fricke. Stuttgart: Reclam o. J. (Universal-Bibliothek Nr. 7714 [2].) S. 43–46.

Nänie. In: Gedichte, UB, S. 103 f.

Wallensteins Tod. Stuttgart: Reclam o. J. (Universal-Bibliothek Nr. 42.) S. 25–29.

Maria Stuart. Mit einem Anhang: Zur Entstehung von ›Maria Stuart‹. Stuttgart: Reclam o. J. (Universal-Bibliothek Nr. 64.) S. 73–79.

Johann Joachim Winckelmann

Edle Einfalt und stille Größe*. Aus: Gedanken über die Nachahmung der griechischen Werke in der Malerei und Bildhauerkunst. Hrsg. von Ludwig Uhlig. Stuttgart: Reclam 1969. (Universal-Bibliothek Nr. 8338 bis 8339.) S. 20 f.

Dichtungstheorie der Aufklärung und Klassik

IN RECLAMS UNIVERSAL-BIBLIOTHEK

Bodmer, Johann Jakob / Breitinger, Johann Jakob, Schriften zur Literatur. Herausgegeben von Volker Meid. 9953 [5]

Empfindsamkeit. Theoretische und kritische Texte. Herausgegeben von Wolfgang Doktor und Gerhard Sauder. 9835 [3]

Gellert, Christian Fürchtegott, Die zärtlichen Schwestern. Lustspiel. Im Anhang: Chassirons und Gellerts Abhandlungen über das rührende Lustspiel. Herausgegeben von Horst Steinmetz. 8973 [2]

Gerstenberg, Heinrich Wilhelm von, Ugolino. Tragödie. Mit einem Anhang und einer Auswahl aus den theoretischen und kritischen Schriften. Herausgegeben von Christoph Siegrist. 141 [2]

Gottsched, Johann Christoph, Schriften zur Literatur. Herausgegeben von Horst Steinmetz. 9361 [5]
– Sterbender Cato. Im Anhang: Auszüge aus der zeitgenössischen Diskussion über Gottscheds Drama. Herausgegeben von Horst Steinmetz. 2097 [2]

Hamann, Johann Georg, Sokratische Denkwürdigkeiten. Aesthetica in nuce. Mit einem Kommentar herausgegeben von Sven-Aage Jørgensen. 926 [3]

Herder, Johann Gottfried, Abhandlung über den Ursprung der Sprache. Herausgegeben von Hans Dietrich Irmscher. 8729 [2]
– Journal meiner Reise im Jahr 1769. Hist. krit. Ausgabe. Herausgegeben von Katharina Mommsen unter Mitarbeit von Momme Mommsen und Georg Wackerl. 9793 [4]
– Von der Urpoesie der Völker (Shakespeare. Über Ossian und die Lieder alter Völker. Über Volkslieder. Über das Buch Hiob). Auswahl und Einleitung von Konrad Nussbächer. 7794
– Von deutscher Art und Kunst. Einige fliegende Blätter. Von Johann Gottfried Herder, Johann Wolfgang Goethe und Justus Möser. Herausgegeben von Hans Dietrich Irmscher. 7497 [3]

Lessing, Gotthold Ephraim, Briefe, die neueste Literatur betreffend. Herausgegeben und kommentiert von Wolfgang Bender. 9339 [7]
– Fabeln. Abhandlungen über die Fabel. Mit einem Nachwort und Erläuterungen von Heinz Rölleke. 27 [2]

- Hamburgische Dramaturgie. Herausgegeben und kommentiert von Klaus L. Berghahn. 7738 [8]
- Kritik und Dramaturgie. Auswahl und Einleitung von Karl Hans Bühner. 7793
- Laokoon oder über die Grenzen der Malerei und Poesie. Mit beiläufigen Erläuterungen verschiedener Punkte der alten Kunstgeschichte. Nachwort von Ingrid Kreuzer. 271 [3]

Schiller, Friedrich, Kallias oder über die Schönheit. Über Anmut und Würde. Herausgegeben von Klaus L. Berghahn. 9307 [2]
- Über die ästhetische Erziehung des Menschen in einer Reihe von Briefen. Nachwort von Käthe Hamburger. 8994 [2]
- Über naive und sentimentalische Dichtung. Herausgegeben von Johannes Beer. 7756 [2]
- Vom Pathetischen und Erhabenen. Ausgewählte Schriften zur Dramentheorie. (Die Schaubühne als eine moralische Anstalt betrachtet. Über den Grund des Vergnügens an tragischen Gegenständen. Über die tragische Kunst. Über das Pathetische. Über das Erhabene. Über epische und dramatische Dichtung. Über den Gebrauch des Chors in der Tragödie. Tragödie und Komödie.) Herausgegeben von Klaus L. Berghahn. 2731 [2]

Schlegel, August Wilhelm, Über Literatur, Kunst und Geist des Zeitalters. Auswahl aus den kritischen Schriften (Allgemeine Übersicht des gegenwärtigen Zustandes der deutschen Literatur. Poesie. Goethes Römische Elegien. Goethes Hermann und Dorothea. Bürger. Entwurf zu einem kritischen Institute). Herausgegeben von Franz Finke. 8898 [3]

Schlegel, Friedrich, Kritische und theoretische Schriften. Auswahl und Nachwort von Andreas Huyssen. 9880 [3]

Schlegel, Johann Elias, Canut. Ein Trauerspiel. Im Anhang: Gedanken zur Aufnahme des dänischen Theaters. Herausgegeben von Horst Steinmetz. 8766 [2] – *Vergleichung Shakespears und Andreas Gryphs* und andere dramentheoretische Schriften. Herausgegeben von Steven D. Martinson. 8242

Winckelmann, Johann Joachim, Gedanken über die Nachahmung der griechischen Werke in der Malerei und Bildhauerkunst. Herausgegeben von Ludwig Uhlig. 8338 [2]

Philipp Reclam jun. Stuttgart

Erläuterungen und Dokumente

Philipp Reclam jun. Stuttgart

Schillers Dramen
Goethes Dramen
Kleists Dramen

Drei Bände mit »Neuen Interpretationen«,
herausgegeben von Walter Hinderer
Paperback, Format 15 × 21,5 cm

Die Sammelbände sind als Werkerklärungen und
Arbeitshilfen für Studium und Unterricht gedacht und
sollen nach einer Phase methodischer Neuorientierung
auch als Bestandsaufnahmen der literaturkritischen Diskussion über die Dramen der Klassik dienen. Zu ihrem
Handbuchcharakter gehört, daß sie nach den Einzel-
interpretationen jeweils im Anhang ausführliche Biblio-
graphien bieten.

Philipp Reclam jun. Stuttgart

Falling Awake

"Will surely keep the sandman at bay . . . Terrific."
—*The Roanoke (VA) Times*

"Romantic tension sizzles . . . Tightly plotted . . . fully developed characters and crafty plot twists."
—*The Philadelphia Inquirer*

Truth or Dare

"There's a reason Jayne Ann Krentz sells so many books . . . [She] continues to exhibit a fine knack for entertaining her readers."
—*Fort Worth Star-Telegram*

"Ranks with some of Krentz's most entertaining work."
—*The Seattle Times*

Light in Shadow

"If Krentz's newest thriller doesn't send your pulse racing, dial your cardiologist's number . . . Packed with twists and shockers till the explosive ending."
—*Publishers Weekly*

"One of Krentz's best."
—*The Seattle Times*

Smoke in Mirrors

"Hearts will flutter. Spines will tingle."
—*People*

"Passion smolders . . . Krentz is a master."
—*The Seattle Times*

continued . . .

Titles by Jayne Ann Krentz writing as Amanda Quick

Titles by Jayne Ann Krentz writing as Jayne Castle

The Guinevere Jones Novels

Titles written by Jayne Ann Krentz and Jayne Castle

FIRED UP

Jayne Ann Krentz

J

JOVE BOOKS, NEW YORK

THE BERKLEY PUBLISHING GROUP
Published by the Penguin Group
Penguin Group (USA) Inc.
375 Hudson Street, New York, New York 10014, USA

Penguin Group (Canada), 90 Eglinton Avenue East, Suite 700, Toronto, Ontario M4P 2Y3, Canada
(a division of Pearson Penguin Canada Inc.) • Penguin Books Ltd., 80 Strand, London WC2R 0RL,
England • Penguin Group Ireland, 25 St. Stephen's Green, Dublin 2, Ireland (a division of Penguin
Books Ltd.) • Penguin Group (Australia), 250 Camberwell Road, Camberwell, Victoria 3124, Australia
(a division of Pearson Australia Group Pty. Ltd.) • Penguin Books India Pvt. Ltd., 11 Community
Centre, Panchsheel Park, New Delhi—110 017, India • Penguin Group (NZ), 67 Apollo Drive,
Rosedale, Auckland 0632, New Zealand (a division of Pearson New Zealand Ltd.) • Penguin Books
(South Africa) (Pty.) Ltd., 24 Sturdee Avenue, Rosebank, Johannesburg 2196, South Africa

Penguin Books Ltd., Registered Offices: 80 Strand, London WC2R 0RL, England

This is a work of fiction. Names, characters, places, and incidents either are the product of the author's
imagination or are used fictitiously, and any resemblance to actual persons, living or dead, business
establishments, events, or locales is entirely coincidental. The publisher does not have control over
and does not have any responsibility for author or third-party websites or their content.

FIRED UP

A Jove Book / published by arrangement with the author

PUBLISHING HISTORY
G. P. Putnam's Sons hardcover edition / December 2009
Jove mass-market edition / January 2011
Read Pink edition / October 2012

Copyright © 2009 by Jayne Ann Krentz.
Excerpt from *Burning Lamp* by Amanda Quick copyright © by Jayne Ann Krentz.
Cover design and digital illustration © 2010 Rob Wood / Wood Ronsaville Harlin, Inc.
Cover photograph © Claudio Marinesco.

ISBN: 978-0-515-15343-9

JOVE®
Jove Books are published by The Berkley Publishing Group,
a division of Penguin Group (USA) Inc.,
375 Hudson Street, New York, New York 10014.
JOVE® is a registered trademark of Penguin Group (USA) Inc.
The "J" design is a trademark of Penguin Group (USA) Inc.

PRINTED IN THE UNITED STATES OF AMERICA

10 9 8 7 6 5 4 3 2 1

ALWAYS LEARNING   **PEARSON**

For my brother, Steve Castle:
with love and thanks for the
insider's tour of Vegas

THE DREAMLIGHT TRILOGY

Dear Reader:

Welcome to my Dreamlight Trilogy, a very special series that crosses through each of my three worlds—past, present and future—and each of my three pen names—Jayne Ann Krentz, Amanda Quick and Jayne Castle.

In this trilogy you will meet the descendants of the alchemist Nicholas Winters. These are the men of the Burning Lamp who live with the curse that haunts their bloodline. Faced with the very real threat of becoming a psychic monster, each Winters man must find the ancient artifact known as the Burning Lamp and a woman who can work the power of the relic.

The artifact holds many mysteries, but each of Nicholas's descendants will discover the greatest secret of all: the curse will be lifted only when the Winters man and his chosen dreamlight reader forge unbreakable bonds of passion and love in the hot paranormal fires of the Burning Lamp.

I hope you enjoy the trilogy.

Sincerely,
Jayne

I shall not long survive, but I will have my revenge, if not in this generation, then in some future time and place. For I am certain now that the three talents are locked into the blood and will descend down through my line.

Each talent comes at a great price. It is ever thus with power.

The first talent fills the mind with a rising tide of restlessness that cannot be assuaged by endless hours in the laboratory or soothed with strong drink or the milk of the poppy.

The second talent is accompanied by dark dreams and terrible visions.

The third talent is the most powerful and the most dangerous. If the key is not turned properly in the lock, this last psychical ability will prove lethal, bringing on first insanity and then death.

Grave risk attends the onset of the third and final power. Those of my line who would survive must find the Burning Lamp and a woman who can work dreamlight energy. Only she can turn the key in the lock that opens the door to the last talent. Only such a female can halt or reverse the transformation once it has begun.

But beware, women of power can prove treacherous. I know this now, to my great cost.

It is done. My last and greatest creation, the Midnight Crystal, is finished. I have set it into the lamp together with the other crystals. It is a most astonishing stone. I have sealed great forces within it, but even I, who forged it, cannot begin to guess at all of its properties, nor do I know how its light can be unleashed. That discovery must be left to one of the heirs of my blood.

But of this much I am certain: The one who controls the light of the Midnight Crystal will be the agent of my revenge. For I have infused the stone with a psychical command stronger than any act of magic or sorcery. The radiation of the crystal will compel the man who wields its power to destroy the descendants of Sylvester Jones.

Vengeance will be mine.

PROLOGUE

Capitol Hill neighborhood, Seattle . . .

The two-block walk from the bus stop on Broadway to her apartment was a terrifying ordeal late at night. Reluctantly she left the small island of light cast by the streetlamp and started the treacherous journey into the darkness. At least it had stopped raining. She clamped her purse tightly to her side and clutched her keys the way she had been taught in the two-hour self-defense class the hospital had offered to its staff. The small jagged bits of metal protruded between her fingers like claws.

Should never have agreed to take the night shift, she thought. But the extra pay had been too tantalizing to resist. Six months from now she would have enough saved up to buy a used car. No more lonely late-night rides on the bus.

She was a block and a half from her apartment house when she heard the footsteps behind her. She thought her heart would stop. She fought her instincts and forced herself to turn around and look. A man emerged from a nearly empty parking lot. For a few seconds the streetlight gleamed on his shaved head. He had the bulky frame of a bodybuilder on steroids. She relaxed a little. She did not know him, but she knew where he was going.

The big man disappeared through the glass doors of the gym. The small neon sign in the window announced that it was open twenty-four hours a day. It was the only establishment on the street that was still illuminated. The bookstore, with its window full of occult books and Goth jewelry, the pawnshop, the tiny hair salon and the payday loan operation had been closed for hours.

The gym was not one of those upscale fitness clubs that catered to the spandex-and-yoga crowd; it was the kind of facility frequented by dedicated bodybuilders. The beefy men who came and went from the premises did not know it, but she sometimes thought of them as her guardian angels. If anything ever happened to her on the long walk home, her only hope was that some-one inside the gym would hear her scream and come to help.

She was almost at the intersection when she caught the shift of shadows in a doorway across the street. A man waited there. Was he watching her? Something about the way he moved told her that he was not one of the men from the gym. He wasn't pumped up on steroids and weights. There was, instead, a lean, sleek, almost predatory air about him.

Her pulse, already beating much too quickly, started to pound as the fight-or-flight response kicked in. There was a terrible prickling on the nape of her neck. The urge to run was almost overwhelming, but she could hardly breathe now. In any event, she had no hope of outrunning a man. The only refuge was the gym, but the dark silhouette on the other side of the street stood between her and the entrance. Maybe she should scream. But what if her imagination had gotten the better of her? The man across the street did not seem to be paying any attention to her. He was intent on the entrance of the gym.

She froze, unable to make a decision. She watched the figure on the other side of the street the way a baby rabbit watches a snake.

She never heard the killer come out of the shadows behind her. A sweaty, masculine hand clamped across her mouth. A sharp blade pricked her throat. She heard a clatter of metal on the sidewalk and realized that she had just dropped her only weapon, the keys.

"Quiet or you die now," a hoarse voice muttered in her ear. "Be a shame if we didn't have time to play."

She was going to die, anyway, she thought. She had nothing to lose. She dropped her purse and tried to struggle but it was useless. The man had an arm around her throat. He dragged her into the alley, choking her. She reached up and managed to rake her fingernails across the back of his hand. She would not survive the night but she could damn well collect some of the bastard's DNA for the cops.

"I warned you, bitch. I'm really going to take my time with you. I want to hear you beg."

She could not breathe, and the hand across her mouth made it impossible to scream. To think that her fallback plan had always been to yell for help from the gym.

The alley was drenched in night, but there was another kind of darkness enveloping her. With luck she would suffocate from the pressure of his arm on her throat before he could use the knife, she thought. She'd worked in the trauma center at Harborview. She knew what knives could do.

A figure loomed at the entrance of the alley, silhouetted by the weak streetlight behind him. She knew it was the man she had seen in the doorway across the street. Two killers working as a team? She was so sunk into panic and despair that she wondered if she was hallucinating.

"Let her go," the newcomer said, coming down the alley. His voice promised death as clearly as the knife at her throat.

Her captor stopped. "Get out of here or I'll slit her throat. I swear I will."

"Too late." The stranger walked forward. He was not rushing in, but there was something lethal and relentless about his approach, a predator who knows the prey is trapped. "You're already dead."

She felt something then, something she could not explain. It was as if she was caught in the center of an electrical storm. Currents of energy flooded her senses.

"No," her captor shouted. "She's mine."

And then he was screaming, horror and shock mingling in a nerve-shattering shriek.

"Get away from me," he shouted.

Suddenly she was free-falling. She landed with a jolt

on the damp pavement. The man with the knife reeled back and fetched up against the alley wall.

The unnerving energy evaporated as swiftly and mysteriously as it had appeared.

The killer came away from the wall as though he had been released from a cage.

"No," he hissed, madness and rage vibrating in the single word.

He lurched toward the other man. Light glinted on the knife he still clutched.

More energy shivered in a heavy wave through the alley.

The killer screamed again, a shrill, sharp screech that ended with stunning abruptness. He dropped the knife, clutched at his chest and dropped to the pavement.

The dark figure loomed over the killer for a moment. She saw him lean down and realized that he was checking for a pulse. She knew that he would not find one. She recognized death when she saw it.

The man straightened and turned toward her. Fear held her immobile. There was something wrong with his face. It was too dark to make out his features, but she thought she could see a smoldering energy in the dark spheres where his eyes should have been.

Another wave of panic slammed through her, bringing with it a fresh dose of adrenaline. She scrambled to her feet and fled toward the street, knowing, even as she ran, that it was hopeless. The creature with the burning eyes would cut her down as easily as he had the killer with the knife.

But the monster did not pursue her. A block away she finally stopped to catch her breath. When she looked back she saw nothing. The street was empty.

She had always hoped that if the worst happened on the way home she might get some help from the men in the gym. But in the end it was a demon that had saved her.

1

DREAMLIGHT GLOWED FAINTLY ON THE SMALL statue of the Egyptian queen. The prints were murky and thickly layered. A lot of people had handled the object over the decades, but none of the prints went back any further than the late eighteen hundreds, Chloe Harper concluded. Certainly none dated from the Eighteenth Dynasty.

"I'm afraid it's a fake." She lowered her senses, turned away from the small statue and looked at Bernard Paddon. "A very fine fake, but a fake, nonetheless."

"Damn it, are you absolutely certain?" Paddon's bushy silver brows scrunched together. His face reddened in annoyance and disbelief. "I bought it from Crofton. He's always been reliable."

The Paddon collection of antiquities put a lot of big city museums to shame, but it was not open to the public. Paddon was a secretive, obsessive collector who hoarded his treasures in a vault like some cranky troll guarding his gold. He dealt almost exclusively in the notoriously gray world of the underground antiquities market, preferring to avoid the troublesome paperwork, customs requirements and other assorted legal authorizations required to buy and sell in the aboveground, more legitimate end of the trade.

He was, in fact, just the sort of client that Harper Investigations liked to cultivate, the kind that paid the bills. She did not relish having to tell him that his statue was a fake. On the other hand, the client she was representing in this deal would no doubt be suitably grateful.

Paddon had inherited a large number of the Egyptian, Roman and Greek artifacts in the vault from his father, a wealthy industrialist who had built the family fortune in a very different era. Bernard was now in his seventies. Sadly, while he had continued the family traditions of collecting, he had not done such a great job when it came to investing. The result was that these days he was reduced to selling items from his collection in order to finance new acquisitions. He had been counting on the sale of the statue to pay for some other relic he craved.

Chloe was very careful never to get involved with the actual financial end of the transactions. That was an excellent way to draw the attention not only of the police and Interpol but, in her case, the extremely irritating self-appointed psychic cops from Jones & Jones.

Her job, as she saw it, was to track down items of interest and then put buyers and sellers in touch with each other. She collected a fee for her service and then she got the heck out of Dodge, as Aunt Phyllis put it.

She glanced over her shoulder at the statue. "Nineteenth century, I'd say. Victorian era. It was a period of remarkably brilliant fakes."

"Stop calling it a fake," Paddon sputtered. "I know fakes when I see them."

"Don't feel bad, sir. A lot of major institutions like the British Museum and the Met, not to mention a host of serious collectors such as yourself, have been deceived by fakes and forgeries from that era."

"*Don't feel bad?* I paid a fortune for that statue. The provenance is pristine."

"I'm sure Crofton will refund your money. As you say, he has a very good reputation. He was no doubt taken in as well. It's safe to say that piece has been floating around undetected since the eighteen eighties." Actually she was sure of it. "But under the circumstances, I really can't advise my client to buy it."

Paddon's expression would have been better suited to a bulldog. "Just look at those exquisite hieroglyphs."

"Yes, they are very well done."

"Because they were done in the Eighteenth Dynasty," Paddon gritted. "I'm going to get a second opinion."

"Of course. If you'll excuse me, I'll be on my way." She picked up her black leather satchel. "No need to show me out."

She went briskly toward the door.

"Hold on, here." Paddon rushed after her. "Are you going to tell your client about this?"

"Well, he is paying me for my expert opinion."

"I can come up with any number of experts who will give him a different opinion, including Crofton."

"I'm sure you can." She did not doubt that. The little statue had passed for the real thing since it had been created. Along the way any number of experts had probably declared it to be an original.

"This is your way of negotiating for an additional fee from me, isn't it, Miss Harper?" Paddon snorted. "I have no problem with that. What number did you have in mind? If it's reasonable I'm sure we can come to some agreement."

"I'm sorry, Mr. Paddon. I don't work that way. That sort of arrangement would be very damaging to my professional reputation."

"You call yourself a professional? You're nothing but a two-bit private investigator who happens to dabble in the antiquities market. If I'd known that you were so unknowledgeable I would never have agreed to let you examine the piece. Furthermore, you can bet I'll never hire you to consult for me."

"I'm sorry you feel that way, of course, but maybe you should consider one thing."

"What's that?" he called after her.

She paused in the doorway and looked back at him. "If you ever did hire me you could rest assured that you would be getting an honest appraisal. You would know for certain that I could not be bought."

She did not wait for a response. She walked out of the gallery and went down the hall to the foyer of the large house. A woman in a housekeeper's uniform handed her the still-damp trench coat and floppy-brimmed hat.

Chloe put on the coat. The trench was a gift from her Aunt Phyllis. Phyllis had spent her working years in

Hollywood. She claimed she knew how private investigators were supposed to dress because she'd known so many stars who played those kinds of roles. Chloe wasn't so sure about the style statement, but she liked the convenience of the numerous pockets in the coat.

Outside on the front steps she paused to pull the hat down low over her eyes. It was raining again, and although it was only a quarter to five, it was almost full dark. This was the Pacific Northwest, and it was early December. Darkness and rain came with the territory at this time of year. Some people considered it atmospheric. They didn't mind the short days because they knew that a kind of karmic balance would kick in come summer when there would be daylight until nearly ten o'clock at night.

Those who weren't into the yin-yang thing went out and bought special light boxes designed to treat the depressive condition known as SAD, seasonal affective disorder.

She was okay with darkness and rain. But maybe that was because of her talent for reading dreamlight. Dreams and darkness went together.

She went down the steps and crossed the vast, circular drive to where her small, nondescript car was parked. The dog sitting patiently in the passenger seat watched her intently as she came toward him. She knew that he had been fixated on the front door of the house, waiting for her to reappear since she had vanished inside forty minutes ago. The dog's name was Hector, and he had abandonment issues.

When she opened the car door he got excited, just as if she had been gone for a week. She rubbed his ears and let him lick her hand.

"Mr. Paddon is not a happy man, Hector." The greeting ritual finished, she put the satchel on the backseat and got behind the wheel. "I don't think we'll be seeing him as a client of Harper Investigations anytime soon."

Hector was not interested in clients. Satisfied that she was back, he resumed his customary position, riding shotgun in the passenger seat.

She fired up the engine. She had told Paddon the truth about the little Egyptian queen. It was a fake, and it had been floating around in the private market since the Victorian period. She was certain of that for three reasons, none of which she could explain to Paddon. The first was that her talent allowed her to date objects quite accurately. Reason number two was that she came from a long line of art and antiquities experts. She had been raised in the business.

Reason number three was also straightforward. She had recognized the workmanship and the telltale dreamlight the moment she saw the statue.

"You can't rat out your own several times great grandfather, Hector, even if he has been dead since the first quarter of the twentieth century. Family is family."

Norwood Harper had been a master. His work was on display in some of the finest museums in the Western world, albeit not under his own name. And now one of his most charmingly brilliant fakes was sitting in Paddon's private collection.

It wasn't the first time she had stumbled onto a

Harper fake. Her extensive family tree boasted a number of branches that specialized in fakes, forgeries and
assorted art frauds. Other limbs featured individuals with a remarkable talent for deception, illusion
and sleight-of-hand. Her relatives all had what could
only be described as a true talent for less-than-legal
activities.

Her own paranormal ability had taken a different
and far less marketable form. She had inherited the ability to read dreamlight from her Aunt Phyllis's side of the
tree. There were few practical applications—although
Phyllis had managed to make it pay very well—and one
really huge downside. Because of that downside, the
odds were overwhelming that she would never marry.

Sex wasn't the problem. But over the course of the
past year or two she had begun to lose interest in it.
Perhaps that was because she had finally accepted
that she would never have a relationship that lasted
longer than a few months. Somehow, that realization
had removed what little pleasure was left in short-term
affairs. In the wake of the fiasco with Fletcher Monroe
a few months ago she had settled into celibacy with a
sense of enormous relief.

"There is a kind of freedom in the celibate lifestyle,"
she explained to Hector.

Hector twitched his ears but otherwise showed no
interest in the subject.

She left the street of elegant homes on Queen Anne
Hill and drove back downtown through the rain, heading toward her office and apartment in Pioneer Square.

2

JACK WINTERS WAS TRACKING DARKLY IRIDES-
cent dreamlight all over the hardwood floor of her
office.

"Please sit down, Mr. Winters," Chloe said.

Clients came in an endless variety of guises, but you
did not last long in the investigation business unless
you learned to distinguish between two broad groups:
safe and dangerous. Jack Winters was clearly in the
second category.

Hector got up to greet the newcomer. He usually
gave clients a brief, assessing once-over and then pro-
ceeded to ignore them. But he was treating Jack Winters with what looked like a canine version of polite
respect.

In spite of the icy control and sense of determination
that radiated from Winters in an almost visible aura,
he surprised her by taking a moment to acknowledge
her dog. Most clients lost interest in Hector once they
had been assured that he was not likely to bite. Hector was not cute or fluffy. Then again, neither was Jack
Winters. Maybe that allowed for some male bonding.

Winters had been cool about Rose, her secretary, as
well. The elaborate tattoos and piercings sometimes

made clients nervous. Then again, she decided that it would probably take a lot more than some extensive body art and unusually placed jewelry to make Winters uneasy. Hand the man a flaming sword, and you would have a warrior-priest or maybe an avenging angel, she thought. It wasn't just the stern, ascetic features or the lean, hard body. It was the cold, *knowing* look in his green eyes. It was as if he sensed all your weaknesses and wouldn't hesitate to use them against you.

Satisfied, Hector retreated to his bed in the corner of the room and settled down. But he did not go back to sleep. Instead, he continued to watch Jack with an expression of rapt attention.

It occurred to her that, in her own, hopefully more subtle, way she was doing pretty much the same thing; watching Jack Winters closely. She was torn between fascination and profound wariness. The energy stirring in the room disturbed her in new and unsettling ways. She probably should be a lot more worried, she thought. Instead she was intrigued.

Winters ignored her invitation to sit. He walked across the hardwood floor to the windows overlooking First Avenue and the rain-drenched scene of Pioneer Square. Her senses still heightened, she took another quick look at his footprints. No question about it, Winters was a powerful talent.

On general principle, she was always deeply suspicious of strong talents. It was not just that high-level sensitives were rare and potentially dangerous. The more serious issue was that there was always the possibility that they were affiliated with the Arcane

Society. Avoiding contact with Arcane was a Harper family motto.

Most of her regular clients came to her through referral. Someone who knew someone who needed her services arranged for an introduction. Jack had not been referred. Harper Investigations was not in the phone book. Her online presence was extremely discreet and so was her upstairs office. She rarely got walk-ins. Yet somehow Winters had discovered her. Intuition told her that it was not random chance that had brought him to her. Common sense dictated that she be wary.

"What can I do for you, Mr. Winters?" she heard herself say instead.

"I want to hire you to find an old family heirloom." Jack did not turn around. Instead, he concentrated on the view outside the window, as if the sight of the late-nineteenth-century brick and stone buildings in the city's oldest neighborhood was riveting. "I understand you're good at that kind of thing."

In the Northwest it was never smart to judge a man's financial status by his clothes because a lot of wealthy people, especially the new-money folks who had made their fortunes in high-tech businesses, bought their jackets, running shoes and pants from the same out-door gear stores as everyone else. Nevertheless, there were always subtle clues and signs. She was sure that whatever Jack Winters did, he was very, very good at it and therefore successful.

"Yes, as a matter of fact, I am very good at finding

things," she said. "What exactly are you looking for, Mr. Winters?"

"A lamp."

She folded her hands together on top of the desk and thought about that for a moment. For some reason the name *Winters* and the word *lamp* in the same sentence rang a very distant bell. An *alarm* bell. But she could not put it together. She made a note to call her grandfather later. Harry Harper was the family historian.

"Perhaps you could describe this lamp, Mr. Winters," she said.

"It's old," he said. He finally turned around to look at her. "Late seventeenth century."

"I see. You're a collector, I assume?"

"No. But I do want this particular lamp. Like I said, it's a family heirloom."

"When did it go missing?"

"Thirty-six years ago."

"Stolen?"

"Possibly." He shrugged. "Or maybe just lost. All I know is that it disappeared during the course of a cross-country move the same year that I was born. Not the first time it's gone missing."

"I beg your pardon?"

His mouth kicked up at one corner, but there was no humor in the smile. "It has a habit of getting lost."

She frowned. "I don't understand."

"It's complicated."

"Can you tell me a little more about the lamp?"

"I've never seen it, but my parents told me that it

isn't particularly attractive or even interesting. Not the kind of thing you put on display in the living room. It's about eighteen inches high and made of some kind of gold-colored metal."

"Real gold?"

"No," Jack said. "Not real gold. It's not a real lamp, either. It was never meant to hold oil and a wick. I'm told that it looks more like a tall vase." He used both hands to illustrate.

"It's narrower at the bottom and flares out at the top. There's a ring of stones or crystals set in the rim."

"Why is it called a lamp?"

"Because, according to the legend, it can be made to give off powerful rays of light."

She pulled a pad of paper toward her across the desk, picked up a pen and started to make notes.

"When was it last seen?" she asked.

"My parents stored it in the basement of their Chicago home. After they moved to California, they didn't even notice that it was gone until I got curious about it and started asking questions. That would have been when I was in my teens."

She tried to pay close attention to the description, but it was hard to ignore the shivery little thrills of awareness that were lifting the hair on the nape of her neck. She'd dated her share of men. Some would say more than her share. It wasn't her looks or body that drew them. She strongly suspected that she qualified as merely okay in both departments. There was a certain type, however, who was attracted to her because of her profession. That kind found it intriguing to date a lady PI; always wanted to know if she carried a gun and seemed disappointed when she said no.

Others responded unconsciously to her aura. She possessed a very high level of talent, and psi power could be seductive, especially to a man who was endowed with some degree of sensitivity of his own, even if he wasn't consciously aware of his own psychic nature.

And then there were always those like Fletcher Monroe who were initially ecstatic about the prospect of dating a woman who made no demands when it came to long-term commitment. To them she was a fantasy come true. At least for a while.

But although she liked men and she'd had some experience with the species, she could not recall the last time any man had aroused this fizzy sensation of sensual awareness and anticipation in her.

It was as if something inside her recognized Jack Winters in ways she could not explain. Maybe she was simply responding to his own very high level of talent, she thought. Or perhaps it was the darkly fascinating dreamlight she saw in his footprints. Whatever the case, she was fairly certain she'd caught a flash of sexual heat in his eyes when he'd come through the door. She could not be absolutely positive, however, because he'd concealed his reaction so quickly.

There is a certain kind of freedom in celibacy, she reminded herself.

"There is something else you should know about this case," Jack said.

"What is that?"

"It's critical that the lamp is found as soon as possible."

More tiny alarm bells went off.

"You just told me that it was lost thirty-six years ago," she said. "Why the rush to find it now?"

He raised his brows a little. "I'm the client, Miss Harper. That means I decide if the matter is urgent. If you're too busy to take the case, please tell me now and save us both some time."

She returned his smile, icicle for icicle. "You're bluffing. You're here because you need me, or, at least, you think you need me to get this job done."

"What makes you say that?"

"Let's review. You are a very successful man. You've got money. Enough to hire any of the best investigation firms in the city. I'm a one-person office and I am very, very low-profile. I work by referral only. Yet you found me. That means you had to come looking."

He nodded once, silently approving. "Okay, you sound like a competent investigator."

"Gosh, thanks. Now, let's clear up a few things before we go any farther."

"Such as?"

"Are you a cop of some kind, Mr. Winters? FBI? Interpol, maybe? If so, I want to see your identification now."

"Trust me, this isn't a police matter," Jack said. "You have my word on it."

She took another look at his footprints and decided she believed him. It wasn't that the dreamlight told her whether or not he was lying. What it indicated very strongly was that he was hiding secrets as dark as any in the Harper family.

"If this isn't about a crime and you're not here in an official capacity, why the rush to find a missing lamp?" she asked. "Is someone else after it?"

"Not as far as I know."

She tapped the tip of her pen on the desktop. "You're a dealer, aren't you? And you're under a deadline. Either you produce the lamp within a short period of time or you don't collect your fee."

"No." He walked to the desk and stood looking down at her. "I'm a businessman, Miss Harper. I'm not interested in the art and antiquities world. I run a venture capital firm. Winters Investments. I doubt that you've heard of it. I keep a very low profile, too."

She smiled, oddly pleased that her intuition had hit the nail on the head, even if it was in a rather indirect way.

"So you are an angel," she said.

His eyes tightened a little at the corners. "What are you talking about?"

"Isn't that what they call people who provide the start-up money for small companies and businesses? Angels?"

"I've been called a lot of things in my time but none of my clients or competitors has ever called me an angel. At least, not after they found out that I would be taking a seat on their board of directors and a controlling interest in their business."

"I see." She cleared her throat. "Moving right along, are you going to tell me how you found me?"

He studied her for a moment. She was almost positive she could feel currents of energy shifting in the atmosphere. Over on his bed Hector moved restlessly. Jack had cranked up his senses, she thought. Well, it wasn't as if she wasn't employing her own talent.

After a few seconds, Jack inclined his head again. This time she knew that he had decided to accept the terms of the deal.

"If I don't tell you how I came up with your name you won't take my case, will you?" he said.

"No, Mr. Winters. I have some rules here at Harper Investigations. I need to know how you found me."

He waited a beat, and then he smiled slightly. "I found you in a computer database," he said.

She froze, anxiety and a wholly irrational disappointment coiling deep inside her. She pulled on everything she had in the way of willpower to keep her expression calm and controlled.

"Oh, damn," she said. "I was afraid of that."

"Afraid of what?"

"You're from Jones & Jones, aren't you?" She shook her head, disgusted. "Really, I should have guessed. Well, if you think for one moment that you can blackmail me into helping you find your lamp, you can think again. I have done nothing wrong, and I refuse to allow anyone connected to that dipsquat investigation agency to try to manipulate me."

Something in his expression told her that she had managed to catch him off guard. She got the feeling that the accusation was the last thing he had expected. He recovered swiftly and even seemed to relax a little.

"Take it easy, Chloe," he said. He flattened his palms on the top of her desk, leaning in a little to emphasize his point. "I give you my word, I am not from J&J. Believe me, I've got an even better reason than you do for wanting to avoid drawing the agency's attention. The fact that we share a similar attitude toward that outfit is one of the reasons I'm here."

"That's not exactly the most reassuring thing you could have said. If you're not from J&J, how, exactly, did you find me?"

"I told you, in the agency's files."

She got to her feet and faced him across the desk. "Let's back up here for a moment. I'm not officially registered with Arcane. I've suspected for a long time that J&J probably had a file on my family, but I would have thought that only one of their agents could access it. How did you get into it?"

"The usual way." He straightened, taking his hands off the desk. "I hacked into it."

"Oh, great. So you're not only ducking J&J, you've invaded their files. And you think this information is going to encourage me to help you? I should throw you out of my office as fast as I can."

"If you do, there's a good chance you will be signing my death warrant."

She raised her eyes to the ceiling. "I'm really not in the mood for this kind of drama. Especially if it involves J&J. I've got enough excitement in my life, trust me."

"Here's the bottom line, Chloe Harper. If you don't help me there's a strong possibility that at some point

in the next few weeks or months J&J will hire someone to take me out. The only thing that can change my
future is finding that damned lamp."

She stared at him, appalled. "You're serious."

"Oh, yeah."

She drew a sharp breath. "Now you're going way
too fast for me. Slow down. Why does the name Winters sound ever so faintly familiar?"

"You and your family have been dodging J&J for
years. That means you probably know something
about the Arcane Society."

"Unfortunately, yes."

"Does the name Nicholas Winters mean anything to
you?" he asked softly.

"Good grief." She sank slowly back down onto her
chair, stunned. "Are you saying you're related to that
Winters? The alchemist who turned himself into a
double-talent, went mad and tried to murder Sylvester
Jones?"

"I'm Winters's direct descendant."

"Good grief," she repeated. She could not think of
anything to add to that, so she shut up.

"And here's the really bad news," Jack said. "I'm the
first man since Griffin Winters back in the late Victorian era to inherit the family curse."

She almost stopped breathing. "But it's all a myth,"
she whispered. "Heaven knows, Arcane thrives on
myths and legends. But most of them involve Sylvester
Jones and his descendants."

"And those that don't involve the Joneses usually
involved the Winterses. Unfortunately, the legends

about my family aren't nearly as entertaining as those that are based on the Joneses."

"Yes, well, that's probably because the Winterses' legend ended badly," she said without stopping to think. She winced when she heard her own words. "Sorry."

He gave her another thin, ice-and-lava smile. "No need to apologize. You're right. There have always been those who say that the Winters family tree is the dark side of Arcane."

"But the thing is, the stories are all myths," she insisted. "Don't tell me you really believe you're going to turn into some kind of psychic monster."

He just looked at her, not speaking.

"You *do* believe it," she said finally.

He remained silent.

She spread her hands. "But that's ridiculous. If you had some genetic abnormality that involved your para-senses it would have manifested itself by now. Talent of any kind, abnormal or otherwise, always shows up in the teens and early twenties. No offense, but you don't look like a teenager."

"I'm thirty-six. According to the stories I managed to turn up, that's the age Nicholas Winters was when he became a double-talent."

A chill fluttered through her. "You're not going to stand there and tell me that you actually believe that you are a monster, are you?"

"I don't know what I am, Chloe, or what I'm becoming. But I do know that historically J&J has a shoot, shovel and shut-up policy when it comes to danger-ously unstable multi-talents."

"Oh, I really don't think—"

"Not much else you can do with a Cerberus."

"*Cerberus?*" Horrified, she stared at him. "For heaven's sake, you aren't some sort of mythical, three-headed dog guarding the gate of hell."

"Find my lamp, Miss Harper. I don't care what it costs. Name your price."

3

Fallon Jones looked out the window of his second-story office. There were no three-story offices in the small town, no buildings higher than his own, not even the tiny six-room inn at the far end of the street.

It was afternoon but the sky was leaden. Down below the cliffs the vast expanse of the Pacific Ocean was the color of steel. Another storm was moving in from the sea.

The tiny village clinging to the Northern California coast was a throwback to another era, with its craft and crystal shops, seaweed harvesting business and New Age bookstore. The terminally green, fiercely no-growth town council had long ago outlawed paper and plastic along with chain restaurants and condos. Not that any restaurant chains or condo developers had ever shown any interest in Scargill Cove. The community was, for all intents and purposes, lost in its own private time warp. It was the ideal setting for a psychic detective agency.

From his window he had an excellent view of the

Sunshine Café. Earlier that morning he had watched Isabella open the small coffee shop at six thirty. Right on time, as usual. She had arrived wearing her gleaming yellow raincoat. As usual. He had watched her turn over the CLOSED sign in the window as usual, and then, as usual, she had looked up at his office window and given him a cheery wave and a bright smile. He had lifted his hand in response. As usual.

The silent, distant acknowledgment of each other's presence had become a ritual for both of them. It was repeated every afternoon at five thirty, when Isabella closed the café. He found himself looking forward to it every day. That was probably not a good sign.

She always seemed to know when he was there, at the window, watching.

Well, she probably *did* know, he thought, feeling like an idiot. He was certain that Isabella Valdez was a high-level sensitive, most likely an intuitive talent, although he wasn't sure whether or not she was aware of her psychic nature. He could feel her energy. It thrilled his senses in ways he could not explain.

She was definitely not Arcane. He had checked the files himself two weeks earlier when she had moved into town and taken the job at the Sunshine. When he'd found no record of any Isabella Valdez that matched her age and description in the Society's database, he had immediately expanded the background check, pulling in all the considerable resources at his disposal.

Nothing personal, he told himself, just a reasonable precaution. A powerful talent moves into the same small, undiscovered dot on the map where the headquarters of the West Coast branch of the Society's investigation agency just happens to be located? Yeah, sure. What were the odds?

His first thought was that she had to be a Nightshade operative. But he'd called in two of his best auratalents, Grace and Luther Malone. They had flown in from Hawaii yesterday, landing in San Francisco. After they had picked up a car, they had driven up the coast to Scargill Cove.

From his window he had watched them park in front of his office and cross the street to the Sunshine Café, looking for all the world like a couple of tourists in search of a cup of coffee. Twenty minutes later they had climbed the single flight of stairs to his office.

"She's clean, Mr. Jones," Grace said. "There are no signs of the drug in her aura."

Grace always called him Mr. Jones. He liked that. So few of his agents showed him the sort of respect that one expected from an employee. Most had an attitude.

Technically speaking his agents were independent consultants who worked under contract to J&J. In addition to possessing psychic talents of one kind or another, they were smart, resourceful and capable of thinking for themselves in the field. The combination made for good, reliable investigators but, unfortunately, was usually coupled with the attitude problem.

Grace was different. She was unfailingly polite and respectful. More important, however, was her ability to detect indications of the effects of a certain dangerous drug that had the capability of greatly enhancing the psychic senses. Luther possessed the same talent.

Their abilities had given J&J another weapon to use in their struggle with the shadowy organization known as Nightshade.

Nightshade was a threat not just to Arcane but to the whole country. Fallon and everyone else at the top of the Society knew that they were on their own in the underground struggle against a ruthless opponent. Regular law enforcement, the intelligence community and government officials had their hands full dealing with standard-issue bad actors like criminals and terrorists. No one wanted to hear about a bunch of psychic mobsters who had re-created an ancient alchemical formula that gave the users powerful paranormal talents. Hell, no one would even give credence to such a wild conspiracy theory.

"Okay, no signs of the drug in her aura," Fallon said, not wanting to let Grace and Luther know that he felt as if a mountain had just been lifted from his shoulders. "But it's possible Nightshade has started using operatives who aren't yet taking the formula."

Grace smiled. "Your paranoia is showing, sir."

"I don't like coincidences."

"Neither do I," Luther said. He went to stand at the window and looked down at the café. "But sometimes a waitress is just a waitress."

It struck Fallon that there was something weird about Luther. He still looked like the battered ex-cop that he was, right down to the bum leg and the cane. But there was a sense of positive energy around him that felt odd. The same kind of strange energy was coming off of Grace, too. What was up with this pair?

"I ran my own check of the genealogy files," Grace said. "But I didn't find anything. Evidently none of Miss Valdez's ancestors was ever affiliated with the Society."

"Wouldn't be the first time Nightshade hacked into our database and altered records," Fallon reminded her grimly.

She shook her head, very certain. "I think she's exactly what she appears to be: a woman with a strong talent who found herself alone in the world. I didn't turn up any immediate family or close relatives. Looks like she grew up outside Arcane, so there would have been no one to help her understand and accept the psychic side of her nature. I think she came here because she's lonely, Mr. Jones. She was looking for a place to call home. Trust me, I know the feeling."

Fallon contemplated that for a moment. "Valdez feels different all of her life, so she ends up here, where ninety-nine point nine percent of the town's population could be labeled misfits. Is that what you're saying?"

"Yes," Grace said. "That's what I'm saying."

Luther looked back over his shoulder. "Only ninety-nine point nine percent of the locals are misfits? Who's your token normal?"

Fallon frowned, mystified by the question.

"Me," he said.

Luther grinned. "Right. Well, now that we've assured you that the new coffee shop waitress is not a Nightshade operative sent here to spy on you, Grace and I are going to be on our way."

"What's the rush?" Fallon asked. He didn't get a

lot of visitors. For the most part he didn't like visitors, at least not for long. Visitors were a distraction. High maintenance. But for some reason he was reluctant to see Luther and Grace leave.

"Figured as long as we had to come over here to the mainland on J&J business, we might as well visit a friend in Eclipse Bay before we fly home to the Islands," Luther said. "It's called padding the expense account."

"Who's the friend?" Fallon asked, ignoring the unsubtle dig.

Grace smiled. "Her name is Arizona Snow."

"Snow." Fallon searched his memory. "The name sounds familiar."

"She used to be my landlady," Grace explained.

"Something else." Fallon frowned, trying to remember where he had come across the name.

Luther gave him a knowing look. "She's a senior citizen, the town eccentric. She's harmless, but years ago she used to work for a classified government agency."

"Got it," Fallon snapped his fingers. "I came across the data in a file when you moved to Eclipse Bay, Grace. I remember checking into it. Snow was some kind of high-level talent at one time. Never registered with the Society, so there's no record of exactly what type of ability she had. Somewhere along the line she self-destructed. Went over the edge and got lost in her own crazy conspiracy theories. Harmless, but definitely a total whack job."

Grace and Luther exchanged looks. Fallon got the feeling he was missing something. But, then, that happened a lot when he was around other people.

Belatedly, the meaning of the glance that had passed between Grace and Luther hit him. He exhaled heavily.

"You think I've got a few things in common with Arizona Snow, don't you?" he asked. He suddenly felt inexpressibly weary. "You think that I'm a conspiracy nut, too."

"No, of course not," Grace said quickly. "It's just that your talent is so unusual. This thing you do, your ability to see connections between seemingly random bits of information, it's quite rare."

"No, it's not," Fallon said flatly. "People do it all the time. Check out the Internet if you want to see real conspiracy buffs."

"Here's the big difference between you and most of the other conspiracy-theory folks," Luther said. "Ninety-five percent of the time you're right."

"Actually, it's more like ninety-six point two percent," Fallon corrected absently. "It used to be higher, but I had to recalculate after the Hawaii case. Regardless, it leaves a small but very real margin for error. You two found that out the hard way."

"Well, you wouldn't be human if you didn't make a few mistakes," Grace said generously. "Have you given my suggestion any thought, Mr. Jones?"

"What suggestion?"

"I told you that you needed an assistant." Grace looked around the office. "You're getting buried in paperwork and computers here. You need someone to organize this place."

He surveyed the office. "I know where everything is."

"Maybe, but that doesn't mean that things are

organized efficiently," Grace said. "We talked about this. The burden of commanding the fight against Nightshade falls mostly on your shoulders. You're the man in charge, but you have to face the fact that you can't do it all. You need someone who can take over the day-to-day administrative tasks so that you will be able to focus on more important priorities."

"She's right," Luther said. "Might help if you got more sleep, too. No offense, but you look like you've been hit by a truck. When was the last time you got a full night's rest?"

For some reason he felt the need to defend himself. "I don't need a lot of sleep," he muttered.

"Yes, you do," Grace said. "Hire an assistant, Mr. Jones. And soon."

"And on that note, we're out of here," Luther said. He smiled at Grace. "Ready, honey?"

"Yes." She glanced at her watch as she walked toward the door. "Oh, wow, look at the time. We definitely need to be on our way north."

Luther nodded at Fallon. "Later, Fallon."

"One thing before you leave," Fallon said. He looked at Grace. "None of my business, but are you okay?"

She blinked, startled. Then she laughed. "Never better, Mr. Jones. I'm pregnant. I'm surprised you noticed, though. I'm just a little over two months along."

Fallon felt himself redden. "Congratulations. Guess it's true what they say about the glow, huh?" He switched his attention to Luther. "But that doesn't explain why I'm picking up the same energy around you, Malone."

Grace smiled. "We're happy, Mr. Jones. You should try it sometime."

She went out onto the landing. Luther followed her, closing the door behind him. A few minutes later Fallon watched them drive away, and he was alone again.

He used to like being alone. He needed to be alone. Most of the time.

He pulled his thoughts back to the present and contemplated the cheery light of the Sunshine Café. He'd called in Grace and Luther to give Isabella Valdez their seal of approval because for some bizarre reason he did not trust his own judgment. The uncertainty was not like him. He was usually confident in his own powers of logic and observation.

Grace and Luther might have cleared Isabella, but his own intuition was warning him that there were mysteries swirling around her.

After a while he went back to his desk, sat down and took another look at the newspaper article displayed on the computer. He routinely scanned the online editions of nearly two dozen West Coast dailies every morning, hoping for subtle indications of Nightshade activity. The organization was sophisticated and operated under deep cover. It did not engage in the kind of overt criminal activity that would be likely to draw the attention of the authorities.

But for some reason it was a routine crime story that had caught his attention recently. The piece had first appeared several days ago, but every morning he reread it. Something in the report sent tiny currents of awareness whispering through him. No matter how often he read it, though, he could not figure out what it was that triggered his senses.

SUSPECT IN KILLINGS FOUND DEAD. LAST VICTIM SURVIVES ATTACK.

Seattle: A man identified as Aaron Paul Hanney, believed to have been responsible for the rape and murder of at least two women, was found dead in an alley in the Capitol Hill neighborhood last night. A third woman, Sharon Billings, told police that she escaped Hanney thanks to the intervention of a passerby who confronted her attacker. Hanney collapsed and died at the scene. An autopsy has been ordered, but authorities said the cause of death appears to have been a heart attack.

Miss Billings gave a statement to the police. In it she said that she was unable to identify the man who came to her rescue due to the fact that the lighting was so poor.

Authorities are asking the man who went to the aid of Sharon Billings to contact the police immediately.

There was something important here, Fallon thought. But he did not have time to pursue it this afternoon. He closed the heavily encrypted laptop, rose, grabbed a leather jacket off the coatrack, and left the office.

He kept plenty of high-test coffee on hand. It was his drug of choice these days. But lately he'd gotten into the habit of going across the street to drink a couple of cups of coffee at the Sunshine while he made notes and organized his thoughts.

Outside on Scargill's twisty little main street the air was chill and damp. He went toward the Sunshine, drawn by the aura of warmth and light.

Like a stupid moth to a flame, he thought.

4

THIS WAS NOT GOING WELL, JACK MUSED. CHLOE
Harper had concluded that he was delusional. He could
see it in her eyes. He'd been called a variety of names,
including ruthless, demanding and driven—Shannon
had come up with all three descriptors just before she
filed for divorce—but he was pretty sure that until now
no one had considered him full-on crazy. Of course,
until today he hadn't told anyone that he was becoming a psychic monster, either.

*Shouldn't have tried to explain that I was Old Nick's
descendant.* Why had he done that? He hadn't intended
to mention his ancestral connection to the lamp. That
had been uncharacteristically stupid.

Shouldn't have told her to name her price, either. That
had been a serious mistake. She might well be the
shady operator that the J&J files indicated but simple,
straightforward greed was not her chief weakness. Her
vulnerable spot lay in another direction altogether. He
knew that for certain, because his talent had picked
up the vibes two minutes after walking into her office.

Chloe Harper was a natural-born rescuer. She probably took on all sorts of deadbeat clients who never
paid their bills. She was the type who fell for a good

sob story. The tattooed receptionist had the old-beyond-her-years eyes of a young woman who had spent a lot of time living on the streets. The rangy mongrel sprawled in the corner had probably come from a shelter or the nearest alley.

The rescuer thing wasn't what he had expected, but he could work with it. He felt a small twinge of guilt because he was preparing to manipulate her, but he knew he'd get over it. Besides, it wasn't like he was here under false pretenses. He really did need rescuing. All he had to do was convince her of the truth, and he would regain control of the situation. He'd have her in the palm of his hand.

"I've got nowhere else to turn," he said quietly. "You're my only hope."

"Really?"

Looking spectacularly unconvinced, she got up and walked around to the front of her desk. A trickle of unease sparked across his senses. Her change of position in the room had been very casual, maybe a little too smooth. He wondered if she was getting ready to sic the dog on him while she made a run for the door. Maybe he was scaring her. Not that she looked frightened, he thought. If anything, she appeared interested, maybe curious. Intrigued.

Interested, curious and *intrigued* didn't begin to describe his reaction to her. Until he had walked into her office all he had known about her was what he'd lifted from the J&J files. Her entire family had an extensive and wide-ranging history with Arcane, very little of it reputable. He'd figured that was a plus for him.

According to the files, she was ideal for his purposes, a strong dreamlight reader who had connections in the gray world of the underground collectors' market. And she lived in Seattle. Talk about convenient. The other dreamlight talents he'd located on the West Coast were down in California.

Chloe was perfect.

What he hadn't anticipated was the heat lightning of sexual awareness that had crackled through him when he saw her sitting there, prim and composed, behind her desk. It was as if some elemental force deep inside him was stirring. That was not good. What with the blackouts, the nightmares, the hallucinations and the very real possibility that he might have to go on the run for the rest of his weird life, he had enough to deal with. He definitely should not be thinking about sleeping with the private investigator he was trying to hire.

He sure as hell shouldn't be wasting time trying to figure out what it was that attracted him to her, either. On the surface she looked like a stern, uptight school mistress. Not his type at all. Sharp, insightful intelligence animated vivid blue-green eyes and a face that otherwise would not have stood out in a crowd. Her sunset red hair was pulled back into a tight twist at the nape of her neck.

She was dressed in a businesslike black pantsuit with a white silk shell and a pair of black, high-heeled boots. Her jewelry was limited to a couple of small gold studs in her ears and a gold wristwatch with a black leather band. He estimated her to be in her early thirties, but there was no sign of a wedding band.

What had kicked him in the gut when he came through the door was the aura of energy about her. It translated directly into power, and power was always compelling, especially when it came in an unexpected package like Chloe Harper. He realized then that if he had simply passed her on the street, not knowing who she was, he would have looked twice. Make that three times. Turned around maybe. Followed her? Tried to introduce himself?

Oh, shit. This was not good. He did not need this kind of distraction. Not now. He should be concentrating on staying alive. There were priorities here.

Chloe lounged against the front edge of her desk, crossed one booted foot over the other and reached back very casually to brace her hands on the desktop behind her.

"About the old Winters legend," she began.

She stiffened abruptly, gasped and snatched her hands off the desktop. Eyes widening a little, she turned to look at the place on the desk where one of his palms had been resting a moment ago.

Acting like she had just touched a red-hot stove, he thought. What was going on?

"Are you okay?" he asked.

"Yes, fine." She sounded a little breathless. She slanted him a long, impossible-to-read look. "Very well, Mr. Winters," she said briskly. "Tell me your story. But without the drama if you don't mind."

"Sure." He glanced at the desktop. "But would you mind telling me what gave you that shock just now?"

She frowned. "I'm a dreamlight reader."

"I know. It's in the J&J files. Your talent is one of the reasons I want to hire you. According to the old legends, it takes a woman who can read dreamlight to find the lamp and work it. Something about your kind of talent having an affinity for dream psi."

"And just what do the agency's files say about me and my talent?"

He shrugged. "According to what I dug up, the analysts estimate you to be a Level Seven or Eight."

Her mouth twisted in a derisive little smile. "If I were you, Mr. Winters, I would not rely too heavily on the information in Arcane's files. Not when it comes to me and my family."

A chill went through him. "*Are* you a dreamlight reader?"

"Yes. But the talent is rare and not well understood, especially at the higher end of the scale. Arcane hasn't had an opportunity to do much research on people like me. For obvious reasons I've never volunteered to be tested."

"The Society has a few other dreamlight readers registered. I counted at least four on staff at various Arcane museums."

"Yes, I know." She gave him a cool, politely smug look. "But none of those four can see more than a limited portion of the ultralight spectrum from which dream psi emanates. I'm sure they do well enough when it comes to detecting fake artifacts and such. But I doubt if any of them can read the kind of details in dreamlight prints that I can read. It's that ability that makes me a successful investigator, Mr. Winters."

He smiled, amused by her air of confidence. "You're good, is that what you're telling me?"

"I'm very good. Not only can I see a wide range of dreamprints, but I also can tell you a great deal about the individual who left the prints. To quote an old saying, *Ye shall know them by their dreams*."

"Who said that?"

"My aunt Phyllis."

"Is that right? So tell me, how does the ability to read dreamlight make you a good investigator?"

She raised one shoulder in a dainty shrug. "Dreams create an energy field that is part of a person's aura, but the wavelengths can only be seen by someone with my kind of talent. My intuition is linked to my ability. It interprets dreamlight in a very precise way. Intuition is what makes a good investigator."

"How strong are you?" he asked.

"Everyone in my family thinks I'm probably off the charts."

"How does this talent of yours work?"

She glanced down at the desk and drew a fingertip across the spot where his hand had been. This time she caught her breath a little, but she did not flinch.

"You know as well as I do that every living thing emits some psi," she said. "People, even those at the bottom of the Jones Scale, the ones who think they have no talent at all, give off a considerable amount of energy even when they are in a calm state of mind."

"Auras," he said, a little impatient with the lecture.

"Yes. Strong aura-talents can read the energy emitted during the waking state. But humans also emit a lot of energy in the dreamstate. Even if we aren't aware that we are dreaming and even if we forget our dreams the energy is nevertheless produced. We leave traces of it wherever we go and on whatever we touch."

"And you can perceive that energy?"

"I see it in the form of psi prints, sort of like finger-prints and handprints. They give off various hues of ultralight."

He looked at the place on the desk where he had flattened his hand earlier. "Learn anything interesting about me?"

"Yes, Mr. Winters, I did." She took her fingertip off the desk and regarded him with bright curiosity. "Who or what did you kill recently?"

5

IF SHE HAD NOT BEEN WATCHING HIM CLOSELY, she would never have noticed the small indications that told her just how much she had managed to stun him. The physical signs were minimal: a faint hardening of his jaw and some tightening around the mouth. For a second or two she could have sworn that his eyes heated up a little, and not with sexual interest this time. It seemed to her they actually became a darker, hotter shade of green, as if he was running a fever. She could have sworn she felt a soul-chilling whisper of energy at that moment. It raised the hair on the nape of her neck.

Hector whined softly. That made it official, she thought. They were both a little unnerved. Not frightened, not yet, at any rate, just tense and aware. Cautious, the way any sensible person and dog ought to be when they found themselves in the same room with a large beast of prey. Together she and Hector watched Jack.

The strange energy dissipated. Jack's eyes were no longer feverish.

"What are you talking about?" he asked. His tone implied he had begun to suspect that he was conversing with someone who was out of the asylum on a day pass.

She braced herself for the jolt she knew was coming and brushed her fingertips across the desktop again. Hot, acid-hued ultralight splashed through her senses, the colors of violence. But there were other hues glowing fierce and bright, as well. And it was those shades of light and dark that reassured her. Jack could be scary, she knew, but he was in full control.

"You confronted something monstrous," she said, working her way through it. "And you destroyed it." She hesitated, processing a little more light. "I think you were protecting someone else. Is he or she okay?"

Jack did not move. "You're making this up."

"The remnants of the violence are still simmering inside you. That kind of energy takes a while to cool down. It never entirely dissipates. It just recedes into the dream wavelengths. Ten, twenty, fifty years from now someone with my kind of talent will be able to pick up your prints in this office. And you'll still dream about whatever happened from time to time."

"If you really believe what you're saying, I'm surprised you aren't running from this room, yelling for the cops."

"I'm not running because I know that, whatever occurred, you were trying to defend someone else. What happened? Were you and your date attacked?"

"No."

"You fought him off, didn't you? And you killed him." She touched the desktop again and watched the light show with her other senses, picking up more nuances. "You killed him with your *talent*."

"I'm a strat," he said without inflection.

She frowned. "Being a strat would make you very good at plotting someone's death, if that was your goal. But you couldn't actually kill with your kind of talent. At least, I've never heard of any strat-sensitive who could do that."

Another couple of heartbeats passed. Then, to her surprise, Jack nodded once, as though he had made a decision.

"I did mention the Winters family curse," he said. "I am a strat. A strong one. It was my talent that helped me find you. But thanks to Nicholas Winters and his damned alchemical experiments with dreamlight radiation, I'm becoming something else as well."

She frowned. "Everyone knows that people can't develop two equally powerful talents, at least not at the higher ranges. Something about the human mind's inability to handle so much psi stimulation. It's hard enough to control a single very high level talent."

"Trust me; I've done the research on this. There have been a few cases of two strong talents occurring naturally in a single individual, but they show up together at an early age and invariably the result is insanity. In the handful of cases that I was able to find in J&J's files the victims were all dead by their late teens or mid-twenties."

"No offense, but I'm guessing you are not in your twenties."

"I'm thirty-six."

"And you're telling me that this new talent of yours just started showing up?"

"The symptoms that something was going on started about a month ago."

"What kind of symptoms?"

"Hallucinations. Nightmares." He started to pace the office. "Serious nightmares. The kind that leave me shaking in a cold sweat. But they were starting to dissipate, or at least I was telling myself that they were getting less intense, less frequent. But then something else happened."

"Stop." She held up a hand, palm out. "Tell me about the hallucinations and the nightmares first."

He shrugged. "Not much to tell. The nightmares were bad but nothing I couldn't handle. It was the hallucinations that really worried me. They can hit at any time. I'll be walking down the street or sitting in a bar, and suddenly I'll see things that aren't there."

"Things you *know* aren't there?" she asked.

"Right. Images in mirrors. Scenes from the nightmares sometimes."

"But you're always aware that you are hallucinating?" she clarified. "You don't mistake those images and scenes for reality?"

He frowned. "No. But the fact that I know I'm seeing things doesn't make it any better, believe me."

"Maybe not, but it's an important detail. Okay, go on."

"Like I said, I had convinced myself that the visions and the dreams were starting to become less intense or, at least less frequent. But then I had the first blackout. It lasted a full twenty-four hours, although I'll admit that my memory is a little fuzzy on both sides of that time frame."

She folded her arms, thinking. "Sounds like some sort of short-term amnesia. There is a technical name for it: transient global amnesia. It's rare, but it's well documented."

He stopped and turned back to look at her. "All I know is that about a week ago I lost about twenty-four hours of my life. I have no idea where I went or what I did during that time."

"What's your last memory before the episode?"

"I was walking home after having a couple of beers with a friend. I blanked out at First and Blanchard, not far from my condo."

"And where were you when you came out of it?"

"In my condo." He walked back to the window and stood looking out at the gray skies. "I was in a raging fever. Thought I had the flu."

She relaxed a little. "If you were ill, that explains a lot. A high fever can play all sorts of tricks. Among other things, it can trigger hallucinations and nightmares."

"No." He shook his head once. "I was somewhere else during that twenty-four-hour period but I don't know where."

"What makes you so sure of that?"

He looked back at her. "I *know* it. What's more, I've had three more blackouts since then. All at night. The first two times I went to bed as usual. When I woke up I was back in bed, but I was fully dressed. My clothes were wet from the rain, and my shoes had fresh dirt on them."

"Sleepwalking. It's not that uncommon."

"The last time I came to after one of the episodes, I was standing in an alley on Capitol Hill," he said evenly. "There was a dead man at my feet and a woman was running for her life." He paused a beat to let the meaning sink in. "Her name is Sharon Billings. The dead man's name was Aaron Paul Hanney."

A strange sensation twisted through her, as if she were looking into a very, very deep well. "The guy they think killed those two women? The one they found dead in . . . Oh, geez." She took a deep breath in an attempt to settle her rattled senses. "The one they found dead of a heart attack in an alley on Capitol Hill."

"Evidently I went out for a late-night walk and killed a man."

She frowned. "He was going to murder that nurse."

"I'm not saying I have a problem with the fact that he's dead. The problem is that I don't know what the hell I was doing in that alley in the first place. The problem is that I killed him with my talent, my new, *second* talent."

"What makes you think that you killed him? The papers said he died of a heart attack. Maybe you just happened on the scene."

"Trust me," he said. "I killed him. Without a trace."

"But how? You're a strat."

"I'm not absolutely sure." He rubbed the back of his neck in a weary gesture. "But I think I scared him to death. Literally. I think that is my new talent."

She went back behind her desk and more or less collapsed into her chair. She said nothing for a moment, trying to wrap her brain around what he had just told her. He watched her intently.

"You think I'm crazy," he said at last.

"No." She drummed her fingers on the desk blotter. "I know what crazy looks like because it shows up very clearly in dream psi. Whatever else you are, Mr. Winters, you are not crazy."

Some of the hard tension in him eased a little. "I guess that's a start."

"I think," she said slowly, "that you had better tell me a little more about what you call the family curse."

"The short version is that Nicholas Winters's DNA evidently got fried the first time he used what he called his Burning Lamp. The genetic change was locked into the male bloodline of my family. The mutation doesn't show up very often. According to family legend and Arcane rumors, it has only appeared one other time. That was in the late eighteen hundreds."

"What, exactly, happens to those who get this so-called curse?"

"I don't know." He gave her a chilling smile. "No one does, because there's just not enough hard information to go on. But the theory is that I'll become a psycho and start trying to murder anyone with the last name of Jones along with anyone else who gets in my way."

She exhaled slowly. "I see. Is that what happened to your ancestor? The one who lived in the eighteen hundreds?"

"No. Evidently Griffin Winters managed to find the Burning Lamp and a woman who could work it. Family legend holds that Adelaide Pyne was able to reverse the process. She kept Griffin Winters from becoming a triple-talent. The Arcane records agree with that version of history."

"*Hmm.*"

"I have developed a second talent. As far as J&J is concerned, I've already become a Cerberus."

"Cerberus had three heads, not two," she said absently.

"Unfortunately, the distinction isn't going to matter much to J&J. The agency will hunt me down and take me out."

"You're sure of that?"

He smiled a very cold smile. "If I were Fallon Jones, it's what I'd do."

He was telling the truth, she realized. In Fallon Jones's shoes, he would do what he thought had to be done.

She exhaled deeply while she pondered that.

"All right, assuming that you actually are turning into a multi-talent—and for the record, I am not convinced that is what is happening—do you really think the lamp can help you?"

"It's a long shot but it's all I've got," he said simply. "Will you take my case?"

She had made her decision the moment he walked into her office. But there was no need to tell him that.

"Yes," she said.

"Thank you." He sounded like he meant it.

She cleared her throat. "There are a couple of things we need to go over. Have you considered the possibility that the Winters lamp has been destroyed?"

The cold fire leaped in his eyes and just as quickly faded. "It would take a hell of a lot to do that. According to the legend, Old Nick forged the metal and the crystals of what he called his Burning Lamp using his own alchemical secrets. Even Sylvester Jones admitted that when it came to furnace work, Nicholas Winters had no equal."

"Few things are indestructible. It could have wound up in an auto-wrecking yard."

"I'm not sure that even a car compactor could destroy an object created by Old Nick. In any event, the legend says that the lamp reeks of energy. You know how it is with paranormal artifacts. They tend to survive."

"That's true," she admitted. "People, even folks with no real talent, are usually fascinated by them. Para-energy is always intriguing to the senses, whether you're consciously aware of it or not." She reached for a pad of paper.

"What else?" he asked.

"*Hmm?*" She did not look up from the notes she was making.

"You said there were a couple of things you wanted to talk about."

"Oh, right." She glanced again at the glowing palm print on her desk. "What kind of medication are you taking?"

He did not respond immediately. She put the pen down and waited.

"What makes you think I'm taking medication?" he asked finally.

"I can see the effects in your dream psi. Whatever it is, it's heavy-duty stuff, and it's disturbing the energy at that end of the spectrum." She paused delicately. "Are you by any chance taking some kind of sleeping medication?"

His ascetic features hardened. "I started using the meds after I woke up in that alley. Got them from my doctor. I told him I was having some problems sleeping. They seem to work. They knock me out. I haven't had any sleepwalking episodes since I began taking them."

She clicked her tongue against her teeth, making a tut-tutting sound.

"You must realize that any kind of strong psychotropic medication can be problematic for a strong talent like you."

"It's not like I had a lot of choice, Chloe."

"The meds may knock you out, as you say, but it's obvious that you are not sleeping properly. You aren't getting the deep rest that you need and that your psychic senses require. The result is that you're walking around on the verge of exhaustion."

Cold amusement flickered in his expression. "Do I look like I'm about to fall asleep?"

"No, but that's because you're using a low level of psi to overcome the effects of sleep deprivation. That trick will work for a while, but eventually it's all going to catch up with you. Sooner or later you're going to crash, and when you do, you'll crash hard."

"I'll worry about getting some sleep after you find my lamp."

She sighed. "Why is it that no one ever takes my good advice when I have so much of it to give? That's

why I became a private investigator instead of a dream
therapist, you know."

"Yeah?"

"When I was younger I planned to get a degree in
psychology and go into dream therapy work. But I
found out soon enough that it would be terribly frus-
trating. Oh, sure, people are willing to pay for good
advice, but they won't follow it."

"I hope you're a better PI than you are a therapist."

That hurt, but she refused to let it show. She straightened a little and picked up the pen again. "I told you,
I'm good at what I do. Give me your contact information. I've got another case that I'll be winding up
tonight, but I'll start the search for your lamp immediately. I'll be in touch within a couple of days."

"You sound very confident."

"Are you kidding?" She gave what she hoped was
a ladylike sniff. "A paranormal artifact created by the
alchemist Nicholas Winters? If I can't locate it within
forty-eight hours or find out what happened to it, I'll
go back to school and get that degree in psychology."

6

AT SEVEN O'CLOCK THAT EVENING ROSE STALKED into the office, a pizza box in her hands. Raindrops glittered like ebony diamonds on her long, black raincoat. Rose always stalked rather than walked. Chloe thought it probably had something to do with the two-inch platform soles of the steel-buckled, black leather boots she wore.

"Dinnertime," Rose declared. "You've been at that computer or on the phone ever since Mr. Winters left. All you've had is a few cups of tea. Got to keep up your energy, boss."

"Thanks." Chloe studied the e-mail that had just arrived in her inbox. "I am feeling a little hungry, now that I think about it."

Hector trotted across the room to greet Rose. He sat down directly in front of her, blocking her path, and gazed at the pizza box with an expression that, in a human, would have indicated that the carton contained a winning lottery ticket.

"Don't worry—there's enough for three," Rose told him. She set the box on Chloe's desk and took off her raincoat. "How's the investigation going?"

"Let's just say it's been interesting." Chloe swiveled

around in her chair. "And getting more interesting by the minute."

Rose hung up the raincoat and sat down in the client chair. "Find the lamp yet?"

"I think so. Got a solid lead on it hours ago from Aunt Beatrice."

"Your relative who runs that antiques shop in Los Angeles? The one that specializes in old movie star memorabilia?"

"Right."

Beatrice Harper did a thriving business in original movie posters signed by famous stars, rare film footage, and other artifacts associated with Hollywood's golden era. From long-lost outtakes of Marlene Dietrich, Cary Grant or Joan Crawford to one-of-a-kind Art Deco cigarette lighters guaranteed to have been used by Humphrey Bogart, Beatrice could find it for you.

Mostly Beatrice found such valuables in a certain workshop located in Redondo Beach. The shop was operated by Clive and Evelyn Harper. The pair had a talent for "discovering" vintage original film clips that had been lost since the 1930s. Their daughters, Rhonda and Alison, were true artists: Rhonda produced an unlimited number of "original" posters; Alison forged the stars' signatures.

Beatrice went to others in the family for the cigarette lighters or the odd piece of furniture that had belonged to William Holden or Gloria Swanson. The reproductions were so good they could pass for the real thing. So that's what Beatrice did. The arrangement worked well for everyone concerned.

Chloe studied her notes. "The last probable owner of the lamp is Drake Stone. All indications are that he still owns it."

"You're kidding." Rose opened the pizza box. "Are you talking about that old rocker Drake Stone?"

"Right."

Rose removed a slice of the vegetarian pizza and gave it to Hector. "I didn't realize he was still alive."

"There may be some room for debate on the subject." Chloe helped herself to a slice from the box. "After all, he lives in Las Vegas. Still performs six nights a week, two shows a night. You know what they say, old stars never die; they just go to Vegas."

"Huh." Rose slid a slice of pizza onto a napkin. Her blue eyes, heavily outlined in black, seemed to soften. "I remember my mom used to like Drake Stone. There was this one song she loved. Played it over and over when I was a kid."

Chloe tried to conceal her surprise. Rose rarely talked about her childhood, which had come to a shattering end the night her parents were murdered. She had been fifteen, and she was the one who had found the bodies. She had gone to live with her aunt, a divorced mother already struggling with two kids. The aunt had tried to do what she saw as her duty, but a third mouth, especially one that belonged to a traumatized teenager, had not been welcome. There had not been enough love and affection to go around, let alone money.

Rose had bailed a few months later, having concluded that the streets were friendlier than her aunt's home. She had managed to survive nearly six months out in the cold, relying on shelters and her natural intuitive talents, before she fetched up at Harper Investigations. Chloe had found her in the same place she later discovered Hector: scrounging out of the garbage containers in the alley.

"By any chance was the name of your mother's favorite song 'Blue Champagne'?" Chloe asked.

"Yeah, that's it." Rose brightened. She hummed a few bars. "How did you know?"

Chloe tapped the computer screen. "According to my research it was Stone's first and only real megahit. That was over thirty years ago. But it was enough to make him famous. It's his signature song. He still does it at every performance. Evidently the women in the audience still line up for a kiss after the show."

Rose rolled her raccoon eyes. "I'll bet he's really sick of singing it."

"Probably. At any rate, I just talked to Uncle Edward in Vegas. He confirmed that he thinks Stone has an old lamp matching the rather vague description Winters gave me, or at least he did at one time. I'm going to consult with Aunt Phyllis tomorrow."

"Your uncle in Vegas is the one who sells the high-end antique furniture, right?"

"Uncle Edward is the go-to dealer for antiques in Vegas and the whole Southwest. He supplied a lot of the furnishings that Drake Stone's interior designer used in Stone's mansion. When Stone acquired the lamp last year he evidently asked Edward to take a look at it to verify its authenticity. But my uncle told me that he never got the chance to inspect it."

Rose fed another bite of pizza to Hector. "Why not?"

"Because Stone changed his mind. He told Uncle Edward that after he received the lamp he could see right away that it was a modern piece. But Uncle Edward isn't so sure. Harper intuition. At any rate, he told me that if anyone could arrange for me to meet with Stone, it would be Aunt Phyllis."

"Bet your new client is thrilled with the news that you've located his lamp."

"I haven't informed Mr. Winters of my progress yet," Chloe said. She took a bite of the pizza.

"I thought he was in a big rush to find that lamp."

"He is. But I want to be sure it's the real deal. I hate to say it, but when you're dealing with a legendary artifact you have to consider the possibility that you've got a fake."

Rose grinned. "You mean there's actually an outside chance that someone made a copy of some old lamp and sold it to Drake Stone?"

"Heaven forbid," Chloe said.

Rose's black brows spiked a couple of times. "I seem to recall someone telling me that faithful copies and exact reproductions of works of art or antiquities are not considered fakes or forgeries."

"Except when they're represented and sold as originals," Chloe concluded drily. "I know. Hard to believe that could happen. I'm going to need an intro to get to Stone. Aunt Phyllis knows everyone in the show-business world, at least the stars in Drake Stone's age group. I'll talk to her tomorrow morning and see if she can help me contact him. Then I'll make a quick trip to Vegas to check out the lamp. If it's the real thing I'll call Mr. Winters and tell him to go ahead with the deal."

"I love Vegas. Can I go with you?"

"No, you cannot," Chloe said firmly. "You're my administrative assistant, remember? Your job is to look after things here and take care of Hector. You know he can't be left alone for long."

They both looked at Hector. He thumped his tail once or twice and waited to see if he was going to get any more pizza.

"Bummer," Rose said. "I really love Vegas."

"I seem to recall that you have a psych test coming up this week," Chloe said before taking the next bite.

Rose was in her first year at a local community college. Her goal was to become a partner in Harper Investigations. Chloe assumed that her assistant would change her mind a million times before she found the career she really wanted, but Rose was showing no such uncertainty.

"Promise me you'll ask Drake Stone for an auto-graphed picture," Rose said.

"I'll do that."

Rose frowned. "Just thought of something. What if Stone doesn't want to sell the lamp?"

"I'll worry about that after I've verified that it's the right lamp. One step at a time, as we in the investiga-tion business like to say."

"Mostly what you say is that the client is a pain in the ass."

"That, too."

"Mr. Winters is different, though, isn't he?"

"What makes you say that?"

Rose studied her with a thoughtful expression. "You think he's hot. Weird, but hot."

"Jack Winters? Hot?" Chloe sputtered on the pizza. She finally managed to swallow. "He's a client, Rose."

"Doesn't mean he can't be hot." Rose grinned. "I saw your face when he left the office. You're attracted to him, aren't you? Admit it."

"You know Rule Number One here at Harper Investigations."

"*Never sleep with a client*. Sure. But what about when the case is closed?"

"Rose—"

"You never looked at Fletcher Monroe the way you looked at Mr. Winters."

Chloe narrowed her eyes in warning. "Speaking of Fletcher Monroe."

"Right. This is the night, isn't it?"

"Yes." Chloe glanced at her watch. "But not until midnight, at the earliest. I'd better make a pot of coffee."

"You don't like coffee. You drink tea."

"I'll need the caffeine to stay awake. Meanwhile I've still got time for a little more research on the Burning Lamp. You want to give me a hand?"

Rose's eyes glinted with enthusiasm. "Absolutely. I really love these woo-woo cases."

Chloe looked at her. "I haven't told you anything except that I'm looking for an old lamp. What makes you think this is one of the woo-woo cases?"

Rose reached for the last slice of pizza. "I always know."

7

CHLOE EASED THE CAR TO THE CURB AND TURNED off the engine. She studied the small house through the windshield and felt the hair stir on the nape of her neck.

The shades and curtains were closed upstairs and down. Only the faint glow of a television screen showed at the edge of the living room window. The rest of the lights were off.

"That's not right," she said to Hector. "All of the lights and the television were supposed to be off by midnight. I swear if Fletcher decided to bring a date back here tonight, I'm off the case. I'm not about to go through all this trouble again."

Hector was sitting upright in the passenger seat. He turned his head briefly at the sound of her voice but otherwise showed no great interest in the matter. He was just content to be with her.

She sat for a while behind the wheel. Most of the other houses on the quiet street in the North Seattle neighborhood were shrouded in darkness, save for the lights above the front doors and the occasional glow from an upstairs window.

"You see, this is one of the reasons I ended my relationship with Fletcher," she said to Hector. "He's unreliable. He can't help himself. He makes a commitment, and then he can't follow through on it."

Her satchel was on the floor in front of Hector. She fumbled briefly with the straps, reached inside and found her phone. Fletcher was still on her list of contacts under Personal.

"Should have moved him to Business," she told Hector.

She punched in the number. Four rings later she was dumped into voice mail. She did not leave a message.

"To be fair, I suppose it's possible that he's not actually having sex with a new girlfriend," she said. "Highly unlikely but possible. Maybe he just fell asleep in front of the TV. Guys do that."

Hector looked at her, patient as always. She did not do a lot of stakeout work. With the advent of the Internet it had become increasingly unnecessary. If you wanted to verify that a person who was filing a medical disability claim with his insurance company didn't really have to wear a neck brace all you had to do was check out his home page at one of the social networking sites or find his blog. Invariably the claimant had posted numerous photos of his recent skiing vacation or hiking trip together with a chatty little comment about how much fun he'd had and how he planned to spend the money he would get when the insurance company settled his claim. And she never did divorce work, period. It was one of her rules.

She almost never took cases like the one she was on tonight, either. They were always messy. But she'd

made the fatal mistake of letting herself feel sorry for
Fletcher.

"I admit I have a soft spot for him," she said to Hector. "That's because for a few brief, shining moments I
was convinced that he was Mr. Perfect. I was actually
thinking of giving up celibacy for him. It's not his fault
it turned out that I was wrong."

She sat quietly for a few more minutes, contemplating the almost-dark house. Invisible energy feathered
her senses.

"There's something screwy with this picture,
Hector."

Hector yawned.

She tried Fletcher's number again. Still no answer.
She closed the phone.

"Okay, that's it, we're going to wake him up," she
announced. "I don't care if he is having great sex. It will
serve him right if we interrupt his postcoital glow."

She plucked the leash from the dashboard and
attached it to Hector's collar. They got out of the car.
She took a minute to transfer the tiny camera and her
phone to the pocket of her trench coat.

She stashed the satchel in the trunk and picked up
the end of Hector's leash. Together they crossed the
street in the middle of the block and went up the front
walk to the door of Fletcher's house.

The flickering glow of the television set showed at
the cracks in the curtains. The bluish light appeared
eerie for some inexplicable reason. Once again, she
felt the hair stir on the nape of her neck. Instinctively
she ramped up her senses a little and looked around.

There were several layers of psi prints on the steps and the doorknob but none of the dreamlight looked fresh or dangerous. Most of the residue had been left by Fletcher.

"Nerves," she said to Hector. "Probably shouldn't have had that second cup of coffee."

She leaned on the bell for a while and listened to the muffled sound of the chimes inside. There was no response. Her skin prickled. She looked down at Hector. He appeared monumentally unconcerned.

"Well, you never did like Fletcher," she said. "If he actually was in trouble in there you'd probably just lift a leg and pee on him."

She tried the door, expecting to find it locked. It was. Fletcher had become very security conscious recently.

She glanced back down at Hector. He was idly sniffing the ceramic planter on the front step. As she watched, he marked the territory, but she could tell his heart wasn't in it. Nothing about Fletcher interested Hector.

"But he's a client now," she explained. "We can't just ignore this."

Hector looked bored.

She dug into another pocket of her trench coat and found the high-tech tool that her cousin Abe had given her as a birthday gift. *"Any respectable PI should be able to pick a lock,"* he'd explained. *"This little gadget will open just about any standard-issue door lock. Think of me whenever you use it."*

She thought about Abe now. He had a talent for locks and related technology. But, then, his branch of the family tree boasted a number of what Arcane liked to call crypto-talents. In previous eras they had been known by less politically correct labels: cat burglars and safecrackers. Cryptos came in many iterations and permutations, but they all had one thing in common: they had a preternatural ability to get through locked doors, including the cyberspace variety. Like her, Abe made his living in a fairly respectable fashion: he designed computer security systems.

She pushed the door open, cranked her senses a little higher, and looked into the darkened foyer. She could hear the television clearly now. The fast, sparkling dialogue of a vintage film blared. Fletcher was not a fan of old movies. That meant he probably was asleep on the sofa.

"Fletcher?"

There was no response.

Another wave of jitters swept through her, but she could see no reason for it. Not only was Hector quiet, but her other vision revealed nothing alarming. There were no dangerously hot footsteps on the foyer tiles.

Hector gazed intently into the small, shadowed entry. He was showing some interest now, but no more than he would have upon entering any new environment, she decided. Of course, given his profound disdain for Fletcher, it would not bother him at all if Fletcher was lying dead or ill on the floor of the living room.

Dead or ill. Her stomach knotted with acute anxiety.

Fletcher was in his early thirties. He worked out three times a week, and he watched his diet. But it was not unheard of for an otherwise healthy man to collapse from an undiagnosed heart condition or an aneurism.

Another wave of unease swept over her. She moved into the foyer and groped for the wall switch. The dim light from the sconce illuminated the entry and a small portion of the living room. She could make out a man's legs on the floor. The rest of the figure was concealed by the sofa.

"Oh, my God, *Fletcher*."

She dropped the leash and rushed forward, simultaneously plunging her hand into her pocket for her cell phone.

She fell to her knees beside Fletcher's too-still form and fumbled for a pulse. Relief surged through her when she found the slow but steady beat at his throat. The hall light and the glow of the television revealed no signs of blood. She wondered if he'd had a seizure of some kind. She punched in the emergency number on her phone.

Hector whined. She glanced up and saw that he was standing at the foot of the stairs, gazing intently up into the darkness of the second floor.

For the first time she got a look at the steps and the banister. She froze at the sight of the violent, black and purple dreamprints glowing ominously in the shadows.

Hector growled. He did not take his attention off the top of the stairs.

The 911 operator came on the line. "*What is the nature of your emergency?*"

"Intruder in the house," Chloe whispered.

"Does he have a gun?"

"I don't know. He's upstairs."

"Get out of the house immediately, ma'am."

"Someone has been hurt. He's unconscious."

"Get out of the house. Now."

8

HE WAS ON THE COMPUTER, TRYING NOT TO THINK
about the night of doped-up sleep and bad dreams that
awaited him when the jolt of awareness struck. It hit
like a body blow. He was out of the chair and on his
feet, searching for nameless enemies in the shadows of
his office before he realized what had happened.

Take it easy. Just another hallucination. They rarely
lasted more than a few minutes at most. But invariably he *knew* that what he was seeing was not real.
It was as if his para-senses short-circuited for a brief
period and his brain tried to make sense of the result-
ing confusion.

But what was happening to him now was different.
It wasn't a disorienting moment of visual disturbance
when the real world blurred and took on the surreal
quality of a dreamscape. It wasn't an auditory hallucination, either. His first thought was that it was yet
another aspect of his new talent. But for some reason
the deep, intense awareness and alarm he was experi-
encing seemed focused on Chloe Harper.

His unease was not irrational, he thought. After all,
he had a hell of a lot riding on Chloe. If she could not
locate the lamp he was going to find himself right up

against a very hard wall. He'd been thinking about her constantly since he had left her office, the strat side of his nature trying to plot ways to stay in control of what was fast becoming an out-of-control situation.

But logic went only so far. He could not escape the feeling that something really bad was going down and that Chloe was in the middle of it.

He took out his phone and punched in the number of Harper Investigations. Goth Girl answered on the third or fourth ring. He heard the sound of music playing in the background. Opera, of all things.

"Is your boss there?" he asked.

"She's out on a case," Rose said.

"It's after midnight."

"Stakeout. Her sort-of ex thinks one of his students is stalking him."

"Where is she?"

"That kind of information is supposed to be confidential at a detective agency," Rose said.

"She's in trouble—I can feel it." He did not bother to put the energy of his new talent into words. He wanted to scare her a little, but the laws of para-physics being what they were, psi waves did not travel through cell phones, cyberspace or any other kind of high-tech device. But he was still a strat. He had picked up on the close bond between Rose and Chloe that afternoon. You didn't have to have a lot of talent to know how to work an angle like that.

"You really think so?" Rose asked, dubious but concerned.

"Look, you know your boss is psychic, don't you?"

"Well, yeah, sure."

It was a relief to be dealing with someone who actually believed in the paranormal.

"So am I," he said. "Trust me on this. Chloe is in danger."

"Okay, this is really weird. I've been getting a little nervous, myself, for the past few minutes. Chloe says I've got good intuition. Hang on, I'll give her a call."

He left his office and went out into the living room. The sight of his newly decorated condo with its cold, polished concrete floor and sleek steel-and-glass design did nothing to ease his prowling tension. He went to the wall of windows and looked out at the view of the black expanse of Elliott Bay and the lights of West Seattle while he waited. Another storm was coming in. He could feel it.

Rose came back a moment later. She sounded seriously worried now.

"She's not answering her phone," Rose said. "You're right, something's wrong. I *knew* that weasel was using the Mad Cheerleader to manipulate her."

He headed for the door, fishing his keys out of his pocket. "Give me an address."

"What are you going to do?" Rose asked.

"Find her."

"Pick me up first. I'm coming with you."

"Waste of time."

"Please. I don't have a car of my own. I need to get to her."

The rising anxiety in Rose's voice cut deep. She was starting to panic.

"Where are you?" he asked.

"I have an apartment across the hall from Chloe's. Right above the office. I'll meet you downstairs on the sidewalk."

9

THE SMELL OF KEROSENE WAFTED DOWN THE STAIR-
case. Hector growled again. There was a sudden, terrifying *whoosh*. The top of the stairs was abruptly
illuminated with a hellish glow.

"Oh, shit," Chloe whispered.

"Ma'am? Are you out of the house?" the 911 operator demanded.

The smoke detectors kicked in. The screech drowned
out Hector, who was now barking furiously. Upstairs
the fire roared like a freight train as it gathered energy.

"Trust me, I'm getting out of here as fast as I can,"
Chloe said.

She closed the phone, dropped it into her pocket and
jumped to her feet. Hooking her hands under Fletcher's shoulders she heaved with all of her strength. His
head lolled. His body moved only a couple of inches on
the carpet. He weighed a ton.

So much for the famous adrenaline rush that was
supposed to give a woman abnormal strength in an
emergency, she thought. It dawned on her that she had
to get Fletcher off the carpet and onto the hardwood
floor where there would be less friction. She dropped

his shoulders, knelt beside him and started to roll him
toward the entrance.

To her amazement, the technique worked. Fletcher's
head flopped on the rug a few times in the process. He
would probably have some bruises in the morning, she
thought, but at least he would be alive. Maybe. Always
assuming she could haul him out the door before the
house burned down around them.

Hector was in a frenzy now. He trotted back and
forth between the open door and the foot of the staircase, howling.

"*Outside*," she ordered. It was the word she always
used when she announced that they were going for a
walk.

Hector obeyed. He charged out onto the front step,
leash flapping behind him.

She got Fletcher onto the floor and scrambled to
her feet again. Smoke was billowing down the stairs
now. She started to cough. This time when she seized
Fletcher's arms and hauled he slid forward a good foot
and a half.

A shriek of rage came from halfway down the
staircase.

"*Let him go.*" A slender woman dressed in a trendy
black hooded track suit appeared at the foot of the
stairs. Viewed through the pall of smoke she looked
like the ghost of a crazed cheerleader. The glow of
firelight from above danced on her blond ponytail
and sparked off the gun in her hand. Her face was the
only thing about her that was not impossibly cute. Her
pretty features were twisted with rage.

"You can't have him," she screamed. "Fletcher is mine. We belong together. Leave him alone."

Chloe recognized her immediately from Fletcher's description. Madeline Gibson. Fresh splashes of wild energy burned on the treads of the staircase behind her. Demented obsession always produced a lot of raw psi.

"We all have to get out of here," Chloe shouted, trying to pitch her voice above the shriek of the alarm. She managed to drag Fletcher a little closer to the door. "Don't worry—you can have him as soon as we're safe. Believe me, I don't want him."

"I told you to leave him alone." Madeline aimed the gun at her. "He's mine."

"Come with us, Madeline," she urged. "You can have Fletcher as soon as we get him outside, I promise."

"No, he stays here with me. You can't have him." Madeline's voice rose to a shrill screech. "No one else can have him. I told him that, but he didn't believe me."

Chloe sensed rather than heard the rush of movement behind her. Belatedly she realized that Hector was no longer barking. He slammed through the door, going straight past her. He was moving low and fast, heading straight for Madeline.

"Hector, *no*," Chloe yelled.

But it was too late. Madeline, probably reacting more on instinct than intent, swung the barrel of the gun toward Hector. There was a deafening explosion when she pulled the trigger. Hector tumbled to the floor.

Stunned, Chloe looked down at the dog.

"Hector," she whispered.

Madeline switched the barrel of the gun toward Fletcher, her face now terrifyingly calm and composed as she prepared to pull the trigger a second time.

"Wait," Chloe said tightly. She dropped Fletcher and went slowly toward Madeline. She was forced to step across Hector's still form to reach her. "Not yet. Fletcher is unconscious. If you shoot him now he'll die without ever understanding that he was supposed to be with you. You want him to understand that, don't you?"

"Yes." Madeline's face crumpled with confusion. "He has to understand."

Above the noise of the smoke detector Chloe was remotely aware of the sound of a car slamming to a halt in front of the house. She did not take her attention off Madeline Gibson.

"Right," she said. "We have to wake him up so that you can explain everything to him. Why is he asleep?"

"The cookies," Madeline said. "I ground up the pills and put them into the cookies. Left them on the back doorstep. I signed the note with *her* name. He should never have eaten them. It was a test, you see."

"A test," Chloe repeated.

"To see if he understood that she was all wrong for him. If he threw the cookies into the garbage I would know that he realized she was all wrong for him. But the bastard ate the cookies."

"Got it." She was very close to Madeline now, almost within touching distance. "That explains everything."

"You shouldn't be here," Madeline said.

"Don't worry, I'm just leaving."

She touched Madeline's shoulder. Madeline did not seem to notice.

Jack loomed in the open doorway. Simultaneously, energy surged through the hall. Chloe sensed that the hot currents of psi were directed at Madeline, but she still had her hand on the young woman's shoulder when the storm of nightmares struck.

It was like touching a live electrical wire. The physical contact with Madeline ensured that she took much of the shock, too. Horrors from the primordial darkness buried in the deepest regions of her psyche twisted through her. Phantoms and specters and things that go bump in the night rode the raging waves of energy that cascaded through the small space. Terrifying things flickered at the edge of her vision and slithered at her feet.

She heard a scream, the high, keening wail of a woman staring into hell. *Not her*, she thought. *Madeline*. With a gasp, she jerked her hand away from Madeline's shoulder, breaking the connection. The nightmares receded immediately. Breathless, heart pounding, she reeled back against the wall.

Madeline finally stopped screaming. She went rigid, shuddered and collapsed. The gun clattered on the tile floor of the hall.

Jack Winters was giving orders.

"Rose, help her with this guy," he said, moving past Chloe. "I'll get the woman."

Rose grabbed one of Fletcher's arms. Chloe grabbed the other. Together they hauled him out onto the front step and down onto the lawn. Chloe looked back into the burning house and saw Jack emerge with Madeline slung over one shoulder. Hector's limp body was tucked under his arm. He paused long enough to kick an object out the door. It landed on the grass near Rose.

"Oh, shit," Rose said. "She had a *gun*?"

"Don't touch it," Chloe said. "It will be covered with her fingerprints. Evidence."

She was still shivering in reaction to the icy sea of nightmares that had lapped at her senses for those few seconds. As bad as it was, she knew that she had not gotten the full blast. She could not begin to imagine what the experience had been like for Madeline.

She watched Jack come toward them, a dark and powerful figure carrying the unconscious woman and Hector from the burning house.

Avenging angel.

10

HE STOOD A LITTLE DISTANCE FROM CHLOE WHILE she talked to the police officer. Hector was alive. One of the medics at the scene had taken a look at him and bandaged the wound in the dog's head and offered the reassuring assessment that Hector would probably live. A kindhearted neighbor had volunteered to take Hector to the nearest emergency veterinary clinic.

Rose pressed close to Chloe in silent support. Jack realized that he wanted to stand close, too, but that wasn't his job. He was not part of her inner circle. He was just the client, the client who had burned her badly with a psychic blast of nightmares. It was a wonder she had not collapsed like Madeline. Probably a tribute to her own strong talent.

Fletcher Monroe and Madeline Gibson had been taken away in ambulances. An officer had accompanied Madeline, who was still unconscious when she was loaded into the vehicle. Monroe had begun to stir when he was secured to the stretcher. Jack had overheard him say something about cookies.

The firemen had beaten back the worst of the flames, but the house was still smoldering. There was a tangle of hoses on the lawn, a lot of flashing lights from the emergency vehicles and a great deal of water in the street. The neighbors had emerged and now stood around in small groups, watching the action.

"CSI will test the cookies, but it looks like Gibson was telling you the truth when she said she put some sleeping meds in them," the officer said to Chloe. He checked his notes. "She waited until midnight and then came back to burn the house down around him." He looked up. "Think she was intending suicide as well as murdering Monroe?"

"She wasn't thinking clearly at all." Chloe folded her arms tightly beneath her breasts. "But, no, I don't think she intended to die in the fire. She just wanted to make sure that no other woman would ever get Fletcher, I mean, Mr. Monroe."

"You say she's a student in one of his classes?"

"She *was* a student. Last quarter, I think. They dated, but when the quarter ended, so did the relationship. Then she started stalking Mr. Monroe. She got into a pattern of showing up here at midnight and leaving little presents on the front steps."

The officer nodded. "Enough to give any man the creeps. Did Monroe get a restraining order?"

"No. He was hoping to avoid that because of the scandal it would cause at the college. I was supposed to get some incriminating pictures. He intended to use them to confront her. I told him it probably wouldn't work, but he was convinced he could handle the situation if I got him the photos."

"What made him think he could deal with her in a rational way?" the officer asked with a quizzical expression.

"Mr. Monroe is a psychologist."

The officer grimaced. "Got it. Well, thanks very much, Miss Harper. Someone will be in touch about getting a statement. I'll need your contact information."

"I've got a card." Chloe looked down as though she expected to find a card in one of the pockets of her trench coat. A confused expression crossed her face. "My cards are in my satchel. It's in the trunk of my car."

"I'll get it," Rose said. "Give me your keys, Chloe."

"Keys." Chloe reached into a pocket, withdrew a key chain and handed it to Rose.

Rose hurried off toward the small vehicle parked halfway down the street.

The officer examined Chloe with a thoughtful expression. "I recognize your name, Miss Harper. You consulted on the Anderson Point murders a year ago, didn't you?"

Chloe glanced over her shoulder as if checking to see if Rose had found her car.

"I gave Detective Takahashi some information," she said quietly. "He was able to use it to identify a suspect."

"I know. That one was as cold as it gets. They say Takahashi worked it night and day. Kept the file under his desk, but it stayed cold until he caught a break with the information you gave him. I remember the hostage situation at the end. It was a real squeaker."

"Yes." Chloe's voice was tight.

"They sent the crazy bastard to Winter Cove hospital. Luckily for everyone involved he found a way to hang himself. Saved the state a lot of money."

Rose returned with a card. "You sure you're okay, boss?" She examined Chloe from head to foot again. "You didn't get singed or anything?"

"I'm fine," Chloe said. She handed the card to the officer and waited until he had moved off to talk to some people who were getting out of a CSI van. She looked first at Rose and then at Jack. "Don't get me wrong, I'm really glad to see you both, but what are you two doing here, anyway?"

"You heard what Mr. Winters told the cop," Rose said. "He was worried about you being out here alone on a stakeout."

"I know what you told the officer, Mr. Winters." Chloe's frown darkened. "But how did you find out that I was working tonight?"

"I called Rose with some questions," Jack said. "She told me you were out here on your own."

"You called my office in the middle of the night?" Disbelief tightened her soot-streaked face. "And the two of you just decided to come racing over here to see if I was okay?"

"Chloe," Rose said quietly. "Mr. Winters had a feeling, okay? So did I. How often have you told me to pay attention to intuition?"

"Sorry." Chloe rubbed her forehead. "I'm not complaining. I just don't understand what made you think that something was wrong."

"I've got a lot invested in you." Jack took her arm. "You're starting to shiver."

"It's cold out here."

"It's the adrenaline," he said. "Makes you jittery. You need to sit down."

"Actually, I think I need a drink," Chloe said.

"That, too. I'll drive you home."

"I've got my car," Chloe said.

She probably didn't even want to be in the same car with him now, not after the way he had burned her.

Rose snorted. "Like you're in any condition to drive, boss. You've had one heck of a close call. Mr. Winters is right. Let him drive you back to the office. I'll take care of your car."

Chloe looked mutinous for a few seconds, but she finally abandoned the battle.

"Okay," she said.

He bundled her into the front seat, then went around to the driver's side. He peeled off his leather jacket, which now smelled of smoke, and tossed it onto the floor of the backseat. He got in beside her.

When he closed the door the small space was suddenly infused with a startling sense of intense intimacy. He was very conscious of Chloe sitting so close. She smelled of smoke and woman and the aftereffects of adrenaline. She had been in the red zone, running wide open, when he went through the doorway. He had sensed it immediately. He, too, had been cranked to the max. Now they were both enveloped in the rush of the after-burn. He realized he was fully aroused, every muscle in his body hard and tight.

He'd heard rumors about the erotic heat that could be generated by two strong talents who were sexually attracted to each other. He'd encountered more than one powerful female talent over the years and felt a certain pleasant stirring of his senses. But he'd never been slammed into overdrive like this. *Get a grip, man.*

They sat quietly for a couple of minutes, watching the activity in the front yard of the burning house.

"You saved my dog," Chloe said after a while. "And probably Fletcher and me as well. Thank you."

"Sure."

She pushed some hair out of her eyes. "Hector went for Madeline. Trying to protect me. I've never seen him do anything like that before. I think that in another life he must have had some guard dog training."

"Maybe. Or maybe he was just acting on instinct. He's a tough dog. The medic seemed pretty sure he'll make it."

"Thanks to you. But I need to get him home from the vet as soon as possible." Anxiety laced her voice. "He's got abandonment issues. If he wakes up in strange surroundings—"

"The vet will know how to deal with him."

"Yes, I suppose so." She exhaled slowly. "Sorry, I'm a little rattled."

"Understandable."

She looked around as if seeing the interior of the car for the first time.

"Nice ride," she said.

"Thanks."

"But it's going to smell like smoke after I get out." She fumbled with her seat belt. "Probably cost you a fortune to get the interior cleaned."

"I can afford it. And you're not the only one who picked up some smoke and soot tonight."

She glanced over her shoulder into the backseat, where he had tossed his jacket. "No, I guess not."

He watched her take a couple more stabs at the belt buckle, missing each time. He reached over and buckled it for her. She exhaled, rested her head against the back of the seat and closed her eyes.

"I'm sorry," he said finally. He couldn't think of anything else to add to that. What did you say to a woman after you had hit her with a wave of nightmares?

"That is one heck of a talent you've got," she said. Her voice was absolutely neutral. "The second one, I take it? The one you think means you've been hit with the Winters Curse?"

He watched the smoking house. "I'm still learning to control it. For obvious reasons I haven't been able to run a lot of experiments."

"Yeah, I can see the problem there."

He had literally terrified her tonight. She'd probably have nightmares about him for weeks. Not the best way to impress a woman on a first date.

"Are you okay?" he asked.

"Sure. Just a little jittery, that's all. The adrenaline, like you said."

He almost smiled. His very own gutsy, hard-boiled private eye.

"I'm sorry," he repeated.

"Forget it. Under the circumstances, I'm more than happy to cut you a little slack."

He got the car started. "So, do you do this kind of thing a lot?"

She opened her eyes and looked straight ahead through the windshield. "Almost never. I hate this kind of work; it's always messy."

"Rose said something about Monroe being your sort of ex."

"Ex-*boyfriend*, not ex-husband. We stopped seeing each other several months ago. Last quarter he dated Madeline Gibson. When he tried to end it, she started stalking him. Madeline didn't understand Fletcher. She didn't realize that he has a very predictable pattern."

"What kind of pattern?"

"Every quarter he picks out a new female student in one of his classes and fires up a relationship. Said relationship always comes to an end when the quarter is over. For Fletcher, a new quarter always means a new girlfriend. He is the quintessential serial monogamist."

"Madeline did not take it well when he explained the rules?"

"No. She became increasingly intense. She was always there, waiting outside his classroom. She showed up at his gym while he was working out. The little gifts began to appear on his front step. Flowers. Fresh coffee and doughnuts. She always came around after midnight. Fletcher tried to talk to her, but she just laughed and said she was teasing him."

"So he contacted you?"

"We had stopped seeing each other, but we were still friends. He knew what I did for a living, of course. And he was desperate to keep the problem under wraps."

"You told the cop that Monroe was worried about the fallout at the college."

"Fletcher's dating pattern has started to cause talk. There have been complaints from other members of the faculty and some nasty gossip. At the college level it's certainly not unheard of for instructors to date their students. But when it happens over and over again, people do tend to notice. And not everyone approves."

"In other words, Monroe was looking at the possibility of losing his job."

She turned her head and looked at him. "You appear to have grasped the big picture here, Mr. Winters."

"My other talent is for strategy, remember? I get big pictures and bottom lines."

"Yes, Fletcher was afraid that he would lose his position if he made an accusation. He wanted to deal with it privately."

"So he came to you to get proof."

"I turned up a lot of stuff on the Internet, of course. It's amazing what people will write in their blogs and on their personal websites. They treat cyberspace as if it were a private diary. Madeline chatted at length about the affair. Her obsession was clear, but she did not implicate herself in the stalking. She just wrote that she had given Fletcher a few presents and that he had not appreciated them. He wanted photographic proof of what was going on."

"You took the case because you felt sorry for him."

"And because we're still friends," she said. "I could tell that he was very nervous. Fletcher is a nice guy. Intelligent. Fun to be with. Even-tempered. Great sense of humor. What can I say? I like him."

"You didn't mind that he terminated your relationship at the end of the quarter?"

"Well, actually, I was the one who ended it," she said.

"Because you found out about his serial monogamy?"

"No, of course not." She sounded genuinely surprised. "His dating pattern was one of his two best features as far as I was concerned."

"What was the second one?"

"His commitment phobia. The problem was that once Fletcher discovered that I also have commitment issues he kept trying to fix me. Probably some form of misguided projection."

"Misguided projection." He realized that he was still grappling with the serial monogamy thing and the commitment issues. Somehow, he hadn't seen either coming.

"Things got even more awkward between us when I told Fletcher that I have some talent. At that point I think that I became a patient to him."

"Let me take a wild guess here. Monroe doesn't believe in the paranormal."

"He's got a Ph.D. in psychology. Of course he doesn't believe in it." She sighed. "All in all, I had no choice but to end things after only a few dates. We never even made it as far as the bedroom. Rose thinks that still bothers Fletcher, but I have a hard time buying it."

"Why?"

"Because he moved on immediately. Started dating someone else right away. Fell right back into his usual pattern. It wasn't like he couldn't let go. I think he just sees me as a professional failure, that's all."

"Because he couldn't fix your issues."

"Right," Chloe said.

"How did you meet him?"

"I took one of his classes. I thought it would be useful in my work."

"What, exactly, does he teach?"

"Criminal psychology."

"Learn anything?"

"Mostly what I learned is that psychologists look for explanations and motives. Me, I'm just a PI. I look for bad psi."

He took the on-ramp onto I-5, heading toward downtown. The freeway was nearly empty at this hour. The lights of the city's high-rise buildings, including the one in which he lived, glittered in the night.

"You really thought that Monroe's serial monogamy habit and his commitment issues were good features?" he asked after a while.

"Are you kidding? I was almost convinced that he was Mr. Perfect. When I gave him The Talk, he looked downright thrilled. Then, again, men often seem happy enough at first. I've never been able to figure out why they change their minds. Aunt Phyllis says it's just the way men are."

"I'm probably going to regret asking this, but what is The Talk?"

"That's when I explain about my commitment issues. I make it clear that any relationship I enter into is likely to be short-term and that there are no strings attached. I make sure that the other person knows that he is free to dump me on a moment's notice without feeling any guilt." She frowned a little. "But for some reason I'm usually the one who ends up doing the dumping."

"You're a real romantic, aren't you?" he said flatly.

"I can't afford to be a romantic, Mr. Winters. Not with my talent."

He shot her a quick, searching look. "What does your talent have to do with it?"

"It's hard to explain," she said. She leaned her head against the back of the seat, folded her arms. "It doesn't matter now, anyway."

"Why not?"

"The serial monogamy thing got old. I moved into a new phase about a year ago. I admit that I toyed with the idea of going back to serial monogamy for a time with Fletcher, but I finally realized it just wouldn't work."

"And what comes after serial monogamy?"

"Celibacy."

He felt blindsided again. "Celibacy?"

"There's a kind of freedom in the celibate lifestyle."

"Yeah? I hadn't heard that."

11

HE PARKED ON THE STREET IN FRONT OF THE building that housed Harper Investigations. Chloe got out before he could open the door. Energy crackled in the air around her. It kept his senses aroused and on edge.

She reached into one of the trench coat pockets and pulled out her keys. An odd-looking gadget came out with the keys and fell to the sidewalk. There was a muffled clank of metal. He picked up the small high-tech device and held it to the streetlight.

"I'm not even going to ask," he said, handing it back to her, "because it looks like a very fancy lock pick and is probably highly illegal."

"It was a birthday gift."

"Another ex-boyfriend?"

"No, my cousin Abe."

"Your family gives interesting gifts."

She opened the door and stepped into the tiny lobby. He followed her inside and shut the door. Together they started up the stairs. Chloe gripped the banister tightly, half hauling herself up the steps. When he took her other arm she did not protest.

He knew immediately that the physical contact was a mistake. It intensified the sexual urgency that was heating his blood, stirring things deep inside him. He got a sudden vision of taking her right there on the stairs. Not a hallucination, he realized, more like an almost overpowering need.

They paused on the second floor so that she could rest.

"This is embarrassing," she muttered. "Didn't realize I was so out of shape."

"You're exhausted," he said. "Monroe is a big man. How far did you drag him?"

"He was in the living room when I arrived."

He'd seen enough of the house to know that she'd exerted a lot of effort to get Monroe all the way into the front hall. And then there was the business of having a gun pointed in her face, her dog getting shot and her being hit with a blast of nightmares.

"You've had a rough night," he said.

"You know, now that you mention it—"

Rose appeared on the third-floor landing.

"I just talked to the vet hospital," she said. "Hector is okay, but they knocked him out to stitch him up and he's still sleeping. They said we can pick him up in the morning. Are you all right, Chloe? You look like you're going to crash right there."

"Not," Chloe said, hauling herself up another step, "before I get that drink. And a shower. I definitely need a shower first."

Jack took her arm again and more or less levitated her up the stairs to the third floor. Rose opened a door.

"Home, sweet home," Chloe muttered. "You'll have to excuse me. I can't stand the smell of smoke a minute longer."

She vanished through the doorway. Rose followed. Jack considered for a moment and concluded that no one had told him to leave or bothered to shut the door in his face. That amounted to something of an invitation. He walked into the apartment and closed the door behind him.

The room was very non-Seattle. It was drenched in the rich, warm colors of the Mediterranean Coast. The walls that weren't red brick were painted in deep shades of amber and ochre. The carpet was patterned with an abstract design done in saffron and rust-red. The honey-colored sofa was covered with a rainbow of throw pillows. Lush green plants in red ceramic pots stood near the windows.

Rose returned with a pile of clothing that smelled strongly of smoke.

"Chloe likes color," she explained. "Lots of it."

"I can see that," he said.

He thought about his own cold, steel-and-concrete condo. Everyone said it suited him. He had a feeling it was not necessarily a compliment.

"You can clean up in the kitchen," Rose said. She motioned him toward the sink. "I'm going to put these in the washing machine."

"Thanks." What he really needed was a shower, but he didn't want to go home just yet. He wanted to stay here near Chloe until she kicked him out.

There is a certain kind of freedom in celibacy.

Like hell.

He rolled up his sleeves and ran the water in the sink. Rose disappeared into a tiny laundry room. He heard the washer start. When she returned a moment later she opened a cupboard and took down a bottle of red wine.

"I thought private investigators always drank whiskey," he said.

"Chloe tried that. Unfortunately, it turned out she didn't like whiskey." Rose reached into a cupboard for a glass. "Want some?"

"No, thanks."

"Whatever." Rose set the bottle and the glass on the table. Concern darkened her expression. "She's okay, isn't she?"

"Chloe? She seems fine. A little shaken, that's all. Why?"

"It's just that she looked like she'd been through hell when she came out of that house. I haven't seen her like that since—"

Rose stopped abruptly.

"Since when, Rose?" he prompted.

"Since she closed the Anderson Point case for the cops."

"She told me that she rarely did the kind of work she was doing tonight," he said.

"That's true. She doesn't like what she calls the messy stuff. She says her real talent is for finding lost things like your lamp."

"She's really good at that, huh?"

"She's brilliant. Like you said, she's psychic."

He lowered himself into a chair. "You wouldn't happen to know if she's made any progress on my case, would you?"

"Didn't she tell you?" Rose poured half a glass of wine. "She found your lamp in Vegas this afternoon."

"*What?*"

"Well, she thinks it's the right lamp but she's going to arrange an intro to the owner tomorrow. If all goes well, she'll fly down to Vegas the day after to make sure it isn't a fake or replica. She says she can't be sure until she gets into the same room with it. The woo-woo factor, you know."

He stared at Rose's back, disbelief splashing through him. "I spent years on and off trying to find that damn lamp. This past month I've been looking for it full time and I'm a strat-talent. Are you saying that she located it in one afternoon?"

Chloe appeared in the doorway. "Told you I was good."

He looked at her and felt everything inside him clench. She was muffled in a white spa robe. Her hair was wrapped in a towel. She looked flushed and warm, but he could see the strain in her eyes.

"Yes," he said. "You did tell me that."

"I don't know for sure that the lamp I've got a lead on is the genuine artifact yet." She sat down at the table, picked up the glass and took a healthy swallow of the wine. "I'm hoping to verify it in person as soon as possible."

"I'm coming with you."

"No. Absolutely not." She waved one hand and

drank some more wine. "Dealing with collectors, especially the kind who acquire paranormal objects, can be an extremely delicate matter. In my experience, it's never good to have the client in the same room. This sort of thing is always best handled by a third party, trust me."

"Damn it—"

"If Mr. Stone wants to sell the lamp, I'll let you know. You can then transfer the funds into his account. I will pick up the lamp and bring it back here to you. That's how it works."

"Let's get something straight," he said. "Given what almost happened tonight, you're not going anywhere very far without me."

"Oh, for crying out loud." She made a face. "What happened tonight had nothing to do with your case."

"That's not the point. The point is you're not going to take any more chances until that lamp is in my hands."

She looked at Rose. "You see? This is always the problem with clients. They hire me to fix a problem, and then they try to tell me how to do my job."

12

HE WALKED BACK INTO HIS CONDO AN HOUR LATER
and powered up his laptop. The newspaper accounts
he was searching for popped up almost immediately.
The long-delayed arrest in the Anderson Point murders had received a fair amount of coverage because
of the drama at the end. He hadn't paid much attention because at the time he'd been out of town putting
together a deal with a start-up in Southern California.

The killer had managed to evade the police sent to
arrest him long enough to grab a hostage. He had bar-
ricaded himself in his house with the girl and threatened to kill her.

> The suspect, Richard Sawyer, told negotiators
> that he had been framed by a private investiga-
> tor, Chloe Harper, who was working on behalf
> of the teenager he had taken hostage. The young
> woman was the daughter of the murdered cou-
> ple, John and Elaine Tranner.
>
> Sawyer offered to exchange his captive for
> Miss Harper. Police were reluctant, but in the
> end, amidst some confusion at the scene, Harper
> walked into the house.

What happened next is unclear. Shortly after entering the residence, Harper and the hostage emerged, unharmed. When police entered the house they found Sawyer on the floor, unconscious, having apparently suffered a seizure.

A few months later a follow-up story appeared:

... The thirty-one-year-old suspect in the murders of an Anderson Point couple confessed to the killings but was found incompetent to stand trial. He was ordered committed to Winter Cove Psychiatric Hospital, where he likely will spend the rest of his life.

Three weeks later there was one last piece. It was a small one:

Richard Sawyer, the confessed killer of an Anderson Point couple was found dead in his room at Winter Cove Psychiatric Hospital, the victim of an apparent suicide ...

It took a little more digging to turn up the name of the murdered couple's daughter. There was a photo of her leaving the courtroom with Chloe. Most of the tattoos were discreetly covered by a coat, and the makeup had been toned down, but he recognized her easily. Rose.

He closed the computer and went to stand at the window, looking out into the night. He thought about the rush of psi he had sensed when he went through the door of the burning house. The energy had come from Chloe. She had just reached out to touch Madeline Gibson's shoulder.

"Well, now, Chloe Harper," he said aloud. The words echoed in the silence of the cold steel-and-concrete space. "What would have happened if I hadn't arrived when I did tonight? Would Madeline Gibson have suffered a mysterious bout of unconsciousness like Richard Sawyer? And here I thought the only thing a dream-light reader could do was read a little dream psi. What secrets are you hiding?"

He stood contemplating the darkness for a while longer. Eventually he went into the bedroom and took out the bottle of sleeping meds.

13

A seething darkness filled the abyss. She looked into it and knew that no light could ever penetrate the depths. This hunger that was tearing her apart could never be satisfied.

It was his fault. He was responsible for arousing this insatiable need. But he was walking away from her. Telling her that he did not want her; that she could never have him.

If that was true then no one else would have him either.

THIS WAS ALL WRONG. NOT HER ENERGY. NOT HER dream.

Chloe came awake with a start. Her heart was pounding and her nightgown was damp with sweat. Instinctively she reached for Hector, but his warm, heavy weight was missing from the bed. Belatedly she remembered that he was still at the hospital.

She took a few more deep breaths. Gradually her pulse calmed. What had happened tonight was just bad luck and bad timing, she thought. She'd been running wide open when she'd touched Madeline Gibson.

At that very instant, thanks to Jack, Madeline just happened to be plunging into a terrible dreamscape.

There was no such thing as telepathy—no way she could actually dream another person's dream. But the currents of dreamlight given off by an individual when he or she dreamed were much stronger than when the person was awake. In the active dreamstate the dream psi was not only deposited on everything the individual touched, it saturated the atmosphere around the dreamer.

Ever since she'd come into her talent in her teenage years she had been uncomfortable just being near someone who was dreaming. Physical contact with the person made it a thousand times worse.

Tonight when Jack had directed that blast of energy at Madeline he had, in effect, forced Gibson into a full-blown nightmare. And Chloe had been touching her at the time. The shock had been as bad as the one she had gotten last year from Richard Sawyer when she'd put the bastard to sleep.

Bad luck and bad timing, that's all. Stuff happened when you were in her line of work.

But the experience had given her a firsthand look at Jack's emerging talent for generating nightmares.

Interesting.

14

"MORE TEA?" PHYLLIS ASKED.

"Yes, thanks." Chloe held out her cup and saucer.

At home in her apartment she drank her tea out of an oversized mug, but here in her great-aunt's elegant old mansion on Queen Anne Hill, delicate china, fine crystal and polished silver were the rule. Of course, it helped that Phyllis could afford to pay a full-time housekeeper to maintain her luxurious lifestyle.

Hector sprawled in front of the window overlooking the garden, which, in turn, overlooked Elliott Bay and downtown Seattle. He appeared oblivious to the refined things that surrounded him. He wore a dashing bandage that covered a portion of his head and one ear. The cone-shaped gadget on his neck that prevented him from scratching at the bandage detracted somewhat from the warrior image, but he was alpha enough to handle the indignity. Phyllis had given him a new chew toy when he had arrived. Worked for him.

For decades, Phyllis Harper had been known as the Psychic to the Stars. She had been the favorite confidante of celebrities, producers, media moguls and others who reigned in Hollywood. In addition she had also consulted for various politicians, CEOs and assorted underworld figures. The pink velvet–flocked walls of her living room were hung with framed photographs of her with famous people. The house had been paid for by her long series of lovers.

Following her official announcement of retirement she had moved back to her hometown of Seattle. She no longer accepted new clients, but she still took phone calls from those who had sought her advice over the years and the occasional old lover.

Chloe had always felt a special connection with her aunt. Phyllis was the only one in the family who truly understood her talent. That was because Phyllis possessed a very similar ability. Although Chloe was the more powerful talent of the two, they had both been stuck with the downside that accompanied the sensitivity to dreamlight.

Phyllis picked up the pot with a hand that sparkled with diamonds and other assorted stones. She winked.

"Your prints are positively glowing today," she said. "What's his name?"

"He's a client, Aunt Phyllis."

"Yes, I know all about your silly rule. You know I don't approve. I had affairs with any number of clients over the years, and no harm ever came of it."

"You lived in Hollywood. I live in Seattle."

"I don't see why that should matter." Phyllis tilted the pot to pour the tea. "I don't believe I've ever seen that particular kind of energy in your prints." She set the pot down. "He must be very interesting."

"He is, but that doesn't change the fact that he is still a client," Chloe said. "Besides, I told you that I've entered a new phase in my life."

"The celibacy thing. Ridiculous decision." Phyllis clucked disapprovingly. "I'm sure it will pass. But I can see that you're here on business. What can I do for you?"

"My new client hired me to find an old family heirloom. Aunt Beatrice and Uncle Edward helped me track it down. Looks like it's currently in the hands of Drake Stone. He's still doing shows in Vegas."

Phyllis beamed. "I know Drake. Charming man. I remember how concerned he was when the news broke that he was gay. But I was able to assure him that the publicity could be managed in a way that would actually boost his career."

"I thought there was a good chance that you would be acquainted with him. Can I talk you into making a phone call to arrange an introduction? It's a little hard for a small-time PI like me to get through to a famous star like Stone."

"Certainly, dear. What shall I tell him?"

"That I have a client who would very much like to purchase a certain antique lamp from him."

"Not a problem. That's all?" Phyllis managed a tiny frown. It could not have been easy given the amount of cosmetic surgery she'd had over the years. "Why do I have the feeling that things might be somewhat more complicated than you're letting on?"

"My client's name is Jack Winters. And the family heirloom is the Burning Lamp. Ring any bells?"

"Oh, my," Phyllis murmured. The vivacious energy that had animated her a moment ago dimmed abruptly. Her heavily made-up eyes narrowed with shrewd intelligence. "That definitely complicates the picture. Do you think he actually is a Winters? A true descendant of Nicholas Winters, I mean? The name is not that uncommon after all."

Chloe thought about the nightmare energy that had slammed through her last night. "I'm pretty sure he's the real deal."

"Why does he want the lamp?"

"He believes that he'll turn into some sort of psychic monster if he doesn't find it."

"But surely he realizes those old tales about Nicholas and the Burning Lamp are just myths and legends."

"He's convinced they're real," Chloe said.

Phyllis sniffed. "Then he must have a few loose screws."

"If I refused to accept every client who had a loose screw I'd go out of business in a week."

"How did he find you?"

"He admitted that he hacked into the Arcane files to find a strong dreamlight reader."

"And he came up with you? But you aren't registered with the Society. No Harper is."

"Evidently Arcane has kept tabs on the family over the years," Chloe said.

"Supercilious bastards." Phyllis bristled. "I'd like to know who granted them the right to set down rules for the rest of us who also happen to possess a modicum of talent. If I had a nickel for every time someone from J&J had the nerve to warn a member of our family that he or she was engaged in some enterprise that, as Arcane likes to put it, *gives psychics a bad name*, I would be a wealthy woman."

Chloe grinned. "You are a wealthy woman."

"That's not the point, and you know it."

Chloe nodded and sipped her tea. There was no need to go into detail. Everyone in the family understood that Arcane and J&J were to be avoided whenever and wherever possible.

"Trust me, under the circumstances Mr. Winters has no more desire to draw the attention of the Society than I do," she said.

"*Hmm*. That certainly gives the two of you something in common, doesn't it?"

"Are you trying to play matchmaker, Aunt Phyllis?"

Phyllis sighed. "I'm sorry, dear. I didn't mean to tease you. But I do worry about you and this new celibacy phase of yours. Just because a traditional marriage is not an option for you doesn't mean you can't have a little fun."

"I'm tired of having The Talk with men. It always goes the same way: Initially they jump at the offer of a no-strings-attached affair. They think it's the perfect setup."

"A male fantasy come true."

"But when they find out that I really am serious about not making a long-term commitment, they get mad and go all self-righteous on me. It only works if I let them dump me first. But who has the patience to sit around waiting for that to happen?"

"I know, dear," Phyllis said, her tone soothing. "You must learn how to finesse things."

"I try, Aunt Phyllis, but I always end up having to waste a lot of time and energy maneuvering seemingly intelligent men into thinking that they're the ones who are ready to move on." She was warming to her topic now. The frustration of it all spilled out of her. "It's not only tedious, it's stressful."

"It's tricky, I admit. In my younger days I assumed that the arrangement would work best with married men," Phyllis said. "They had every incentive to want a discreet arrangement with a woman who would never demand a commitment from them. But oddly enough the married ones always got just as upset as the single men did when I tried to end things. Something to do with the masculine ego, I suppose."

"You know I don't do married men," Chloe reminded her.

"I know, dear, another one of your rules. I really don't know how you manage with so many of them. I have always found that rules tended to take all the fun and spontaneity out of life."

"And then there's the problem of sleepovers," Chloe continued, ignoring the interruption. "Sooner or later men always want to go away with you for a romantic weekend. Heck, sooner or later I want to get away for a few days in Hawaii, too. But when they find out that they'll have to book two rooms they get irate, even when I make it clear that I'll pay for the second room."

Phyllis nodded solemnly. "I think it's the sense of

knowing that they can never really possess you. So many men always seem to want what they can't have."

"The fiasco with that psych instructor a few months ago was the last straw. For Pete's sake, Fletcher Monroe seemed absolutely perfect for me. How could I have been so wrong?"

"Well, I did tell you that it is never a good idea to get involved with people involved in the field of psychology. They always try to fix you."

"I admit that was a mistake."

"But you really mustn't give up on love and a normal or at least seminormal sex life," Phyllis said firmly. "You're young and healthy. Your hormones are humming. There's always the possibility that you'll find that special person, a man who will accept a relationship on your terms."

"A man who will be okay with a committed relationship with a woman who won't sleep with him? Hah. What are the odds?"

"You know, in previous centuries it was not unusual for husbands and wives to have separate bedrooms."

"I think that was mainly an upper-class phenomenon." Chloe frowned. "Probably because the upper classes were the only ones who could afford a second bedroom and because marriages at that level of society were contracted for reasons other than love."

"I suppose that's true," Phyllis agreed. "But, still, there is a precedent for that approach to marriage."

Chloe looked at her. "You could afford a second bedroom. You could afford a dozen bedrooms. But you never married."

Phyllis expelled a surprisingly wistful sigh. "Yes, well, let's just say I never found the right man, either."

"Face it, marriage is not in the cards for women like us, Aunt Phyllis."

"Perhaps not, but that does not mean one cannot enjoy life and men. Think of yourself as a honeybee flitting from flower to flower."

Chloe tried to envision Jack Winters as a delicate blossom in a field of daisies. And failed.

"Somehow I don't think that imagery applies to Mr. Winters," she said. "There really is a kind of freedom in celibacy, you know."

"Is that so, dear?" Phyllis paused, her cup halfway to her lips. "I never noticed."

PHYLLIS CALLED HER on her cell phone an hour later.

"I got in touch with Drake. The dear man remembers me, bless his heart. He says he'll be happy to let you view his lamp. He suggests tomorrow afternoon."

"That's great," Chloe said. "Thanks so much. I could get to Vegas in the morning if that would be more convenient for him."

"Drake is in show business, dear. He doesn't do mornings."

15

SHE TOOK HECTOR FOR HIS CUSTOMARY WALK
early the next morning. It was still dark, and it was
raining, a classic Seattle mist. She wore her trench coat
and a hat pulled down low over her eyes. Umbrellas
were for tourists.

Hector had established his territory early on after
moving in with her and Rose. Daily he patrolled the
perimeter, which consisted of a few blocks of Pioneer Square, marking trees and the corners of various
buildings. Along the route they greeted the men and
women who emerged from the shelters, doorways,
alleys and cribs under the viaduct where they had
spent the night.

Some of the street people had gotten into the habit
of stopping to chat with Hector. They knew he made
no judgments. In addition, he served as a conduit
through which they could communicate with Chloe.
She considered them her Irregular Clients.

The one she thought of as Mountain Man because
of his scraggly beard leaned down to pat Hector's side.

"Hey, there, Big Guy," he mumbled. "What's with
the funny collar and that bandage? You get hurt?"

"Hector says to tell you that he got shot trying to protect me," Chloe said.

"Shot, huh? Bummer. Been there, done that. You gonna be okay, Big Guy?"

"He'll be fine," Chloe said. "He wants to know how you're doing?"

"Doin' okay," Mountain Man said to Hector. "Had another bad dream last night, though. Can't seem to shake it. Keep seein' it in my head, y'know?"

"Hector wants to know if you want him to help you forget the dream," Chloe said.

"I'd appreciate that," Mountain Man said. He continued to pat Hector.

Chloe opened her senses and put her hand on Hector's back close to where Mountain Man was petting him. She readied herself for the inevitable psychic shock and let her fingers brush against Mountain Man's weathered hand.

A shivering jolt of fear and pain lanced through her. Although she could not actually see another person's dream images, her dream reader's intuition interpreted the energy residue in a very visual and visceral way. Mountain Man's dreamscape was a terrible canvas painted in darkness, blood and body parts. The sounds of explosives, guns and helicopters roared silently in the background. The nightmare was familiar. It was not the first time she had brushed up against it.

She set her teeth and went to work identifying the disturbed currents of dreamlight. Swiftly she pulsed counterpoint psi to dampen the seething patterns.

Mountain Man's wavelengths would never be normal, but at least she could provide some relief from the night terrors that haunted his days.

Mountain Man straightened after a while. "Feels better. Thanks, Hector. You two have a good day now."

"We will," Chloe said. "By the way, how's the cough this morning?"

Mountain Man responded with a harsh, rasping hack. Then he thumped his chest. "Better."

"Did you go to the clinic?"

"Not yet."

"Please, go. Hector thinks you should."

"Yeah?" Mountain Man looked down at Hector. "Okay, maybe I'll do that."

"Today," Chloe said gently. "Hector wants you to promise to go today."

"I will," Mountain Man vowed to Hector. "Got my word on it, Big Guy."

He turned and shambled off across the intersection, heading for his day job, panhandling near the Pike Place Market. There was a clinic in the Market designed for people like Mountain Man. She could only hope that he would follow through on his promise this time.

SHE WAS IN THE BEDROOM, throwing a few things into a small carry-on bag on the off chance that she might have to spend the night in Vegas, when Rose shouted from the landing on the second floor.

"Chloe? Fletcher Monroe is here. He'd like to talk to you."

Just what she did not need. She tossed the long-sleeved silk nightgown onto the neatly folded silk travel sheet already in the suitcase and went to the open doorway. Hector, who had been napping on the floor, lumbered to his feet and followed her. Fletcher was already on the stairs that led up to her third-floor apartment. Hector glared at him, turned around and went back into the living room.

Fletcher was dressed in jeans, a button-down shirt with a T-shirt underneath, running shoes and no tie. He had the vaguely rumpled, decidedly un-crisp look that was de rigueur in the academic world. Heaven forbid a Pacific Northwest instructor be mistaken for a denizen of the corporate establishment.

It was annoying that Fletcher still felt he had a right to come up here and invade her private space, Chloe thought. Sure, she'd invited him in for tea and after-dinner drinks a few times and they'd done some good-natured petting on the sofa. But he was a client now.

This was one of the problems that came up when you mixed business and pleasure. Boyfriends who metamorphosed into clients and vice versa never got the rules straight. She was forced to set boundaries, and then guys got mad.

She was about to tell Fletcher that she would meet him downstairs when she noticed the wobbly light of his psi prints. He was giving her his easy, charming smile, acting as if all was normal. But the unsteady, shifting hues of dreamlight told her he was still badly unnerved. He'd had a close brush with death and he knew it. He would be a while getting over the scare.

"Hey, there, Miss Psychic Private Eye," he said. "I hear you saved my life the other night."

She hated it when he called her Miss Psychic Private Eye. It was his unsubtle way of mocking what he considered her delusional talent.

"I had some help." She surveyed him. "How do you feel?"

He stopped smiling and exhaled heavily. "I've got the mother of all hangovers, thanks to the sleeping meds that bitch put in those cookies, but obviously it could be worse." He halted on the landing and glanced past her into the apartment. "Actually, it is worse. I don't have any place to sleep. I know it's a lot to ask, but would you mind if I stayed here until I can rent an apartment?"

"I'm sorry, Fletcher," she said gently. "That's not possible. You'll have to go to a hotel."

"I lost everything in that damn fire."

He was starting to whine. She hated when clients whined. "You've still got a bank account, right?" she said. "And what about your wallet? Was that in your pants when we dragged you out the door?"

"Well, yeah, but—"

"So you've got your credit cards and access to an ATM. That should be enough to get you a hotel room for a few nights. I'm sure it won't take long to find an apartment. I'm really sorry about the house."

"Why didn't you stop her?" Fletcher demanded. The whining tone got worse. "That's why I hired you."

"You hired me to get some proof that she was stalking you."

"She tried to burn my house down around me."

"I realize that. I was there."

"So why didn't you stop her?"

She sighed. "Things escalated rapidly. I didn't realize what was happening in time to stop her. All I could do was try to save you."

"Evidently you didn't even do that very well. They said your assistant and some stranger came along and helped you drag me out of the house."

"That's true."

"They also said that Madeline Gibson had a psychotic break and collapsed. That's probably the real reason you were able to save me."

"Probably," she agreed. "Look, Fletcher, I'm in a hurry. Got a plane to catch."

"So now you're taking off on vacation?"

"No. It's business."

"If you're going to leave town I don't see why I can't stay here for a couple of nights. It's the least you can do under the circumstances."

"No, Fletcher. I'm afraid that's not possible."

No man stayed overnight in her private space. Not even when she was not around. Dream energy stuck to sheets and bedding like darkness on night. You couldn't wash out that kind of psi. If she allowed Fletcher to sleep in her bed she would have to buy a new mattress, a new set of sheets, a new mattress pad, new pillows and probably a new comforter as well. She could handle strange beds for a few nights if she took the proper precautions, but when it came to her own bed, she liked things pristine.

"What is it with you?" he grumbled. "I thought we were friends."

Before she could answer she heard the muffled sound of the first-floor lobby door opening and closing. A tingle of awareness whispered through her, stirring things deep inside. She did not have to go out onto the landing to see who was coming up the stairs. Hector went past her to greet Jack.

"Sorry, Fletcher," she said. "My client is here. I have to go now."

"What client?" Fletcher turned to look back down the stairs.

"The one who helped me save your life," she said.

Jack arrived on the third-floor landing. He looked at Fletcher with the same lack of interest that Hector displayed.

"Jack Winters," he said.

"Fletcher Monroe." Fletcher frowned. "You're the guy who was at my house last night?"

"Right."

"Why the hell did you save Madeline Gibson?"

Jack looked at Chloe.

She shrugged. "I told you, clients are never satisfied."

16

VICTORIA KNIGHT PICKED UP HER DEEPLY EN-
crypted phone and punched in a number. There were
several rings before her new associate answered.

"What is it?" Humphrey Hulsey whispered. "Do
you have some news?"

"The initial experiment is definitely a success. It's
been over a week now and Winters is alive. He's showing no indications of insanity or deterioration."

"Then your first theory is correct." Hulsey was
exultant.

"Looks like it." She kept her voice cool, refusing to
let her own elation show.

"That settles it. You must find the lamp and a dream
talent who can work it as soon as possible so that we
can move forward."

"As it happens, we've caught a very lucky break."

"What do you mean?" Hulsey said.

"Winters himself is now searching for the lamp,"
she said. "In fact, it appears that he has dropped everything else, including his business, to go after it. There's
only one reason he would suddenly decide to make
such an effort."

"His second talent is emerging."

"It seems that my grandfather was also right about age being a genetic trigger. Jack Winters turned thirty-six a couple of months ago. He is now the same age Griffin Winters was when his second talent emerged."

"Interesting. It makes sense that the genetic change is tied to chronological age. You said Jack Winters is searching for the lamp?"

"He's hired a dreamlight reader to help him find it. Evidently he believes the legends, too."

"Where did he find a high-level dreamlight reader?" Hulsey asked. "It's not a common talent."

"He hired a low-rent private eye who just happens to have that particular ability. Looks like they've had some success already."

"How do you know?" Hulsey demanded.

"They boarded a flight to Las Vegas about twenty minutes ago. I doubt very much that they're going there to gamble."

"Do you think it's possible that they've actually found the lamp already?"

"We'll know soon enough. I've got two people watching them."

The upper echelons of Nightshade were in hushed but seething turmoil at the moment. That was a good thing. Nothing like a temporary power vacuum at the top of an organization to provide cover for a little maneuvering farther down the chain of command.

It had taken the members of the Inner Circle of Nightshade—known officially as the Board of Directors—some time to become convinced that the founder and Master was no longer alive. William Craigmore was a legend, a dangerous one, and such men did not die easily. But the board had finally concluded that he was dead. There was some question as to the cause of death. No one was sure if Arcane had discovered that Craigmore was the founder of Nightshade and terminated him or if he actually had dropped dead of a heart attack. He had been on the formula for decades. There was no knowing what the long-term effects had been on his cardiovascular system. Either way a new director had to be chosen as soon as possible.

Back at the beginning Craigmore had not referred to his organization as Nightshade. He had established it as a legitimate, very low-profile corporation. The melodramatic label had been coined by Fallon Jones as a code for what had become Arcane's twenty-first-century nemesis.

Craigmore had been aware of the J&J code name because of his position on Arcane's Governing Council. Evidently he'd liked the theatrical touch and had adopted it. Probably a legacy of his days as a government agent, Victoria thought. For some reason, spy agencies were very big on exotic code names. Whatever the case, the members of the shadowy conspiracy Craigmore had founded now routinely referred to their organization as Nightshade.

In addition to the recent loss of its founder, Nightshade was also reeling from the shock of J&J's discovery and destruction of several clandestine formula labs. There was no doubt a lot of finger-pointing going on at the top. Victoria suspected that some of those at the highest levels would not survive. Nightshade was nothing if not an exercise in Darwinian theory.

It wouldn't be the first time that its corporate politics took a deadly turn.

She did not care what happened in the upper echelons. Not yet. There was little she could do to affect the outcome of the power struggles at this point, anyway. Someday she would control Nightshade, but that time had not yet come.

Her immediate goal was to take charge of one of the three surviving drug labs, specifically the one located in Portland, Oregon.

"Do you think the dream talent Winters found will be strong enough to work the lamp?" Hulsey asked anxiously.

"According to the J&J files she looks like a Level Seven."

"I'm not at all sure that will be enough sensitivity. Most dreamlight readers can see only a limited portion of the dream spectrum. Very few can actually work that kind of energy."

Victoria looked at her computer screen where her notes about the colorful Harper family were displayed. "The seven has a very big asterisk after it. J&J suspects she's probably a lot stronger."

"The agency isn't sure?"

"She has never been officially registered with the Society or tested. No one in her family registers and gets tested. In fact, the Harpers have a long history of going out of their way to avoid Arcane. Probably another reason why Winters chose Chloe Harper. He wouldn't want a dream talent who would pick up the phone and call J&J as soon as she heard his name."

"We can't proceed with the rest of the experiment until Winters locates that lamp," Hulsey stated. "Keep me informed."

"Of course, Doctor."

She broke the connection and spent a few minutes going over the plan yet again. There were always risks involved in a scheme this daring, but she had done a good job of limiting them. She had also provided several escape routes and bolt holes for herself in the event everything went south.

If things went wrong it would not be the first time she'd pulled off a disappearing act. After the Oriana Bay disaster a few months ago she had been obliged to destroy her Niki Plumer identity in a way that had convinced both Nightshade and J&J that she was dead. Being a strong para-hypnotist had its advantages. All in all, however, the new venture was coming together very nicely.

Unlike a lot of people, she took the legends and myths of the Arcane Society seriously. She was, after all, the product of one of those legends.

17

CHLOE LOOKED OUT THE WINDOW OF THE PLANE
and contemplated the fantasy landscape that was the
Las Vegas Strip. From the air the sharp divide between
the real and the fake was clear. Like the movie sets on
Hollywood's back lots, the exotic, fanciful façades of
the big casino-hotels were only skin deep.

Immediately behind the phony Renaissance pal-
aces, medieval castles, Roman temples, Egyptian pyr-
amids, waterfalls, rain forests, artificial islands and
pirate ships lay acres of concrete. The massive rooftops
of the resorts were laden with the huge HVAC equipment required to keep the gaming floors icy cool even
when the outside temperatures soared past 110°F.

Beyond the rooftops lay the big garages, parking lots and RV parks. Next came streets filled with
shabby budget motels and cheap apartment buildings.
And sprawling out to the distant circle of mountains
lay vast stretches of desert punctuated by subdivisions, golf courses and acres of sagebrush.

But when you were down on the ground, in the
middle of the Strip, all you could see was the fantasy,
Chloe thought.

"I still think this is a really bad idea," she said. "I never take clients along on a verification trip. They always get emotional, regardless of how things turn out."

"You've mentioned that several times," Jack said. "Trust me; I'm not the emotional type."

She believed him. *Control* was clearly his middle name. The man probably lived on a steady diet of ice and glacial melt. But that did not make him any more predictable than the client who was at the mercy of his emotions.

"Remember, I'll do the talking," she said.

"You've already mentioned that at least twelve times." He checked his watch. "How are you feeling?"

"I told you, I'm fine."

"How much sleep did you get the past couple of nights?"

"Enough," she said.

"How bad were they?"

"What?" she asked. But she knew what he was talking about.

"The dreams," he said.

"Don't worry, I didn't wake up screaming. The wine took the edge off. Besides, I'm a dream talent, remember? I can handle a few bad dreams."

"They were brutal, weren't they?"

"Well," she said, "Madeline Gibson is a very disturbed young woman. Stands to reason that her dream energy is also pretty unstable."

He frowned. "What do you mean? Didn't you get hit with my nightmares?"

"No. I got a dose of her energy." She turned in the seat, frowning a little. "What did you think happened?"

"I'm not sure," he said. "I told you, it's not like I've been able to run any controlled experiments with this damn second talent. But I assumed that when I used it, I was generating energy and images from my own dreamscape and that it was those visions that struck the target."

She thought about that and then shook her head. "I admit I've only had the single close encounter, but I think what happens is that when you use your talent, you send out currents of very strong, intensely focused energy from the dark end of your dream spectrum. That energy, however, doesn't carry the images from your dreams and nightmares. It's just energy."

"How does it work, then?"

"I got the impression that you use your talent to trigger the target's own dark dream energy. When you hit Madeline Gibson with that shock of psi she was suddenly plunged into her own nightmares, not yours. It was the ultralight from her dream world that I brushed up against." She shuddered. "Like I said, she's one sick woman."

"So the way this works is, I can force another person into a really bad dream?"

"Even regular, garden-variety nightmares produce strong physiological changes. Heart rate speeds up. Breathing becomes shallow. Blood pressure is elevated. People wake up in a cold sweat. It makes sense that the shock of being plunged into a nightmare while in the waking state would create extreme disorientation and panic or even cause a person to faint like Madeline did."

"Or the heart fails and someone dies," Jack said grimly. "Like that guy in the alley the other night."

"There is that possibility," she allowed.

"Shit," Jack whispered. He stared hard at the seat back in front of him. "My new talent is turning me into everyone's worst nightmare."

She considered that for a few seconds, and then she started to grin. She couldn't help herself. The next thing she knew, the laughter was bubbling up out of her like champagne.

"What the hell is so damn funny?" he demanded.

"I don't know." She managed to get control of her laughter, but she knew her lips were still twitching. "It's just something about the way you said that. For what it's worth, my advice is not to get too worked up about this new talent of yours."

"I'm a double-talent," he said evenly. "That makes me a monster in Arcane's eyes."

"Screw Arcane. According to my aunt Phyllis, they're just a bunch of supercilious bastards who think they have the right to tell other sensitives what to do. Who put the Joneses in charge of making rules for the rest of us? That's what I'd like to know."

A glint of humor came and went in his eyes. "Good question," he agreed judiciously.

"I'll bet the real problem Arcane has with double- or multi-talents is that they haven't had much experience with them. They've made assumptions based on a few anecdotal records of a handful of individuals who exhibited more than one strong talent. But those people were obviously too weak psychically to handle that much power. They self-destructed, so to speak."

"They've also got Nicholas Winters," Jack reminded her.

"Yeah, well, according to the legend, Old Nick tried to murder Sylvester. Stands to reason that the Joneses might have taken a somewhat less than fair and balanced view of the entire situation. Anyhow, the bottom line here is that you are not weak. You've obviously got all the wattage you need to control your second talent."

"For now," he said grimly.

"Mr. Positive Thinker. As far as what happened the night before last, you can stop apologizing. Heck, the sight of Madeline Gibson holding that gun was more than enough to trigger some nasty dreams. Now you know why I hate those kinds of cases."

He looked at her. "I love it when you do that."

"Do what?"

"Play the tough PI." His mouth kicked up a little at the corner. "What makes it so interesting is that you really are tough. How did you end up in a legitimate line of work?"

She went still in the seat. "What are you implying, Mr. Winters?"

He was even more amused by her sudden bristling. "Don't take offense. I'm making no moral or ethical judgments here. I'm just curious. The Harper family has a long history with Arcane and a lot of that history could be considered thorny, to put it mildly."

"Most of my relatives have a talent for art of one sort

or another," she said stiffly. "I lacked that kind of ability, so I had to find another way to make a living."

"I'm not buying that, not for a minute."

"I assure you, I have absolutely no artistic talent. I'm
good at finding things, that's all."

"But that's not why you went legit."

"It isn't?"

She infused her voice with all the icy reserve she
could summon. It didn't seem to faze him.

"No," he said. "You became a PI because you're one
of the good guys. You're a natural-born fixer. You want
to find answers and fix things for people."

"And just what makes you so sure you know so
much about me?"

He shrugged. "Part of my strat talent. I'm good at
scoping out weaknesses and vulnerabilities in people.
That's why I've been able to make so much money."

"How nice for you."

"The talent has its uses," he agreed neutrally.

The flight attendant's voice came over the PA system, instructing the passengers to prepare for the
landing. Chloe straightened in her seat and checked
the belt.

"One more thing before we meet with Drake Stone,"
she said.

"What?"

"Whatever you do, don't try to coerce him into selling you the lamp. Take it from me, that never works."

"I'm a strategy-talent who has made a lot of money
putting deals together."

"I know, but—"

"Trust me, everyone really does have a price, Chloe. I'll know Stone's within five minutes of meeting him."

She did not like the sound of that.

"I want your word that you will let me handle this situation," she insisted. "Collectors are an odd bunch."

"I doubt that they are any more weird than some of the folks I've backed."

"Just remember, I'm in charge."

"You're the expert."

Not quite what she had wanted to hear.

18

"THERE ARE DAYS, MISS HARPER, WHEN I THINK that if I have to sing 'Blue Champagne' one more time I'm going to lose it completely and go bonkers right there on stage."

Chloe smiled. "So this probably isn't the time to tell you that my assistant informed me that you were her mother's favorite singer."

They were sitting on a patio overlooking a sparkling turquoise pool framed by stone columns and twin rows of classical statues. The day was bright and sunny, but it was, in Chloe's opinion, a tad cool to be sitting outdoors, even if this was the desert. It was still December, after all, and sixty-two degrees was still sixty-two degrees; not true patio weather even if you were from Seattle. They were all quite comfortable, however, because two towering propane patio heaters cast a warm glow over the scene.

Here in Vegas, you didn't let a little thing like the weather get in the way of the ambience. Come high summer, when the temps were routinely in the low one hundreds, Drake Stone's patio would be just as comfortable as it was now. The row of misters installed at the edge of the awning would cool the atmosphere with an airy spray of water.

Stone had given them a true Vegas welcome. He had dispatched a stretch limo to pick them up at the airport. The bar in the rear of the vehicle had offered cold beer, chilled champagne and an assortment of soft drinks. She and Jack had sipped sparkling spring water in hushed luxury on the drive out to Warm Springs Road to an exclusive enclave of private estates. Along the way they passed subdivisions and small strip malls interspersed with acres of undeveloped land covered in sagebrush.

High stone walls surrounded Drake Stone's home. The gate was manned by a uniformed guard. Pines and purple plums shaded the grounds. The main house resembled one of the fantasy hotel-casinos on the strip, an over-the-top Mediterranean villa built around the pool and a large, lushly landscaped courtyard.

Stone's interior designer had gone mad with what in Vegas passed for the Renaissance look. The heavily gilded furniture was oversized, covered in rich brocades and trimmed with a lot of gold tassels and velvet pillows. In the vast living room a hand-painted sky complete with fluffy clouds and plump cherubs adorned the ceiling. Tapestries covered the walls.

Stone had proven to be a genial host who was obviously enjoying his guests. He was dressed in a pair of loose, elegantly draped white trousers, a white, long-sleeved shirt, white sandals and designer sunglasses. There were a lot of rings on his hands and some gold chains around his throat. The gemstones and the gold looked real.

Chloe knew that he had to be in his mid-sixties, but there was an ageless quality about him, as if he had been preserved in plastic or maybe embalmed. He had obviously had a lot of work done, and it had all been of the highest quality. His jaw line was amazingly firm, his teeth were brilliantly white and the sprayed-on tan was just the right shade. His hair was as dark and thick as that of any nineteen-year-old, although the average nineteen-year-old probably would not have gone with the blow-dried pompadour.

It would have been easy to assume that Drake Stone was a caricature of an aging Vegas lounge crooner, but that would have been a serious mistake, Chloe thought. She knew, because Phyllis had explained often enough that it took intelligence, pragmatism, luck and sheer grit to keep a career in show business going as long as Stone had. That was especially true when that career was founded on a single hit song. It also took a lot of financial savvy and connections to amass the kind of fortune that could re-create a Roman villa in the Las Vegas desert.

There was something else about Drake Stone that caught her attention, a faint but discernable aura of energy. She could see it in his psi prints. She was willing to bet that he was a low-level sensitive, maybe a two on the Jones Scale. He was probably unaware of his talent. People with above-average intuition usually took the gift for granted. But over the years it would have given him an edge that no doubt accounted for his long-lived success in a cutthroat business.

She took a sip of the tea that Drake's housekeeper had served. The men drank coffee. She was having a good time. Meeting people like Drake Stone was one of the perks of her job. But Jack, seated on the chair next to her, was barely masking his impatience with the pleasantries. Dark glasses shielded his eyes and his face was impassive, but she could feel the cold antici-pation in him.

Drake laughed. "Trust me, I'm always thrilled to hear that I'm anyone's favorite singer. But I'll admit I'd have been even more flattered if you had said that I was your *assistant's* favorite singer, not her mother's."

"Her mother was murdered a few years ago," Chloe said gently. "The memory of her mom listening to your music is very important to her."

"Understood," Drake said, going very serious. "Tell her I feel honored."

"I will." She smiled. "Is it true that the ladies in the audience still line up for a kiss after the show?"

"It's true." Drake winked. "But I've been doing my show here for thirty years. Back at the start, the women in the audience were thirty years younger. Hell, so was I. But enough about me. How is Phyllis doing? I miss her wise counsel."

"My aunt is doing great. She still takes calls from old clients. You should give her a ring."

"I'll do that," Drake said. He flicked a look of veiled assessment at Jack and then turned back to her. "I'm curious to know how you found out that I owned the lamp. I bought it last year from an online dealer. You two are the first people who have asked me about it."

"Finding things like the lamp is what I do," Chloe said. "As my aunt explained to you on the phone, Mr. Winters hired me to locate it. He's considering acquiring it for his collection."

Drake looked at Jack. "And what's your interest in it?"

"Family heirloom," Jack said. "It got lost during a cross-country move several years ago."

"You must come from a rather interesting family," Drake said.

"Why do you say that?" Jack asked.

"Call it a hunch based on what you consider a valuable family heirloom," Drake said drily.

"What made you decide to buy it?" Jack asked.

"Beats me." Drake moved one hand in a vague manner. "I was approached online by a dealer shortly after one of the major design magazines did a spread on this place. The guy convinced me that he had a genuine late-seventeenth-century lamp with an interesting history that would look terrific in my house. Claimed it was made out of gold and decorated with a lot of good gemstones. What can I say? I was interested."

"You agreed to buy it sight unseen?" Chloe asked.

"Of course not," Drake said. "I told him I wanted it evaluated by an expert first. I invited him to bring the lamp here to Vegas. I planned to have a local authority I know take a look at it."

Chloe nodded. "Edward Harper. He's one of my uncles."

"That's right. My interior designer used him for a lot of the pieces she put into this place."

"Uncle Edward was the person who told me that you might have the lamp," she said. "But he couldn't confirm it. He said he never actually saw it. Who did you get to examine and appraise the lamp?"

"No one," Drake said. He drank some coffee and leaned back in his chair. "The morning after I informed the online dealer that I had arranged for the evaluation, the crate containing the lamp showed up on my doorstep. There was no invoice, no delivery papers, no records of any kind. I went back online and tried to find the dealer, but he had disappeared. I figured the lamp had been stolen and someone didn't want it traced back to him."

"Why didn't you go ahead and have the lamp appraised?" Chloe asked.

"As soon as I opened the crate, I realized it would be a waste of time. At first glance the metal looks a lot like gold, but it isn't gold. That was obvious immediately. Gold is soft, but you can't even put a dent in that lamp. Believe me, I tried. The thing just has to be made of some kind of modern alloy."

"What about the gemstones?" Chloe asked.

Drake grimaced. "They're just big, cloudy glass rocks. I didn't need Edward Harper to tell me the lamp was definitely not late seventeenth century."

"Hell," Jack said, his tone flat. He looked at Chloe. "Should have known that finding the lamp so quickly was too good to be true."

Disappointment and frustration twisted through

her. There was also a lot of embarrassment in the mix. All in all she felt utterly deflated.

"I was so certain," she said. She looked at Drake. "Are you absolutely sure the gemstones are glass?"

"Well, I couldn't put a scratch on them, so I guess it's possible that they may be some high-tech crystals," he admitted. "I ran a couple of experiments with a hammer and then with a drill. Couldn't even chip the stones."

"Let me get this straight," Jack said evenly. "You did your best to destroy the lamp?"

Drake shrugged, unperturbed. "I have to admit it aroused my curiosity. Something about it interested me. But after a while, it started to bother me. Can't really explain it. At first I stuck it on a pedestal in one of the guest bathrooms. As a joke, you know? But my housekeeper told me it bothered her. After a while I realized that I didn't even want it in the house. I put it back in the crate, nailed the crate shut and stashed it where I wouldn't have to look at it on a regular basis."

Chloe cleared her throat. "If you didn't like the lamp, why did you keep it? Why not just chuck it into the trash?"

"Beats me," Drake said. "I thought about doing just that from time to time. But, for whatever reason, I didn't. There's something about it." He looked at Jack. "Every time I considered getting rid of it I got this weird feeling that I should hold on to it." He smiled his stage-lights smile. "Like maybe until the real owner showed up."

There's just something about it. A tiny flicker of hope

sparked inside Chloe. Paranormal artifacts exerted
their own kind of compelling attraction, especially
on those who possessed even a small measure of talent. Maybe Drake Stone had sensed some energy in
the object. But the Winters lamp had been forged in
the late 1600s. Drake seemed certain the item he had
bought online was modern.

Jack was looking interested again. "I'd like to see it,
if you don't mind."

"Come with me." Drake put his coffee aside and rose
from the lounge chair. "Frankly, I'll be thrilled if you
take it off my hands. Hell, I'll pay you to remove it."

He started across the heavily landscaped pool
gardens.

Chloe glanced at Jack, but he was already on his feet,
moving to follow Drake. She put down her tea and got
up to follow the two men. A familiar fizzy sensation
was whispering through her. Harper intuition always
told her when she was on the right track.

Drake threaded a path through the maze of plant-
ings, statuary and fountains to a low building tucked
out of sight behind a high hedge. He stopped, dug out
some keys and opened the door.

"Like I said, I kept it in the house for about a week."
Drake pushed the door open. "After that I couldn't
stand it any longer. The guys from the pool service
gave me some static when I stored it in here, but given
what I pay them, I figured they could just get over it."

"Why did the pool service people complain?" Jack
asked.

"They decided that the crate contained some toxic

gardening chemicals or pesticides. They wanted me to
get rid of whatever was inside it."

"Bad smell?" Chloe asked.

"No," Drake said. He smiled wryly. "Whatever it is,
it seems to affect the nerves."

He reached around the edge of the door, flipped a
light switch and stood back.

A tendril of dark, powerful energy wafted out of
the opening. It didn't just stir the hair on the nape of
Chloe's neck, it prickled the skin on her upper arms
and caused her pulse to quicken. An unsettling chill
swept through her. She knew Jack sensed the currents,
too. He said nothing, but she could tell that he had
opened up all of his senses. Energy pulsed invisibly
in the atmosphere around him. He stood in the doorway and looked into the shadowy interior of the pool
house.

She took a couple of steps closer and peered past
him into the crowded space. It took a few seconds for
her eyes to adjust to the low light. When they did, all
she saw was a lot of gardening equipment, pool chemicals and cleaning devices. She did not see a crate.

"It's all the way at the back," Drake said, as if he'd
read her mind. "Under some tarps."

Jack removed his dark glasses, dropped them into
his shirt pocket and entered the pool house as if he
knew precisely where he was going.

"I'll wait out here," Chloe said. He gave no indication that he had heard her.

Energy spiked higher in the atmosphere, not the
stuff that was uncoiling in ominous waves from inside

the structure. She slipped into her other vision and looked down. Hot ultralight dream energy burned in Jack's footsteps.

She heard the clang and thud of some gardening tools being shifted about inside the shed. A moment later Jack emerged, a wooden crate under one arm. He used his free hand to put on his dark glasses.

"I'll take it," he said to Drake. "What's your price?"

"You haven't even opened the crate," Drake pointed out.

"That won't be necessary," Jack said. "Whatever is inside this crate belongs to me."

Drake studied him for a long, considering moment and then his neon-bright teeth flashed in the sun. "It's yours, Winters, free and clear. It didn't cost me a damn thing in the first place, and you're saving me the cost of having it carted away by the garbage company. A real deal as far as I'm concerned."

"I can afford to pay for it," Jack said.

"I know that. You're Jack Winters of Winters Investments, right?"

"You did your research."

"Of course. You've got more money than God. But so do I. Take the lamp. It's yours."

Jack studied him for a moment. Chloe felt another little rush of energy. Then Jack nodded once, as though a bargain had been struck.

"I owe you," Jack said. "If there's ever anything you need that I can supply, you've got it."

"Yeah, I can see that," Drake said. He was obviously

satisfied with the deal. "Good to know. Money can't buy everything, even in this town. I learned a long time ago that sometimes a favor owed is a hell of a lot more valuable."

He closed the door of the shed.

19

"AREN'T YOU EVEN GOING TO LOOK AT IT BEFORE we get on the plane?" Chloe asked. "Don't you want to make sure that whatever is inside that crate really is the Burning Lamp?"

"Like I told Stone, whatever is inside that crate has got my name on it," Jack said. "And, yes, I intend to examine it before we go back to Seattle. But not here. Not now."

They were standing outside the entrance to McCarran Airport. The long limo had just deposited them and the crate on the sidewalk. The big vehicle was already vanishing into the endless stream of cabs and cars.

She glanced at her watch. "You want to find someplace more private? I understand, but our plane leaves in an hour and a half." She looked around. "I suppose we could take a cab to a nearby hotel, but we'd need to get a room. There's just not enough time."

"A room is exactly what we need," Jack said. He gripped the crate tightly under his arm. He had not let go of it since he had carried it out of the pool house. The case containing his computer was slung over his shoulder. "We'll spend the night here. Figure out how to work the lamp and fly back to Seattle in the morning."

She blinked. "I'm not sure that's a good idea."

"I want to get this done. Tonight."

She sensed the psi burning through him. He was focused one hundred percent on the object inside the crate, obsessed with it. In this condition he was not likely to listen to anything she had to say. But she had to try.

"I realize that you're anxious to see if the lamp can stop what you think is happening to you," she said, "but I'm the one who is supposed to work it, remember? I don't have a clue about how I'm going to do that. I'll need time to study the lamp. Time to do some research online. Time to think."

"What's to study or think about? The lamp emits radiation on the dreamlight end of the spectrum. You're a high-level dreamlight reader. You're supposed to be able to work that radiation to make sure I don't turn into a monster."

"You make it sound so simple."

"It is simple."

"Oh, yeah? And what happens if I screw up my part of this business?"

He looked at her through the dark shield of his sunglasses. "According to the legends, if things go wrong there are two possibilities: You'll either destroy all of my talent or you'll kill me."

"Gee, you know, given those options, I think we might want to allow a little time for study and contemplation here."

For a moment he did not speak. She was beginning to hope that he was starting to see the wisdom of her logic when his jaw tightened.

"There's something else, Chloe," he said finally.

"What?"

"If things go wrong, if you can't get rid of this second talent and stabilize my dreamstate, I will have to disappear."

"Because of J&J, you mean?"

"For all I know they've been watching me for months. Years, maybe."

"For heaven's sake, why?"

"Because that's the way Fallon Jones is when it comes to potential problems that could blow up into major headaches for the Society. As Nicholas Winters's direct male descendant, his *only* male descendant, I fit the profile of a walking time bomb as far as Fallon is concerned."

"Just how do you plan to pull this disappearing act?"

"A year ago I established a second ID for myself. I carry the passport and credit cards with me at all times. If the lamp doesn't work, I'll get on a plane and vanish."

She cleared her throat. "Uh, Jack, does it strike you that you're becoming a trifle paranoid here?"

"Fallon and I talked about it once."

"You and Fallon Jones talked about this human time-bomb thing?" she asked, incredulous.

"The last time we went out together for a beer. Just before he moved to Scargill Cove. We've known each other since childhood. We were friends once upon a time. He knew the history of the lamp, knew what might happen to me if I got hit by the curse. And he made it clear what he would have to do if I turned rogue."

"He actually warned you that he would hunt you down?" She sniffed, disgusted. "Guess that's what you get when you have a Jones for a friend."

"I knew where he was coming from. I told you at the start of this thing that if I were in his place, I'd do the same. The Society has a responsibility in situations like this. It can't allow artificially enhanced psychic rogues to run free."

"Whoa." She put both hands up, palms out. "Back up here. You are not a rogue. I can personally testify to that. I've read your dreamlight. I know the bad guys when I see them. You are not one of them."

"I agree that I haven't gone rogue yet. But who knows how long I've got before some switch gets tripped at the paranormal end of my energy field? Now that I've got the lamp, I can't waste any time. I told you, the damn thing has a habit of disappearing."

She was never going to get him on a plane. That was obvious.

"Okay," she said. "I'll make a deal with you. We'll get a room here in town. I'll take a look at the lamp. If I feel comfortable trying to work it, I'll go for it. But if I don't think I can handle it—"

"You have to work it, Chloe. I told you, the only other dream readers I identified in the Arcane files are employed by the Society. Even if I could take the risk of contacting one of them it wouldn't do any good. None of them are as strong as you."

She exhaled slowly, out of arguments. "Aunt Phyllis always said that someday I'd find a man who didn't have a problem with my talent."

20

THE NEED TO GET THE LAMP OUT OF THE CRATE, to touch it, to find out if it could save him from whatever was happening to him, was a heavy, intensifying pressure. He felt as if he was trying to resist a strong gravitational field. But he would not be ruled by the demands of his senses. He was still in control of the demon inside him, and he was going to stay in control. Even if it killed him.

When they got into the cab he instructed the driver to stop first at the nearest hardware store. He left Chloe sitting in the back, the meter running, while he went inside to pick up a crow bar and a screwdriver. He was back in the car within ten minutes.

"Downtown," he said.

The driver looked at him in the rearview mirror. "Where, downtown?"

"I'll tell you when we get there."

The driver shrugged and headed for the old section of the city. When you drove a cab in Vegas, you didn't ask a lot of questions.

Chloe didn't ask any questions, either. She said nothing when they bypassed the glittering high-rise resorts on the palm-studded Strip and headed for the grittier, seedier downtown. She had probably guessed that he would not give her any answers as long as they were sitting in the backseat of a cab where the driver could overhear.

He was pretty sure he knew what she was thinking. She had concluded that he was now in full-blown paranoid mode. She was right. As the old saying went, even paranoids had enemies, and when one of those enemies might turn out to be J&J, it was only common sense to take precautions. If the agency did come looking for him they would start with the big hotels on the Strip because that was where someone with his kind of money would stay.

Paranoid, for sure.

The cab exited I-15 and plunged into the streets of faded, two-story motels, dingy gentlemen's clubs, storefront casinos and gaudy, drive-through wedding chapels that cluttered what was known as Old Town.

He told the driver to stop on a side street in front of an adult bookstore.

Chloe got out and stood beside him on the sidewalk. She grasped the handle of her carry-on in one hand and her satchel in the other. Together they watched the vehicle speed away, and then Chloe turned to survey the nearby pawnshop and neighboring tattoo parlor.

"The real Vegas," she said drily.

"Nothing's real in Vegas." He adjusted the crate under his arm and gripped the computer case in his other hand. The computer was not the only thing in the case. His overnight kit and a full set of IDs for a

man named John Stewart Carter was also inside. He
started walking. "Let's go."

She hurried to keep up with him. "Where are we
going?"

He contemplated a sun-bleached sign halfway
down the street. "What would you say to one hour in a
private hot tub at the Tropical Gardens Motel?"

"The word *yuck* comes to mind."

"Okay, be that way. Forget the hot tub. We'll just get
a room. But don't say I never take you anywhere."

At the front desk of the Tropical Gardens, there was
no need to bother with the Carter ID. He just gave a
fake name and paid in cash. The Vegas Way.

The bored clerk handed him a key. "Enjoy your stay,
Mr. and Mrs. Rivers."

They went through the small, grimy lobby, past the
two senior citizens perched on the stools in front of a
pair of slot machines and climbed a flight of stairs to
the second floor.

"I can feel it, too, you know," Chloe said quietly.

He knew what she meant. "It's not just that I'm picking up on the energy coming from the lamp. The weird
part is that I recognize the vibes. They're familiar. It's
like looking into a foggy mirror."

They stopped in front of room twelve. He shoved
the key into the lock. She followed him into the shabby
room. The tang of stale smoke and bleach greeted them.
Chloe wrinkled her nose, but she made no comment.

"That makes sense," she said instead.

He closed the door behind her and locked it. "It

makes sense that I would recognize the energy coming from the lamp?"

"Sure." She put down her carry-on and the satchel. "You said the lamp was created by Nicholas Winters and was later used by at least one of his descendants, Griffin Winters."

"Right." He set the crate on the stained, threadbare rug.

"Both men would have left their psi prints on it. You're related to them. It's a genetic thing."

He looked down at the wooden box. "Can you sense the age of whatever is in this crate?"

"I can't be absolutely certain until I see it, but the dreamlight that's leaking out is very strong and, yes, I think that the object inside could date from the late seventeenth century."

"Stone was so sure it came out of a modern lab."

She shook her head, frowning a little in concentration. He felt energy shift in the atmosphere and knew that she had just pushed her senses a couple of notches higher.

"No," she said. "The object in that box is definitely not modern."

He met her eyes. "Is it dangerous?"

"I just sense power, Jack. Energy in and of itself is neutral. You know that."

He studied the crate. "Just raw power?"

"A lot of it. And not all of it is masculine. Some of it is feminine."

He looked up again at that. "Dream energy has a gender?"

"Probably not but people who leave traces of it behind certainly do. I can't always perceive it distinctly because that kind of energy often gets muddled, but in this case some of it is very clear. At least two women of talent have handled that lamp."

He thought about that. "Eleanor Fleming was the woman who worked the lamp for Nicholas. Adelaide Pyne was the one who worked it for Griffin Winters."

Chloe smiled faintly. "They must have been very interesting women."

Like you, he thought. *Not just interesting. Fascinating.*

"According to the records and the legends, they were," he said instead. "It's a fact that Eleanor worked the lamp to give Old Nick his second talent. Later she deliberately fried his para-senses with it. Figured destroying his talent would be the ultimate revenge."

"Why did she want revenge?"

"You don't know the tale?" he asked.

"Hey, until I met you I assumed the Burning Lamp was just another Arcane Society myth. You know, like Sylvester and his talent-enhancing formula."

"Right, the formula. Just another legend. Okay, here's what I know about the curse. Nicholas and Sylvester started out as friends. They were both alchemists, both strong sensitives, and both were convinced that they could not only enhance their talents but also develop additional powers by using the secrets of alchemy."

"I do remember that much of the story," she said. "Sylvester took the chemical approach. He studied herbs and plants, looking for a drug that would do the job."

"Nicholas took the engineering approach. Alchemists were notorious for trying to transmute metals with fire."

"Ah, yes," Chloe said. "The ancient dream of turning lead into gold."

"Old Nick took it a step further. His goal was to forge a device that would produce powerful waves of dreamlight that could force open the channels between the dreamstate and the waking state and keep them open. Figured that would allow him to access the additional paranormal energy available along the dream spectrum."

"Bad idea. That way lies madness." She raised her brows. "Or so the Arcane experts believe. Just too much energy and stimulation for the human mind to handle all at once. The dreamstate and the waking state are separate for a reason."

"Yeah, well, Nick was an alchemist. They were all a little mad. He also had an ego problem. He was sure that he was strong enough to handle the additional psi."

"So he constructed the lamp. Then what happened?"

"Even though he was the one who created the lamp, he discovered that his own talent did not allow him to work it in the way required to open his own channels. He concluded that he needed a dreamlight reader."

"Someone like me," Chloe said.

He smiled at that. "I doubt if there is anyone else quite like you, Chloe Harper. But, yes, he needed someone with your talent and for whatever reason he was convinced the person had to be female. Or maybe he just assumed it would be easier to manipulate a woman. Took him a while, but he finally located a dreamlight reader in a small village outside London. Eleanor Fleming. She agreed to work the lamp for him, but the price was high."

"How high?"

"She demanded marriage. Old Nick agreed to the bargain."

"No wonder the legend had a bad outcome," Chloe said.

"Eleanor worked the lamp. Afterward Nick took her straight to bed."

"Poor Eleanor probably thought it would be okay to sleep with him because he was going to marry her."

"Evidently. Shortly afterward Nick began developing his second talent."

"Was it like yours?"

"The legend is unclear about the specific nature of his talent. No two are exactly the same, anyway. But whatever Nick got, it was definitely dangerous. He recorded in his journal that the initial indications that something was happening to his senses were the nightmares and hallucinations."

"Is there any record that he experienced the blackouts and the sleepwalking episodes that you say you're having?"

"No. But the side effects probably vary with each individual, just as the talent does." He shoved his fingers through his hair. "There just isn't much information to go on because so few in my line have been born with the curse."

She glared. "Stop calling it a curse."

He looked at her. "Got a better word?"

"Never mind. What happened between Nick and Eleanor?"

"By all accounts the affair continued, but Nick was spending most of his time back in his laboratory. That's when the rumors began. The people who worked on his estate reported seeing demons and monsters on the grounds."

"Oh, geez. He was running experiments on them."

"Apparently. The local villagers became terrified of Nick, and the stories just got worse over time."

"That's what happens with a legend," she said.

"Meanwhile, Nick was still plagued with the hallucinations and nightmares. He concluded that Eleanor might be able to fix the problem with the lamp. She was pregnant by then."

"And no doubt busily planning her wedding," Chloe said.

"You guessed it. She worked the lamp energy a second time and managed to stop the nightmares and hallucinations. That was when Nick told her that he had no intention of marrying her."

"Bastard."

"He explained that it was impossible for a man of his rank and station to marry the daughter of a poor tradesman, but he was quite willing to carry on with her as his mistress and to provide for the child."

"Big of him," Chloe muttered.

"Eleanor told him to get lost."

"Good for her."

"He disappeared back into his lab for a few months and started to work on new crystals for the lamp."

Chloe folded her arms and frowned. "Why new crystals?"

"That's another part of the story that is very unclear. The assumption is that he hoped he could use the lamp to develop a third talent."

"Oh, for crying out loud. Idiot."

"Yeah, well, he was a really brilliant idiot. What is known is that he created some new stones in his alchemical furnace and inserted them into the lamp. And then he went back to see Eleanor a third time."

Chloe sighed. "By now she had a son, right?"

"Old Nick did have some interest in the boy. Like Sylvester, he was curious to see if his offspring would inherit his talent. I don't think he ever wanted the encumbrance of a wife, but he had run out of money to finance his experiments. To shore up his finances he had contracted a marriage with the daughter of a wealthy landowner."

"Eleanor knew about the engagement, I assume?"

"Yes. When Nick showed up on her doorstep again it was too much. She agreed to work the lamp for him one more time. And she did. But instead of using it to provide him with a third talent, she took her revenge by frying all of his senses with it."

"What happened?" Chloe asked.

"There was a struggle. Nick survived. Eleanor did not."

Chloe's eyes widened. "He killed her?"

"It's not clear. One theory is that the radiation that

Eleanor unleashed affected her as well as Nick. She died at the scene, that much is known. Nick lived, but not long afterward his psychic talents began to fail. He realized what had happened and went crazy with rage. He was convinced that his old friend, Sylvester, had paid Eleanor to erase his new powers."

"So that's why he tried to murder Sylvester," Chloe said.

"Yes. But before the final confrontation he went back into his laboratory one last time. He had enough talent left to finish forging one more stone to insert into the lamp. He called it the Midnight Crystal. He believed it had some extraordinary properties and that somehow it would ensure that one of his descendants would use the lamp to destroy the descendants of Sylvester Jones."

"Then he confronted Jones?"

"Right. He didn't expect to survive the encounter. But he wanted Sylvester to know that he had prepared his revenge and that it was a dish that would be served ice cold. There is no record of exactly what happened that day. All we know is that when the final meeting between the two men was over, Nicholas was dead."

"What about Eleanor's son?" Chloe asked.

"You don't know that part of the story, either?"

"No."

"Sylvester took the boy and gave him to one of his three mistresses to raise."

Chloe looked stunned. "Sylvester *adopted* Nicholas's son?"

"Not formally. He didn't make the boy a Jones. But he saw to it that he was cared for and educated."

"*Hmm.*" Chloe pursed her lips. "Sylvester was never known for being kindhearted."

"I doubt that kindness had anything to do with it. It's possible that he was curious to see if Nicholas's son would inherit his father's first and second talents. More likely he wanted to keep an eye on the boy to make certain he didn't show any signs of becoming the anti-Jones."

"In other words, the Winters boy was just another lab experiment to Sylvester."

"Neither Nicholas nor Sylvester went down in the historical record as good fathers."

21

THE PULL CORD THAT WORKED THE YELLOWED curtains covering the small window was broken. She used both hands to drag the tattered fabric across the grimy glass, cutting off the view of the aging casino and the adjoining café across the street.

"Do you really think that J&J is watching you?" she asked.

"When it comes to Fallon Jones, paranoia is the only intelligent response," Jack said. He was crouched on the floor beside the crate, crowbar in hand. "Now that I've got the lamp, I intend to keep the lowest possible profile until I find out if you can work it."

"And if I can't work it?"

"Then my profile is going to get a hell of a lot lower."

She chilled. "But where will you go?"

"For your own sake, it's better if you don't know anything more than that."

She sighed. "Well, this place certainly qualifies as low profile. I have a feeling the rooms usually rent by the hour, not the night. No telling when the sheets were last changed."

"Got a hunch you're right."

There was a metallic groan of steel and wood. A

couple of nails popped free. She slipped into her other sight and studied the ultralight wavelengths seeping out of the crate. Dark energy swirled in the atmosphere.

"If things do work out as planned, how are you going to get the lamp back to Seattle?" she asked.

"As a carry-on," Jack said. "How did you think I was going to get it back?"

Two more nails popped free.

"That might not be such a good idea," she said. "The energy leaking out of that thing will probably make the passengers sitting around us a little edgy."

"A lot of people get uneasy when they fly. I'm sure as hell not going to check the lamp and risk having it wind up in St. Louis or Acapulco."

The last nail came free. Jack put down the crowbar. For a few seconds he just looked at the crate. Then he raised the lid, slowly, deliberately. *As if it were a coffin lid*, she thought.

More energy from the dark end of the spectrum swirled into the room. Her senses were still wide open. She could see icy ultrablues, strange purples, eerie greens and countless shades of black. A midnight rainbow from a very dark dream.

The object inside the crate was encased in a sack made of worn black velvet. Jack picked it up, stood and carried it to the small table. Slowly he untied the cord that secured the sack. The psi radiation got stronger, the hues more intense. Fascinated, she moved closer to the lamp.

The velvet bag fell away, revealing the artifact.

"Drake Stone was right," she said. "It's not what

anyone would call attractive, but there is something fascinating about it."

The lamp stood about eighteen inches high. It looked very much as Jack had described it. Narrow at the base, it flared out toward the rim. It was fashioned of a strange, gold-toned metal that looked oddly modern, as Drake Stone had said, but ancient alchemical designs were worked into it. Large, murky gray crystals were positioned in a circle just below the rim.

She looked at Jack. He was studying the lamp with rapt attention, an alchemist gazing into his fires. Currents of psi pulsed strongly in the room. The energy was as dark as that of the lamp, but there was a thrilling, disturbingly sensual quality to it. She recognized it immediately: Jack was in the zone. She realized something else as well: Her own senses were responding to his energy, starting to resonate a little.

She folded her arms tightly around herself and concentrated on the lamp. She felt a sudden need to break the crystalline atmosphere that had settled on the room.

"How does it work?" she asked.

Jack did not answer for a few seconds. When he did, she got the impression that he'd had to summon the will to look away from the lamp.

"Damned if I know," he said. "Adelaide Pyne's journal supposedly contained some advice and directions, but it vanished. Without it, all I've got is you. If you can't fix the damage, my options are nonexistent."

She eyed the lamp, uncertainty tingling through her.

"You're absolutely *sure* you've been damaged?" she asked.

His jaw hardened, and his eyes heated. "We've been over this. I'm a double-talent and my second talent is lethal. That is not a good thing. Who knows how long I've got before I start going crazy?"

"Okay, okay," she said soothingly. "It's just that, well, you seem so stable. In control."

"For now."

The grim, haunted look in his eyes told her that he was braced for the worst-case scenario. He was not in a mood to listen to a glass-half-full view of the situation. What did she know about the lamp, anyway? It was his lamp and his curse. He was the expert here, not her.

She walked around the table, studying the lamp from every angle.

"What happened to Adelaide Pyne's journal?" she said.

"The story is that a rare books dealer came to see my grandmother one day while my grandfather was out of town on a business trip. The dealer claimed to be in the market for personal diaries and journals from the Victorian era. She told him that she didn't have any to sell, but she showed him Adelaide's journal. A few weeks later she noticed that it was missing."

"The dealer stole it?"

"That's what Grandmother always believed."

"If the rare books dealer knew about the journal, I wonder why he didn't want to see the lamp, too?"

"She said he asked about old lamps, but at that point she started to feel uneasy. She told him that she didn't have any antique lamps. That much was true. My father was married by then, and she had already given him the lamp. She didn't give him the journal at the same time because she had forgotten about it. In any event my parents moved to California shortly after that. The lamp disappeared along the way."

"Did you ever try to find the rare books dealer?"

"Sure. I spent months trying to locate him. But the trail was completely cold from the start. It's like he never existed."

Chloe took a deep breath and put her fingertips on the rim of the lamp. Dream energy shivered through her. She drew her hand back very quickly.

"I need some time with this thing," she said. "I've got to analyze the latent energy that I'm sensing in it. I've never experienced anything like it. There's a lot of power here. If I screw up . . ." She let the sentence trail off.

"How much time?"

Clients were always in a rush, she thought.

"A few hours should do it," she said. "I should know by then whether I can handle this thing. But before I even begin to study it, I need food. I haven't eaten since breakfast. Something tells me that working the heavy-duty dreamlight in this lamp is going to create a major psi burn. I'll need all my reserves." She paused a beat to make sure she had his attention. "And so will you."

Jack did not look pleased, but he did not protest. He was impatient, desperate, even, but he was not stupid. They were about to mess with some very serious energy. He knew as well as she that it would not be smart to sail into that kind of lightning storm without all their resources in good working order.

He went to the window and twitched the curtains aside. "There's a café across the street. The sign says it's open twenty-four hours a day."

"Like most things in Vegas."

He unzipped the duffel bag and stuffed the lamp into it. Then he picked up his computer case. She collected her satchel. They went downstairs, through the lobby and across the cracked, weed-infested parking lot. The early December night had fallen hard on the desert, but the street was brightly lit with aged, sparking and flickering neon.

The windows of the café were as dingy as the one in the motel room. Beer signs offered a cold welcome. The laminated tops of the tables in the booths looked as if they had been wiped with a very old, very dirty sponge. At the small bar, three people sat hunched over their drinks. They were all staring at a ball game on television, but none of them showed any real interest in it.

The waitress looked as hard and weathered as the café, her features ravaged by smoking and bad cosmetic surgery. But her long legs, the artificially enhanced bosom and the underlying bone structure of a once-beautiful face testified to a previous career. *Former showgirl*, Chloe thought.

"This town is like the Bermuda Triangle for beautiful women," she said softly. "Sucks 'em in and drowns them. But still they keep coming here in endless waves. I've never been able to figure out why."

Jack gave her an odd look before glancing at the waitress.

"Do you feel sorry for everyone you meet?" he asked, turning back. "I would think that would be a real handicap in your line of work."

For some obscure reason she felt obliged to defend herself. "I just wondered about the waitress, that's all."

"So you spin a little story about her that probably has no basis in reality, and suddenly you feel sorry for her."

"Take another look, Jack."

"Not necessary. I'll go with the odds. Given that this is Vegas and that a lot of former showgirls end up waiting tables, it's a good bet she's on the same downwardly mobile career path."

They ate their sandwiches and greasy fries in silence. Jack paid for the meal in cash. Chloe glanced at the stack of bills he left on the table. She smiled.

"You overtipped," she said. "I mean, *way* overtipped."

"Everyone overtips in Vegas. Sends the message that you're a winner."

"Hah." She smiled. "You left her the big tip because you felt sorry for her. Admit it."

"I admit nothing. But I'll tell you this much, it was a damn fool thing to do."

"Why?"

"Because people remember big tippers."

22

"I KNOW YOU DON'T WANT TO HEAR THIS," SHE
said, "but I can't concentrate with you pacing the room
and pausing to look over my shoulder every five minutes. It's distracting, to put it mildly."

He came to a halt near the tiny bathroom and looked
at her across the bed. "Sorry."

"What's more you're still burning psi to overcome
your sleep deprivation," she added. "I realize that you
want to get this done as fast as possible, but even if
by some miracle I get the lamp figured out right away,
you're in no shape to take a big dose of paranormal
radiation. You're exhausted. Get some sleep."

His eyes tightened ominously at the corners. "You're
right. I don't want to hear any of that."

"Listen to me, Jack. You need rest before we tackle
this artifact. Whatever happens with this experiment
you will require all of your talent to deal with it. If you
refuse to get the sleep you need, I won't work the lamp
for you."

"Damn it, Chloe, I'm paying you to do a job."

"You're not paying me enough to take the risk of
accidentally killing you," she shot back. "Trust me, it
would not be good for future business."

He contemplated her with a brooding air. For a moment she thought he was going to refuse. Then he nodded once.

"Maybe you're right," he said. "I'll take the meds. Knock myself out for a few hours."

"No meds," she said sternly. "Not when we're going to be dealing with a lot of powerful dream energy. It's too dangerous. The effects are going to be unpredictable enough as it is. We don't need the complications that sleeping medication might produce."

Wearily he massaged the back of his neck. "When I use the meds I don't sleepwalk."

"The pills may be knocking you out, but you aren't getting the real rest that your senses need. You require sleep, Jack, quality sleep. Trust me on this."

"I'm not taking any chances. When I sleepwalk I lose control."

"I'll be here."

His mouth twisted in a cold smile that she knew was meant to be intimidating. "You're the main reason that I'm not going to take the risk. A few nights ago I killed a man while I was in a fugue state, remember?"

"Only because you were trying to protect someone else. Don't worry—I'll keep an eye on you. If you show signs of weirdness or sleepwalking I'll wake you up."

"Do you really think you could pull me out of one of those episodes?"

"How hard could it be?" she said, trying to lighten the atmosphere.

He looked at her, not speaking.

She sighed. "It's just dream energy. I can handle it."

"But if you can't? I have no way of knowing what I'll do when I'm in that condition."

"Relax. You won't hurt me."

"What makes you so damn sure?"

"I'll admit that the ability to read dreamlight doesn't have a lot of practical applications, but it is very useful when it comes to figuring out whether or not someone is likely to be dangerous." She waved a hand at the carpet behind him. "I can read your prints. You're not a danger to me."

"Not in the waking state."

"And not in the sleeping state. Now, go down to the front desk, book the adjoining room and get some sleep."

He looked at the bed. "I can take a nap here."

"No," she said, keeping her tone very even. "You cannot under any circumstances sleep in this room. I won't be able to work if you do."

He frowned. "Why not? I won't be pacing, and I won't be looking over your shoulder—I'll be asleep."

She had tried to explain the complications of her talent to a few men over the years, but none of them had accepted the explanation, not really. Most, like Fletcher, had simply concluded that she was either deluded or that she had major intimacy problems. But Jack was different, she thought. Not only was he a strong talent, but he also had problems of his own with dream energy. Maybe he would understand.

"When people sleep, they dream, whether they are aware of it or not," she said patiently. "I'm fine around most folks when they're awake. Unless they're mentally or emotionally unbalanced, their dream energy is suppressed. I only notice it if I open my senses and look at their prints. But when they're asleep, they produce a lot of uncontrolled ultralight from the dream spectrum. If they are in close proximity, I have to concentrate hard to tune out the currents, and if I do that, I won't be able to focus my attention on the lamp."

He gave her a considering look. "Must be kind of weird."

"Weird doesn't begin to describe it." A small shudder went through her. "Adult dream energy at full throttle is chaotic and weird and just way too *intimate*. I find it deeply disturbing."

"What about kids' dream energy?"

She shrugged. "I'm okay with that. The ability to dream seems to be something that develops over time. It usually matures along with everything else in the teenage years. The dreamlight of babies and children is generally so pale that I can usually ignore it."

"I'll be damned," Jack said. "You can't sleep with a man."

"Not in the literal sense, no."

"That's why you practice serial monogamy, as you call it. Why your relationships don't last. Why you've never married."

"Why I *used* to practice serial monogamy. I'm celibate now, remember." She managed her best client smile. "But back in the day I was every man's secret fantasy. A woman who doesn't mind having an affair with no strings attached."

He contemplated that for a while. "It's an interesting concept," he agreed without inflection.

For some irrational reason, that hurt. She turned back to the lamp.

"Get the adjoining room, Jack," she said. "I'll make sure you don't wander off."

23

ULTRAVIOLET DREAMLIGHT STIRRED SLOWLY, SLUG-
gishly deep within the lamp. Like some primordial sea
beast aroused from hibernation, the faint currents of
energy shifted and swirled. She watched the rising
glow, excitement and fascination sweeping through
her. It was nearly midnight, but she had finally managed to make the artifact heat a little with psi. She was
on the right track.

She had turned off the room lights earlier in order to
be able to focus more intently. She was sitting in darkness, transfixed by the faint light of the lamp, trying to
sort out the currents when the jolt of awareness struck.
It came out of nowhere, shattering her concentration
in a heartbeat. It took her a few seconds to realize that
the disturbing new energy was not coming from the
lamp. *Jack.*

She jumped to her feet and whirled to face the
entrance of the adjoining bedroom. There was enough
light from the cold neon of the casino sign across the
street to show her that the door was still closed. She
released the air she had not realized she had been
holding in her lungs.

Jack was dreaming. But he had been asleep for nearly

two hours and until now she had not been bothered by any stray dream vibes. He was in the other room with the door closed between them. She shouldn't even be able to sense him from this distance. The energy that she was picking up not only was very strong but also carried the taint of some kind of heavy sedative.

He had promised her that he wouldn't take any meds.

She crossed the room, made a fist and rapped loudly on the door.

"Jack? Are you okay?"

There was no response. Cautiously she opened the door, expecting to see Jack lying on the bed. But he wasn't there. He was on his feet, looming directly in front of her.

"*Jack.* For Pete's sake, you scared the living daylights out of me."

She glanced behind him and saw that the bed was still fully made. She could see the depression of his body on the bedspread where he had sprawled earlier. He had removed only his shirt and shoes. He was still in his trousers and black crewneck T-shirt. In the sparking neon light his face was an implacable mask, but his eyes burned with psi. So did the footprints on the carpet behind him.

"Jack?"

"I'll keep you safe." The words were spoken in a chilling monotone, devoid of all nuance and emotion. It was the voice of a man in a trance.

She braced herself for the shock she knew was coming and touched his shoulder. To her amazement there was no electric crackle across her senses. She couldn't believe it. She was touching a person who was deep in the dreamstate, but her senses were not recoiling from the brush with the energy field.

She badly wanted to think about what it all meant, to try to figure out the implications. But there was no time. She had to deal with Jack's sleepwalking.

He seemed unaware of her fingertips on his shoulder. Cautiously she pulsed a little more energy, searching for the pattern of the sleepwalking currents. She found it quickly.

"Jack, wake up," she said.

"You're in danger."

"Not now. Not tonight. Not from you." She set up a dampening current, trying to interrupt the heavy flow of fugue-state energy. There was no response. That was not good news. By now he should have been fully awake. "Jack, can you hear me?"

He raised a hand and touched her face, his eyes hot in the shadows. "I'm dreaming."

Another kind of energy suddenly infused the atmosphere. It was elemental, fiercely masculine and stunningly sexual. It rattled her senses like the first winds of an oncoming storm striking the closed windows of a well-sealed house. She was suddenly disoriented and, for the first time, seriously alarmed.

But underneath the rising tide of uncertainty and confusion she was aware of the sensual heat shimmering to life inside her. She knew what sexual attraction felt like. Under normal circumstances the pleasant warmth and the sense of arousal were nothing she couldn't suppress or ignore if necessary. But what was happening now could no more be ignored than lightning. And it was probably just as dangerous.

"Yes, you're dreaming," she said. Her voice sounded a little husky to her own ears.

She pulled more energy, struggling to push through the compelling distraction created by the currents of desire so that she could zap Jack with a stronger jolt of dreamlight. She tightened her grip on his shoulder.

Psi flashed across the spectrum. To her heightened senses the energy looked like iridescent snow falling through the beams of a car's headlights. She had no idea how Jack perceived the sparkling, glittering waves of light, but she felt the change in the pattern instantly.

Jack did not simply emerge from the trance—he slammed into the waking state riding shockwaves of energy. The currents of psi roared over her own energy field, swamping the delicate pulses of dreamlight she was generating.

For a few seconds she felt consciousness start to slide away into a very deep hole in the ground. The room spun around her. The neon moonlight outside the window blazed as bright as a spotlight. Instinctively she covered her eyes with her arm, but that offered no protection. When she was using her other senses she perceived light psychically, not with her normal vision.

Instinctively she shoved back at the raging tide with all the energy at her command. She felt like a swimmer trying to stay on the surface of a violent sea while a whirlpool threatened to pull her down into the depths.

For an eternity she thought she might actually go under permanently.

Without warning the wavelengths of heavy psi stopped trying to drown her. Instead, they began to resonate with her own currents.

It happened so quickly she had difficulty processing the shift. Between one breath and the next she was no longer trying to block Jack's power. Just the opposite— she was responding to it in ways she had never dreamed were possible. Okay, maybe she had *dreamed* about this kind of experience, she thought, but she had never actually let herself believe it could happen.

Awareness blazed in Jack's eyes. She knew for certain that he was no longer in the fugue state, but he was running hot on intense sexual arousal. He was focused wholly and entirely on her.

"Are you all right?" He closed his hands around her shoulders. "What the hell happened?"

"I'm okay," she managed, fighting not to sound breathless. The feel of his strong hands sent shivers of excitement through her. She wanted him to keep touching her. She wanted to touch him, needed to touch him. "You were in a trance, just like you described. I woke you up. As promised. All part of the service."

His fingers tightened around her. "I could have hurt you."

"No," she said, very certain. She glanced past him, checking out his smoldering footprints. "Never."

"I shouldn't have let you talk me into going to sleep without the meds."

She flattened her palms on his chest. The sleek

muscles beneath the T-shirt felt very good. She tried to ignore the sensation.

"Pay attention here, Winters. There is no problem. I was able to bring you out of the fugue, just as I said I would."

He searched her face. "When I came back to my senses I had the feeling that I was crushing you, overwhelming you."

"It was the first time I've ever tried anything like that with someone as powerful as you. First times are always a learning experience." She sank her fingertips a little deeper into the T-shirt. "I had to make a few adjustments, that's all. Like I said, no problem."

Another one of her rules, she thought. *Never let the client think you might just possibly be out of your depth.*

He studied her, clearly awed, for a couple of beats.

"You are one hell of a bad liar," he said finally.

"Hey, I learn fast, and I know what I'm doing now. Look, it's after midnight. Go back to sleep. And whatever you do, don't take any meds."

"And if I sleepwalk again?"

"I'll deal with it. Go back to bed, Jack."

"I don't want to go back to bed." He pulled her closer, not forcing her but making his intent clear. "Not alone."

She tried to think, but the fizzy, giddy elation sweeping through her made thinking difficult.

"I have this rule," she whispered. "About sleeping with clients."

"Chloe," he said.

That was all he said. Just her name. But his voice

was rough and urgent. Sensual hunger heated his eyes and his aura. The raw power of his still-hot senses created a dazzling whirlwind in the small space. Her own currents were still resonating strongly with his. Desire burned hot and deep inside her, incinerating the last vestiges of caution. She knew that if she did not seize this moment with this man she would regret it for the rest of her life.

Entranced by the magic and the mystery of the sensation, she raised her fingers to his face.

"Yes," she whispered. "Oh, *yes*."

24

THE ANTICIPATION THAT HAD BEEN SIMMERING deep inside him since the moment he had plucked her name out of J&J's secret files flared into fierce exultation.

He pulled her close, hard and tight against him, and savored the thrill of the kiss. Chloe responded with a red-hot hunger that ignited his senses. She was vibrant, supple, eager; shivering with excitement. Her lips opened for him. Her hands wrapped around his neck.

She returned the kiss with passion but there was an unexpected awkwardness about the embrace. It dawned on him that she was no more accustomed to this kind of intense urgency than he was. They were both headed into unfamiliar territory, taking the leap together.

He was sure that he had experienced his share of good sex. But it was shatteringly clear to him now that he had never been truly, deeply satisfied the way he was going to be tonight. He understood what had been missing in his previous relationships. This sense of bone-deep connection, of elemental recognition, was intoxicating.

He captured her face between his hands and managed to free his mouth for a moment.

"Well, damn," he said softly. "It's all true."

"What's true?" she asked softly. Her lips were wet and full and her eyes a little unfocused.

Like a woman in a trance, he thought. A really good trance.

"The legends and myths, the rumors and whispers that you hear in the Society," he said. "For years I've listened to other talents talk about what it's like when the energy between two strong sensitives is right. I've never really believed it."

"Oh, those rumors." She gave him a slightly dazed smile. "Personally I've never believed those tales, either. Not until now."

He kissed her throat. "Think maybe we've been missing something?"

"I think so." She sank her teeth lightly into his ear and moved her hands up under his T-shirt. "Yes. Definitely."

The feel of her palms on his bare skin sent another rush of need through him. He reached down, seized the bottom edge of her black turtleneck and hauled the top straight up and off. He tossed it across a chair.

The dark purple bra went next. He was breathing harder now, but he had to stop for a moment in order to enjoy the sweet curves of her breasts. By the time he was ready to move on, she had unfastened the waistband of his pants with fumbling fingers.

He picked her up and put her down on the bed. Starving for her, he ripped off his T-shirt and trousers, then lowered himself alongside her. The ancient springs groaned and the worn-out mattress sagged beneath their combined weight, but neither of them paid any attention. He knew that the fever was on both of them, heating their blood and their senses.

He rolled onto his back, taking her with him so that she sprawled on top. The warm, vital weight of her body sent another sizzle of energy through him. The ripe, compelling scent of her arousal was a potent elixir. He was sure he had never been so hard or so far into the zone of his talent.

She scrambled to rain kisses on his shoulders and across his chest. He felt her tongue on his bare skin and almost came apart right then. He got her pants down over her butt and slowed briefly to squeeze the soft, resilient globes. The only thing that stood in his way now was a tiny triangle of purple cotton. He tugged the panties lower and traced the cleft of her rear with one finger all the way down to the source of her damp heat. She gasped and stiffened briefly when he touched the small, tight bundle of nerve endings.

"*Jack*. I can't stand it. It's never been like this."

He put her on her back so that he could get the pants and the purple cotton panties all the way off. She slipped her fingers inside his briefs and found him. He caught his breath, groaning with the effort it took to keep himself from exploding.

He got the briefs off and one knee between her legs. She reached for him, pulling him to her. He could feel her hands on his back, nails sinking in just a little. The smooth skin on the inside of her thighs was as soft and luxurious as warm cream. She was damp and hot and lush.

He wanted to spend hours exploring all her mysteries, but he knew that he could not wait, not this first time. The energy between them was too fierce, too demanding. The need to be inside her, to discover where the heady, intimate sensation would take them was an overriding compulsion.

"*Yes*," she said again. Invitation, command and plea fused into the single word.

He guided himself into her. She drew a sharp little breath when he thrust past the tight, delicate muscles at the entrance, but when he tried to stop, to give her time to adjust, she closed herself around him.

"No," she said. She watched him through half-closed eyes. "I want you inside. I want to find out how it feels."

"So do I," he rasped.

He covered her mouth, kissed her hard and went deep, going all the way. And then he was flying on the hot currents of sensation, and she soared with him.

When her climax swept through her a short time later, he followed her into the burning rain.

25

JACK WAS ASLEEP AND DREAMING. THE ENERGY he was radiating wasn't disturbing her, but there was something not quite right about it. She levered herself up on one elbow and looked down at him. He was lying on his side, facing her, the sheet pushed down to his waist. Energy stirred in the atmosphere, subtle but strong.

He had fallen asleep almost immediately in the aftermath of the profound release. That was good, she thought. The man needed to relax. But what his senses desperately required was some truly deep sleep, and that wasn't what he was getting.

She studied the murky energy seething in the prints on the pillow. The residue of the currents was weaker now than it had been two days ago when he had walked into her office, but it was still detectable. Whatever meds he had been taking to halt the sleepwalking evidently had a long half-life. That wasn't surprising. Traces of some strong psychotropic medications frequently remained in the bloodstream for days. It could take the body a long time to get rid of the last vestiges of particularly strong medicine. In the case of a few really potent sedatives there was occasionally permanent damage to the para-senses. She could see that Jack was recovering, however. He just needed a little more time.

She might be able to help him get the true sleep he required tonight, however.

Gingerly she put her palm on his bare shoulder. He stirred but did not awaken. Jack was into control. She was almost certain that he would not like what she was about to do. On the other hand, if the procedure worked he would get the rest he needed. She could always explain and apologize in the morning.

She opened her senses to the max, cautiously tuning in to the currents of his dream energy. She was braced again for the unpleasant crackle of sensation she always got when she brushed up against someone else's dreamlight, but, again, to her amazement there was no shock. The currents were strong, but they weren't painful.

And then she was into the pattern, getting a fix. The dark taint of the sleeping meds was more obvious now. The stuff was still disturbing a portion of Jack's dream spectrum in an unwholesome way, and it was very powerful. But she might be able to calm the disturbance temporarily, long enough for him to get some real rest. It was the same technique she used to give her Irregular Clients of the street a vacation from their nightmares.

She went to work, pulsing delicate currents of psi into Jack's field.

Energy recoiled across the spectrum like the blowback of a firestorm, stunning her. She lost her focus.

Before she could retreat she was caught in a fist of raw power. Like a surfer with bad timing she was sucked under and tumbled along the bottom of the sea. She snatched her hand off Jack's shoulder, heart pounding, fighting for air.

Jack looked at her, hot psi burning in his eyes.

"What the hell are you doing?" His voice was shockingly calm and cold.

She sat up fast and took several breaths in an attempt to pull herself together. "Sorry," she managed. "I was just trying to make sure you got some proper sleep."

"How?"

"Uh, well, it's part of my talent."

"You can put people to sleep?"

She winced. "That doesn't sound good, does it?"

"No. What are you? The sand lady?"

"Sorry," she repeated. "I wouldn't have hurt you. I think you know that. I just wanted to make sure you got a good night's sleep."

"How?" he said again.

She sighed. "Well, if you let me, I can sort of adjust your dreamlight."

"*Sort* of adjust it?"

"Just a smidge, honest. Those meds you took to stop the sleepwalking are still affecting your sleep."

"And you think you can overcome the effects?"

"I think so, yes. Temporarily. Long enough to give you some quality sleep, at least."

He thought about that. "Could you force me to go to sleep?"

"Not now that you're fully awake, no. You're too

powerful. You'd have to cooperate. And to do that you'd have to trust me, I mean really trust me."

"Huh."

"Sorry."

"You said that a couple of times already."

"Right. Sorry."

He just looked at her. There was still a little anger in his eyes.

"But you can put some people out, can't you?" he said. "That's what you did to that bastard, Sawyer, who murdered Rose's parents. You went in as a hostage and you put him to sleep."

She hesitated and then nodded. "The minute he touched me it was all over. He went out like a light."

"And when he came to he was crazy."

She stiffened. "He was a killer. He was already crazy."

Jack watched her with his knowing look, the one that said he saw every weakness and vulnerable point. "But not crazy in that way. He wasn't suicidal. Guy like that would have tried to game the system. Probably would have sold his story to the newspapers or maybe to a publisher. He would have gloried in the attention. Instead he hung himself."

She exhaled slowly. "There are many kinds of sleep. Some are deep and often irreversible."

"Like a coma?"

"Yes." She paused. "But there is another stage of sleep that, if you were to get trapped in it for an extended period, would be psychologically devastating."

"What's that?"

"The border between the sleeping state and the waking state. I think of it as the gray zone. We've all been there, but we usually don't spend more than a few seconds or minutes in that place. It is disturbing and disorienting, however. You can't tell whether you're dreaming or awake. Sometimes you are physically paralyzed. You see things that aren't there. With my talent I can put someone into that state."

"Permanently?"

"Probably not," she said quietly. "But in Richard Sawyer's case, long enough to drive him mad. He was already disturbed. What I did to him pushed him over the edge."

Jack was silent for a moment. "To quote a certain private investigator I know, that is one hell of a talent you've got."

"The truth is, I didn't even know for sure I could do what I did until I did it to Richard Sawyer. But when I sent him into the gray zone I did it deliberately. I knew what I was doing."

"Just like I knew what I was doing when I killed that man on Capitol Hill."

"Yes. And we're both going to dream about what we did from time to time for the rest of our lives."

"The price we pay?"

"No matter how well justified, the destruction of another human being exacts a price somewhere on the spectrum."

"I can live with what I did," he said.

She thought of the sense of closure that had come over Rose after Richard Sawyer's death, how the nightmares had finally begun to fade. How Rose had been able to start the healing journey.

"So can I," she said.

"You were about to put Madeline Gibson to sleep the other night, weren't you? That's why you had your hand on her shoulder when I came through the doorway."

"I was just going to put her under, not send her into the gray zone."

"And now you want to put me to sleep."

She smiled, rueful. "After what I just told you, I can understand why you'd be reluctant to let me help you."

"Try it," he said.

She blinked. "You really want me to put you to sleep?"

"You're right; I can't keep running on psi. I need some real sleep. Do your thing. Let's see if it works."

"Like I said, you'd have to cooperate," she said. "You'd have to open your senses and not fight me."

"I trust you."

She took another deep breath. "All right, here goes."

She felt energy whisper in the atmosphere again. She elevated her own senses in response, seeking a gentle, soothing pattern. He watched her for a moment, not resisting, and then he closed his eyes.

He was suddenly, completely asleep, plunging swiftly into the dream-state. But this time the energy felt stable. The disturbance created by the medication had been overcome, at least for now. She did a little more tweaking to ensure that the currents would remain steady for a few hours, and then she carefully withdrew from the pattern.

She waited, but Jack remained sound asleep. Sound asleep and *dreaming*. By rights she should be looking for the nearest exit. But she was okay here with Jack. How was that possible?

She studied him with a growing sense of wonder. The neon-infused moonlight filtering through the thin curtains gleamed on his sleekly muscled shoulder.

Cautiously she opened her senses again, testing. Jack's dreamprints were on the pillow and the sheet, and she could see the dark ultralight aura that enveloped him. He was definitely dreaming. But her own energy patterns remained undisturbed.

It dawned on her that, for the first time in her life, she might actually be able to sleep in the same bed with a man.

But even as the astonishing thought struck she became aware of the irritating, unsettling traces of the old dream psi of previous hotel guests that stained the sheets and bedding. She might be able to sleep with Jack, but there was no way she could sleep in this particular bed without protection.

She pushed aside the sheet, got to her feet and crossed the room to the small carry-on bag she had brought with her. Unzipping the bag, she took out the long-sleeved, high-necked silk nightgown and silk travel sheet. For some reason that she and Phyllis had never understood, silk was a barrier of sorts. It did not entirely block old dream psi, but it provided a buffering layer that sometimes—not always—allowed them to sleep on tainted sheets.

She put on the nightgown and unfolded the travel

sheet on the bed next to Jack. The sheet was constructed like a sleeping bag with a zippered opening on the side and a large flap at the top that was designed to cover a pillow. Jack did not stir. She crawled inside the silk cocoon, zipped it shut and prepared to conduct the Great Experiment.

She fell asleep before she could contemplate the implications of what it all meant.

26

FOR THE FIRST TIME IN A MONTH HE AWOKE FEEL-
ing rested and genuinely refreshed. No nightmares.
Almost normal, he thought. Thanks to Chloe. He reached
for her and came up with a handful of silk instead.

"What the hell?"

He sat up and looked down at the crumpled fabric
in his hand. It took him a moment to realize that he
was holding a silken sheet sewn into the shape of a
Chloe-sized sack.

He rolled out of the sagging bed and got to his feet.
The door that separated the adjoining rooms stood
half open. Chloe was in the other room. She was sitting at the table in front of the computer busily making
notes in a small notebook.

There was something very intimate about seeing
her like this, first thing in the morning, he thought. She
was wearing the pants she'd had on yesterday, but the
top was different, a dark green turtleneck this time. It
was obvious that she had showered. Her coppery hair
was still damp. She had pulled it back behind her ears
to dry. The motel's limited assortment of amenities
probably didn't extend to hair dryers.

He smiled. She didn't have the soft, warm, inviting

air of a lover who had just gotten out of bed after hours of great sex. She looked like a determined investigator who was hard at work. But he was pretty sure he'd never seen a sexier woman in his life.

For a moment he just stood there, absorbing the sight of her, the sensation of her subtle feminine power, and remembering the bone-deep sense of intimacy that had connected them last night. He was aware of a compelling need to keep her close, keep her safe. But the shattering truth was that at the moment he was the biggest threat she faced. A guy who could kill with the energy of pure fear. How could that work? If he ever lost control . . .

She looked up. "Good morning."

"Good morning," he replied.

She gave him a critical head-to-toe survey and nodded once, evidently satisfied. "You look a lot better than you did yesterday or the day before."

He rubbed his jaw, testing the stubble of a beard. "I haven't checked a mirror yet, but I've got a hunch that I look like hell."

Laughter glinted in her eyes. "Don't worry, the slightly unshaved look is still in fashion."

"I've got a shaver in my overnight kit."

"Good thing we both came prepared to spend a night away from home," she said lightly.

He did not return her smile. "I wasn't fully prepared last night," he said quietly. "In fact, you could say I never saw last night coming. I woke up in the middle of a sleepwalking episode and you were there, and then we were in bed. There was no thinking or planning involved."

She didn't get it right away. Then he saw understanding hit. She turned pink and was suddenly very
busy with the computer.

"Yes, well, I'm sure there won't be a problem. I mean,
it was only the one time. What are the odds?"

"Probably not a good question to ask in Vegas." He
folded his arms and propped one shoulder against the
door frame. "You're not using anything?"

She cleared her throat. "Well, no. There hasn't been
any reason to use anything. I told you, I've moved on.
I'm in a new phase."

"Right. The celibate lifestyle thing." He waited. "So
how is that working for you?"

She turned very pink, gave him a frosty glare and
angled her chin. "We were both flying on a lot of
energy last night. There was a bed in the room. We're
both mature adults. Sometimes things just happen."

"Even in the middle of a celibate lifestyle?"

"I think it's time that you took a shower so we can
go get some breakfast," she said coolly.

"One more thing," he said.

She looked wary. "What?"

He held up the silken sheet. "What's with the little
sleeping bag?"

At first he thought she wasn't going to answer. Then
she shrugged and turned back to the computer.

"It's hard for me to sleep in bedding that has
absorbed the dream psi of other people," she said.
"Silk acts as a partial barrier to that kind of energy. I
never leave home without that sheet."

"If you can barely stand to sleep in a bed that other

people have slept in and if the energy given off by dreamers disturbs you, how did you manage to sleep with me?"

She went very still, staring hard at the computer screen. Her fingers froze in midair.

"I don't know," she said softly. "It was different with you."

He watched her for a long moment. "And if it turns out you're pregnant?"

This time the silence lasted for an eternity. And then her hand fluttered lightly over her slim belly.

"That would be different, too," she said finally. "I've always assumed that I would probably never have children."

"And now?" He didn't know why he was pushing her. She was right. The odds were good that she wasn't pregnant. But for some reason he had to know.

She glanced at the carpet behind him and smiled a little as if whatever she saw there satisfied her. He knew she was looking at his psi prints.

"You would make an excellent father," she stated.

She went back to work on the computer. Keys clicked madly.

He couldn't think of anything to say. He was, according to all the definitions of the Arcane Society, half monster. He carried a genetic twist that would go down through future generations. And she thought he would make a terrific father?

Smiling a little, he went back into the other room and headed for the shower.

27

HE WAS STILL FEELING GOOD TWENTY MINUTES later when they went downstairs for breakfast. He carried the lamp in the leather duffel. His computer case was in his other hand. Chloe had stuffed her computer back into her black satchel.

There was a fresh pair of white-haired senior citizens on the stools in front of the slots in the lobby. Neither of them looked up when he and Chloe went past. The front-desk clerk did not come out of his office.

They walked through the weedy parking lot and crossed the street to the small café attached to the casino. The waitress working the morning shift was not the same one who had served them last night, but she looked like she could tell the same hard-luck story.

He and Chloe sat down across from each other in the same booth they had used the previous evening. From his position he had a view into the dark cave of the adjoining casino. It was seven forty-five in the morning, but there were a few intrepid souls feeding the slots. The blackjack and poker tables were quiet. He knew that activity would pick up as the day wore on, growing brisker during the afternoon and evening. By midnight the place would be filled to capacity. The rhythm would be the same tomorrow and the day after and next year. The pattern of casino gaming never changed.

There was always a pattern, Jack thought. Once you identified it you could figure out the strengths and weaknesses. He took some comfort from that. At least he could still think like a strat-talent.

Chloe picked up her fork. "Vegas is always reinventing itself, blowing up old hotels and casinos and building new ones in their place. There's always new computer technology in the gaming machines. New theme-park resorts on the Strip. Newer and more astonishing high-tech shows in the casino theaters. But underneath it all nothing changes. It's as if it exists in another dimension."

Jack shrugged and ate some of his eggs. "That's the appeal. This town is built on sex and sin. Get too far away from your core business, and you lose your customers."

Chloe's fork paused in midair. Her brows rose. "You know, sometimes I forget that you're a coldhearted zillionaire businessman who makes his living investing."

For some reason the *coldhearted* bothered him.

"What's your problem with Vegas?" he asked.

"Who said I had a problem?"

"No offense, but it's obvious."

She sighed. "I'm not a prude, and I have no particular issues involving games of chance. But the energy in a casino bothers me."

"Yeah? How?"

"What do you see when you look into that other room?"

He glanced at the entrance of the casino again. "Rows of slots. Lots of flashing lights. Croupiers waiting for players. A woman in a sexy outfit carrying a tray of drinks."

"At seven forty-five in the morning," Chloe said drily.

He forked up more eggs. "It's a casino. Not as fancy as those on the Strip but, still, a casino. It is what it is."

She glanced over her shoulder and contemplated the dark gaming floor for a moment. He felt energy pulse and knew that she had opened her senses.

"To me it looks like someone splashed hot, radioactive acid all over the place," she said. She turned back to her eggs. "Layers and layers of it. Years, decades of the stuff. There's a reason they call gambling a fever. It's like a drug. It affects dream psi in a major way."

"People with a lot of talent, you and me, for instance, tend to get lucky when we play," he pointed out. "The psychic side of our natures gives us an edge."

She regarded him with stern disapproval. "Do you gamble?"

"All the time." He smiled. "But only when I have enough information to calculate the odds."

Her expression cleared. "You mean your venture-capital business. Obviously that line of work does require that you take risks."

"So does yours."

She brushed that aside. "I meant financial risk."

He drank some coffee and thought about how to get back to the subject that seemed to matter as much as the lamp did this morning.

He put the mug down and looked at her. "About last night."

He could have sworn she flinched a little, but she gave him a dazzling smile.

"You know," she said, "I doubt that in the entire history of civilization there has ever been a good conversation that started with *about last night.*"

He got an odd sensation of heat but not the sexual kind. It took him a couple of beats to realize that he was probably turning a dull red.

"You know we need to talk about it," he said.

"Why?"

She was still smiling, but she was starting to get a deer-in-the-headlights look in her eyes. He knew he was pushing into dangerous territory.

"Don't know about you," he said neutrally, "but it's never been like that for me."

She cleared her throat. "I absolutely agree that it was a very unique experience."

"Unique." He drank some more coffee. "Okay, that's one way to describe it."

"But, as you said, there have always been stories about what it's like when two strong talents get together," she added earnestly. "In that way, I mean."

"I've met other strong talents," he said, keeping his voice even. "My ex-wife was a Level Eight. Can't say that it's ever been like that for me. You?"

"Like I said, it was unique," she declared briskly. "Let's just leave it at that. We have other priorities at the moment."

"What are you afraid of?"

She exhaled slowly and put down her fork. "You don't know what it's been like for me all these years. I've never even been able to share a bedroom with anyone, let alone a bed. I'm uncomfortable just being in the same room with someone who is taking a nap in a chair. When I was younger there were no sleepovers with friends. No trips to camp because I couldn't bunk with anyone. In college I had to rent my own apartment because I couldn't deal with a roommate. Since college I've always lived alone."

"And last night?"

"Like I said, last night was different," she said. "That's all I know. Could we please change the subject?"

"Sure."

She slipped instantly back into her competent investigator mode, sharp and resolved once again. "At least we now know that we've got a technique for dealing with your trances."

"Hot sex?" He smiled. "Works for me."

She blushed furiously and fixed him with her steely look. "I was talking about the fact that I was able to bring you out of the sleepwalking state, not what happened afterward."

"Right." He finished the last of his eggs and lounged against the back of the booth. "Why are you so determined to help me? Is it because you feel sorry for me?"

She bristled. "I don't take cases because I feel sorry for people."

"Sure you do."

"Well, that's not why I'm sticking with this case," she insisted.

"Why, then?"

"Because of the challenge, of course. This is the most interesting case I've ever had. You couldn't fire me now if you tried."

I couldn't let you out of my sight now, if I tried, he thought.

"You're an amazing woman, Chloe Harper."

"That's me, Amazing Woman. Remember that when you get my bill." She finished her eggs and took her notebook out of her bag. "Now, then, before you went into your sleepwalking mode last night, I made some notes about the lamp."

"Learn anything?"

"Yes, I think so. The lamp is definitely imbued with a lot of extremely powerful dreamlight that is in a state of suspended animation. I can light the thing, or at least I can stir up enough energy to make it glow, but I can't access its full power. Got a feeling only you or someone with a similar genetic psychic makeup can do that."

"What happens after we get it running at full power?"

"I'm not sure, but I think the lamp requires two people to operate it." She looked up from her notes. "There's just too much power in the thing for any one individual to handle."

"Let's get to the bottom line. Once we get the lamp fired up do you think you can manipulate the light waves in a way that will stop whatever is happening to me?"

She hesitated. "Maybe."

"*Maybe.* Now, there's a word guaranteed to reassure the client."

"I'm sorry, it's just that there are so many unknowns here. All I can tell you at the moment is that I think I can work the energy in some specific ways. Since the lamp is tuned to your psychic frequencies, I can probably use it to affect your talent." She paused. "If you're really sure that's what you want me to do."

"That's the whole point here," he said grimly.

"There's something else you should know."

"What?"

"Like I said, there's a lot of power in that lamp, but I don't think all of it was meant to manipulate your personal talent. There's just too much energy in the thing."

"What does that mean?"

"I don't know." Clearly troubled, she looked back at her notes. "There are some really strange light waves in stasis within the lamp. I sense colors I've never seen before. They're inert at the moment, and, as I said, I think only you can activate them. But once they are revved up we may have a serious problem."

"What kind of problem?"

She closed the notebook. "All I can tell you is that I think the lamp is capable of doing something else besides stabilize your dream psi channels. Are you sure you don't want to take this to the experts at Arcane?"

"If they screw it up and I turn into a Cerberus I'll be a dead man, anyway. I'd rather take my chances with you."

"It's just that the Society's researchers know so much more about the laws of para-physics. I'm working in the dark here. Literally."

He drummed his fingers on the table, thinking. "Old Nick asked Eleanor Fleming to work the lamp three times. The first time the goal was to give him a second talent. The second time he wanted her to get rid of the hallucinations and nightmares brought on by the new talent. But it is unclear what he intended on the third occasion. What if the legends are wrong? What if he wasn't trying to create a third talent? What if he was smart enough to realize that no human being could generate that much psi naturally, let alone control it?"

"So what did he want Eleanor to do with the lamp that last time?"

"I don't know. But what is clear is that before he went back to her the third time, he had created and installed some new crystals in the lamp. Maybe he intended to use it in some way that no one has even considered."

"Such as?"

"Hell if I know."

He stopped speaking because the muffled noise of a cascade of cheerful chimes interrupted him. Chloe started a little and then dove back into her satchel. She came up with her cell phone.

"Rose? Yes, we're still in Vegas. Everything okay on that end? *What?* Are you all right?"

Shock and intense concern flashed across her face. Jack felt a chill of icy intuition crackle across his senses.

"Are you sure you're okay?" Chloe continued. "Yes,

fine. Right. No, I agree, it probably won't do any good to call the police, but we should report it, anyway. Hang on, I want to tell Jack what's going on." She took the phone away from her ear.

"What happened?" he asked.

"Rose thinks someone broke into my office and my apartment last night while she was at a class. She had Hector with her."

"She *thinks* someone broke in? She's not sure?"

"She says nothing was stolen and only a couple of small things looked out of place. But she's almost certain that someone went through my trash and my desk."

"And probably your office computer." He was on his feet, fishing out his wallet.

"I don't think there's much danger of anyone accessing any of my files." She slid out of the booth and got to her feet. "My cousin Abe is a high-end crypto talent. He has all of my stuff locked up with some industrial-strength encryption."

"Nothing a J&J crypto couldn't hack into. Let's go."

28

HER EYES WIDENED. "YOU REALLY BELIEVE THAT it was someone from Jones & Jones who broke in?"

"They're the only folks I can think of who would have an interest in this case." The adrenaline-charged sense of urgency was riding him hard now. He picked up the duffel bag and the computer case and went toward the door. "Tell Rose to forget the cops. You and I need to move."

"Okay, okay." She hurried after him. "Rose? Got to run. I'll call you back later. Meanwhile, hold off notifying the cops. Jack thinks Arcane is involved, which means it wouldn't do any good to report it, anyway. There won't be any evidence to find. I'll call you later."

Jack reached the door and opened it for her. She went quickly past him. He followed her out onto the sidewalk and checked the street. There were no new cars in the motel parking lot, but that didn't mean much. They started across the street.

"Jack, what do you think is happening?" Chloe asked.

"I think Fallon Jones somehow tumbled onto the fact that I went looking for a dreamlight talent and figured that there was only one reason I'd do that. He's concluded that I've started to change. He's got people looking for me."

"I can't believe that he would hire someone to murder you just because you might be developing another talent. I'm no fan of J&J, but the agency doesn't go around killing people. Arcane can be very annoying, but it isn't that bad. Besides, murdering a wealthy man who is as well connected as you are would draw a lot of attention. That's the last thing the Society would want."

"We have some time. I know Fallon Jones. He's got his own agenda. He'll want to play this out before he makes his move."

"What do you mean?" she demanded.

"Everyone has a vulnerable point. You know what they say, your greatest weakness is always linked to your greatest strength."

"From what I've heard, Fallon Jones's greatest strength is his ability to see patterns and connections in situations where others see only random facts or coincidences. Something to do with his unique form of intuitive talent."

"Technically, he's some kind of chaos-theory-talent, but that's just a fancy way of saying that he's a world-class conspiracy buff. He could give lessons to the black-helicopter folks and the Area Fifty-one crowd. The problem with Jones is that, unlike other conspiracy buffs, he's usually right."

"You said he has a major weakness." Chloe walked briskly beside him. "What is it?"

"To a true conspiracy theorist nothing is the result

of random chance or coincidence. Everything fits into the grand scheme of things. The trick is to figure out what goes where."

"So?"

"That means Jones's greatest weakness is his curiosity. He needs answers the way other people need food and oxygen."

"Got it," Chloe said. "He'll want to know if the lamp actually works and what effect it has."

"Right. And he needs me to run the experiment."

"Think he knows we're in Vegas?"

"If he knows I hired you, then we have to assume he also knows we're here and that we've got the lamp. With luck he hasn't found us yet because we didn't use any ID at the motel. But it won't take him long to track us down. We need to get off the grid altogether."

"*Hmm.*"

"What are you thinking?"

"I'm thinking Uncle Edward," she said.

"Your uncle who specializes in antique furniture here in town? What good can he do us? I'm not in the market for a Louis the Sixteenth commode at the moment."

"Uncle Edward operates a little sideline with his son, Dex, and Dex's wife, Beth. You could call it another traditional family business."

"From what I've heard, the Harper family businesses usually involve fakes and forgeries."

"Turns out one of the things Cousin Dex and Beth have a talent for is producing fake IDs," Chloe said.

"That is very good news. The one I commissioned

last year may not be good now. I wouldn't put it past Jones to know about it."

"Assuming you're reading him right," she said.

"I told you I know him, or, at least, I did at one time."

"What went wrong with your friendship?" she asked.

"A few years ago Fallon started showing some quirks. He was never what you'd call a real social kind of guy, but more and more he began to withdraw. He'd disappear into an Arcane lab or one of the Society's museums for weeks at a time. When he took over J&J he pretty much vanished altogether. Went to live in a small town on the Northern California coast. Lately he's become obsessed with some shadowy conspiracy he calls Nightshade."

"What in the world is Nightshade?" she asked.

"From what I could gather, it's an organization run by a bunch of psychic bad actors. Apparently they've re-created the founder's formula. Fallon thinks J&J is the only agency that can stop them."

"Good grief. A group of criminal sensitives hyped up on Sylvester's drug? Sounds like Fallon Jones has gone over the edge, all right."

"Don't bet on it," he said. "This is Fallon Jones we're talking about. I told you, he's almost always right when it comes to his conspiracy theories. But whether or not there is such a thing as Nightshade is not my problem. All I care about is the lamp."

He urged her through the glass doors of the motel lobby. The desk clerk leaned around the corner of the office door, gave them a bored once-over and went back to his centerfold.

There was only one player sitting in front of the slots now, not a senior citizen this time, but a man in his early twenties who looked like he spent a lot of time pumping iron and injecting steroids. He was dressed in jeans, heavy boots and a leather jacket. He didn't pay any attention when Jack urged Chloe toward the stairs. He punched the play button.

Wheels of fruit whirled, bells clanged. The bulked-up biker had just won. Probably all of ten bucks, Jack thought. No telling how much money the guy had poured into the machine before getting the payoff. But it would probably be enough to make him hit *play* again. He would feed all ten dollars back into the slot. That was how gambling worked. You only had to win occasionally to keep you coming back for more: the theory of intermittent reinforcement in action.

On the landing, he brought Chloe to a halt and looked back down into the lobby. Instead of hitting *play* again, the heavily muscled man in leather and denim was collecting his winnings. He walked outside and disappeared from view. So much for the theory of intermittent reinforcement.

Jack put his mouth close to Chloe's ear. "Take a look at the slot that guy was using."

She peered down into the lobby. "What about it?" she asked, equally soft. "Looks like every other slot machine I've ever seen."

"Use your other sight."

"Oh, right."

Energy swirled delicately in the atmosphere around him as she slipped into her other senses. Like some subtle, exotic perfume, it aroused him and stirred the hair on the back of his neck in a very intimate way. A man could get used to this feeling real fast.

"Oh, geez," Chloe whispered.

She shivered and stepped back quickly, coming up hard against his chest. He steadied her.

"What did you see?" he asked.

"Heavy splashes of dreamlight all over the machine. The man is definitely a talent and he was running hot, but the colors are very strange."

"Define *strange*."

"Abnormal. Sick. Wrong. I can't explain it. It reminds me of the unwholesome energy I've seen in the footsteps and handprints of some mentally unstable people on the streets. But it's not quite the same. I'm guessing the guy who was playing that slot is using some major pharmaceuticals. Judging by all those muscles, probably steroids."

He thought about that for a few seconds. "Not the kind of operative Fallon Jones would hire. Maybe there are such things as coincidences. You're sure the guy is a talent?"

"I can't tell you what kind of sensitive he is, but, hey, this is Vegas. Maybe he's a probability-talent who makes his living playing the odds here. If he's got a gambling addiction, that might explain the sickness I saw in his energy."

"I don't like it." He turned to continue down the hall, reaching for his key. "Let's go. I want us out of here as soon as possible."

She halted abruptly.

"*Jack*," she whispered, her voice strained.

He stopped. "What?"

She wasn't looking at him. Instead she was staring at the floor of the hall with an uneasy expression.

"More psi prints," she said softly. "Same bad energy."

"He was up here?"

"No. Someone else." She looked toward the far end of the corridor. "The prints came from the direction of the emergency stairwell, not the lobby stairs. But it's the same kind of sick dreamlight. This is so creepy."

"So much for the coincidence theory," he said.

They both contemplated the doors of the adjoining rooms.

"He went into number fourteen," she said quietly. "No exit footsteps. He's still inside."

29

"FALLON JONES, YOU SON OF A BITCH," JACK SAID.

He kept his voice very low, barely audible, but he felt rather than saw Chloe flinch in response. In a heartbeat he was in the zone, his senses operating at full throttle. He knew she could feel the energy that he was pushing although it was still unfocused.

"What now?" she whispered.

He looked at her. "Put your key into the lock of number fourteen and make some noise. Pretend you're having trouble opening the door."

"Jack—"

"Just do it."

He set the duffel bag and his computer case on the floor beside her and went down the hall toward the door of the adjoining room.

She took her key out of her pocket and went to fourteen. She made a production of trying to unlock the room.

"There's something wrong," she said loudly, rattling the doorknob. "The key isn't working. We'll have to go downstairs and get another one."

Jack shoved his key into the lock of the second room. He was running hot, but until he located a human target he could not use his power effectively. The laws of para-physics were hard-core when it came to using talent. To make it work you had to focus on another person or, as in the case of Chloe's talent, on the residue of psi left by that individual. You couldn't just broadcast a field of energy and use it as a shield or a weapon of mass destruction. Anyone passing him in the hall at this moment would probably have been aware of a strange, unsettling sensation in the vicinity, but that was about it.

He slammed open the door and went into the room, moving as low and fast as possible.

The bastard was in the adjoining room, gun aimed at the door. When he heard Jack he whipped around with lightning speed, aiming through the opening between the rooms.

Hunter, Jack thought. The guy was seriously bulked up on steroids like the biker downstairs.

He sensed the intruder was starting to pull the trigger, but he had a fix now. He slammed the full force of his talent at the gunman, hitting him with a river of focused energy.

The man stiffened, as though electrified. His eyes bulged as he stared into the abyss of his own nightmares. His mouth opened in a silent scream, but he was already going unconscious.

He managed to get off one shot before he fell to the floor. Jack heard a *pffft* and a thud as the bullet plowed into the bed behind him. *Silencer.* The guy had come prepared.

The intruder crumpled, unmoving, to the carpet.

Jack got to his feet and went cautiously forward. He crouched beside the gunman and started going through his pockets.

Chloe appeared in the doorway of the connecting rooms. She had her satchel in one hand, the duffel slung over her shoulder and his computer case tucked under her arm.

"Is he—?" she whispered.

"No. Unconscious." He abandoned the clothing search, picked up the gun and got to his feet. "But I don't know how long he'll be out. Now we really need to move fast."

"Okay."

She gave him the duffel and the computer case and rushed across the room to where her carry-on stood open. She started to zip it closed.

"Leave it," he said. "A suitcase will slow us down."

"But my stuff."

"Throw what you can into your satchel." He went back into the adjoining room to get his overnight kit. "We'll buy whatever you need."

She came to stand in the opening, her satchel in her hand.

"He was going to kill you," she said.

"Looks like that was the plan." He picked up the duffel, opened the door and checked the hall.

"Clear," he said. "Ready?"

"Yes." She took another look at the man on the floor as she hurried toward the door. "What about him?"

"Fallon Jones can clean up his own mess," Jack said. He headed toward the lobby stairs. "Serves him right for using sloppy talent."

She rushed after him. "Aren't we going to use the emergency exit?"

"No. Odds are the other man will be waiting for him out back with the getaway car."

"What other—?" She broke off abruptly as comprehension set in. "Right. The one we saw playing the slot in the lobby was the lookout."

"I think they were both hunters of some kind."

"Sick," she replied. "Really, really sick. I can see it in the prints."

"Jones must be desperate for agents if he's using psychos."

"I thought you said Fallon Jones wouldn't do anything drastic until this so-called experiment had run its course."

"Looks like I was wrong. He must have decided that all he cares about is getting his hands on the lamp."

"No offense, but you don't sound totally convinced."

"I'm not," he admitted. "The thing is, no matter how I come at it, my strat-talent is telling me that the whole scene just doesn't look like Fallon's work. On the other hand, I don't know if I can trust my first talent anymore. No telling what the nightmare energy is doing to it. Or to me."

30

JACK HEARD THE MUFFLED GROWL OF A MOTOR-
cycle just as he pushed open the lobby door. A big
Harley with two men on board shot out from the alley
behind the motel, cut across the parking lot and roared
off down the street. There was no license plate visible.

He put on his dark glasses and watched the bike
disappear.

"The guy we left behind in the room recovered
fast," he said. "Probably his hunter reflexes."

Chloe gazed after the speeding bikes. "Low-rent
muscle, all right, but hunter muscle."

"You know, the more I think about this the more I
think this just isn't Fallon's style."

"But who else would have sent them?" Chloe demanded.

"Good question."

"Now what?" Chloe glanced around. "Something
tells me there won't be a lot of cabs cruising this neighborhood."

"We'll call one from the casino," he said.

They started back across the street. He took out his
cell phone and punched in a number that he hadn't
called in a very long time.

Fallon Jones answered on the first ring. "My screen says this is Jack Winters, but that can't be right. I haven't heard from him in nearly a year."

"If Chloe had gone through that door first, she would probably be dead, and I would be on my way to Scargill Cove to kill you," Jack said. "We had a deal, Jones."

Out of the corner of his eye he saw Chloe give a violent little start. Her head snapped around. Her eyes were wide and her mouth was open. He ignored her.

There was a great stillness on the other end.

"What are you talking about?" Fallon asked finally.

Jack studied the handful of vehicles in the casino parking lot, looking for anything that seemed off. "I'm still alive. What's up with that? Getting careless or just having a hard time finding good help?"

"I'm in no mood for twenty questions. Tell me what the hell is going on."

"There was a para-hunter with a silenced gun waiting for us in our room at the motel here in Vegas. Another guy downstairs acting as lookout. I've got one question: Why now? Why not wait until after we know for sure that the lamp won't work for me?"

There was a short, heavy silence.

"Let me get this straight," Fallon said. His voice was an ominous rumble emanating from a dark cavern. "Are you telling me that you've got the lamp, that you're in Vegas and that someone just tried to kill you?"

"You're good at a lot of things, Fallon, but playing the innocent isn't one of them."

"Pay attention, Winters. I've got good news and bad news." Urgency thickened the bearlike voice. "Good news is that I didn't send anyone after you. I know you're paranoid when it comes to this particular subject, but I'm telling you that I have not been tracking you."

"No lies, Jones. That was part of the bargain, remember? Right up there with your guarantee that you wouldn't go after anyone connected to me. That includes my employees. Chloe Harper is working for me. She's a civilian as far as you're concerned."

"I gave you my word," Fallon said. "I've kept it."

Jack exhaled slowly. "I was afraid you were going to say that."

"Believe it or not, I've actually got better things to do with my time these days than assign a team to keep tabs on you. I haven't got that kind of manpower to spare, even if I wanted to waste it on you. Those two guys you just described weren't my people."

Some of the adrenaline was fading. Jack discovered that he was able to apply his strat-talent to something other than getting Chloe out of the motel. The first jolting thought that hit him was that Fallon sounded worried and not because his agents had screwed up.

"Okay, Fallon, for the sake of argument, say I believe you. What's the bad news?"

"I don't know who just tried to take you out, but I can think of one group that might have an interest in the lamp and also the resources to find you: Nightshade."

"I've heard about your latest conspiracy theory. But according to the scuttlebutt this Nightshade operation already has a version of the founder's formula. Why would they come after the lamp? And why now, after all this time? How could they even know about it? The Winterses have kept that secret a lot better than the Joneses have kept the secret of the formula."

"I don't have the answers to your questions," Fallon admitted.

"Now you've got my full and undivided attention. You're the man who always has the answers."

"I sure as hell don't have any right now." There was an uncharacteristic weariness in Fallon's voice. "You said the guy waiting in your room was a hunter?"

"We didn't have much of a conversation, but I can tell you he moved like a hunter. He was also bulked up on steroids."

"Don't take this wrong," Fallon said. "I'm glad you and Chloe are okay. But how did you do it? Hunters are fast."

"I'm a strat, remember? I've got a few tricks of my own."

"Huh."

Fallon wasn't buying the explanation.

"I got lucky," Jack said. Lying came easily when you were a strat. Just part of the talent. "There was a struggle. The guy panicked and ran off, probably afraid of drawing attention. The second man was waiting in the alley out back with a Harley. No license."

"Nightshade," Fallon said. "Got to be. Listen up, Jack. You and Chloe need to ditch your phones, computers, credit cards and anything else of an electronic nature. Nightshade may be using one or all of them to track you. You both need some new ID. And I'm not talking about the papers you've been carrying around for the past year. Burn 'em."

"You knew I had some fake ID? Then you have been watching me."

"No, but I know you, Jack. We think alike in some ways. If I'd been in your shoes all these years I'd sure as hell have had some emergency ID stashed for just this kind of situation."

The black-tinted glass doors of the casino slid open with a soft hiss. Cold, stale air rushed out. Jack followed Chloe into the neon-sparked darkness.

"We're in the middle of a desert, Fallon, and you're telling me I can't use computers or phones," he said. "Just how do you expect me to come up with two new sets of ID?"

"You're in Vegas. You can buy anything in that town. But if you want top-of-the-line work I suggest you ask Chloe to introduce you to her Uncle Edward and her Cousin Dex."

Jack came to a halt near a row of gleaming, flashing, blinking slots. He took off his sunglasses and looked at Chloe. "You know that Chloe's uncle here in Vegas does fake IDs?"

Chloe's eyes widened.

"Harper work is the best," Fallon said simply. "Always has been. Family's got a talent for that kind of thing. Who do you think I use?"

He cut the connection.

31

"UNCLE EDWARD, I CAN'T BELIEVE YOU'VE BEEN working for Jones & Jones since Fallon Jones took over the agency," Chloe said. She was still reeling from the news. "I don't know what to say. I'm aghast. Stunned. Shocked. Is anyone else in the family aware of this? Do Mom and Dad have any idea?"

They were sitting in Edward Harper's paneled office on the second floor above the showroom and warehouse. The address was just off Dean Martin Drive near Tropicana Avenue, a gritty, industrial neighborhood. There was a truck-stop casino next door that catered to truckers looking for a break from the long haul to California or the East Coast. Across the street was a building with blacked-out windows and a neon sign that read *Gentlemen's Club*. But here on the premises of Harper Fine Furnishings the atmosphere was classic Old World elegance.

Edward was seated behind a graceful Louis XV ormolu-mounted, veneered desk. She and Jack occupied a pair of George III mahogany chairs. The paintings on the walls were mid-eighteenth century. An expensively suited, elegantly groomed assistant had been sent for coffee. They were sipping the beverage from nineteenth-century porcelain cups. At least, Chloe thought, they looked exactly like nineteenth-century china.

Edward was a polished, patrician-faced man with silver-white hair, manicured hands and a well-cared-for body. From his tasseled loafers to his Italian jacket, trousers, tailored shirt and silk tie he was a model of the bespoke lifestyle.

"So few people appreciate quality workmanship these days," he said. He had the grace to appear mildly apologetic. "There was a time when forgery was considered an art form. But, alas, those days are long gone. Done in by desktop publishing and high-tech copiers. The business went into a general decline a few years ago—we were forced to expand our client base."

"Don't you mean you lowered your standards for clients?" Chloe said sternly. "Really, Uncle Edward. Jones & Jones?"

Edward widened his hands in a what-can-one-do gesture. "Fallon Jones pays well, and he is a connoisseur. In this day and age it is a rare pleasure to work with a client who has a truly discerning eye. And I will let you in on a little secret—this isn't the first generation of our family to make our art available to J&J."

"Oh, geez," Chloe said. "I can't believe I'm hearing this."

"I would appreciate it if you didn't mention my little arrangement with J&J to anyone else in the family, however," Edward said.

"Don't worry. Harper Investigations is big on confidentiality. It's just the shock, you know?"

"Of course. Thank you, my dear." Edward looked at Jack. "Now, then, I believe we are talking about two new complete packages. Not just the usual driver's licenses and the like but credit cards and clean phones, as well?"

"I'll also need a clean computer," Jack said.

Edward nodded. "Passports?"

Jack glanced at Chloe. "Sure, why not? We'll take the works."

"Certainly."

Edward reached under his desk and pushed a concealed button. A section of office paneling slid silently aside revealing a windowless room filled with stainless-steel workbenches and an array of gleaming, high-tech equipment. Chloe saw a familiar figure bending over a light box, a jeweler's loupe in one eye.

"Dex," she said.

She jumped out of her chair and hurried toward him through the maze of UV light viewers, cameras, laptops, printers, copiers, laminating machines and exotic lighting devices.

Dex straightened and turned. When he saw her, he grinned widely. "Hey, there, Chloe. I didn't know you were in Vegas."

Dex was about her age, tall and gangly. He had been endowed with Edward's noble features, but he lacked his parent's patina of elegance and sophistication. With his overlong, tousled hair, dark-framed glasses, rumpled shirt and jeans he looked like the brilliant artist that he was.

"It's good to see you." She hugged him warmly and stepped back. "How are Beth and little Andy?"

"Doing great." Dex glanced past her. "Who's this?"

"Jack Winters," Jack said, extending a hand.

"Mr. Winters." Dex shook briskly.

"Call me Jack."

"Sure." Dex turned back to Chloe. "What brings you here?"

Edward moved forward. "This is a J&J commission. Chloe and Jack need full packages, and they are in something of a hurry."

Dex frowned at Chloe, concern tightening his features. "You're in trouble?"

"Not me, my client." She inclined her head toward Jack. "We need to disappear for a while."

"No problem," Dex said. He still looked worried. "Are you sure you're not in danger? I know the family has had issues with J&J over the years, but Fallon Jones has been a good client. I'm sure we can convince him to supply protection if you and Jack need it. Jones owes us a few favors."

"Here's the problem," she said. "Fallon Jones has an agenda of his own in this situation, one which may or may not mesh well with my client's objective."

Edward gave Jack a cool, assessing look. "And just what is that objective, if I may ask?"

"Staying alive," Jack said.

"I see. A reasonable goal." Edward glanced at the leather duffel on the floor near Jack's right foot. "I assume your endeavor involves the Burning Lamp and my niece?"

"Yes," Jack said.

"You need my niece because you think she can work

the lamp. I understand that. But if things go wrong she may be in grave danger." Edward's eyes narrowed slightly. "From you."

"No, Uncle Edward," Chloe said firmly. "That's not true. "I can handle the lamp *and* Jack's dream energy field. Trust me."

"How do you know that if you've never worked the lamp?" Dex demanded.

"We ran an experiment of sorts last night," she said quickly. "Everything went swell. Piece of cake. No problem at all."

"An experiment?" Edward did not look convinced.

Jack looked at her, brows slightly raised, but he had the good sense to keep quiet.

"I can handle this, Uncle Edward," she said, mustering what she hoped was a professional air of confidence. "Mom always told me that every Harper has a talent. Well, working this lamp turns out to be mine. But I need some time to finish the job. It's hard to concentrate with J&J and this Nightshade crowd sneaking around behind us. Forty-eight hours, okay? That's all we'll need. Please, just promise me you'll give us two days of peace and quiet."

Edward hesitated and then nodded once, decisively. "If you're quite certain that you're safe with Mr. Winters we can give you both forty-eight hours." He looked at Jack. "Our family owes your family that much."

Chloe blinked, startled. "What's this about a favor?"

Dex snapped his fingers. "Right. Winters. Old favor. I remember Mom mentioning it a couple of times.

Something to do with saving Norwood Harper's life back in the Victorian era."

"Norwood Harper," Chloe repeated. "*Our* Norwood Harper? The Norwood Harper who created so many brilliant, uh, reproductions of Egyptian antiquities?"

"The one and only," Edward said reverently. "A true master. It's a long story, but suffice it to say that Norwood Harper got into a bit of a bind. Some very bad people were after him. Griffin Winters took care of the problem."

"This family always pays its debts," Chloe said proudly.

Edward inclined his head. "Indeed. Well, I suppose this means you aren't free to have dinner with us tonight."

"Another time, I promise," Chloe said. "As you can see I'm a little tied up at the moment."

Jack looked at Dex. "I don't want to be rude, but this is what you might call a rush job."

"Right." Dex crossed the crowded space to open a steel cabinet. "Where are you headed?"

"L.A." Jack said. "Or, at least, that's what I want J&J and Nightshade to think for the next forty-eight hours."

32

CHLOE WENT TO STAND AT THE TINTED WINDOWS and studied the neon-lit night world twenty floors below. "Okay, we are definitely moving up. From a no-tell motel downtown to a one-bedroom, two-bath suite overlooking the Strip. I'm good with that. But why aren't we headed toward L.A.? It would be easy to get lost there."

She heard a heavy clunk behind her. Jack had just hoisted the duffel bag onto the table.

"Because my gut tells me that's exactly what they'll expect us to do," he said.

The heavy, compelling energy of the lamp was thick in the atmosphere, calling to her senses. She turned around.

"You mean Nightshade?"

"And Fallon Jones. Both sides will assume that we're hightailing it out of town now that we know we're being hunted. It's human nature to run in situations like this."

"So we do the opposite."

"Right."

She heightened her senses a little more and studied his prints on the leather bag. Strong, healthy dream psi, the positive results of a good night's rest, showed clearly. But she could still see faint traces of the medication he had been taking.

"Why are we worried about Fallon Jones?" she asked. "I got the impression you believed him when he claimed he wasn't gunning for you."

"I think he was telling the truth when he said that he hadn't been tracking me. But now that he knows for sure that I've got the lamp and that Nightshade is on our trail, he won't be able to resist trying to keep us under surveillance."

"For our own good, of course," she said drily.

"Probably had someone watching your uncle's store even before we got there this afternoon. The question is whether the decoy car worked."

"I'm sure it worked," she said, not without a touch of pride. "My family is very good at this kind of thing."

His mouth kicked up a little at the edges. "I noticed."

Edward Harper had arranged for an SUV with heavily tinted windows to pull away from Harper Fine Furnishings shortly before sunset that afternoon. Dex and Beth, bearing a remarkably close resemblance to Jack and herself, thanks to theatrical makeup and wigs, were inside. They had driven off quickly, headed west on I-15 toward L.A.

She and Jack had departed sometime later in the back of one of the half dozen Harper Fine Furnishings delivery vans that came and went all day long from the secure warehouse at the rear of the store. In addition to their new credit cards, ID and phones, Jack had a sparkling clean laptop. The discreet departure had been accomplished with the customary Harper efficiency.

She walked to the table and stopped, looking down at the lamp. "You sure you're ready to do this?"

He watched her from the opposite side of the table. "It's not like I have a choice. What about you?"

She knew she had to sound confident for his sake.

"Ready," she said. "First step here is to light the lamp. I think either one of us can do that, but once it's burning, you're the only one who can push up the power level."

"How do I do that?"

"I'm afraid it's going to be an intuitive thing. The process should come naturally to you because the lamp is already tuned to your wavelengths. We'll take it slow and easy, though. Whatever we do here, we definitely do not want to lose control of the power in this gadget."

"It's that dangerous?" he asked quietly.

"Yes." She paused. "But I can't tell you how or in what way it's dangerous. Power is power, though. You have to respect it."

She went around the suite, turning off the lights. The room was plunged into a darkness lit only by the cold light of neon and a desert moon. In the shadows she could see Jack silhouetted against the uncovered window.

She gave her eyes a moment to adjust to the night and then made her way back toward him. In the dim light she managed to collide with a chair.

"*Ooph.*" She was going to be bruised in the morning.

"You okay?" Jack asked.

"Yeah, sure. Fine." So much for the air of confident

professionalism, she thought. She rubbed her thigh and continued on to the table. "Okay, here we go."

She heightened her senses, probing gently for the latent currents in the lamp. Energy shifted ominously in the artifact. Slowly it began to glow, giving off a weak, pale light.

"That's as far as I can take it," she said quietly. "Your turn."

Jack did not respond, but she felt the energy level rise in the room. Psi heat stirred her senses. The skin on her arms prickled. The hair on the nape of her neck lifted. Her pulse beat faster. Excitement and anticipation revved through her.

The lamp got brighter. She went hotter and became uncomfortably aware of the residue of lust, some of it earthy and natural, some of it sick and disgusting, that stained the suite. Traces of gambling fever were everywhere in the room. The unwholesome light of other kinds of addictions glittered malevolently as well. Not even the strongest cleaning chemicals could touch dream energy. The lust on the bedding in the other room reeked.

She tuned out the extraneous energy and focused on the lamp. Fingerprints of dark, hot ultralight fluoresced on the strange metal, seething and pulsing in the shadows. Acid greens mingled with impossible shades of paranormal blues, blacks and purples. Until now she had resisted looking at the artifact with all of her senses flung wide. Now that she had looked at it, she could not turn away.

Some of the dreamlight residue on the lamp was old and glowed with a disturbing iridescence that she recognized as the hallmark of raw power. For the first time panic skittered on little rat feet across her senses. What had she gotten herself into?

She took a deep breath. She could do this. She had to do it. For Jack.

"Your ancestors left their prints on the lamp," she said. "The earliest could easily be a few hundred years old."

"Nicholas Winters." Jack's voice was low but it was freighted with the energy he was generating.

"The hues and shades and the patterns of the wavelengths are similar in some ways to your own. Psychic genetics at work. There's another set of particularly powerful prints. Newer but well over a century old."

"Griffin Winters."

She studied some of the other traces of dreamlight on the lamp. "I can also see the prints of the women who worked the lamp. The oldest still burns with rage and despair and an overpowering need for vengeance."

"Eleanor Fleming, the first woman who worked the lamp. She's the one who bore Nicholas a son and then used the energy of the lamp to destroy Nicholas's talent."

She shivered. "Here's the really sad part: On some level, deep in her dreamscape, she loved him, or at least she was bonded to him."

"Because of the child?"

"Yes. In turn, Nicholas was obsessed with her, probably because he realized that she was the key to controlling the power of the lamp. Those two obviously had issues."

"What about Griffin Winters and Adelaide Pyne?"

She studied the second set of strong dreamprints with all of her senses. It took power to control power. Griffin and Adelaide had both possessed off-the-charts talent.

"There was a bond between them as well. It was definitely sexual in nature." She stilled. "Maybe that's the real key to controlling the lamp."

"What?"

"Some kind of psychic link between the Winters man and the dreamlight worker."

"Hold it right there," Jack said. "Don't try to tell me that the couple that works the lamp together has to be in love. Thought you said you were not a romantic?"

"Trust me, we're not talking about anything as vague and ephemeral as romantic love," she assured him. "But everyone knows that there is a lot of psi generated during sex. Maybe that's why we wound up in bed last night."

"You think the lamp made us do it? Okay, that's an original excuse."

"Think about it. We'd been near it for hours, and that sucker gives off a lot of energy. Who knows what kind of influence it exerted on our auras?"

"You definitely are not a romantic, are you?"

"Told you, I can't afford to be. Not with my talent."

"Fine. But keep one thing in mind: We were attracted to each other before we found the lamp."

"Yes." She studied the lamp. "But I wonder if that's because . . ."

"It's because we're attracted to each other," he growled. "There's no need to blame it on psychic voodoo."

"Okay, okay, take it easy."

"Let's get back to business here. Can you work this thing or not?"

"Don't worry, we're good." *Never let the client see you sweat.* "Piece of cake."

The radiation emanating from the lamp was brighter, more intense now. From the heavy base to the flared rim it pulsed with energy. She watched, fascinated, as wispy tendrils of ultralight twisted and curled. Slowly the strange metal alloy became first translucent and then transparent. The psi fire swirling within it was clearly visible.

"Jack, it's working," she whispered.

"I can feel it," he said. His voice roughened with something other than psi. "I can feel your energy, too."

He was still drenched in shadows and the icy shades of moon and neon, but the rising tide of dreamlight etched his stern features. His hard, ascetic profile was revealed in the dark hues that emanated from the far end of the spectrum.

The transformation of the lamp was complete. The artifact now appeared to be fashioned of pure, clear crystal. As Chloe watched, all but one of the stones in the rim began to change, too. Each burned with inner fire. No longer opaque, the illuminated crystals took on distinct shades of dreamlight. One shone with a dazzling silver white light. Another radiated fiery crimson energy. Currents of surreal blues and purples, greens and amber lanced from other crystals in the rim.

"The Burning Lamp," she said, enthralled.

"Yes." Jack's voice was fierce and tight.

"But why is one stone still cold?"

"It must be the last crystal forged by Nicholas, the one he called the Midnight Crystal. He wrote that it was the most dangerous of them all." Jack looked at her. "Do we need it?"

"No, I don't think so." She probed gently. "It feels blank. Like plain glass or quartz. If there is power in it, I can't sense it or work it."

"Maybe it is just ordinary glass. By all accounts, Nicholas was flat-out crazy at the end, and he was losing his talents. He was obsessed with vengeance. In that state of mind he might have convinced himself that he had infused a chunk of plain glass with great power."

Cautiously she touched the artifact, hoping intuition would guide her. A jolt of what felt like electricity slammed through her when her fingers came in contact with the transparent metal. It was like brushing up against another person's dream energy but a hundred times worse. She did not let go. She wasn't at all certain that she *could* let go, not until she had finished what had been started.

And suddenly she knew what to do next, what had to be done.

"Put one hand on the lamp," she said.

Jack did as instructed. His jaw clenched when he

touched the artifact. She knew that he had gotten the same initial shock that she had received.

"Take my hand," she said.

He closed his free hand around hers. More electric psi flashed through her, stronger this time. It was all she could do to bite back a cry of pain. Jack's fingers tightened around her fingers.

She waited a moment, bracing herself for more of the disturbing shocks, but there were none.

"We're in," she whispered. "Our wavelengths are resonating with those of the lamp, thanks to you."

"Me?"

"I don't think anyone who didn't have your genetic pattern could get this far. I'm riding your currents, but I think I can control the rhythm and pattern of the lamp's energy. Sort of like riding a really big, really strong stallion."

His mouth twisted in a humorless smile. "I'm the stallion?"

"And I'm the rider. You've got the raw power, but I've got the reins."

"Under other circumstances, that could be a really interesting visual. Now what?"

"We're going to do this slow and easy," she said. "Got a feeling there could be some heavy blowback on both of us if I move too fast."

Jack did not respond. He was gazing into the heart of the lamp, riveted by whatever he saw there.

Slowly, carefully, relying entirely on her intuition, she began to work the energy of the crystal stones, stabilizing the wild currents of psi. She was already running hot psychically, but now she was starting to become physically aroused as well and not in a generic sense. She wanted to *mate*—there was no other word for it—and not with just any man. She wanted Jack and Jack alone. She *craved* him, *lusted* after him, *hungered* for him, just as she had last night when she had used her energy to shatter the trance.

"This is getting weird," she said softly.

Jack's hand was clamped around hers like a manacle, but he did not look up from the shifting energy of the lamp.

"You're a woman of power," he said, his words thick with lust and hunger.

It was all she could do not to hurl herself into his arms.

Get a grip, she thought. *It's the lamp that's doing this to us. Got a job to do here. The client needs you.*

"Open your senses to the max," she ordered quietly. "I need to be able to see the entire range of your dream spectrum."

Energy surged in the room. Hot ultralight flashed and crashed in the small space. She knew that Jack was fully, completely fired up, in the zone. The scope of his talent was breathtaking.

With an effort of will, she ignored the surges of sexual longing cascading through her. *There is a kind of freedom in celibacy. Yeah, right.*

Carefully she studied Jack's ultralight currents. What she saw stunned her. The channels between the waking state and the dreamstate were open, *even though Jack was awake and running hot.* What's more, the connection between the two states was stable. By all the laws of para-physics, that was supposed to be impossible.

Although the channels were open and stable for the most part, there were some places on the spectrum where the currents were slightly erratic. The disturbed areas appeared to be slowly healing, but she was pretty sure she could speed up the process.

With a skill that came intuitively, she steadied the psychic radiation of the lamp and guided it so that it resonated with the wavelengths in the disturbed areas of Jack's dream channels. Within seconds the erratic areas steadied and began pulsing in a healthy fashion.

"That should take care of the nightmares and the hallucinations," she whispered. "Now I wonder if I can do something about that medication you've been taking."

The words were hardly out of her mouth when the lamp flared even higher, creating a storm of ultralight. It was as if her little mending job had turned a key in an invisible paranormal lock, releasing the final level of power within the artifact.

Jack went rigid, every muscle in his body tensing as if he'd just been shot. His head snapped back, a man in mortal agony. His mouth opened on a choked, anguished groan. He squeezed her hand with the strength of a drowning man clinging to a life preserver.

A terrible despair slammed through her. She had made a horrific error. She was killing him. Too much energy was flooding through him. No human mind could sustain such a psychic hurricane. She knew that in her bones. The lamp was not intended to work like this.

That's why it requires a dreamlight worker, she thought. *That's why you're here.*

But she sensed that it was too late to halt the process. Nothing could put this genie back into the lamp. Frantic, she tried to control the energy that had been unleashed. But she knew she could not hope to channel the full power of the raging storm of psi.

"Jack," she gasped. "You have to help me. We have to do this together."

"Yes," he said through clamped teeth. "Together."

She sensed him reaching into the heart of the storm, seizing the raw power that lay there. Only he could control it, she realized. He was the only person who could shut down the lamp. But to do so he needed her to steady the violently resonating patterns of dreamlight.

Lightly, delicately, she slipped her own energy back into the stream. In a heartbeat, maybe two, she was part of the storm. The sensation of so much heavy psi flowing through her was intoxicating, the ultimate rush. Her hair lifted, dancing around her head as though tossed by invisible winds. She almost screamed with the glorious ecstasy of it all. She really did know how to do this. Every Harper had a talent.

She forced the currents into a stable pattern. Simultaneously Jack took control of the power of the lamp. What had been a searing, surging blast of raw psi was soon reduced to a focused river of energy.

The lamp gradually darkened, going first translucent and then finally solid metal once again. The paranormal rainbow winked out. The crystals that had created it turned gray and opaque.

She looked at Jack over the top of the lamp, dazed and exultant.

"We did it," she breathed. She realized she was soaring on the thrill that accompanied the control of so much power.

Jack's eyes still burned psi green.

"*Chloe.*"

She knew that he was riding the same sensual high. He pulled her into his arms, crushing her against his chest. She could hardly breathe, but who needed oxygen? What she needed was Jack. And in that moment she knew that he needed her just as urgently, at least for now.

The kiss was hot and desperate, bordering on violent. They did not undress each other—they clawed at each other's clothes. She was vaguely aware of fabric ripping and buttons snapping. Jack unzipped her pants, grabbed the waistband in both hands and shoved the trousers along with her panties down to her ankles. Impatient, she kicked free of the clothing.

He did not bother to carry her into the bedroom. Instead, he swept out a hand. There was a heavy thud when the lamp hit the carpet. The next thing she knew she was lying flat on her back on the table, her legs dangling over the edge.

Jack got his own trousers open and moved between her thighs. He put one hand on her, testing, and she almost climaxed then and there. He probed once and then thrust heavily, deeply, into her.

Shock waves tightened everything inside her. But she was almost maxed out. The tension was unbearable—she was as taut as a bowstring awaiting the release of the arrow. All the colors of the dreamlight spectrum radiated around her, dazzling, blinding, floodlighting her senses.

Jack surged into her again. She came immediately, too breathless to cry out. The waves of energy were still sweeping through her when she heard a low, harsh growl. Jack surged into her one last time. His powerful climax rocked through both of them.

When it was over he braced himself above her, shirt hanging open, and planted his hands on the table on either side of her. His hair was damp. Sweat dripped from his shoulders onto her breasts.

"Chloe," he said again, very softly this time.

He leaned down and brushed his mouth across hers.

She touched his bare chest. His skin was slick with perspiration and very warm, as if he were running a real fever.

He straightened, freeing himself from her body with obvious reluctance. He closed his pants, scooped her off the table and carried her the short distance to the couch. He sank down onto the cushions and cradled her across his thighs. Then he leaned his head back and closed his eyes.

He was asleep within seconds.

She stirred a little and opened her senses slightly.

She had burned through most of her reserves, but she had just enough energy left to look at the top of the table where Jack's hands had been a moment ago. Then she studied the carpet.

Heat and power still burned in his psi prints, but the wavelengths were stable and strong. Stray fragments of dream energy were no longer bleeding over into his other senses. There was still a taint of darkness from the medication he had been taking, but that was not the real problem.

The problem was that she was pretty sure she had failed. Clients never took failure well.

33

HE AWOKE TO THE LIGHT OF THE DESERT SUN
streaming through the tinted windows and the sound
of water running in the shower. He had a vague memory
of falling asleep—going more or less unconscious—
with Chloe's warm, sexy weight lying across his thighs.

It occurred to him that he felt better than he had
in weeks, months. Maybe years. He was also half
aroused. The morning erection felt good, too. It felt
normal. Nothing much had been normal of late.

He got to his feet, stretched, yawned and wandered
into the suite's second bath. When he emerged a few
minutes later it occurred to him that if he moved fast he
might be able to join Chloe in the shower. He'd noticed
yesterday that it was a really big shower tricked out in
true Vegas style with multiple showerheads and spray
nozzles. A real water wonderland.

He started across the room, heading toward the
master bath. Halfway to his goal he saw the lamp. It
was sitting on the table.

The memory of sweeping the artifact aside so that he
could get Chloe onto the table slammed through him.
He'd taken her there on the table with zero foreplay

and absolutely no finesse. Last night she had saved him from becoming a psychic monster, but now she probably thought he was a Neanderthal when it came to sex. Not exactly a big step-up in status.

He went into the bedroom and opened the door of the bath. Steam rolled out in waves. Gold fixtures and marble tiles gleamed in the mist. The roar of the water was so loud he knew that Chloe must have turned on every jet, faucet and nozzle in the mini spa.

He could see her through the clouded glass walls of the shower. She was standing beneath the rushing waters, her back to him, washing her hair. He realized he was hard, fully aroused.

"In or out, take your choice but close the door," she called above the thundering waterfall. "You're letting all the heat out of the room."

He closed the bathroom door and opened the shower.

"Chloe, about last night," he began.

She straightened, opened her eyes and turned slightly toward him. "I thought we agreed that no good conversation ever started with *about last night*."

He did not know what to say. She looked so delicious standing there with water splashing and pouring everywhere, so delicate and feminine and soft. He must have crushed her on that table last night.

"I'm sorry. I don't know what I can do or say. Hell, you're bruised."

She glanced down at the mark on her thigh. "Not your fault. I bumped into a chair. You did not hurt me, so you can stop apologizing." She became very busy soaping up a washcloth. "It's not as if you attacked me.

We were both in the grip of a major burn, and I think the energy of the lamp was affecting us. Things got a little energetic, that's all. Nothing to be concerned about."

She was writing off the most powerful sexual encounter he'd ever experienced as merely the result of a heavy psi burn and the effects of the damn lamp. Maybe for her that's all it had been. He realized that he didn't like that possibility.

"So, you've done it that way before?" he asked. He peeled off his shirt, dropped it on the floor and unzipped his pants. "After a burn or after working a paranormal artifact?"

"Well, no." She soaped her face. "But it's a known fact that when a person is running hot, there is a lot of adrenaline and testosterone and bio-psi chemicals flooding the bloodstream. We were both maxed out last night, and there was the added complication of the lamp, that's all. No big deal."

He kicked his pants out of the way, stepped into the shower and closed the glass door very quietly. He moved up behind her and kissed the curve of her shoulder. She froze, the washcloth covering her face.

"No big deal?" he asked. He put his hand on her hip and gently, very gently, bit her ear. "You're sure about that?"

He felt her shiver beneath his hand, but she did not pull away. He realized that he'd been braced for rejection. The relief nearly overwhelmed him.

"You know what I mean," she mumbled into the washcloth.

"No, I don't think I do." He eased her back against his heavily aroused body and moved one hand between her legs. "What happened last night was a very big deal to me. So was what happened the night before."

She lowered the washcloth and tilted her face so that the spray rinsed off the soapy lather she had just applied. Slowly she turned in his arms. She regarded him with very serious eyes.

"How do you feel?" she asked.

"Good." He considered the matter more closely and smiled slowly. "Very, very good."

She glanced at the shower door behind him. He felt energy pulse and knew that she was checking out his prints on the glass.

"Some of your dream psi was a little disturbed. That's why you were getting the hallucinations and nightmares. But I fixed the wavelengths."

"I know. The weird shit is gone." He removed the washcloth from her hands, tossed it aside and touched her nipples. "I can sense the difference."

"The weird stuff might be gone, but there are still traces of those sleeping meds. I didn't have a chance to do anything about them." She frowned intently. "They're fading, however. Shouldn't be much longer now before the last of the drug is out of your system."

He captured her face between his hands, forcing her to look at him, not the door.

"About last night," he said again.

She blinked, as though he had distracted her from whatever she had been going to say next. Her air of intense concentration slowly evaporated. She smiled. Heat and feminine mystery darkened her eyes.

"Okay," she said. "It was a big deal. So was the night before."

That was what he wanted to hear, he thought. So why wasn't he satisfied with her response? He decided he would have to think about the problem some other time. At that moment the only thing he could concentrate on was touching Chloe all over, kissing her all over. This morning he was going to do everything the way he should have last night.

Invisible energy sparked and flared in the atmosphere. Just like last night, he thought. But this time she wouldn't be able to blame it on the lamp.

A LONG TIME LATER she got out of the shower and wrapped herself in a thick white towel. He followed, reaching for one of the towels. He was feeling very good, even better than he had when he had awakened.

He smiled at her as he dried himself. "Well?"

She wrinkled her nose and turned pink, and then she laughed.

"Okay, that was a big deal, too," she said.

He grinned. "No lamp involved."

AFTERWARD HE PUT ON the new clothes the Harper family had provided. He made the call to Fallon while Chloe was getting dressed in the bedroom.

Fallon picked up halfway through the first ring. "You're not in L.A."

"Still in Vegas. Sorry about that. I wanted some privacy."

"Yeah, I started getting suspicious this morning when I saw the credit card charges. Harper running those for you?"

"Part of the full-service package. It's designed to make it look like I'm somewhere other than where I happen to be at the moment."

"You sound different. I take it the lamp worked?"

"As advertised. Chloe says my dream-psi patterns are stable again. She's right. I can sense it, too."

"So you're not going to turn into a Cerberus on me. Great. That takes one problem off my to-do list."

"You never did sound all that worried."

"Probably because I wasn't. Griffin Winters survived, so the lamp must have worked for him. Figured it would work for you, too." Fallon paused. "I'm assuming, of course, that you haven't been overcome by a compulsion to murder anyone with the last name of Jones?"

"Well, now that you mention it—"

"That was a joke, Winters."

"I knew that."

Fallon was silent for a few seconds.

"Think there's anything to the story about the Midnight Crystal that Old Nick claimed he inserted into the lamp there at the end?" he asked eventually.

"One of the rocks in the lamp stayed dark. Figure that's the one Nicholas called the Midnight Crystal. Chloe thinks it's just a chunk of glass. She couldn't sense any energy in it, and I sure as hell couldn't fire it up."

"Good news for the Jones family tree," Fallon said. "What's got me worried now is that it looks like Nightshade wants the lamp, and I can't figure out why."

"What makes you so sure that Nightshade is involved with what happened at the motel yesterday?"

"My talent," Fallon said flatly.

"Hard to argue with that. But what would they want with the lamp?"

"When I find out, you'll be the first to know. I've got a feeling that as long as you and Chloe have the lamp in your possession, though, you're both in danger."

"Why Chloe?" he asked, gut tightening.

"Because she can work the lamp," Fallon said. "If they want the lamp, they may want her, too."

"Shit."

"Harper's doing a good job. Anyone trying to follow you probably believes that you're in L.A., so I think we've got some breathing room. But we need to get the lamp into safekeeping in one of the museum vaults as quickly as possible."

"You have a plan?"

"I *had* a plan," Fallon said. "I've always got a plan. But you screwed things up when you decided to stay in Vegas. I had a couple people waiting in L.A., the kind of talents who can handle this type of work."

"Hunters?"

"*Cleared* hunters. When it comes to dealing with Nightshade, I'm not using anyone who hasn't been vetted by me, personally, unless there's no other option."

"You think Arcane has been infiltrated?"

"It's a given now that we know that the bastard who founded the organization was sitting right there on the Governing Council for decades, listening to every single one of the Society's secrets."

"Not that Arcane was ever particularly good at keeping secrets," Jack pointed out.

"The Society wasn't set up to be an intelligence agency," Fallon shot back. "We're supposed to be a group of serious academics and researchers devoted to the study of the paranormal. We publish scholarly papers, damn it. We collect artifacts for our museums. And J&J is just a small-time private investigation agency, not the CIA."

"Take it easy, Fallon. You sound a little tense."

"So sue me. I've got about a dozen irons in the fire at the moment, and they're all red-hot. Do you have any idea of how much data we collected when we took down those Nightshade labs a couple months back?"

"No."

"Neither do I because it's all locked in computers. Hard-core encryption. I don't have nearly enough crypto-talents to get the job done."

"Must be tough," Jack said, trying for soothing.

But Fallon was on a roll. "I've had to put a lot of routine cases on the back burner because I just don't have the time or the people to handle them. That means that an unknown number of sociopathic sensitives are out there right now using their talents to con little old ladies out of their life savings, picking pockets, stealing jewelry or running gangs. In some cases they're getting away with murder. Literally."

"J&J was never intended to be a police force, either," Jack reminded him.

"Who the hell is going to catch those kinds of bad guys if we don't? Regular law enforcement agencies don't even acknowledge that there is such a thing as the paranormal, let alone that some of the people they're chasing have psychic talents."

There was movement in the bedroom doorway. Jack glanced back and saw Chloe coming toward him. She looked fresh and vibrant, still a little flushed and rosy from their lovemaking and the shower.

"You need an assistant, Fallon," he said into the phone. "You should learn to delegate."

"Yeah, people keep telling me that. But I don't have time to find someone who could handle the job. And then there's the other issue."

"What other issue?"

Fallon was quiet for a couple of beats. "I've been told that I'm not the easiest person to work with."

"Hard to believe."

"I know, go figure. Thing is, even if I did find someone suitable, what are the odds that he or she would want to pull up stakes and move here to Scargill Cove?"

"What's wrong with Scargill Cove? Thought it was one of those picturesque little coastal towns like Mendocino."

"Small towns are small towns. Doesn't matter what the scenery looks like. The only movie theater here closed four years ago. The one bookstore stocks books on vegan cooking and meditation. Most of the locals can best be described as interesting characters, and the only restaurant clean enough to take a date to is the Sunshine Café, which closes at five thirty. They roll up the streets at night around here."

Jack took the phone away from his ear and looked at it. He put the phone back to his ear.

"You're thinking of inviting a woman out on a date?" he asked cautiously.

"I'm a man," Fallon muttered. "I have needs."

"Then maybe you'd better move to another town. Someplace where you have a shot at getting those needs fulfilled."

"That won't work." Fallon exhaled heavily. "I require peace and quiet. Lots of peace and quiet. Scargill Cove works for me."

"I hesitate to state the obvious, but have you considered registering with arcanematch?"

"What's the point? Everyone knows that the Society's database isn't much good at finding matches for guys like us. Look what happened when you went shopping for a wife there. You were divorced two years later."

"Just because my marriage didn't work out doesn't mean that arcanematch wouldn't work for you."

"Hell, I'm not looking for a wife. I don't have time to deal with a wife. Wives require a lot of attention."

"Maybe what you need is a wife who shares your interest in running J&J," Jack said. He wondered when he had become an expert on marriage. Fallon was right, his own had not been what anyone would call a resounding success.

"What the hell are we doing talking about my private life?" Fallon demanded. "I've got work to do. I'll get the team of hunters out to you later today. They'll be driving from L.A. Don't want to risk taking the lamp through airline security. They should reach you in about four hours, assuming I can get hold of them right away."

Fallon ended the connection, as was his custom, without bothering with the usual civilities such as *good-bye* or *see ya* or *talk to you later*. Jack lowered the phone and looked at Chloe.

"Fallon Jones is sending a team out from L.A. to collect the lamp. We've got a few hours to kill. What do you say we go downstairs and have breakfast? I'm hungry." He thought about it and smiled. This was the first time in weeks when he'd contemplated food as anything more than fuel. "Really, really hungry."

34

IT WAS IMPOSSIBLE TO GO ANYWHERE WITHIN the sprawling casino-hotel complex without having to traverse the gaming floor. Chloe lowered her senses to the minimum, but there was no way to ignore the layers of feverish dreamprints that fluoresced everywhere in the eternal night that enveloped the vast room.

The glowing residue of psi left by thousands of frantic, excited, and desperate players gave the midnight realm an otherworldly luminescence. Weaving a path through the glowing card tables, roulette wheels and banks of slot machines was like swimming through a maze of boiling sulfur cauldrons at the bottom of the ocean.

The hotel featured over a dozen restaurants, bars and fast-food eateries, all scattered around the perimeter of the gaming floor. The large café that catered to the breakfast and lunch crowd had a very short line. The seating hostess showed them to a booth. Chloe ignored the sickly psi prints that glowed all across the sparkling clean table and opened her menu. Jack sat down across from her. He put the leather duffel containing the lamp on one side of the seat and positioned his computer case on the other. The subtle aura of dark power emanating from the artifact misted the atmosphere of the small area.

"You're really going to give that thing to Arcane?" she asked.

Jack studied the menu. "Yeah."

"Are you serious? Do you actually trust the Society to take care of it?"

"Not one hundred percent, no." He closed his menu and looked at her. "But you rarely get a hundred percent certainty in anything. Fallon is right. The lamp will be a lot more secure locked up in an Arcane vault than sitting on an end table in my condo."

"Okay, I'll give you that," she said. "But what if one of your descendants ever needs it?"

"Same reasoning applies. Arcane has taken reasonably good care of a lot of paranormal artifacts for a few centuries. Their security is always first class these days because they've got the best crypto-talents to design it. My family managed to lose the lamp in the course of a cross-country move. Who knows? Maybe one of my great-grandchildren, assuming I ever have any, might decide to put it into a yard sale."

She got an odd little twinge when she thought about his children and great-grandchildren. His descendants would probably all be strong talents. Maybe they would have his eyes.

She forced her thoughts back to the present.

"I see what you mean." She looked at the duffel bag again. "But you're banking on a future edition of Fallon Jones or someone at his level within the Society being willing to let your descendants use the lamp if they need it. What's more, you're betting that the Society, itself, will continue to exist not just for decades but for centuries."

"It has survived since the late sixteen hundreds." He shrugged. "It's not like I've got a lot of great options. The lamp is safer with a long-standing institution like the Society, which understands the importance of paranormal artifacts, than it is with a single family."

She pursed her lips, thinking about it. "Maybe. It's just the principle of the thing. I mean, you're talking about giving the lamp to an organization run by the Joneses."

"You should talk. Your uncle and your cousin are working for J&J."

She made a face. "Wait until the rest of the family finds out."

They ordered omelets. When the food arrived Chloe shook her head, awed by the sheer size of the portions.

"Good grief. We could have split one of these," she said.

Jack forked up a large bite with obvious relish. "Speak for yourself. I told you, I'm hungry."

He gave her a wickedly sexy smile and winked. She felt her face grow warm in response. It occurred to her that she was very hungry, herself. They had both used a lot of energy last night. She dug into her eggs.

She knew she was putting off the moment when she would have to explain last night's failure. But somehow she just couldn't bring herself to shatter the warm intimacy of the morning. It had never been like this with any other man. Surely she was entitled to a little romance. Besides, maybe she was wrong. Maybe she hadn't failed.

"I couldn't help but overhear your conversation with Fallon," she said. "How long were you married?"

"Two years."

"What happened?"

"Well, according to Shannon, I was too driven, too intense. I think she used the term *control freak* a few times."

"Was she right?"

"Yes. I discovered I was good at making money. Went at it twenty-four/seven. All in all, I became pretty intense and driven and maybe something of a control freak. Guess I got stuck in that mode."

"I don't think it's a mode," she said. "It requires plenty of intensity, determination and control to handle your level of talent. Your personality and temperament would reflect those qualities, regardless of what you did for a living."

He looked up. "Nicholas Winters wrote something in his journal about the high cost of each of the three talents. *The first talent fills the mind with a rising tide of restlessness that cannot be assuaged by endless hours in the laboratory or soothed with strong drink or the milk of the poppy.*"

"Guess that explains a few of your quirks. Talent number two is accompanied by the nightmares and hallucinations problem?"

"Right."

She cleared her throat delicately. "Uh, what about number three?"

"It is supposed to be the most powerful and the most dangerous of the three talents. Nicholas wrote that *if the key is not turned properly in the lock, this last psychical ability will prove lethal, bringing on first insanity and then death.*"

Her fork froze in midair. "He specifically wrote about a key and a lock? Do you know what he was talking about?"

"No. The old alchemists were big on riddles and hidden meanings."

She thought about the feeling she'd had last night, the sensation that she had turned an invisible key in a paranormal lock. A shiver whispered through her.

"Nicholas was very explicit about the price exacted by the first two talents," she said carefully. "I wonder if he was being more literal than you think."

Jack watched her very steadily. "He also wrote that only the woman able to work the lamp could halt or reverse the transformation into a Cerberus."

Her pulse picked up, and her chest tightened. "Oh, geez. Talk about pressure. Listen, Jack, you look pretty normal to me this morning. And you said you felt good."

He smiled slightly, eyes heating. "Thanks to you."

"Yes, well—"

The burbling of her phone interrupted her. Startled, she dove into her purse and came up with the device.

"Uncle Edward? Is something wrong?"

"I got a call from your assistant, Rose, a few minutes ago. She said Drake Stone contacted her this morning. He's trying to get in touch with you. Said it was very important that he talk to you. Thought I'd better pass the message along."

A sliver of alarm sliced through her senses. "I'll call him right away. Thanks, Uncle Edward." She crossed her fingers under the table. "Oh, and the lamp worked."

"Good to know."

"Yes, it is. We don't need it anymore, so J&J is sending someone to collect it and take it to an Arcane vault."

"Best place for it," Edward said. "Arcane knows how to take care of that sort of thing."

"Thanks, again, for everything yesterday."

"No problem. Your client will receive my bill when this is all over."

She ended the call and looked at Jack. "I have to call Drake Stone. He got in touch with Rose this morning. Something about needing to talk to me immediately."

Jack lowered his fork. "What's going on?"

"I don't know yet."

She punched in the number Edward had given her. A woman answered on the second ring.

"Stone residence," a woman said.

The voice was chirpy. Different housekeeper, Chloe noticed.

"This is Chloe Harper," she said. "I'm returning a call to Mr. Stone."

"Yes, Miss Harper. Please hold."

Stone took the call immediately.

"Chloe, thanks for getting back to me." Drake sounded strained and tense.

"Is something wrong, Mr. Stone?"

"To tell you the truth, I'm not sure. I had a rather

strange experience last night. Someone came to see me here at the house. I think it was about the lamp."

A sense of urgency tightened her breathing. She was aware of Jack watching her with a steady look.

"You *think* it was about the lamp?" she said carefully.

"That's the weird part," Drake said. "I can't quite remember the conversation. I admit that this was after the show and that I'd had two or three drinks to unwind before going to bed. That could explain my memory problems. But what really bothers me is that this morning I checked with the guard at the front gate."

"And?" Chloe asked.

"According to the log and the guy who was on duty last night, I had no visitors."

35

THE UNIFORMED GUARD WAVED THEM THROUGH the gate. Jack drove along the tree-lined drive and stopped the car in front of Stone's Mediterranean villa. Chloe grabbed her satchel, popped open the door and slid out of the front seat.

The late morning sun was bright, but the temperature was still in the low sixties. The chill she felt, however, had nothing to do with the brisk air. Her senses were fluttering the way they did whenever she walked past the entrances of dark alleys or entered a parking garage late at night. Most people try to ignore their intuition. But when you have been raised by people who accept the psychic side of their natures as natural, you learn to pay attention.

She walked with Jack along the stone path to the imposing, colonnaded entrance of the big house. As usual, Jack carried the leather duffel containing the lamp and his computer case. He pressed the doorbell.

"I still can't believe I'm actually working for J&J," Chloe said mournfully. "How the Harper family standards have fallen."

"Look at it this way," Jack said. "Jones pays well."

"Do you really think that Fallon's theory is correct?" she asked. "Do you believe that Nightshade actually sent a para-hypnotist here to interrogate Mr. Stone last night?"

"Who knows?" Jack said. "This is Fallon's conspiracy theory we're dealing with. Given his current worldview, everything is about Nightshade."

They had called Fallon Jones immediately after Chloe had ended her conversation with Stone. Fallon had been almost apoplectic with urgency. *"Go see him right now. Talk to him. Get every damn detail you can out of him. Take a good look at Stone's dreamprints, Chloe. Sounds like he and the guard were given a hypnotic suggestion to encourage them to forget whoever came to see Stone. I want a full report as soon as you're finished."*

"Excuse me, Mr. Jones, but are you trying to hire me to do a job for you?"

"You're a private investigator, aren't you? Not like I've got anyone else I can use on such short notice. Send me a bill later."

She opened her senses and studied the front steps. Psi light glowed faintly on the sun-washed tiles. A thrill of awareness swept through her.

"There was definitely a strong talent of some kind here recently," she said. "A woman. I can see her prints. They weren't here a couple days ago. Must be from yesterday."

Jack looked at her, his eyes unreadable behind the lenses of his dark glasses. "You're sure it was a woman?"

"Yes." She pushed her senses a little higher and con-

centrated harder. "But there's no evidence of instability, not like there was in the energy of the prints of the
guys who tried to kill us at the motel yesterday."

"Fallon said that the psychic instability is a side
effect of the drug Nightshade is using."

"Well, whoever she is, I could swear that the woman
who came to see Stone is not taking the formula."

"So much for Fallon's conspiracy theory."

The door opened. A housekeeper stood in the
hall. She was definitely not the same woman who
had greeted them earlier. The other one had looked
the part—middle-aged with work-worn hands and
a polite, quietly efficient air. This woman was a lot
younger and considerably more attractive. Her blond
hair was in a frisky ponytail, and she was dressed in
a pair of tight-fitting jeans and a snug, low-cut yellow
blouse that emphasized her bust.

Chloe glanced into the hallway and studied the
woman's psi prints. She'd seen the same kind of sad,
sickly energy in the alleys and doorways of Pioneer
Square. She wondered if Stone knew that his housekeeper was a junkie.

The blonde glanced at her without much interest
before giving Jack a sexy, inviting smile.

"Mr. Stone is out by the pool," she said. "Follow me.
I'll show you."

She turned and walked toward the front room,
hips swaying to a silent dance beat. Chloe shot Jack a
suspicious look to see if he was paying attention. He
was doing an excellent job of appearing oblivious to
the obvious flirtation, however. When he saw Chloe

eyeing him closely he raised his brows in silent, innocent inquiry. *What?*

He had caught her. Now she was blushing again.
This kind of behavior had to stop. Not only was it
highly unprofessional, it was a good way to get her
heart broken. Just because she could sleep with him
and just because they'd had great sex on a few occa-
sions, it did not follow that they were going to have
a long, enduring relationship. Especially after she figured out how to tell him that last night had not gone so
well. *Damn, damn, damn.*

She switched her attention to the view of the sparkling Roman fountains and the pool visible through
the wall of windows. She was not jealous. She had
no right to feel possessive. It wasn't like they were
having an affair. They barely knew each other. Sure,
there was physical attraction, but that was probably
all there was between them unless you counted the
ability to work the lamp together.

She pushed the disturbing thoughts aside. They
were here to do a job. She glanced at the psi prints on
the marble flooring and the richly patterned carpets.
There were two more sets of fresh tracks in addition
to those left by the housekeeper and the woman who
had come to see Stone last night. Whoever had left
them had entered the residence from the back of the
big house.

The prints smoked with sick, unstable energy. She
recognized the unwholesome dreamlight immediately.

She drew a sharp breath and turned toward Jack,
intending to signal the danger. But he was not looking

at her. He was watching the two men gliding toward them from the shadows of the hallway. The one who'd driven the getaway motorcycle had on the denim jacket he'd worn yesterday. The second man was the one who had waited for them in the motel room with the silenced gun. He had a greasy-looking scarf tied around his long hair, a biker do-rag.

"That's far enough," Do-rag snarled at Jack. He raised the gun a little and pointed it at Chloe. "I don't know what you did to me yesterday but if you try it again, I'll have time to get off at least one shot, and she's going to be the target. Got it?"

"Sure," Jack said. "Where's Stone and his house-keeper?"

"Stone and the maid aren't your problem," Denim Jacket informed him. He glanced at the blonde. "That's it, Sandy. You're done here. Get out."

"What about my money, Ike?" the blonde whined. "You said you'd pay me right after I did the job."

"Stupid junkie bitch." Ike reached into his pocket and drew out a small bundle of bills. He tossed the money on the carpet in front of Sandy. "Shut up and go out through the gardens. Same way we came in. And, remember, one word about this to anyone and you're dead."

"Don't worry." The blonde bent down, grabbed the cash and stuffed it into her shirt. "I won't talk. You know me, Ike. I'd never do anything like that."

She turned and hurried toward the glass doors. Seizing the handle, she started to pull the slider open.

Chloe felt energy shiver in the air around her. She

did not need to look at Jack to see the psi fever in his eyes. And suddenly she knew what was about to happen.

Sandy started screaming, a high-pitched, keening wail of terror. She lost her grip on the door handle and began pounding frantically on the plate-glass window with her fists.

"Shut up," Ike shouted. "Stop that, you flaky bitch."

"Shit, she's gone crazy," Do-rag said. "If the guard at the front gate hears her we're gonna have real problems. He'll call in the disturbance before he comes up to the house to check it out. We gotta make her shut up right now."

"This is what we get for using a junkie." Ike swung the barrel of the silenced gun toward the screaming Sandy.

More energy flared in the atmosphere. Chloe knew that Jack had changed his focus.

Ike uttered a yelp of mortal terror but he managed to get off one shot. Not surprisingly, given his trembling fingers, the bullet missed Sandy, who collapsed, weeping. Glass cracked sharply as the small missile smacked through the window.

Ike sank to his knees, his face a Halloween mask of horror. Caught fast in the grip of some unseen terrors, he could not even scream. He fainted. The gun clattered on the marble tiles.

Do-rag leaped toward Chloe, moving with the preternatural speed of a hunter-talent. He had his arm around her throat, the nose of the gun pressed against her temple before she could take a step back.

"Don't even think about using your talent on me,"
Do-rag hissed at Jack. "She'll be dead before you can
drop me, I swear it."

Jack halted in midstride.

Chloe reached up a hand and lightly touched Do-
rag's arm. He paid no attention. He was running wide
open, his entire attention focused on Jack. She pulsed
a little energy into his tainted dream-psi currents. He
went to sleep with shocking suddenness. The gun
dropped from his hand. He crumpled soundlessly to
the floor.

On her knees near the slider, Sandy wept.

Jack scooped up both guns. "We need to get these
two secured before they wake up. They're hunters. We
can't take any chances."

"Right." Chloe took a deep breath. Her pulse was
pounding. It took a great effort to think coherently.
"I saw some duct tape and wire in the pool house."

"Get both. I'll watch these three."

"Okay." She stepped around Sandy and yanked
open the slider.

"And, Chloe?" Jack said.

She paused and looked back at him. "What?"

"When this is over, you can explain to me why I've
still got my second talent."

36

THEY FOUND DRAKE STONE AND THE REAL HOUSE-
keeper bound and gagged in one of the bedrooms.

"Sorry about this," Drake said. He watched Chloe
comfort the traumatized housekeeper. "They broke in
this morning. Said they would do terrible things to her
if I didn't find a way to locate you and the lamp."

Chloe shook her head. "This is our fault. I'm so sorry
both of you got caught up in this."

Drake's expression was rueful. "Always knew that
lamp was bad news. Never thought anyone would
actually consider it valuable, though. It's so obviously
a fake."

Jack went out to the pool to make the call to Fallon.

"You've got three Nightshade agents?" Fallon asked,
urgency vibrating in his rough voice.

"We've got *two* confirmed Nightshade people."
Jack paced alongside the sun-sparked pool, trying to
assuage the postburn rush that was shivering through
him. He'd used a lot of juice taking down Sandy and
Ike. His reserves were badly depleted. "At least we
think they're agents. They're still unconscious. The
woman is awake, but it looks like she's just some poor,

dumb junkie they hired to play the role of the house-keeper. I don't think she knows anything. All she cares about is getting her next fix."

"How do you know the other two are Nightshade?" Fallon asked.

"I assumed that would be your take on the situation."

"It is. Just wondered what made you buy into my theory of the crime."

"Chloe can see some weird, unstable energy in their prints. She thinks it may indicate that they're taking a heavy psychotropic drug that affects their para-senses. That would seem to support your conspiracy theory."

"She can see signs of the drug?" Fallon asked sharply.

"That's what she told me."

"Huh. Now that's damn interesting. I've got a couple of high-level aura-talents who can see the instability in the auras of Nightshade people. Hadn't thought about using dreamlight readers to do the same thing. Makes sense, though. Any drug that can affect the para-senses is probably going to disturb dream energy as well. I should have considered that angle sooner. Problem is, strong dreamlight readers are damn rare."

"There's something else." Jack walked alongside the edge of the pool. "We found another set of prints on the front steps and in the foyer of the house. Chloe says Stone actually did have a visit from a high-level talent last night. But whoever came to see him doesn't seem to be connected to what just went down. There was no bad energy in the prints."

"Have you talked to Stone about his visitor?"

"Not yet. Haven't had a chance."

"Ask him about it. I don't like coincidences, but there are some high-end sensitives in Vegas. I can think of at least two strong illusion-talents and a para-hypnotist who are headliners. A major strat owns one of the biggest casinos. And then there are always the intuitives and the probability and crypto-talents hitting town who think they can beat the odds at the tables. It's possible that Stone had a legitimate guest last night."

"One neither he nor the guard can remember? Why would a friend make them both forget the visit?"

"Stone's been around long enough to make a few enemies in that town."

"Maybe he invented the story."

Fallon was silent for a moment. "No, I don't think so. It feels like the truth."

"*Feels* like the truth?"

"It fits," Fallon said simply. "But see if he can remember any more details."

"What do we do with the bikers and the woman?"

"Behave like the fine upstanding citizen that you are. Call the cops. Tell them you walked in on a home-invasion robbery in progress. Hell, it's the truth."

"If I turn those three over to the police they'll probably all make bail before Chloe and I get back to the hotel. Either that or the two hunters will escape. The police won't have a clue that they're dealing with a couple of talents."

"Doesn't matter. Those two got caught, so they've pissed in their chili as far as Nightshade is concerned.

The organization is a tough outfit. Drawing the attention of the authorities is a big no-no. Getting arrested is a death sentence."

"How does Nightshade silence its operatives?"

"Simple," Fallon said. "They just cut off the supply of the drug. It appears that the latest version of the formula has to be taken twice a day. Skip a single dose and the senses start to deteriorate. Miss two or three doses and the result is insanity, usually followed by suicide, within a matter of two or three days. It's a very effective system for snipping off loose ends."

"I thought Arcane had some kind of antidote."

"We do," Fallon said wearily. "The team I sent out should be pulling into town soon. They'll have some with them. All my people carry a supply now when they're on a job. Feel free to make those two bikers an offer. If they tell you what they know about who they're working for, you'll let them have the antidote. Doubt if they'll take the deal, though."

"They were ready to kill Chloe and probably the housekeeper and Stone as well. I'll be damned if I'll offer them the antidote."

"Your choice." The shrug in Fallon's voice was clear. "But if it makes you feel any better, the antidote is a life sentence in and of itself."

"What do you mean?"

"It will keep someone alive and reasonably sane, but the stuff has some serious side effects: It erodes the natural psi abilities along with the formula-enhanced version. It would probably take a high-level talent like

you down to a two. And there are other complications.
Panic attacks. Chronic anxiety problems. Disturbing
dreams. In effect, you end up with a bad case of what
the Victorians called shattered nerves."

Jack contemplated the idea of two bikers with really
bad nerves.

"Any chance of recovery?" he asked.

"We don't think so. For obvious reasons we haven't
been able to run a lot of human experiments, and animal models don't work when it comes to psi drugs.
It's probably all moot in this case. Like I said, I doubt
that the two hunters you're holding would accept the
antidote."

"Why not?"

"We've had some experience with Nightshade agents.
They've all been thoroughly brainwashed. First, they
won't believe you when you tell them that being deprived
of the drug will make them crazy. Their handlers assure
them otherwise."

"And second?"

"They're as paranoid about Arcane as we are about
them. Odds are they won't let you administer the antidote because they'll believe that you're trying to kill
them. Call me after you talk to Stone."

"Will do."

"Oh, and by the way, congratulations on your new
talent."

Jack froze. "What are you talking about?"

"I could buy the fact that you got lucky yesterday
and took down one hunter, but I'm not buying that

you were able to take down three people today, two of whom were hunters."

"I only got the one hunter," Jack said evenly. "And the woman. No big deal. Chloe handled the other hunter."

"Whatever. Like I said, congratulations."

"You don't sound worried."

"As long as you're taking out Nightshade agents, I don't have any problem with your new talent. I need all the help I can get. Call me after you talk to Stone."

Fallon broke the connection.

PREDICTABLY, IT WAS CHLOE who insisted that they make the offer to the Nightshade agents. But Fallon Jones was right. They refused. The cops removed the duct tape and wire bindings and replaced them with standard-issue handcuffs. They stuffed both men into the back of a patrol car and drove away.

Chloe and Jack stood on the front steps and watched the vehicle disappear.

"I'm betting they both escape within twenty-four hours," Chloe said. She shook her head. "They're hunters. They're not only preternaturally fast—they've also got para-hunting skills. The cops won't even know they're gone until it's too late."

"Fallon says they're as good as dead," Jack said. "He told me that Nightshade will drop them like live bombs now that they've been picked up by regular law enforcement. They won't get any more of the drug. First they'll go crazy. Give them twenty-four, maybe forty-eight hours at most, and then they'll commit suicide."

Chloe shuddered. "The drug is a terrible creation. Jones is right. Nightshade must be stopped."

"I'm not usually into conspiracy theories, but I'm starting to think Jones has a point about this one."

37

CHLOE GRIPPED THE COFFEE MUG EMBLAZONED
with the Drake Stone logo in both hands and looked at
Drake. She was seriously impressed by his resilience.

"I can't believe you're going to do your show tonight
after what happened to you today," she said. "A lot of
folks would be gulping sedatives and worrying about
post-traumatic shock."

They were sitting outside by the pool. Overhead
the patio heaters spread a pleasant warmth. Drake
had fixed the coffee, himself, after sending his housekeeper home to her family to recover.

"You know that old showbiz saying?" Drake asked.

"The show must go on?" she quoted.

"No," Drake said. "The *any-publicity-is-good-publicity*
saying. Tonight my name is going to be all over the
evening news here in town. I haven't had press like
this since I was outed a few years ago. If I don't do the
show tonight the rumors will really start flying."

"What rumors?" Jack asked.

"The ones that claim I'm actually dead. They've
been floating around for years." Drake stretched out
his legs. He studied Jack with a speculative expression.
"How the hell did you get the drop on those two this

afternoon and who were those guys from L.A. who took the lamp?"

"It's complicated," Jack said.

Drake nodded. "I thought it might be."

"Would you believe me if I told you that the bikers who invaded your home today were working for a secret criminal organization that uses an illicit drug that gives their agents psychic powers?"

Drake raised his eyes to the awning. "I knew it. You're with the government. What is this, really? Some kind of drug sting? Casino fraud?"

"No," Chloe said quickly. "We aren't government agents. Honest."

"Forget it." Drake held up a hand to silence her. "I don't want to know anything more about the investigation. This is Vegas after all. Around here, ignorance is, if not exactly blissful, usually a hell of a lot safer."

"Mind if I ask you a few questions?" Jack said.

Drake raised his brows. "You want to know about my visitor last night, don't you?"

"You didn't make up that story just to get us out here today, did you?" Jack asked.

"No. The irony here is that I really was planning to call you and tell you about the woman who came to see me. But I don't have any more information than what I've already told you. I just can't remember the details. Ever have a dream you can't quite recall?"

"Yes," Jack said. He looked at Chloe. "I have."

She tried to ignore him. She knew that he had a lot of questions, and it was clear that he was not in a good mood. She couldn't blame him. He had awakened thinking that he was no longer a double-talent only to discover the hard way that he could still project nightmares. As far as he was concerned he was still a psychic freak.

In addition his senses had to be close to exhausted after the way he had used them to take down Sandy and Ike. You couldn't use that much psi without paying a price. Energy was energy. When you pulled a lot of it you had to give yourself time to recover. She was feeling drained, herself. She had drawn heavily on her own talent to put the hunter to sleep.

She still had some reserves left, however.

She concentrated on Drake and opened her senses. For the most part his dreamlight looked normal, or at least as normal as ultralight could look. But there was something wrong with the hues on a few of the wavelengths. The colors were murky, and the pattern was out of sync. She'd seen that kind of trouble before.

"I think there is a possibility that whoever came to see you last night gave you a hypnotic suggestion," she said.

Drake raised his brows. "There's more than one hypnotist in this town. I know all the headliners who are any good at that kind of thing. But they're all men. And why would anyone want to put me under unless it was to rob me? Nothing was missing this morning."

"No guarantees, but I might be able to help you recall some of the details of your visitor."

"How?"

"Think of it as a relaxation technique," she said. "I promise you'll be wide awake and aware the whole time. You'll remember everything I say and do and you'll have full control of what you are telling me."

Drake contemplated her for a long moment, and then he nodded once. "I'll admit the blank spot in my memory is bothering me. If I can forget that I had a visitor last night, the next thing you know I'll start forgetting the words to 'Blue Champagne.' That would be a career killer. Let's do this."

Jack said nothing. He drank his coffee and waited.

"Stop trying to pull up the memory," Chloe said to Drake. "Let it go. You don't care about it anymore. Find the calm place inside yourself and relax."

She kept up the soothing patter while she pulsed a little dream energy at the static, murky waves. What she said was not important. The words had nothing to do with projecting energy, but she knew that if she remained silent, Drake would wonder what was happening.

She used the lightest of touches to tweak and clear the murky dream static. Within seconds the colors pulsed normally once more.

"Dark hair," Drake said. He snapped his fingers, looking very pleased. "Good cut. Expensive cut. I remember thinking she was attractive but not in a flashy Vegas way. Good clothes, too. Very stylish but very conservative suit and heels. She could have been a CEO or a lawyer."

Jack sat forward a little. "Any distinguishing features? Jewelry?"

Drake pondered the question briefly and then shook his head. "Sorry. She rang the doorbell. The guard hadn't called ahead so I assumed it was someone I knew or one of the staff. I didn't recognize her when I opened the door. Figured she was a fan who had somehow managed to get over the wall. I asked her who she was."

"What did she say?" Chloe asked.

"She said that she had come to see me. Wanted to ask me a few questions about an old antique lamp she'd heard I owned. I told her that I'd given it to another collector who had an interest in it."

"How did she respond?" Jack asked.

"She asked for your names." Drake's expression tightened. "I told her that information was confidential, and then, *damn*, in the next breath I told her your names and everything else I knew about the two of you. Why would I do that?"

"Because she hypnotized you," Chloe said.

Drake whistled softly. "She must be good."

"Yes," Jack said. "She must be very, very good."

38

CHLOE DROVE BACK TO THE HOTEL. JACK WATCHED the road ahead with a stoic expression and made another call to Fallon Jones. He told him what they had learned about Drake Stone's mystery visitor. When he was finished he closed the phone and continued to watch the road, grim faced.

"Well?" Chloe glanced at him. "Did Fallon have a theory?"

"Sure. As you might expect, it's one that fits neatly into this Nightshade conspiracy he's working on. He suspects that the woman who went to see Stone is the operative in charge of finding the lamp. He said she probably lost us yesterday when we made it look like we were headed for L.A."

"So she went back to Stone to see what she could find out?"

"She used him to locate us," Jack said. "Got lucky when it turned out that we were still in town. She set a trap, and we took the bait."

"But things went wrong. Her people not only wound up getting arrested, the lamp is now in Arcane hands."

"She screwed up." Jack leaned his head against the

back of the seat. "According to Fallon that means she'll probably be dead soon."

"But she wasn't taking the drug. No traces in her dreamprints, remember? Nightshade doesn't have the option of just cutting her off."

"There are other ways of getting rid of people."

"Well, yes, but if she's with Nightshade, why wasn't she on the drug?"

"Good question. Fallon's wondering if some of the Nightshade people have decided to wait until the formula is perfected before they risk taking it."

"That would certainly be an intelligent decision. But it also means that the organization would lose its grip on its agents. The guys at the top wouldn't be able to control them without the drug."

"Well, it's Fallon's problem now," Jack said. "I've got other things to worry about. What's happening to me, Chloe?"

"I told you, you're fine. Stable as a rock."

"My second talent is back."

"And it is as stable as your first talent," she said calmly.

"That's impossible. Two high-end talents cannot coexist in the same individual without creating an inherently unstable psychic balance."

"I admit that has been a long-standing notion within Arcane."

"Probably because every time a double-talent appears, said talent becomes a psycho freak."

"You are not a freak," she said sharply. "You told

me yourself that you felt normal again, and I can see that your dream psi is nicely balanced and absolutely stable."

"Did you know I still had my second talent?"

She sighed. "Not for sure. Not until you used it this afternoon." She hesitated. "But I did sort of wonder."

"Yeah? About what?"

"Last night when I got a good look at your dreamlight spectrum I realized that the channels between your dreamstate and your waking state are wide open and stable. That's how you're drawing the extra fire power."

"That's supposed to be impossible. If it were true I should be a full-blown Cerberus by now."

"I know," she admitted. "I'm guessing that it was the genetic twist in Nicholas's DNA that you inherited that makes it possible for you to handle the open channels."

"So what did you do with the lamp last night?"

"I think that when those channels suddenly opened a few weeks ago the abrupt change created some areas of disturbance in your dream psi. The patterns appeared to be repairing naturally. I used the energy of the lamp to speed up the process, that's all. I was going to try to clear out some of the damage done by the medication, but things got sort of complicated and I didn't have a chance to finish."

"You're telling me that you didn't try to close my dreamlight channels?"

"No," she said. "I couldn't."

"Why not?"

"Because it might have killed you," she said simply. "Or, at the very least, driven you insane."

He looked at her. "Why?"

"Because what you are now is what you were genetically meant to be. This is normal for you. If I messed around with your dream-psi channels I would make you very *abnormal*. Do you understand?"

"So I'm a normal double-talent? There is no such thing."

"Well, I've been doing a lot of thinking about that."

"No kidding."

She told herself she was big enough to ignore the sarcasm. Jack was under a lot of stress, after all.

"Here's the thing," she said. "I'm not so sure that you actually are a double-talent."

He turned his attention back to the road. "Last month I was a strat. This month I can generate nightmares. If that isn't two different talents, what is?"

"Think about it, Winters. There are a gazillion different kinds of strats, but they all have one thing in common: They possess a preternatural ability to assess and analyze a situation and then figure out how to exploit it. At its core, that is simply a survival mechanism. Probably a psychic adaptation of the primitive hunting instincts in our earliest ancestors."

"Where are you going with this?" he asked.

"I'm building my case. Stick with me. Your form of strat-talent just happens to make you very, very good at detecting people's weaknesses and vulnerabilities, right?"

"So?"

"Okay, it's a stretch from being able to assess and manipulate a person's weaknesses to being able to

scare the living daylights out of that person with a
blast of psi, but not a big one. Once you know an individual's vulnerabilities, you have a certain amount of
power and control over that person. In your case you're
able to take it a step further. You can actually generate
energy that zeros in on the wavelengths of a person's
most elemental fears."

"I couldn't do that for the first thirty-five years of
my life."

"Maybe not, but the fact that you can do it now
doesn't necessarily mean that you have a whole new
talent. What you've got now is just an enhanced version of your old talent."

"Enhanced as in *formula* enhanced?" His mouth
hardened. "Fallon Jones might find me useful, but
something tells me that the rest of the Jones family,
including Zack Jones, won't be so easygoing about my
new level of talent."

"Oh, yeah?" She made a rude noise. "Like anyone in
the Jones family has the right to judge what's normal
and what's not when it comes to talent."

"What the hell does that mean?"

"Give me a break," she said. "It's no secret that Sylvester Jones began experimenting early on in his life
with various versions of his enhancement formula.
Who knows what he did to his own DNA before he
fathered all those little Jones boys by those three different women?"

There was a short, startled silence.

"Damn," Jack whistled softly. "I never thought of

that. It might explain why that family line has always produced so many unusual and off-the-charts talents."

"Yes, it would," she said crisply.

"If my talents are normal, why the hallucinations and the blackouts? Why the disturbance to my dream psi?"

"I understand the hallucinations," she said. "That is a common problem when dream energy spills over into the other senses. As I told you, the sudden emergence of your enhanced level of talent temporarily disrupted the patterns of some of the currents of your dream psi."

"What about the blackouts and the sleepwalking?"

She tightened her hands on the steering wheel. "I suppose they could have been caused by the frayed dream channels, but, as I told you, there are still traces of what looks like heavy medication at one point on the spectrum."

"I started taking the meds *after* the blackouts and the sleepwalking episodes began."

"Were you on any other kind of medication prior to that?" she asked. "Even some over-the-counter stuff can have unpredictable effects on sensitives, especially high-level ones like you."

"Some anti-inflammatories occasionally. That's it."

"Well, if it's any consolation, the murky stuff is definitely fading," she said.

"I lost an entire day of my life, not to mention the nights when I went walkabout."

"I realize it's very unsettling," she said gently. "But

things are stable now. I can sense it. Last night it felt as if we turned a key in a psychic lock. You're fine, Jack."

"I sense a *but*."

She took a deep breath. "But I'm still wondering why there is so much power locked up in that lamp."

39

THAT EVENING THEY HAD DRINKS IN ONE OF THE hotel bars. Jack swallowed some of his whiskey and thought about how good it felt to be sitting there with Chloe. Like a real date, except that he could not imagine any of the other women he knew sitting there so casually across the table from a man who could plunge them into a waking nightmare in a heartbeat. Then, again, Chloe wasn't like any of the other women he knew.

"Where does J&J go from here?" she asked.

"Fallon's frustrated." He shrugged. "That is not an unusual condition for him, however."

"No luck finding the mystery woman who knocked on Stone's door?"

"No. But he seems pretty sure that's a dead end, anyway. He's convinced that now that Arcane has recovered the lamp and stashed it in one of the Society's vaults, Nightshade will terminate the project. Those responsible for the failure will be given notice in the organization's customary fashion."

"They'll be cut off the drug."

"Apparently."

"But Fallon still doesn't know why Nightshade wanted the lamp?"

"His working theory is that Nightshade went after the lamp for the same reason they wanted the formula."

She nodded. "Because it holds out the possibility of enhancing talent."

"Makes sense. But whatever the reason, we're out of it. The problem is Fallon's now."

She raised her wineglass in a small salute. "Another case closed for Harper Investigations."

For some reason he didn't like the sound of that. It sounded too final. But she was right.

"You're good," he said.

"Told you so."

He smiled. "Yes, you did. You know, I've been thinking."

"About?" she prompted. There was an aura of anticipation about her.

"According to Fallon, Nightshade is very well organized. There are several circles or cells of ascending power with some version of a corporate board of directors at the top. There seem to be no links between the circles. Each one functions independently."

The aura of warm anticipation that had enveloped her promptly faded. He was almost sure she gave a tiny, wistful sigh. He had the feeling he had screwed up. What had she expected him to say? She recovered immediately.

"In other words, J&J can take down some of the circles, but that won't help them find clues that would lead to the people at the top," she said.

"Right. But here's the thing: Regardless of how well organized it is, at its heart Nightshade has to be a for-profit business."

She raised her brows. "You mean its goal is to make money?"

"The ultimate goal for an organization like Nightshade is power. But money is the gasoline that fuels that engine. From what Fallon has told me Nightshade is, at its core, a company engaged in pharmaceutical R&D, manufacturing and distribution. High-tech labs and distribution networks, legal or otherwise, don't operate on thin air. They burn cash. Lots of it."

"Makes sense," she agreed.

"That means that those cells or circles have to make money. What's more, it's a given that each circle is kicking up a share of the profits to the guys at the top. That's how moneymaking organizations of any kind work."

"Which means?"

"Which means," he said deliberately, "that no matter how well a circle is isolated from the other circles there has to be some way for it to send money up to the top of the organization. It also has to be able to move the drug."

"Got an idea?"

"I'm wondering if Fallon Jones is paying enough attention to the oldest rule in business."

"What's that?"

"Follow the money." He drank some more whiskey and set the glass down, a sense of anticipation building inside him. "The money chain has got to be a major weak point for Nightshade, one of the places it's vulnerable."

She looked intrigued. "Have you talked to Fallon about that? Maybe he could use some help. From the sound of things he's very shorthanded."

"Maybe I'll give him a call after dinner."

She smiled a little. "You do that."

An hour later they left the casino and went out into the neon-lit fantasy world of the Strip. The night was chilly, but the sidewalks that linked the big resorts were crowded with people making their way from one glittering hotel to the next.

Along the way Las Vegas Boulevard was crammed with special effects: Full-scale pirate ships floated on man-made seas and launched cannon attacks. Flames roared from a large volcano. Gondolas drifted on a canal that looked as if it had been plucked from the heart of Venice. Fountains danced to music across a vast lake. Huge marquees emblazoned with the names of the stars and shows appearing in the big theaters glowed as bright as suns in the night.

Jack stopped on the steps of a Roman forum and made the call to Fallon.

"You got something new for me?" Fallon asked impatiently. "I'm a little busy here."

"I've been thinking about the money angle."

There was an unnatural pause on the other end.

"What about it?" Fallon asked. But now he sounded curious.

"Just wondered how far you've been able to pursue it with this Nightshade operation."

"Not far." Fallon let out a deep sigh. "On paper, at least, the labs we took down all appear to be independently owned and operated. No links to anything."

"That's impossible. There has to be a way to feed money up the chain of command to the guys at the top. There must be a way to move the drug as well."

"I agree," Fallon said. "But my people haven't been able to find any connections. When it comes to organization, these guys are good, Jack. Don't forget, it was set up by a man who spent years working undercover for a government black-ops group."

"If it's so well run, why are they using cheap, low-end muscle to do the dirty work?"

"You're talking about the two bikers who tried to grab the lamp?"

"They were hunters, but they weren't exactly top-of-the-line talents."

"Nightshade uses a lot of cheap muscle," Fallon said. "Probably because it's widely available and also expendable. You can always find more labor where that came from, if you see what I mean."

"Where?"

"What do you mean, where?"

"Where do you go to get an endless supply of expendable street muscle?" Jack asked patiently.

"Hell, try L.A. or San Francisco or Las Vegas. Guys like them are everywhere."

"But somehow you have to recruit them, get them started on the drug and then maintain control of them. Can't see a bunch of corporate suits sending people from whatever passes for Nightshade's human resources department into dark alleys to interview possible job candidates."

Fallon was silent for an uncharacteristically long moment.

"Got any ideas?" he said eventually.

"I'm thinking about it."

"Do that. Call me as soon as you come up with something solid. I could use a break here."

The phone went dead in Jack's ear. He looked at Chloe.

"I think Fallon just hired me to work for J&J," he said.

"Good move on his part." She looked back over her shoulder toward the hotel. "Well, I suppose I should go back to the room, pack and make a reservation on a morning flight to Seattle. When are you leaving?"

"Hadn't thought about it." It stunned him to realize that was the truth. Suddenly, returning to Seattle and his cold concrete-and-steel condo was the last thing he wanted to do.

It wasn't until he reached for her hand that it occurred to him that they had never done anything as simple as walking hand in hand together.

His fingers tightened around hers.

"It's been a fast few days," he said, searching for a way into the conversation. "We haven't had a lot of time to talk about other things besides the lamp."

"Such as?"

"Such as what happens now," he said.

"Now?"

He looked at her. "You're not making this any easier. I'm trying to talk about us."

"If you find it hard to talk about us maybe that's a sign that you should try another subject," she said gently.

"I'll admit I'm not good at discussions like this, but that doesn't mean I don't want to have it."

"Jack, it's okay. Really."

It didn't take a psychic to know that the conversation was going downhill fast, he thought.

"What's okay?" he asked, wary.

"You and me. You don't have to explain or apologize. I understand exactly what happened between us."

"Yeah? Then maybe you can explain it to me."

"It's the pressure of everything that's been going on." She started to wave her other hand and then evidently realized that she was clutching her heavy satchel in it. She lowered her arm. "We've both been under a lot of stress. After all, people were trying to kill us. That generates some very powerful but very temporary emotions."

"Emotions," he repeated, careful to keep his tone neutral.

"Exactly. Plus, I know you're probably feeling grateful to me at the moment because the case is now closed. That's a normal reaction. A lot of clients experience it."

"You're saying I shouldn't feel grateful?"

"I'm saying that you shouldn't confuse gratitude and physical attraction with . . . with other stuff. I'm sure there are other dreamlight readers out there who could have worked that lamp for you. You just happened to pick me, that's all."

"I was attracted to you before I knew that you would be able to find the lamp, let alone work it," he said. "And I think you were attracted to me. How do you explain that?"

"I'll admit there was definitely a strong, initial attraction between us, but it may have gotten blown out of all proportion because of the tense situation in which we found ourselves. And we can't forget the possibility that the lamp exerted some influence on our auras. We probably need some perspective here."

He pulled her out of the stream of strolling people, into the shadows cast by a large outside stairwell that led to the upper floor of a resort shopping mall. He crowded her gently, deliberately, against the stone wall and caged her there.

"Jack?"

He leaned in close, opening his senses to the subtle aura of feminine energy that was so unique to her. He put his mouth against her ear.

"You want perspective?" he asked. "I'll give you perspective." He kissed the side of her throat. "I wanted you before we found the lamp. I wanted you after we found the lamp, and I still want you now that the lamp is in Arcane hands." He brushed his mouth lightly across hers. "That's my perspective on the situation. What's yours?"

For a few seconds, she did not move. Then, with a low, throaty murmur, her arms wound slowly around his neck.

"Well, when you put it that way," she whispered.

It wasn't exactly the total capitulation he'd been going for, but he was no fool. Tonight he would take what he could get. This was Vegas, and in this town strat-talents knew when to hold 'em.

He kissed her again, feeling her soften and warm against him. The noise of the street crowds faded into the distance.

After a while they walked back to the hotel, hand in hand.

He could get used to this feeling, whatever it was. Hell, he was already addicted.

40

SHE AWOKE TO THE KNOWLEDGE THAT SHE WAS alone in the bed. When she opened her eyes she saw Jack silhouetted against the window, looking down into the neon night. He had put on his trousers but not his shirt. She did not need her other senses to perceive the tension prowling through him. It was a palpable force in the atmosphere.

She sat up against the pillows and wrapped her arms around her knees.

"What's wrong?" she asked.

He turned to face her, his expression unreadable in the darkness. "Could you do to me what you did to Drake Stone today?"

She frowned. "Lift a hypnotic trance? Yes, I suppose so. Assuming someone actually managed to hypnotize you."

"You don't think that's possible?"

"I think it's extremely unlikely. You're a very strong talent. High-level sensitives are notoriously difficult to hypnotize. Frankly, I doubt that anyone could put you into a deep trance, not even a strong para-hypnotist." She paused. "Not unless you cooperated."

"How would I do that?"

She wrapped her arms around her knees and considered the problem. "You'd have to deliberately open your senses like you did last night when we worked the lamp. Even then, it would be hard for anyone to put you under. And even if someone succeeded, I doubt if any hypnotic suggestion would hold for long. It would wear off quite fast."

"What if the emergence of my new talent left me vulnerable to a hypnotist?"

"We've talked about this, Jack. You don't have a new talent; you have a fully developed talent."

"Call it whatever you want. The hallucinations were a real pain in the ass, but at least I was aware of what was happening. The nightmares were bad, but I was dealing with them. It's the blackouts that have me worried. It seems logical to me that during that time my natural defenses might have been down. Who knows what I was doing or what happened to me?"

"There is no indication that you're getting your memory back yet?"

"Flickers and shadows." He looked out the window into the night. "Whispers. It's going to drive me crazy, Chloe. I need to know what happened during the blackouts and the sleepwalking episodes."

"As far as I can tell, the only thing that is still going on is the static caused by those sleeping meds you were taking. But like you said, you started those after the blackouts and the sleepwalking episodes."

"Can you get rid of the disturbance caused by the meds without the lamp?"

She thought about it. "I can calm the currents

temporarily, like I did the other night, at least enough
so that you can get some sleep. But I'm not sure it
would be a good idea to try to do any more than that. I
don't think it's necessary, either. It looks like your body
is flushing out the medication on its own."

"I don't want to wait. Who knows how long it will
take? I need answers now."

"I might be able to reestablish the normal rhythms
of the portion of the spectrum that is affected," she
said. "But if I get it wrong I might end up fraying the
channels between your dreamstate and your waking
state again. If I screw up, the hallucinations and nightmares will come back. If we do this, we should probably have the lamp handy, just in case we need it again."

"It would take time to get to L.A. and persuade
Arcane to let me run another experiment. I don't want
to wait."

"This is that important to you?" she asked.

"I have to get some answers, Chloe."

"All right," she said quietly. She pushed back the
covers, got to her feet and pulled on the plush hotel
bathrobe. "I'll give it a whirl but no guarantees.
Understand?"

"Yes."

"And if I sense that things are going badly, I'm going
to pull the plug on the experiment. Agreed?"

He did not respond right away, but finally he nodded once.

"Agreed," he said.

"Sit down," she instructed.

He lowered himself into one of the wingback chairs.

She walked across the room, stopped beside the chair and took his hand in hers.

"Ready?" she said.

"Yes," he said.

"Open your senses to the max. Given your high level of talent, I need you to be all the way into the zone. Otherwise your dream spectrum isn't clear to me."

No energy pulsed.

"You don't have to be nervous about your talent," she said. "Trust me, you're in full control. You won't accidentally scare me to death. You'd have to focus with deliberate intent to do that. Just opening your senses won't be a problem. We've been there before. Remember last night?"

His mouth crooked faintly at the corner. In spite of the seriousness of the moment there was something wickedly sexy about his smile.

"Oh, yeah," he said. "I remember last night."

She was suddenly aware of energy flaring hot in the atmosphere. She heightened her own senses and studied the heavy waves of dark dream energy that pulsed and radiated in his aura. Gingerly, she sent a little pulse of light into the section of the spectrum that was influenced by the medication.

Nothing happened.

"*Hmm*," she said. "Whatever it is, it's powerful stuff. I don't think I can reboot the currents, at least not while you're awake."

He gave her an odd look. "You want to knock me out?"

"No. I want you to go to sleep. Once you're in the

dreamstate I may be able to manipulate your energy patterns more easily."

He stretched out his legs, rested his head against the back of the chair and watched her through half-closed eyes. "Now what?"

"Now you sleep," she said softly.

She took his hand again and pulsed a little energy. Jack resisted for a few seconds. She knew it was pure instinct on his part. He was not good at giving up control.

"Trust me, Jack," she told him.

He closed his eyes and went to sleep.

41

HE DREAMS . . .

He's awake again but groggy and disoriented. He's shivering, too. Same as last time. Must be running a fever.

The clang and rumble of machinery overhead reverberates through the ceiling. The noise pounds his raw, exposed senses. He opens his eyes and sees that he is in a small, windowless room. The walls are painted stark white. There is a stainless-steel counter on one side next to the door. A glary fluorescent fixture assaults his senses. He tries to lift one arm to block out the painful light, but he can't move his hand.

"Wake up, Jack."

Chloe's voice calls him out of the darkness. He wants to move toward her, but he's trapped in this fevered nightmare. The sound of the machines is relentless. His arms are bound to the side of a bed.

Rage and panic lash through him.

"Jack. You must wake up now."

Chloe's voice is stronger, more insistent this time. He struggles to free himself so that he can get to her . . .

He opened his eyes and saw her. She was still standing by the chair, her fingers wrapped tightly around his. In the neon-lit moonlight her face was shadowed with anxiety and concern.

"It's okay," he said. Adrenaline flooded through him. "I'm awake."

"Your currents look normal," she said. She did not let go of his hand. "What do you remember?"

"Everything."

It all came slamming back like a tsunami. He had to fight to control the flood tide. And then he had to fight to control his spiraling fury. He forced himself to stay focused.

He started talking, getting it all out fast while it was clear. He could not afford to risk losing even a single detail.

"Machinery on the floor above. Causing a lot of noise. All of my senses are wide open. I hurt all over. Burning up with fever. I can barely tolerate the constant clang and rumble. There is only one way to escape and that is to sink back into the dreamscape. But I'm not going down that hellhole again. No control down there. I'd rather be dead."

"Where are you?" Chloe asked gently.

"A room. Looks a little like a hospital room. Underground, I think. No windows. The fluorescent ceiling lights are on, but things are distorted. The fever is affecting my vision."

"But you can see."

"Yes. There's a stainless-steel sink and counter. An aluminum walker. A white cabinet with some medical stuff in it. A stethoscope and some kind of monitor on the wall. Also one of those little red boxes that hold used needles and syringes."

"What else do you see?"

He paused, sorting through the jumble of images and impressions. "The floor is concrete. I remember that because it reminds me of the concrete flooring the designer put into my condo. But this concrete is not smooth and polished. It's old and cracked. The kind you see in a garage."

"Or a basement?"

He considered that briefly. "Yes. A basement. I'm lying on a gurney, and I'm trying to think of my plan. I'm pretty sure I had one."

"What plan?"

"I managed to come up with it the first time I awakened. But I didn't get a chance to carry it out because they gave me another shot. I'm trying to concentrate, but the noise and the light make it almost impossible. I remind myself I'm a strat. I need to focus on priorities. I finally remember the plan. I have to get the guard into the room to make it work."

"There's a guard?"

"Outside the door. I remember seeing him the last time I woke up. I try to sit up. That's when I remember the restraints."

"You're tied to the bed?" Chloe asked, horrified.

"I'm shackled to the gurney with leather straps, the kind used in hospitals to control violent patients. There is just enough give in the bonds to allow me to pound my hands against the metal sides of the bed. The door opens, and the guard comes into the room. He looks bored with his job. I'm thinking I can work with that."

"Can you describe the guard?"

"For some reason I've labeled him Bruce. Not sure why. Probably because he's really pushing the macho biker look. Lots of denim, studded leather belt. Motorcycle boots. Tattoos. Wears his hair in a ponytail."

"Sounds like one of the guys who attacked us."

"No. A different man. But the same aura of energy. I'm pretty sure he's a talent of some kind. Given the fact that he's standing guard, I'm betting that he's a hunter. But he doesn't read like a full para-hunter."

"What do you mean?" Chloe asked.

"I can sense weaknesses and vulnerabilities, remember? My talent tells me that Bruce doesn't have the full spectrum of abilities that come with true hunter-talent. I don't know how to explain it. There's just something a little off about him."

"Like the guy who was waiting for us in the motel room?"

"Yes."

"That makes three bikers involved in this thing," Chloe said. "A lot of low-end, not-so-bright muscle. Go on."

"Bruce asks me if I need to take a leak." He cleared his throat. "Uh, use the bathroom. I tell him yes and that I really need to go bad. My voice sounds mushy, even to my own ears."

"Bruce unfastens the restraints?"

"Yeah. Tells me that if I piss in the sheets I'm going to have to clean it up, myself. Then he moves back and pushes the aluminum walker toward me. I'm sitting on the edge of the gurney. It takes almost everything I've got to stand. Feels like I'm moving through a sea of gelatin. But I take hold of the walker. That's when I realize I'm wearing a hospital gown. Going to be tough to escape from wherever I am in an outfit like that."

"What did you do next?" she asked.

"I try firing up my senses to see if that will give me some energy. I'm more than a little amazed when the room comes into sharper focus. I'm definitely stronger running hot. Not so shaky. I know I can't rely on raw psi for very long, not burning it at this rate. But for a short period of time maybe it will give me what I need."

He stopped talking for a moment, trying to process a few more memories. It was strange having them come back to him like this, as if he had just plucked them from a deep, dark hole.

"Was there a struggle?" Chloe prompted.

"No. I know I can't take Bruce in a hand-to-hand fight. Not even on a good day and this is not a good day. Bruce might not be a full hunter, but he is powerful and he will be fast. It's clear that he's not expecting trouble from me, though. Why would he? I probably look like overcooked spaghetti to him. He lounges against the gurney and reaches for the can of chewing tobacco in his back pocket."

He stopped again, replaying his own words, trying to absorb all the new data.

"Jack, what happened next?"

"I take one step and then another with the walker.

When I'm satisfied that I can hold my own weight, I upend the aluminum frame and ram one of the legs straight toward Bruce's gut."

"Good grief. Did it work?"

"Almost. With a nonhunter I think it actually would have worked. But Bruce has the lightning-fast reactions of his talent going for him. He seizes the walker leg just before it hits him and he jerks the whole frame out of my hands. I lunge for the door, but I already know that I'm not going to make it. I can hear Bruce roaring behind me. He's in a real 'roid rage, and he's running wide open. He won't just stop me, slap me around and tie me to the gurney again. He's going to kill me. Won't be able to help himself. He's out of control."

"Oh, geez."

"And then, without even thinking about it, I know exactly how to stop Bruce."

"With your talent?"

"My *new* talent."

"Your fully developed talent," Chloe said firmly.

"I hit him with a heavy wave of psi. Bruce grunts once and drops to the floor. He doesn't move."

"Dead?"

"No." He frowned, trying to think. "Not then. But he was unconscious, and he must have died later because there was a report in the papers about an unidentified body found floating in Elliott Bay. The description sounded like Bruce, right down to the tattoos."

"How did you get out of that room?" she asked.

"I took Bruce's clothes. They didn't fit, but it was the middle of the night, one or two in the morning, I think.

There was no one around on the street. I knew where I was. Capitol Hill. I managed to stagger the two blocks to Broadway. The bars and clubs were closing. I got a cab. I remember the driver thought I was stone drunk. I paid him with some cash I found in Bruce's wallet. I made it home and then I collapsed. When I woke up I couldn't remember anything. I ran a fever for two days. Stayed in bed. Never been so sick in my life."

"Did you talk to anyone?"

"No. When I finally recovered I told myself that the reason I couldn't remember anything was that I'd been unconscious due to a raging fever. The report of a naked, tattooed male body being pulled out of the bay appeared that same day in the papers."

"What was the cause of death?"

"Overdose, according to the press. The authorities figured he'd jumped from one of the ferries."

"But you didn't buy it," Chloe said.

He met her eyes. "It was a little tough to believe that version of events when I had a bunch of biker leathers and denims along with a pair of motorcycle boots sitting in my closet."

She pondered that for a moment. "You said the last thing you remembered before you woke up in that room was walking home after having a beer with a friend."

"Right."

"Well, that certainly explains the taint of the drugs that I saw in your dream psi. It wasn't the sleeping meds—it was whatever they gave you to knock you out and keep you under in that room where they held

you prisoner for twenty-four hours. Someone kidnapped you right off the street. You're a wealthy man.
I wonder if they planned to hold you for ransom."

"No," he said, very certain now. "This was all about
the lamp. There has to be a connection."

"Whoever grabbed you drugged you with something
strong enough to give you amnesia for that twenty-
four-hour period of time. There are several heavy-duty
sedatives that could do that. Also a lot of illegal stuff.
Whatever they used suppressed your memories for a
while, but the effects of the drug were fading because
your strong talent was reasserting itself. Sooner or later
you would have remembered everything. Wonder if
the kidnappers realize that?"

He shoved himself up out of the chair and began
to prowl the room, restless and edgy. "What about the
blackouts that came afterward?"

"More side effects of the drug they used to keep
you under. Meds that strong have very unpredictable
effects on a lot of people, not just strong talents like
you. What do you remember about the sleepwalking
episodes?"

"Just that I left my condo on foot and walked all the
way to a street on Capitol Hill and back each time." He
stopped pacing and turned to face her. "And there's
something else."

"What?"

"I did not want to be seen. I deliberately left my
condo building through the rear entrance in the garage,
not the lobby. I remember being paranoid about it. I
was convinced that someone was watching me. And

sure enough, each time there was some guy out in the alley. I didn't know who he was, but I knew that I didn't want him to see me."

"What did you do?"

"I used my talent to scare the daylights out of him. It worked. He got so frightened each time that he couldn't take the shadows in the alley. He left but he was always back in position when I returned. I worked the same trick again and slipped inside the building while he was getting over his attack of nerves."

"Sounds like whoever drugged you was having you watched."

He examined the memories again, processing details and the time frame. "Why in hell would anyone drug me and hold me prisoner for twenty-four hours and then set up a surveillance operation?"

"They didn't set you free. You escaped. Maybe they intended to keep you longer than twenty-four hours, but you got away and upset their plans."

"And why was I so sick? Do you think the fever was the result of the amnesia drug?"

"I don't know, maybe." She watched him for a moment. "You said that during the sleepwalking episodes you walked up to Capitol Hill from your condo on First Avenue."

"Right."

"Where did you go on Capitol Hill?"

"The street where I ran into the killer who tried to murder the nurse."

"What do you remember about the neighborhood?"

"It was quiet. There were a few small shops on the

block, but they were all closed at night." He stopped, adrenaline kicking in as another memory slid home. "Except for the gym. Damn, that's it."

"What?"

"The sounds I heard when I woke up in that little room. Gym machines."

42

"THE LAMP," FALLON SAID. PHONE CLAMPED TO
his ear, he stood looking down at the darkened windows of the Sunshine Café. "Somehow this has got to
involve that damn artifact."

"How does that explain someone grabbing me off
the street and drugging me?" Jack asked.

"You said the room where you were held looked
like a hospital room. The first thing that comes to mind
is that you were targeted for an experiment of some
kind."

"Why would Nightshade want to run an experiment on me?"

"Because you're a Winters," Fallon said, impatient
now. He could feel it coming together, but some things
were still too vague. He really needed to get more
sleep. "Think about it. You're a direct male descendant of Nicholas Winters. Nightshade is clearly having some problems with the formula. Maybe they're
looking for an alternative. The Burning Lamp was created for a similar purpose, to enhance naturally occurring talent and create additional paranormal abilities.
Whoever took you may have wanted some samples of
your blood for a little DNA testing and research."

"Great. So I spent twenty-four hours as a lab rat. Wonder how long they planned to keep me."

"Who knows? Maybe they didn't intend to keep you around at all after they were finished with you."

"Think they were going to kill me?" Jack asked.

"I can't say yet—I just don't have enough data. The thing is, you escaped, even though you were doped to the gills and running a high-grade fever. You managed to overpower one of their formula-hyped hunters."

"So?"

"That probably made them very nervous, but it may also have convinced them that you actually do possess more than just one talent. They would interpret that as evidence that the lamp worked all those years ago and that Old Nick's descendants are genetically enhanced."

"All right, let's play this out. I escape, and the first thing I do is go looking for a dreamlight reader and the lamp. They follow me and try to steal the lamp. Is that it?"

"I think so. Maybe."

"You don't sound like your usual ninety-eight-point-seven-percent sure self, Fallon."

"Possibly because I'm not ninety-eight-point-seven-percent certain."

"I've got some other information for you," Jack continued. "I think that Nightshade or at least the guys who drugged me and tried to take the lamp are working out of a gym in Seattle. That's where they're recruiting the cheap-ass hunter muscle."

"Huh." Fallon smiled a little. This time there was an almost audible click when lines appeared between certain points of light on the multidimensional chess-board in his mind. This time he was sure. "I like that theory. It sounds right. Tell me more."

"When I got my memories back tonight one of the things I remembered was that during my sleepwalk-ing episodes I went back to a street on Capitol Hill where the only business open all night is a fitness club. I also remembered hearing the sound of gym machines coming through the ceiling of that little cell where they held me."

Fallon headed back to his desk and picked up a pen. "Got a name and address?"

"Sure. But before you send in a team to take the place apart and scatter the bad guys, I suggest you have someone get some deep background on it. Check out the financials, ownership, that kind of thing. Fol-low the money, Fallon."

"Can't think of anyone better qualified than you to handle the job."

Jack went silent on the other end for a few seconds.

"You want me to research the place for you?" he said finally.

"Why not? You're the best there is at this kind of thing. Not to mention that you've got what I like to call a vested interest in the outcome."

"I'm getting the impression that you don't have a lot of financial strats or probability-talents under contract with J&J."

"A couple but no one as strong as you."

"All right, I'll see what I can find out," Jack said. "Meanwhile, Chloe and I are going to fly back to Seattle in the morning unless you think there's any reason to remain out of sight."

"I don't think either of you is in any danger as long as that lamp is tucked away in an Arcane vault. Like I said, Nightshade will have pulled the plug on this operation by now."

"You're sure of that?"

"This is all about the lamp, Jack. And we've got the lamp under lock and key."

"Then we'll go home."

"Call me as soon as you have something on that gym."

He cut the connection and went back to the window. The Sunshine Café wouldn't open for another two and a half hours. It would be nice to be able to go down there right now, sit in a booth with a cup of coffee and let Isabella Valdez clarify his thoughts with her annoyingly positive energy field.

It would be even better to talk things over with her, but she wasn't a member of the Society, let alone a J&J employee. She probably didn't even realize that she was seriously psychic. If he tried to explain his work to her she would think he was a whacked-out conspiracy theorist who was not quite right in the head. There were enough people around already who held that opinion. He did not want her to come to the same conclusion.

43

"THE COLLEGE NOTIFIED ME THAT MY CONTRACT won't be renewed," Fletcher said. "But all things considered, I'm not complaining. If you hadn't been there that night, I'd be dead. So I'm going to pay your bill."

"Gee, thanks," Chloe said. "Because I'm certainly going to send it to you."

He smiled ruefully. "Figured you would."

"There won't be any extra charge for Mr. Winters's services, however."

Fletcher adjusted his glasses. "As far as I'm concerned he didn't do me or the world any favors by dragging Madeline Gibson out of the house. I still say he should have left her behind."

"He disarmed her, Fletcher. She shot my dog, and she was going to shoot you next."

"The cops didn't say anything about Winters disarming her." Fletcher scowled. "I was told that she suffered a psychotic break and collapsed."

"It was a little more complicated than that." But explanations would be even more convoluted, so she decided to stop there.

They were sitting in her office. The door to the reception area was partially ajar. Hector was stretched out on his bed, nose on his paws. He was no longer wearing the cone around his neck, and his bandage had been removed. Aside from the area on his head that had been shaved and stitched, he looked normal again. As was his custom, he paid no attention to Fletcher.

"I heard Madeline Gibson is still at Western Cove," Chloe said.

"Probably be there for a while," Fletcher said. "She confessed everything, but I hear she's still talking about the demon that came through the fire to get her. Definitely loony tunes."

"Sounds crazy, all right."

"Her lawyers will probably go for an insanity defense. The good news is that regardless of what happens she'll be locked up for a few years." He grimaced. "The way the criminal justice system works is that you can walk fairly easily on stalking and attempted murder charges, but for some reason the authorities tend to take arson seriously. Lucky me."

She heard the door of the outer office open and then Jack's low voice as he greeted Rose. Hector got to his feet and went through the partially opened door.

Chloe folded her hands on her desk and looked at Fletcher. "I'm sorry you lost your position at the college."

"I'll find another one." Fletcher lounged in his chair, cocked one ankle over his knee and studied her with a vaguely troubled expression. "Where have you been for the past few days? Every time I called, your assistant said you weren't available."

"I told you I had to go out of town on a case."

Fletcher raised his brows in faint amusement. "One of those woo-woo investigations you specialize in?"

"I never discuss my cases," she said coolly.

Fletcher switched to his serious therapist mode. "Chloe, your belief that you are psychic is directly linked to your intimacy issues. You really do need to get into therapy. I can help you."

"Funny you should mention my intimacy issues. My little problem appears to have resolved itself."

Fletcher was clearly startled. "How do you know that?"

Jack walked into the room.

"She knows it from firsthand experience," Jack said. He looked at Chloe. "Ready for lunch?"

Chloe smiled at him. "Yes, I am."

Fletcher glowered at Jack and then turned back to Chloe. "Thought he was a client."

"Not anymore," Chloe said. "Now he's my firsthand experience."

"What happened to your plans to live a celibate lifestyle?" Fletcher demanded.

"Turns out that didn't work for me."

THEY WALKED A COUPLE OF BLOCKS to a small restaurant just off First Avenue and ate fish tacos at a little round table. In the three days they had been back in Seattle they had established an intimate daily routine. They spent the nights together at her place. They ate breakfast together, and then they went their separate ways for the first part of the day. Jack showed up in her office for lunch, after which they both went back to their respective offices. They rendezvoused again at her place in the early evening. *Almost like being married*, Chloe thought. But *not quite*. Nothing was exactly like being married. Marriage was different.

"Fletcher seems to have recovered well from his ordeal," Jack offered.

"Yes. But he couldn't avoid the fallout from the gossip and rumors this time. The college is not going to renew his contract."

"Maybe he'll be more careful when he picks his next short-term girlfriend."

"Maybe, but I doubt it. Fletcher is Fletcher. He's got issues of his own. He just can't admit it to himself. How's the forensic financial-sleuthing business going?"

"There's progress, and there are dead ends," Jack said. "Lots of dead ends."

"Fallon Jones said the organization was good at covering its tracks."

"What I've got so far is a closely held corporation that owns three fitness clubs in the Northwest, including the one here in Seattle. All three gyms were independently owned and operated until last year. All three were facing bankruptcy and about to close. That's when they were acquired by a certain LLC."

"A limited liability corporation? Sounds promising."

"I think so. Something else very interesting about this particular chain of fitness clubs."

"What?" she asked, the investigator in her intrigued.

"Before they were acquired by the LLC, all three

clubs catered to the Pilates and yoga crowd. But now the clientele seems to consist entirely of hard-core bodybuilders."

"Like the pair that tried to take us out?"

"Right."

She smiled. "You're thinking like a detective."

"I'm starting to realize that I always think like a detective. It's just that, until recently, the only thing I've been detecting is how to turn a profit."

"That's useful, too."

"Sure, but after a while it gets old. You know, the night they grabbed me I had been speculating to my friend Jerry about what it would be like if I woke up one morning and discovered that Winters Investments had folded."

"Wondering if you could rebuild it?"

He nodded and ate some more of his taco.

"The answer is yes," she said. "But you already knew that, didn't you?"

"Jerry said I was having a midlife crisis minus the blonde and the 'Vette."

"Instead you got me and a trip to Vegas."

Sexy laughter gleamed in his eyes. "Worked for me."

She finished her own taco and wiped her fingers on the napkin. "You like this, don't you?"

"You and Vegas? Well, you're a definite plus, but I could've skipped Vegas if I'd had to."

"I'm not talking about me and Vegas. I meant working with Fallon Jones on this conspiracy he's trying to shut down."

"It's interesting," he admitted.

"You weren't having a midlife crisis, Jack. You were just getting bored. You needed a challenge."

"I was also getting hit with the Winters Curse."

"It's not a curse," she said patiently.

He finished the taco. "I'm pretty sure that you were what I needed."

She thought about what Fletcher had said concerning her intimacy issues. "Evidently we are therapeutic for each other."

He looked amused. "Is that an academic way of saying the sex is good?"

No, she thought. It's a roundabout way of saying that I love you. But if she said the words aloud she would put him in the position of having to declare his own feelings. That could only go one of two ways: Good or bad.

It dawned on her that after all these years of trying to be honest with men, of trying to explain the serial monogamy concept and the fact that all her relationships were destined to be short-lived, she had finally found Mr. Right and now she was scared to death it wouldn't be permanent. Who would have thought that falling in love could be so terrifying?

44

CHLOE AND HECTOR WERE ON DAWN PATROL THE next morning when Mountain Man emerged from his crib in the alley where he had spent the night. He adjusted the worn canvas duffel on his shoulder and leaned down to pat Hector.

"Hey, there, Big Guy," Mountain Man said. "How's it goin'? Looks like that wound is healing okay."

"He's feeling much better," Chloe said. "How about you? Hector wants to know if you're taking the meds they gave you at the clinic?"

"Yep. Right on schedule." Mountain Man reached into the pocket of his old fatigues and produced a small bottle of tablets. "Got 'em right here. Supposed to take 'em all week and then report back to the clinic."

"That's great," Chloe said. "Hector wants to buy you a cup of coffee. You got time?"

"Sure. Got nothin' but time."

They made their way to the coffeehouse on the corner. Chloe bought a cup of coffee and a breakfast pastry for Mountain Man. The barista gave Hector his usual day-old muffin. Chloe and Mountain Man sat at a table in the corner. Hector settled down beneath the table. Mountain Man liked having coffee with them, and it wasn't just the fact that the coffee and pastry were free. Chloe knew that for him it was a way of slipping back into a half-remembered dream of a time when he had lived a normal life.

"Hector wants to know if you've had any more nightmares," Chloe said.

"Last night was okay," Mountain Man said to Hector. "No dreams."

Her work was holding, Chloe thought, checking the psi prints on the coffee cup. Eventually the nightmares would return, but it looked like his dream spectrum was calm for now, or at least what passed for calm in Mountain Man's badly damaged dream psi.

Afterward they went back out onto First Avenue. A blanket of fog had settled over the city, sending it into a cold, gray twilight zone.

"Thanks for the coffee, Big Guy," Mountain Man said. He adjusted the heavy duffel that contained all his worldly possessions and gave Hector one last pat. "See ya."

Hector licked Mountain Man's hand.

"Good-bye," Chloe said. "Hector says to tell you not to forget the rest of those pills."

"I won't," Mountain Man assured Hector.

He turned and started off across the intersection, but he stopped midway and swung around. His weathered face was tightly knotted. Intelligence and a glittering urgency sparked briefly in his faded eyes.

"Hector," Mountain Man said. But his voice was different. No longer a vague mumble, it crackled with command.

Hector pricked his ears in response.

"You tell her to be careful," Mountain Man said, still speaking in that sharp, no-nonsense tone.

Chloe looked at him. "Hector wants to know why I should be careful."

"This morning feels like it did that other time," Mountain Man said. But the flicker of awareness was already fading from his eyes, and the military crispness in his voice was deteriorating back into a mumble. "At least I think it does."

"What happened the last time?" Chloe said. "Hector wants to know."

"Bastards were waitin' for us. Ambush. I could feel it. Told the lieutenant. He wouldn't listen. Said the intel was good. SOBs took him out first."

An icy shiver ruffled her senses. "I'll be careful."

Satisfied, Mountain Man continued on across the intersection.

She looked at the glowing footprints on the pavement. Beneath the layers of the unwholesome energy generated by addiction and mental as well as physical illness was the thin, wispy light of a measure of talent. It was no doubt one of the things that had kept Mountain Man alive when he and the others walked into that ambush in the desert. One of the things that kept him alive on the streets.

ROSE WAS AT HER DESK, deep into a heavy tome that bore the equally heavy title *Fundamentals of Psychology*. She looked up when Chloe and Hector came through the door.

"We need to talk, boss."

"That sounds ominous," Chloe said.

She went on into her office, sat down behind her desk and powered up her computer.

Rose slapped the book down and hurried into the inner office.

"I know you, boss," she said. "You're afraid that maybe Jack Winters is attracted to you just because you found that lamp for him, aren't you? That maybe what he feels for you is gratitude."

"Wouldn't be the first time a man went through that phase after a case was closed." She watched her calendar open. "Oh, good, I see you made a couple of appointments for me with new clients."

Rose glanced at the calendar. "The one this afternoon is Barbara Rollins. You did some work for her husband last year, remember?"

"I arranged for him to acquire some very nice Roman glass."

"Turns out Mr. Rollins died a couple of months ago. The widow is getting ready to sell his collection. She wants to talk to you about moving the pieces on the private collectors' market."

"The same way that her husband acquired them." Chloe made a note.

Rose cleared her throat. "Listen, about Jack Winters."

"What about him?"

"He may be feeling grateful to you, but that is definitely not why he is sleeping with you. By the way, speaking of sleep, do you realize that in the entire time I've known you, Jack is the only man you've allowed to stay overnight? This is huge, boss. A major break-through for you."

"Rose, I really do not want to talk about my private life."

"I'm just afraid you're going to screw up this rela-tionship the way you have all the others."

"*Screw up?* I hate it when you use technical jargon. Sometimes I wish you would change majors. Ditch the psychology classes. How about accounting? We could use an accountant around here."

"You know what I'm talking about."

Chloe exhaled slowly. "I know what you're talking about, but I am not going to talk about it. Got it?"

Rose eyed her with an air of clinical speculation. "Wow. I don't believe it. You really are afraid you're going to screw up again, aren't you?"

"Terrified."

45

HIS NAME WAS LARRY BROWN, AND HE WAS THE quintessential nerd. He was seventeen and a half years old, short, thin and not the least bit athletic. He played chess, not football, and what life he had he lived online. For as long as he could remember he had been the chosen victim of every schoolyard, locker-room and classroom bully who came along. And sooner or later, a bully always came along.

In school he had been able to avoid a lot of the traps the mean kids set for him because he had a sort of sixth sense that warned him when trouble was coming his way. But his keen intuition wasn't much help against the biggest bully of them all, his father. A few months ago he had done the only thing he could do to survive—he had left home. Things on the streets weren't going well, however. The bad guys were more dangerous than the classroom bullies, although none were any worse than his dad.

But now, thanks to the online website he had stumbled across three weeks ago, his life was about to change forever. He was being offered the Holy Grail of all victims of bullying everywhere: Power.

"You've had three injections of the new version of the formula," Dr. Hulsey said. He filled a syringe from a small vial of clear liquid. "This will be the fourth. It should be more than enough to open the channels between your latent dream-psi energy and your para-senses. After that you'll be put on a maintenance dose in order to keep them open."

"I don't feel too good," Larry said.

He was sitting on the edge of a gurney in a small, white-walled room that looked unpleasantly like a medical examining room. He was shivering, and for some reason the fluorescent lights made his eyes water. The muffled clang and thud of heavy gym machines overhead was painful. Everything hurt.

"Don't worry," Dr. Hulsey said cheerfully. "The new version of the drug is very powerful and works very quickly. Your body and your senses just need some time to adjust to the rapidly rising levels of talent. You were approximately a Level Three when you came to us. Within twenty-four hours I have every expectation that not only will you be a Level Eight or Nine but you also will have an additional talent. It will be interesting to see what it is. Second talents, you understand, are quite unpredictable."

Larry watched Hulsey fill a syringe. He didn't like the doc. The guy was creepy, looked like an oversized praying mantis with glasses and a lab coat. But he was pushing past his intuition because the nice lady who had recruited him had promised that the results of the injections would be worth it. When this was all over he was going to be able to control people with psychic powers. How cool was that? No one would ever be able to bully him again.

Hulsey gave him the shot. It stung, just like last time. A flash of sick heat rolled through him. He felt nauseous.

"What happens now?" he asked.

"Now we wait," Hulsey said.

"For what?"

"For the lamp, of course."

"What lamp? Why do I need a lamp?"

Hulsey chuckled. "Well, for one thing, you'll die without it. But what really concerns me is that without the lamp, the entire experiment will be a failure."

46

SHE LEFT HECTOR ON GUARD IN THE FRONT SEAT
of the car and went up the front steps of the imposing
house. The residence was one of the many secluded
homes on Mercer Island, an expensive chunk of land
situated in the middle of Lake Washington.

Mercer Island real estate was a classic example of
the oldest rule in the business: Location, location, location. The I-90 bridge linked the island directly to Seattle on the west and to the sprawling upscale suburban
communities on the east side of the lake. Waterfront
homes on Mercer Island were priced somewhere in the
stratosphere. Large yachts were parked at the docks
in front of the properties that rimmed the edge of the
island.

She checked her watch and pressed the doorbell.
Three o'clock.

The last time she had come here a housekeeper had
opened the door, but today Barbara Rollins greeted
her.

Barbara was an elegantly groomed woman in her
midseventies. Her hair was silver white and cut in a
short bob. Her beautifully tailored cream-colored trousers and pale blue silk shirt looked like they had come

from the couture department at Nordstrom. A small blue-and-cream scarf was knotted around her throat. There was a short stack of gold bangles on her left arm and some extraordinary rings on her fingers.

"Miss Harper," she said. Her voice was coolly polite with just the right touch of reserve that women in her position employed when dealing with salesclerks and the hired help. "Please come in."

"Thank you," Chloe said. She knew she could not achieve the same degree of refined reserve, so she went for confident and professional instead. The combination usually worked well with clients like Rollins.

She moved into the soaring, two-story foyer. A massive chandelier, in the unmistakable style of a famous Northwest glass artist, was suspended from the ceiling. It looked like an explosion of crystal flowers.

"Please come with me," Barbara said. "I want to talk to you before I show you the collection. As I'm sure you can understand, the decision to sell George's antiquities has been an extremely difficult one for me. He was quite passionate about the artifacts."

"I remember."

She followed Barbara Rollins into a glass-walled room done in classic old-school Seattle designer–style: beige-on-beige accented with wood. Beyond the windows was an extensive garden. Beyond the garden a boat dock jutted out into the lake. She was mildly surprised to see that the boat tied up at the dock was a small cabin cruiser. The last time she had called on the Rollinses there had been a large sea-going yacht sitting in the water.

Automatically she opened her senses and examined the heavy layer of psi prints in the room. Some of the tracks of dream psi were decades old. Footsteps on the carpet glowed faintly with the usual mix of human emotions—love, anger, excitement, yearning, sadness and loss. But none of the prints burned with the eerie heat that indicated powerful psychic ability. There was no sign of the disturbing acid-hued smoke that she had come to recognize as the hallmark of formula-enhanced talent.

The fact that she was even looking for evidence of Nightshade here in the home of an old client told her that her nerves and her senses were still on edge. She tried to relax and prepared to go to work.

"I don't see the yacht," she remarked.

"It went to my son and his wife," Barbara said. "But none of my children want the antiquities."

"Estate sales are often difficult," Chloe said gently. This was not the first time she had dealt with grieving spouses who felt guilty about selling off a collection of valuable objects that had been acquired by the dear departed.

"Please sit down, Miss Harper." Barbara gestured to a glass-and-beige-stone coffee table where two pots and two delicate china cups and saucers had been laid out.

Chloe sank down on one of the off-white chairs. She set her satchel on the floor at her feet.

Barbara indicated the gleaming silver pots. "Tea or coffee?"

"Tea, thank you."

Barbara picked up one of the pots. "As you know, George collected the antiquities over a number of years. I think he intended to leave them to a museum, but he never got around to making the arrangements. My son and daughter are encouraging me to sell the artifacts. But before I make any decisions I want to get some idea of the value of the various pieces. George trusted you. He said you were very reliable. Milk or sugar?"

"No, thank you."

Barbara handed her the cup and saucer. Then she poured some coffee for herself. "I suppose I shall have to think about selling the house now, as well. It's too big for one person. But I hate the thought of moving. This was our home for forty years."

"I understand," Chloe said.

She sipped some tea. In situations like this clients needed time to talk. She listened politely and tried not to glance at her watch.

Eventually, however, she set her cup down with a firm little clink of china on china.

"Shall we look at the collection, Mrs. Rollins?"

"Yes, of course. The gallery is at the back of the house."

Barbara put down her coffee cup and got to her feet. She led the way along a hall and stopped at a door that could have doubled as a bank vault. She punched in a code.

"George had this gallery built especially for the collection. State-of-the-art security all the way."

"I remember," Chloe said.

Barbara opened the heavy door and stood back graciously.

Chloe moved into the shadowed room. The space was filled with glass cases crammed with objects. A number of stone statues dotted the gallery. She set her satchel on a nearby table and started to open it. There was something wrong with the leather buckle. She could not seem to grasp it properly. A wave of dizziness hit her. She tried to focus, but the room was spinning and nothing made sense.

Tentacles of darkness reached out, wrapped around her and dragged her down into the depths.

47

"LET'S GO BACK TO THE START OF THIS THING," Fallon said. "How did they drug you?"

"I don't know. I went out for a couple of beers with an old friend and client," Jack said. "Jerry Bergstrom. That's all I remember."

"Eat anything?"

"No."

"Given the timing, whatever they used to knock you out had to be in the beer," Fallon said.

"I know what you're thinking. But I just can't see Jerry getting involved with Nightshade."

"The enhancement formula causes some major personality changes. None of them are good, trust me."

"He was the same old Jerry. He seemed genuinely worried about me."

"There's a para-hypnotist mixed up in this thing," Fallon reminded him. "The woman who showed up at Drake Stone's house in Vegas."

"I've been thinking about that." He went to stand at the window of the office. "It's possible that she got to Jerry. Maybe she gave him the drug and hypnotized him into using it on me. I'll have Chloe talk to him, see if she can pull up any lost memories the way she did with Stone."

"Do it," Fallon said. "Meanwhile, I think you're on to something here with this chain of gyms. The question now is, what do we do about it?"

"Shut them down?"

"Why am I always having to remind people that we're not the cops or the FBI."

"You didn't hesitate to put those five Nightshade labs out of business a while back."

"We had no choice," Fallon growled. "Zack and the Council agreed that with five labs running there was just too much of the formula being produced. We had to cut off at least some of the supply. We managed to make it look like accidental fires in all five cases. It helped that the labs were widely scattered up and down the West Coast and shared no obvious connection. But if three gyms here in the Northwest that just happen to be owned by the same private corporation go up in smoke someone will ask questions."

"Nightshade will guess it was Arcane," Jack said. "But do you care?"

"It's not Nightshade I'm worried about. They've got to know we're the folks who took down those labs. The problem with burning down the gyms would be arson investigators. We do not need that kind of attention from the authorities."

"The drawback to being a clandestine organization. Okay, so what are you going to do?"

"I'm thinking about that," Fallon said. "At this point

Nightshade doesn't know that we've identified three of their recruiting centers. They haven't even closed down the one on Capitol Hill where they held you for twenty-four hours."

"That's because they're depending on the amnesia drug they gave me to keep my memories suppressed."

"Lucky for us. I've got a couple of low-end auras watching the gym there in Seattle. We'll see what turns up."

"Are you going to try to get someone inside?"

"That's not an option," Fallon said, flat and unequivocal. "In order to do that an agent would have to subject himself to the formula. I can't allow anyone to take that risk."

"Maybe you can turn one of the Nightshade agents."

"Even if that were possible, he or she wouldn't be reliable. Like I said, there are serious personality changes with the drug. But with luck we'll get something useful from plain, old-fashioned surveillance on the gyms. The problem with surveillance is that it takes people, a lot of people. I don't have an unlimited number of agents to throw at this thing. Look, I've got to make some calls. Get back to me after you and Chloe have talked to your friend, Jerry."

"Sure." He waited for Fallon to end the connection with his customary abruptness. Instead there was silence on the other end.

"Fallon? Still there?"

"Yeah. I was just thinking."

"About?"

"About how long it's been since you and I went out

for a beer. Maybe when this is over you and Chloe might want to take a little vacation. A long weekend or something."

"What does taking a vacation have to do with you and me going out for a beer?"

"You two could spend a couple of days here in Scargill Cove. Very picturesque place. You'd like it here. Weather's just like Seattle. Gray."

The phone went dead. Jack took it away from his ear and looked at it, wondering if he'd heard correctly. Had Fallon just invited him for a visit?

He shelved the question for another time and went back to contemplating the leaden sky. The tension within him was drawing tighter. He recognized it now because he'd experienced a similar sensation once before. It was the same restless, uneasy feeling that had hit him the night that Chloe had conducted the stakeout at Fletcher Monroe's house.

48

SHE AWAKENED TO THE MUFFLED CLANK AND
thud of machinery and a low moan. The latter was not
a cry for help. It was the quiet anguish of a man who
has given up all hope and longs only for death. The
pitiful sound drew her up out of the darkness.

She opened her eyes and immediately closed them
against the blinding glare of fluorescent lights.

"Ah, you're awake, Miss Harper. Excellent."

Cautiously she opened her eyes again but only part-
way this time. A thin, bony man in a rumpled white
lab coat was leaning over her, studying her through
a pair of black-framed glasses. The thick lenses gave
his eyes an unpleasant, faceted look. His bald head
gleamed like an exoskeleton in the harsh light.

"Who are you?" she whispered. Her voice sounded
slurred, as if she'd had too much to drink.

"Doctor Humphrey Hulsey," he said. His insectoid
eyes glittered with excitement. "Delighted to make
your acquaintance, Miss Harper."

Squinting against the glary light she looked around
the windowless room. White walls, the gleam of stainless-
steel trays and counters, a guy in a lab coat and she was

lying on a gurney. She knew this scene. It was straight out of Jack's memories of the place where he had been held prisoner.

Her head was clearing, but she felt uncomfortably warm. Her skin was so sensitive that the sheet that covered her was a source of pain. It dawned on her that she was running a fever. So much for the flu shot she had taken last month.

"Not a hospital," she whispered.

"No, Miss Harper," Hulsey said. "You're not in a hospital. You're in a research facility."

She wrinkled her nose. "Must be a pretty low-rent research facility. Smells like a basement."

"Yes, well, sometimes those of us on the cutting edge of science must make do with less than state-of-the-art equipment and technology. Funding is always a problem, you see."

Another weak moan rumbled through the wall behind her. The pain in the cry roiled her senses.

"Who is that?" she managed.

"His name is Larry Brown, I believe. I think of him as Subject A."

"What on earth is wrong with him?"

"I'm afraid that he's feeling some of the side effects of his treatment. I've made several modifications to the formula in recent months, but it is still quite unpredictable, especially when used in the higher doses required to induce additional talents."

"The formula." Anger surged through her, giving her strength. She pushed herself up on her elbows, vaguely surprised to discover that she was still wearing the clothes that she had worn to meet with Barbara Rollins. She was not shackled to the gurney. Evidently no one considered her potentially dangerous or likely to escape. "You've pumped him full of the founder's drug."

"It wasn't as if someone held him down and forced him to take the drug, I assure you," Hulsey said. "Subject A was a volunteer. That is the wonderful thing about my research projects. There is no lack of individuals who will do just about anything in exchange for a drug that will give them genuine psychic talents or enhance the ones they already have."

Larry Brown groaned again. She shuddered and then couldn't seem to stop shivering.

"And you call yourself a doctor," she said, disgusted. "So much for the first do-no-harm rule."

Hulsey was clearly affronted. "I am a research scientist. I come from a long line of talents endowed with a gift for science that can only be described as preternatural."

"Oh, right, that makes it okay to poison people." Her upper arm ached. Whoever had dumped her on the gurney had not been gentle.

"If it is any consolation," Hulsey said, "my interest in the formula has been peripheral until recently. I saw it, as my predecessors did, primarily as an adjunct to the main focus of my interests."

"Is that right? What are your interests?"

"Dream psi." Hulsey rocked a little on his heels and assumed a lecturing air. "Given your own talent,

I'm sure you'll find what I am about to tell you quite fascinating."

"I'll bet."

He ignored the derisive tone. "Like a number of my ancestors, including the brilliant Basil Hulsey back in the Victorian era, I have long been consumed with a passion for solving the mysteries of dream energy. You see, Miss Harper, the dream-psi spectrum is still unknown territory. To this day no one can explain the act of dreaming to the satisfaction of any scientist. It is evident that the energy involved in dreaming is almost entirely paranormal in nature. Yet it remains virtually inaccessible in the waking state."

"Your goal is to tap into that energy?"

"Not only to access it but to study it and learn its secrets. The possibilities are endless." Hulsey sighed. "But one must pay the bills, eh? So, in exchange for providing me with the funding and the facilities that I require to conduct my research I have been obliged to contract with various groups and individuals over the years."

"Nightshade."

"I am currently involved with Nightshade, yes. But when I was much younger I worked for a clandestine government agency for a while. That was when I managed to re-create Sylvester Jones's formula with the help of Basil Hulsey's notebooks. After that department was closed down somewhat abruptly, I was obliged to form an alliance with William Craigmore. Does that name ring any bells?"

She struggled to concentrate. "The guy who founded Nightshade?"

"Indeed. I was his director of research. I still hold the position within the organization. Generally speaking, I begrudge the time I am forced to devote to perfecting Sylvester's drug. Nightshade cares only about enhancing certain talents. Really, it is like working for the government again. Until recently no one in the organization had exhibited any true appreciation for the science involved."

"That changed, huh?"

"A few months ago I was approached by an individual who made me an extraordinary offer, Miss Knight. She had in her possession the journal of one Adelaide Pyne."

Fighting the waves of feverish heat, she shoved herself to a sitting position and swung her legs over the edge of the gurney.

"The woman who worked the Burning Lamp for Griffin Winters back in the Victorian era," she said.

"Precisely. After I read the journal I realized that the lamp might be the key I had been searching for all these years, the device that could force open the channels between the dreamstate and the waking state and keep them open permanently in a stable fashion. I was very excited as I'm sure you can imagine. But Miss Knight informed me that there was a problem."

"The lamp had disappeared."

"Unfortunately, yes. She explained to me that she was trying to find it and that when she did locate it she would make it available to me for my research. In exchange, I agreed to run an experiment on a certain individual for her."

The incessant murmurs of pain coming through the wall were growing more anguished. She wanted to cover her ears with her palms to block out the terrible sounds, but she couldn't seem to muster the strength. She was shivering so hard now it took everything she had just to keep from falling off the gurney.

"Knight wanted you to run an experiment on that poor man in the other room?" she whispered.

"Not Subject A," Hulsey said impatiently. "Jack Winters."

She stilled. "You're the one responsible for kidnapping Jack. But why? What did you do to him?"

"Verified one of my associate's theories, of course. There was no point proceeding along that path if the first assumption proved false."

"*What* theory are you talking about?"

Hulsey frowned. "Why, that the men in the Winters line are immune to the side effects of Sylvester's formula."

She looked at him, appalled. "You injected Jack with the drug."

"Four times over the course of a twenty-four-hour period. Very high doses each time. He received more than enough of the drug to ensure a successful experiment. I had intended to keep him here another day or two to monitor the results, but he somehow managed to escape. No harm done, however. Miss Knight and I are both quite satisfied."

"You son of a bitch," she whispered. "I thought you said you only used volunteers."

"Come now, Miss Harper, we both know that it was highly unlikely that Jack Winters would cooperate. It all had to be handled very delicately given his high profile not only within Arcane but also within the business community. I was careful to use a strong, amnesia-inducing sedative so that he would not remember anything of the experience. I assured Miss Knight that if he survived, any memories that might come back would seem no more than fragments of an unpleasant dream."

She hugged herself against the fever chills. "Bastard. You could have killed Jack or driven him mad with that awful formula."

"I am happy to report that the experiment was, all in all, a complete success. Winters seems to have done very well after being cut off the drug. Miss Knight is not the only one who is pleased." Hulsey grimaced. "So is my current employer."

"What made Knight think that Jack could tolerate the formula?"

"Allow me to explain," Hulsey said, waxing enthusiastic. "The formula works by tapping into the latent power of dream energy. That's how it enhances talents. It opens up the channels between the normal and the paranormal, allowing access to the reserves of energy available at the far end of the spectrum. But those channels are extremely narrow and very fragile. Furthermore, once open, only continuous doses of the drug can keep the channels functional. If the individual misses even a couple of doses of the drug an irreversible instability sets in. The result is insanity and death within a very short period of time."

"But that didn't happen with Jack."

"Miss Knight suggests, and I'm inclined to agree, that outcome is likely the result of the genetic mutation created in Nicholas Winters all those years ago when the lamp was first used on him. You see, the Burning Lamp accomplishes, essentially, the same thing that the formula does. It opens up the channels between the dreamstate and the waking state. But when the lamp was first used it evidently affected Nicholas's DNA. Certain of his descendants, including Griffin Winters and Jack Winters, evidently inherited a genetic ability to access the power of the dreamstate naturally. They don't need the formula. From her reading of the Pyne journal, Miss Knight was convinced that age was a factor."

"Jack is thirty-six."

"Indeed. Miss Knight believed that if Jack had inherited the altered DNA the changes would have begun to manifest by now."

Outrage pulsed through her, as hot as the fever.

"Let me get this straight," she said. "You and this Miss Knight kidnapped Jack Winters and injected him with the formula to see if he was immune. After he escaped you sat back and waited to see what would happen to him. As far as you were concerned, he was just an experiment."

"Quite," Hulsey said cheerfully. "And a very interesting one, I must say. Following the escape we concluded that Winters was not only immune, he had, indeed, developed an additional talent. We agreed that there was no other way he could have overcome the guard. Miss Knight established a twenty-four-hour surveillance on Winters's residence. When he did not emerge for a few days, we thought that perhaps the experiment had failed. But when he finally did come out it was clear that he was in excellent shape."

"Except for the blackouts."

Hulsey frowned again. "What blackouts?"

She stopped breathing for a few seconds, trying not to show any reaction. If Hulsey did not know about the blackouts, it could only mean one thing: The watchers Jack had frightened into looking the other way when he had gone sleepwalking had never seen him. They didn't know that he had found his way back to the gym where he had been held captive.

She cleared her throat. "I just assumed that there would be blackouts, given the mix of the sedative and the formula."

Hulsey relaxed and chuckled. "Not at all. Winters is proof that the lamp can be used to stabilize the channels between the dreamstate and the waking state. It represents a huge advance over the formula. I must admit that I was very intrigued. The next step, of course, was to acquire the lamp and a strong dreamlight reader. Miss Knight was just starting to orchestrate such a search when, to our surprise, Winters himself contacted a certain private investigator who just happened to be a high-level dreamlight reader."

"That would be me."

"Indeed, Miss Harper."

"When you realized that Jack was searching for the lamp, the two of you waited to see if we would find it."

"Well, Miss Knight had not had any luck on her own, and there is that old legend, you know, the one that holds that only a strong dreamlight reader can find the lamp."

"I'm surprised to hear that you believe in myths and legends, Hulsey. Not exactly a scientific approach, is it?"

"Normally I would not give such a tale any credence, but in this case I made an exception. We are talking about a paranormal artifact, after all, one infused with a massive amount of dreamlight. It is entirely logical that a person with your unusual kind of talent would have an affinity for the lamp and, therefore, a better shot at locating it. Be that as it may, the plan worked."

"Except that your people failed in their attempt to steal the lamp. It's now in Arcane hands."

Hulsey chuckled. "Not any longer."

She gripped the edge of the gurney. "What do you mean?"

"The Burning Lamp was recovered from the Arcane vault yesterday and is now in our possession."

She was trying to wrap her brain around that disheartening news when another low moan sounded through the thin wall.

"Can't you do anything for him?" she pleaded.

"No, Miss Harper, I can't." Hulsey gave her a beatific smile. "Only you can save him."

49

"WHAT THE HELL DO YOU MEAN, IT'S GONE?"
Phone crushed in one fist, Jack used his other hand to
rip open his office door. "It was in an Arcane vault. It
was supposed to be safe there."

"I told you, Zack and I have suspected for some
months now that Arcane has been infiltrated on several levels." Fallon's voice was a growl. Tension and
weariness pulsed in each word. "It's possible that one
of the Nightshade people works in the L.A. museum
and has access to the vault."

Jack went out into the hall, moving fast. "Great.
You're hiring Nightshade operatives off the street to
work in the Society's museums. Why not just take out
an ad in the paper? *Psychic sociopaths wanted. Excellent
benefits.*"

"In the past the Society hasn't had the time or personnel to conduct anything more than routine background checks on low-ranking employees. I keep
telling you, J&J is not some secret government agency
with unlimited funding. I'm one man trying to run the
whole damn show."

Jack reached the elevator and leaned on the call button.

"I don't have time to listen to your excuses, Jones."

"What's going on? You sound like you're working out. Are you on a treadmill or something?"

"No. I'm trying to get out of the building. It's a high-rise. I'm waiting for the damned elevator."

"What's wrong?"

"Before I called you, I called Chloe's office. She never returned from her three o'clock appointment with a client. She's not answering her phone."

"*Shit.*"

"Took the word right out of my mouth."

The elevator doors opened. He cut the connection, got inside and rode the cab down to the basement parking garage.

He made record time to the address on Mercer Island. Hector was inside Chloe's car, howling like a lost soul. When he saw Jack he ceased abruptly and waited, ears sharply pricked, every muscle taut, while Jack got the door open. Once free, he bounded out onto the pavement and charged up the walk to the entrance of the big house. He started barking wildly and clawed at the door, leaving deep grooves in the white paint.

The door opened just as Jack went up the front step. An elegant-looking woman in her early seventies appeared. Hector surged past her and disappeared into the house.

"What on earth?" The woman stared at Jack, mouth open, eyes widening with alarm.

She started to close the door. Jack got a foot in the opening.

"Mrs. Rollins?"

"I'm Barbara Rollins. Who are you?"

"Don't be afraid. I'm not going to hurt you. My name is Jack Winters. I'm a friend of Chloe Harper. She had an appointment with you at three today. She never returned to her office. I'm trying to find her."

"Miss Winters?" Barbara Rollins frowned in confusion. "Yes, I did have an appointment. Miss Harper arrived right on time. I remember now. But she left. I don't understand."

"Her car is still parked at the curb. Her dog was inside. He was howling."

"I heard a dog. I was going to call animal control." Barbara paused. Anxiety tightened her features. "But for some reason, I never got around to it. Every time I went to look for the phone number I got a headache."

"May I come in, Mrs. Rollins?"

"No, I don't know you."

Hector started barking again. He was somewhere at the rear of the house.

Barbara flinched.

"The dog," Jack said gently. "I should get him."

He used a small pulse of nightmare psi to make her nervous.

"Yes, the dog," Barbara said uneasily. "I can't have him running around my house."

Jack eased his way into the front hall. He found Hector at the sliding glass doors that overlooked the lake. When Jack opened the slider for him he rushed outside, charged across the garden and halted on the boat dock.

Once again he started to howl. Jack went out onto the dock and put his hand on the dog's head. Hector quieted. Together they looked at the empty dock.

"They took her away by boat," Jack said.

50

LARRY BROWN COULD NOT HAVE BEEN MORE THAN eighteen years old, and he was dying. A bulked-up hunter held open the door of the small room. Chloe took one step inside and halted. She thought she had been prepared, but she was, nonetheless, truly horrified. She hugged herself against the chills wracking her body.

"Dear heaven," she whispered. "How could you do this to him? He's just a kid."

Brown was lying on a gurney, leather restraints on his wrists and ankles. He was flushed with fever. His eyes were squeezed shut against the fluorescent light. The sound of her soft voice sent a shudder through him. He whimpered.

Hulsey followed her into the room and assumed a pedantic air. "Subject A has had four doses of the newest version of my formula, the same amount that was given to Jack Winters. We halted the drug last night. Dream psi is now spilling chaotically across his senses. He is not yet insane, but he soon will be unless you can save him with the lamp."

"That's impossible," she said quietly. It required everything she had to control her rage, but this was not the time to lose her temper. Hulsey might be quite mad, but he was, nevertheless, a scientist. Her only hope was that he would listen to reason. "I don't think the lamp will work on anyone else the way it did on Jack. Only someone with his level and type of talent can handle the power."

"Nonsense," Hulsey snapped. For the first time he appeared annoyed. "Power is power. Subject A was initially a Level Three on the Jones Scale but he has received enough of the formula to elevate him to a seven. That should be more than enough to handle the radiation from the lamp."

She bit back another argument. No one, including mad scientists, evidently, was immune to becoming obsessed with a theory. Hulsey was wrong, she was sure of it, but she knew that he was not going to listen to her.

Hulsey turned to the guard. "We're ready for the lamp."

"Yes, Dr. Hulsey."

Chloe went to stand beside the gurney. "Can you hear me, Larry?"

She was careful to keep her voice as low and soothing as possible. Even so, Larry Brown shivered. His senses were in such chaos now that any type of stimulation was no doubt extremely painful. He did not speak, but he opened his eyes a little and looked up at her. She saw that he was drowning in fever and terror. Very gently she touched his bound hand. He jerked in response. His lips parted in a silent scream. She maintained the light contact and cautiously opened her senses.

The shock of energy that snapped and crackled across her senses was almost more than she could stand in her feverish, weakened condition. Larry Brown's dreamlight was a dark storm of unstable psi. She managed to stay on her feet, but she had to grip the gurney rail to steady herself.

Another wave of outrage slashed through her when she saw the ravaging effects the formula had produced. Larry was well beyond being able to distinguish between his dreamscape and reality. He was living in a nightmare world.

There were voices at the door of the room. She looked up and saw two men. One of them was the hunter who had gone to fetch the lamp. He had it tucked under his thick arm.

The second man looked like a standard-issue corporate suit. He could have been an executive at an investment company. Rain dripped from his expensive coat. He wasn't bulked up like the bodybuilder hunters, but there was an air of powerful energy about him. Her senses were still open. She glanced down at his footprints. They burned with unstable, acidic fire. Whoever he was, he was taking the Nightshade drug.

"I see you were able to make it here in time for the experiment, after all, Mr. Nash," Hulsey said. He sounded sullen, even annoyed.

"There's a storm in Portland," Nash said coldly. "My plane was delayed. I told you I wanted to be on hand when you ran the test on the lamp. Why didn't you wait until you were certain I could get here?"

"There wasn't a moment to lose," Hulsey said. "Subject A is failing rapidly. Another hour or two and it might well be too late to intervene with the lamp."

There was no love lost between these two, Chloe thought, or even respect. Hulsey clearly despised Nash and, just as obviously, Nash could barely tolerate Hulsey. It was a marriage of convenience.

Nash examined Chloe for a few seconds. He did not appear impressed. She felt energy pulse and quicken in the atmosphere and knew that he had heightened his senses. She shivered again. Nash's prints were too murky and smoky to read, but it was clear that whatever the nature of his talent, it was very, very dangerous. It was equally evident that he was struggling hard to control it.

"This is the dreamlight reader you told me about?" Nash said to Hulsey.

"Yes." Hulsey did not bother to conceal his impatience. He took the lamp from the hunter and bustled across the room with it. "We were able to acquire her without incident a short time ago."

"You're certain your people weren't seen or followed?" Nash demanded.

"Absolutely, certain. Everything went like clockwork. The para-hypnotist took care of the woman on Mercer Island."

Chloe looked at Nash. "Who are you?"

"Your new boss." He paused a beat. "If you're successful here today, that is."

Fingers of crystal and ice played a staccato drumbeat down her spine.

Hulsey set the lamp on the table next to the gurney.

"Time to run our little experiment, Miss Harper. And let's have no more nonsense about not being able to save Subject A. If you can't manipulate the energy of the lamp in a useful manner, we will have no more use for you, and that would be a pity, wouldn't it?"

She looked at the lamp. Power whispered in the atmosphere around it. *Jack is looking for you.* She knew that in her bones. Her only hope was to buy some time.

"Stand back," she said, trying to sound cool and authoritative, a woman of power.

"Certainly," Hulsey replied. His eyes glittered.

Nash did not move.

She put one hand on the lamp and pulsed a little psi into the waves of energy trapped inside the strange metal. Only Jack could access the full power of the artifact, but she could make it glow. That might be enough to convince Hulsey and Nash that she was activating it.

Energy stirred and shifted within the lamp. She knew everyone in the room could sense it. Larry Brown groaned and closed his eyes again.

The relic began to brighten.

"Yes," Hulsey breathed. "It's working. *It's working.*"

Nash shoved his hands into the pockets of his coat and moved a little farther into the room. His attention was fixed on the lamp.

She gave the relic a couple more pulses of power and managed to make it shine with the light of a pale moon. It did not become transparent, though. The gray gemstones remained opaque and there was no rainbow, but the transformation was dramatic nonetheless. Hulsey and Nash were clearly fascinated.

She switched her attention to Larry Brown. Carefully she probed for the currents of his dreamstate, bracing herself against the searing, disorienting waves of his drug-infused energy. The only thing that made her able to hold on was the knowledge that Larry would surely die if she retreated. Waves of dark dreamlight washed across her senses for a few seconds while she struggled to find some semblance of a normal, healthy pattern.

The taint of the formula was everywhere, distorting and disturbing Larry's natural rhythms. The chaos was growing because he lacked the strength to control the energy that the drug had released from the dreampsi end of the spectrum. The heavy, erratic waves would soon destroy his sanity and his para-senses.

But deep in the chaos there were still traces of his normal currents. She found them at last and set to work, easing calm, soothing energy into the fractured wavelengths.

There was no way to know if she was doing the right thing for Larry Brown. The experience with Jack was not applicable. His mind and body had fought off the effects of the drug and because of his genetic twist he was able to handle the currents of power unleashed from the dreamlight end of the spectrum.

But Larry Brown could not control the wild river of psi that was flooding his senses with an excess of paranormal stimulation. The only way to save him was to close down the channels that the drug had opened. It would not be the same thing as easing the disturbing currents of psi produced by her street clients' nightmares. What she was doing now would have far more profound effects on Larry Brown's senses, possibly permanent effects. She was winging it, going with her intuition, but that was all she had to work with.

Gradually she gained control. The raging, spiking currents began to respond to her careful, cautious counterpoint pattern. The wavelengths grew more stable and steady.

"It's working," Hulsey crowed softly.

Larry was visibly calmer now. His breathing slowed to a more normal rate. He opened his eyes, revealing tears of exhaustion, relief and gratitude. His fingers closed tightly around Chloe's hand.

"You're going to be fine," she said quietly.

"Thank you," he rasped.

He looked at her with something approaching adoration. She'd seen that expression before. She wondered if he would be feeling quite so grateful later when he discovered that in saving his sanity and his life she had destroyed his formula-enhanced abilities. In addition, there was no knowing if his mind would be strong enough to repair the damage done to his original talent. According to Hulsey, Larry Brown had come to Nightshade as a three on the Jones Scale. When he awakened he might not have any of his psychic senses left at all. Such a loss could be psychologically devastating.

"You need to sleep now," she said.

She gave him a little extra pulse. Larry closed his eyes and went to sleep.

With luck he would be out for a few hours. When he awoke Hulsey and Nash would realize that the experiment had failed. But she could not think of anything else to do. She needed to secure as much time as she could in order to give Jack a chance to find her.

Hulsey peered at the monitors on the wall. "Excellent, my dear. He is quite stable now. Precisely the effect I had hoped to achieve."

Not quite, she thought. She glanced at the lamp. It still glowed faintly from the initial burst of energy she had used to ignite it, but it was dimming rapidly.

"Working the lamp creates a heavy psi drain," she said. She did not have to fake the weariness in her words. "I've got to rest now. I'm ill."

Hulsey gave her an approving look. "Yes, of course, my dear. I do hope you appreciate what I have accomplished here today. I have pushed the boundaries of para-biophysics beyond even what Sylvester and Nicholas dreamed of doing."

"I'm thrilled for you." She really did need to lie down and maybe take some aspirin. The feverish sensation was getting worse.

Nash frowned. "How many doses has she had?" he said to Hulsey.

"Just one," Hulsey said absently. He was busy making notes. "But it was the new, experimental version. Quite potent. I gave it to her immediately after they brought her here. She was still unconscious. I'll give her another in two hours."

Chloe thought about the sore place on her upper arm. Panic slammed through her. "You injected me with the formula?"

"Yes, of course," Hulsey said, not looking up from

his notes. "Mr. Nash, here, was afraid that you might not cooperate otherwise. I agreed with him. We wanted to make certain you were committed to the organization, as it were. From now on, you will need to take a dose twice a day. The good news is that after the first week you can switch to the tablets."

In the doorway, Nash smiled his reptilian smile. "Welcome to Nightshade, Miss Harper."

51

"YOU CAN'T GO IN ALONE," FALLON JONES SAID. "All I've got available are the two auras watching the gym. They're not trained for this kind of thing. Give me time to scramble some backup."

"Even if you manage to come up with a couple of hunters, it won't do any good," Jack said. "Your people would be outnumbered by the Nightshade freaks."

"I know you're something more than a strat now," Fallon said urgently. "But you're still just one man. What makes you think you can do this?"

"Power of positive thinking."

"How do you know they've got Chloe inside that gym? The auras haven't reported seeing any unusual activity in the alley or in front of the building."

"She's in there. Those bastards aren't the CIA or the FBI, either. They don't have unlimited resources any more than J&J does."

"You've got a point," Fallon said reluctantly.

"They could have smuggled her in through an underground entrance. Hell, maybe that's how they got me inside."

"It's a possibility. What exactly are you, Jack?"

"According to Chloe I'm still just a strat. But I'm a

really strong strat. I'm turning off the phone now, Fallon. I don't want it ringing at the wrong time."

"No, wait, don't hang up—"

Jack cut the connection and hit the off key. He dropped the phone into his pocket, crossed the street and went down the alley behind the old brick building that housed the gym. It was only six o'clock, but at this time of the year it was already full dark.

There was a guard outside the rear entrance, but he was easily distracted by a wave of panic that had him staring, wide-eyed toward the opposite end of the ally. By the time he realized that the attack was coming from the other direction, it was too late. He swung around when he heard Jack behind him, reaching into his jacket with hunter-enhanced speed.

But there was no way even the strongest of hunters could move faster than a current of energy. Jack hit him with another sluicing wave of terror. The guard's mind could not handle the nightmare that engulfed him. He crumpled to the ground, unconscious.

Jack dragged him behind the nearby metal trash container and stripped him of his clothes, gun and keys.

Two minutes later, dressed in the guard's clothes, cap pulled down low over his eyes, he used the keys to enter the back of the gym. He generated small pulses of fear to make sure that the two burly-looking hunters he passed in the hall were distracted, unnerved and looking the other way when he went by.

There wasn't a large staff in the building. He hadn't

expected to encounter a lot of people. As he had pointed out to Fallon, Nightshade was forced to work with many of the same limitations that applied to J&J. In addition, maintaining a low profile was Job One for any self-respecting conspiracy that wanted to survive.

He found the stairwell and went down into the basement, emerging in a familiar corridor. This was the reverse of the route he had followed the night he had escaped, he thought.

He found the room where he had been held with no difficulty. Being a strat meant that you never had to stop and ask for directions.

There was a guard outside the door again, a strong indicator that Chloe was locked inside. He refused to let himself think of what the bastards might have done to her. That way lay madness. He had to stay focused, or he would be of no use to her.

52

SHE WAS LYING ON THE GURNEY, SHIVERING WITH fever when she heard the key in the lock. A few seconds later Jack came through the door. He was dressed in the style of clothing worn by the guards, right down to the cap, but she would have recognized him anywhere. He dragged the unconscious body of the guard into the room and closed the door.

"Are you okay?" he asked, coming toward her.

He was ablaze with psi. Energy swirled in the atmosphere around him. The heat in his eyes could have ignited a fire. The only thing he lacked was a flaming sword.

Avenging angel. In spite of the fever, she smiled.

"I knew you'd come for me," she whispered. She pulled some of her own psi and used it to sit up on the edge of the gurney. "We're leaving now, I assume?"

"Yes." He stopped in front of her, cupping her face between his palms. "You're running a fever."

"I know. Fine time to come down with the flu, isn't it? Don't worry, I'm running a little psi to counteract the effects." This was not the moment to tell him that she had been injected with the drug. There was no knowing how he would react, and right now it was vital that he be able to focus.

"We'll talk later," he said. He took her hand and led her quickly toward the door. "We need to get out of here."

"I like a man who can prioritize."

He glanced down at her hand in his. "You're burning up."

"The psi on top of the flu. Has that effect."

"It's not the flu. They shot you up with that sedative they used on me, didn't they?"

"Something like that, but I'll be okay."

She could see that he wasn't buying her story, but she also knew that he was strat enough to realize that there was not a thing he could do about the fever.

"I'll go first," he said.

He released her hand, opened the door and moved cautiously out into the hall. She felt energy pulse a little higher around him and knew that he had just made someone out in the corridor very nervous.

"Okay," he said. "Walk ahead of me. Make it look like I'm escorting you to some other room."

She peered out into the hall. "Which way?"

"Left."

She took a deep breath and walked forward with what she hoped looked like weary reluctance. She didn't have to fake the weary part. Jack stayed close behind her.

At the intersection she stopped again.

"Right," Jack said quietly.

A door opened to her left just as she turned the corner to the right. Nash appeared. He had one hand on
the knob, preparing to step out into the hall. He did not
see her immediately because he was looking back into
the room and speaking to someone else in low, tense
tones. She could feel the disturbing energy of the lamp
seeping out of the opening.

She halted and took a step back. But there was
nowhere to run and no time. Nash was already swivel-
ing toward her.

"After Brown wakes up and we've confirmed the
success of the experiment, we're going back to Portland," Nash said to the other person in the room. "I
want to make a few more trial runs before I let the
Harper woman use that lamp on me."

"Yes, yes, I understand," Hulsey said impatiently.

Nash saw Chloe. Rage twisted his features.

"Who let you out of your room?" he snarled.

Jack came around the corner. "I did."

"Who the hell are you?"

Nash's fury was too sudden and definitely over
the top, Chloe thought. It was as if he had skipped
the more natural, preliminary stages of *confusion* and
annoyed authority entirely and gone straight to *irrational
loss of temper*. The Nightshade drug was affecting more
than just his senses.

"Jack Winters," Jack said. "You stole a couple of
things that belong to me. I'm taking both of them."

"Son of a bitch," Nash snarled. "You're not taking
anything from me. You're a dead man."

A terrible blast of mind-searing energy crackled

in the atmosphere of the hallway. Although Jack was the target, Chloe got caught in the backwash of power. It was as though the entire world had been set afire. White-hot psi consumed the corridor, blinding all of her senses. She reeled and fetched up hard against the wall. Consciousness started to slip away. She could not move, let alone try to flee.

She had guessed right, she thought. Nash did, indeed, possess a lethal talent. He was able to generate a killing shock wave of psychic energy.

Her vision blurred. Tears scalded her eyes. Jack was a dark figure silhouetted against the waterfall of energy. He had tried to rescue her, and he was going to die for his trouble. She had drawn him to his death, and there was nothing she could do.

The storm evaporated as suddenly as it had begun. She clawed at the wall in an attempt to stay on her feet. There was another kind of energy twisting and curling and pounding in the atmosphere now. She caught only fleeting impressions of nameless specters and heart-crushing fears, but it was enough to know that her avenging angel was exacting retribution and meting out punishment.

Someone was screaming, but it wasn't her. She did not have the strength. The screaming went on endlessly. Somewhere a man was sinking into hell.

Her badly fried senses began to clear. The screaming ceased abruptly.

She opened her eyes and saw Jack. He was still standing in the corridor, energy whipping around him. His eyes glowed like emerald coals.

"Are you all right?" he asked.

"Yes." She swallowed hard and managed to push herself away from the wall. "Yes. I'm all right. I think. You?"

"Yes. But one of them got away. There's another door at the back of the room."

She looked down and saw Nash. He lay in a dead man's sprawl on the floor of the office. His face was frozen in a mask of abject horror. His eyes stared sightlessly into nothing.

"Hulsey," she whispered. "He's the one that got away. The man on the floor is Nash. He seemed to be in charge. I think he said something about coming from Portland for the experiment."

Jack stepped over the body. He grabbed the lamp and came back to the doorway.

"Let's get out of here," he said.

Psi energy stirred within the lamp. As Chloe watched, the metal rapidly became opaque.

"Jack, you've lit the lamp," she whispered.

"We may need it."

"Why?"

"Remember you said that you were pretty sure the energy in this thing was meant to do something besides stabilize my dream psi?"

"Yes."

"I think you're right. I think I know what Nicholas created when he put the second set of crystals into the lamp. Why he went back to see Eleanor Fleming the third time."

She drew a deep, steadying breath. "Okay," she said.

She pulled a little more psi to steady herself. "I assume we're going out the back way?"

"No, they'll have sealed off the alley. We'll go out the front door. They won't be expecting us to do that. Once we're outside in front of the building they can't touch us. It's only a little after six in the evening. There will still be people on the street. Too many witnesses."

"Everything has happened so fast. Maybe the guards don't know about us yet."

He glanced up. She followed his gaze and saw the security camera in the ceiling. Anyone watching would have realized by now that something odd had just gone down here in the basement. It was obvious that Nash was in a very bad way.

"Jack, I'm not sure I can do this," she whispered. "You've got a better chance on your own."

He smiled, as if genuinely amused. "Do you really think I'd leave you here?"

She almost smiled, too. "No."

"I came for you. I'm not leaving without you." He handed her the glowing lamp. "Here, hold this."

Reflexively she wrapped both hands around the heavy lamp. "I'm sorry, I don't think I can walk and carry this thing at the same time."

"You're not walking."

He picked her up in his arms and went forward, moving swiftly along the corridor. His powerful aura enveloped her. She drew some strength from him and clutched the lamp tightly. The relic was practically transparent now. The stones were heating with the colors of dreamlight.

He carried her to the stairwell. Holding the lamp in one arm, she reached down and opened the door. He climbed the two flights of stairs. She opened another door and they moved into a hallway marked *Restrooms*.

They went down the hall and into the main room of the gym.

There was a hushed, waiting stillness in the vast space. The overhead lights were off, but there was enough ambient street light filtering in through the glass doors at the front to reveal a band of heavily muscled men. They stood in a semicircle, blocking the route to the exit.

Chloe counted six bulked-up guards. Two more slithered out of the shadows behind one of the workout machines. Drug-tainted psi prints glistened evilly on the floor and fluoresced on the steel equipment.

Hunters, she thought. They would be as fast and as ruthless as a pack of wolves. Jack could not possibly have much energy left after what had happened downstairs in the basement.

"Don't hurt the woman," one of the men snapped. "She's valuable."

The hunters moved forward in a ring. Chloe watched them. If she could just make physical contact with one or two she might be of some use in the coming battle.

"Put me down," she whispered.

"No," Jack said. "We'll do this together."

"What do you mean?"

He didn't respond, but she was suddenly aware of the lamp growing warmer in her hands. Energy stirred and flashed as the alchemical metal shifted from translucent to crystal clear. The stones blazed with dreamlight.

Her feverish senses stirred. Intuitively she understood what Jack needed from her. She held the artifact aloft in both hands, summoned her waning reserves of psi and pulsed energy into the lamp, holding the currents of dreamlight steady for Jack. She understood then that he could somehow turn the lamp into a weapon, but he could not do it without her help.

All but one of the crystals ignited. Only the strange dark stone remained opaque. A rainbow of fire swept across the gym, drowning the hunters in a maelstrom of energy.

Jack's power did not crackle and pulse through the room—it *roared* silently through the space. And suddenly she understood. This was what she had done when she had worked the lamp for him in Las Vegas. She remembered the sense of a psychic key turning in a lock. She had unsealed Jack's ability to transform the lamp into a powerful weapon. In military terms the artifact was a force multiplier.

The third talent.

The hunters screamed. Their bodies jerked wildly in the intense ultralight cast by the stones in the lamp. One by one, they collapsed, unmoving.

Jack carried her through the tangle of bodies and the forest of gleaming stainless-steel machines out into the night.

"Avenging angel," she whispered. Darkness and fever started to claim her, but there was something she needed to say. "Promise me one thing."

His arms tightened around her. "Anything."

"Whatever you do, don't let Arcane give me the antidote."

"Those bastards injected you with the formula?"

She could hardly talk now. "Yes. But don't tell anyone."

"Chloe."

"Just say I collapsed because of the heavy psi drain."

"You can't ask that of me. I won't lose you because you refuse the antidote."

"Don't worry, I'm immune. Just like you."

"What the hell are you talking about?"

"I'll explain later. All I need is a little time to fight off the effects of the drug. Just as you did. Promise me you won't let Arcane know what happened. If they give me the antidote, I might lose my para-senses for good."

"But how can you know you're immune to the formula?"

"I'm a dream-psi reader. I get my talent from the dreamlight end of the spectrum, same as you. I'm pretty sure that all of us who have an affinity for that kind of energy are naturally immune."

"Pretty sure."

"Okay, very sure. Makes sense when you think about it."

"How does it make sense?"

"Later." She could no longer keep her eyes open. "Right now I need you to trust me. Promise me you won't let anyone give me the antidote."

He hesitated. "Only if you promise me that you won't die."

"I'll be fine. Trust me, Jack."

"All right," he said. "No antidote."

"One more thing."

"You're real chatty for someone who is running a sky-high fever."

"I love you," she said.

She sank down into sleep. The last thing she remembered was the comforting strength of his arms and his power wrapping her close.

She thought she heard him say *I love you, too,* but maybe that was just a dream.

53

THE PHONE RANG JUST AS FALLON WAS SCOOPING an extra spoonful of Bold Roast into the filter basket of his industrial-size coffeemaker. He would have preferred to go across the street to the Sunshine Café for another cup, but the little restaurant had closed, as always, promptly at five thirty. As was his newfound custom, he had watched Isabella Valdez turn over the sign in the window. And, as was her custom, Isabella had looked up and waved cheerfully at him. Then she had walked the four blocks to the inn, where she rented a room.

He grabbed the phone midway through the first ring. "What do you have for me, Jack?"

"I've got Chloe. She's safe. We're out of the gym. If you get someone in there quickly you'll find a dead high-level Nightshade agent named Nash. We think he's from Portland. There are also a bunch of unconscious drug-hyped hunters. At least they were all unconscious when we left. Guy named Hulsey got away through what looked like an underground tunnel. That must have been how they smuggled Chloe inside without the auras noticing."

Fallon forgot about the coffee and everything else

around him. He felt as if he'd been winded by a body
blow.

"Hulsey?" he repeated. "Are you certain that was
the name of the man who got away?"

"That's how he introduced himself to Chloe.
Claimed to be the director of research for Nightshade."

"Humphrey Hulsey, Basil Hulsey's descendant."
While he talked, Fallon picked up another phone and
punched in a code. "We recently found out that's how
Nightshade got the drug in the first place. Basil Hulsey
worked on the formula for the First Cabal in the late
eighteen hundreds."

"I remember the story."

"Hulsey left his notes and journals to his son, who
passed them on down through the family. A couple
of months ago we learned that one of those descendants, Humphrey Hulsey, was responsible for creating
the new version of the drug. What did they want with
Chloe?"

"It all goes back to the usual problem. The formula
is inherently unstable and the results unpredictable.
They figured that maybe Chloe could work the lamp
to correct those issues."

"Hell. I need to talk to Chloe, but I don't have time
right now. I'll call you back after I get my people into
that gym."

"Don't send anyone in without plenty of backup."

"Oh, sure, like I've got plenty of backup available.
Haven't you been listening? I'd send Zack in, but unfortunately he and Raine are in L.A. this week. There is
one illusion-talent, who may or may not be available,

in the Seattle area. He gets results, but it's usually best not to ask how."

He cut the connection to Jack and started talking urgently to the man who had answered the other phone.

The illusion-talent listened in silence.

"I'll take the job," he said. He cut the connection.

Fallon tightened his hand around the phone and took a deep breath. He did not consider himself the imaginative type, but something about the illusion-talent's ice-cold voice succeeded in chilling his senses for a couple of heartbeats. He did not like using the guy, but sometimes he had no choice when it came to agents.

He punched in Jack's number. There was no answer. He tried Chloe's cell and then her office phone.

"You have reached the office of Harper Investigations. We are unable to take your call, but if you leave a name and number we'll get back to you."

He cut the connection and sat at his desk for a while, wondering why Jack and Chloe had gone off the radar. There was only one reason that made any sense. Something had happened to Chloe while she was inside the gym. Jack was protecting her.

54

JACK'S VOICE CAME THROUGH THE DARKNESS, pulling her back to the surface. "Chloe, can you hear me?"

"Sure." She could feel his hand wrapped tightly around hers. She opened her eyes and looked up at a familiar ceiling. "No place like home."

"Welcome back," Jack said. His stark features were drawn hard and taut. She sensed a subtle pulse of psi.

"You're not sleeping again," she accused.

"Not for the past twenty-four hours," he said. "I'll live."

"What day is it?" she asked.

"Thursday. I carried you out of that Rollins gym the night before last."

"And he's been sitting here at your bedside ever since," Rose announced from the other side of the bed. "We all have."

At the foot of the bed, Hector got to his feet and ambled across the quilt to lick Chloe's face. She grimaced and patted him.

"Please tell me he hasn't been drinking out of the toilet bowl again," she said.

Rose looked at Jack across the width of the bed.

"Definitely back to normal. I'll get her a glass of water. She needs fluids after that fever."

Memory came slamming back. Chloe clutched Jack's hand.

"Am I okay? You didn't let Arcane do anything to me, did you?"

He smiled a little. "As far as Fallon knows you're resting after your traumatic ordeal."

"What time is it now?"

Jack checked his watch. "It's just going on seven o'clock in the evening."

"That certainly explains why I have to go to the bathroom. Excuse me." She pushed the covers aside and got to her feet. Belatedly she glanced down and saw that she was wearing a nightgown. The gown and the bed were damp with sweat.

"Rose insisted on being the one to undress you," Jack said.

She felt herself grow warm, not with fever this time. "Well, it's not as if you've never seen me naked."

"No. But Rose seemed to think you would be embarrassed later. Something about your intimacy issues combined with being vulnerable because you were asleep."

"Right. Intimacy issues." She pushed herself off the bed and hurried down the short hall into the bathroom.

Hector padded after her and settled down outside the door to wait for her. *Abandonment issues,* she thought. *What the heck, we've all got issues.*

She looked into the mirror and saw a woman who had just survived a raging fever. It was not, she thought, an attractive sight. Her hair was matted with dried perspiration, her complexion was wan and dehydrated and her eyes showed clear evidence of the strain and exhaustion. She was not exactly a candidate for Miss Perky of the Month, but she was alive, reasonably sane and when she cautiously opened her senses she realized she still had her talent. *Thanks to Jack*, she thought. He had trusted her and kept his promise.

She smiled at the woman in the mirror. Suddenly she felt a lot better than she had a few minutes ago.

When she emerged from the shower she found Rose busy in the small kitchen. Jack had made a pot of herbal tea. They drank it in front of the window, looking out at the view of the old-fashioned streetlights of Pioneer Square glowing in the rainy night.

"Did you tell Fallon Jones about my theory that dreamlight talents are immune to the formula?" Chloe asked.

"Didn't know it was a theory," Jack said, his tone a little too neutral. "On the way out of the gym you said that you were sure you were immune."

She cleared her throat and reached for her mug. "Yes, well, I was almost positive. Anyhow, did you tell him?"

"No. Thought I'd leave the explanations to you."

Rose spoke from the kitchen. "Fallon Jones has called every hour on the hour since Jack brought you back here. I turned off all the phones. Doesn't that man ever sleep?"

"Not a lot, apparently," Chloe said.

There was a short silence. Chloe looked at Jack.

"So now we know the origin of the Cerberus legend," she said.

He nodded once, understanding immediately. "The third talent is the ability to use the lamp as a weapon."

"I still say it's all a single talent. And don't forget, it takes two people to work the lamp that way."

He said nothing for a moment.

"What are you thinking?" she said.

"I'm thinking that we don't tell Fallon Jones exactly what the lamp can do. Arcane doesn't need any more Winters legends."

She smiled. "Don't worry; Harper Investigations takes client confidentiality very seriously."

"Speaking of Fallon, I'm ready to give him a call. I want to find out what happened after we left the gym. There was nothing in the morning papers yesterday or today, so it looks like Arcane and Nightshade managed to keep things low profile."

"Nothing beats a couple of clandestine paranormal organizations when it comes to keeping secrets," Chloe said. "By the way, I think I know what happened to Adelaide Pyne's journal. A woman named Victoria Knight has it."

"ABOUT TIME YOU CALLED," Fallon growled. "Chloe okay?"

"I told you that she was fine," Jack said.

"You lied. But I'm getting used to it."

"She needed rest. I didn't want you disturbing her. What happened at the gym?"

Fallon exhaled slowly. "Not much. The illusion-talent I sent in found Nash's body and a bunch of unconscious guards but not much else. Hulsey was long gone."

"What did he do with the body?"

"I didn't ask," Fallon said.

"What about computers? Hulsey's notes? Files?"

"The agent retrieved a few items of interest, but nothing that looks useful. Evidently Hulsey grabbed the essential stuff when he fled."

"Probably had it all on a computer that he took with him when he escaped through the tunnel. What about the hunters?"

"They all recovered consciousness and were offered the antidote. Four of them accepted. They're being treated now, but I doubt that we'll get anything useful out of them. Nightshade operatives at that level never know much."

"What about the ones who didn't accept the antidote?"

"The illusion-talent let them go," Fallon said wearily. "Not much else we can do. If Nightshade follows its usual pattern and cuts them loose, they'll all be dead soon. We tried to warn them, but these guys were seriously indoctrinated. It's like they'd joined a cult."

Jack thought about that. "Maybe that's how Nightshade recruits at the lower levels."

"Presents itself as a cult?" Fallon asked.

"When it comes to moneymaking businesses, nothing beats a cult except maybe the drug trade."

"I need to think about that angle," Fallon said. "We did find one guy who might be of some use. Says his name is Larry Brown. He was asleep in one of the basement rooms. Tied to a gurney. Claims a woman saved his life. The description he gave fits Chloe. Put her on."

"Later," Jack said. "She's going to eat dinner first."

"Damn it," Fallon said. But there wasn't a lot of heat in the curse.

Very gently Jack ended the connection.

55

SHE RETURNED FALLON'S CALL AFTER SHE FIN-
ished the light meal of poached eggs and salad that
Rose prepared. She sat ensconced in her big reading
chair, Hector on the floor beside her, Rose fussing
around her. Jack went into the kitchen to make another
pot of herbal tea.

"What the hell happened night before last?" Fallon
demanded.

"Well, let's see if I can summarize," she said. "A
woman named Victoria Knight somehow got hold of
the journal of Adelaide Pyne. Knight teamed up with
Humphrey Hulsey to see if the lamp was the solu-
tion to the problem of the inherent instability of the
formula."

"Ninety-eight percent probability that Victoria
Knight is our missing para-hypnotist," Fallon said. "It
fits."

"You may be right. At any rate, Hulsey's boss, Nash,
was also involved. They had me kidnapped because
they wanted to see if I could work the lamp to stabilize a very unstable talent they had created with the
formula."

"Larry Brown?"

"Right. I can light the lamp, of course, but only Jack or someone with his particular psychic genetics can access the deep power in the thing. So, to buy some time I sort of faked the whole lamp scene. I'm a Harper, remember? I can do fake. Anyway, after Larry went to sleep—"

"Hang on," Fallon cut in. "Are you telling me you saved Brown *without* using the lamp?"

"The formula, like the lamp, works by opening up channels between the dreamstate and the waking state. I have an affinity for dream psi."

"I know, but—"

"I resealed the dreamlight channels that had been opened by the drug, but I didn't have a chance to study Larry Brown's entire spectrum, so I don't know how much damage the formula did. Hulsey told me that Larry was a Level Three before they injected him. The poor kid might not have any talent left when he recovers. I'm so sorry."

"Brown was flown down to L.A. this morning," Fallon said. "He's being tested in the Arcane lab there. Early indications are that he's now a Level Two. The techs think it's possible he might recover to a Level Three. They're running around in circles like a bunch of hamsters on a wheel trying to figure out how some of Brown's para-talent survived both the heavy dose of the formula and the subsequent withdrawal. By all rights, the kid should be certifiably insane by now."

Relief washed through her. "Larry will be okay, then?"

"Looks like it, thanks to you. You're a walking antidote, Chloe Harper. Hell, you're better than the antidote we've been using because you can get rid of the effects of the drug without destroying the victim's senses. Not that I'm expecting a big rush of people looking to get off the Nightshade drug."

"Because of the cult mentality?"

"And because when the drug works, it does deliver a higher level of talent. How many people are going to want to give up real power?"

"Yes, but the long-term complications—"

"Most folks don't think long-term. Just ask the cigarette companies. I'm sure Nightshade is aware that we have an antidote but we haven't exactly had a run on it."

"In other words, they're selling the perfect drug."

"The perfect poison, as Lucinda Bromley called it in her journal."

"Bromley? Wasn't she the woman who married your ancestor, Caleb Jones?"

"Right. My multi-great-grandmother. The second J in J&J. And don't say it."

"Don't say what?"

"Lately people keep telling me that I need a partner, too. But it would have to be someone I could trust completely, the same way Caleb Jones trusted Lucinda. Someone with a high level of intuitive talent so that she could almost read my mind because I can't explain everything that I do. Not a nine-to-five type who takes vacations, either. I need someone who is available twenty-four/seven. I'm not interested in a partner or a wife, but I'm starting to think that maybe an assistant might work."

She smiled. "An assistant who can read your mind, who will be available twenty-four hours a day and who never takes vacations. Good luck with that, Mr. Jones."

"Thanks," he said, oblivious. "Getting back to the antidote, do you think you could help someone who has already received it to regain her para-senses?"

"I don't know."

"A couple of months ago we used the antidote for the first time on a woman named Damaris Kemble. Long story. Let's just say we saved her life and her sanity, but she hasn't recovered her para-senses and the experts tell me that she probably never will."

"What was she before she got the antidote?"

"A Level Seven. The para-shrinks told me that, although at first she was relieved just to be alive, she's now sinking into a severe depression."

"That's not surprising. The loss of a high level of talent would be enough to cause anyone to become depressed."

"I'll have her flown up there as soon as possible. See what you can do. Send your bill to me by e-mail when you're done. By the way, I like to see *itemized* bills, not just big round numbers."

She was struck speechless for a few seconds. "You want me to work for J&J?"

"I'll start recruiting other dreamlight readers as fast as I can, but I've got a feeling that only those who are as strong as you will be able to do what you did for Larry Brown. There just aren't that many talents like you around. Arcane needs you."

"But I'm a Harper."

"I'm a Jones. What of it? I don't give a damn where I get my talents as long as I can trust them to get the job done."

She felt a strange rush of what could only be described as panic. "I live in Seattle. The nearest Arcane lab is in L.A. I really don't want to move there. This is my home. I've got family and clients here."

"The new Master of the Society lives up there near you."

"Oriana Bay. Yes, I know, but what does that have to do with it?"

"Zack and his wife, Raine, don't want to move, either. Given that Zack is now in charge of Arcane, he gets what he wants. Arcane has rented office space in the Seattle area and is getting ready to set up a lab. Meanwhile, I don't see any reason why you can't work out of your office. It's not like you're going to be overwhelmed with ex-Nightshade clients."

She took a breath. "Okay, I guess."

"I'll have Damaris Kemble in your office before noon tomorrow. Give me a complete report after you talk to her. And don't forget, I want all time and expenses itemized. Oh, and tell Jack I'm sending another team to pick up the lamp tomorrow."

The phone went dead in her ear.

She looked at Jack. "He's sending someone to pick up the lamp tomorrow."

"Is he, now?" Jack handed her a mug of tea. "Isn't that nice of him? And after Arcane did such a swell job of taking care of it last time."

She sipped some of the tea and lowered the mug.

"Well, at least he doesn't know exactly what the lamp can do."

"This is Fallon Jones we're talking about. He's going to be wondering how I took down all those hunters at the gym. If he hasn't already figured out that the lamp was a factor, he will soon enough."

She studied him. "What are you thinking?"

"I'm thinking that it's probably a good idea that everyone, including Fallon Jones, the Council and Nightshade, believe that the lamp is safely back in Arcane's hands."

56

"THE FORMULA MADE ME SO GHASTLY ILL," DAM-
aris Kemble said. She spoke in a monotone, as though
just the act of talking was no longer worth the effort.
"I thought anything would be better than feeling that
sick. But after I recovered I began to realize what I had
lost."

Fallon Jones had not wasted any time. Damaris had
arrived at ten o'clock the following morning. She was
not traveling alone. A J&J hunter accompanied her.
Rose and Hector were presently entertaining him in
the outer office.

"I think I understand," Chloe said gently. "It would
be like waking up one day and discovering that you
had lost one or more of your normal senses."

Damaris squeezed her eyes shut to stop the tears.
"Sometimes I dream that I've recovered my sensitivity.
But as soon as I open my eyes I realize that nothing has
changed."

"You said that you didn't just lose your para-senses.
You also lost your father and your sister at the same
time. That would be a terrible blow for anyone."

"I'm seeing one of the Society's psychologists, but
I don't think it's doing much good. I feel so over-

whelmed. If I could just get back to feeling normal I think I could deal with the rest of it. Do you really feel you might be able to help me recover at least some of my talent?"

Chloe looked at the floor. The faint oil-on-water sheen of the antidote radiated subtly in Damaris's footprints.

"Let me see what I can do," Chloe said.

She got to her feet, walked around the desk and took Damaris's hand. Carefully, lightly, delicately, she went to work.

57

"I NEVER FOUND OUT WHY DAMARIS KEMBLE needed a bodyguard," Chloe said.

It was five o'clock. She and Jack were accompanying Hector on his evening patrol. It was that mysterious time in a Seattle winter day, the hour when the city was enveloped in the strange half light of deep twilight. The streets glistened with rain, and the streetlights glowed like crystal balls in the mist.

"Didn't Fallon tell you?" Jack asked.

"It's remarkably difficult to get information out of Mr. Jones."

"He's not much of a conversationalist," Jack agreed. "The reason Damaris Kemble needs a bodyguard is that she's the daughter of the founder of Nightshade."

"Good grief. She's Craigmore's daughter?"

"He had her on the latest version of the drug. It was making her violently ill, probably killing her. After her father died Arcane offered her the antidote. She agreed to take it. In exchange she's been telling J&J and the Council everything she knows about Nightshade."

"So the concern is that Nightshade might try to silence her."

"Right. Unfortunately, according to Fallon, she doesn't really know all that much about the upper management of the organization."

"Because her father didn't tell her much?"

"William Craigmore was a secretive bastard. When he established Nightshade, he planned the organization so that no one individual or even a handful could bring down the entire operation. It's damn brilliant when you think about it. Fallon says Arcane still knows next to nothing about the others at the top of the conspiracy."

She glanced at him. "But you said the money trail is a weak point."

"Money is always the weak point. It's the blood of any organization. Cut it off, and things start to die."

"How are you doing tracking the cash flow from the gyms?"

"Looks like the LLC that owns and operates them was, in turn, receiving funding from another privately held company located in Portland, Oregon. Cascadia Dawn. It's a regional wholesaler that distributes nutritional supplements and health food products."

She smiled at the cool satisfaction in his words.

"Sounds like a good cover for an organization that is making an illicit drug," she said.

"It's a hell of a cover. Fallon isn't rushing in this time. He's going to put Cascadia Dawn under surveillance for a while. See if he can learn anything useful. But it's probably just one more Nightshade lab like the others that J&J took down a couple of months ago. We might get some information, but I doubt that it will give us the guys at the top."

She smiled. "We? Us? As in you are now officially on J&J's payroll?"

"Are you kidding? J&J can't afford my consulting fees. This is strictly pro bono work."

"But you like it."

He shrugged. "It's a challenge."

"Which is just what you've been needing. Now what?"

"Now we have to talk."

She froze in midstep, her fingers tightening around Hector's leash. He halted and looked back politely to see why his routine had been interrupted.

Jack stopped, too, and turned to look at her. She felt energy flare.

"The other night when I carried you out of that Nightshade hellhole you told me that you loved me," he said. "Did you mean it, or was that the fever talking?"

And just like that, courage sparked inside her. Or maybe it was the realization that nothing mattered but the truth and the possibility of making a dream come true.

She let go of the leash and put her arms around Jack's neck. "With you, I always feel a little feverish. But, yes, I love you."

He framed her face with his hands. "Enough to think long term?"

"You sound like you're negotiating a business contract."

"I love you, Chloe. But I can't do the short-term, serial monogamy thing with you. It's all or nothing."

"All," she said. "Definitely all."

He pulled her close and kissed her there in the winter dreamlight.

58

FALLON JONES GAZED DEEPLY INTO THE COM-
puter, reading the report that Chloe Harper had just
e-mailed to him.

> . . . The problem with the antidote is that it takes a
> sledgehammer to do what is essentially a job for a
> seamstress working with fine needles and silk thread.
> The hammer works, but in the process creates dam-
> age of a different kind. However, I'm sure that Damaris
> Kemble will recover most, although probably not all, of
> her natural para-senses.
>
> I'll look forward to examining more cases for J&J. Please
> find my itemized bill attached . . .

He filed the report and leaned back in his chair,
thinking. Jack had given him some serious static about
returning the lamp to Arcane, insisting that it remain
in his custody in Seattle until an investigation had
been conducted into the theft.

It was a reasonable request. The investigation had
begun, but it was probably going to take a while, possibly a couple of weeks or more, to find the Nightshade

operative who had infiltrated the museum's staff, assuming there was an infiltrator. The other possibility was that the para-hypnotist, Victoria Knight, who had drifted through the case like a ghost, had simply walked into the museum, turned a few heads with a couple of well-placed hypnotic suggestions, and walked out with the lamp.

Just as a woman named Niki Plumer had walked out of Winter Cove Psychiatric hospital after the Oriana case. A few more things went click. He watched lines appear on the multidimensional construct that existed out on the paranormal plane, connecting dots.

In two or three weeks Jack would no doubt give the L.A. museum a very interesting artifact. It would be safely locked away in the vault. Additional security measures would be put in place.

But two or three weeks was a long time, certainly long enough for a family of psychically gifted forgers to create a very good copy of the original . . .

Footsteps sounded on the stairs, interrupting his thoughts. An odd sense of anticipation whispered through him. He had not had any visitors since Grace and Luther left, and he wasn't expecting anyone. Whoever was coming upstairs was probably bringing the new computer he had ordered online. It struck him that he was in a bad way if he was actually looking forward to a visit from the delivery guy. But the regular carrier was a man. The footsteps were feminine, not masculine.

A sudden jolt of awareness snapped through him. He checked his watch. It was six o'clock. The Sunshine

Café had closed half an hour ago. He had watched Isabella wave to him and walk away toward the inn, her umbrella raised against the steady rain. It couldn't be her. She had gone home for the night. She had no reason to come here, anyway.

There was something about the pattern of those footsteps on the stairs, though. He *knew* them.

He sat very still, waiting for the knock. It came a few seconds later. He started to call out to her; to tell her to enter. The words got jumbled up in his throat. It dawned on him that a gentleman would open the door.

Galvanized, he stood and started around the desk. The door opened before he got three steps. Isabella walked into the room, rain dripping from her coat and the folded umbrella. She smiled.

"I'm here about the position," she said.

He finally found his tongue. "What position?"

"The one that's open here at Jones & Jones."

"I never advertised a job."

"No need to put an ad in the papers." She looked around the cluttered room with great interest. "It's obvious you need an assistant. You're in luck. I've always wanted to work in a detective agency, and I've been looking for something that pays a little better than the Sunshine Café. People in this town are lousy tippers. Except for you."

He suddenly knew exactly what the expression *deer in the headlights* meant.

"I hadn't gotten as far as thinking about how much the position will pay," he said, grasping at straws.

"Not a problem." She plopped her umbrella in the old Victorian umbrella stand, the one that had graced the original offices of J&J. "I'll handle the accounting and financials from now on. Get you organized. No need for you to worry about pesky details. I'm sure you have much more important things to do."

"Miss Valdez, you don't understand. This is not an ordinary investigation agency."

She took off her raincoat and hung it on the elaborately wrought cast-iron coatrack, another relic from J&J's early years in London.

"I know," she said simply.

Shock reverberated through him. "*How* do you know?"

"Because you are not an ordinary man." She gave him a brilliant smile. "It looks like we'll need to order a second desk. I'll get on that right away."

59

PHYLLIS WAS SEATED IN THE GRAND WICKER chair in the sunroom, her feet propped on the matching footstool. She had the morning paper in one hand and a cup of tea in the other. She looked up when Chloe entered the room. Then she glanced at the floor behind her.

"Well, well, well," she said. Quiet satisfaction hummed in the words. "You've fallen in love with him, haven't you?"

"I can sleep with him, Aunt Phyllis."

Phyllis laughed. "Under most circumstances that would not be much of a testimonial. But in your case I think that says it all. And when do I get to meet Mr. Winters?"

Jack walked into the sunroom. "How about today?" He crossed the floor to the chair and offered his hand. "Jack Winters. It's a pleasure to meet you, Miss Harper."

Phyllis examined him from head to toe and then she glanced at the floor he had just crossed. She smiled and took his hand. "I am delighted to make your acquaintance, Jack. I hope you'll stay for tea."

"Yes," Jack said. "I'd like that." He looked at Chloe and smiled.

Chloe sensed the dreamlight swirling in the sunroom. Waves of energy danced invisibly between the two of them. The light was strong and steady. She knew it would link them for the rest of their lives.

"We would both like that," she said.

60

THE OPERATION HAD NOT BEEN AN UNQUALIFIED success. The lamp was back in an Arcane vault, and she knew that it would not be easy to steal it a second time. But there was no point taking that risk again, anyway. It was clear that the experiment had failed. Larry Brown had survived but only because of something that the dreamlight reader, Chloe Harper, had done to him. He certainly had not come out of the situation with a second talent or even an enhanced version of his original ability. He had no doubt lost all of what little talent he had possessed.

Conclusion One: Her grandfather's theory was wrong. The Burning Lamp could not take the place of the formula. It appeared to work only on someone with the Winters psychic DNA.

Conclusion Two: The lamp could not be used to stabilize the effects of the enhancement formula.

Conclusion Three: Judging by the fact that Jack Winters and Chloe Harper had escaped from the gym, it appeared that there was some truth to the legends and rumors that had always swirled around the lamp. It was some kind of psi weapon, but it appeared extremely likely that only a Winters could access the full power of the artifact.

She'd had two major objectives when she conceived the plan. Although it was disappointing to discover that the lamp could not be used to enhance her own talent or to protect her from the effects of the formula, her second goal had been achieved. And in a spectacular fashion, if she did say so, herself.

John Stilwell Nash had been destroyed.

Her only regret was that Nash had died without ever having had a chance to appreciate the irony involved. He could not have known that the person who had set him up for the fall could trace her own family roots back to the same ancestor, John Stilwell.

The alchemists Sylvester Jones and Nicholas Winters were not the only ones who had fathered offspring after subjecting themselves and their genes to dangerous experiments designed to enhance their psychic powers. Back in the Late Victorian era, her own ancestor John Stilwell, a powerful talent enthralled by the new theories put forward by Darwin, had run a few breeding experiments of his own. Generations later, she and Nash were both the result of two of the experiments.

It was Stilwell who had stolen the secret of the enhancement drug from Arcane. Although he had never used Sylvester's formula himself, fearing its dangerous side effects, he had managed to produce some highly talented offspring, using his intuitive understanding of the laws of psychical genetics. Stilwell had died at the hands of Gabriel Jones before seeing any of his children grow to adulthood. But his bloodline had survived. She was living proof.

She walked to the window of her office and looked out over the rain-soaked city of Portland. This morning John Stilwell Nash's superior had offered her the position that Nash had recently vacated. Tomorrow she would walk into Nash's old office at Cascadia Dawn, the cover business for one of the organization's few surviving drug labs.

From there she would work her way into the Inner Circle. Her ultimate objective was now clearly in sight. In due course she would become the Mistress of Nightshade.

The knock on the door made her turn around.

"Come in," she said.

The door opened. Humphrey Hulsey skittered into the room. He removed his glasses and began polishing them furiously.

"I know that you are disappointed with the outcome of the experiment, Miss Knight," he said earnestly, "but I'm afraid that is the nature of cutting-edge science. There are always a number of failures before one makes the great breakthrough."

"I understand, Dr. Hulsey. It is unfortunate that the lamp did not work as we had hoped. However, unlike my predecessor at Cascadia Dawn, I do appreciate the nature of the scientific process, and I am prepared to accept some failures. We will now move forward together."

Hulsey stopped polishing his glasses. He blinked several times.

"Together?" he said.

"Of course. You are now my director of research. At the start of the Burning Lamp project I promised you the fully equipped lab and funding that you require for your dream work. That is what you will receive."

Hulsey glowed. "Thank you, Miss Knight. You won't be sorry."

"I'm sure I won't. You see, unlike so many before me who have been obsessed with the formula, I do understand that the secrets to enhancing talent in a stable fashion are locked in dream-psi research."

"Yes, yes," Hulsey said excitedly. "That is what I tried to explain to Mr. Nash, but he refused to listen. Both the formula and the lamp work by accessing the latent energy of the dreamstate. But dream psi is inherently unstable. That has always been the source of the problems with the drug. Until I can solve some of the riddles connected with the dreaming process I will never be able to deliver a stable, reliable version of the formula."

She smiled. "Then it is a good thing that neither you nor I have been foolish enough to take the formula ourselves, isn't it?"

He snorted derisively. "A very good thing, indeed, Miss Knight. Really, it astonishes me how otherwise seemingly intelligent people in this organization are so eager to dose themselves with such an unstable drug. Ridiculous."

The fact that neither of them was on the drug was a secret between herself and Hulsey. In an organization run by formula-dependent talents, being free of the drug gave them an edge. But it also made them vulnerable. If the higher-ups ever discovered that she and Hulsey were not using the drug, it would be a death sentence for both of them. The board of directors insisted that all members of Nightshade be on the drug. It was the ultimate form of personnel management, the ultimate form of control.

"We are a team, Dr. Hulsey," she said.

"A team," he agreed.

61

THEY DROVE DOWN TO NORTHERN CALIFORNIA
after the wedding, making a honeymoon out of the
road trip. They followed the old route, Highway 101,
hugging the spectacular coastline. Hector rode in the
backseat, his nose stuck out the window as much as
possible. At night they stayed at charming windswept
inns, including one aptly named Dreamscape in a little
town called Eclipse Bay.

They arrived in Scargill Cove in the early evening.
The lights still burned in the offices of Jones & Jones.
Chloe and Jack climbed the stairs to the second floor,
bags of groceries in their arms, Hector at their heels.
On the landing Jack raised his hand, but the door
opened before he could knock.

Fallon stood in the opening, looking out at them
with a bewildered expression.

"Jack," he said. He looked at Chloe. "You're Chloe."

"And you're Fallon Jones." She smiled. "Nice to meet
you in person after all we've been through together."

"What are you two doing here?" Fallon asked.

"Honeymoon," Chloe explained. "We've got a room
at the inn down the street." She indicated the bags of
groceries. "We heard there's no decent restaurant open

after five thirty, so we picked up a few things. I'm going to cook dinner for all of us."

Fallon was beyond bewildered now. He looked poleaxed.

"Dinner?" he repeated, as if the word and the concept were new to him. "As in home cooking?"

"Right," Chloe said. "Do you mind?"

"Uh, no." Fallon frowned. "No, I don't mind."

"Where's the kitchen?" she prompted.

"It's sort of attached to my office." He glanced over his shoulder as though searching for the kitchen.

Jack held up the six-pack in his hand. "Figured you and I could have a couple of beers while Chloe's fixing dinner."

Fallon's expression cleared. He stood back, holding the door open.

"I'd like that," he said. "I'd like that a lot."

Keep reading for an excerpt from

BURNING LAMP

by Amanda Quick

The second book in the Dreamlight Trilogy,
now available from Jove Books

London, late in the reign of Queen Victoria . . .

It took Adelaide Pyne almost forty-eight hours to realize that the Rosestead Academy was not an exclusive
school for orphaned young ladies. It was a brothel. By
then it was too late. She had been sold to the frighten-
ing man known only as Mr. Smith.

The Chamber of Pleasure was in deep shadow, lit
only by a single candle. The flame sparked and flared
on the cream-colored satin drapery that billowed
down from the wrought-iron frame above the cano-
pied bed. In the pale glow the crimson rose petals scattered across the snowy white quilt looked like small
pools of blood.

Adelaide huddled in the darkened confines of the
wardrobe, all her senses heightened by dread and
panic. Through the crack between the doors she could
see only a narrow slice of the room.

Smith entered the chamber. He barely glanced at the
heavily draped bed. Locking the door immediately,
he set his hat and a black satchel on the table, for all

the world as though he were a doctor who had been summoned to attend a patient.

In spite of her heart-pounding fear, something about the satchel distracted Adelaide, riveting her attention. Dreamlight leaked out of the black bag. She could scarcely believe her senses. Great powerful currents of ominous energy seeped through the leather. She had the unnerving impression that it was calling to her in a thousand different ways. But that was impossible.

There was no time to contemplate the mystery. Her circumstances had just become far more desperate. Her plan, such as it was, had hinged on the assumption that she would be dealing with one of Mrs. Rosser's usual clients, an inebriated gentleman in a state of lust who possessed no significant degree of psychical talent. It had become obvious to her during the past two days that sexual desire tended to refocus the average gentleman's brain in a way that, temporarily at least, obliterated his common sense and reduced the level of his intelligence. She had intended to take advantage of that observation tonight to make her escape.

But Smith was most certainly not an average brothel client. Adelaide was horrified to see the seething energy in the dreamprints he had tracked into the room. His hot paranormal fingerprints were all over the satchel as well.

Everyone left some residue of dreamlight behind on the objects with which they came in contact. The currents seeped easily through shoe leather and gloves. Her talent allowed her to perceive the traces of such energy.

In general, dreamprints were faint and murky. But

there were exceptions. Individuals in a state of intense emotion or excitement generated very distinct, very perceptible prints. So did those with strong psychical abilities. Mr. Smith fit into both categories. He was aroused and he was a powerful talent. That was a very dangerous combination.

Even more unnerving was the realization that there was something wrong with his dreamlight patterns. The oily, iridescent currents of his tracks and prints were ever so faintly warped.

Smith turned toward the wardrobe. The pale glow of the candle gleamed on the black silk mask that concealed the upper half of his face. Whatever he intended to do in this room was of such a dreadful nature that he did not wish to take the chance of being recognized by anyone on the premises.

He moved like a man in his prime. He was tall and slender. His clothes looked expensive and he carried himself with the bred-in-the-cradle arrogance of a man accustomed to the privileges of wealth and high social rank.

He stripped off his leather gloves and unfastened the metal buckles of the satchel with a feverish haste that, in another man, might have indicated lust. She had not yet had any practical experience of such matters. Mrs. Rosser, the manager of the brothel, had informed her that Smith would be her first client. But during the past two days she had seen the tracks the gentlemen left on the stairs when they followed the girls to their rooms. She now knew what desire looked like when it burned in a man.

What she saw in Smith's eerily luminous prints was different. There was most certainly a dark hunger pulsing in him, but it did not seem related to sexual excitement. The dark ultralight indicated that it was another kind of passion that consumed Smith tonight, and it was a terrifying thing to behold.

Adelaide held her breath when he opened the satchel and reached inside. She did not know what to expect. Some of the girls whispered about the bizarre, unnatural games many clients savored.

But it was not a whip or a chain or leather manacles that Smith took out of the satchel. Rather, it was a strange, vase-shaped artifact. The object was made of some metal that glinted gold in the flickering candlelight. It rose about eighteen inches from a heavy base, flaring outward toward the top. Large, colorless crystals were set in a circle around the rim.

The waves of dark power whispering from the artifact stirred the hair on the nape of her neck. The object was infused with a storm of dreamlight that seemed to be trapped in a state of suspension. *Like a machine,* she thought, astonished—*a device designed to generate dreamlight.*

Even as she told herself that such a paranormal engine could not possibly exist, the memory of a tale her father had told her, an old Arcane legend, drifted, phantomlike, through her thoughts.

Smith set the artifact on the table next to the candle. Then he went swiftly toward the bed.

"Let us get on with the business," he commanded. Tension and impatience thickened the words.

He yanked aside the satin hangings. For a few seconds he stared at the empty sheets, evidently baffled. An instant later, rage stiffened his body. He crushed a handful of the drapery in one fist and spun around, searching the shadows.

"Stupid girl. Where are you? I don't know what Rosser told you, but I am not one of her regular clients. I do not make a habit of sleeping with whores and I certainly did not come here tonight to play games."

His voice was low and reptilian cold now. The words slithered down her spine. At the same time, the temperature in the chamber seemed to drop several degrees. She started to shiver, not just with terror, but with the new chill in the atmosphere.

He'll check under the bed first, she thought.

He seized the candle off the table and crouched to peer into the shadows beneath the iron bed frame.

She knew that he would open the wardrobe as soon as he realized that she was not hiding under the bed. It was the only other piece of furniture in the room that was large enough to conceal a person.

"Bloody hell." Smith shot to his feet so swiftly that the candle in his hand flickered and nearly died. "Come out, you foolish girl. I'll be quick about it, I promise. Trust me when I tell you that I have no plans to linger over this aspect of the thing."

He stilled when he saw the wardrobe.

"Did you think I wouldn't find you? Brainless female."

She could not even breathe now. There was nowhere to run.

The wardrobe door opened abruptly. Candlelight spilled into the darkness. Smith's eyes glittered behind the slits in the black mask.

"Silly whore."

He seized her arm to haul her out of the wardrobe. Her talent was flaring wildly, higher than it ever had since she had come into it a year ago. The result was predictable. She reacted to the physical contact as though she had been struck by invisible lightning. The shock was such that she could not even scream.

Frantically, she dampened her talent. She hated to be touched when her senses were elevated. The experience of brushing up against the shadows and remnants of another person's dreams was horribly, gut-wrenchingly intimate and disturbing in the extreme.

Before she could catch her breath, she heard a key in a lock. The door of the chamber slammed open. Mrs. Rosser loomed in the entrance. Her bony frame was darkly silhouetted against the low glare of the gaslight that illuminated the hallway behind her. She bore a striking resemblance to the nickname that the women of the brothel had bestowed upon her: the Vulture.

"I'm afraid there's been a change of plans, sir," Rosser said. Her voice was as stern and rigid as the rest of her. "You must leave the premises immediately."

"What the devil are you talking about?" Smith demanded. He tightened his grip on Adelaide's arm. "I paid an exorbitant price for this girl."

"I just received a message informing me that this establishment is now under new ownership," Rosser said. "It is my understanding that the former owner has recently expired. Heart attack. His business enterprises have been taken over by another. Don't worry, your money will be refunded."

"I don't want a refund," Smith said. "I want this girl."

"Plenty more where she came from. I've got two downstairs right now who are younger and prettier. Never been touched. This one's fifteen if she's a day. Doubt if you'd be the first to bed her."

"Bah. Do you think I give a damn about the girl's virginity?"

Rosser was clearly startled. "But that's what you're paying for."

"Stupid woman. This concerns a vastly more important attribute. I made a bargain with your employer. I intend to hold him to it."

"I just told you, he's no longer among the living. I've got a new employer."

"The business affairs of crime lords are of no interest to me. The girl is now my property. I'm taking her out of here tonight, assuming the experiment is completed to my satisfaction."

"What's this about an experiment?" Mrs. Rosser was outraged. "I never heard of such a thing. This is a brothel, not a laboratory. In any event, you can't have the girl, and that's final."

"It appears that the test will have to be conducted elsewhere," Smith said to Adelaide. "Come along."

He jerked her out of the wardrobe. She tumbled to the floor at his feet.

"Get up." He used his grip on her arm to haul her

erect. "We're leaving this place immediately. Never fear, if it transpires that you are of no use to me, you'll be quite free to return to this establishment."

"You're not taking her away." Rosser reached for the bellpull just inside the door. "I'm going to summon the guards."

"You'll do nothing of the kind," Smith said. "I've had quite enough of this nonsense."

He removed a fist-sized crystal from the pocket of his coat. The object glowed blood-red. The temperature dropped another few degrees. Adelaide sensed invisible, ice-cold energy blazing in the chamber.

Mrs. Rosser opened her mouth, but no sound emerged. She raised her arms as though she really were a great bird trying to take wing. Her head fell back. A violent spasm shot through her. She collapsed in the doorway and lay very still.

Adelaide was too stunned to speak. The Vulture was dead.

"Just as well," Smith said. "She is no great loss to anyone."

He was right, Adelaide thought. Heaven knew that she'd had no fondness for the brothel keeper, but watching Rosser die in such a fashion was a horrifying, entirely unnerving experience.

Belatedly, the full impact of what had just happened jolted through her. *Smith had used his talent and the crystal to commit murder.* She had never known that such a thing was possible.

"What did you do to her?" Adelaide whispered.

"The same thing I will do to you if you do not obey

me." The ruby crystal had gone dark. He dropped it back into his pocket. "Come along. There is no time to waste. We must get out of here at once."

He drew her toward the table where he had left the artifact. She could feel the euphoric excitement flooding through him. He had just murdered a woman and he had enjoyed doing it—no, he had *rejoiced* in the experience.

She sensed something else as well. Whatever Smith had done with the crystal had required a great deal of energy. The psychical senses required time to recover when one drew heavily on them. Smith would no doubt soon regain the full force of his great power, but at that moment he was probably at least somewhat weakened.

"I'm not going anywhere with you," she said.

He did not bother to respond with words. The next thing she knew, icy-cold pain washed through her in searing waves.

She gasped, doubled over and sank to her knees beneath the weight of the chilling agony.

"Now you know what I did to Rosser," Smith said. "But in her case I used far more power. Such intense cold shatters the senses and then stops the heart. Behave yourself or you will get more of the same."

The pain stopped as abruptly as it had begun, leaving her dazed and breathless. Surely he had used the last of his reserves to punish her. She had to act quickly. Fortunately he was still gripping her arm. She required physical contact to manipulate another individual's dreamlight energy.

She raised her talent again, gritting her teeth against

the dreadful sensations, and focused every ounce of energy she possessed on the currents of Smith's dreamlight. In the past two years she had occasionally manipulated the wavelengths of other people's nightmares, but she had never before attempted what she was about to try now.

For an instant Smith did not seem to realize that he was under attack. He stared at her, mouth partially open in confusion. Fury quickly tightened his expression.

"What are you doing?" he demanded. "You will pay for this. I will make you freeze in your own private hell for daring to defy me. *Stop.*"

He raised his other arm, perhaps to reach back into his pocket for the crystal. But it was too late. He was already sliding into a deep sleep. He started to crumple. At the last second, he tried to grab the edge of the table. His flailing arm knocked the candle off the stand and onto the floor.

The taper rolled across the wooden floorboards toward the bed. There was a soft whoosh when the flame caught the trailing edge of the satin drapery.

Adelaide rushed back to the wardrobe and took out the cloak and shoes that she had stashed inside earlier in preparation for her escape. By the time she was dressed, the bed skirt was fully ablaze, the flames licking at the white quilt. Smoke was drifting out into the hall. Soon someone would sound the alarm.

She pulled the hood of the cloak up over her head and went toward the door. But something made her stop. She turned reluctantly and looked back at the artifact. Smith had called it a lamp, but it did not look like any lamp that she had ever seen.

She knew then that she had to take the artifact with her. It was a foolish notion. It would only slow her down. But she could not leave it behind.

She stuffed the lamp into the black satchel, fastened the buckles and started once more toward the door. She paused a second time over Smith's motionless figure and quickly searched his pockets. There was money in one of them. The dark ruby-colored crystal was in another. She took the money but when she touched the crystal, she got an uneasy feeling. Heeding her intuition, she left it where it was.

Straightening, she stepped over Rosser's dead body and moved out into the corridor.

Behind her the white satin bed was now engulfed in crackling, snapping flames. Down the hall someone started screaming. Men and women in various stages of dress and undress burst out of nearby doorways, seeking the closest exits.

No one paid any attention to Adelaide when she joined the frantic crush on the staircase.

Minutes later, she was outside on the street. Clutching the satchel, she fled into the night, running for her life.